Édition : BoD – Books on Demand, info@bod.fr
Impression : BoD – Books on Demand, In de Tarpen 42,
Norderstedt (Allemagne)
Impression à la demande
ISBN : 978-2-3225-2559-1
Dépôt légal : Juillet 2024

Michel Prodel

LEXIQUE

DE

LATIN MÉDIÉVAL

Vol II

Dabilis - Kyrrii

à Florence

BIBLIOGRAPHIE.

Dictionnaires latins :

Du Cange, *et al.*, Glossarium Mediæ et Infimæ Latinitatis. L. Favre, 1883-1887 ; http://ducange.enc.sorbonne.fr/
J. F. Niermeyer, Mediae Latinitatis lexicon minus, 1976.
A. Blaise, Lexicon Latinitatis Medii ævi, 1975.
W.-H. Maigne d'Arnis, Lexicon manuale ad scriptores mediae et infimae latinitatis, (Recueil de Mots de la Basse Latinité), 1890.
A. Souter, A Glossary of Later Latin to 600 A.D, 1949.
R. E. Latham, Revised Medieval Latin Word-List from British And Irish Sources, 1980.
Abbé Montignot, Dictionnaire de diplomatique ou étymologies des termes de la basse latinité, 1787 ; https://gallica.bnf.fr/ark:/12148/bpt6k9533334v.
F. Gaffiot, Dictionnaire Latin Français, 2000.

Dictionnaires anciens français :

F. Godefroy, Dictionnaire de l'ancienne langue française et de tous ses dialectes, 1881-1902 ; https://gallica.bnf.fr/ark:/12148/bpt6k50664z.
C. Hippeau, Dictionnaire de la langue française au XIIe et au XIIIe siècle, 1873.
J-B Bonaventure de Roquefort, Glossaire de la langue Romane, 1808
F. Lacombe, Dictionnaire de la langue romane ou du vieux langage françois, 1766 ; https://gallica.bnf.fr/ark:/12148/bpt6k6271589d.

Autres sources consultées :

A.Frey, A Dictionary of Numismatic Names their Official and Popular Designations, 1917.
H. Doursther, Dictionnaire Universel des Poids et Mesures Anciens et Modernes, 1840.
Französisches Etymologisches Wörterbuch. Eine Darstellung des galloromanischen Sprachschatzes. Walther von Wartburg. Leipzig 1922. (FEW)
Dictionnaire étymologique du patois lyonnais N. du Puitspelu. Lyon 1887.

Conventions d'écriture :

Le caractère < indique que le mot étudié est issu du terme suivant ce symbole, par ex, **Abdomire**. - (< obdormīre), signifie que abdomire, latin médiéval, est issu du latin (classique), obdormīre.

Le caractère * devant un mot signifie que le vocable n'a pas d'attestation mais est une forme reconstituée à partir du travail des linguistes, ainsi **Broilus**. - (< celtique *brogilos), caractérise le fait que le terme brogilos, supposé celtique n'est pas attesté mais, est une reconstruction permettant d'expliquer le vocable broilus de latin médiéval.

Symboles utilisés :

<	est issu de	*prep*	préposition
adj	adjectif	*qqch*	quelque chose
adv	adverbe	*subs*	substantif
anc fr	ancien français	*trans*	transitif
Cf.	confère	*verb*	verbe
fem	féminin	*A.h.D :*	Ancien haut allemand
fig	sens figuré	*A.S :*	Anglo-saxon
intrans	intransitif	*All :*	Allemand
masc	masculin	*Esp :*	Espagnol
opp	opposé à	*Irl :*	Irlandais
par ex	par exemple	*Ital :*	Italien
par ext	par extension	*Gael :*	Gaélique
pass	temps passif	*Gall :*	Gallois
péj	péjoratif	*Isl :*	Islandais
pl	pluriel	*Irl :*	Irlandais
p.p	participe passé	*M.h.A*	Moyen haut allemand

D

Dabilis. - à donner.

Dabitis. - pensée, réaction rationnelle.

Daceria. - bâtiment où est collecté les taxes sur les marchandises qui sont transbordés, douane.

Dacia. - taxe.

Dacora. - *idem* dacra.

Dacra, dacrum, dacora, decara, draca, tacra, taca, tacha. - (*d. coriis*), dizaine (de peaux en cuir).

Dacryanus. - pleureur.

Dactylicius. - de datte.

Dactylius. - (*d. percussus*), battement, pouls.

Dactylus, datilus, datillus, datilis, datarus. -
1. Datte.
2. (< δάκτυλος)[1], doigt.

Dadea. - taxe, impôt.

Dadsisa. - pratiques païennes de fêtes qui se déroulaient sur la tombe des morts.

Dadus. - dé à jouer.

Dæmon. -
1. Esprit malin, mauvais ange, diable.
2. Divinité païenne, idole.

Dæmonialis. - démoniaque.

Dæmonialitas. - diablerie.

Dæmoniatus. - possédé.

Dæmonicola. - adorateur du démon.

Dæmonicus. - du démon.

Dæmoniosus. - (subs), possédé.

Dæmonisare. - être possédé du démon.

Dæmonitiones. - superstitions.

Dæmonium. -
1. Divinité païenne, idole.
2. Esprit malin, démon.

Dæria. - *idem* dayaria, laiterie.

Daga, dagga, dagger, daggerius, daggerium, daggarium, dagarium. - poignard, dague.

Dagescalcus, dagewardus. - serf à corvées illimitées (Germanie).

Daghbrant. - incendie de jour.

Dagla. - métairie (ou vallée).

Dagnificare. - faire le mal.

Dagua. - *idem* daga.

Daguificare. - poignarder, anc fr[2], *daguer*.

Dagus. - dais.

Daia. - *idem* deia, fille de laiterie (Angleterre).

Daienus. - juge chez les juifs espagnols.

Daila. - *idem* dala.

Dailus. - *idem* dala.

Daina. -
1. Quantité de céréale pour une journée de travail (Angleterre).
2. Mesure de terre, journal (Angleterre).

Daitida. - (< *day-tide*), marée quotidienne (Angleterre).

Daiwerca, deiwerca. - (< *dæg-weorc*)[3]
1. Journée de travail (Angleterre).
2. Mesure de terre, journal (Angleterre).

Dala, daila, dailus, dalus, dayla. - (< *dal*)[4], une certaine mesure de terre de prairie ou de marais (Angleterre).

Dalerus. - thaler (monnaie germanique).

---

[1] δάκτυλος: « doigt de la main »
[2] Roquefort.
[3] A.S : *dæg*, « jour », *weorc*, « travail ».
[4] A.S : *dal*, « séparation, division ».

Dalha, dallis. - faux, lame de la faux.

Daliare. - faucher.

Dallis. - faux, lame de la faux.

Dalmascenus. - *idem* damascenus.

Dalmasenus. - *idem* damascenus, acier fabriqué à la manière de Damas.

Dalmasinus. - prune de Damas.

Dalmatica, dalmaticatus. - vêtement liturgique distinctif des diacres romains, puis des évêques : dalmatique.

Dalmaticula. - petite dalmatique.

Daltini. - clowns de la troupe, bouffons qui provoquent des assauts de plaisanteries (Irlande).

Dalum. - petite voile ; dais.

Dalus. - *idem* dala.

Dama. - daim.

Damaceus, damacius, damasticus. - étoffe de soie de Damas.

Damachinus. - *idem* damascenus.

Damadarius. - hebdomadaire.

Damagium. - préjudice, offense, tort.

Damalio. - jeune vache.

Damascenus, dalmasenus, damachinus. - acier fabriqué à la manière de Damas.

Damaschinus. - *idem* damascenus.

Damasticus. - *idem* damaceus.

Damella. - demoiselle.

Dameus. - étoffe de Damas.

Damicellus. - *idem* domicellus.

Damitum. - étoffe de soie.

Damma, dammum. - barrage.

Dammaricius. - chien de chasse et gardien de ces chiens.

Dammula, damula. - *idem* damella, demoiselle.

Dammum. - *idem* damma, barrage.

Dammus. - *idem* damus.

Damnabilis. -
   1.   Condamnable, punissable.
   2.   Funeste, fatal.

Damnabilitas. -
   1.   Dommage, tort.
   2.   Exil, condamnation.

Damnabiliter. - d'une façon préjudiciable.

Damnacius. - funeste.

Damnamentum. - dommage.

Damnare. -
   1.   Réprouver, damner.
   2.   (*d. aliquem*), faire tort à quelqu'un.
   3.   (*d. aliquid*), endommager quelque chose.

Damnaticus. - condamné (aux mines).

Damnatilia. - membres paralysés.

Damnatio. -
   1.   Préjudice, injustice.
   2.   Affliction.
   3.   Paralysie.
   4.   Excommunication.

Damnatitius, damnaticius. - condamné à mort.

Damnativus. - qui condamne.

Damnator. - le démon, celui qui cause notre perte.

Damnatorius. - de condamnation.

Damnatrix. - celle qui condamne.

Damnatus. -
   1.   Retenu au purgatoire.
   2.   Maudit (en s'adressant au démon durant l'exorcisme).

Damnifer. - funeste.

Damnificare. -
   1.   Faire du tort.
   2.   Condamner à une amende.

Damnificatio. - dommage, tort.

Damnificativus. - qui fait tort.

Damnificator. - celui qui fait tort.

Damnificatus. - celui à qui on a fait du tort.

Damnitas, damnietas. -
   1.   Condamnation.
   2.   Préjudice, tort.
   3.   Dommage, perte.

Damnum. -
   1.   Punition en général.
   2.   Frais, dépenses.

3. Intérêt d'un capital.
4. Lieu interdit sous peine d'amende.
5. Dommage causé au bétail et animal pris dans le champ d'autrui en dommage[1].

Damucula. - chèvre sauvage.

Damula. - biche.

Damula. - *idem* damella, demoiselle.

Damus, dammus. - daim.

Damus. -
1. Daim.
2. Chevreuil (Angleterre).
3. Usurier.

Danafil. - espèce de trompette.

Dananteras. - brassard.

Danegeldum, denegeldum, danigeldum, danegildum. - (< *geldan*)[2]
1. Tribut versé par des populations menacées par les Vikings afin que ceux-ci les épargnent.
2. Loyer, cens (Angleterre).

Danegildum. - *idem* danageldum.

Dangerium, dangerius[3]. -
1. Amende infligée aux serfs qui se mariaient sans l'autorisation du seigneur.
2. Tribut payé par les tenanciers de pâtures de pouvoir couper les arbres pendant le temps de la glandée[4] (Angleterre).
3. Tribut payé par les propriétaires de vignes, (Normandie).
4. Difficulté, obstacle, retard.
5. Défilé, gorge.

Dangio. - *idem* dominionus, donjon.

Dania. - le Danemark.

Danio. - espèce de poisson.

Danitari. - retenir.

Danrata. - denrées.

Dansare. - danser.

Dansator. - danseur.

Dansatrix. - danseuse.

Dantulus. - celui qui fait des présents pour une mauvaise raison.

Danumarchia. - Danemark.

Danus. - usurier.

Danza - danse (Espagne).

Dapar. - (< *dăpēs*) approvisionnement, festin.

Dapare, dapere. - manger faire un repas.

Dapare. - manger.

Dapere. - *idem* dapare.

Dapes. - biens, facultés.

Daphnis. - (< δαφνίς)[5], laurier.

Dapicida, dapiscida. - économe, majordome, sénéchal.

Dapifer. -
1. Économe majordome du pape.
2. (*d. regis*), majordome, sénéchal du roi.
3. Moine qui s'occupe du réfectoire.

Dapifera. - femme du sénéchal.

Dapiferalis. - de majordome.

Dapiferatio, dapiferia. - charge de sénéchal.

Dapifex. - intendant.

Dapificus. - cuisinier, celui qui fournit les épices.

Dapis. - opulence, fortune.

Dapiscida. -
1. *Idem* dapicida.
2. Ecuyer tranchant (celui qui est chargé de couper les viandes).

Daps. -
1. Festin.
2. (pl), *dapes*, fortune, richesse.

---

[1] Montignot.

[2] A.S : *geldan*, « payer ».

[3] Ces termes sont issus d'une forme latine *dominiarium, qui a donné l'anc fr, (Godefroy), *dangier*, dongier, « puissance, pouvoir, droit, domination, jouissance ».

[4] Habituellement du 29 septembre (Saint Michel) au 11-12 novembre (Saint Martin).

[5] δαφνίς: « baie de laurier ».

Dapsibiliter. - (< *dapsĭlĭtĕr*), avec générosité.

Dapsilis. -
1. Généreux, dépensier.
2. Glouton.

Dapsilitas. - générosité, libéralité.

Dapsiliter. - généreusement.

Daramare, daraniare - (*d. bellum*), déclarer la guerre.

Daraniare. - *idem* daramare.

Darapti. - conduites, réactions logiques, raisonnées.

Darbus. - sorte d'animal envahissant les cultures.

Darda, dardus. -
1. Trait d'arbalète, dard.
2. Poignard.

Dardana pugna. - sorte de jeu.

Dardanarius. - spéculateur ; accapareur de grains.

Dardanus equus. - cheval noirâtre.

Dardeiare. - combattre avec le dard.

Dardena corda. - corde de paille, corde de Liban.

Dardus, dartus. - javelot, trait, lance, dard.

Dare. -
1. Accorder, permettre.
2. Résoudre, décider.
3. Proférer, formuler, exprimer.
4. Conférer une charge ; concéder en bénéfice, en précaire.
5. (*se d*.), entrer dans la dépendance d'un seigneur, se faire serf ou vassal; se mettre au service de.
6. S'opposer, attaquer.
7. (*d. famam*), faire courir un bruit, publier, divulguer.
8. Léguer ; donner une église.
9. Administrer le baptême, une bénédiction.

Darius. - dé à jouer.

Darnus. - usurier.

Darsen. - cannelle.

Darsena, darsina, darsinale. - intérieur d'un port, darse.

Darsina. - *idem* darsena.

Darsinale. - *idem* darsena.

Darsis. - *idem* darsus.

Darsus, darsis. - sorte de poisson.

Dartus. - *idem* dardus, javelot, trait, lance, dard.

Dasgastaldus. - administrateur, gouverneur.

Dasia. - souffle.

Dasium. - dais.

Data. -
1. Date d'un document.
2. Donation.
3. Impôt, redevance, frais de rôles.

Datalus, dates, datilis. - datte.

Datare. - dater un document.

Dataria. - bureau du dataire.

Datarium. -
1. Formule de datation.
2. Nécrologe, registre mortuaire.
3. *Idem* data1.
4. Donation.

Datarius. - dataire (premier chancelier à la cour romaine).

Datarus. - *idem* dactylus1 ; datalus, datte.

Dates. - *idem* datalus, datte.

Dati. - offerts.

Datia. -
1. *Idem* data3, redevance.
2. Octroi.

Datiare. - soumettre à l'impôt commercial.

Datiarius. - collecteur des impôts.

Daticum, datia, datium. - *idem* data3.

Daticum. -
1. *Idem* data3.
2. *Idem* datia2.

Daticus. - contribution de guerre à payer par les vaincus.

Datilis, datillus, datilus. - *idem* dactylus1, datalus, datte.

Datio. -

1. Impôt, redevance, taxe ; redevance de nature agraire.
2. Argent de corruption.
3. Donation ; cadeau plus ou moins obligatoire offert à un prince ou à une autre personnalité de rang.
4. Collation d'une église.
5. Investiture.

Datita, datitia, dativa. - *idem* datia1.

Datitii. - vaincus qui se rendent aux vainqueurs.

Datium. -
1. *Idem* data3.
2. *Idem* datia1

Datius, dadus. - dé à jouer.

Dativa. - *idem* datia1.

Dativus. -
1. Qui a cours ; (*dativi denarii*), monnaie courante) ; usuel.
2. Qu'on peut déplacer ; (*d. judex*), juge délégué pour une affaire.
3. (subs), fonctionnaire dans les régions byzantines de l'Italie.

Dator. - répondant, caution.

Datum, datarium, datus. - *idem* data1.

Datum. -
1. Ce qui est donné par la nature.
2. Date.
3. Impôt, redevance.
4. Charte, décret, ordre, décision.
5. Succession.
6. Inféodation.
7. Investiture ; symbole d'investiture.

Datura. - don, présent.

Datus. - *idem* data1.

Daubatura. - (< *dĕalbāre*), enduire un mur de crépis.

Dauberium. - travail en plâtre.

Daura. - hellébore, (ou feuille d'or).

Dauratura. - dorure.

Daurerius. - marchand.

Davacha. - *idem* davata.

Davachus. - *idem* davata.

Davata. davacha, davachus. - (< *dabhach*)[1] ; (*d. terræ*), mesure agraire chez les anciens écossais correspondant à la superficie que 4 charrues tirées par 8 bœufs peuvent labourer en un jour, ce terme est également parfois compris comme étant un district, une baronnie.

Daventrenses denarii. - acquitter au préalable, avancer l'argent, anc fr[2], *deventer, devanter*.

David. -
1. Supérieur de monastère en Egypte, par extension le supérieur de monastère quel que soit le lieu.
2. Psautier dit de David.
3. Harpe.

Daviticum. - psautier de David.

Daya. - laitière (Angleterre).

Dayaria, dayeria, dayri, dæria. - laiterie (Angleterre).

Dayeria. - *idem* dayaria.

Dayri. - *idem* dayaria.

Dayla. - *idem* dala.

Dayna, daynus. - daim.

Dayri. - *idem* dayeria, laiterie.

Daywercata. - jour de travail, mesure de terre (Angleterre).

De contra. - tout près.

De facili. - facilement.

De per se. - par soi-même.

Deabilitare. - faire tort, nuire.

Deablagium. - champart.

Deablatus. - emporté dans une action judiciaire.

Deabuti. - abuser de, ravager.

Deacceptare. - refuser.

Deacceptio. - refus.

Deaccingere. - ôter la ceinture de.

---

[1] Gael : *dabhach*, « grande cuve », (donnant la surface à ensemencer).

[2] Godefroy.

Deacutus. - aigu.

Deadvoare. - *idem* deadvocare.

Deadvocare, deadvoare, deadvouare. -
1. Désavouer, refuser de reconnaître la suzeraineté.
2. Refuser de se porter garant infirmer, rejeter un document.

Deadvocare. - *idem* disadvocare, désavouer.

Deadvocatio. -
1. Action de désavouer.
2. Refus de reconnaître la suzeraineté.
3. Droit de présenter un candidat pour un bénéfice.

Deadvouare. - *idem* deadvocare.

Deædificare. - mal édifier, écarter de la piété.

Deafforestare. - *idem* deaforestare.

Deafforestatio. - déforestation.

Deaforestare, deafforestare. - couper la forêt et la transformer en prairie.

Dealbare. - (< *albus*).
1. *Idem* decalcare1.
2. Payer le cens annuel non en denrées mais en numéraire, en argent.

Dealbati. - les « blanchis », société d'hommes habillés de blanc qui parcouraient l'Italie en priant pour la paix.

Dealbatio. -
1. Badigeon.
2. Blanchiment des flancs d'une monnaie avant d'être frappée.

Dealbator. -
1. Celui qui excuse, blanchit.
2. Celui qui fait des badigeons à la chaux.

Dealbatores. - métiers dispensés de tâches, de corvées publiques.

Dealbatura. - action de blanchir.

Dealbatus. -
1. Vêtu de blanc.

2. Offrande pour la bénédiction des aubes baptismales.

Dealbescere. - se couvrir de blancheur.

Dealitas. - divinité.

Deallocare. - refuser, décliner.

Deambulacrum. - galerie.

Deambulans. - surveillant qui fait la ronde auprès des limites.

Deambulare. -
1. S'avancer, marcher contre en parlant des militaires.
2. Surveiller les limites.

Deambulatio. -
1. Surveillance.
2. Déambulation.
3. (*deambulationes stercorum*), latrines.

Deambulativus. - mobile.

Deambulator. -
1. Celui qui part pour l'étranger ; pèlerin.
2. Surveillant qui fait des rondes.
3. Cheval qui va à l'amble, cheval de promenade.

Deambulatorium. - galerie ; cloître ; pourtour une église.

Deambulatorius. - de cloître.

Deamelatus. - émaillé.

Deamplecti. - embrasser, entourer.

Deampunctuare. - mettre de côté, renverser, anc fr[1], *despointier*.

Deangilere. - garder, confisquer.

Deantea. - devant.

Deappellare. - appeler.

Deappetitus. - dégoût.

Deaptare. - disqualifier, mettre hors d'action.

Dearchiepiscopare. - dégrader un archevêque.

Dearestare, dearestarre. -
1. Lever l'arrêté sur une chose.
2. Se soustraire à un arrêt.

---

[1] Godefroy.

Dearestari. - *idem* dearestare2.

Dearestarre. - *idem* dearestare.

Dearestatus. - délinquant qui est toujours en liberté.

Deargentare. - argenter, blanchir.

Dearmatio. - démolition.

Dearmatus. - désarmé.

Deartare. - (*d. viam*), élargir la voie.

Deartuare. - démembrer, mettre en pièces, anc fr[1], *deartuer*.

Deassecurare. -
1. Défier, annoncer des hostilités contre quelqu'un.
2. Inquiéter, malmener en justice.

Deastricola. - terme injurieux dans le culte des saints catholiques.

Deastuppare, distoppare, distuppare. - arrêter, bloquer.

Deauctorirare. -
1. Désavouer, déclarer invalide un concile.
2. Congédier.

Deauctorizare. -
1. Discréditer.
2. Congédier.

Deaurarius, deaurator. - doreur.

Deauratio, deauratura. - dorure.

Deaurator. - *idem* deaurarius.

Deauratura. - *idem* deauratio.

Deawarennare. - *idem* dewarennare, enlever le statut de garenne.

Debacchare. - ravager, dévaster.

Debacchatio. - (< *dēbacchātiō*), fureur, dévastation.

Debacchatus. - ivre.

Debannire. - lever l'interdit sur un lieu.

Debarbare. - couper, trancher.

Debariare. - séparer par des barrières, des clôtures.

Debaronizare. - priver du titre de baron.

Debarrare. - lever les barrières.

Debastari. - dévaster.

Debata, debatum. - discussion, débat.

Debatabilis. - qui est en litige, en discussion.

Debatare. - débattre.

Debatum. - *idem* debata.

Debatus. -
1. Chaussée, digue.
2. (< *dēlātus*), accusé.

Debellare, debellari. - faire la guerre, attaquer ; assiéger.se battre en combat singulier, soutenir un duel judiciaire.

Debellari. -
1. *Idem* debellare.
2. Battre, vaincre.

Debellatio. -
1. Défaite.
2. Attaque, conquête.

Debellio. - *idem* deballatio1

Debelus. - (< *bālāre*), endroit qui n'est pas apte à la pâture.

Debendus. - ce qui est dû.

Debere. - pouvoir, avoir la faculté de.

Deberium, deverium. - le dû.

Debilis. -
1. De basse condition.
2. Estropié.
3. Usé.
4. (pl) ; (*debiles soldi*), qui ne fait pas le poids (en parlant de la monnaie).

Debilitamentum. - affaiblissement.

Debilitare. - estropier, mutiler.

Debilitas, debilitatio. -
1. (*membrorum d.*), punition par mutilation.
2. Déficience de poids en parlant de la monnaie.

Debita, debitale. - dette.

Debitalis. - de dette.

Debitare. - léguer.

Debite. - dûment, comme il se doit.

Debitio. - toute contrepartie que l'on est tenu par le devoir et le droit d'exécuter.

Debitis. - commission royale ou lettres de chancellerie pour forcer le paiement d'un débiteur, anc fr[1], *debitis*, « dette ».

Debitolium. - (*vendere ad d.*), vendre au détail.

Debitor. - celui qui doit les impôts.

Debitum. -
1. Devoir, tâche ; (*d. matrimonii*), devoir conjugal.
2. Ce qui est dû, nécessaire à la vie.
3. Amende.
4. Impôt, redevance, rente, cens.
5. Faute, méfait, crime, péché.
6. Prébende.
7. Charge, office.
8. Dette de la mort abolie par le rédempteur ; (*d. animæ*), prières et aumônes pour les morts.
9. *Idem* devetum1, taxe

Debitus. -
1. Dû.
2. (subs), débiteur.

Debladare. - moissonner, couper les blés, (se dit également de la fauche des prés).

Debladatio. - moisson.

Débladire. - moissonner.

Deblandiri. - flatter.

Debodinare, **deboynare**, **debornare**, **debonare**. - borner, planter des bornes, anc fr[2], *deboener*, « changer les bornes d'un champ ».

Debodinatio. - *idem* debonatio.

Debonare. - *idem* debodinare.

Debonatio, **debodinatio**. - borne, bornage.

Debornare. - *idem* debodinare.

Debotarer. -
1. (*d. arcam*), fracturer un coffre.
2. Débouter d'une demande.

Deboynare. - *idem* debodinare.

Deboyschatus. - ébauché.

Debracare. - enlever les braies.

Debrandanare. - enlever un obstacle.

Debriare. -
1. Enivrer, s'enivrer.
2. Envahir, inonder.
3. Mouiller abondamment.

Debriatio. - ivresse.

Debriatus. - ivre, et par métaphore « plein ».

Debrigare. - débarrasser de toute préoccupation.

Debroudatus, **debrouditus**. - brodé.

Debrouditus. - *idem* debroudatus.

Deburgare. - cambrioler, anc fr[3], *burger*, « piller ».

Debverium. - devoir.

Decaballare. - désarçonner.

Decaccare. - désaveugler, éclairer.

Decachordus. - garni de dix cordes.

Decada. - dix.

Decadentia. -
1. Décadence ; ruine d'un bâtiment.
2. Déchet, diminution de la valeur monétaire.

Decadivus. - qui tombe.

Decæcare. - faire voir, délivrer de l'aveuglement.

Decagesima. - espace de dix semaines.

Decagesimus. - dixième.

Decaisatus. - décomposé, pourri.

Decalantricare. - ôter le voile.

Decalanzare. - chanter avec allégresse.

Decalcare. -
1. Blanchir à la chaux.
2. Fouler aux pieds, marcher sur les talons de quelqu'un.
3. Renverser.

Decalcator. - buveur.

Decalceare. - enlever ses chaussures.

Decalescere. - se refroidir.

Decalicare. - *idem* decalcare1.

Decalicatus. - blanchi à la chaux.

Decalvare. -
1. Raser la tête.
2. Couper la tête.

Decalvatio. - rasage de la tête en punition ou en signe d'ignominie.

Decambiare. - changer.

Decambium. - échange.

Decambriare. - blanchir à la chaux.

Decana. - doyenne d'un groupe de moniales.

Decanalis. - de doyen, dû au doyen.

Decanaria. -
1. Charge de doyen.
2. Maison du doyen.
3. Office de juge.

Decanatim. - par doyenné.

Decanatus. -
1. Charge de doyen., dignité de doyen.
2. Doyenné, district du doyen.
3. Obédience.

Decandidare. - (fig), blanchir.

Decandidatio. - action de blanchir, blancheur.

Decanere. - célébrer, chanter quelque chose ; déclamer.

Decania. -
1. Escouade de dix hommes ; groupe de dix familles.
2. Circonscription domaniale administrée par un agent appelé « decanus », domaine, fraction de domaine.
3. Organisation d'entr'aide.
4. Charge d'un moine placé à la tête d'un groupe de dix moines.
5. Charge de doyen monastique, obédience.
6. Charge de doyen rural.

7. Doyenné, ressort d'un doyen.
8. Dîme (Angleterre).
9. Circonscription administrative en pays slave.

Decanicum. - prison ecclésiastique.

Decanissa. - doyenne.

Decanizare. - être doyen.

Decanonus. - dix-neuvième.

Decantare. -
1. Célébrer un office ; (*d. ecclesiam*), desservir une église.
2. Réciter.
3. Chanter fort.

Decantatio. - psalmodie intérieure.

Decantus. - double chant, harmonie musicale.

Decanus, deganus. -
1. Commandant d'une escouade de dix hommes.
2. Chef d'une décanie ou réunion de dix familles.
3. Chef de dix hommes dans une gilde.
4. Maître d'un groupe d'artisans domaniaux, agent domanial.
5. Agent inferieur de l'autorité publique ou domaniale chargé de fonctions policières.
6. Juge d'une petite localité.
7. Chef de chantier ; appariteur communal.
8. Chef de dix moines chargés de surveiller les autres ; doyen d'un chapitre de chanoines ; chef d'une obédience ; prieur, vice-abbé ; archiprêtre.
9. Préposé à l'enterrement des morts ; ceux qui étaient chargés de l'inhumation des morts à Constantinople[1].

Decapellare. -
1. Scalper.

---

[1] Montignot.

2. Défaire ses cheveux.

3. Décapiter.

4. Enlever le chapeau de cardinal à quelqu'un.

Decapillare. -

1. Raser les cheveux par dérision, outrage.

2. Décapiter.

3. Découvrir le toit d'une maison.

Decapillatio. - le fait de tondre les cheveux.

Decapitare. - décapiter.

Decapitatio. -

1. Décapitation.

2. Etêtage des arbres.

Decapitiatus. - sans capuchon.

Decapulare. - couper, casser, raser.

Decaputiatus. - tête nue, sans capuchon (en signe d'humilité).

Decara. - *idem* dacra, dizaine.

Decarcare. - *idem* decargare.

Decarcerare. - abandonner, déserter.

Decarcones. - chef de quartier à Rome.

Decargare, decarcare. - décharger.

Decargyrum. - monnaie d'argent romaine frappée à l'origine par Honorius[1].

Decariare. - descendre d'un char (ou peut être décharger).

Decarnare. - détacher la chair de la peau, couper, séparer.

Decarnatus. - décharné, maigre.

Decarnelare. - enlever les créneaux (d'une muraille).

Decas. -

1. Dizaine de jours.

2. Période de dix ans.

3. Groupe de dix livres d'une œuvre.

Decassare. - réfuter.

Decastellare. - démolir un château.

Decasura, decasus. - déchet.

Decatere. - être débouté.

Decaterna. - treizième partie.

Decatia. - dîme sur les marchandises.

Decatum. - déchet.

Decaudare. -

1. Couper la queue.

2. (fig), diminuer, réduire.

Deccedere. - ranger, mettre de l'ordre.

Dece. - dix.

Decemcordus. - à dix cordes.

Decemdium, decendium. - décade, espace de dix jours.

Decena, decenna. -

1. (< *dĕcĭma*), dîme.

2. Mode paiement à la semaine (Angleterre).

3. Mesure pour le charbon, pour le fer (Angleterre).

4. Division de la circonscription nommée « *hundred* », (Angleterre).

5. Groupe de dix miliciens (Italie).

Decenator. - *idem* dussinator, celui qui est chargé de percevoir la dîme.

Decendium. - décade, espace de dix jours.

Decenna. - *idem* decena.

Decennalis. - décennal.

Decennaria. - terre sous la juridiction d'une unité administrative appelée « *tithing* » ou « *tything* », c'est-à-dire la dixième partie de la « *hundred* », soit dix familles, une décanie (Angleterre).

Decennarius. - celui qui fait partie d'un collège de dix hommes.

Decennio. - groupe de dix (soldats).

Decennitas. - espace de dix ans.

Decensare. -

1. (*d. prædium*), concéder une terre.

2. Payer le cens (ou le recevoir).

Decentarius. - rapide, ingénieux.

Decentum, decentus, discantus, descantus. - style musical vocal et sacré, déchant.

Decentus. - *idem* decentum.

---

[1] A Frey.

Decenum. -

1. Dîme sur les marchandises.
2. Décanie ou réunion de dix familles ; chef de la décanie.

Decepma. - *idem* decima.

Deceptabilis. -

1. Qu'on peut tromper.
2. Qui peut tromper.

Deceptare. - tromper.

Deceptatio. - lutte. Incertitude, déception, illusion.

Deceptatorius. - de tromperie, trompeur.

Deceptatrix. - trompeuse.

Deceptibilis. - trompeur.

Deceptiosus. - d'une façon frauduleuse.

Deceptitas. - état de celui qui est trompé.

Deceptiuncula. - petite erreur, petite tromperie.

Deceptive, **deceptorie**. - en trompant, en se trompant.

Deceptus. - trompé, surpris, anc fr[1], *decepte*, « action de décevoir ».

Decernentia. - borne, limite d'un champ.

Decernere. -

1. Discerner, distinguer, voir.
2. (*d. aliquia*), délibérer sur.
3. (*d. aliquem*), juger.
4. Faire donation de.
5. Créer, nommer.

Decertare. -

1. Mettre ses soins à, s'efforcer de faire.
2. Mesurer.

Decertatio. - contestation, discorde.

Decervicare. - couper la tête, décapiter.

Decesser. - prédécesseur immédiat.

Decessio. - succession, héritage.

Decessire. - (*d. se*), se dessaisir.

Decessor. - prédécesseur.

Decessorium. -

1. Issue, sortie.
2. Décès.

Decessus. -

1. Décédé.
2. (*d. civilis*), entrée en religion.

Decetero. - dans le futur, désormais.

Decharchare. - décharger.

Dechargiamentum. - quai de déchargement des marchandises.

Dechargiare. - décharger.

Decheium. -

1. Déchet.
2. Rabais.

Dechi, deci. - paiement exigé pour la surveillance des champs et la position des bornes, ainsi que les amendes infligées pour les délits commis dans les champs dans une certaine circonscription, *Cf. dextri*.

Dechiffrare. - déchiffrer (une lettre).

Dechordus. - instrument de musique a dix cordes.

Dechristianatus. - désacralisé.

Deci. -

1. *Idem* dechi.
2. Bornes, limites

Decianus. -

1. Qui concerne le jeu de dés.
2. (subs), l'action de jouer aux dés.

Deciatus. - qui a la forme d'un dé.

Decibare. - emporter la nourriture.

Decibilis. - convenable.

Decibiliter. - avec décence, convenablement.

Decidentia, decidium. - diminution, perte.

Decidere. -

1. Être déchu, dégradé ; (*d. causa*), perdre sa cause.
2. S'insurger, entrer en conflit ; (*controversiam d*), trancher une controverse.
3. Décéder, être mis à mort.

Decidi. - décéder, être mis à mort.

Decidium. - *idem* decidentia.

---

[1] Godefroy.

Decies. -
1. (*d. quadratum*), la quadragésime, premier dimanche de carême.
2. (*d. tantum*), assignation contre un juré qui a accepté un pot de vin (Angleterre).

Decima, decuna. -
1. Groupe, escouade de dix hommes.
2. *Idem* decennaria, division de la circonscription nommée « *hundred* » (Angleterre).
3. Partie des revenus de la terre, généralement le dixième, donnée à titre de redevance au seigneur par son vassal, dîme.
4. (*d. aratri comitis*), dîme levée sur les champs labourés avec la charrue du comte.
5. (*decimæ reales* ; *prædiales*), dîmes réelles à percevoir sur la récolte.
6. Dixième du croît des porcs dû aux propriétaires des forêts pour la glandée.
7. (*d. industrialis* ; *personalis*), dîme qui se levait sur l'industrie et le travail des hommes.
8. Impôt fiscal sur la circulation qui se montant à un dixième des marchandises.
9. Dixième des revenus locaux du fisc de nature diverse, concédé à une église.

Decimagium. - territoire soumis à la dîme.
Decimale. - produit duquel on perçoit la dîme.
Decimalis. -
1. Qui concerne la dîme ; (*d. terra*), terre soumise à la dîme ; (*d. res*), propriété louée pour la dixième partie des fruits produits.
2. Qui possède le droit de lever la dîme.

Decimanus. - celui qui doit la dîme.
Decimare. -
1. (*decimam levare*), lever la dîme.
2. Soumettre à la dîme.
3. (*decimam persolvere*), payer la dîme.
4. (*d. ecclesiam*), doter une église du droit de lever la dîme.
5. Donner la dîme de son bien ; engager le dixième de ses biens en faveur d'un monastère ou d'une église.

Decimaria. -
1. Domaine soumis à la dîme.
2. Droit de lever la dîme.

Decimarium. - *idem* decimaria1.
Decimarius. - celui qui perçoit la dîme.
Decimata. - mesure pour les liquides.
Decimatio. -
1. Dîme, action de lever la dîme.
2. Droit de dîme.
3. Domaine dont on perçoit le dixième des fruits.
10. *Idem* decennaria, division de la circonscription nommée « *hundred* » (Angleterre).
4. (*d. mortuorum*), taxe à l'occasion d'un décès.

Decimator. -
5. Fonctionnaire chargé de la perception des dîmes.
6. *Idem* decanus8 dans un monastère, chef de dix moines.

Decimatura. - droit de dîme.
Decimi mansus. - manse soumis à la dîme.
Decimula. - petite dîme.
Decimum. -
1. *Idem* decima.
2. *Idem* decatia.

Decina. - décade (Italie).
Decinctor. - agresseur, détracteur.
Decinctus. - sans ceinture.
Decinerare. - brûler par l'incendie.
Decineratus. - réduit en cendre.

Decinere. - (< *canĕre*), chanter en sourdine, pour soi.

Decingere. - détacher.

Decipula. - (< *dēcĭpŭla*).
1. Filet pour attraper les oiseaux.
2. Piège, tromperie.

Decisio. -
1. Coupure, schisme.
2. Sentence, jugement.
3. Mort, martyre.
4. (< ?), aqueduc, canal.

Decisive. - en détail.

Decisor. - arbitre, juge.

Decisorius. -
1. Décisif.
2. (*jussurandum decisorium*), code juridique où chaque partie a le droit de prêter serment pendant ou avant le procès pour trancher le débat.

Decius. -
1. Dé.
2. (adj), qui concerne le dé à jouer.

Declamare. -
1. Promulguer.
2. Abroger.
3. (*d. monetam*), démonétiser.
4. (*d. causam*), plaider une cause.

Declamatio. -
1. Proclamation.
2. Cris, injures.
3. Contestation, action en justice.

Declarare. -
1. Tirer au clair, trancher un différend, éclairer.
2. Affirmer, déclarer.
3. (*d. regulam*), interpréter et conformer aux usages nouveaux.
4. (*d. se*), se manifester.

Declarari. - mettre au clair les bornes, se dit chez les arpenteurs lorsque les limites sont floues, et sont restituées par ceux-ci par un bornage clair.

Declaratio. -
1. Déclaration orale
2. Déclaration d'un concile.

Declarativus. - explicatif.

Declarator. - celui qui interprète, explique.

Declaratorius. - qui fait connaître.

Declinare. -
1. Refuser, rejeter, déclirer, pencher.
2. (*d. caput*), incliner profondément dans la prière
3. (*d. ad aliquem*), se rendre chez quelqu'un.
4. Être transféré aux mains de quelqu'un.
5. Se mettre du part de quelqu'un.
6. Assigner des bornes.
7. (*d. velum*), affaler la voile.

Declinatio. -
1. Descente ; décroissance, affaiblissement.
2. Parler, langage.

Declinator. - celui qui refuse, qui écarte (le démon).

Declinatoria exceptio. - exception par laquelle le défendeur refuse de procéder en la juridiction où il est assigné.

Declinatorium. -
1. Refuge.
2. Litière.
3. Neume formé de notes descendantes.

Declinis. - incliné.

Declinium. - abaissement déclin.

Declivare. - courber.

Decliviositas. - déclivité.

Declivum. - déclin.

Decluere. - écorcher.

Decoccio, decoctio. - cuisson.

Decoctio. - *idem* decoccio.

Decoctus. - épuisé.

Decognoscere. - refuser de reconnaître.

Decolare. - cultiver.

Decollare. -

1. Décapiter.
2. Corrompre, déshonorer.

Decollatio. - décapitation.

Decollator. - celui qui décapite.

Decollatus. -
1. Décolleté.
2. Conféré, accordé.

Decolorare. -
1. Marquer d'infamie, déshonorer.
2. Ombrer.
3. Enluminer, peindre.

Decoloratus. - (fig), hideux.

Decolorosus. -
1. Sans couleur.
2. Vilain, sans grâce.

Decolpare. - chuter, tomber.

Decomanus. - dignitaire de l'église de Milan.

Decomatio. - action de couper les cheveux.

Decomburare. - ravager par le feu.

Decomere. - parer.

Decomitare. - enlever la dignité de comte.

Decomptor. - coiffeur.

Deconducere. - faire descendre, emmener.

Deconstare. -
1. Coûter.
2. Donner quitus.

Deconstari. - être clair.

Decontrahere. - rappeler, faire revenir.

Decopulare. - découpler (en parlant de chiens de chasse).

Decorabilis. - beau, splendide (en parlant de la Jérusalem céleste).

Decorabilis. - orné.

Decoramen. - décoration, ornement.

Decoratio. - ornement.

Decorator. - foulon, blanchisseur.

Decordiatum lignum. - bois mesuré à la corde.

Decoria. - marque de bornage en forme de X sur l'écorce d'un arbre.

Decoriare. -
1. Enlever la peau, écorcher.
2. (fig), dépouiller.
3. Oter une parure.
4. Brûler.

Decoriatio. - action d'enlever la peau.

Decoritas. - beauté.

Decoriter. - orné.

Decoronatio. - action de découronner.

Decorose. - d'une manière très belle.

Decorositas. - beauté.

Decorosus. - beau.

Decorporare. - détourner, détacher.

Decorrigiare. - dénouer la courroie de.

Decorruere. - diminuer.

Decorticare. -
1. Enlever l'écorce de.
2. Enlever la peau de.

Decostamentum, decoustamentum. - coût, dépense.

Decostarer, decoustarer. - coûter.

Decoustamentum. - *idem* decostamentum, coût, dépense.

Decoustarer. - *idem* decostare.

Decredere. - cesser de croire à ; perdre la foi.

Decrementum. -
1. Diminution.
2. Perte de valeur.
3. Usure.

Decrepitas. - vieillesse.

Decrescere. - s'incliner en signe de révérence.

Decreta. - ce que le prince prononce quand l'affaire est connue et les deux parties entendues.

Decretale. -
1. Décret, constitution.
2. (*d. precum*), ordonnance qui fixe telle prière.

Decretalis. -
1. De décret.
2. (subs) ; (*d. epistola*), ordonnance des papes concernant la doctrine ou la morale, en réponse à des consultations.

Decretaliter. - selon le droit canon.

Decretare. - décider, décréter.

Decretio. -
1. Décret.
2. Donation.
3. Action de décroître.

Decretista. - jurisconsulte.

Decretor. - celui qui décide, juge.

Decretum. -
1. Canon conciliaire, recueil de textes canoniques.
2. Lettre envoyée par le clergé et les fidèles au pape pour lui faire part de celui qu'ils ont choisi comme évêque.
3. Diplôme royal.
4. (pl), *decreta*, droit canon.

Decretus. -
1. Décisif.
2. *Idem* decretum2.

Decriminare. - incriminer.

Decrobare. - enchâsser, sertir.

Decrudescere. - s'adoucir.

Decrustare. -
1. Dédorer (pour voler l'or).
2. Enlever la croûte du pain.

Decrustatio. - action de gratter, de dédorer (pour voler l'or).

Dectus. - *idem* decus1, borne.

Decubare. -
1. Être couché, alité.
2. Être malade.
3. Veiller, garder.

Decubatio. - action d'être couché dans un lit de malade.

Decubia. - (pl), couches, accouchement.

Decubitio. - façon de se coucher.

Decucullare. - enlever l'habit monastique, se défroquer.

Deculare. - quasiment couper la queue.

Deculcatio. - action d'abîmer (en parlant de l'ablation du prépuce).

Deculpare. -
1. Condamner.

2. (*se d.*), se justifier

Deculpatio. - condamnation.

Decum. - digue.

Decumani. - premiers clercs d'une église à Milan.

Decumanus. - la vague la plus violente qui est selon Festus la dixième, d'où l'appellation.

Decumbere. - (< *dēcurrĕre*), se précipiter, descendre en courant.

Decumbitio, discumbitio. - mort, sépulture.

Decuna. - *idem* decima.

Decuplare. - multiplier par dix

Decuplum. - dix fois plus.

Decurare. -
1. Guérir.
2. Se soucier avec excès.

Decuria. -
1. Dizaine.
2. Lots de dix.
3. Marque en forme de X, (dix), sur les arbres pour indiquer une borne.
4. Quartier, circonscription administrative dans les villes d'Italie.
5. Mesure agraire, équivalent à 1/10 de hundred, ou 10 hides (Angleterre).

Decuratus. - indifférent, qui ne se préoccupe pas.

Decuratus. - négligé, abandonné.

Decurianum. - dizaine.

Decuriare. - mettre en ordre, faire rentrer quelqu'un dans le rang, l'abaisser.

Decurio, decurionatus. - conseiller.

Decurius. - cheval de combat.

Decurrens. - bûche ou marécage, ou un canal en bois, à travers lequel coule l'eau ?

Decurrentia. - cours d'eau.

Decursare. - s'écouler en parlant du temps.

Decursativus. - développé, explicatif.

Decursio. -

1. Laps de temps, cours de la vie.
2. Cours d'un fleuve.

Decursor. -
1. Courrier.
2. Celui qui parcourt un livre.

Decursus. -
1. Cours d'eau.
2. (*aquarum d.*), droits d'eau.

Decurtare. -
1. Diminuer, abréger.
2. Diminuer une propriété, empiéter sur.
3. (*d. jura*), violer les droits de quelqu'un.

Décurtation. -
1. Mutilation.
2. Action de raccourcir (un vêtement).

Decus. -
1. Borne, limite.
2. Redevance pour la protection d'un terroir dans ses limites.
3. Infraction concernant les limites d'un terroir.

Decusæ. - *idem* decuria3, marques en forme de X, (dix), sur les arbres pour indiquer les limites.

Decusare, decussare. - orner, décorer.

Decusatus, decussatus. - orné.

Decusdipendius. - le nombre douze.

Decussare. - *idem* decusare, orner, décorer.

Decussatim. - d'une manière convenable.

Decussatus. -
1. *Idem* decusatus, orné.
2. (*d. lapis*), marque X (dix) sur une pierre signalant une borne.

Decussum. - *idem* decus1, borne.

Decustare. - coûter.

Decustus. - coût.

Dedamnare. - annuler une condamnation.

Dedamnificare. - dédommager, réparer le préjudice.

Dedampnificatio. - dédommagement.

Dedbana. - (< *dæd-bana*)[1], complice de meurtre (Angleterre).

Dedecentia. - disgrâce.

Dedecorosus. - honteux, infame.

Dedecus curiæ. - recueil des amendes de la prévôté de Bourges.

Dedicare. -
1. Célébrer.
2. Attribuer.
3. Commencer.

Dedicatio. -
1. Anniversaire de la dédicace d'une église.
2. Acte par lequel on se voue au service d'une église.

Dedicativus. - affirmatif.

Dedicere. -
1. (*d. aliquid*), nier, contredire, refuser, dédire.
2. (*d. aliquem*), donner un démenti à.
3. Interdire quelque chose à quelqu'un.
4. Déclarer la guerre à, défier.

Dedictio. - défit.

Dedictum. - dédit.

Dedignabundus. - dédaigneux.

Dedignanter. - avec dédain.

Dedignantia. - dédain.

Dedignare. - rejeter, mépriser.

Dedignari. - (*d. alicui*), s'indigner contre quelqu'un.

Dedignatio. - irritation.

Dedignativus. - méprisant.

Dedigne. - indignement.

Dedignitari. - dédaigner.

Dedilectio. - manque d'affection.

Dediligere. - cesser d'aimer.

Deditio. - hommage (au roi, au suzerain).

---

[1] A.S : *dæd-bana*, « auteur de délit »

Deditionaliter. - en faisant sa soumission.

Deditui. - (< *dēdĭtus*), paysans qui élevaient des abeilles dans les bois et qui étaient débiteurs d'une taxe sur le miel à percevoir par le seigneur.

Deditus. - livré, offert fortuitement.

Dedominatio. - dépendance, pouvoir seigneurial.

Dedormire. - être vivant, actif.

Deducere. -
1. (*d. aliquem*), persuader de quelque chose.
2. (*d. rationes*), rendre comptes.
3. (*d. sacramentum*), prêter serment.
4. (*se d.*), se conduire.
5. Raconter, déclarer.
6. Exécuter, accomplir.
7. Séduire, entraîner.

Deductio. -
1. Récit, narration.
2. Plaisir, divertissement.
3. Déduction.
4. (*d. breve*), apporter une assignation au tribunal.
5. (*d. lecto*), marier.
6. (*d. mercatum*), faire du commerce.
7. (*d. de*) investir, mettre en possession.
8. (*d. super*), s'étendre dans l'espace, s'agrandir..

Deductrix. - celle qui conduit.

Deductus. - *idem* deductio2.

Deeligere. - annuler l'élection.

Deequitare. - tomber de cheval.

Deesaltatio. - action d'abaisser.

Deessentia. - envie, manque de.

Deestimare. -
1. Mésestimer.
2. Ne pas penser.

Deex. - provenant de.

Deexaltare. - abaisser.

Deexaltatio. - abaissement.

Deexire. - sortir.

Defabricare. - détruire.

Defabricari. - démolir, défaire.

Defacere, disfacere. - abolir, abroger.

Defæcatio. - action de nettoyer, de purifier, de purger.

Defalcamentum. - déduction, action de défalquer.

Defalcare, difalcare, diffalcare, disfalcare. - défalquer, déduire, affablir.

Defalcatio. -
1. *Idem* defalcamentum.
2. Action de faucher, fauchaison.

Defalcatura. - diminution, réduction.

Defallentia. - défaillance.

Defalsare. - frauder, enlever frauduleusement.

Defalta. -
1. Défaut, non comparution devant le tribunal.
2. Négligence.

Defamare. - salir la réputation.

Defamatio. - calomnie, diffamation.

Defamator. - diffamateur.

Defanare. - profaner.

Defarinatum. - grain réduit en farine.

Defatigabilis. - sujet à la lassitude.

Defatigare. - tourmenter.

Defatuare. - guéri de la sottise, de la folie.

Defatuatio. - sottise.

Defaucio. - opposition.

Defaultarius. - celui qui était charger de noter ceux qui ne se rendaient pas à l'Office ou au Chœur.

Defauta, deffauta. - *idem* defalta1.

Defavillatio. - (fig), extinction.

Defeasancia. - clause conditionnelle d'un acte rendant l'acte nul si cette clause est remplie.

Defebulare. - dégrafer, ôter un vêtement.

Defecare. - débarrasser de la lie, purger, vider.

Defecit. - sorte de maladie, genre de phtisie.

Defectare. -

1. Admettre sa faute.
2. Blesser, mutiler.

Defectibilis. -
1. Faillible.
2. Qui peut manquer.

Defectio. -
1. Crainte, désespoir.
2. Apostasie.

Defective. - d'une manière déficiente.

Defectivus. -
1. Corrompu, vicieux, dépravé.
2. Faible.
3. Qui commet un déni de justice.
4. Qui manque à sa parole.

Defectuose. - d'une manière défectueuse.

Defectuosus. - défectueux.

Defectus. -
1. Détruit, démoli.
2. Vice, imperfection.
3. Défection, insubordination.
4. Mort.
5. Défaut de comparaître en justice
6. Prévarication, violation de la loi.
7. (*d. justiciæ*), déni de justice qui avait lieu quand le seigneur refusait de rendre la justice au vassal en ajournant indéfiniment le jugement.

Defedare. - ne pas se fier.

Defedatio. - profanation, souillure.

Defederatus. - *idem* defœderatus.

Defendere. -
1. (*d. ne*), interdire de.
2. Refuser de donner.
3. Défendre, clôturer un terrain.
4. Garantir contre les prétentions d'un tiers.
5. Repousser un chef d'accusation.
6. (*d. se per corpus suum*), se battre en duel.
7. (*d. stallum suum*), défendre sa place dans le chœur, (se dit du chanoine qui n'est pas à la hauteur de sa charge).

Defendiculum. - défense.

Defensa. -
1. Ouvrage de fortification.
2. Défense, interdiction.
3. Endroit interdit pour le pâturage.

Defensabilis. -
1. (*d. domus*), maison fortifiée.
2. (*d. homo*), homme de défense.

Defensaculum. -
1. Fortification.
2. Refuge.

Defensalis. -
1. De défense.
2. (subs) ; (pl), défenseurs.

Defensare. -
1. Mettre en défense, rendre inaccessible.
2. (*d. aliquem*), tenir en garde, protéger par l'exercice d'une tutelle ; protéger la veuve et l'orphelin.
3. (*d. aliquid*), garantir ; revendiquer ; défendre en droit.
4. (*d. chartam*), se porter garant de l'authenticité d'un acte.
5. Protéger une église

Defensaria. - citadelle ; territoire protégé par une ville.

Defensata silva. - forêt en défens, où la pâture est interdite.

Defensatio. -
1. Autorité comtale.
2. Administration, intendance.
3. Défense, clôture.
4. Fortification.
5. Sauf conduit.
6. (*d. ecclesiæ*), défense, protection d'une église, avouerie ecclésiastique.

Defensator. - *idem* defensor1.

Defensatrix. - celle qui défend.

Defensibilis. - *idem* defensabilis1.

Defensio. -
1. Asile, protection.

2. Endroit en défens, clôture, interdiction d'accès.
3. Ouvrage fortifié.
4. Défense devant un tribunal.
5. Tutelle, garde d'une personne.
6. Protection que le seigneur exerce à l'égard de son vassal.
7. Garde, garantie d'une possession.
8. Immunité.
9. Charte de protection.
10. Avouerie ecclésiastique.
11. Autorité comtale.

Defensiva. -
1. Défense, fortification.
2. (*d. arma*), armes défensives.

Defensor. -
1. Avoué.
2. Tuteur.
3. Champion, défenseur dans un litige.
4. Garant.
5. Propriétaire d'une église privée.

Defensorium. - défense, fortification.

Defensorius. -
1. D'avoué ecclésiastique.
2. (*defensoria prata*), prés protégés, interdits au pâturage.

Defensum, devensum,
1. Défense, interdiction.
2. Terrain clôturé.

Defensus. -
1. Bois, prés interdits au pâturage.
2. Garde, surveillance.

Deferculare. - desservir (la table).

Deferiata. - libérer les prisonniers, enlever les fers.

Deferrare. - déferrer un cheval.

Deferre. -
1. Avoir de la déférence.
2. (*d. aliquid*), exporter des marchandises.

Defertus. - à côté.

Defesantia. -
1. Perte.
2. Annulation (d'un écrit), abolition.

Defesium, defesum. - garenne, terre, bois en défens.

Defestucare. - renoncer à une terre, à une propriété par le symbole du fétu.

Defesum. - *idem* defesium

Deffacere. - *idem* disdacere.

Deffactus. - broyé.

Deffaia, deffaisia, deffensetum. - forêt en défens.

Deffalcare. - déduire, retrancher, retirer.

Deffamare. - diffamer.

Deffauta. - *idem* defauta.

Deffencio, deffenduda, deffenduta. - endroit en défens.

Deffensa. - défense.

Deffensativus. - qui est de défense.

Deffensetum, deffesum. - *idem* deffaia.

Deffensivum. - qui est utile pour la défense, arme défensive.

Defferratus. - déferré (animal).

Deffesum. - *idem* deffaia, forêt en défens.

Deffidare. - *idem* diffidare.

Deffrahere, deffrayare. - défrayer.

Defibulare. - dégrafer, dévêtir, anc fr[1], *desfubler.*

Deficere. -
1. Cesser de faire, être incapable de faire.
2. (*d. a justitia*), dénier la justice (en parlant du suzerain vis-à-vis de son vassal).
3. S'écarter de la vérité.
4. Être dans l'embarras.
5. Détruire, défaire.

Deficiens. - en pente.

Deficienter. - d'une manière déficiente.

Deficientia. -
1. Affaiblissement, epuisement.
2. Manque.

---

[1] Godefroy.

3. Cessation.

4. Absence.

Defidare. - *idem* diffidare.

Defieri. - être abrogé.

Defigurare. -

1. Défigurer.

2. Déguiser.

Defingere. - poser, mettre.

Definibilis. - qui peut être défini.

Definimentum, diffinimentum. - accord, arrangement.

Definire, diffinire. -

1. Ordonner.

2. Trancher un litige, arrêter par une convention.

3. Céder, abandonner.

Définis. - qui a des limites, ce qui est *défini*, ce qui a des limites connues.

Definiscere. - renoncer à, abandonner.

Definitas, diffinitas. - abandon, renoncement.

Definitas, diffinitas. - action d'abandonner.

Definitio. -

1. Renonciation, abandon de toute chose.

2. Résolution, détermination.

3. Solution d'un procès ; décision judiciaire, sentence.

4. Contrat ; clause dans un contrat, disposition ; fixation du temps par contrat.

5. (*d. toni*), modulation de la voix, (chant grégorien).

Definitor, diffinitor. -

1. Visiteur monastique.

2. Assesseur d'un supérieur.

3. Dans l'Ordre de Prémontré et dans celui des Frères Prêcheurs, dignitaire chargé de la recherche et du redressement des abus.

Definitor. - *idem* diffinitor.

Definitum. - décret.

Definitus. - arrêté, fixé.

Defiteri. - nier.

Defixiones. - sorte de magies, de sortilèges.

Deflare. -

1. Mettre dans la bouche.

2. Enfermer.

Deflectere. - décliner, déformer.

Deflectio. - écart.

Deflenter. - tristement.

Deflorare. -

1. Orner de fleurs.

2. Ôter la virginité d'une fille.

3. Faire paître.

4. Faucher.

Defloratio. -

1. Action de cueillir les fleurs, d'orner de fleurs.

2. Action d'ôter la virginité.

Defluxio. -

1. Reflux.

2. (fig), déclin.

Defœderare. - rompre une alliance.

Defœderatus, defederatus. - rebelle.

Defolare. - jeter par terre.

Defoliare. - effeuiller.

Defomare. - couper autour.

Deforare. - avaler.

Deforas, deforis. - par dehors.

Deforciamentum. - occupation illégale de propriété.

Deforciare, diffortiare. - *idem* difforciare.

Deforciatio. - saisir des biens en règlement d'une dette.

Deforciator. - celui qui retient des biens à tort, par la force ou en règlement d'une dette.

Deforis. -

1. *Idem* deforas.

2. Outre de plus.

Deforma. - viscères, entrailles chaudes (pour les haruspices).

Deformarer. - former.

Deformatus. - écrit, rédigé.

Deformis. -

1. Contrefait, bossu, anc fr[1], *de-fourmé*, « mal bâti ».
2. Sans forme, déformé.

Deformosus. - *idem* deformis1.

Deforthare. - (*d. se*), s'échapper des mains de quelqu'un.

Defortiare. - *idem* diffortiare.

Deforticare, deforzare. - démanteler.

Deforzare. - *idem* deforticare, démanteler.

Defosare. - dévorer, engloutir.

Defossio. - action de creuser pour planter.

Defossum. - fosse.

Defrangere. - enfoncer, refouler.

Defraudare. - (*d. Scripturas*), altérer les Ecritures.

Defraudatio. - escroquerie, dépossession.

Defraudatus. - chargé, opprimé.

Defredare. - exiger une taxe, une amende.

Defrens. - champ, terre tondu ras (ou délimité).

Defretum. - vin doux.

Defretus. - appuyé sur.

Defrigare. - réchauffer.

Defrigere. - s'échauffer.

Defrigidatio. - action de se refroidir.

Defrocare. - défroquer.

Defrondare. - défricher.

Defructare. - enlever la jouissance d'une chose.

Defructatus. - gâté, flétri.

Defructus. - (*d. Natalis*), repas de Noël servi aux clercs qui ont chanté en l'honneur de quelqu'un l'antienne « *de fructu* ».

Defrugare segetem. - épuiser le sol.

Defrustare. - couper en morceaux.

Defrustis. - déchiré, mis en pièces.

Defrutaria. - récipient pour préparer le raisiné.

Defucare. -
1. Peindre ou calfater, boucher les trous.
2. (fig), contrefaire, falsifier.

Defucatus. - déteint.

Defuga. - fugitif.

Defullare. - fouler, écraser, renverser à terre, anc fr[2], *defoler*.

Defunctio. -
1. Mort, décès.
2. Ce qui est donné au prêtre à l'occasion du décès de quelqu'un.
3. Délivrance d'une dette.

Defunctivus. - du décès.

Defurfurare. - tamiser la farine.

Defustare. - frapper avec un gourdin.

Dega. - digue, écluse.

Degagiare. - prendre un gage, ou retirer un gage et le garder.

Degagus. - sorte de filet de pêche (terme hébraïque).

Deganare. - changer, échanger.

Degancia. - sorte de récipient ou de tonneau.

Degania. -
1. *Idem* dega.
2. *Idem* decania.

Degannare. - tromper.

Degannire. - grogner, critiquer, dénigrer.

Deganus. - *idem* decanus.

Degarire. - garantir.

Degarius. - *idem* deguarius.

Degatgiare. - dégager.

Degelare. - fondre.

Degenare. -
1. Débaucher.
2. Déchoir, s'appauvrir.

Degener. - bâtard.

Degeneratio. - dégénérescence, dégradation.

Degeniare. - altérer, ôter le caractère d'origine à quelque chose.

Degerare. -
1. (< *dējĕrare*), affirmer solennellement.
2. Se parjurer.

---

[1] Roquefort.

[2] Godefroy.

3. (< *dīgĕrare*), séparer, diviser.

Degere. -
1. Vivre, exister, passer le temps.
2. Habiter.

Degerius. - *idem* deguarius.

Deglobarer, **deglubare**, **degluvere**, **degluere**, **deglubere**. - écorcher, ôter la peau.

Deglomerare. - dévider (un fil).

Deglubare. - *idem* deglobare.

Deglubere. - *idem* deglobare.

Degluere. - *idem* deglobare.

Deglutire, **degluttire**. - dévorer.

Degluvere. - *idem* deglobare.

Degnatus. - avoir un bon accueil, être bien accepté.

Degnigratio. - dénigrement.

Degora. - *idem* (probablement) à *dega*, digue, écluse.

Degoramentum. - embellissement.

Degot. - gouttière.

Degradare, **degredare**. -
1. Dégrader.
2. Retirer des avantages aux militaires.
3. Renverser.

Degradatio. - châtiment ecclésiastique, par lequel on est privé de son rang.

Degradus. - escaliers.

Degrana. - grains qui tombent des épis.

Degranare. - retirer le grain de la trémie du moulin, (utiliser le moulin avant un autre, devancer son tour au moulin banal).

Degranatura, **degranum**, **desgranum**. - droit de priorité au moulin banal.

Degrandinare. -
1. Frapper comme par la grêle.
2. (fig), grêler , dépouiller.

Degranum. - *idem* degranatura.

Degravare. -
1. Dédommager, restituer, compenser.
2. Décharger.

Degredare. - *idem* degradare.

Degregatus. - errant loin du troupeau.

Degrossare. - grossoyer (transcrire un acte).

Degrossatio. - action de grossoyer.

Deguadiare, **deguaziare**. - dégager, ôter le gage.

Deguarius, **deguerius**, **degarius**, **degerius**. - messier, garde champêtre.

Deguastare. -
1. Dévaster.
2. (*d. ventrem*), avorter.

Deguaziare. - *idem* deguadiare.

Deguerius. - *idem* deguarius.

Deguerpire. - abandonner, céder la possession de.

Degueyra. - le nombre dix.

Deguisatus. - déguisé.

Degulator. - glouton.

Degus. - aucun (Auvergne).

Degustatio. - action de goûter.

Degutadus. - incliné, (ou borné).

Degutorium. - égout.

Deguttare. - dégoutter, tomber goutte à goutte.

Dehabere. - cesser d'avoir, être privé de.

Dehabitatus. - inhabité.

Dehæritare. - déshériter.

Deheredare. - déposséder.

Dehereditatio. - action de déshériter.

Dehereditatus. - celui qui est déshérité.

Deheres. - héritier d'un hériter.

Dehoere. - occire.

Dehominare. - faire cesser d'être homme.

Dehonestare. - déposer, détrôner un roi.

Dehonestas. - déshonneur.

Dehonor, **deshonor**. - déshonneur.

Dehonorantia. -
1. Déshonneur.
2. Désobéissance, rébellion.

Dehonorare. - porter préjudice à quelqu'un.

Dehonorarius. - malhonnête.

Dehonoratio. -
1. Ignominie.

2. Manque de respect, préjudice.

3. Déshonneur, disgrâce.

Dehoresare. - aller dehors, sortir.

Dehospitare. -

1. Déloger, déposséder.

2. Dépeupler.

Dehospitari. - séjourner.

Dehumatus. - déterré (cadavre).

Deia, daia. - (< *dæg*)[1], fille de laiterie, celle qui traie chaque jour (Angleterre).

Deicere. -

1. Causer la chute de quelqu'un.

2. Déposer, congédier.

Deicidium. - déicide

Deicola. - (pl), moines.

Deiculus. - petite divinité (idole).

Deicus. - divin.

Deidatio. - donation à une église.

Dei-dono. - par la grâce de Dieu.

Deificans. - qui rend semblable à Dieu.

Deificare. -

1. Déifier.

2. Déifier (des images).

3. Se sanctifier

Deificatio. - déification des hommes par le retour à Dieu.

Deificativus. - qui déifie.

Deificus. - divin.

Deifiguracio. - *idem* deifiguratio.

Deifiguratio, deifiguracio. - similitude divine.

Deiformis. - qui pense selon, d'après Dieu.

Deiformitas. - conformité à Dieu, conformité à la volonté de Dieu.

Deiformiter. - en conformité avec Dieu.

Deiformosus. - conforme à Dieu.

Deigerus. - qui porte la divinité en soi.

Deilogus. - théologien inspiré.

Deiloquus. - qui traite de Dieu, de la nature divine.

Deimparare. - céder, se démettre de quelque chose, abandonner.

Deinascio. - régénération divine.

Deinbrigare. - se dégager, se libérer de la peine.

Deinflatus. - désenflé.

Deinhonorantia. - déshonneur.

Deinotes. - (< $\delta\varepsilon\iota\nu\acute{o}\tau\eta\varsigma$)[2], habileté.

Deinsuper. - pour ce qui est de, concernant.

Deinter. - d'entre.

Deintro clavem. - fermé sous clé.

Deintus. -

1. (adv), dedans.

2. (prep), dans.

Deinvadiare. - se dégager de la saisie (en payant la somme due).

Deinvestire se. - se dépouiller de quelque chose, renoncer à.

Deioperatio. - opération divine.

Deiparare. - déifier.

Deiparentia. - qualité de Fils de Dieu.

Deiphantor. - qui manifeste Dieu, théologien inspiré.

Deisium. - dais.

Deita, deyta. - caution.

Deitas. - divinité.

Deiterare. - réitérer.

Deitura. - dette, un droit que l'on a sur une chose.

Deividus, deivisus. - qui voit Dieu.

Deiwerca. - *idem* daiwerca.

Deizare. - imiter Dieu.

Dejectio. -

1. Déposition, détrônement, dégradation.

2. Abaissement, déchéance, humiliation.

3. État de déchéance, condition humiliante

Dejectrix. - celle qui rabaisse.

Dejejunare. - rompre le jeune.

Dejerare, dejerari. - parjurer, de pas tenir sa promesse.

---

[1] A.S : *dæg*, « jour ».

[2] $\delta\varepsilon\iota\nu\acute{o}\tau\eta\varsigma$: « habileté, ingéniosité ».

Dejerari. - *idem* dejerare

Dejicere. - corrompre, pervertir.

Dejubere. - enjoindre, prescrire.

Dejudicare. -
1. Juger défavorablement, condamner.
2. Séparer par jugement, trancher.

Dejudicatus. - jugé définitivement.

Dejugis. - en aval.

Dejurium. - serment.

Dejuxta. - à côté.

Delaborare. - exploiter (une terre).

Delacentiva. - *idem* pontaticum, péage à payer par les bateaux passant sous un pont.

Delacerare, dilacerare. - rompre, briser.

Delaminare. - désargenter (un objet), lui enlever son revêtement d'argent.

Delanguidus. - affaibli.

Delaniare festum. - se délasser.

Delanterre. - avant-garde.

Delapidare. - couvrir de pierres, paver.

Delaptio. - paiement pour le droit de moudre les grains (ou pour la pêche) ?

Delassatio. - fatigue.

Delatare. - accuser, dénoncer.

Delatio. -
1. Transport.
2. Action de porter, droit de porter ; (*d. armorum*), port d'armes).
3. (*d. mitræ*), droit de porter la mitre.

Delator. - éclaireur, espion.

Delatrare. - critiquer, se plaindre de.

Delatrix. - (adj), accusatrice.

Delatura. -
1. Accusation.
2. Prime de délation.
3. *Idem* dilatura, dommage causé par un délai.

De-latus. - (adv), à côté.

Delavare. - laver, délayer.

Delavatus. - qui n'est pas lavé.

Delectabilitas. - jouissance, plaisir.

Delectabiliter. - avec plaisir.

Delectamentum. - saveur délicieuse.

Delectum. - délit, faute.

Delegaliter. - légitimement, avec justice.

Delegare. -
1. (*d. aliquid*), attribuer, donner, octroyer.
2. Communiquer.
3. Choisir, résoudre de.

Delegare. - *idem* dilecare, abandonner.

Delegatio. -
1. Action de conférer, de déléguer à quelqu'un une partie de son pouvoir.
2. Concession, cession, donation ; charte de donation.

Delegator. - donateur.

Delegatoria. - ordre, instruction.

Delegatus. -
1. (adj), incapable en droit.
2. Délégué ; délégué pontifical.

Delegiatus. - hors la loi (ou personne incapable en droit).

Deleneficium. - flatterie.

Delenificius. - doucereux.

Delenificus. - qui sert à raboter, à polir.

Delenire. - apaiser, atténuer, cajoler.

Delentialis. - sorte de petite monnaie de Bohême.

Delere. - désapprouver, condamner.

Delestagium. - paiement pour le lestage des navires.

Deleterium. - mortifère.

Deletitia charta. - charte illisible du fait de son ancienneté.

Deletura. - effacement, destruction résultant de l'ancienneté.

Delibare. - immoler, sacrifier.

Deliberantia. - paiement.

Deliberare. -
1. (< *lĭbra*), terminer une cause, juger, décider.
2. (< *lībĕr*), délivrer, transférer.
3. Transporter, évacuer.

4. Libérer une place forte, la rendre, l'évacuer.
5. (*d. nundines*), ouvrir les marchés, une foire.
6. Garantir de toute prétention.
7. Remettre, attribuer, payer.
8. (*d. sacramentum*), prêter serment.
9. Livrer un prisonnier.

Deliberate. - d'une manière décidée, délibérément, volontairement.

Deliberatio. -
1. Convention, accord, ordonnance, décret.
2. Condition, stipulation.
3. Libération, délivrance.
4. Action de livrer.
5. Donation, charte de donation.
6. Garantie.
7. Paiement, solde.
8. Action de vider, nettoyer.
9. Délai, retard.

Deliberatorius. - de délibération.

Deliberatus. - délibéré, voulu.

Delibere. - aussitôt.

Deliberium. -
1. Avis.
2. Décision délibération.

Delibutio. - onction.

Delicacia, delicantia. - friandise.

Delicaciter. - délicatement.

Delicantia. - *idem* delicacia.

Delicare. - *idem* deliquare.

Delicate. - avec soin.

Delicatio. -
1. (< *dēdĭcātĭō*), vœu.
2. (< *dēlĭcātus*), recherche excessive.
3. Oubli, ramollissement de l'esprit.

Delicatus. -
1. Fin, délicat.
2. Faible, de santé délicate.
3. Favori, qui est dans les bonnes grâces du maître.

Deliciari. - se délasser, se réjouir ; faire bonne chère.

Deliciositas. - délices.

Deliciosus. -
1. Agréable, plaisant.
2. (subs), homme de confiance, familier, favori.

Delictor. - pêcheur.

Delictum. -
1. Transgression.
2. (*d. spinæ dorsi*), sodomie.

Delictus. - abandonné.

Deligare. - délier.

Deligere. - choisir de, décider de faire quelque chose.

Deliliare. - souiller le blanc du *lys*, tacher, assombrir.

Delimatio. - frottement.

Delimator. - celui qui enlève en limant.

Deliminare. -
1. Éliminer.
2. Limiter.

Delimpidare. - nettoyer, rendre propre.

Delinire. - frotter, nettoyer.

Delinitio. - action de tracer les contours.

Delinquentia. - faute, délit.

Deliquare, delicare. - dissoudre, fondre.

Deliquatio. - dissolution.

Deliquio. - oubli.

Deliqulum. - délit, offense.

Delirator. - fou, insensé.

Delitere. - se cacher ou rester caché.

Delitescentia. - dissimulation, le fait de garder secret.

Delitiari. - goûter des délices.

Delitigare. -
1. Plaider, contester.
2. Dire en bavardant.

Delitiosus. - délicieux.

Delmatica. - dalmatique.

Delocare. - déloger.

Delongare. - éloigner.

Delongaris. - *idem* delongarius.

Delongarius, delongaris. - préfet de la flotte (Byzance).

Delphica. - table où sont déposés les récipients à vin.

Delphina. - épouse du dauphin.

Delphinalis. - du dauphin.

Delphini. - grandes lampes d'église représentant un dauphin[1].

Delphinus. - surnom des comtes d'Albon, puis (XIIIème) nom de dignité en Dauphiné et en Auvergne, depuis l'acquisition du Dauphiné par la royauté, titre du fils aîné des rois de France.

Delpuestare. - honnir.

Delticus. - lettré, savant.

Delubris. - *idem* delubrum1

Delubrum. -
1. Sanctuaire païen.
2. Fonts baptismaux.

Delucidatio. - élucidation, éclaircissement.

Delucrum. - perte, dommage.

Deludere. -
1. Tourner en dérision.
2. Déjouer.
3. (intr), perdre au jeu.

Deludium. - dérision, moquerie.

Delugere. - déplorer.

Delumbe. - en restant sans force.

Delusatio. - tromperie, ruse, moquerie.

Deluscere. - disparaître (ou éteindre la lumière).

Delusio. - tromperie, moquerie, dérision.

Delusor. - trompeur.

Delva. - petite vallée, dépression de terrain.

Dema. - (< δέμας)[2], corps.

Demactare. - tuer.

Demainum. - domaine.

Demanalis. - relatif au domaine.

Demancare. - mutiler.

Demancata, demanchiata. - (*d. terræ*), surface de terre que l'on peut ensemencer avec une « demancus » (Forez).

Demancus, demencus. - mesure de capacité pour les grains (Forez).

Demanda. -
1. Demande, requête.
2. Action en justice.
3. Impôt exigé sous la forme de services gratuits.

Demandamen. -
1. Admonition, conseil.
2. Communication, message.

Demandamentum. - réclamation juridique.

Demandare. -
1. Revendiquer (en justice).
2. Réclamer, exiger une redevance, une prestation.
3. Demander (poser une question).
4. Faire part de quelque chose.
5. Promettre, assurer par un message.
6. Donner mandat de paiement, faire dire, notifier.
7. Abroger, révoquer.
8. (*d. commendam*), refuser de reconnaître la suzeraineté de quelqu'un.
9. Faire connaître qu'on ne viendra pas en justice.
10. Interdire.
11. Accorder des délais, ajourner.
12. (*d. supplicio*), punir du dernier supplice.
13. Contremander, s'excuser.

Demandatio. -
1. Demande, requête.
2. Délai.
3. Désaveu de vasselage.
4. Sorte de redevance.

---

[1] Montignot.

[2] δέμας: « charpente du corps, corps ».

Demandator. - demandeur, celui qui réclame.

Demandatum. - *idem* demanda2, action en justice.

Demandimentum. - sorte de contribution.

Demanducare. - démanger.

Demandum. - amende en argent.

Demanere. - s'en aller, s'écarter.

Demanicare. - couper les mains.

Demanium, demenum. - domaine non concédé en tenures.

Demanutenere. - se débarrasser de la protection.

Demarchus, demarus. - magistrat, comte, marquis.

Demaritio. - séparation, action de se désunir.

Demartyrizare. - martyriser.

Demas. - corps.

Demediare. - retirer du monde des vivants, tuer.

Demei. - demi.

Demellus. - mesure de capacité pour les grains.

Demembrare. -
1. Mutiler.
2. (*se d.*), se détacher du corps (de l'Eglise).

Demembratio. - démembrement mutilation.

Dememinisse. - oublier.

Dememor. - oublieux.

Dememorare. - ne pas garder la mémoire de.

Demencius, demencus. - mesure de capacité pour les grains.

Demencus. - *idem* demencius.

Demeneium, demenia, demenium. - *idem* domanium.

Demeneura. - domaine, seigneurie, anc fr[1], *demeneure*.

Demensum. - *idem* dimensum, mesure.

Dementare. - rendre furieux ; avoir une crise de folie.

Dementari. - *idem* dementiri, se démentir.

Dementatim. - jusqu'à la folie.

Dementatio. -
1. Folie.
2. Colère.

Dementator. - qui rend fou.

Dementatus. - qui est dans un état de démence.

Dementicius. - *idem* dementitius.

Dementire. -
1. *Idem* demantare.
2. Démentir.

Dementiri, dimentiri, dismentiri. - se démentir, donner un démenti

Dementitio. - démenti.

Dementitius, dementicius. - fou, insensé.

Dementus. - *idem* demellus ; demencius, mesure de capacité pour les grains.

Demenum. - *idem* demanium.

Demercatus. - (adj) ; (personne) de grosse taille ; (objet), de grandes dimensions.

Demerere. -
1. Démériter ; ne plus mériter de posséder, perdre son droit sur.
2. Mériter, gagner, acquérir.

Demereri. - perdre son droit à.

Demergare. - faire commerce, acheter.

Demerite. - mauvais, mal.

Demeritorius. - qui démérite.

Demeritum. - faute, péché.

Demersio. -
1. Immersion.
2. Noyade.

Demessio. - moisson.

Demesura. - diminution ou requête injuste.

Demeura longua. - long délai, grand retard.

Demigrantia. - départ pour une autre résidence.

---

[1] Godefroy.

Demigrare. -
1. Exiler.
2. (intrans), mourir.

Demigratio. - émigration.

Deminorare, **diminorare**. - abaisser, amoindrir.

Deminoratio, diminoratio. -
1. Dommage, atteinte.
2. Mépris.

Deminuere. -
1. (fig), s'affaiblir.
2. Faire une saignée.
3. Couper en petits morceaux.

Deminutio. - *idem* diminutio.

Demionus vini. - mesure de capacité d'un demi septier, anc fr[1], *demion*, « mesure de capacité plus petite que la chopine ».

Demissorius. - de congé.

Demistadium. - *idem* domanium, (ou, à tout le moins qui s'y rapporte.)

Demivirgata. - mesure agraire, demi-virgate (*yardland*), (Angleterre).

Democratia. - démocratie.

Democraticus. - démocratique.

Demoitio. - retour à la maison, au pays.

Demolere. - moudre.

Demoliri. -
1. Mettre en mouvement, déplacer.
2. (intrans), dépérir.

Demolities. - démolitions.

Demolitio. - dévastation.

Demonachare. - laïciser, défroquer, supprimer l'état monastique de quelqu'un.

Demonachus. - ex-moine.

Demonstramen. - démonstration.

Demonstrare. -
1. Montrer, faire.
2. Démonter.
3. Révéler la teneur d'une lettre, lire tout haut.
4. (*d. letaniam fieri*), ordonner.

Demonstratio. -
1. Démonstration, description.
2. Exposition de marchandises.
3. Rassemblement de troupes.
4. Sentence, verdict.
5. Inspection (des digues).
6. Sorte de taxe.

Demonstrativus. - démonstratif.

Demontatus. - démonté arraché.

Demorare. -
1. *Idem* dimorare, demeurer.
2. (trans), diriger, gouverner.

Demorari. - rester, demeurer.

Demorosus. - qui cause des retards.

Demorsio. - médisance, attaque en paroles.

Demortivum prædium. - bien obtenu de main morte et exempt de charges.

Demovere. - détourner.

Dempnitas. - dommage, préjudice.

Dempnosus. - qui cause du tort.

Demptitas. - embellissement, ornement.

Demulcia. - choix entre plusieurs.

Demulgatam. - évaluation.

Demultare. - spolier, piller.

Demultiplicare. - diminuer.

Demum. - enfin.

Demundare. - purifier.

Demundire. - démanteler.

Demunire urbem. - détruire les fortifications d'une ville.

Demurare ostium. - ouvrir un passage dans un mur.

Demussare. - cacher, anc fr[2], *demusser*.

Demutare. - échanger une propriété.

Demutatio. - translation de reliques.

Dena, denna. -
1. (< *drof-denn*)[3], pâture pour les porcs (Angleterre).
2. Terrain élevé (Angleterre).

---

[1] id
[2] Godefroy.

[3] A.S : *drof-denn*, « vallée où se nourrit le bétail ».

3. (< *denu*)[1], vallée boisée (Angleterre).

4. Un dixième.

Denaire. - denier.

Denante. - devant, en présence de.

Denarada, denarietas. - *idem* denariata.

Denarata. - quantité correspondant à la valeur d'un denier.

Denarialis. -

1. (adj) et (subs), serf affranchi par le denier, (que l'affranchi mettait dans la main de celui qui l'affranchissait).

2. (*denariale præceptum*), acte d'affranchissement par le denier.

Denariare. -

1. (*d. servum*), affranchir par le denier.

2. Vendre en détail.

Denariata, deneriata, denarada, denarietas, denerata. -

1. Quantité de denrées qui se vend pour un denier ; (*denariata panis*), un denier de pain ; (*denariata vini*), du vin pour un denier ; (*denariata militis*), terre d'un denier de revenu.

2. Marchandise, denrée qui se vend au détail.

3. Mesure de terre (douzième partie d'une perche).

Denariatio. - affranchissement par le denier.

Denariatus. -

1. *Idem* denarialis1.

2. (*d. terræ*), terre qui rapporte un penny par an (Angleterre).

3. Mesure de terre, acre ? (Angleterre)

Denarietas. -

1. *Idem* denariata.

2. Denier.

Denarium. - (pl), *denaria* denrées.

Denarius. -

1. denier ; penny (Angleterre) ; unité de poids de 32 grains de blé (Angleterre) ; (*d. francicus*), monnaie d'argent ; (*d. fortis*), monnaie de titre élevé ; (*d. Dei*), denier à Dieu, arrhes, pourboire, ou argent versé pour de pieux usages ; (*d. cruentus*), amende pour coups et blessures ; (*d. focorum*), taxe sur les maisons, les foyers ; (*d. lucosus*), honoraire du prêtre pour les derniers sacrements ; (*d. paratus*), argent comptant ; (*denarii rhedarii*), taxe sur les chariots ; (*denarii paschales*), deniers payés à Pâques ; (*denarii agnorum*), paiement en argent à la place du paiement en agneaux ; (*denaria sacramentorum*), argent offert tous les dimanches à la messe ou pour les messes des morts ; (*denarius Sancti Petri*), denier de Saint Pierre (impôt volontaire versé au pape).

2. Affranchissement par le denier (que l'affranchi mettait dans la main de celui qui l'affranchissait).

3. Argent (en général).

4. Salaire.

5. (fig.), récompense.

Denarrare. -

1. Passer en revue (mentalement).

2. Plaider.

3. Témoigner.

4. (*d. aliquid alicui*), certifier.

Denarratio. - procès.

Denarrator. -

1. Témoin.

2. Patron, défenseur, tuteur.

---

[1] A.S : *denu*, « vallée ».

Denasatus. - qui n'a plus de nez.

Denatium. - médecine pour agonisants.

Denaturare. - avoir un comportement contre la nature, dégénérer.

Denbera. - pâture pour les porcs (Angleterre).

Denconesa. - *idem* diaconia.

Dendrophori. - païens qui portaient en l'honneur des dieux un ou plusieurs arbres par la ville.

Denectare. - ravager.

Denegare. -
1. Empêcher, prohiber, interdire.
2. Céder, déguerpir de.

Denegatio. - reniement.

Denegeldum. - *idem* danegeldum.

Denemareha. - valériane.

Denerada. -
1. Marchandises pour un denier, vente au détail.
2. Impôt ou taxe sur les marchandises.

Denerata, **deneriata**. - *idem* denariata.

Denerella. - *idem* denerellus.

Denerellus, **denerella**. - mesure de volume, le sixième du boisseau, anc fr[1], *denerel*.

Denesium. - lieu en défens.

Deniare. - dénier, refuser (un avantage).

Denidor. - mauvaise odeur.

Deniger. - noir.

Denigrare. -
1. Dénigrer.
2. Noircir (moralement).
3. Dénoircir, nettoyer.

Denigratio. -
1. Noircissement ; le fait de teindre en noir.
2. (fig), action de noircir le caractère, l'âme.

Denigrator. - celui qui dénigre.

Denigratura. - dénigrement.

Denigrescere. - devenir noir.

Denique. -
1. En conséquence, ainsi.
2. Car.
3. Ainsi par exemple.

Denizatio. - résident, celui qui est né à l'intérieur du royaume.

Denizatus. - habitant, résident.

Denna. - *idem* dena.

Denobilitare. - dégénérer.

Denodare. -
1. Dénouer.
2. Briser.

Denombramentum, **denumeramentum**. - dénombrement.

Denominare. -
1. Dénommer.
2. Nommer, choisir (pour tel emploi), élire.
3. Accuser.
4. Léguer, concéder nommément à quelqu'un.
5. Stipuler.
6. Dénombrer.

Denominati. - témoins choisis par le procureur pour témoigner.

Denominatio. -
1. Stipulation.
2. Reconnaissance de suzeraineté ; déclaration faite par le vassal au seigneur de toutes les terres qu'il tient de lui ; domaine, seigneurie.
3. Titre pour commander.
4. (pl), scrutins pour l'élection du Pape.

Denominativum. - dénomination.

Denominatrix. - celle qui nomme, désigne.

Denonciatio, **denonciatura**. - office ou salaire de courtier, courtage.

Denotare. -
1. Mettre par écrit.

---

[1] Godefroy.

2. Blâmer, critiquer.
Denotatio. -
1. Indication.
2. Critique, blâme.
Dens. - crampon de fer, crochet ; pointe.
Densatim. - en foule dense.
Densator. - défenseur.
Densescere. -
1. Se condenser.
2. Grossir.
Densetum. - fourré.
Densitas. - obscurité.
Dentaria, dentiductum. - outil pour extraire les dents.
Dentata. - morsure.
Dentellus. - fortification avec des barres dentelées de clous en bois ou en fer.
Dentes. - grille, caillebotis.
Denticium. - herse, claie garnie de pointes.
Dentiductum. - *idem* dentaria.
Dentilus. - petite dent (de plante).
Dentiva. - gencive.
Dentosus. -
1. (fig), mordant (discours, écrit, etc.).
2. Muni de défenses (sanglier)
Dentrix. - sorte de poisson.
Dentus. - dedans.
Denudare. - dévaster.
Denudatio. -
1. Action de mettre à nu.
2. Spoliation, déprédation, pillage.
Denuere. - refuser.
Denumeramentum. - *idem* denombramentum.
Denundinare. - répéter partout
Denuntia. - dénonciation.
Denuntiare. -
1. Publier, promulguer, ordonner par une proclamation publique.
2. Enjoindre, donner l'ordre de faire quelque chose.
3. Dénoncer.
4. Admonester.
5. Renoncer à.
Denuntiatio. -
1. Ordre, intimation.
2. Interdiction.
3. Abdication.
4. (pl), publications de mariage.
Denuntiatus. - avertissement.
Deoblerius operatus. - serviette ouvrée
Deobligatio. - libération.
Deobligatus. - libéré.
Deobstruere. - délivrer de toute obstruction.
Deobstuppare. - *idem* discbstuppare, libérer passage ou cours d'eau de toute obstruction.
Deoccupare. - renoncer à, céder.
Deoculare. - aveugler.
Deodanda. -
1. Amende.
2. (pl) ; (n), animaux ou objets ayant causé mort d'homme (leur prix devait être consacré à de pieux usages) ; se dit de tous les événements brutaux qui mettent fin à la vie d'un homme, par exemple un cheval qui donne des coups de pied, une vache un coup de cornes, un naufrage, etc.
Deodata. - (pl) ; (n), offrandes à Dieu.
Deodicata, deovota. - vierge consacrée à Dieu.
Deodicatus. - celui qui se voue à Dieu.
Deolerare. - ôter les légumes.
Deonandi. - oblats.
Deonarii. - sorte d'hérétiques de la secte des Manichéens.
Deoperire. -
1. Ouvrir.
2. Découvrir.
Deopertus. - découvert.
Deopinari. - changer d'opinion.
Deoppilare. - enlever, libérer de l'obstruction.

Deordinare. - désordonner, faire une ordination sacrilège (en parlant d'un excommunié).

Deordinatio. -
1. Désordre moral, licence, dérèglement.
2. Désobéissance.

Deordinatus. -
1. Désordonné, dépravé.
2. Non ordonné.

Deorfald. - *idem* derefale, réserve de cerfs.

Deornatus. - désordonné, dépravé.

Deorsum. -
1. Dehors.
2. En arrière, derrière.
3. (*d. plantari*), sorte de supplice.

Deosculare. - embrasser.

Deosculatorium. - paix, baiser de paix (ce qu'on donnait à baiser aux messes solennelles en symbole de paix) ; tablette que l'on donne à baiser à cette occasion.

Deovota. - *idem* deodicata.

Depacta. - (p.p), fiancée.

Depactare, depacticare. -
1. Dévaliser.
2. Exiger une rançon de.

Depactatio. - action de dévaliser ; rançon.

Depacticare. - dévaliser.

Depacticare. - *idem* depactare.

Depactio, depactum. - pacte, convention.

Depactire. - s'accorder, pactiser, faire un pacte.

Depactum. - *idem* depactio.

Depagare. - transiger.

Depalare. -
1. (< *pālus*), mettre des échalas dans une vigne pour la soutenir.
2. (< *dispālēscĕre*), faire connaître, découvrir, exposer aux regards.

Depalliare. - (< *pallĭum*).
1. Dépouiller de son manteau.
2. Révéler.

Depanare, depannare. - (< *pannus*), déchirer les vêtements de.

Depandare. - saisir.

Depannare. - *idem* depanare.

Depannis. - sans linge, déguenillé.

Deparare. - se déshabiller.

Deparcare. - sortir les bêtes de l'enclos.

Departire. - partir.

Departiri. - partager (les enfants).

Departura. - départ.

Depascere. -
1. (*d. aliquem*), nourrir.
2. (fig) ; (*d. aliquid*), dévorer consumer.

Depastio. - droit de pâture.

Depastorgium. - terre de pâturage pour le bétail.

Depatriare. - quitter son domicile.

Depatrissare. - être différent de son père.

Depauperare. -
1. Appauvrir.
2. Ôter de la pauvreté.

Depauperatio. -
1. Spoliation.
2. Pauvreté.

Depauperator. - celui qui appauvrit.

Depeciare. - mettre en pièce.

Depectio. - pacte.

Depecuatio. - vol de bétail, abattage de bestiaux.

Depeculatio. - vol.

Depecuniare. - dépouiller de son argent.

Depecuniatio. - taxe extraordinaire.

Depecyatus. - mis en pièce.

Depejorare. - blesser.

Depelliculari. - tromper.

Dependens. - dépendant de.

Dependentia. -
1. Surplomb de falaise.
2. Verrue.
3. Solde de dette en attente.
4. Disposition complémentaire, dépendante.
5. Annexe d'une église.
6. Dépendance, subordination.
7. Suspension d'offrande votive.

Dependere. - dépendre (un pendu), décrocher.

Dependitum. - dépense.

Depennare. - ôter les ailes à.

Depennatus. - qui a des ailes, ailé.

Depensare. - penser.

Deperda, depertum, deperditio, deperditum. - perte, dommage, anc fr[1], *depert*.

Deperditio. - *idem* deperda.

Deperditum. - *idem* deperda.

Deperitus. - dépéri, détérioré.

Depersonare. - dégrader de, destituer. Insulter.

Depertitum. - préjudice, tort.

Depertum. - *idem* deperda.

Depescare. - dépecer, déchirer.

Depessulare. - déverrouiller.

Depetigiosus. - galeux, lépreux.

Depetigo. - dartre.

Depicatus. - noirci comme avec de la poix.

Depictio. - représentation, peinture.

Depiga. - vache.

Depigere. - mépriser, dédaigner.

Depilare. -
1. Tondre, raser (la barbe).
2. Plumer ; (fig), dépouiller, ruiner.
3. Faire des extraits dans un livre.

Depilate. - en épilant encore plus.

Depilatio. -
1. Action de raser sa chevelure.
2. Action d'épiler, d'arracher les cheveux.

Depilato. -
1. Épilateur.
2. (*d. pauperum*), celui qui dépouille.

Depingere. -
1. Écrire, mettre par écrit.
2. Signer.
3. (*d. signum crucis,*) signer en marquant d'une croix.
4. Faire le signe de la croix.

Depitare. - mettre en pièce.

Deplacare. -
1. Apaiser.
2. Calmer (les flots).

Deplacitare. - établir une plainte

Deplanctio, deplanctus. - plainte.

Deplanere. - égaliser.

De-plano. - en abrégé.

Deplantare. - planter en vigne.

Deplectere. - punir, châtier.

Deplere. - transvaser.

Deplicare. - déployer, déplier.

Deplorabiliter. - d'une manière déplorable, pathétique.

Deploratrix. - celle qui déplore.

Deplorosus. - déplorable.

Deplumare. -
1. Déplumer ; plumer (une poule).
2. Ravager.

Depolitio. - (pl), ornements raffinés (en architecture).

Depollare. - ravager.

Depompare. - déshonorer, flétrir.

Deponere. -
1. Destituer, renverser.
2. Tuer ; détruire. (*d. hominem*), mourir.
3. Remettre (une propriété).
4. Mettre en dépôt, en gage.
5. Déposer comme témoin, déposer une plainte.
6. Définir.
7. Recommander.
8. (*d. alléluia*), cesser de chanter.

Deponi ad terram. - se dit pour un mourant qu'il est étendu sur les cendres.

Depopulare. - dépeupler.

Depopulator. - celui qui dépeuple.

Depopulatrix. - dévastatrice.

Depopulosus. - qui dévaste.

Deportare. -
1. Supporter, souffrir.

---

2. Favoriser, protéger.

3. (*se d.*), s'abstenir.

Deportatio. -

1. Bannissement.

2. Transport.

3. Support, protection.

4. Sympathie, bienveillance.

5. Intronisation (d'un évêque).

Deportum. -

1. Soulagement, traitement de faveur.

2. Miséricorde, indulgence spéciale ou pièce dans laquelle elle est autorisée.

Deportus. - droit de déchéance des bénéfices ecclésiastiques vacants qui reviennent à un évêque ou un archidiacre.

Deposcere. - (*d. aliquem*), prier, insister auprès de quelqu'un.

Depositare. - mettre en dépôt.

Depositaria. - sorte d'économe (chez les moniales).

Depositarius. -

1. Dépositaire, celui qui a reçu un dépôt.

2. Administrateur (chez les frères mineurs) ; celui qui s'occupe de la table sous les ordres du « *cellerarius* ».

Depositio. -

1. Déposition, destitution.

2. Déposition d'un témoin.

3. Jour de la mort ou des funérailles, décès.

4. Etape, droit d'étape.

5. Jour anniversaire de la translation des reliques d'un saint.

6. Droit d'étalage (Germanie).

Depositor. -

1. Celui qui confit un dépôt à un autre.

2. (*d. beanorum*), maître chargé de surveiller les jeunes étudiants.

Depositum. -

1. Coffre pour enfermer l'argent, ou lieu quelconque de dépôt.

2. Trésor d'église ; coffre où est déposé l'argent.

3. Charge temporaire.

Depossidere. - déposséder quelqu'un.

Depossum. - être capable de.

Depost. - après, depuis.

Depostmodum. - dorénavant.

Deposuit. - synonyme de la fête des fous (qui avait pour but d'abaisser l'orgueil et d'exalter l'humilité), par allusion au verset du magnificat, *deposuit potentes de sede*, « il a déposé les puissants de leurs trônes ».

Depotare. - boire, absorber.

Depotestare. - priver de pouvoir.

Deprædare. - piller.

Deprædatio. - déprédation, pillage.

Deprædator. - pilleur.

Deprædicare. - prêcher contre, dénier, renier.

Deprædistus, depreditus. - pillé, dépouillé.

Depræsentare. -

1. Représenter quelqu'un.

2. (*d. sententiam*), exposer son avis.

Depravare. - diffamer.

Deprecamen. - excuse préalable.

Deprecansatio. - impôt demandé quasiment comme une supplique.

Deprecari. - posséder un bénéfice à titre précaire et à vie.

Deprecaria. - fonds d'Eglise possédé par des laïques, pour la vie et à titre précaire pour services rendus à l'Eglise[1].

Deprecarius. - possesseur d'une terre ecclésiastique à titre précaire.

Deprecatio. -

1. Prière.

---

[1] Montignot.

2. Service seigneurial supplémentaire.

Deprecative. - en suppliant.

Deprecator. - (pl), solliciteurs (d'évêchés).

Deprecatoria - (*d. epistola*), supplique.

Deprecatorius. - de supplication ; de recommandation.

Deprecatura. - sorte de cens à payer à l'Eglise par le *deprecarius*.

Depreciare. - déprécier.

Depreculæ. - perles du Rosaire (Angleterre).

Depreditus. - *idem* depræditus.

Deprehensio. - connaissance.

Deprehensor. -
1. Celui qui saisit les délinquants, les hérétiques.
2. Découvreur de biens soupçonnés d'avoir été volés.

Deprendere. - receler le produit d'un vol.

Depressio. -
1. Action d'abaisser, d'écraser ; destruction.
2. Découragement.

Depressor. - oppresseur.

Depretiare. -
1. Dévaluer, déprécier.
2. Mépriser.
3. Racheter un esclave.

Deprimere. -
1. Imprimer, tracer.
2. Opprimer.

Deprisus. - sorte de taxe ou de corvée.

Deprivare. - priver de, déloger, chasser, destituer.

Deprivatio. - déposition, destitution.

Depromere. -
1. Publier, communiquer, divulguer, dire, déclarer, chanter.
2. Promettre (oralement).

Depromittere. - ne pas tenir une promesse.

Deprope. - (adv), près.

Deproperus. - déshonorant.

Depropiare. - exproprier, priver de.

Depropitius. - opposé, contraire.

Depropriamentum. - expropriation.

De-proximo. - sous peu, bientôt.

Deptivum. - tablette double pliante où les consuls faisaient mettre leur nom et leur portrait : diptyque.

Deptus. - ce qui est obtenu.

Depubis. - qui tète (animal).

Depublicare. -
1. Publier, dénoncer
2. Produire, exhiber (un document).
3. Ruiner, perdre.

Depublicatio. - déclaration publique.

Depudicare. - souiller, attenter à l'honneur de.

Depulpare. - décharner.

Depulsare. - sonner (les cloches).

Depulverare, depulverizare. - brosser un cheval.

Depulverizare. - *idem* depulverare.

Depunctamentum. - renonciation à posséder.

Depunctare, depunctuare. - déposséder (d'une propriété, d'une charge), anc fr[1], *depointer*.

Depurare. - épurer.

Depuratio. - purification.

Deputare. -
1. Ranger au nombre de, compter parmi.
2. Considérer comme tel.
3. Attribuer à, assigner à, instituer.
4. Confier, commettre à la garde de quelqu'un, poser comme tâche.
5. Enjoindre.
6. Fixer, convenir.
7. Accuser, diffamer.

---

[1] Roquefort.

8. (*d. aliquem*), envoyer, placer dans un lieu.
9. (*d. aliquem alicui rei*), préposer.
10. Mépriser.
11. Faire donation.
12. Dédier (une église à).

Deputatia. - députation.

Deputatio. -
1. Délégation de la capacité d'agir.
2. Assignation.

Deputatus. -
1. (adj) et (subs), député, envoyé.
2. Députation, délégation.

Deqarchare. - décharger.

Dequassare. - payer, dépenser.

Dequitatio. - rachat.

Dequus. - dit, susdit.

Deramare. - couper les branches à, ébrancher (un arbre) ou en faire tomber les fruits.

Deraniare. - déclarer.

Derasus. - rasé, compétemment pelé.

Derata. - denrée.

Deratiocinari. - (intr), tirer une conclusion fausse.

Deratiocinatio. - procédure.

Derationare, derationari, disrationare, desrationare, deresnarcionare. - anc fr[1] *desrainier*.
1. Obtenir en justice, avoir gain de cause pour une propriété.
2. Prouver en droit.
3. Se disculper.
4. Exposer, expliquer, plaider.

Deraubare, disraubarer, derubarer, derobarer. - dépouiller.

Deraubatio, derobatio. - pillage, vol.

Deraubator, derobator. - pilleur.

Derazellare. - faire entrer un navire dans une rade afin d'y mouiller.

Derbio. - sorte de poisson.

Dereamentum. - déraillement, le fait de sortir du sillon, délire.

Derectarius. - celui qui fracture les portes pour voler.

Derefale, deorfald. - enclos, réserve de cerfs (Angleterre).

Deregulare. - dérégler, désordonner.

Derelicta. - veuve.

Derelinquere. -
1. Laisser de côté, omettre.
2. Cesser.

Deremondare, deremmondare. - nettoyer, purifier.

Dereputare. - attribuer.

Dereragium, derreragium. - arrérage.

Deresnarcionare. - *idem* derationare.

Deresnare. - *idem* derationare.

Deretrare. - mettre par derrière, écarter.

Deretro. - en arrière.

Derevocare. - annuler, révoquer.

Derisibilis. - ridicule.

Derisio. - sujet de dérision.

Derisorie. - par dérision.

Derisorius. - de dérision, dérisoire.

Derivare. -
1. Amoindrir, réduire.
2. Dériver, descendre.

Derivata, derrivata. - dérive.

Derivatio, dirivatio. -
1. Inondation, débordement.
2. Dérivation de rivière.

Derivator. - (fig) celui qui tire des extraits d'un document.

Derobare, derubare, derupare, disrobare. - *idem* deraubare, dépouiller.

Derobaria, derobatio. - *idem* deraubatio, pillage.

Derobator. - *idem* deraubator, pilleur.

Derocarer, derrocarer. - démanteler, arracher, anc fr[2], *desrochier*.

---

[1] Godefroy.

[2] Godefroy.

Derochare. - précipiter d'un rocher, anc fr[1], *desroquer*.

Derochatura. - extraction d'un rocher, détachement d'un rocher.

Derodere. - laver, mouiller, baigner.

Derogamen. -
1. Dérogation.
2. Abrogation ou modification d'un acte.

Derogare. - critiquer, calomnier.

Derogatio. -
1. Dérogation.
2. Tort.
3. Reproche, injure.

Derogator. - détracteur.

Derogatorius. - qui annule ou modifie une disposition législative, dérogatoire.

Derotare. - enlever, anc fr[2], *desroter*.

Derrata. - valeur de quelque chose pour un denier.

Derreragium. - *idem* dereragium, arrérage.

Derrivata. - *idem* derivata, dérive.

Derrocarer. - *idem* derocare, démanteler.

Derubarer. - *idem* deraubarer, dépouiller.

Deruere. - renverser, détruire.

Deruncinare. - arracher les mauvaises herbes, sarcler.

Derupare. -
1. *Idem* deraubare, dépouiller.
2. Démanteler ; saccager (une province).

Deruscare. - écorcer.

Dervum. - chêne.

Desacerdotare. - déposer (un prêtre, un évêque).

Desadventagium. - détriment, désavantage.

Desadvoare. - *idem* disadvocare.

Desadvoyare. - désavouer, ne pas reconnaître.

Desaffidare. - se défier, n'avoir plus confiance.

Desaffiliare. - déshériter.

Desaforamentum. - violation des coutumes locales, atteinte portée aux coutumes d'une communauté.

Desaforare. - abroger les exemptions et privilèges.

Desagmare. - (< *sagma*), décharger, débâter (un mulet).

Desagranamentum. - droit de moudre son grain en premier.

Desaisina. - perte d'une chose, restitution d'une chose prise illégalement.

Desaisire, deseisire. -
1. Déposséder quelqu'un.
2. Lever la saisie.

Desamnentia. - discorde.

Desamparare. - *idem* disamparare.

Desamparatio. - abandon, cession.

Desamperare. - abandonner, quitter.

Desanare. - (< *sānus*), mourir (Espagne).

Desapere. -
1. Être en état de démence.
2. Délirer.

Desapoderare. - déposséder.

Desapropriatus. - dépouillé de la propriété de quelque chose.

Desapunctare. - destituer quelqu'un de ses fonctions, ou de toutes autres choses.

Desarmare. - *idem* disarmare, désarmer.

Desartere. - renoncer à.

Desavenans feodatio. - cens malhonnête de fief.

Desavouare. - nier, contester.

Desbendare. - dénouer la ceinture.

Desbozare. - égaliser, niveler.

Desca. - portion de l'hostie.

Descandalizare. - causer du scandale.

Descantus. - *idem* decentum, déchant.

Descarga. - décharge, quittance, libération.

---

[1] Lacombe.

[2] Roquefort.

Descargare. - décharger (un navire).

Descarkagium. - droit de décharge.

Descarlatus. - d'écarlate.

Descarricare. - *idem* discarricare, décharger

Descazare. - chasser de la maison.

Descendentes. - les descendants.

Descendentia. -
1. Descente.
2. Reliquat.

Descendere. -
1. Descendre de (tel ancêtre).
2. Relever d'un seigneur.
3. Défalquer (d'une somme).
4. Descendre à, se rendre à.
5. Descendre (quelque chose).

Descendua. - succession, héritage (aux enfants).

Descensibilis. - habitué à descendre.

Descensio. -
1. Descendance, lignée.
2. Le 7 février (chez les chrétiens de Syrie).

Descensive. - successivement, par ordre.

Descensivus. - capable de descendre

Descensus. -
1. Descente (d'un fleuve).
2. Chute d'eau.
3. Succession, héritage.
4. Caveau, confession (endroit sous l'autel ou derrière l'autel, où sont placées les reliques).
5. Descente, logement (d'un évêque, d'un personnage).

Descharga. - taxe sur le déchargement des marchandises.

Deschargagium. - exonération, décharge.

Deschargiare. - exonérer.

Deschargiatio. - exonération, décharge.

Descidere. - décider, juger.

Descientia. - manque de science.

Desclavare. - ouvrir avec une clef.

Descledare. - ouvrir un lieu fermé par des claies.

Desclotada. - sorte de vêtement.

Descoblada. - viande maigre, sans graisse.

Descolatus. - (*d. oculus*), œil qui coule.

Descolpare. - laver de toute culpabilité.

Descombrare. - *idem* discombrare, désencombrer, débarrasser.

Describere. -
1. Recenser, dénombrer.
2. Faire la répartition du cens et en dresser l'état.

Descriptibilis. - descriptible, qui peut être peint, dépeint.

Descriptio. -
1. Recensement de la population.
2. (*d. causarum*), liste par ordre des causes des affaires à juger.
3. Imposition, impôt.
4. Récension, inventaire des manuscrits (d'un monastère), chartrier.
5. Dénombrement des domaines ecclésiastiques soumis à un cens, pouillé, polyptique.

Descriptor. -
1. Écrivain, narrateur, historien.
2. Répartiteur d'impôt ; celui qui recense le peuple.

Descrobare. - enchâsser.

Desculpare. - (*se d.*), *idem* disculpare, se disculper.

Descus. - pupitre.

Desdinosus. - dédaigneux.

Desedare. - inquiéter.

Deseisire. - *idem* desaisire, déposséder quelqu'un.

Desembargatus. - libéré, déchargé.

Desemel. - ensemble et une fois.

Desemparare. - renoncer à, abandonner.

Desemparatio. - abdication.

Desenarius. - qui commande à dix hommes.

Desentire. - renoncer.

Desepelire. - (< *sĕpĕlīre*)
1. Déterrer, exhumer.
2. (fig), révéler.

Deserere. -
1. Abandonner quelqu'un, le laisser de côté.
2. Expulser.
3. Mépriser ne pas tenir compte de.
4. Perdre.

Desertare. -
1. Abandonner, déserter.
2. Dévaster, rendre inculte, désert.

Desertio. -
1. Abandon, manquement.
2. Contumace.
3. Désertion militaire.
4. Solitude, désolation.

Desertitudo. - abandon, délaissement.

Desertiva. - femme séparée de son mari.

Desertrix. - celle qui trahit.

Desertum. -
1. Lieu désert, solitude.
2. Terre en friche.

Deservire. -
1. Être affecté aux besoins, à l'entretien de quelqu'un.
2. Payer un cens à ; (*d. beneftcium*), s'acquitter des droits de vasselage ; (*d. mansum*), s'acquitter des prestations dues à cause d'une tenure domaniale.
3. (*d. aliquid*), mériter, gagner dans un emploi.
4. (*d. ecclesiæ*), effectuer le service du culte dans une église, desservir une église.
5. Cesser de servir, refuser le service.

Deservitio, deservitura. - charge, emploi.

Deservitio. - service religieux, office.

Deservitor. -
1. Desservant d'une église.
2. Titulaire d'un bénéfice.

Deservitura. - ministère, fonction.

Deservitus. - mérité.

Desesiare. - (*d. se*), se dessaisir d'une chose en faveur d'autrui.

Desesire. - saisir, confisquer.

Desevare. - brûler.

Deseverare. - séparer.

Deseverare. - supprimer, révoquer.

Desgagium. - amende faite pour les dégâts causés aux jardins ou aux terres cultivées.

Desgranum. *idem* degranatura.

Desgrurare. - dégraisser les draps, lessiver le linge.

Desguarnire. - ôter à un endroit sa garnison destinée à sa défense.

Desheredare. - spolier.

Desheredito. - déshériter.

Deshomenagium, deshomenetum, deshominamentum. - succession ouverte d'un homme de mainmorte, dépouillement de cet homme dont l'ensemble des biens vont au seigneur.

Deshonor. - *idem* dehonor. déshonneur.

Desiccatio. -
1. Asséchement.
2. Drainage.

Desicut. - de même que, comme.

Desidentia. - nonchalance, paresse.

Desiderabilis. - désireux de, avide.

Desiderare. - vouloir.

Desiderate. - volontairement.

Desideratum. -
1. Ce qui est souhaité.
2. Sorte de monnaie

Desideriose. - ardemment.

Desideriosus. - qui désire passionnément.

Desiderium. - action en justice.

Desidiare. - (< *dēsĭdĭa*), chômer, être oisif.

Desidium. -
1. Paresse, indolence.
2. (< *discĭdĭum*) déchirement, division.

Desidius. - paresseux, oisif.

Desiduus. -
1. *Idem* desidius.
2. Qui reste en arrière.

Desigillare. - *idem* dessigrare, décacheter.

Designamentum. -

1. Vraisemblance, probabilité.
2. Limite, borne.

Designare. -
1. Désigner, énoncer, dénoter.
2. Symboliser, signifier.
3. (*d. alicui*), consigner.
4. Raconter, faire part de.
5. Assigner, affecter un fonds à tel paiement.
6. *Idem* dessignare, desceller.

Designative. - nommément.

Designator, dissignator. - ordonnateur de cérémonies.

Designum. - description, dessein.

Desilire. - tomber de cheval, de la selle.

Desillare. - décacheter.

Desinentia. - bout.

Desipiere. - (fig), s'arrêter.

Desistentia. - repos, le fait de ne rien faire.

Desistantia. - désistement

Desistere. - (trans), enlever.

Desitio. - action de finir.

Desitiscere. - mépriser, dédaigner.

Desligare. - délier.

Deslogiare. - changer de lieu, déloger.

Desma. - (< δέσμα)[1].
1. Lien.
2. (fig), pouvoir des liens.

Desmandare. - (*d. treugas*), rompre la trêve.

Desmilitare. - *idem* dismilitare, libérer du service militaire.

Desnodarer. - dénouer, rompre.

Desociare. - séparer.

Desolamen. - désolation.

Desolare. - accabler, désoler.

Desolatio. - désolation, désespoir.

Desolatium, desolatum. - désolation, destruction.

Desolative. - d'une manière désolante, abandonnée.

Desolatum. - *idem* desolatium.

Desollare. - frapper du pied.

Desolutus. - dissous.

Desordinare. - troubler, mettre en désordre.

Desordo. - désordre.

Despalare. - démonter, déranger.

Desparare. - enlever.

Despectabilis, despectibilis. - bas, méprisable, insignifiant.

Despectibilis. - *idem* despectabilis.

Despectio. -
1. État de celui qui est méprisé.
2. Honte, turpitude.
3. Refus de comparaître en justice.

Despective. - d'une manière méprisante, avec mépris.

Despectivus. - qui inspire ou exprime le mépris.

Despector. - celui qui méprise.

Despectuose. -
1. D'une manière méprisante, anc fr[2], *despiteusement*.
2. Avec colère.

Despectuosus. -
1. Vil, abject, méprisé.
2. Méprisant.

Despectus. -
1. Contumace, refus d'obéir à l'autorité publique.
2. Amende pour contumace.
3. Lèse-majesté.

Despendere. - dépenser.

Despensa, despensia. - magasin, office.

Despenseta. - dépense.

Desperabiliter. - avec désespoir.

Desperantia. - (< *despērātĭo*), désespoir.

Desperatus. -
1. Bandit, scélérat.
2. Désespéré, du salut éternel duquel on désespère

Despezare. - enlever une certaine quantité d'une chose pesée.

---

[1] δέσμα: « lien ».

[2] Godefroy.

Despicabilis. - méprisable.

Despicabiliter. - d'une manière méprisable, avec dédain.

Despicare. -
1. (< *spīcāre*), battre (le blé) ; glaner.
2. (< *despicāri*), mépriser.

Despicere. - refuser d'obéir à un ordre de l'autorité.

Despicienter. - avec mépris.

Despigneratio. - dégagement.

Despina. - souveraine.

Despinare. - ôter une épine.

Despitare. - *idem* despicare2.

Despitus. - mépris.

Despitus. - personne méprisable.

Despleare. - déplier, déployer.

Desplendescere. - devenir obscur.

Desplicibilis. - désagréable.

Despoliare. -
1. Dépouiller.
2. Dégainer.

Despoliatio. - vol, dépouillement, spoliation.

Despolium. - dépouilles.

Despondere. - (*d. aliquam*), promettre d'épouser.

Desponlitia. - *idem* despousalia.

Desponsale. - honoraires du prêtre pour un mariage.

Desponsalia, desponlitia. -
1. (pl) ; (n) fiançailles.
2. Contrat de mariage.

Desponsare. -
1. Fiancer.
2. Promettre d'épouser.

Desponsatio. - fiançailles.

Despoticus. - despotique.

Despotus. - seigneur (titre à la cour de Byzance).

Despretium. - accord fait avec le seigneur pour le paiement des impôts et ventes, anc fr[1], *depri*.

Despropriamentum. - déclaration de renoncement à la propriété.

Despumare. - écumer.

Desquirere, disquirere. - (< *disquīrĕre*), s'égarer dans sa recherche.

Desrainare, desresnare. - se disculper d'une accusation.

Desraisina, desrainatio, desraisnia. - déni.

Desrationare. - *idem* derationare.

Desresnare. - *idem* desrainare.

Desrobare. - dérober, voler.

Dessa. - forêt en défens.

Dessaisina. - *idem* disseisina, dépossession de la terre.

Dessaisinatio. - dépossession des biens.

Dessaisire. - *idem* dissaisire.

Dessasionare, dessesionare. - changer l'ordre habituel de la culture des terres, anc fr[2], *dessaisonner*, « faire quelque chose hors saison ».

Desserare. - détacher, lâcher.

Dessesiare. - dépouiller de la possession

Dessesionare. - *idem* dessasionare. -

Dessigillare. - rompre le sceau.

Desteglare, destegliare. - diviser, découper.

Destelare. - tailler des copeaux, faire des éclats de bois.

Desterius. - destrier.

Desterminare. - exterminer.

Desternere. - enlever la litière des animaux.

Destina. -
1. Contrefort.
2. Cellule, crypte.

Destinamentum. - testament, legs.

Destinare. -
1. Envoyer, expédier.

---

[1] Godefroy.

[2] Roquefort.

2. (intrans), se mettre en devoir de faire quelque chose.
3. Attaquer.
4. Résoudre.
5. Destiner, léguer par testament.
6. (intrans), arriver, se produire.

Destinatio. -
1. Envoi, expédition.
2. Testament, action de disposer de ses biens.

Destinator. - celui qui destine.

Destinctus. - décédé.

Destipulari. - se parjurer, ne pas tenir ses engagements.

Destitudo. - action d'abandonner, désertion.

Destituere. - destituer.

Destitutio. -
1. Destitution d'une personne.
2. Décret contraire aux lois.

Destitutus. - (adj), abandonné, délaissé.

Destornare. - (*d. ictum*), détourner un coup.

Destorsare. - poser ses bagages, se reposer.

Destralagium. - entremise, maquerellage.

Destralia. - *idem* dextrarius, destrier.

Destralis. -
1. Qui fait l'entremetteur.
2. Hache.

Destrare, destrare. -
1. *Idem* dextrare.
2. (trans), préparer, équiper ; dresser un cheval.
3. Mesurer, (*Cf. destratio*).

Destraria. -
1. Porche d'église.
2. Destrier.

Destratio. - mesure d'une dextre[1].

Destreria. - *idem* dextreria, sorte de navire.

Destrictus, districtus. - sévère, sérieux.

Destrictus. - amende prononcée en justice, anc fr[2], *destris*.

Destructorius. -
1. Qui détruit, supprime.
2. (subs), destruction.

Destructrix. - celle qui détruit.

Destruere. - abîmer, maltraiter.

Destrus. - mesure agraire appelée dextre.

Desturbium. - empêchement, anc fr[3], *destourbance*.

Desub, desubter. - dessous.

Desubitare. - attaquer soudainement.

Desubitatio. - attaque soudaine.

Desubtus. -
1. De dessous.
2. Dessous.

Desudamentum. - (pl), fatigues, efforts.

Desudare. - s'efforcer, faire péniblement.

Desultare. -
1. Tomber de cheval.
2. (fig), galoper, dire d'une façon brève, rapide.

Desultor, dissultor. - celui qui saute d'un cheval à l'autre, coursier, messager ?

Desultrix. - (*d. virtus*), vertu peu solide et inconstante.

Desuper. -
1. (adv), là, dans cet endroit (habiter).
2. Avant, auparavant.
3. Dessus.
4. En outre.
5. (*d. esse*), être en surplus, dominer, être saillant.
6. (prep), en amont de.
7. (prep), concernant.

Desuperius. - dessous.

---

[1] Mesure de surface autrefois utilisée en Languedoc et Provence : la dextre de Marseille valait approximativement 14m² (H. Doursther).

[2] Roquefort.
[3] id.

Desupra. - de dessus, dessus.

Desuptus. - dessous.

Desursum. - de haut.

Desusceptum. - titre de reconnaissance de dette, reçu.

Desvadiare. - *idem* disvadiare.

Desvassallare. - expulser un vassal.

Desvenire. - mourir.

Deswarnire. - *idem* diswarnire, dégarnir, priver de la garnison.

Deta. -
1. (< *dēbĭtum*), dette.
2. (< *dĭœta*), régime.

Detachiare. - saisir des biens en supplément, en complément.

Detaillum, detalh, detallium. - détail.

Detardare. -
1. Retarder.
2. Tarder à faire quelque chose.

Detectio. -
1. Enlèvement de tuiles, dépose de toiture.
2. (fig), divulgation, révélation.

Detegere. -
1. Couvrir un cheval d'une couverture.
2. Couvrir, dissimuler.
3. Ouvrir un toit, le découvrir.
4. Décider, proclamer.
5. Divulguer, révéler.

Detegulatio. - enlever les tuiles d'une toiture.

Detemperatus. - qui n'est plus dans son état accoutumé, malade.

Detentacio. - effort, agitation.

Detentare. - retenir, détenir.

Detentatio. -
1. Délivrance.
2. Action de détenir d'une façon injustifiée, d'occuper une propriété.
3. Détention, maintien sous contrainte.
4. Déni de droit.

Detentator. - possesseur, détenteur.

Detentio. -
1. Action de causer un retard.
2. Détention en prison.
3. Déni de justice.

Deterescere. - se détériorer.

Deteriorare. -
1. Détériorer.
2. (intrans), devenir moins bon.

Deterioratio. - détérioration.

Determinare. -
1. Marquer, indiquer, définir.
2. (intrans), se définir
3. Terminer, finir.
4. Décider, prononcer un jugement ; juger.
5. Ordonner.
6. Annoncer le commencement des cours.
7. Débattre.
8. Mettre au rang des docteurs ; soutenir sa thèse de bachelier.
9. Destiner, attribuer, attribuer telle dîme à une église.

Determinate. - d'une manière déterminée.

Determinatio. -
1. Règlement, décret, constitution.
2. Disposition légale.
3. Action de mettre au rang des docteurs.
4. Circonscription pour la perception de la dîme.
5. Détermination, action de déterminer, de pousser à agir moralement et physiquement.
6. Jugement d'un concile, fixation, décision.

Determinativus. - qui détermine.

Determinator. - celui qui préside une soutenance et aussi le récipiendaire.

Determinatorie. - sans hésitation.

Detesserare. - perdre de l'argent au jeu.

Detestabilitas. -
1. Ce qui est à détester.
2. Répugnance.

Detestare. -
1. Affirmer comme témoin, tester.
2. Protester, déclarer de manière so-
    lennelle.
Detestari. - affirmer, déclarer.
Detestatio. -
1. Testament.
2. Déclaration.
3. Charte.
Detesticulare. - castrer.
Detexere. - formuler.
Dethroniare, **dethronare**. - détrôner.
Detia. - (pl) ; (n), dés à jouer.
Detinere. -
1. Détenir, posséder.
2. Refuser de donner, détenir sans
    titre, retenir au détriment de
    l'ayant-droit.
3. Détenir en prison.
4. Empêcher.
5. Entretenir.
6. Traiter.
Detirpare. - abolir, extirper.
Detitulare. - enlever son titre à.
Detorchiare. - plâtrer.
Detornare. - tourner, façonner au tour.
Detortitius. - qui est détourné de son sens.
Detortum. - oblique, en travers.
Detourbare. - *idem* disturbare.
Detournare. - détourner.
Detractare, **detrectare**. -
1. Écarteler par des chevaux.
2. Médire, calomnier.
Detractari. - *idem* detractare1.
Detractatio. - médisance, diffamation.
Detractio. -
1. Action de tirer un criminel jus-
    qu'au lieu d'exécution.
2. Rétraction.
3. Retenue, réserve.
4. Distraction, détournement d'inté-
    rêt.
5. Dénigrement, médisance.
Detractorie. - par médisance.

Detractus. - scalpé, celui à qui on a enlevé
la peau de la tête.
Detradere. - trahir.
Detrahere. - diffamer.
Detrahinare, **detrainare**. - traîner.
Detrainare. - *idem* detrahinare.
Detrectare. - *idem* detractare, écarteler.
Detrectative. - en discutant.
Detrenchare. - faire une tranchée d'écou-
lement.
Detricale - sorte de cordon attaché et pen-
dant à des cheveux tressés.
Detricare, **detrigare**. -
1. Empêcher de venir.
2. Retarder, différer.
3. (intrans), s'attarder, hésiter.
Detricatio. - délai, retard.
Detrigare. - *idem* detricare.
Detrimentari. - (*d. pati*), éprouver du
dommage.
Detrimentum. -
1. Diminution.
2. Décroissance (astre).
3. Perte, préjudice, dommage,
Detrimonia, **detrimonium**, **detritio**. - dé-
triment, perte.
Detritare. - broyer, moudre.
Detritio. - perte, préjudice.
Detriturare. - triturer, moudre.
Detriumphare. - (*d. aliquem*), triompher
de quelqu'un.
Detronizatus. - (fig), détrôné.
Detroussare. - détrousser.
Detrullare. - verser d'un récipient
Detruncare. - (fig), amputer, découper
restreindre le territoire de.
Detruncatio. - amputation.
Detruncator. - celui qui décapite.
Detrusio. - (< *dētrūsĭō*), action de mettre
en confinement (dans un monastère).
Detumere. - (< *dētŭmēscĕre*).
1. Disparaître, sombrer.
2. Se résorber.

Detumulare. - exhumer, déterrer (un mort).

Detumulatio. - exhumation.

Detundere. - tondre (un clerc).

Detunicare. -
1. Révéler, agir publiquement, sans se cacher.
2. Découvrir, trouver.

Deturmere. - se calmer.

Deturpatio. -
1. Dégradation, défiguration.
2. Avilissement.

Deublia, dublia. - droit d'oubli[1].

Deultra. - outre, au-delà.

Deunculus. - petit dieu (statuette).

Deus. -
1. Temple.
2. (*d. in adjutorium*), douzième dimanche après la Pentecôte.
3. (*d. in loco sancto*), onzième dimanche après la Pentecôte.

Deusitatus. - abandonné pour non utilisation.

Deuterarius. - secondaire, de second rang.

Deuteresis. - lois secondaires, traditions humaines.

Deuterogamia. - remariage.

Deuteromonium. - le Deutéronome, le 4ème livre du Pentateuque.

Deuterus. - de second ordre.

Deutrus. - second.

Devadiare. - dégager une chose donnée comme caution.

Devadiatus. - sans garantie.

Devadimonizare. - racheter le gage, la caution.

Devalare. - *idem* devallare.

Devalidatio. - amoindrissement, perte, déchet.

Devallare, devalare. - dévaler, descendre.

Devapulare. - (< *vāpŭlāre*), expier sous les coups comme un esclave.

Devastare. - fournir.

Devastatorius. - de dévastation

Devecium. - dette.

Devectio. - transport.

Devenire. -
1. Provenir de.
2. Devenir.
3. Arriver, se produire.

Devensum, deventitare. - *idem* defensum.

Deventio. -
1. Le fait d'entrer en possession de quelque chose.
2. Le fait devenir vassal

Deventus. -
1. Arrivée.
2. Evénement.
3. Pouvoir.

Devenustare. - déshonorer, calomnier.

Deverium. -
1. *Idem* devirium, redevance.
2. *Idem* deberium.
3. Paiement, dépense.
4. Devoir du vassal, devoir d'une charge, d'une fonction.

Deversorium, diversorium. - lieu où l'on s'arrête pour se reposer.

Deversum. - devers.

Deversus. - (prep), vers, devers.

Devertere. -
1. Renverser.
2. (*se d.*), s'en aller.

Deves, devesia, devesium. - en défens.

Devesius. - *idem* defensum, défense.

Devestimentum. - récolte, moisson.

Devestire. -
1. (*d. se*), renoncer à une possession.
2. Déposséder, dépouiller.

Devestitura. - destitution.

Devesum. - en défens.

---

[1] « *Droit féodal en vertu duquel les vassaux offraient aux seigneurs soit des pains soit des plats nommés* « oublis », *soit plus tard une mesure de blé ou même une somme d'argent.* » (Du Cange, article *oblata*).

Devetare. - interdire, dénier, refuser.

Devetator - celui qui déracine les arbres.

Devetatus. - interdit, défendu.

Devetum. -
1. Imposition en nature.
2. Chose prohibée.
3. Abandon (d'un droit), anc fr[1] *desvest*.

Devexatio. - persécution.

Devez, devezium, devesius. - *idem* defensum, défense.

Devialitas. - déviation, perversion.

Deviamentum. - erreur.

Deviare. -
1. Sortir du chemin, dévier ; détourner quelqu'un de son chemin.
2. (fig), détourner.

Deviatio. - transgression ; relâchement de la discipline, des mœurs.

Deviatorium. -
1. Chemin détourné.
2. Canal de dérivation.

Deviatus. - dissolu, dévoyé.

Devidere. - ne pas envier, ne pas rechercher.

Devigilare. -
1. Réveiller.
2. Veiller.

Deviginare. - mettre la terre en labour après avoir déforesté.

Devillare. - s'en aller de la cité.

Devincere. - convaincre de culpabilité.

Devindemiare. - (< *vīndēmĭa*).
1. Vendanger.
2. (fig), punir, détruire.

Devindemiatus. -
1. Vendangé.
2. (fig), dévasté.

Devintus. - événement.

Deviolare. -
1. Violer.
2. Blesser.

3. Enfreindre ; violer un accord.

Devirare. - émasculer.

Deviratus. - efféminé.

Devirginare. - déflorer.

Devirium, deverium. - redevance.

Devisamentum, devisum. -
1. Plan, moyen.
2. Insigne ; devise.

Devisare. - léguer.

Devisum. - *idem* devisamentum.

Devitare. - se dérober à un devoir, l'éviter.

Devitatio. - (< *dēvītātĭō*), l'action d'éviter.

Devium. - sorte de vêtement sacerdotal.

Devoatio. - refus de reconnaître comme seigneur.

Devocare. -
1. En appeler, s'en remettre à.
2. Détourner.
3. Annuler.

Devocatio. - action de détourner, de séduire.

Devolutio. -
1. Dévolution, transfert d'un droit.
2. Collation d'un bénéfice (par un supérieur).

Devolutorium. - dévidoir.

Devolutus. - dévolu (héritage).

Devolvere. -
1. Faire échoir, attribuer.
2. Découvrir, manifester.
3. (pass), *devolvi*, échoir ; descendre à, tomber en.

Devorare. -
1. Dévaster (un pays), épuiser.
2. Tuer.

Devoratio. - (< *dēvŏrātĭō*).
1. Action de dévorer, d'engloutir.
2. Destruction.

Devotamente. - avec dévouement.

Devotare. -
1. Affirmer avec serment. ; affirmer, promettre, garantir.

---

[1] Godefroy.

2. Tromper, manquer à ses promesses envers quelqu'un. ; (*d. sanctos*), tromper les saints.

Devotaria. - femme pieuse.

Devotatio. - malédiction, imprécation.

Devotio. -
1. Dévouement, loyauté.
2. Une dévotion ; foule dévote.
3. Fonction à laquelle on est voué.
4. Complaisance, bonne grâce.
5. (*de. jejeunii*), offrande pieuse en parlant du jeune.

Devotionalia. - (pl) ; (n), exercices de dévotion, prières.

Devotiones. -
1. *Idem* devotionalia.
2. Hommes remarquables par la dévotion.

Devotizare. - faire des vœux, des prières.

Devotum. -
1. Vœu.
2. Offrande à une église.

Devotus. -
1. Pieux, prompt à se dévouer.
2. Stupide.
3. Hypocrite.
4. (subs), laïc qui se vouait, lui et ses biens, à un monastère.

Devulgare. -
1. (< *vulgus*), dépeupler, dévaster.
2. (< *dīvulgāre*), divulguer.

Dewarennare, deawarennare, diswarennare. - enlever le statut de garenne.

Dex. -
1. District d'une ville, banlieue (Languedoc).
2. Frontière.

Dexia. - prospérité, chance.

Dexter. -
1. Intègre, droit.
2. (subs), unité de superficie et de longueur: *dextre, destre*.

3. (pl), *dextri*, espace autour d'une église jouissant du droit d'asile.

Dextera, dextra. - (*dextras dare*), s'en remettre au pouvoir de quelqu'un.

Dexteralis, dextralis. -
1. Placé à droite (personne dans une église).
2. Méridional, du sud.

Dexterarius. - destrier, cheval de bataille.

Dextra. -
1. *Idem* dextera.
2. Mesure de longueur, superficie *dextre*.
3. Traité, accord, alliance.
4. (pl), sorte de supplice en Italie.

Dextrae. - trêve.

Dextrale, dextreolis. - bracelet.

Dextralis. -
1. Méridional, du sud, à droite en ayant comme repère primordial le lever du soleil.
2. *Idem* dextrarius, destrier.
3. Sorte de hache, arc fr., *destral*.

Dextrare. -
1. Donner sa foi par la main droite (au lieu de prêter un serment).
2. Marcher à la droite de quelqu'un ; tenir la bride d'un cavalier en marchant à sa droite.
3. Préparer, disposer.
4. (*mensurare dextris*), mesurer au dextre.
5. (*d. equum*), *dresser* un cheval.

Dextrarialis. - (*dextrariale servicium*), service militaire, fourniture d'un cheval de guerre, d'un destrier.

Dextrariola. - bracelet.

Dextrarius, dextrerius, dextralis, destralia. - destrier.

Dextratio. - mouvement de gauche à droite.

Dextrator. - arpenteur, celui qui utilise qui mesure à la dextre, (*Cf. dexter2*)

Dextratus. - tenu par serment, qui a juré.

Dextreolis. - *idem* dextrale, bracelet.

Dextreria, destreria. - sorte de navire.

Dextrerius. - *idem* dextrarius.

Dextri. -

1. Mesure de longueur, superficie, dextre.
2. Bande terrain généralement de 30 pas de largeur qui entoure un lieu privilégié, dextres.

Dextrim. - sur la droite.

Dextrocherium. - bracelet, ornement du bras.

Dextrum. - *idem* dextri1

Deymerius. - celui qui exige et perçoit la dîme.

Deyta. - *idem* deita, caution.

Dezena. - dizaine.

Dezmaria. - droit de dîme, anc fr[1], *dismerie*.

Diablagium. - droit de champart, anc fr[2], *deablage*, « redevance en blé ».

Diabolaris. - (< *dĭŏbŏlāris*), fille de joie (celle qu'on a pour *deux oboles*).

Diabole. - calomnier.

Diabolice. - diaboliquement.

Diabolicum. - (*d. dicere*), dire du mal, faire quelque chose digne d'un démon maléfique.

Diabolizare. - être possédé du diable.

Diabolus. -

1. Diable.
2. (*d. ligatus*), espèce de sortilège.

Diabrosis. - (< *διάβρωσις*)[3], ulcération, érosion.

Diacalamus. - sorte de médicament

Diacameron. - médicament conduisant l'homme de la mort à la vie.

Diacatochi. - détenteurs de biens.

Diacedrinus, diacetrinus, diacitrinus. - de couleur de citron.

Diacetrinus. - *idem* diacedrinus.

Diaciminus. - composition de médicament.

Diacitrinus. - *idem* diacedrinus.

Diacodium. - (< *cōdĭa*), boisson de pavot (pour endormir le mal).

Diacona. - diaconesse.

Diaconale. - habit de diacre.

Diaconalis. - d'un diacre.

Diaconatus. - diaconat.

Diaconia. -

1. Cotisations, offrandes pour les pauvres.
2. (*diaconium exhibere*), faire l'aumône.
3. À Rome, établissement ecclésiastique de bienfaisance (hospice avec chapelle) pour les distributions d'aumônes aux indigents.
4. (pl), hospices.
5. (pl), oratoires annexés aux hospices.

Diaconicum. -

1. Livre liturgique concernant le service des diacres.
2. Sacristie.

Diaconicus, diaconilis. - de diacre.

Diaconilis. - *idem* diaconicus.

Diaconios. - (< *διχότομος*)[4], la lune dans son premier quartier, lune croissante.

Diaconissa. - abbesse.

Diaconista. -

1. Diaconesse.
2. Diacre.

Diaconita. -

1. Pauvre nourri dans une diaconie, chez les diacres.
2. Diacre.

---

[1] Godefroy.
[2] Roquefort.
[3] *διάβρωσις* : « ulcération ».
[4] *διχότομος* : « coupé en deux ».

Diaconites. - pauvres nourris chez les diacres.

Diaconium. -
1. Sacristie.
2. Diaconat.

Diaconus. - diacre, en charge essentiellement de la lecture des Evangiles dans la liturgie.

Diacoposis. - inquiétude, chagrin, souci.

Diacoptus. - ciselé, gravé.

Diacopus. - tranchée, rigole.

Diacrisis. - (< διάχρισις)[1], représentation du vivant, image.

Diacynthinus. - de couleur hyacinthe plus foncé.

Diadema. -
1. Couronne, symbole de la puissance royale.
2. Diadème.
3. Relique.
4. Mitre d'abbé.

Diademalis. - de diadème.

Diademaliter. - avec un diadème.

Diademare. - *idem* diadematizare.

Diadematizare, diademare. - imposer le diadème, couronner.

Diadocus. - pierre précieuse semblable au béryl.

Diadumenus. - orné d'un diadème.

Diæta, dieta. -
1. (< *dĭēs*), étape, jour de marche.
2. (< *dĭēs*) ; (*d. terræ*), surface de terre que l'on peut cultiver en une journée, journal.
3. Réfectoire, salle à manger.
4. Régime prescrit par les médecins.
5. Diète, assemblée publique.

Diæta. - *idem* dieta.

Diætare, dietare. -
1. Séjourner quelques jours.

2. Suivre un régime.

Diætarius. - (< *dĭætārĭus*), qui est chargé du service de la salle à manger.

Diagnatus. - très proche parent.

Diagnostieus. -
1. Capable de discerner.
2. (subs), capacité de reconnaître.

Diagrammaton. - mot de deux lettres.

Diagraphum. - (pl), taxes, prescriptions.

Dialagium. - probablement pour hallagium, paiement pour le droit d'exposer la marchandise dans la *Halle*.

Diale. -
1. Cadran d'horloge.
2. Quantité de terre labourable en un jour : journal.

Dialectizare. - discutailler.

Dialis. - qui tourne quotidiennement.

Dialiter. - chaque jour.

Dialogista. - celui qui discute, argumente.

Dialogus. - forme de dialogue.

Diamans. - *idem* diamas, diamant.

Diamantinus color. - couleur de diamant.

Diamantum. - *idem* diamas, diamant.

Diamare. - aimer beaucoup.

Diamargariton. - sorte de médicament.

Diamas, diamans, diamantum. - diamant.

Diamectralis. - de diamètre.

Diametrum. - déchet.

Diamicus. - très ami, familier.

Diana, dianus. - démon que le peuple[2] nomme Diane.

Dianaticus. - qui s'adorne au culte de Diane.

Diapason. - octave musicale

Diapente. - quinte musicale.

Diapersorius. - qui disperse.

Diaphaneitas. - transparence.

Diaphanus. - transparent

---

[1] διάχρισις: action d'enduire ».

[2] « *Ce délire de femmes n'était pas très différent de ces rassemblements nocturnes qu'elles appellent Sabbats, et sur lesquels ils disent que le diable préside sous la forme d'un bouc, et là exige des leurs les services auxquels ils ont droit, c'est-à-dire les plus vils* ». (Du Cange, article Diana)

Diapistis, diaprasinus. - de couleur verdâtre.

Diaprasinus. - *idem* diapistis.

Diaprasium. - oxyde de cuivre, vert de gris.

Diaprasius. - de couleur vert foncé ; vert éclatant.

Diaprisium. - teinture verte.

Diapsalma. - (< διάψαλμα)[1]
1. Pause dans le texte, dans la musique, dans un psaume.
2. Division (du texte) en sections.

Diarcha. - district, province

Diarhodinus. - de couleur rose foncé.

Diarium. -
1. Vivres pour un jour.
2. Mesure de surface : journal.

Diarius. -
1. Journalier.
2. (subs) ; (pl), journaux (de terre).

Diarria. - diarrhée.

Diarsice. - action de lever d'élever, d'une manière élevée.

Dias. - le chiffre deux.

Diasima. - (< dĭastēma), intervalle.

Diasophista. - charlatan, guérisseur.

Diasostes. - conducteur, guide.

Diasperatus. - diapré.

Diasperus, diaspretus, diasprus. - tissu précieux.

Diaspratum. -
1. De soie blanche.
2. *Idem* diastrum.

Diasprum. -
1. Tissu de soie blanche.
2. Sorte de pierre.

Diasprus. -
1. De soie blanche.
2. *Idem* diasperus.

Diastema. - intervalle de temps.

Diasynaxis. - prière perpétuelle au chœur

Diasyrticus. - qui peut être pris dans deux sens.

Diatheca. - testament.

Diatim, dietim. - tous les jours, de jour en jour.

Diatretarius. - graveur, ciseleur.

Diatretus, diatritus. - ciselé, gravé.

Dica. -
1. Document contenant la liste des dettes et des débiteurs ; par métonymie, impôt, taxe.
2. (< δίκη)[2], pièce de justice exposant les faits.
3. *Idem* dicus, digue.

Dicabula. - sornettes.

Dicaculus. - assez bavard.

Dicagium. - taxe portuaire (Angleterre).

Dicambitio. - changement.

Dicambium. - échange.

Dicare. -
1. Faire payer l'impôt (du *dica1*).
2. (*diccum facere*), construire une digue, (*Cf. diccus*).
3. (< dēdĭcāre), vouer à Dieu.

Dicasterium. - (< δικαστήριον)[3].
1. Cour de justice ; juridiction, tribunal.
2. Assemblée de juges.

Dicatio. -
1. (< dĭcātĭō), gloire, honneur.
2. Endiguement, (*Cf. diccus*).

Dicator. -
1. Celui qui consacre.
2. Celui qui fait payer l'impôt.

Dicatura. - office de juge.

Diccatio. - construction d'une digue.

Diccubitus. -
1. Lit.
2. Chaise.

Diccus. - digue.

Dicella. - sorte d'épée ou de poignard.

---

[1] διάψαλμα : « intervalle dans le récitatif d'un chant ou changement de ton ».

[2] δίκη : « cours du procès, débats ».

[3] δικαστήριον : « tribunal ».

Dicentarius. - orateur.

Dicentia. - discours.

Dicere. -
1. (*d. fabas*), raconter des sottises.
2. (*ad invicem d.*), parler à quelqu'un.
3. Mettre l'enchère.

Dicerium. - parole.

Dicha. - *idem* dicar.

Dichus. - *idem* dicus, digue.

Dicibilis. - qui peur ou doit se dire.

Dicio. - (< *dĭcĭō*).
1. Autorité du fisc.
2. Autorité, patronage.

Dicipula. - (< *dēcĭpŭla*), piège à animaux.

Dicitorium, dictatorium. - tribune aux harangues.

Dicofritum. - sorte de corvée en Bretagne, anc fr[1], *dicofrit*.

Dicographus. - greffier.

Dicombitus. - (*in dicombito*), en toute propriété.

Dicra. - ensemble dix (peaux, lingots, chaussures, etc.)

Dicretio. - (*se dare a discretione*), se rendre à discrétion.

Dicrotum. - navire à deux rangées de rames.

Dicta. - répétition, redite.

Dictamen. -
1. Écrit, style.
2. Parole, mot.
3. (fig), ordre, voix, parole.
4. Décret, décision imposée.
5. Cours dicté.

Dictare. -
1. Composer, rédiger, versifier.
2. Indiquer, suggérer, statuer.
3. Prononcer.

Dictateria. - (pl) ; (n), sarcasmes.

Dictatio, dictatum. -
1. Action de dicter.

2. Écrit, mémoire.

Dictator. -
1. Écrivain, auteur.
2. Professeur, maître en l'art d'écrire.
3. Celui qui rédige des actes, rédacteur.
4. Juge, arbitre.

Dictatorim. - *idem* dicitorium.

Dictatorius. - d'écrivain, de rédacteur.

Dictatrix. - celle qui dicte.

Dictatum. - *idem* dictatio, écrit, mémoire.

Dictaturire. -
1. Écrire.
2. Avoir envie d'écrire.

Dictatus. -
1. Écrit.
2. Scribe, secrétaire.

Dictica. - tablette à écrire.

Dicticia. - lettre ou charte.

Dicticium. - *idem* dictitium.

Dictio. -
1. Propos rhétorique, déclamation publique.
2. Langue, langage.
3. (< *dĭcĭō*), juridiction.

Dictionalis. - concernant la parole, la rhétorique.

Dictionarium. - dictionnaire.

Dictitium, dicticium. - écrit, lettre, charte.

Dictitivus. - sophistiqué.

Dictiuncula. - mot.

Dicto- audientia. - obéissance.

Dictor. -
1. Écrivain, poète.
2. (pl), *dictores*, arbitres choisis par les parties pour la résolution des litiges.

Dictum. -
1. Jugement, sentence arbitrale.
2. Acte, pièce, écriture.
3. Déposition, témoignage, rapport.

---

[1] Roquefort.

4. Dit, bref, énoncé (d'une thèse)
5. Offre, enchère.

Dictura. - opinion.

Dicum. - *idem* diketta petite digue ou fossé.

Dicus, dichus, dica. - digue.

Dida. - mamelle.

Didascalia. - traité.

Didascalicus. - savant, cultivé.

Didascalium. - gymnase.

Didascalus. - (< διδάσκαλος)[1], enseignant

Didens. - robuste, solide, grand.

Didoneus. - vivace, solide.

Didragmare. - distribuer l'argent à profusion.

Dieculum. - jour.

Diegma. - paraphrase.

Diele. - poutre, chevron.

Dienismannus,dinismannus, dienstmannus. - sergent, huissier.

Dienstmannus. - *idem* dienismannus.

Dies. -
1. Jour.
2. (*d. naturalis*), 24 heures.
3. (*de puchra die*), en plein jour.
4. (*d. absolutionis*), Jeudi Saint.
5. (*d. adoratus*), Vendredi Saint.
6. (*d. ægiptii*), jours néfastes.
7. (*d. amoris*), jour fixé pour terminer une discussion à l'amiable.
8. (*d. sacri*), jour où les guerres privées étaient interdites.
9. (*d. animarum*), le jour des morts.
10. (*d. apostolicii*), jour de tous les apôtres, autrefois le 1er mai chez les latins.
11. (*d. boni*) ; (*d , ligati*), jour férié.
12. (*d. communes*) ; (*d. utiles*), jour ouvrable.
13. (*d. manualis*), journée de travail ; mesure de terre, journal.
14. (*d. operalis*), jour non férié.
15. (*d. consuetudinales*), jour de paiement des redevances.
16. (*d. et consul*), jour de signature d'un acte.
17. (*d. serviens*), jour fixé pour la fin d'un procès.
18. (*d. placitabilis*), jour de jugement.
19. (*d. solis*), le Dimanche.
20. (*d. devoti*), jour de fête.
21. (*d. pingues*), les jours gras.
22. (*d. sancti*), le Carême.
23. (*d. felissimus*), jour de Pâques.
24. (*d. florum*), jour des Rameaux.
25. (*d. focorum*), premier dimanche de Carême.
26. (*d. forensis*), jour de marché.
27. (*d. jejunalis*), jour de jeune.
28. (*d. legitimus*), jour de l'ouverture d'un testament.
29. (pl), assises judiciaires.

Diescere. - faire jour.

Diescit. - il fait jour.

Dieta, diæta. -
1. Journée de marche.
2. Entretien, réunion pour la journée ; séjour.
3. Repas quotidien.
4. Journée de travail ; salaire quotidien.
5. Liturgie quotidienne, office chanté en un jour.

Dieta. - *idem* diæta.

Dietare. - *idem* diætare.

Dietarium. - (< *dĭēs*).
1. Travail d'une journée.
2. Mesure de terre, journal.
3. Livre des recettes et des dépenses.

Dietarius. -
1. *Idem* dietarium2.
2. (*d. mensæ*), admis à table chaque jour.

---

[1] διδάσκαλος : « celui qui enseigne »

3. Ouvrier journalier.

4. Celui qui est « de jour » pour tel office.

Dietenus. - toute la journée.

Dieticus. - régulier, soumis à une règle.

Dietim. - *idem* diatim, tous les jours, de jour en jour.

Difalcare, diffalcare, disfalcare. - *idem* defalcare, défalquer, déduire.

Diffacere. -

1. *Idem* diffaciere.

2. (*d. olivas*), écraser les olives.

3. *Idem* disdacere.

Diffaciere, disfaciere. - mutiler, défigurer, défaire, dégrader une œuvre.

Diffactio. -

1. Méfait, destruction.

2. *Idem* disfactio, mutilation.

Diffalcare. - *idem* defalcare, défalquer, déduire.

Diffamare. -

1. Proclamer, célébrer, vanter.

2. Répandre, publier.

3. Manifester sa volonté.

4. Diffamer.

5. Compromettre.

6. (*d. de*), accuser de.

7. (*d. testes*), récuser un témoin.

Diffamatio. - diffamation, infamie.

Diffamator. - diffamateur.

Diffamatorius. - diffamatoire.

Diffamatus. - cité auparavant.

Diffamia. - tache à la réputation, infamie.

Diffardare. - voler les bagages.

Diffarreare. - dissoudre le mariage.

Diffasium. - placé sous le coup d'une interdiction, d'une mise en défens.

Diffatuare. - rendre fou, rendre sot.

Differarola. - outil pour ôter les fers des chevaux.

Differentia. -

1. Distinction, multiplicité variée, différence.

2. Différend, délai.

3. Mode d'antienne

Differratus. - déferré (cheval).

Differre. -

1. S'élever au-dessus de.

2. S'éloigner de, être distant.

3. Changer.

Diffessio negativa. - négation.

Diffibulare. - dégrafer, libérer, desserrer.

Difficultare. - rendre difficile.

Difficultas. - impôt coutumier (Angleterre).

Diffidamantum. - *idem* diffidium.

Diffidare, defidare, deffidare. -

1. Manquer à la foi que l'on doit à quelqu'un ; refuser la suzeraineté ; retirer sa confiance à quelqu'un.

2. (*d. ad os*), défier quelqu'un en face, anc fr[1], despier.

3. Déclarer la guerre à.

Diffidatio, diffidentia, difficucia. -

1. Provocation, défi, déclaration de guerre.

2. Dégât.

Diffidator. - celui qui provoque au combat.

Diffidator. - celui qui provoque en duel.

Diffidatorius. - de défi.

Diffidatus. -

1. Désespéré, qui n'a plus la foi en la guérison (malade).

2. Qui aime les rixes, spadassin.

Diffidatus. - spadassin.

Diffidentia. -

1. Manque de foi, incroyance.

2. Défi, refus de vasselage.

3. Défi (en duel).

4. *Idem* diffidatio.

---

[1] Godefroy.

Diffidium, diffidamentum, diffidantia. - défi, cartel.

Diffiducia. - *idem* diffidatio.

Diffiduciare. -
1. *Idem* diffidare1, manquer à sa foi envers son suzerain.
2. (*d. aliquem*), défier, se déclarer ennemi.
3. Disgracier.

Diffidus. - méfiant.

Diffigurare. - déformer, défigurer.

Diffiguratio. -
1. Déguisement.
2. Tromperie.

Diffinimentum. - *idem* definimentum, accord, cession amiable.

Diffinire. -
1. *Idem* definire.
2. Délimiter, déterminer.
3. Circonscrire, délimiter.
4. Convenir.

Diffinitas. - *idem* definitas, abandon, renoncement.

Diffinitio. - décision du juge (après la *disputatio*).

Diffinitive. - d'une manière définitive.

Diffinitivus. - définitif, final.

Diffinitor, definitor. -
1. Celui qui définit.
2. Officiel réglementant les procédures au Chapitre

Diffinitor. - *idem* definitor.

Diffirmare. - ouvrir, anc fr[1], *desfermer*.

Difflatio. - grosseur, tumeur.

Difflorare. -
1. Déflorer une jeune fille.
2. Faire des extraits de textes, extraire, sélectionner pour citation, pour un florilège.

Diffluere. -
1. Couler dans des directions différentes.
2. Être dispersé.
3. Rayonner vers l'extérieur.
4. Couler (en parlant du langage).
5. Distribuer.

Diffluxim. - pour répandre, pour s'écouler.

Diffluxium. - en débordant de tous côtés.

Diffodere. - creuser.

Diffolrare. - ôter les fourrures d'un habit.

Difforciare, deforciare, diffortiare, defortiare. - anc fr[2], *deforcier*.
1. (*d. alicui*), user de violences envers quelqu'un.
2. Empêcher par force.
3. (*d. rectum*), dénier en justice, en droit.
4. Refuser de payer une redevance.
5. (*d. causam*), user de moyens fallacieux dans un procès.

Difformatio. - relâchement dans la règle monastique.

Difformis. - différent, non conforme.

Difformitas. -
1. Dissemblance de forme.
2. Variation.

Diffortiare. - *idem* difforciare.

Diffortiatio. - rétention violente, saisie.

Diffortunium. - infortune.

Diffractio. - le fait de briser en morceaux.

Difframittere. - dépouiller, déposséder.

Diffrangere. - enfreindre.

Diffrodiare, exfridiare, exfrediare. - (< *frið*)[3], troubler, inquiéter violemment.

Diffugere. - mettre en fuite, disperser.

Diffugium. -
1. Asile, retraite, issue pour fuir.
2. Subterfuge, chicane juridique.

Diffumigare. - reproduire au milieu de la fumée (en parlant du forgeron).

Diffusim. - en détail.

---

[1] Godefroy.
[2] id.
[3] A.S : *frið*, « paix ».

Diffusive. - d'une manière diffuse.

Diffusus. - (*diffuso ore*), à pleine voix.

Difosot. - type de corvée due au seigneur en Bretagne

Difrangere. - (*d. murum*), faire une brèche dans un mur.

Diga. - digue.

Digamia. - bigamie.

Digamus. - marié en secondes noces.

Digenus. -
1. De deux espèces.
2. (< *decanus*), doyen.

Digere. -
1. Digérer.
2. Assimiler, exposer, décrire, traiter.

Digesta. - ouvrage écrit.

Digestim. - avec ordre.

Digestio. -
1. Digestion.
2. Sommaire, *digest*.

Digestire. - désirer vivement.

Digestiva. - professeur de droit.

Digestivus. - qui organise.

Digestorium. - pièce destinée à la sieste après le repas.

Digestum. -
1. Διγέστα, compilation des décisions de droit romain faites par Justinien ; par extension, livre juridique.
2. Toute espèce d'œuvres distribuées en chapitres

Digha. - dague.

Digitabulum. - dé à coudre.

Digitale. -
1. Petite boîte pour conserver les reliques d'un doigt.
2. Petit meuble pour conserver les bagues, anc fr[1], *doittier*.

Digitalis. - anneau, bague.

Digitaliter. - avec le doigt.

Digitare. - montrer du doigt.

Digitarium. - dé.

Digitellus. - petit doigt, auriculaire.

Digitiæ. - petits bâtonnets d'or ou d'argent.

Digitus. -
1. Sorte de mesure de poids correspondant à 4 grains.
2. (*d. aquæ*), un seizième de pied.
3. (*d. salutaris*) ; (*d. indicialis*) ; (*d. numerans*), l'index.
4. (*d. medicinalis*), le petit doigt.
5. Inch (pouce), mesure anglaise.

Digladiabile. -
1. (*d. ostium*), cruel, hostile.
2. (*d. discidium*), inflexible, implacable.

Digladialis. - cruel.

Digladiare, **digladiari**. - transpercer par le glaive.

Digladiari. - *idem* digladiare.

Digladiatio. -
1. Bataille, guerre, combat.
2. Insulte de langage

Digladius. - glaïeul.

Digma. -
1. (< δεῖγμα)[2], échantillon.
2. (< δεῖγμα), urine[3]
3. (< *digna*), dignité.
4. (< *digna*), honneur, gloire.

Dignabilis. - méritant, qui a de la dignité.

Dignabiliter. - avec dignité.

Dignamen. - respect, considération, bonté.

Dignanter. - avec courtoisie, favorablement, gracieusement.

Dignare. - (pass), être jugé digne.

Dignarium. - un dîner.

Dignatio. - générosité, humanité.

Dignative. - avec bonté.

Dignativus. -

---

[1] Hippeau.

[2] δεῖγμα : « ce qui se montre, manifestation ».

[3] « *L'urine montre la qualité et l'intensité de la fièvre* » (Du Cange, article *digma*).

    1. D'honneur.

    2. Bon, bienveillant.

Dignerium, disnerium, disnarium. - repas, anc fr[1], *digner.*

Dignificare. -

    1. Juger digne.

    2. Rendre digne une chose.

Digniloquium. - discours convenable.

Dignitarius. - dignitaire.

Dignitas. -

    1. Dignité, charge (en parlant du clergé).

    2. Fortune, domaine, possession.

    3. Droits, privilèges.

    4. (pl), axiomes, proverbes.

Dignitatus. - haute charge.

Digniter. - dignement.

Dignoscentia. -

    1. Connaissance.

    2. Reconnaissance (ce par quoi on reconnaît, image par exemple).

Dignoscere, dinoscere. -

    1. Apprendre, connaître.

    2. Être connu, être manifeste.

Dignoscibiliter. - de façon à distinguer.

Digregare. - séparer, disjoindre.

Digressive. - au moyen d'une digression.

Digtum. - doigt.

Digurpitor. - qui abandonne la possession de quelque chose.

Dihorno. - de cette année.

Dijudicare. -

    1. Attribuer en justice, adjuger.

    2. (*d. reum*), juger ; condamner.

    3. (*d. aliquid*), dénier quelque chose en justice.

    4. Se décider à faire quelque chose.

    5. Être d'avis.

    6. (*dignum d.*), trouver bon.

Dijudicatio. - jugement

Diketta, dicum. - petite digue ou fossé.

Dikta. - (< *dieta terræ*), mesure agraire, (*Cf. diæta*).

Dilacerare. - *idem* delacerare, rompre, briser.

Dilaceratio. -

    1. Déchirement, mutilation, boucherie (également fig).

    2. Action de fendre, déchirer.

    3. Séparation, éloignement.

Dilancinare. - déchirer, lacérer.

Dilaniare. -

    1. Déchirer, mutiler.

    2. Détruire, ravager.

Dilanio. - boucher (également fig).

Dilapidata. - (*d. via*), chaussée couverte de pierres.

Dilapidator. - prodigue, dilapidateur.

Dilapidatrix. - celle qui dilapide.

Dilargus. -

    1. Somptueux.

    2. Extravaguant.

Dilatare. -

    1. Répandre, s'étendre, se propager.

    2. Retarder, mettre un délai.

    3. (< *lætāri*), éprouver de la joie.

Dilatata. - débordement.

Dilatatio. -

    1. Élargissement, extension, expansion, propagation ; (*d. fidei catholicæ*), propagation de la foi.

    2. Orgueil, joie.

    3. (< *dīlātĭō*), retard.

Dilatatus. - devenu riche.

Dilatio. -

    1. Délai, retard.

    2. *Idem* dilatatio, propagation.

Dilatorie. -

    1. En accordant un délai, en remettant à plus tard.

    2. D'une manière dilatoire.

Dilatrator. - aboyeur.

Dilatura, delatura. -

---

[1] Roquefort.

1. Dommage causé par un délai entre un acte préjudiciable et la restitution ou la compensation.

2. Indemnité à payer pour compenser ce dommage.

Dilavium. - inondation.

Dilecare, **delegare**. - abandonner.

Dilectio. -
1. Amour, affection (envers une personne).
2. Amour sexuel.
3. Dévouement, loyauté, allégeance (à un supérieur).
4. Amour de Dieu.
5. Charité.

Dilectionalis. - affectueux.

Dilectus. -
1. (adj), de confiance, confidentiel, fidèle.
2. Affection, amour, dévouement.
3. Soin, souci.

Dilesidus, dilisidus. - caution.

Diligentia. - (*redarguere de d.*), réprimander la négligence ou le défaut de soin.

Diligentium. - office, prière pour les morts.

Diligere. -
1. Aimer
2. Préférer.

Diligiatus. - banni, mis hors la loi.

Diligibilis. - qui mérite d'être aimé.

Diligibilitas. - qualité de ce qui est aimable.

Dilimpidare. - purifier, rendre clair.

Dilisidus. - *idem* dilesidus, caution.

Dilligare. - délier.

Diloqui. - *idem* disloqui.

Dilucebre. - clairement.

Dilucidare. - élucider, éclairer.

Dilucidare. - expliquer, éclaircir.

Diluculum. - aurore.

Diluere. - laver les péchés.

Diluvialis. - du déluge.

Diluvio. - purification, expiation.

Diluvium. - (*diluvii magister*), magistrat chargé de la surveillance des eaux et des digues.

Dimachæ. - soldats exercés à combattre à pied et à cheval.

Dimachæri. - ceux qui combattent à l'épée.

Dimagium. - perception de la dîme ou soumis à la dîme.

Dimanare. - (fig), découler de.

Dimanatio. - émanation.

Dimarchus. - (< *dēmarchus*), magistrat en chef de Naples.

Dimembrare. - retrancher du corps, (fig), du corps de l'Eglise, excommunier.

Dimembratio. - démembrement.

Dimenchiata terræ. - mesure agraire de quatre cartes.

Dimensio. - mesure, quantité, dimension.

Dimensivus. - qui peut être mesuré.

Dimensum, demensum. - mesure, dimension.

Dimentiri, dismentiri. - *idem* dementiri, se démentir.

Dimeria. - terre qui paye la dîme.

Dimettum, dimitum. - (< $\mu\acute{\iota}\tau o\varsigma$)[1], tissu tissé à deux fils.

Dimiare. - diviser, découper.

Dimicare. -
1. Se battre, affronter.
2. (trans) vaincre.
3. (< *mīca*), couper en morceaux.

Dimidialis. - chanoine qui perçoit la moitié des revenus ou du bénéfice.

Dimidiare. - diviser en deux portions.

Dimidiatio. - partage, séparation par moitié.

Dimidicare. - diviser par deux.

Dimidietas. -
1. Moitié.

---

[1] $\mu\acute{\iota}\tau o\varsigma$: « fil ».

2. (*d. linguæ*) , jury également représentatif de deux communautés

Dimidium. - mesure de grains, moitié d'une mesure, demi.

Dimidius. - demi, moitié.

Diminiculum. - diminution.

Diminorare, diminuare. - *idem* deminorare, abaisser, amoindrir.

Diminoratio. - *idem* deminoratio1

Diminuare. - *idem* deminorare, abaisser, amoindrir.

Diminucio. - *idem* diminutio.

Diminuentia. - diminution.

Diminuere. - faire une saignée.

Diminute. - mot à mot.

Diminutio, deminutio, diminucio. - (*d. saguinis*), saignée, temps que l'on passe chez soi après une saignée.

Diminutor. - celui qui diminue, confisque.

Dimisse. - négligemment.

Dimissio. -
1. Rémission de la maladie.
2. Renoncement, abandon (de ses biens).
3. (*d. carnium*), temps où l'on fait maigre.
4. Location, bail.

Dimissor. - celui qui congédie, répudie sa femme.

Dimissoria. - lettre de congé.

Dimissorialis. - de congé.

Dimittere. -
1. Dispenser, exonérer.
2. Laisser, permettre.
3. Laisser derrière soi, délaisser.
4. Laisser tranquille, ne pas toucher, laisser en jachère.
5. Laisser après soi en mourant (femme, fils et filles, héritiers, héritage).
6. Laisser à un autre, se décharger de quelque chose sur quelqu'un, confier à quelqu'un.
7. (*d. alicui aliquid*), remettre, céder, conférer, mettre à la disposition de quelqu'un ; remettre les péchés, les délits les dettes de quelqu'un.
8. Congédier, renvoyer.
9. (*d. servum*), affranchir un serf.
10. Aliéner, vendre.
11. (*d. aliquem*), abandonner, délaisser, trahir.
12. Se soustraire à un devoir, manquer à un devoir, négliger une tâche, rester en défaut.
13. Laisser de reste, garder, épargner.
14. (*d. maritum*), être divorcée de.
15. Cesser de.

Dimitum. - (< μίτος)[1], *idem* dimettum, tissu tissé à deux fils.

Dimitum. - sorte de tissu grossier.

Dimorare, demorare. - demeurer.

Dimossarium. - château-fort, place forte.

Dimulgatio. - promulgation partout.

Dimulgator. - celui qui promulgue.

Dimulgatus. - promulgué.

Dimultiplicare. - multiplier.

Dimyxon. - lampe à deux becs.

Dinamidia. -
1. *Idem* dynamidia, nom d'un puissant médicament.
2. Efficacité

Dinarada. - ce que l'on peut obtenir avec un denier.

Dinarium. - dîner.

Dinarius. - *idem* denarius.

Dinata. - sorte de mesure agraire.

Dinchoru. - sorte de redevance en Flandres.

Dindimum. - mystère ; (*fidei d.*), mystère de la foi.

---

[1] μίτος: « fil ».

Dineralis. - de la valeur d'un denier.

Dinghof. - domaine où la justice du seigneur s'applique.

Dingia. - (< *dung*)[1], *idem* dungia, excrément des animaux (Angleterre).

Diniare. - dénier, refuser.

Dinidor. - mauvaise odeur.

Dinismannus. - *idem* dienismannus.

Dinomilus. - qui parle longtemps avec.

Dinomius. - qui a deux noms.

Dinoscere. - *idem* dignoscere.

Dinosis. - indignation.

Dinotica. - habileté.

Dinotio. - discernement, perception.

Dintellus, duitellus. - petit cours d'eau, ruisseau, anc fr[2], *doitil*.

Dintrire. - piauler.

Dinumeramentum. - déclaration féodale où l'on donne une description des domaines avec leurs limites et leurs droits et obligations envers le seigneur.

Dinumium, dinummium. - taxe perçue à Alexandrie sur les marchandises exportées ou importées

Diocesanus, diocesanus. -
1. De diocèse, diocésain.
2. (pl), les fidèles d'un diocèse.
3. Paroissial.

Diocesanus. - *idem* diœcesanus

Dioceseus. - *idem* dioeceseus, diocésain.

Diocesianus. - *idem* diœcesianus.

Diocetrinus. - couleur de citron foncé.

Diocmitæ. - (< *diōgmītæ*), soldats avec un armement léger.

Dioctes. - persécuteur.

Diœcensis. - du diocèse.

Diœceseus, dioceseus. - diocésain.

Diœcesianus, diocesianus. -
1. D'évêque, de diocèse.

2. Province d'un métropolitain (l'archevêque de Rome).
3. Autorité diocésaire.
4. Eglise paroissiale.

Diœcesis. - paroisse.

Diœcetæ. - (< *διοικητής*)[3].
1. Administrateurs, gouverneurs.
2. Receveurs des impôts.

Dioprasius. - tirant sur le vert.

Diorisma. - (< *διορισμός*)[4], définition.

Diplangium. - récipient double, vase en céramique enfermé dans un vase en cuivre.

Diplare. - reproduire.

Diple. - signe utilisé par les copistes pour noter les passages importants du texte.

Diploidus. - doublé, qui est double.

Diplois, displois. - (< *διπλοΐς*)[5] manteau d'hiver doublé.

Diploma. -
1. Écrit, lettre.
2. Diplôme, charte.
3. Acte d'accusation.

Diplomatarium. - chartrier.

Diplomatarius. - chef des secrétaires qui rédigent les diplômes royaux.

Diplomaticus. - de charte

Diplora. - divisé, séparé.

Dipsas. - vipère.

Diptichum. - *idem* dyptichum

Dipticum. - *idem* dyptichum.

Diptire. - *idem* dyptire, marqueter.

Diptychum, diptichum, dypticum, dipticum, diptycium. -
1. Liste renfermant les noms des morts pour lesquels on prie.
2. (pl), *diptycha*, tablettes doubles pliantes, dyptique.

Diptycium. - *idem* dyptichum.

Diratio. - procédure d'établissement d'un titre.

---

[1] A.S : *dung*, « excrément ».
[2] Godefroy.
[3] *διοικητής* : « gouverneur de province ».
[4] *διορισμός*: « division, distinction ».
[5] *διπλοΐς*: « manteau que l'on met en double ».

Diratiocinare. -
1. (*d. terras*), établir les limites de (après un procès).
2. Plaider.

Diratiocinatio. - débat juridique concernant les limites de terrain.

Diraubare. - ravir, enlever.

Dircitura. - impôt, taxe.

Directa. - sorte de jeu.

Directance. - d'un trait (chanté), simplement.

Directaneus. - direct, d'une seule tonalité, sans modulation.

Directim. -
1. Tout droit.
2. Directement, sans ambages.

Directio. - le droit, administration de la justice.

Directitas. - domaine, ou droit du propriétaire sur le domaine et cens qui en découle.

Directivus. -
1. Capable de diriger.
2. (*directiva littera*), missive.

Director. - chargé de mission, envoyé.

Directorium. -
1. Direction guide, règle.
2. Borne indiquant la direction.
3. (< *dīrĭgĕre*, (p.p), *dīrēctum*), desserte, dressoir.

Directrix. - directrice.

Directum, drictum. -
1. Le droit, ce qui est juste.
2. Redevance.
3. Droit que quelqu'un a sur quelque chose.
4. Action judiciaire pour réclamer son droit.

Directura. -
1. *Idem* directum1.
2. Redressement, correction des limites.
3. Droit d'exiger des redevances.
4. Redevance.

Directus. -

1. (subs), envoyé.
2. (adj), *idem* directaneus.

Direvestire. - se dévêtir.

Diribitorium. - endroit où est payé la solde des militaires.

Dirictura. - *idem* directum1.

Dirigere. -
1. Diriger.
2. (intrans), se diriger, aller.
3. Donner avis de quelque chose.
4. (*d. limites*), redresser les limites.
5. Faire savoir, envoyer un messager, donner des nouvelles.
6. Remettre droit, guérir, mettre dans une bonne voie.
7. Diriger, gouverner.
8. Corriger, réparer.
9. (*d. obviam*), envoyer au-devant.

Dirimare. - rimer.

Dirimere. - rendre nul.

Dirivare. - déduire.

Dirivatio. - *idem* derivatio.

Dirnum. - *idem* durnum, montant de porte.

Dirocare. - détruire, démolir.

Dirodimus. - *idem* dirodinus.

Dirodinus, dirodimus, dirotinus. - rose (couleur).

Dirotinus. - *idem* dirodinus.

Dirumpere. -
1. Travailler la terre, labourer.
2. Enfreindre, rompre une promesse, résilier.

Dirungarius. - préfet maritime.

Dirupare. - jeter bas, abattre.

Diruptatio. - destruction, renversement.

Diruptus. - labouré, travaillé depuis peu.

Disadvoare. - *idem* disadvocare.

Disadvocare, deadvocare. - désavouer.

Disæquare. - rendre égal.

Disafforestare. - convertir une forêt en pâturage ou en terre labourée.

Disaisire. - (*d. se*), se dessaisir.

Disallocare. - désapprouver, refuser la dépense, le paiement.

Disamis. - raisonnement, pensée raisonnable, logique.

Disamparare, desamparare. -
1. Se dessaisir.
2. Soustraire à une saisie.

Disamparatio. - action, d'abandonner.

Disannexus. - détaché, séparé.

Disappropriatio. - annulation d'une appropriation.

Disarmare, desarmare. - désarmer.

Disarrestare. - libérer (les biens saisis), de l'arrestation.

Disauthenticare. - invalider.

Disauthenticatio. - invalidation.

Disavouare. - *idem* disadvocare.

Disbandire. - *idem* disbannire.

Disbannare. - *idem* disbannire.

Disbannimentum. - libération de « l'interdiction » (du ban), ou de la séquestration.

Disbannire, disbandire, disbannare. - lever le ban.

Disbendare. - relâcher.

Disboniare. - planter des bornes.

Disboscatio. - défrichement d'un bois ou sa mise en culture.

Disbotare. - déboîter.

Disbrigare. - désencombrer, dégager.

Disbullare. - décacheter, briser le sceau.

Disburgesiare. - renoncer au droit de bourgeoisie.

Discadentia. - *idem* discagentia gage (à retenir).

Discagentia, discadentia. - gage (à retenir).

Discalceare. - *idem* discalcire.

Discalceatio. - action de se déchausser, de rester nu-pieds.

Discalciare. - *idem* discalcire.

Discalcire, discalceare, discalciare. - déchausser.

Discaldatus. - refroidi.

Discaligatus. - déchaussé.

Discalzatus. -
1. Déchaussé, déblayé.

2. Isolé de la terre.

Discambiare. -
1. Défaire un échange.
2. Changer quelqu'un d'une terre.

Discantare. - chanter avec accompagnement.

Discantizare. - mal chanter.

Discantus. - *idem* decentum, chant à plusieurs voix, harmonie, déchant.

Discapere, discapire. -
1. Déposséder.
2. Retirer son fief à un vassal.

Discapillare. - couper les cheveux à.

Discapire. - *idem* discapiere.

Discarcagium. - paiement pour le déchargement.

Discarecare. - *idem* discarricare.

Discarga. - décharge, libération.

Discargare. - *idem* discarricare.

Discargatura. - décharge, exonération.

Discariator. - celui qui établit la décharge.

Discarigare. - *idem* discarricare.

Discarricare, descarricare, discarecare, dissaricare, discharicare, discarigare. - décharger.

Discatenare. - délier, séparer, disjoindre.

Discavalcatus. - démonté (cavalier).

Discazernatus. - séparé, disjoint détaché.

Discedere. - mourir.

Discens. - disciple, élève.

Discentia. - le fait d'apprendre.

Disceptamen. - dispute, discussion.

Disceptatio. - procès, interrogatoire.

Discere. - enseigner.

Discereura. - déchirure.

Discernere. - arrêter, résoudre, décider.

Discernibilis. - qui peut être discerné.

Discernibilitas. - qualité de ce qui peut être discerné.

Discerniculum. - parure en or de cheveux.

Discerptorius. - qui déchire.

Discertatio. - contestation, controverse.

Discessor. - prédécesseur.

Discessus, discessio. - décès.

Dischadernare. - disjoindre, séparer.

Dischargia, dischargium. - décharge d'une dette.

Dischargiare. - décharger, exonérer.

Dischargium. - *idem* dischargia.

Discharicare. - *idem* discarricare, décharger.

Discidium. -
1. Séparation, divorce.
2. Division, perturbation.
3. Schisme.
4. Conflit.
5. Hostilité.

Discincta. - sorte de vêtement ample, sans ceinture.

Discinctus. - sans ceinture.

Discingere. -
1. Terminer les procès.
2. Dégrader un magistrat.

Discingulare. - desseller.

Discingulare. - enlever la selle et le bagage.

Disciplina. -
1. Punition, loi punitive ; pénitence corporelle.
2. Sujétion, service.
3. Sagesse, prévoyance.
4. Ordre, commandement.
5. Pouvoir d'infliger des peines.

Disciplinalis. -
1. Concernant les études.
2. Docile.
3. Qui instruit.
4. De discipline.

Disciplinaliter. -
1. D'une manière ascétique.
2. Par châtiment.
3. D'une manière disciplinée.

Disciplinanter. - *idem* disciplinaliter3.

Disciplinare. -
1. Rappeler à l'ordre, corriger, punir.
2. Flageller.

Disciplinari. - former, discipliner

Disciplinaria, discipliscientia. - (*d. scientia*), les mathématiques.

Disciplinarie. - (*d. punire*), en fouettant.

Disciplinatio. -
1. Éducation.
2. Flagellation, discipline.

Disciplinatoria virga. - fouet pour donner la discipline.

Disciplinatus. -
1. Bien élevé, qui a reçu de bons principes.
2. Formé aux mathématiques.
3. (fruit) amélioré par la culture.
4. Éducation.
5. Etude.
6. Direction.

Discipliscientia. - *idem* disciplinaria.

Discipula. - (femme) disciple.

Discipulare. - instruire.

Discipulatus. -
1. Éducation.
2. Office, charge.

Discipulus. - serviteur, celui qui a une fonction à remplir.

Discissio. -
1. Déchirure, entaille.
2. Coupe (de tissu).
3. Division.
4. Séparation.
5. Dissension.
6. Action de trancher, de décider.

Disclamare. - se désister de sa demande, anc fr[1], *disclamer*.

Disclamatio. - avertissement, renonciation à un droit.

Disclaudere. - ouvrir.

Disclausus. - ouvert.

Disclavare. - déclouer.

Discledare. - enlever les claies, les barrières.

Discoagulare. - liquéfier.

---

[1] Godefroy.

Discofera. - sœur chargée du service de table.

Discohærentia. - manque de cohérence, incohérence.

Discolare. - découler.

Discolatorium. - forge.

Discolatus. -
1. Indiscipline.
2. (*terra d.*), terre qui n'est pas cultivée.

Discolor. - décoloré, terni.

Discoloratus. - décoloré.

Discolpare. - (*se d.*), *idem* disculpare, se disculper.

Discolus. -
1. Morose.
2. Licencieux, indiscipliné.

Discombrare, **descombrare**, **disgombrare**. - désencombrer un chemin, débarrasser des arbres abattus qui obstruent le chemin.

Discommunicantes. - qui ne communient pas avec les autres fidèles.

Discomputare. - décompter, défalquer.

Discomputatio. - défalcation.

Disconciliatus. - en désaccord, dissident.

Disconcordia. - désaccord.

Disconfectura, **disconfitura**, **disconfita**, **discumfitura**, **discumfutura**. - déconfiture, défaite.

Disconficere. - déconfire, battre les ennemis.

Disconfictus. - terrassé, anc fr[1], *deconfire*, « tailler en pièces les ennemis ».

Disconfita. - *idem* disconfectura.

Disconfitura. - *idem* disconfectura.

Disconformis. - non conforme.

Disconfortare. - mettre mal à l'aise, vexer.

Disconsolatus. - manquant de consolation.

Disconsulere. - déconseiller, dissuader.

Disconsutus. - décousu.

Discontinuari. - être discontinu.

Discontinuatio. - discontinuité.

Discontinuitas. - discontinuité, irrégularité.

Discontinuus. - discontinu.

Disconvenientia. -
1. Désaccord (entre personnes), querelle.
2. Discordance, incongruité.

Disconvenire. - disconvenir, être contesté.

Discooperatores. - éclaireurs qui vont à la découverte.

Discooperire. -
1. Mettre à nu, exposer, dévoiler.
2. Apercevoir, découvrir.
3. Découvrir une toiture.
4. Découvrir, divulguer, révéler.
5. Défricher la terre.
6. (*d. parem suum*), trahir son complice.

Discoopertor. - espion.

Discoopertura. -
1. Défrichage de la terre.
2. Ouverture de toiture.
3. Divulgation de secret.

Discoopertus. - (*d. ager*), terre non cultivée.

Discopare. - couper.

Discophorus. - maître d'hôtel.

Discopulare. - découpler (des chiens de chasse).

Discordantia. - désaccord, contradiction, litige.

Discordator. - celui qui est en désaccord.

Discordia. - intervalle musical.

Discoriare. -
1. (< *cŏrĭum*), écorcher, mettre à nu.
2. Ecorcer, décortiquer.
3. (< *dĕcŏr*), décorer.

Discorporatus. - séparé, dissous.

Discorsorium, discursorium. - fossé.

Discorturare. - découdre.

Discrasis, discrasia. - maladie d'estomac.

Discredentia. - incrédulité.

Discredere. - (*d. alicui*), ne pas être de l'avis de quelqu'un.

Discrepans. - disjoint.

Discrepatio. - (pl), *discrepationes*, discordances, morales, tentations

Discretatio. - séparation (dans une sépulture).

Discrete. - avec discernement, discrétion.

Discretibilis. - qu'on peut discerner.

Discretio. - (< *discernĕre*).
1. Séparation, intervalle, discontinuité.
2. Division, répartition.
3. Distinction, (indication de) différence ; différenciation, différence de traitement ou de conduite.
4. Titre honorifique, par lequel on peut s'adresser tantôt aux évêques, tantôt aussi aux nobles laïcs.
5. Séparation des sauvés des damnés ; jugement dernier.
6. Classification, affectation à différents groupes ; discrimination, perception de la différence.
7. Discrétion, discernement, prudence, intelligence.
8. (*ad discretionem vivere*), vivre à discrétion, (en parlant des soldats abusant du droit d'hospitalité de l'habitant).
9. (*dare se a discretione*), se rendre sans condition.

Discretivus. - capable de distinguer.

Discretus. -
1. Bien choisi, valable, raisonnable.
2. Courtois, modeste.

Discrimen. - dommage, perte.

Discriminale. - boucle pour les cheveux.

Discriminare. - être en péril, risquer.

Discriminose. - dangereusement.

Discriminosus. - dangereux.

Discrimnum. - intervalle.

Discubito. - lit d'accouchée.

Discubitus. -
1. Lit.
2. Chaise.

Discubium. - lit.

Disculpare, desculpare, discolpare. - (*se d.*), se disculper.

Discum. - patène.

Discumbitio. - *idem* decumbitio, mort, sépulture.

Discumfitura. - *idem* disconfectura.

Discumfutura. - *idem* disconfectura.

Discupere. -
1. Envier.
2. Désirer le tort, souhaiter du mal à.

Discuptivus. - (*discuptivum digestionem*), trouble de digestion.

Discurrere. -
1. Être usuel.
2. Circuler, se déplacer (en parlant des *missi dominici*).
3. Arriver.
4. Avoir cours (monnaie).

Discursio. - voyage.

Discursitare. - courir de côté et d'autre.

Discursive. - d'une manière discursive, par le raisonnement.

Discursivus. - discursif (qui va des causes aux effets).

Discursor. -
1. Envoyé impérial ; messager officiel.
2. Marchand ambulant.

Discursorium. - *idem* discorsorium, fossé, égout, ruisseau.

Discursus. -
1. Tournée, voyage.
2. Déplacement, circulation.
3. Expédition, excursion.
4. Chemin, route, tournée.
5. Cours d'une rivière.
6. Cours des astres.

Discurvus. - tordu.

Discus. -
1. Ce qu'on sert sur un plat, sur la table (métonymie).
2. Mesure de sel, de céréales, de bière, etc. (Angleterre).
3. Table.
4. Tréteau, étalage de marchand.
5. (*disci veteres*), œillets de salines (endroits où le sel cristallise car l'eau y atteint une salinité suffisante).

Discussio. -
1. Examen d'un accusé (par interrogatoire ou par épreuve judiciaire), enquête.
2. Rixe.

Discussor. -
1. Celui qui examine
2. Celui qui dissipe.

Discussores. - inspecteurs des impôts, contrôleurs du fisc.

Discussus. - examen judiciaire.

Discutere. -
1. Enquêter, examiner, expliquer, analyser.
2. (*d. aliquem*), interroger, entendre quelqu'un, lui faire subir une épreuve judiciaire.
3. (*d. causam*), expédier une cause, juger.
4. Délibérer sur une question.

Disdampnificare. - dédommager, réparer, restituer.

Disenteria, disenterium, - dysenterie.

Diserigare. - dégager.

Disertare. -
1. Faire un discours.
2. Rendre disert.

Disertari. - vouloir paraître disert.

Disertia. - éloquence.

Disertitudo. - éloquence.

Disertor. - sophiste.

Disfabritus. - en ruines.

Disfacere, diffacere, deffacere. -
1. Démolir, détruire.
2. (*hominem d.*), mutiler.
3. Défaire, empêcher, violer, porter atteinte à quelque chose
4. (*cartam d.*), déchirer un document.
5. *Idem* defacere, abolir, abroger.

Disfaciere. - *idem* diffaciere, disfacere2.

Disfactio, diffactio. - mutilation.

Disfalcare. - *idem* defalcare, défalquer, déduire.

Disfalcare. - *idem* defalcare.

Disfasciare. -
1. Débander.
2. Rompre le lien, détacher.

Disferriare. - déferrer.

Disfidare. - *idem* diffidare1, défier.

Disfigurare. - défigurer.

Disfrangere. - briser, mettre en pièces.

Disgagiare. - dégager

Disgarnitus. - *idem* disvarnitus.

Disglaciare. - dégeler.

Disglobare. - dissoudre.

Disglutinare. - dissoudre la colle, disjoindre.

Disgnum. - marque, signature, seing.

Disgolare. - écouler.

Disgomberare. - évacuer, vider.

Disgombrare, disgumbrare. - nettoyer, purger.

Disgombrare. - *idem* discombrare, désencombrer, débarrasser.

Disgonbrare. - délivrer, libérer de tout obstacle.

Disgraciatus. - malheureux (Italie).

Disgratia. -
1. Disgrâce, malheur, infortune.
2. Maladie, infirmité.
3. Tare, honte.

Disgregare. - séparer, disjoindre.

Disgregatim. - (*d. fugere*), fuir en désordre, chacun de son côté.

Disgregatio. - séparation.

Disgregator. - celui qui sépare.

Disgregus. - qui n'est pas uniforme, varié.

Disgruere. - être en désaccord.

Disguadiare. - *idem* disvadiare.

Disguagiare. - retirer du gage.

Disguarnimentum. - tout ce par quoi une place forte peut être désarmée.

Disguarnire. - *idem* diswarnire, dégarnir, priver de la garnison ; (*d. oppidum*), désarmer une place forte.

Disgumbrare. - *idem* disgombrare, nettoyer, purger.

Dishabilis. - incapable de.

Dishabilitare. - rendre incapable, disqualifier.

Dishabilitatio. - action de rendre incapable, de disqualifier.

Dishæreditare. - déshériter.

Dishæreditatio. - action de déshériter.

Dishobedientia. - désobéissance.

Dishonor. - reproche, honte, déshonneur.

Dishonoratio. - déshonneur.

Dishonoratus. - déshonoré.

Disinvestire. - désinvestir, dépouiller.

Disis, dysis, - (< δύσις)[1], le couchant.

Disisio. - (< *dis - secare*), division.

Disjugata. - femme non mariée.

Disjuncta. - alternative.

Disjunctio. - partage.

Disjunctive. -
1. (*d. dicere*), en distinguant.
2. En dehors du mariage.

Disjungere. - rompre le mariage, divorcer.

Diskippagium. - débarquement (Angleterre).

Dislaudare. -
1. (< *laudāre*), déconseiller.
2. (< *lŏcāre*), résilier un bail.

Dislavare. - laver (une blessure).

Disligare. -
1. Se libérer.
2. Délier.

Disligatior. - vie relâchée, dissolue.

Dîslocare. -
1. Déplacer.
2. Disloquer (en parlant des os).
3. Résilier un bail.

Dislogiare. - déloger.

Disloquare. - *idem* dislocare3.

Disloqui, diloqui. - parler d'une manière peu sensée, déraisonner.

Dismanare, dismanuare. -
1. (*d. aliquid*), enlever.
2. Ôter (de la maison, du monastère).
3. S'employer à, agir.

Dismanta. - vaurien (celui qui vole le manteau de son compagnon).

Dismantire. - démentir.

Dismanuare. -
1. *Idem* dismanare.
2. Tourmenter, affoler (quelqu'un).
3. Déposséder.

Dismarium, disnerium. - dîner, hébergement.

Dismasatus. -
1. Terre sans construction.
2. Terre non répartie en manses.

Dismembratio. - séparation, division (d'une paroisse en plusieurs).

Dismembrator. - celui qui pille, détruit.

Dismentiri, dismentiri. - *idem* dementiri, se démentir.

Dismilitare, desmilitare. -
1. Dégrader de la chevalerie.
2. Libérer du service militaire, renvoyer, exempter.

Dismontare. - descendre de cheval.

Dismundiare, dismuntare. - renoncer à la tutelle d'une jeune fille et la confier à un mari.

Dismuntare. - *idem* dismundiare.

Disnare. -
1. Dîner.
2. (subs), le dîner.

---

[1] δύσις: « le coucher du soleil ».

Disnarium, disnerium. - *idem* dismarium, dîner, hébergement.

Disnodare. - dénouer, séparer.

Disobstuppare, deobstuppare. - libérer passage ou cours d'eau de toute obstruction.

Disolvere. - abattre, violer, décourager, affaiblir.

Disomum. - tombeau pour deux corps.

Disonerare. - libérer d'une dette.

Disordinare. -
1. Décommander.
2. Mettre en désordre.
3. Révoquer (un arrêt).

Disordinatus. - désordonné.

Disordonare. - *idem* disordinare2.

Dispacatus. - en colère.

Dispaccare. - *idem* dispackare.

Dispackare, dispaccare. - dépaqueter.

Dispaginare. - détruire (un assemblage).

Dispalare. - disjoindre, diviser.

Dispalatim. - d'une façon dispersée.

Dispar. -
1. Séparé.
2. De condition sociale différente, (rendant le mariage interdit ou nécessitant une dispense).

Disparagamentum, disparagatio. - mésalliance.

Disparagare, disparagiare. -
1. Marier quelqu'un à une personne d'inégale condition, anc fr[1], *desparagier*.
2. Dénigrer, déprécier par un mariage inégal (Angleterre).

Disparagatio. - *idem* disparagamentum, mésalliance.

Disparagiare. - *idem* disparagare.

Disparare. -
1. Déparer, priver d'un ornement.
2. Abîmer.
3. *Idem* disparagare.
4. Lâcher, laisser aller.

Disparari. - être éloigné.

Disparascere. - être dissemblable.

Disparatio. -
1. Séparation.
2. Disparité.

Disparatus. -
1. Mésallié.
2. (terme) disparate, divers (non contraire).
3. Complétement séparé.

Dispare. - d'une manière inégale.

Disparere. - disparaître, finir, cesser.

Dispargiare. - *idem* dispariare.

Dispariare, dispargiare, disperiare. -
1. Déroger, se mésallier.
2. Être différent, en désaccord.

Disparilitas, disparilitudo. - différence, dissemblance.

Disparilitudo. - *idem* disparilitas.

Disparitas. -
1. Dissemblance.
2. (*d. cultus*), disparité de culte, différence de religion.

Dispariter. - différemment.

Dispartitio. - *idem* dispertitio, action de départager.

Dispartus. - séparé, éloigné.

Dispatriare. -
1. S'en aller à l'étranger.
2. (trans), exiler.

Dispavimentare. - dépaver.

Dispendere. -
1. Distribuer.
2. Dépenser.
3. Aliéner.

Dispendiose. - en faisant tort.

Dispendium. -
1. *Idem* dispensa1.
2. Détour.
3. Désastre, ruine.
4. Dépense, perte de temps, délai.

---

[1] Godefroy.

Dispensa. -
1. Dépenses, frais, ce qui est nécessaire à l'entretien, provisions.
2. Office, réserve, entrepôt.
3. Nourriture monastique.

Dispensabilis. -
1. D'usage courant.
2. Qu'on peut dispenser, qui peut faire l'objet d'une dispense.
3. Relatif à la réserve aux provisions.

Dispensare. -
1. Dispenser, exonérer (de l'observation d'une loi, d'une règle).
2. Pardonner.
3. Dépenser (pour tels usages).
4. Dispenser ses soins, gouverner.

Dispensaria. - office, charge de l'office.

Dispensarius. - économe, administrateur, anc fr[1], *despensier*.

Dispensatio. -
1. Arrangement.
2. Condescendance, douceur.
3. Dispense.
4. Pardon, absolution.
5. Providence de Dieu, par laquelle il a décidé de sauver la race humaine tout entière.
6. (*d. sacramenti*), action d'administrer les sacrements.

Dispensative. -
1. Pour la forme.
2. En manière de dispense, en assouplissant la loi.

Dispensativus. -
1. Providentiel.
2. Susceptible de dispense.

Dispensator. -
1. Celui qui distribue les aumônes.
2. Econome.
3. Régisseur de domaine.
4. (*d. de servitute*), celui qui libère.

Dispensatorie. -
1. *Idem* dispensative.
2. En bon économe.
3. D'une manière diplomatique, en ménageant.

Dispensatorium. -
1. Dépense, office.
2. Conduit, canal.

Dispensatorius. -
1. Relatif à la douceur divine.
2. (pain) ordinaire, faisant partie de la distribution des vivres.
3. Remise, endroit de stockage.

Dispensatrix. - gouvernante, intendante.

Dispensio. - *idem* dispensa1, dépense.

Disperdere. - exécuter (des malfaiteurs).

Dispergere. -
1. Prodiguer un patrimoine.
2. Tailler en pièces.

Disperiare. - *idem* dispariare.

Dispersio. -
1. Dispersion.
2. Dispersion (des Juifs) : diaspora.
3. Ceux qui sont dispersés.
4. Dissipation, gaspillage.
5. Épandage (de foin ou de fumier).

Dispersonare. - insulter.

Dispersonatio. - insulte.

Dispertitio, dispartitio. - action de départager.

Dispertitor. - celui qui divise, partage (ses dons, en parlant de Dieu).

Dispescere. - se partager (en parlant de l'affection).

Dispicare. - rompre, briser.

Dispicari. - pêcher dans les viviers d'autrui.

Dispiculare. - lancer des flèches.

Dispignerare. - dégager, retirer un gage.

Displacentia, displicitus. - déplaisir, offense.

Displanare. -

---

[1] Godefroy.

1. Raser (une ville, un édifice).
2. Éclaircir (le sens d'un mot).

Displans. - arraché.

Displicanter. - avec déplaisir.

Displicare. -
1. Déployer, déplier, dérouler.
2. (*d. litteram*), ouvrir une lettre.

Displicenter. - difficilement, avec peine, avec déplaisir.

Displicentia. -
1. *Idem* displacentia.
2. Désunion, dissentiment.

Displicibilis. - déplaisant.

Displicibiliter. - d une façon déplaisante.

Displicitus. - *idem* displacentia.

Displodere. -
1. Faire éclater.
2. (fig), réfuter.

Displois. - *idem* diplois, manteau d'hiver doublé.

Displosio. - action de défaire, de résoudre, explication.

Dispolium. - dépouille.

Disponere. -
1. Disposer, organiser, arranger.
2. Administrer, prendre soin, soigner, héberger.
3. Décréter, ordonner.
4. Léguer.
5. Expliquer.
6. Proposer, offrir.

Disponsare. - fiancer.

Disporta, disportum, disportus. -
1. Exemption, remise de pénalité.
2. Assouplissement de la règle.

Disportum. - *idem* disporta.

Disportus. -
1. Divertissement, anc fr[1], *deport*, « manifestation joyeuse, divertissement ».
2. *Idem* disporta.

Dispositio. -
1. Commentaire, exposition.
2. Disposition (d'un bénéfice vacant) ; disposition testamentaire.
3. Organisation, gouvernement, administration.

Dispositive. -
1. En marquant sa volonté.
2. Par disposition.

Dispositivus. - qui dispose.

Dispositor. - gouverneur (Byzance).

Dispositrix. - celle qui arrange, dispose, (en parlant de la nature).

Dispositum. -
1. Disposition, intention, dessein, décision.
2. Instruction, mission.
3. Commentaire, explication.
4. Précepte.
5. Projet, propos.

Dispossidere, dispotestare. - déposséder.

Dispotestare. - *idem* dispossidere.

Disprocedere. - s'avancer avec indécence.

Disproportionare. - disproportionner.

Dispropriare. - renier, rejeter.

Dispumarium, dispumatorium. - écumoire.

Dispumatorium. - *idem* dispumarium, écumoire.

Dispunctio. - examen, jugement.

Dispunctuare. -
1. Effacer, détruire, anc fr[2], *despointier*, « causer un dommage ».
2. Licencier, congédier.

Dispungere. - gratifier.

Disputare. -
1. S'enquérir.
2. Prétendre.
3. Faire une déclaration.

Disputatio. -
1. Discussion.
2. Réunion de moines.

Disputatorius. - relatif à l'éclaircissement d'une discussion.

Disputula. - contestation, débat.

Disquietare. - inquiéter, déranger.

Disquirere. - *idem* desquirere, s'égarer dans sa recherche.

Disquisitor. - (< *disquīsītĭō*), scrutateur dans une élection.

Disratifficare. - désapprouver.

Disratiocinare. - plaider.

Disrationamentum. - contestation.

Disrationare. - *idem* derationare.

Disraubarer. - *idem* deraubarer, dépouiller.

Disrecitare. - rabaisser quelque chose.

Disripatio. - débordement de l'eau sur la *rive*.

Disrivare. -
   1. Répandre en tous sens.
   2. (*d. lacrymas*), pleurer.

Disrobare. - *idem* derobare, dérober.

Disrumpere. - abattre les arbres et mettre la terre en culture.

Dissacaria. - démolition.

Dissagire. - *idem* dissaisire.

Dissaisina. - *idem* disseisina, dépossession de la terre.

Dissaisire, **dessaisire**, **dissaisiscere**, **dissasiare**, **dissasire**, **disseisire**, **dissazire**, **dissagire**. -
   1. Déposséder.
   2. (*d. de sacramento*), relever le vassal du serment fait à son suzerain.

Dissaisitor. - usurpateur, celui qui dépouille.

Dissaisonare, **disseisonare**, **disseyonare**, **dysseonare**. - cultiver la terre hors saison ou en dehors de la séquence de mise en jachère.

Dissalegari. - (< *sĭlex-icis*), désempierrer une voie, un chemin.

Dissaricare. - *idem* discarricare, décharger.

Dissarrare. - lâcher, laisser aller.

Dissasire. - *idem* dissaisire.

Dissaviari. - embrasser, choyer.

Dissecratus. - profané.

Dissectatio. - discussion, dissentiment.

Dissegregatus. - séparé.

Disseisiare. - *idem* dissaisire.

Disseisina, **dissaisina**, **dessaisina**. - dépossession de la terre.

Disseisonare. - *idem* dissaisonare, cultiver la terre hors saison ou en dehors de la séquence de mise en jachère.

Disselare. - enlever la selle.

Disselatus. - (*d. equus*), cheval dessellé.

Dissensus. - (*d. matrimonii*), dissolution du mariage.

Dissenteria. - dysenterie.

Dissentericus morbus. - dysenterie.

Dissentivus. - opposé.

Disseptum. - (< *dissēptum*), ce qui sépare l'estomac et les intestins, diaphragme.

Dissequi. - atteindre, obtenir.

Disserare. - ouvrir.

Dissere. - expliquer, interpréter.

Dissertor. - commentateur.

Dissesiare. - *idem* dissaisire.

Dissesire. - *idem* dissaisire.

Dissessus. - décès.

Disseyonare. - *idem* dissaisonare, cultiver la terre hors saison ou en dehors de la séquence de mise en jachère.

Dissicio. - partage, séparation.

Dissigator. - *idem* designator, ordonnateur de cérémonies.

Dissigillare. - enlever le sceau, décacheter.

Dissigillatus. - non muni de cachet (pour qu'on puisse ajouter ou supprimer quelque chose).

Dissignans. - qui est dans l'erreur.

Dissignare, **desigillare**. - décacheter.

Dissignator. - celui qui rompt le sceau.

Dissilire. - bondir hors de, déserter.

Dissimilis. - inique.

Dissimulare. -

1. (*d. ab aliqua re*), omettre, négliger.
2. (*d. aliquid*), omettre, manquer à un devoir.
3. Ne pas tenir compte de, pardonner.
4. (*d. aliquem*), renier quelqu'un.

Dissimulari. - flatter, charmer.
Dissimulatio. -
1. Négligence, indifférence.
2. Hésitation, délai, arrêt.

Dissimulative. - de façon dissimulée.
Dissimulatrix. - celle qui néglige.
Dissipare. - (< *dissĭpātĭō*), casser, rompre.
Dissipatio. - action de prodiguer trop largement (les dispenses).
Dissipatus. - de travers, difforme.
Dissipere. - agir, se conduire sottement.
Dissire. - abattre, arracher.
Dissitudo. - intervalle, distance.
Dissociantia. - discussion, débat.
Dissolare. - disperser, répandre.
Dissolescere. - commencer à désaccoutumer.
Dissolidare. - démolir, détruire.
Dissologia. - discorde.
Dissolutio. -
1. Dissolution, fragmentation, émiettement.
2. Pourriture du corps ; (*d. naturæ*), mort.
3. Dispersion, désintégration (de la communauté) ; dissolution (de maison religieuse).
4. (acte de) dissolution, libertinage.
5. Désordre, manque de discipline.
6. Abolition.
7. Résolution, règlement (d'un différend).

Dissolvere. -
1. Se décomposer, se dissoudre ou fondre.
2. Se fracturer.
3. Mettre en pièces, briser, démanteler.
4. Se déchaîner, s'étaler.
5. (*d. obsidionem*), lever un siège, libérer.
6. Dissoudre (conseil, parlement ; maison religieuse) ; dissoudre une alliance.
7. Rompre un vœu.
8. Desserrer ou ouvrir.
9. Lâcher les chiens.
10. Larguer les amarres.
11. Se détendre, s'affaiblir physiquement ou émotionnellement.
12. Dépraver.
13. Résoudre un différend ou désaccord.

Dissolvi. - mourir.
Dissonans. - différent, opposé, contradictoire.
Dissonantia. - désaccord, caractère contradictoire, litige, controverse.
Dissonare. - n'être pas d'accord, différer.
Dissortium. - séparation, division.
Dissudare. - abaisser, humilier.
Dissuetudo. - désuétude.
Dissuetus. - tombé en désuétude.
Dissultor. - *idem* dessultor.
Dissultus. - rupture.
Dissupitare. - soigner, panser.
Dissupitatio. - action de soigner les blessés.
Dissutura. - fente.
Distabescere. - corrompre, gâter, séduire.
Distain. - *idem* distein.
Distamen. - désaccord.
Distans. -
1. Supérieur.
2. Loin de.

Distanter. - au loin.
Distantia. -
1. Distance.
2. Litige.
3. Distinction, classement.

Distein, distain. - gouverneur, économe, régisseur.

Distemperamentum. - mauvais tempérament, mauvais état.

Distemperantia. -
1. Excès de température (chaude ou froide), inclémence du temps.
2. (*calida d.*), fièvre.
3. Bavardage excessif, intempérance de la langue.

Distemperare. - détremper, délayer.

Distemperatus. -
1. Détrempé.
2. Désaccordé, mal tendu, déréglé, immodéré, anc fr[1], *desatrempé*.
3. (*aura d.*), air malsain..

Distencio. - procès, débat.

Distendere. -
1. Détendre.
2. Déplier, dérouler.

Distensio. - extension, expansion.

Distentio. - souci, occupation.

Distentorius. - qui détourne (de la réalité).

Disterminare. - exterminer.

Disterminum. - espace de temps, délai.

Distetit. - éloigné de, distant de, anc fr[2], *dister*, « être distant ».

Distica. - juridiction, (ou amende judiciaire).

Distidiare. - peut-être[3], défier, déclarer la guerre.

Distignere. - séparer.

Distillatio. - écoulement, action de couler, de s'égoutter.

Distinctio. -
1. Division, séparation frontière.
2. Section d'un livre.
3. Paragraphe (d'un traité).
4. Compartiment dans une bibliothèque.
5. Forme, moule.
6. Cerne de croissance du bois.
7. Rang dans la hiérarchie.
8. Particularité, caractère propre ; signe de ponctuation.
9. (pl), ornements.

Distinctiuncula. - petite distinction.

Distinctus. - distinct (en parlant des personnes de la Trinité).

Distinguihilis. - qu'on peut distinguer.

Distitium. - position séparée ou opposée.

Distollere. - distraire quelqu'un, détourner, débaucher, corrompre.

Distomare. - détourner, parer à une chose.

Distonatio. - désaccord, dissonance musicale.

Distoppare. - *idem* deastuppare, arrêter, bloquer.

Distornare. - détourner.

Distornatus. - détourné.

Distorsio, distortio. - subterfuge.

Distorsus. - retors (plaideur).

Distorte. -
1. Déformé.
2. Extorqué.

Distortor. - celui qui met à la torture.

Distortus. - retors.

Distractio. - (< *distrăhĕre*).
1. Déchirement, séparation.
2. Action de traîner un criminel jusqu'à son lieu d'exécution.
3. Saisie forcée, dispersion, gaspillage.
4. Vente, bradage.
5. Distraction (mentale), absence d'esprit.
6. (pl), spoliations (par le seigneur).

Distractor. -
1. Vendeur.
2. (*argenti d.*), banquier.

Distractum. - ouvrage à ramages.

Distractus. -

---

[1] Godefroy.
[2] id.

[3] Du Cange.

1. *Idem* districtus, territoire.
2. Annulation de contrat.

Distrahere. -
1. Vendre.
2. Disperser (des populations).
3. Dévaster, ruiner.
4. Faire tort.

Distrarius. - cheval destiné au combat, destrier.

Distratus equus. - cheval dessellé.

Distributor. - exécuteur testamentaire.

Districta. -
1. Juridiction, district.
2. Gage.

Districtibilis. - de la juridiction (du seigneur).

Districtibilis. - vassal, justiciable.

Districtio. - (*stringĕre*, (p.p), *strictum*)
1. Sévérité, rigueur.
2. Jugement, sentence, peine, punition, torture.
3. Juridiction, droit de justice.
4. Gage, nantissement.
5. Poursuite en justice ; saisie, contrainte par le pouvoir public ; caution.
6. Amende.
7. (pl), charges incombant à une terre.
8. Extrême indigence.

Districtuales. - habitants de territoire rural de commune d'Italie.

Districtum. -
1. Territoire, district soumis à une juridiction ; juridiction ; droit de rendre la justice.
2. Amende, droit de la percevoir.
3. Col, défilé, anc fr[1], *distroi*, « passage étroit ».

4. (*d. fluvii*), endroit de traversée du fleuve, (ou taxe à payer pour la traversée).

Districtura. -
1. Etroitesse, rétrécissement.
2. Action judiciaire.

Districtus. -
1. Action coercitive qui émane de l'autorité judiciaire.
2. Juridiction, droit de justice.
3. District.
4. Maison commune.
5. Jugement.
6. Amende.
7. La justice envisagée comme source de revenus.
8. *Idem* destrictus, sévère, sérieux.

Distrigare. - soulager de toute charge, de tout obstacle.

Distringere. -
1. Poursuivre en justice.
2. Lier, obliger, forcer avec sévérité, anc fr[2], *destraindre*. ; réquisitionner (pour l'armée).
3. Juger.
4. Exiger un gage.
5. Débouter (d'un procès).

Distringibilis. - (*terra d.*), terre dont les produits sont saisissables, anc fr[3], *destraignable*, « qui peut être contraint ».

Distropire. - estropier.

Distroppare. - détacher.

Distulerare. - ajourner, différer.

Distuppare. - *idem* deastuppare, arrêter, bloquer.

Disturbamentum. - empêchement.

Disturbare, detourbare. - détourner, évincer, éloigner, anc fr[4], *destourber*.

---

[1] Roquefort.
[2] Godefroy.
[3] id.
[4] Roquefort.

Disturbatio, disturbia, disturbium, disturbum. - empêchement, obstacle, anc fr[1], *destourbance*.

Disturbator. -
1. Celui qui détourne.
2. Celui qui met le désordre, dévastateur.

Disturbia. - empêchement.

Disturbium, disturbum. -
1. Désordre.
2. Empêchement.

Disvadiare, diswadiare, desvadiare, divadiare, disguadiare. -
1. Saisir des gages sur quelqu'un.
2. Recevoir en gage.
3. Lever l'hypothèque, racheter une propriété gagée.
4. Résilier (un contrat).
5. (*d. duellum*), annuler un duel.

Disvadiatio, diswadiatio, divadiatio. - saisie.

Disvariare. - varier, être différent.

Disvarnitus, diswarnitus, disgarnitus. - dégarni, non fortifié.

Disvertire. -
1. Déposséder.
2. Détourner.
3. Enlever, saisir (une propriété).

Disvestire, divestire. -
1. Dévêtir.
2. Déposséder.
3. Déposer (un roi).

Disvestire. - *idem* divestire, spolier.

Disvestitura. - usurpation.

Diswadiare. - *idem* disvadiare.

Diswadiatio. - *idem* disvadiatio, saisie.

Diswarennare. - *idem* dewarennare, enlever le statut de garenne.

Diswarnire, deswarnire, disguarnire. - dégarnir, priver de la garnison.

Diswarnitus. - *idem* disvarnitus, dégarni, non fortifié.

Ditamentum. - enrichissement.

Ditatio. - enrichissement ; richesse.

Ditator. - qui enrichit.

Dithalassus. - qui a deux côtés en bord de mer.

Ditonus. - tierce majeure (musique)

Ditum. - offre.

Diumale. - (*d. de sanctis*), livre contenant les offices des saints.

Diumitium. - travail d'une journée.

Diupisticum. - longue confiance, assurance

Diureticus. - relatif à l'urine.

Diurnalis. -
1. De jour.
2. (subs), journal de terre (mesure).
3. (pl), (*calciamenta diurna*), souliers, chaussures de jour.

Diurnaliter. - longuement, jour après jour.

Diurnarius. -
1. Dépendant astreint à des services quotidiens dans le chef-manse du seigneur, mais qui habite ailleurs.
2. Celui qui rédige les journaux ; historiographe.

Diurnitas. - journée de travail (comme unité de mesure).

Diurnium. - livre contenant les actions de chaque jour, agenda.

Diurnum, diuturna. - mesure agraire, journal.

Diurnus. -
1. Qui dure, constant.
2. Mesure agraire, journal.

Diutinare. - persévérer.

Diuturna. -
1. Ration journalière.
2. *Idem* diurnum, journal (de terre).

Diuturnaliter. - longtemps, longuement.

Diuturnus. -
1. D'un usage durable.
2. Quotidien

---

[1] Roquefort.

Divadiare. - *idem* disvadiare.

Divadiatio. - *idem* disvadiatio, saisie.

Divagatio. - errance.

Divalis. - divin.

Divaricare. - (< *dīvărĭcāre*) ; (*a via d.*), s'écarter de la bonne voie.

Divaricatio. - (< *dīvărĭcāre*).
1. Le fait d'être à califourchon.
2. Bifurcation.

Divatiare. - changer en déformant.

Divatus. - d'heureuse mémoire.

Diverberare. - (< *dēverbĕrāre*).
1. Débattre.
2. Frapper, battre.
3. Couper.

Divergia aquarum. - branche de rivière.

Diversare. - tourner, retourner, remuer.

Diverse. - à diverses reprises.

Diversiclinium. -
1. Hétéroclite.
2. Carrefour.

Diversicolor. - de couleur différente.

Diversiculum. - diversité (d'endroits).

Diversificare. -
1. Différencier.
2. Diversifier, rendre varié.
3. Distinguer, déclarer différent.
4. Rendre autre, différent.

Diversificus. - différent.

Diversifinium. - qui a diverses limites.

Diversigenus. - de différentes sortes.

Diversimodus. - de nature variée, de différente manière.

Diversio. - déviation, détournement.

Diversor. - hôte.

Diversoriarius. -
1. Auberge, hôtellerie, anc fr[1], *diversoire*.
2. Aubergiste, logeur.

Diversorium. -
1. *Idem* deversorium, lieu où l'on s'arrête pour se reposer.

2. Etage.

Diversus. -
1. Divers, varié.
2. (*per d.*), par devers.
3. (pl), plusieurs.

Divertentia. -
1. Action de s'éloigner.
2. Digression.

Divertere. - divorcer.

Diverticulare. - user d'atermoiements.

Diverticulum. - ce qui détourne, divertissement, (contre les divertissements en Carême).

Dives homo. - noble, de naissance illustre ou baron.

Divestire, disvestire. - spolier quelqu'un.

Divestire. - *idem* disvestire.

Divexatio. - action de déchirer, de tirailler, de tourmenter.

Dividecens. - qui convient à la divinité.

Dividentia. -
1. Dividende.
2. (pl) ; (n), salaires.

Dividere. -
1. Deviser.
2. S'éloigner, se séparer.
3. Se disperser (moralement).
4. Distribuer, disposer, régler par testament.

Dividiculum. - borne.

Divietum. - interdiction.

Divina. -
1. (pl) ; (n), les sacrements.
2. Le culte.

Divinaculum. - (pl), *divinicula*, prophéties, divinations, présages.

Divinaliter. - d'une manière divine, divinement.

Divinare. -
1. Prédire l'avenir.
2. Diviniser.

---

[1] Godefroy.

Divinassare, divinussare. - prophétiser, prédire, deviner.

Divinatio. -
1. (pl), pratiques divinatoires.
2. Épilepsie.

Divinativus. - concernant la divination.

Divinatorium. - prophétie.

Divinatrix. - devineresse.

Divinculatus. - prisonnier enchaîné.

Divinitas. -
1. Titre d'honneur du pape : votre Sainteté.
2. Théologie.

Divinitor. - devin.

Divinizare. - diviniser.

Divinum judicium. - justice divine.

Divinum. -
1. (*sub divinis*), pendant l'office divin.
2. (*sub divino*), en plein air.

Divinus. -
1. Devin.
2. Théologien.

Divinussare. - *idem* divinassare.

Divisa. -
1. Part des biens répartie à chaque héritier, anc fr[1], *devise*, « testament, dernière volonté ».
2. Aumône ordonnée par testament.
3. Portion de terre.
4. Frontière, limite, borne.
5. Tribunal de village (pour les limites).
6. Devis.
7. Vêtement de deux couleurs.
8. Armoirie, insigne, devise.

Divisatus. - bigarré.

Divisia. - division, séparation, limite.

Divisibilis. -
1. Divisible.
2. (*d. murus*), mur mitoyen.

Divisim. - séparément, à part.

Divisio. -
1. Séparation, cession.
2. Lieu où se trouve une séparation, borne ; incision sur un arbre pour faire une borne.
3. Portion d'une propriété indivise.
4. Événement quelconque.
5. Frénésie, perturbation, division.
6. Testament.
7. (*suo chirigraphi divisione*), par une « charte partie », (dont chacun garde un côté).
8. Ordalie ; épreuve du fer chaud ou de l'eau chaude.
9. Divorce.

Divisionale. -
1. *Idem* divisa1, part d'héritage.
2. Testament.

Divisionalis. -
1. Qui comporte une délimitation.
2. Qui comporte le portage d'une succession.
3. De division, concernant le partage d'une succession.
4. De délimitation.

Divisior. -
1. Celui qui partage la nourriture à table, écuyer tranchant (celui qui découpe les viandes).
2. Juge, arbitre.

Divisivus. - qui partage.

Divisorium. -
1. Instrument pour couper.
2. Cellule séparée.
3. (*divisioria sedilium*), divisions séparant les stalles du chœur.

Divitiæ. - richesses.

Divitiarium. - lieu où sont stockés les richesses, les biens, le trésor.

Divitiosus. - abondant en richesse, riche.

Divolvere. -
1. Dérouler.

---

[1] Godefroy.

2. Mettre à part.

Divortiare, divortire. - divorcer.

Divortire. - *idem* divortiare.

Divulgare. - diffamer.

Divus. - (*d. ministerialis*), attaché au service d'une église.

Diwhoart. - sorte de corvée en Armorique.

Dixenerius, dizenus. - doyen.

Dizimæ. - le dixième, dîme.

Doa. -
1. Fossé, canal.
2. Douve de tonneau.

Doageria. - douairière.

Doalium, doaria, doayrium. - douaire.

Doamen. - douve de tonneau.

Doana, duana, dohana, dogana, dochana. - douane, taxe d'entrée, octroi.

Doanare. - payer les droits de douane.

Doanerius. - celui qui fait payer les droits de douane.

Doaria. - *idem* doalium.

Doarium. - *idem* dotarium.

Doarium. -
1. *Idem* doalium, douaire.
2. Donation faite à une nouvelle église par son fondateur.

Doayrium. - *idem* doalium.

Dobio. - serviette.

Dobla. -
1. Mesure pour les liquides.
2. *Idem* doblo.
3. *Idem* doal, fossé

Doblare. - doubler.

Doblerius. -
1. Petit sac, besace, anc fr[1], *doublier*.
2. Double.

Dobleta. - sorte de gâteau.

Dobletus. -
1. Sorte de vêtement, anc fr[2], *doublet*, « sorte de vêtement fourré ».

2. Toile de lin et de coton mêlés.
3. Fausse pierre précieuse en verre, anc fr[3], *doubleis*.

Doblo, doblis. - doublon (pièce d'or).

Doblos. - sorte de lampe portant deux chandelles, ou lampe munie de deux becs, pouvant donc alimenter deux mèches et fournir deux flammes.

Docarium. - poutre, ferme de charpente.

Docatus. - duché.

Doccia. - tuyau, conduit.

Docenus. - douze deniers.

Docere. - montrer.

Docesis. - fantasme, avis déraisonnable.

Dochana. - *idem* doana.

Docibilis. - qui apprend facilement, qui se laisse enseigner facilement.

Docibilitas. - capacité à enseigner.

Docillus. -
1. *Idem* duciculus, clenche de tonneau.
2. Clepsydre.

Docmen. - théorie, opinion.

Docte. - prudemment.

Doctificus. - instructif.

Doctiloquium. - discours savant.

Doctiloquus. - qui parle doctement.

Doctio. - enseignement, savoir.

Doctor. -
1. Apôtre.
2. Dignité dans le clergé et dans l'Église, dont le devoir était d'enseigner au peuple ; Docteur de l'Église.
3. Abbé.
4. (*legis d.*), juriste ; professeur de droit ; docteur d'université.

Doctorandus. - aspirant au doctorat.

Doctorare. -
1. (trans), conférer le grade de docteur.

---

[1] Godefroy.
[2] id.
[3] id.

2. (intrans), se faire recevoir docteur.

Doctoratus. - doctorat.

Doctoreus. - relatif au docteur.

Doctorizare. - approuver.

Doctorizatio. - acquisition du grade de docteur.

Doctrina. - enseignement religieux, doctrine religieuse, sagesse religieuse.

Doctrinale. -
1. Science théorique.
2. Manuel.

Doctrinalis. -
1. Destiné à un enseignement théorique.
2. Concernant l'enseignement de maître à élève.
3. (*doctrinales pueri*) , enfants qui servent dans une église paroissiale.

Doctrinaliter. -
1. Magistralement.
2. Théoriquement.

Doctrinamentum. - précepte.

Doctrinare. - instruire, enseigner.

Doctrinatio. - enseignement.

Doctrinatio. - instruction, apprentissage, enseignement.

Doctrinum. - école.

Doctrix. - celle qui enseigne.

Doctus. - catéchumène.

Documen. - témoignage, preuve.

Documentum. -
1. Enseignement.
2. Témoignage, texte documenté à l'appui.
3. Acte écrit servant de témoignage, document, titre.
4. Jugement.

Dodarium. - *idem* dotarium1, douaire.

Dodda, doddocus. - sorte de mesure pour les grains (Angleterre).

Doddocus. - *idem* dodda.

Dodrans. - les 9/12 ou les 3/4 d'un tout.

Doela. - *idem* douella, douve de tonneau.

Doerium. - *idem* doarium1, douaire.

Doga, duga, doa, dova. -
1. Coupe, récipient.
2. Douve de tonneau.

Dogana. - *idem* doana, douane, taxe d'entrée, d'octroi.

Dogarius. - fabricant de tonneaux.

Doggera. - sorte de bateau de pêche (Angleterre).

Doggetum. - document, résumé (Angleterre).

Dogma. -
1. Doctrine, croyance orthodoxe, doctrine religieuse, dogme.
2. Ordre, décret, précepte.
3. Preuve, argument.
4. Etude.

Dogmaticare. - enseigner.

Dogmaticus. -
1. Dogmatique, concernant le dogme.
2. Instruit, savant.

Dogmatista. -
1. Dogmatiste, personne versée dans le dogme.
2. Celui qui enseigne, docteur.

Dogmatizare. -
1. Enseigner une doctrine religieuse.
2. (pej), prétendre imperturbablement, répandre une doctrine, en particulier une fausse doctrine.

Dogmatizator. - novateur.

Dogmatum. - exemple, enseignement, modèle.

Doha. - fossé, douve.

Dohana. - *idem* doana, douane, taxe d'entrée.

Doignus, doinus, dosinus, dosius. - couleur des animaux aux poils gris.

Doinus. - *idem* doignus.

Doitus. - canal, conduit, anc fr[1], *doit, duit*.

Dola. -

1. (< *dœl*)[2] ; (*dole fish*), une certaine quantité de poissons (Angleterre).
2. (< *dœl*), portion, aumône (Angleterre).
3. *Idem* duciculus.

Dolabrum, dolatoria. - doloire.

Dolare. -

1. Polir, raboter.
2. Tailler dans la pierre.

Dolaria. - atelier de tonnelier.

Dolaticus. - poli.

Dolatio, dolatus. - action de tailler ou de polir le bois.

Dolator, doleator. -

1. Celui qui travaille avec une doloire, ou qui polit le bois.
2. Charpentier.

Dolatoria, dolaturia. - *idem* dolabrum.

Dolatorium. -

1. Atelier où l'on travaille avec la doloire.
2. Outil qui sert à tailler les pierres et le bois.

Dolatura. - pièce de bois, copeaux.

Dolaturia. - *idem* dolatoria.

Dolatus. - *idem* dolatio.

Doleator. - *idem* dolator.

Dolequinus. - courte épée a deux tranchants, poignard.

Dolere. - plaindre, déplorer.

Doleria. - doloire.

Dolerose. - douloureusement.

Dolescere. - éprouver de la douleur, souffrir, s'affliger.

Doleum. - lieu où sont les tonneaux, cellier.

Dolg. - (< *dolg*)[3], plaie, blessure.

Dolia. - douleur, souffrance.

Doliare. - mettre en tonneaux.

Doliarum. - entrepôt, cave à mettre le vin, cellier.

Doliata, doliatum. - tonneau, mesure pour les grains.

Doliator. - tunnelier ou charpentier.

Doliatum. - *idem* doliata.

Dolidus. - pénible, déplaisant.

Doliter. - (< *dŏlĕnter*), avec douleur.

Dolitus. - douloureux.

Dolium. -

1. Cuve, cuvier.
2. Corbeille.
3. Mesure de capacité pour les céréales.

Dollairis. - tonneau.

Dolo. - gaine, fourreau de poignard.

Dolor. - malheur, péché.

Dolorare. - souffrir.

Dolorificus. - douloureux.

Dolorosissime. - très douloureusement, de la manière la plus triste.

Dolorositas. - chagrin, tourment.

Dolorosus. - triste, lugubre, qui souffre, anc fr[4], *doleros*.

Dolositas. - ruse, fourberie.

Dolsamit. - sorte de tissu du limousin, en samit (sorte de satin).

Dolsus. - doux.

Dolus. - douleur.

Dom. - cathédrale.

Doma. -

1. Maison ; domaine.
2. Dôme, toit ; toiture en terrasse.
3. (*major domatum*), maire du palais.

Domadarius. - semainier, anc fr[5], *domas*, semainier, « sorte de magistrat, de fonctionnaire ecclésiastique ».

Domænium. -

---

[1] Godefroy.
[2] A.S : *dœl*, « portion ».
[3] A.S : *dolg*, « blessure ».
[4] Godefroy.
[5] id.

1. *Idem* domanium, domaine.

2. Seigneurie, suzeraineté.

Domanarius. - (*domanaria juridictio*), juridiction seigneuriale.

Domanerius. - (*d. dominus*), seigneur domanier.

Domanialis. - domanial, du domaine de la couronne.

Domanium, domænium, domaynium. -

1. Principal manoir, chef-lieu du fief ; domaine.
2. Seigneurie, droit de suzeraineté.
3. (*d. congeabile*), tenure en Angleterre dont le possesseur doit se dessaisir à la volonté du seigneur bailleur, à charge à ce dernier de lui rembourser les investissements et améliorations qu'il y a fait.
4. (*d. mutabile*), domaine muable, dont le cens peut varier au cours du temps.
5. (*d. immutabile*), domaine non muable, dont le cens est fixe, par exemple basé sur certains paiements en blé, en seigle, en avoine, en chapons, etc.
6. Terre non cultivée.

Domatim. - maison par maison.

Domatus. - couvert en forme de dôme.

Domaynium. - *idem* domanium.

Dombec. - (< *béc*)[1], livre de justice anglo-saxon.

Domenchius. - mesure pour les grains.

Domengadura. - *idem* dominicatura2.

Domentura. - domaine, propriété.

Domerge. - mou, malléable (Languedoc).

Domesdei. - cadastre de la vieille Angleterre.

Domestica. - servante.

Domesticare. -

1. Apprivoiser, domestiquer.

2. Habiter, résider.

Domesticatus. - charge de maire du palais.

Domestice. - à la maison, chez soi.

Domesticitas. - familiarité.

Domesticus. -

1. (adj), relatif aux animaux domestiques.
2. Animal apprivoisé, domestique.
3. Domestique, garde du corps ; soldat de la suite royale.
4. Homme de cour.
5. Familier du roi.
6. Vassal non chasé, qui vit chez le seigneur.
7. Domicilié.
8. Hôte du seigneur du maître.
9. Intendant, régisseur.
10. Commandant, chef.
11. Officier chargé de lever les impôts dans les Provinces.
12. Maire du palais.
13. Chef de chœur (église grecque).
14. Chef du bas clergé, celui qui s'occupe de l'habitation des clercs (Occident).
15. (fig), familier de.
16. (*domestici fidei*), les fidèles, c'est-à-dire l'Eglise.

Domgio. - donjon.

Domicella. -

1. Jeune maîtresse, fille de la maison ; demoiselle, fille (non mariée) d'un roi, d'un prince.
2. Demoiselle de compagnie, servante d'un rang plus élevé.
3. Demoiselle, chef de moniales.
4. Chanoinesse séculière d'origine noble.

Domicellatus, domiciliarius. - domicilié.

Domicellulum. - *idem* domicellum.

---

[1] A.S : *béc*, « livres ».

Domicellum, domicellulum. - petite maison.

Domicellus, damicellus, domnicellus. -
1. Fils de roi.
2. Jeune maître de maison ; damoiseau.
3. Gentilhomme non encore chevalier.
4. Sergent, appariteur.
5. Gouverneur d'une ville.
6. Valet chargé des chevaux.
7. Chambrier de la cour pontificale.

Domicialis. - de dôme, de coupole.

Domiciliarius, domicilliarius. - *idem* domicellatus, domicilié.

Domiciliatus. - habité.

Domicilium ambulatorium. - sorte de machine de guerre.

Domicillaris. - (*d. canonicus*), jeune chanoine qui n'a pas encore droit au chapitre.

Domicilliarius. - *idem* domiciliarius, domicilié.

Domicula. - cabane.

Domicultus. - *idem* domoculta, domaine, exploitation rurale.

Domiduca. - divinité tutélaire des jeunes mariées, qui veillent sur elles lorsqu'on les conduisait à la maison nuptiale.

Domifex. - charpentier.

Domificamentum, domificatio, domificium. - action de bâtir (une maison).

Domificare. - bâtir (une maison).

Domificatio. - construction en annexe.

Domificator. - charpentier, constructeur.

Domificium. - *idem* domificamentum.

Domigena. -
1. Né sur les lieux, indigène.
2. (pl), des gens de la maison du roi.

Domigerium, dangerium. -
1. Péril, risque, danger, dommage.
2. Danger de confiscation, droit seigneurial de confiscation en cas de transgression des prérogatives seigneuriales ; risque d'encourir une telle confiscation.
3. Rachat de ce droit moyennant une somme forfaitaire.
4. (*esse sub domigerio alicujus*), être sous l'emprise de quelqu'un.

Domignonus. - *idem* domnionus, donjon.

Domina, domna. -
1. (Nostra D.), Notre Dame.
2. Dame noble, femme de baron, de militaire, épouse de.
3. Dame d'honneur, de compagnie.
4. Dame, chanoinesse.
5. Moniale.
6. (*pauperes dominæ*), religieuses franciscaines
7. Dame (femme quelconque).
8. Belle mère.
9. (*d. ecclesia*), l'Eglise.
10. Machine de guerre.

Dominabilis. -
1. Suppléant, celui qui assure les fonctions d'un autre.
2. Qui est relatif au domaine.

Dominagium. - tribut à payer au seigneur.

Dominalis. -
1. De maître.
2. Invincible.
3. Propre, principal

Dominaliter, dominanter, dominicaliter. - en qualité de maître, de seigneur.

Dominamen. - domination.

Dominanter. - *idem* dominaliter.

Dominari. - posséder en seigneur, en toute propriété.

Dominatio. -
1. Autorité du seigneur sur le vassal ; autorité épiscopale.
2. Autorité, propriété, domaine, seigneurie.
3. Seigneurie, (titre donné aux grands personnages).
4. Impôt payé au seigneur, au maître.

5. (pl), *dominationes*, anges de la deuxième catégorie.

Dominative. - en dominant.

Dominativus. - qui domine en maître.

Dominatura. -
1. Pouvoir.
2. Autorité seigneuriale, droit seigneurial, impôt seigneurial, (en parlant de dîmes imposées aux moines).

Dominatus. -
1. Possession seigneuriale.
2. Autorité seigneuriale.
3. Direction d'un monastère.
4. Magistrature.

Domine. -
1. (*D. in tua misericordia*), premier dimanche après la Pentecôte.
2. (*D. ne longe*), dimanche des Rameaux.

Dominella. - demoiselle noble.

Dominellus. - jeune prince, jeune noble.

Dominica. -
1. (*dies dominicus*), dimanche.
2. (*d. domus*) lieu de refuge.
3. (*d. manus*), la main toute puissante du maître.
4. (*d. mater*), la mère de Dieu.

Dominicale. -
1. Centre d'exploitation d'un domaine, propriété.
2. Coiffe que les femmes devaient porter pour recevoir la communion.
3. Livre des offices du dimanche.

Dominicale. - *idem* dominicum3, demeure seigneuriale.

Dominicalis. -
1. Royal, qui dépend d'une ferme royale.
2. Faisant partie de la réserve seigneuriale.
3. Pontifical, papal.

Dominicaliter. - *idem* dominaliter, en qualité de maître, de seigneur.

Dominicanus. - Dominicain.

Dominicare. -
1. Posséder pour son usage personnel, être le seigneur de.
2. Reprendre pour soi (ce qui avait été concédé à un tenancier).
3. Confisquer.

Dominicaria. - (pl) ; (n), biens légués à l'église par testament.

Dominicarius. -
1. Possédé en propre, qui fait partie de la réserve seigneuriale.
2. (manoir) qui fait partie du centre d'exploitation.

Dominicatio. -
1. Réserve seigneuriale.
2. Propriété.

Dominicatum, dominicatus. -
1. Domaine.
2. Qui fait partie de la réserve seigneuriale, possédé en propre.
3. (clerc) de la cathédrale.

Dominicatura. -
1. Dépendance vis-à-vis d'un seigneur.
2. Réserve seigneuriale.
3. Propriété domaine.

Dominicatus. -
1. *Idem* dominicatum.
2. *Idem* dominicatura.
3. Le règne d'un prince.

Dominicellus. -
1. *Idem* dominellus.
2. (pl), introducteurs pontificaux.

Dominicum. -
1. Demeure seigneuriale.
2. Réserve seigneuriale, domaine, propriété.
3. Fisc royal.
4. Église.
5. (*d. convivium*), le sacrifice de la messe.

Dominicus. -
1. De maître, seigneurial, possédé en propriété.
2. (*terra dominica*), désigne parfois la réserve, la part de domaine que le seigneur s'est réservé pour l'exploiter à son profit.
3. Personnel rattaché à la cour seigneuriale.
4. Divin.
5. (*dies D.*), le Dimanche.
6. (*D. dies*), le jour de Pâques.
7. (*dominica mater*), la mère de Dieu.
8. (*domus dominica*), l'église ; hospice, maison où l'on héberge.

Dominigadura. - propriété à la campagne (ou maison seigneuriale).

Dominionus, domignonus, domnionus, donjonus, dongio, dangio, domnio. - donjon.

Dominiosus, dominosus. - impérieux.

Dominissimus. - maître suprême.

Dominium. -
1. Commandement, pouvoir.
2. Ensemble des propriétés.
3. Suzeraineté.
4. Seigneurie, autorité féodale.
5. Juridiction, (*d. altum*), souveraineté du prince.
6. Seigneurie, (titre honorifique).

Dominius. - (adj), qui tient son fief directement du seigneur supérieur.

Domino. - camail noir que les prêtres portaient pendant l'hiver.

Dominosus. - *idem* dominiosus, impérieux.

Dominus. -
1. Dieu, le Seigneur.
2. Le roi, l'empereur.
3. Seigneur féodal (en parlant de celui qui a le droit de haute justice).
4. Noble, seigneur.
5. (*d. urbis*), ces messieurs de la ville, (prévôt, échevin).
6. (*d. directarius*), seigneur selon la loi.
7. (*d. corporalis*), seigneur de rang supérieur.
8. (*d. intermedius*), celui qui est supérieur à un seigneur féodal mineur et inférieur à un autre seigneur majeur.
9. Mari.
10. (*domini ordinis*), les principaux supérieurs, (après l'abbé, comme prieur, sous-prieur, doyen, dans l'ordre de Cluny).
11. Chanoine.
12. (*d. plebis*), prêtre investi d'une paroisse.
13. (*d. vini*), caviste dans les monastères.

Domipola. - grande halle publique où les marchands vendent leurs produits.

Domiseda. - personne casanière.

Domistadium, domistatio. - emplacement d'une maison.

Domitextile. - toile tressée à la maison.

Domitialis. -
1. De la maison.
2. Intégré à une maison, fixé.
3. Relatif au toit.

Domitus. - dompté.

Dommenarius. - seigneur domanier.

Domna. - *idem* domina.

Domnare. - dompter.

Domneare. - fréquenter la gente féminine, flirter

Domnicatum. - domaine.

Domnicellus. - gentilhomme.

Domnicellus. - *idem* domizellus.

Domnio. - *idem* dominionus, donjon.

Domnionus. - *idem* dominionus.

Domnulus. - fils de prince ou de seigneur.

Domnus. - contraction de *dominus*, terme utilisé en particulier pour les prêtres.

Domoculta, domicultus. - domaine, exploitation rurale.

Domocultilis. - maison faisant partie d'une exploitation rurale ; maison qui sert de chef manse.

Domora. - (pl) ; (n), demeures, habitations.

Domptor. - celui qui dompte, défenseur, protecteur.

Domucella, **domuncella**. - petite maison ; petite exploitation rurale.

Domuncella. - *idem* domucella.

Domuncula portatilis. - tente.

Domus. -
1. Ménage, cour, ensemble des services domestiques, ensemble des biens d'une famille, mobilier d'une maison.
2. (*d. domestica*), maison qui appartient en propre.
3. (*d. cultilis*), (*d. culta*), domaine, ferme, terre avec les bâtiments nécessaire à son exploitation.
4. (*d. boveria*), ferme métairie.
5. (*d. pensilis*), maison suspendue (par ex., au-dessus d'un pont; ou, selon d'autres, cage suspendue pour les condamnées).
6. (*d. terranea*), maison en pisé, maison grossièrement bâtie.
7. (*d. religiosa*), monastère, couvent.
8. (*d. Dei*), l'Eglise, la chrétienté.
9. (*d. pietatis*), hospice, lieu d'asile pour les pauvres ; Hôtel Dieu.
10. (*d. ecclesiæ*), maison épiscopale.
11. (*d. altaris*), baldaquin.
12. (*d. fortis*), (*d. turralis*), forteresse, maison forte.
13. (*d. justiciæ*), palais de justice, tribunal.
14. Parlement, cour suprême.
15. Monument funéraire, catafalque.
16. (*d. regia*) ; (*d. regis*), la cour royale ; la famille royale.
17. Dynastie
18. (*d. necessaria*), latrines.

Dona. - *idem* donatium.

Donabilis. - d'usage courant (monnaie).

Donale. - *idem* donatium.

Donalia. - titre, acte de donation.

Donamen. - *idem* donatium.

Donantia. - *idem* donatium.

Donare. -
1. Concéder en fief.
2. Conférer une charge.
3. Vendre.

Donarius. - donataire.

Donata. -
1. Sœur laïque.
2. Fille illégitime.

Donatarius. - donataire, celui qui bénéficie d'une donation.

Donati. - frères laïques (qui se donnaient, ainsi que leurs biens à des monastères).

Donatice. - (*d. concedere*), concéder à titre de don.

Donaticium. - cession, donation.

Donaticum. - impôt, taille.

Donatio. -
1. Redevance déguisée sous le nom de libéralité.
2. Charte de donation.
3. Investiture, symbole d'investiture.
4. (*d. ecclesiæ*), collation des biens de l'église résultant des donations.
5. (*d. per præsentem*), donation entre vifs.
6. (*d. inofficiosa*), donation faite au détriment des héritiers naturels.
7. (*de donatione regis esse*) se disait en Angleterre où les veuves et les filles des nobles, dont les maris ou les parents étaient morts, étaient sous la garde du roi et

arrangeait les mariages à sa discrétion.

Donatista. - celui qui étudie la grammaire de Donat, grammairien.

Donatium, dona, donale, donamen, donantia. - don, offrande, donation, distribution aux pauvres.

Donativum. -
1. Don ; charte de donation.
2. Redevance sur une terre.

Donativus. -
1. De donation.
2. (subs), don et objet d'un don.
3. (subs), charte de donation.

Donator. - celui qui donne une terre à un autre sous condition d'un cens annuel.

Donatorius. -
1. Octroyé à titre de don.
2. Donataire.

Donatus. -
1. Oblat.
2. Frère convers.
3. Bâtard.
4. Don, présent.
5. Droit de collation d'un bénéfice.

Doncellus. - *idem* domicellus2.

Dondaine. - javelot.

Dondrecq. - sorte de monnaie d'or.

Dondum. - graisse.

Donec. - excepté, sauf.

Donentale, donetalgum. - donation, largesse, libéralité.

Donetalgum. - *idem* donentale.

Dongio, donjo, donjonus. - *idem* dominionus, donjon.

Donicum. - (*laborantes ad d.*), tenanciers.

Donifer. - qui donne.

Doniquies. - jusqu'à ce que

Donitum. - don.

Donjo. - *idem* dominionus, donjon.

Donjonus. - *idem* dominionus.

Donna. -
1. Dame, anc fr[1], donne.
2. Tonneau.

Donnicalia. - présent, cadeau.

Donnus. - abbé.

Dontslach. - *idem* dursclach, ecchymose.

Dontslaga. - homicide (Flandres).

Donulum. - petit don.

Donum. -
1. Charte de donation.
2. Investiture, symbole d'investiture ; investiture se rapportant à la dignité d'évêque ou d'abbé.
3. Inféodation.
4. Don, prestation volontaire, impôt.
5. (*d. matutinale*), cadeau du matin du mari.
6. Collation d'un bénéfice ecclésiastique ; charge dont on a la collation.
7. Cadeau offert par celui qui reçoit un bénéfice ecclésiastique.
8. Le corps du Christ dans le sacrifice de la messe.

Donzel. - demoiselle (Provence).

Donzella. - sorte de poisson.

Donzenans. - pensionnaire.

Doplerium, doplerius, dopplerium. - flambeau.

Doplerius. - *idem* doplerium.

Doplones. - cocons.

Doppidianum. - sac, bourse, gibecière.

Dopplerium. - *idem* doplerium.

Doracus, dorrea. - sorte de poisson de mer (Angleterre).

Dorarius. - doreur.

Dorca. -
1. (< δόρξ)[2], biche.
2. Cruche.

Dorcadacizontes percussus. - battements de pouls.

Dorcha. - sorte de mesure agraire.

Dorcium. - vision de la beauté.

---

[1] Roquefort.

[2] δόρξ : « chevreuil ».

Dorco. - avide.

Dordorel, dordoriz. - sorte de monnaie d'or.

Dorea, doreata. - dorade.

Doreium. - sorte de contribution, de paiement.

Dorelotaria. - rubannerie.

Dorerius. - doreur.

Doretus. - mesure pour céréales, anc fr[1], *doreus*.

Dorix. - *idem* dosis, conduite d'eau ou jet d'eau.

Dorlum. - part, partie, morceau.

Dormentarius. - *idem* dormitorarius.

Dormire. -
1. Rester.
2. Mourir.
3. (*mensa dormiens*), table fixée au sol (Angleterre).

Dormitabilis. -
1. Qui dort bien.
2. Qui fait dormir.

Dormitatio. - mort.

Dormitio. -
1. Mort.
2. Action de demeurer dans le même état.
3. Assomption de la Vierge.

Dormitiumcula. - court sommeil.

Dormitor. - dormant (menuiserie).

Dormitorarius, dormitoriarius. - celui qui s'occupe du dortoir (dans les monastères).

Dormitoria. - (*d. caminata*), chambre à coucher.

Dormitorium. -
1. Vêtement de nuit.
2. Dortoir, anc fr[2], *dormentoire*.

Dormitorius. -
1. Où l'on dort.
2. (adj), à coucher.

Dormiturire. - avoir envie de dormir.

Dornabellum. - épieu.

Dornedies. - *idem* durnedies.

Dornus. - fragment.

Dorosca. - sorte d'oiseau.

Dorrea. - *idem* doracus.

Dorsale, dossale, dorsalium, dorsalum, dorsarium, doxallum, dorserium. - tapisserie, tenture dressée contre le mur derrière le dossier d'un siège.

Dorsalis, dorsilis. - dorsal, où l'on s'appuie, tendu au dos d'un siège.

Dorsalium, dorsalum. - *idem* dorsale.

Dorsarium, dorserium. -
1. *Idem* dorsale.
2. Siège de cocher.

Dorsatim, dorsotenus. - au dos (d'un acte).

Dorsennus. - personne parasite.

Dorserium. - *idem* dorsale.

Dorsiculum. - armure du dos.

Dorsiculus. - petit dos.

Dorsicustos. - navire formant arrière-garde.

Dorsilis. - *idem* dorsalis, dorsal, où l'on s'appuie, tendu au dos d'un siège.

Dorsiloquium. - (pl), calomnies, médisances par derrière, derrière son dos.

Dorsotenus. - *idem* dorsatim.

Dorsum. -
1. (*d. redimere*), soustraire à la peine de la bastonnade en payant une certaine somme.
2. (*ad d. securis rumpere*), droit de couper du menu bois.
3. (*de dorso componere*), être battu de verges.
4. (*d. asini*), digue en dos d'âne.
5. (*d. ecclesiæ*), partie de l'église en arrière de l'autel.

Dorsus. -
1. *Idem* dorsum.
2. Petit animal à fourrure.

---

[1] Roquefort.

[2] Roquefort.

Dortelarius. - dortoir.

Dortorarius. -
1. Dortoir.
2. *Idem* dormitorarius.

Dorx. - (< $\delta \acute{o} \rho \xi$)[1], daim.

Dos. -
1. (pl), *dotes*, les dons.
2. Présent du mari à la femme, douaire.
3. Dot d'une femme, ce que la femme apporte au mari.
4. (*d. ecclesiæ*), dotation de l'église, revenus que lui assure celui qui l'a fait construire, tant pour son entretien que pour celui des prêtres attachés à son service.
5. Charte de donation.
6. Don fait à un monastère par les parents d'un oblat.

Dosare. - doser.

Doscis, dossus. - petit animal à fourrure, petit gris.

Dosclum. - dot de mariage.

Dosinus. -
1. Mesure de blé équivalent au boisseau de Paris, anc fr[2], *dosin, dozain*.
2. *Idem* doignus, couleur grise.

Dosis, dorix. - conduite d'eau ou jet d'eau.

Dosius. - *idem* doignus.

Dossa. -
1. Charge que l'on porte à dos d'homme.
2. Hache, cognée, anc fr[3], *dosse*.

Dossagium. - redevance que devait payer les marchands de fourrure de petit gris, (*Cf. doscis*), anc fr[4], *dossage*.

Dossale. - *idem* dorsale.

Dossales. - draperies, tentures.

Dosserum. - hotte, panier à dos.

Dossinus, dosinus. - gris comme le dos de l'âne.

Dossitia. - sorte d'ouverture dans un mur, fenêtre.

Dossum. - hanche.

Dossus. - *idem* doscis.

Dota. - dot (Italie).

Dotale. -
1. (subs) ; (n), dot pour l'entretien d'une église, d'un monastère ; charte concernant cette dotation.
2. (pl), biens constituants la dotation d'une église.

Dotalicium. - *idem* dotalitium.

Dotalis. -
1. Relatif à un don nuptial.
2. Concernant la dotation d'une église.
3. (*d. terra*), terre dotale.
4. Qui fait partie de la dotation d'une église.

Dotalitas. - patronat, (patronage, droit qui appartient à celui qui a doté une église).

Dotaliter. - à titre de dotation.

Dotalitium, dotalicium, dotalium. -
1. Dot, montant de la dot ; charte concernant la dot.
2. Douaire.
3. *Idem dos ecclesiæ*, dotation de l'église, revenus que lui assure celui qui l'a fait construire, tant pour son entretien que pour celui des prêtres attachés à son service ; charte concernant la dotation d'une église.

Dotalium. -
1. *Idem* dotalitium.
2. (pl), *dotalia*, les biens qui constituent la dotation d'une église.

Dotamen. - action de doter une église.

Dotare. -

---

[1] $\delta \acute{o} \rho \xi$: « chevreuil ».
[2] Godefroy.
[3] Roquefort.
[4] Godefroy.

1. Attribuer un douaire.
2. Attribuer une dot pour l'entretien d'une église, (*Cf. dotale1*).

Dotarium, dodarium, doarium, duarium. -
1. Douaire.
2. Dotation d'une église.

Dotarius. - serf faisant partie de la dotation d'une église.

Dotatrix. - celle qui dote (une église, un monastère).

Dotum. -
1. (< *dorsum*), dos.
2. *Idem* (*dos ecclesia*), (*Cf. dos4*).

Dotzenum. - *idem* dozenum.

Doublerium. -
1. Double nappe ou serviette qui se met sur la table à manger, anc fr[1], *doublier*.
2. Mesure de vin, sorte de tonneau appelé ainsi parce qu'il a une capacité double, anc fr[2], *doublier*.

Doubletarius. - fabricant de courtepointe qui se met sous les draps, appelée doublet, anc fr[3], *doubletier*.

Doubletus. - sorte de fausse pierre, anc fr[4], *doublet*.

Doucellus. - *idem* dozellus, mesure de capacité.

Douella, douellum, duella, doela. - douve de tonneau.

Douellegia. - clavette, cheville de roue.

Douellum. - *idem* douella.

Doura, douva. - mare, lieu où l'eau est stagnante ; douve.

Dourdere, dourderet, dourdret, durdere. - monnaie d'or nommée *dordrecht*.

Dourderet. - *idem* dourdere.

Dourdret. - *idem* dourdere.

Douta. - exaction, anc fr[5], *tolte*, *toulte*, « enlèvement, vol, rapine, pillage ».

Douva. - *idem* doga.

Dova, douva. - *idem* doga.

Doverans. - celui qui perçoit le *doverettum* (Angleterre).

Doverettum. - paiement pour les gardes forestiers (Angleterre).

Dowaressa. - douairière.

Doxa. - (< $\delta\acute{o}\xi\alpha$)[6].
1. Gloire.
2. Doctrine, opinion.
3. (*d. patris*), le fils de Dieu.

Doxale, doxalis. -
1. Jubé, ambon (Flandres).
2. *Idem* dorsale.

Doxallum. - *idem* dorsale.

Doxificare. - glorifier.

Doxologus. - éloquent.

Doxosus. - glorieux.

Dozellus, dozelus, doucellus. - mesure de capacité (*Cf. dozinus*).

Dozelus. - *idem* dozellus.

Dozena, dozina. - douzaine.

Dozenum, dotzenum. - mesure pour le vin.

Dozenus. -
1. Mesure de capacité (*Cf. dozinus*).
2. Sorte de monnaie (Dauphiné).

Dozina. - douze.

Dozinus. - mesure pour les grains, nommé ainsi car correspondant la douzième partie d'une unité de volume plus grande.

Dozza. - levée de terre, digue en dos d'âne.

Draca. -
1. *Idem* dacra, lot de dix pièces.
2. Charge, poids.

Dracechalt. - amende pour le vol d'un pourceau (Loi Salique).

Dracena. -

---

[1] Godefroy.
[2] id.
[3] id.
[4] Du Cange.
[5] Godefroy.
[6] $\delta\acute{o}\xi\alpha$: « réputation ».

1. Barre horizontale fixée à la tête du poste de gouvernail d'un bateau et utilisée comme levier pour la direction, gouvernail (Angleterre).

2. Serpent ou dragon

Dracition. - dragée.

Draco. -

1. Drapeau, bannière avec motif de dragon.

2. Grand bateau de guerre des normands, drakkar.

3. Effigie du dragon que l'on portait sur les bannières dans les processions en signe de victoire du Christ.

4. Ordre de chevalerie en Hongrie, ordre du dragon.

Draconarius. - porte-étendard.

Draconcellus. - petit dragon.

Draconinus. - de dragon, de serpent.

Draconizare. - agir furieusement, comme un dragon.

Dracontarium. - collier d'herbes ou de pierres (contrepoison).

Draconteus. - de dragon, de serpent.

Dracuncellus. - petit serpent.

Dracunculus. -

1. Sorte de maladie infectieuse.

2. *Idem* dracuncellus.

Dracus. - sorte d'esprit malin, anc fr[1], *drac*, « diable, lutin, fée, sorcière ».

Drænerum. - égout, vidange, drain.

Draga. - action de tirer.

Dragantea. - artémise (plante).

Dragata. - *idem* dragea, dragée.

Dragea, **drageia**, **dragata**, **dragia**, **drageya**. - dragée.

Dragerium. - coupe, vase dans lequel on servait les dragées et autres confiseries, drageoir, boîte de dragées.

Dragetum. - méteil (Angleterre).

Drageya. - *idem* dragea, dragée.

Dragia. - *idem* dragea.

Dragium. - variété grossière de céréale.

Dragla. - *idem* draila, soc de la charrue.

Dragma. -

1. Drachme.

2. Poids : huitième de l'once.

3. Sorte de pierre précieuse.

4. (< δρᾶμα)[2], interrogation, question.

Drago. - sorte de soldat à cheval, dragon.

Dragulum. - javelot.

Dragumanus, **drogamundus**, **drocmandus**, **drogemannus**, **drogomannus**, **turquigens**, **turchimannus** - drogman, interprète.

Draihatus. - criblé.

Draila, **drailla**, **drayla**, **dreyla**, **dragla**. - soc de la charrue.

Drailla. - *idem* draila.

Dralha. - montant de péage pour le passage par bac.

Drama, **dramaton**. - poème, cantique.

Dranculus. - (*d. morbus*), sorte de cancer.

Drapa. - *idem* drappus.

Drapale. - étoffe, tapisserie.

Drapamentum. - qui se rapporte à l'étoffe dite « drappus ».

Drapare. - fabriquer du drap, anc fr[3], *drapper, draper*.

Draparia, **draperia**. -

1. Stock de drap.

2. Métier de drapier.

3. Halle aux draps.

Draparius, **draperius**, **draparolus**, **draperarius**. - drapier.

Draparolus. - *idem* draparius, drapier.

Drapellus. - petite pièce de drap.

Draperarius. - *idem* draparius.

Draperius. -

---

[1] Hippeau.

[2] δρᾶμα : « action, drame ».

[3] Godefroy.

1. *Idem* draparius.
2. Charge, fonction dans les ordres soldats.

Drapeus. - *idem* drappus.

Drapia. - *idem* drappus.

Drapifer. - vendeur ou éventuellement fabricant de drap.

Drapis. - *idem* drappus.

Drappale. -
1. *Idem* drappus.
2. (adj), ce qui se rapporte au drap.

Drappius. - *idem* drappus.

Drappus, drapus, drappius, drapia, drapa, drapeus, drappale, drapis. -
1. Étoffe.
2. Tapis, tapisserie.
3. Vêtement.

Drapus. - *idem* drappus.

Drasca. - *idem* draschium.

Draschium, drascium, drathium, drasca, drascus, drasqua. -
1. Orge brassée, marc de bière, anc fr[1], *drasche, drache*.
2. Résidus de teinture.

Drascium. - *idem* draschium.

Drascus. - *idem* draschium.

Drasqua. - *idem* draschium.

Drathium. - *idem* draschium

Dravedenna. - *idem* drovedenna, pâture où l'on conduit les troupeaux (*Cf. dena* et *droviare*).

Draveria. - sorte de légume, anc fr[2], *drave*, « fourrage de grains mêlés ».

Draya. -
1. Sentier, chemin de traverse, anc fr[3], *draie, draye*.
2. Chariot (que l'on tire, *Cf. draga*).

Drayetum. - crible, tamis, anc fr[4], *dray*.

Drayla. - *idem* draila, soc de la charrue.

Dreia. - *idem* draya, chariot.

Dreinus. - *idem* drengus.

Dreissa. - *idem* draya1, sentier.

Dreitura, dreituragium, drestura. - droit pécunier sur quelqu'un.

Drengagium, dringagium. - tenure de *drengus*.

Drengus, drennus, dreinus, threngus. - (< *dreng*)[5], homme libre soumis au seigneur féodal ou certains types de vassaux, et nom donné à certains tenanciers chassés de leurs terres à la conquête de l'Angleterre et restaurés par la suite (Angleterre).

Drennus. - *idem* drengus.

Dressaderium. - *idem* dressorium.

Dressare. - dresser (une construction, un pont)

Dressorium, dressaderium, dretectorium. - dressoir, buffet.

Drestura, dricta. - *idem* dreitura, droit pécunier sur quelqu'un.

Dretectorium. - *idem* dressorium, dressoir, buffet.

Dreyla. - *idem* draila, soc de la charrue.

Dreyling. - sorte de tonneau trois fois plus gros que l'ordinaire (Germanie).

Dricta. - *idem* dreitura, droit pécunier sur quelqu'un.

Drictum. - *idem* directum.

Drictus. -
1. Impôt, taxe.
2. De forme droite.

Drigabulum. - rente foncière (Angleterre).

Drilingus. - *idem* drylyngus, lingue (julienne) et morue séchée (Angleterre).

Drimulvellus. - *idem* drylyngus.

Drinclean. - taxe sur la boisson (anglo-saxon).

Dringagium. - *idem* drengagium.

Dringuet. - sorte de jeu, tric-trac.

---

[1] Hippeau.
[2] Godefroy.
[3] Hippeau.
[4] Roquefort.
[5] A.S : *dreng*, « soldat », (donc homme libre).

Drisare, drizare. -
1. Mettre en position verticale, dresser.
2. Redresser.

Drizagnolum. - canal d'écoulement des eaux.

Drizare, drizzare. - *idem* drisare.

Drocmandus. - *idem* dragumanus, drogman, interprète.

Drofdenn. - parc à animaux sauvages.

Drofdenna. - *idem* drovedenna, pâture où l'on conduit les troupeaux (*Cf. dena* et *droviare*).

Drogamundus. - *idem* dragumanus.

Drogaria. - produits pour réaliser les médicaments.

Drogemannus. - *idem* dragumanus.

Drogomannus. - *idem* dragumanus.

Droillia, druaylia. - pot de vin, supplément, dessous de table que l'on donne pour réaliser une vente, anc fr[1], *drouille*.

Drolia. - pot de vin aux officiers de justice.

Dromeda, dromedus. - dromadaire.

Dromedus. - *idem* dromeda.

Dromo, dromunda. -
1. Long navire rapide pour passagers.
2. Navire de guerre, anc fr[2], *dromon*.

Dromonarius. - rameur de navire nommé « dromo ».

Dromos, dromus. -
1. Courses.
2. Navire rapide, de guerre.
3. Chemin, sentier.

Dromunda. - *idem* dromo.

Drona. - territoire, ressort, juridiction.

Dropa. - boucles d'oreilles.

Dropacista. - épilateur.

Drossardus. - *idem* drossatus.

Drossatus, drossardus. - sénéchal, gouverneur de province (Germanie).

Drovedenna, dravedenna, drofdenna. - pâture où l'on conduit les troupeaux (*Cf. dena* et *droviare*).

Drovemannus. - bouvier (Angleterre).

Droviare. - conduire le bétail (Angleterre).

Druaylia. - *idem* droillia.

Druchemannus. - *idem* drugomannus, drogman, interprète officiel.

Druchte. - promise, fiancée (Loi Salique).

Drucula. - coffre, corbeille.

Druda. - amie, maîtresse, anc fr[3], *drue*.

Drudaria. - sorte de redevance qui était rendu aux femmes des seigneurs haut-justiciers.

Drudis, drudus. -
1. Conseiller, homme de confiance, fidèle, dévoué, anc fr[4], *dru, drud*.
2. (pl), gens liés à un suzerains.

Drueleria. - paiement dû au seigneur pour pouvoir aliéner la redevance, ou devenir vassal.

Drugemannus. - *idem* drugomannus.

Drugomannus, drugemannus, druchemannus, turchemannus. - drogman, interprète officiel.

Drulla. - truelle.

Drumon. - *idem* dromo2.

Drumus. - bois épais.

Drungus. - troupe de guerriers (Germanie).

Druppa. - olive qui n'est pas encore mûre.

Drylyngus, drimulvellus, drilingus. - lingue (julienne) et morue séchée (Angleterre).

Dryocolaptes. - sorte d'oiseau, pivert.

Dryphactum. - balustrade, barrière.

Dualis. - double.

Dualitas. - caractère double.

---

[1] Hippeau.
[2] Roquefort.
[3] id.
[4] id.

Duana. - *idem* doana, douane, taxe d'entrée.

Duanus. -
1. Ce qui est dû.
2. Qui a deux jours.

Duaria. - douaire.

Duarium. - *idem* dotarium.

Dubare. - douter, hésiter.

Dubbare. - fouler le cuir (Angleterre).

Dubbaria. - doublage d'habit.

Dubbarius. - doubleur d'habit (Angleterre).

Dubbator. - fouleur de cuir (Angleterre).

Dubieta, dubietum. - doute.

Dubietum. - *idem* dubieta.

Dubingeniosus. - sans capacité, inapte.

Dubiosus. -
1. Dangereux.
2. Douteux, incertain.

Dubitabile, dubitamentum. - question douteuse, douteux.

Dubitalis. - douteux, incertain.

Dubitamentum. - *idem* dubitabile.

Dubitantia. -
1. Ambigu, incertain.
2. Doute, crainte.

Dubitare. - redouter, craindre.

Dubitative. - avec doute, avec hésitation.

Dubium. - crainte, peur, danger.

Dubius. - (*loca dubia*), constructions de qualité douteuses, qu'il convient de refaire.

Dubla. - monnaie en or, doublon.

Dublarium. - sorte de tonneau.

Dublectus. - sorte de vêtement, anc fr[1], *doublet*, « courtepointe que l'on met sous les draps ».

Dublerium. - le double.

Dublettus. -
1. Pourpoint ;   (vêtement) porté comme armure.
2. Bijou contrefait.
3. Fût de double taille.

4. Dû payé aux mineurs d'étain (Angleterre).

Dublia. - *idem* deublia, droit d'oubli.

Duca. -
1. Moule, forme.
2. Duc, chef (Italie).

Ducale, dugale. -
1. Canal.
2. Longe, rêne.

Ducalis. -
1. Qui conduit.
2. Ducal, relatif au duc.

Ducaliter. - à la manière d'un duc, d'un chef.

Ducamen. -
1. Conduite, commandement.
2. Dignité ducale.
3. Duché.

Ducare. -
1. Nourrir, élever.
2. (*ducem agere*) ; (*ducatum tenere*), gouverner, commander.

Ducaria scrofa. - truie dominante, celle qui conduit les autres.

Ducaria. - aqueduc.

Ducarium. - palais ducal, palais du doge.

Ducas, duccas. - duc, chef.

Ducatissa. - épouse de duc, duchesse.

Ducatonus. - sorte de monnaie d'argent, ducaton.

Ducator. - chef, guide.

Ducatrix. - duchesse.

Ducatum. - dignité de duc ou duché.

Ducatus. -
1. Action de protéger quelqu'un en route, munir d'une escorte ; escorte.
2. Route, passage.
3. Redevance pour les frais d'escorte.
4. Sauf conduit.
5. Dignité de duc (ou duché).

---

[1] Godefroy.

6. Résidence ducale.

7. Dignité de maire du palais ; de vice-roi.

8. Territoire d'une unité ethnique (Germanie).

9. Marche, territoire où s'exerce l'autorité d'un marquis.

10. Ducat (monnaie).

11. Justice.

Duccas. - *idem* ducas, duc, chef.

Duccatum. - *idem* ducatus1, duché.

Ducellus. - fils de duc.

Ducenarius. -

1. Chef de deux cents hommes.

2. Juge dans les affaires de moindre importance.

Ducensis. - (subs), fidèle d'un duc.

Ducentum. - mesure agraire de surface.

Ducere. -

1. Charrier, transporter.

2. (*d. causam*), poursuivre un procès.

3. (*d. dogmata monachorum*), suivre la règle des monastères.

4. (*d. ad memoriam*), se souvenir.

5. (*d. malam vitam alicui*), maltraiter quelqu'un, lui faire du mal.

6. (intrans), exercer la charge de Dodge.

Ducha. - duc.

Duchissa. - duchesse.

Ducianus. -

1. De général, de chef.

2. (pl), *duciani*, officiers attachés au duc ou au commandant de la frontière.

Ducianus. - qui est relatif au duc, au chef.

Ducibilis, ductabilis. - facile à conduire.

Ducicula. - *idem* duciculus.

Duciculus, ducicula, ducillus, duciolus, docillus, ducilis, dux, dola. - robinet de tonneau, anc fr[1], *doisil, dosil.*

Ducilis. - *idem* duciculus.

Ducilla. - petit duc (ou fille de duc).

Ducillus. -

1. *Idem* duciculus.

2. Petit chef, petit duc.

Duciolus. - *idem* duciculus.

Ducisalis. - qui se rapporte à la dignité de duc, ducal.

Duciscatus. - duché.

Ducissa, duxissa. - épouse de duc, duchesse.

Ducius, dusius. - sorte de démon.

Ductabilis. - *idem* ducibilis, facile à conduire.

Ductamen. - conduite.

Ductare. - agir en chef, commander.

Ductarium. -

1. Anneau que l'on place dans le museau de bêtes.

2. Licou pour conduire un chameau.

Ductile, duxile. -

1. Conduit d'eau ; bief.

2. Digue.

3. Robinet.

Ductilis. -

1. Forgé, façonné (en or ou argent).

2. Malléable.

Ductio. -

1. Remorquage ou transport.

2. Escorte (de prisonniers).

3. Mariage.

4. Durée pendant laquelle la note est tenue.

5. Conduite spirituelle.

Ductitia. - droit de douane.

Ductivus. -

1. Incitatif, propice.

2. Qui peut conduire à, qui donne le chemin, qui engendre.

Ductor. -

1. Celui qui conduit, charrie ; charretier.

---

[1] Godefroy.

2. Celui qui procure une escorte.
3. Duc.
4. (fig), celui qui met en valeur.
5. Conduite d'eau.

Ductorius. - ducal.

Ductrix. -
1. Duchesse régnante.
2. Epouse de duc.
3. Abbesse.
4. Truie mère.

Ductus. -
1. Bassin, canal, anc fr[1], *duit*, *doit*.
2. Quitte, libéré de toute réclamation.
3. Charroi.
4. Coup d'encensoir.

Duculus. - chef.

Dudda. - vêtement de tissu grossier (Angleterre).

Dudena. - douzaine.

Duecia. - traitement médical que l'on fait en pressant entre les mains sur quelque partie malade une éponge ou du linge trempés dans des huiles simples ou composées des décoctions du lait et en appliquant ensuite de la laine ou des compresses.

Duella. -
1. *Idem* douella, douve de tonneau.
2. Deux fois le sixième de l'once[2].

Duellare. - se battre en duel. Faire la guerre.

Duellaris, duellarius. -
1. De duel.
2. (*d. ludus*), tournoi.

Duellariter. - (*d. alloqui*), provoquer en duel.

Duellator. - celui qui se bat en duel.

Duellio. -
1. Ennemi.
2. Duel, combat singulier, guerre.
3. Champion de duel (Angleterre).

4. Révolte.

Duellium. -
1. Guerre ; espace de temps de la guerre.
2. Duel, combat singulier.
3. Duel judiciaire.
4. Droit à percevoir sur les jugements par duel.
5. Tyrannie.

Duellum. -
1. Guerre.
2. Durée de la guerre.
3. *Idem* duellium3, jugement par combat (Angleterre).
4. Droit d'imposer des amendes a cause des duels judiciaires promis mais non effectués.

Duere. - vaincre.

Duernus. - double.

Duga. - *idem* dogal, récipient.

Dugale. - *idem* ducale1, canal.

Dugalia. - fossé, douve.

Dugalium. - douaire.

Dugaria. -
1. Fossé (ou canal).
2. Péage routier pour les chariots.

Duhana. - douane.

Duis. - deux fois, bis.

Duitæ. - hérétiques qui croyaient en l'existence de deux dieux.

Duitas. -
1. État de ce qui est deux, dualité.
2. Duplicité.
3. Ceux qui admettent l'existence de deux dieux.

Duitellus. - *idem* dintellus, petit cours d'eau, ruisseau.

Dula. - servante.

Dulcacidus. - aigre-doux.

Dulcamen. - douceur.

Dulcare. - adoucir.

---

[1] Godefroy.

[2] 1/6 d'once, monnaie de compte romaine nommée sextula.

Dulcator. - celui qui rend doux.

Dulcedo. -
1. Bonté, affection, amour.
2. Titre honorifique, « Votre Bonté ».

Dulcere. - être doux.

Dulcetudo. - douceur.

Dulcia. - friandises, douceurs.

Dulciana. - sorte de chant de tonalité douce, (ou une sorte d'instrument de musique), anc fr[1], *doulcine*, *doucaine*, « flûte douce, cornemuse, vielle ».

Dulciarius. - (*d. panis*), sorte de gâteau.

Dulcicanus. - qui chante d'une façon harmonieuse, douce.

Dulcicellus. - un peu doux.

Dulcicium. - sorte de pain au miel.

Dulcicorus. - disposition, organisation pour approcher l'empereur.

Dulcidus. - doux, savoureux.

Dulcificare. - atténuer, adoucir.

Dulcifluus. - qui coule doucement.

Dulciloquium. - douces paroles.

Dulcimodium. - douceur.

Dulcimodus. - dont le son est doux, agréable.

Dulcimonium. - douceur.

Dulcinistæ. - hérétiques vaudois, adeptes de Dulcinus.

Dulcis. - (pej), flatteur, mielleux, obséquieux.

Dulcisonus. - dont le son est doux.

Dulco. -
1. (subs), vin doux.
2. (*dulcem efficere*), rendre doux.

Dulcor. - douceur.

Dulcorare. - adoucir, édulcorer.

Dulcorarius. -
1. Confiseur.
2. Flatteur.

Dulcoratio. - douceur.

Dulcorosus. - doucereux.

Dulculare. - adoucir.

Dulgere. -
1. Extrader.
2. Trahir, exposer à la vengeance.
3. Engager, abandonner d'avance pour le cas éventuel d'une rupture des engagements qu'on a pris.
4. Renoncer à une chose.

Dulia. - (< δουλεία)[2].
1. Dévouement, culte.
2. Serviteur du culte des Saints.

Duliani. - hérétiques ariens pour lesquels le Christ est seulement « Serviteur » de Dieu.

Dulus. - (< δοῦλος)[3], esclave, serviteur.

Dum. -
1. (*d. clamarem*), dixième dimanche après la Pentecôte.
2. (*d. medium silentium*), dimanche dans l'octave de Noël.

Duma. - (< *dūmus*), buisson.

Dumex. - selle de cheval.

Dumgio, dunjo. -
1. Petit château élevé sur un côteau.
2. *Idem* dungeo, donjon.

Dumicola. - celui qui habite dans un hallier.

Dumtaxat. - du moins, bien entendu, bien sûr.

Dumus. -
1. Terre préparée pour la culture du chardon à carder.
2. Duvet (de poussins), anc fr[4], *dumet*.

Duna, dunum, dunus. - colline.

Dunga. - monnaie russe.

Dungeo, dungio, dunjo, dunjonus, dumgio. - donjon.

---

[1] Hippeau.
[2] δουλεία: « esclavage, servitude).
[3] δοῦλος : « esclave ».
[4] Godefroy.

Dungia, dingia. - (< *dung*)[1], excrément des animaux (Angleterre).
Dunjonus. - *idem* dungeo.
Dunum, **dunus**. - *idem* duna, colline.
Duodecellus, duodecies. - mesure pour les céréales.
Duodena. -
1. Douzaine.
2. District judiciaire.
3. Jury de 12 personnes (Angleterre).
4. Mesure pour les liquides.
5. Offrande de douze deniers que les premiers curés avaient l'habitude de recevoir dans les églises et chapelles érigées dans les limites de leurs paroisses.
6. Paiement de douze deniers à verser pour être sous la protection du seigneur.
7. Gratification de douze deniers, donnée sur le solde du bail.
8. Liturgie de la douzième heure (minuit).
Duodenaria. -
1. *Idem* duodena5, offrande de douze deniers.
2. Droit seigneurial sur un cens de 12 deniers à payer par chaque tenure dans une ville-neuve.
Duodennis. -
1. Qui a douze ans.
2. Qui dure douze ans.
Duodennium. - période de douze ans.
Duodigitalis. - de deux doigts d'épaisseur.
Dupia. -
1. Sorte de récipient.
2. *Idem* dupla1.
Dupla, dubla. -
1. Couverture doublée (Italie).
2. Petite cloche d'horloge.
Dupla. -

1. *Idem* dubla.
2. Amende.
Duplare. -
1. Crépir, enduire.
2. Dupliquer.
Duplarium. -
1. Fête double.
2. Sorte de tonneau de capacité double.
3. Copie double.
4. Bissac, bourse.
5. *Idem* duplerius.
Duplarius. -
1. Double.
2. Vêtement doublé.
Duplerius. - flambeau, candélabre double.
Duplex. -
1. Qui n'est pas franc, qui ne dit pas ce qu'il pense.
2. Fêtes doubles.
3. (*d. majus*), lit double, grand lit.
4. (*d. aureus*), monnaie d'or, double d'or.
5. (vêtement) rayé.
Duplica. - réponse à une réplique.
Duplicamen. - redoublement, doublure.
Duplicare. -
1. Dupliquer.
2. Être moralement partagé.
3. Doubler un habit.
4. Doublé, double.
Duplicarius. - frauduleux.
Duplicata, duplicatum. - copie.
Duplicator. - qui double, qui augmente.
Duplicatum. - *idem* duplicata.
Duplicatus. - doublé.
Duplice. - en double, au double.
Duplicitas. -
1. Duplicité.
2. Duplication.
Duplicus. - *idem* dupplatus, double.
Duplifacere. - doubler.

---

[1] A.S : *dung*, « excrément ».

Duplo. -
  1. (*d. bilychnis*), candélabre double.
  2. (*d. tormentum*), grosse machine de guerre, canon de gros calibre.

Duplonus. - monnaie, doublon.

Duplum. - sonnerie de toutes les cloches.

Dupondius. - monnaie romaine correspondant à deux as

Duppla. - *idem* dupla1.

Dupplatus, **duplicus**. - double.

Dupplerium. - *idem* duplarium2, sorte de tonneau.

Dupplerius. - *idem* duplerius, flambeau.

Dupploytum. - sorte de manteau.

Durabilitas. -
  1. Longue vie, longueur de temps, durée.
  2. Dureté de la peau tannée.

Durandal. - épée de Charlemagne.

Durantingi, **durantini**. - monnaies de Clermont-Ferrand, variante du denier ou de la maille[1].

Durantini. - *idem* durantingi.

Durare. -
  1. Durer, se maintenir.
  2. Rester, demeurer.
  3. S'étendre, en parlant d'un domaine, d'une terre.

Duraria. - servante.

Durasuna. - signature de la paix.

Duratio. -
  1. Opiniâtreté.
  2. Dureté (de l'acier).

Durco. - grande barque ; (pl), *durcones*.

Durdere. - *idem* dourdere.

Durdo. - sorte de poisson.

Durga. - sorte d'amphore, de récipient pour les liquides.

Duribilior. - qui dure plus longtemps, qui est plus durable.

Duribuccus. - locuteur lent.

Durica. - port d'accostage des navires.

Duricordia. - dureté du cœur.

Duricordius, **duricors**. - qui a le cœur dur, cruel.

Durido. - dureté, rudesse.

Duriloquium. - parole dure.

Durio. - celui qui frotte son front pour s'empêcher de rougir, impudent.

Durissimus. - battoir pour battre la trame du tissu, (ou épée).

Duriuscule. - un peu durement.

Durna. - récipient, cruche, anc fr[2], *dourque*, « cruche ».

Durnedies, **dornedies**. - jour où les loyers étaient payables sous peine de sceller les portes des locataires, *Cf. durnum*, (Angleterre).

Durnum, **dirnum**. - montant de porte (Angleterre).

Durnus. -
  1. Petite unité de mesure d'épaisseur usitée dans le sud-ouest, poignée, empan.
  2. Sorte d'arbre.

Duropellum, **durpilum**. - perche, seuil[3] (Loi Salique).

Durpilus. - seuil.

Dursclach, **durslegi**, **dontslach**. - ecchymose.

Durslegi. - coup de fouet sans entraîner de blessure.

Dursus. - sorte de poisson, seiche.

Durus. - esclave.

Dusiaticus. - démon.

Dusiolus. - petit lutin.

Dusius. - *idem* ducius, sorte de démon.

Dusmum. - sans culture, en broussaille.

Dussinator, **decenator**. - celui qui est chargé de percevoir la dîme.

Duva. -
  1. Douve de tonneau.

---

[1] A. Frey.

[2] Hippeau.

[3] < germanique *Thur*, « porte », Du Cange).

2. Douve, fossé.

Duvahila. - chiffon pour s'essuyer les mains.

Dux. -
1. Duc, chef de province.
2. Maire du palais.
3. Doge.
4. Comte, marquis.
5. Duchesse.
6. *Idem* duciculus, robinet de tonneau.

Duxile. -
1. *Idem* ductile.
2. Digue (ou parapet).

Duxissa. - *idem* ducissa, duchesse.

Duzena. - douzaine.

Dyagridium. - plante produisant une résine à vertu purgative, scammonée.

Dyappre. - étoffes de différentes couleurs et différents motifs.

Dyapula. - madrier.

Dyas. - deux.

Dymachœrus. - gladiateur combattant avec un glaive dans chaque main, dimachère.

Dymerius. - celui qui lève la dîme, anc fr[1], *dismeur*.

Dynamida. - puissance.

Dynamidia, dinamidia, dynamidium. - nom d'un puissant médicament.

Dynamidium. - *idem* dynamidia.

Dynastio. - roi (d'une dynastie).

Dynerium. - dîner, repas.

Dyplasium. - sorte d'instrument de musique.

Dyptichum. - liste renfermant les noms des morts pour lesquels on prie.

Dypticum. - *idem* dyptichum.

Dyptire, diptire. - marqueter.

Dyrrachium. - arrachement, séparation.

Dyscolia. - (< δύσκολος)[2].
1. Désaffection, perversité.
2. Volupté, frivolité.

Dyscolus. -
1. Morose, maussade.
2. Voluptueux, licencieux.
3. Écolier vagabond, individu asocial.

Dyscrasia. - malaise.

Dysis. - *idem* disis, le couchant.

Dyspepsia. - digestion difficile.

Dysseonare. - *idem* dissaisonare, cultiver la terre hors saison ou en dehors de la séquence de mise en jachère.

---

[1] Godefroy.

[2] δύσκολος : « d'humeur difficile ».

E

Eagium. - âge.

Ealahus. - (< *eala-hus*)[1], auberge, taverne (Angleterre).

Eald. - (< *eald*)[2], vieux, ancien (Saxon).

Ealdormannus. - (< *ealdorman*)[3], fonctionnaire royal ou noble (Angleterre).

Ealscop. - (< *eala-scop*)[4], poète, chanteur de cabaret.

Eapropter. - donc, pour cette raison.

Earinus. - (< *ἐαρινός*)[5], né au printemps.

Eastintus. - (< *east-inne*)[6], dans l'est, qui est de l'est.

Eatenus. - (< *ĕātĕnus*).
1. Jusqu'à ce moment-là.
2. A ce point.

Eaver. - aiguière.

Ebal. - tas de pierres.

Ebalatio. - capture des anguilles en *aval* de l'étang durant la saison, anc fr[7], *avalaison*.

Ebanus. - bois d'ébène.

Ebatum. - divertissement, ébat.

Ebba. - (< *ebba*)[8], reflux, marée basse, anc fr[9], *ebe, ebbe*.

Ebbingwera, hebbyngwera. - (< *ebbe-wær*)[10], petit barrage pour piéger les poissons à la marée descendante (Angleterre).

Ebdad. - semaine.

Ebdomada. - (*e. penosa*), semaine peineuse, semaine sainte.

Ebeninus. -
1. Couleur d'ébène.
2. D'ébène.

Ebidis, ebio. - pauvre.

Ebolitura. - éboulement.

Ebonnagium. - droit du seigneur d'implanter des bornes sur les terres de ses vassaux.

Ebonnatus. - borné, fixé, déterminé.

Eborarius. - artisan qui travaille l'ivoire.

Eborneus. - *idem* eburninus, d'ivoire.

Ebraia. - *idem* ibraia, ivraie.

Ebriacus. - ivre.

Ebriamen. - boisson qui enivre.

Ebriare. - enivrer.

Ebriatus. - ivre.

Ebromare. - produire.

Ebullare. - sceller, apposer son sceau.

Ebullatio. - ébullition.

Ebullire. - bouillonner.

Ebullium. - bouillon.

Eburatus. - orné d'ivoire.

Eburninus, eborneus, yburneus. - d'ivoire.

Ebursare. - dépenser, débourser.

Ebutyratus. - (*e. lac*), lait dont on a enlevé le beurre.

Ecantare. - nourrir de fausses promesses trompeuses.

Ecariare. - transporter.

Ecbasis. - digression dans un discours.

Ecce. - (*e. Deus adjuvat*), neuvième dimanche après la Pentecôte

Eccentricitas. - excentricité, qualité de ce qui ne se meut pas en cercle, dans l'orbite.

---

[1] A.S : *eala*, « bière », « *hus* », maison.
[2] A.S : *eald*, « ancien ».
[3] A.S : *ealdorman*, « sénateur, homme noble ».
[4] A.S : *eala*, « bière », *scop*, « poète ».
[5] *ἐαρινός* : « du printemps ».
[6] A.S : *east*, « l'est », *inne*, « à l'intérieur ».
[7] Godefroy.
[8] A.S : *ebba*, « reflux ».
[9] Godefroy.
[10] A.S : *ebbe*, « reflux », *wær*, « barrage »

Eccentricus. - *idem* excentricus, excentrique.

Eccha. - coin, extrémité (de terrain).

Eccheudrum. - mesure pour les matières sèches : chalder (Ecosse).

Ecclesia. -
1. Église.
2. (*e.baptimalis*), église où l'on baptise, paroissiale.
3. (*e. campestris*), chapelle.
4. (*e. capitanis*) ; (*e. diocesana*), église paroissiale.
5. (*e. chrismalis*), église où l'on confirme.
6. (*e. conventualis*), église où il y a un chapitre de chanoines, de moines.
7. (*e. incastellata*), église fortifiée.
8. (*e. laicorum*), nef.
9. (*e. major*) ; (*e. mater*), cathédrale.
10. (*e. minor*), église qui dépend d'une cathédrale.
11. (*e. præbendalis*), (*e. collegiata*) ; (*e. principalis*), église cathédrale ; église principale (Rome) ; église paroissiale.
12. (*e. villana*), église rurale.
13. Paroisse.
14. Presbytère.
15. Monastère.
16. Ensemble des moines d'une abbaye ; clergé de l'évêché.
17. La chrétienté.

Ecclesialis. -
1. D'église, qui revient à une église.
2. Ecclésiale, formant une église.
3. (pl), *ecclesiales*, gens au service de l'église.

Ecclesiarcha magnus. - patriarche.

Ecclesiarchus. - archevêque.

Ecclesiare. - convoquer, haranguer.

Ecclesiarius. - de l'église.

Ecclesiasta. - prédicateur luthérien.

Ecclesiastica femina. - femme soumise à une condition, attachée à demeure à l'Église.

Ecclesiasticæ literæ. - lettres qui étaient données par l'évêque lorsque les clercs se rendaient dans un autre diocèse.

Ecclesiastice. - conformément à la règle ecclésiastique.

Ecclesiastici viri. - hommes affranchis ou libres attachés à demeure à l'église.

Ecclesiasticum. -
1. Ce qui regarde l'Église, le droit ecclésiastique.
2. Manse formant la dotation d'une église, biens affectés à l'entretien du prêtre qui dessert une église

Ecclesiasticus. -
1. Qui appartient à une église (bien, propriété).
2. (*sevus e.*), serf ou affranchi tributaire d'une église, qui possède une tenure dérivée d'une église.
3. (*mansus e.*), manse affecté à l'entretien du prêtre qui dessert une église.
4. Pieux, plein de zèle pour l'Eglise.
5. (*e. leges*), le droit canonique.
6. (subs), (*s. baculosus*), évêque, abbé ; clerc, curé.
7. (subs), individu tributaire d'une église.

Ecclesiola, ecclesiuncula. -
1. Petite église, chapelle, oratoire.
2. Petit monastère.

Ecco. - *idem* ego, prêtre de campagne.

Eccona. - moniale rustique.

Ecetarium. - premier rudiment de lecture, abécédaire.

Ecgraphum. - copie.

Echalatus. - échalas.

Echandilare. - confronter la mesure avec l'étalon, étalonneur.

Echangium. - échange.

Echenais. - sorte de poisson de mer, ré-
mora.

Echevinus. - échevin.

Echoicus. - qui produit un écho.

Echonizare. - répondre en écho.

Echonomus. - sénéchal, économe.

Echudium, eschudium. - bief de moulin.

Ecictalis. -
1. (*citatio e.*), citation par écrit (à
    comparaître devant le tribunal de
    la Rote).
2. (subs), étudiant en droit de se-
    conde année.

Ecinerare. - exhumer.

Eclaffa. - soufflet.

Eclipsare, eclypsare. -
1. Éclipser ; faire disparaître.
2. Être éclipsé.

Eclipsatus. - mort.

Eclipsis. -
1. Éclipse.
2. Ellipse, omission.
3. Défaillance, interruption.

Eclipticatus. - détruit.

Eclipticus. - (fig) défectueux, imparfait,
intermittent.

Eclogium. - langage, discours.

Eclosa. - écluse.

Eclypsare. - *idem* eclipsare, éclipser.

Eclypsatio. - éclipse de lune ou de soleil.

Economicus. - homme économe, contrô-
lant les choses.

**Economus, œconomus, iconomus, hico-
nomus**. -
1. Économe d'un monastère.
2. Sénéchal.
3. Administrateur des biens d'une
    église.

Econtra. -
1. En face.
2. Au contraire.

Econtrariari. - opposer.

Econverso. -
1. Inversement.
2. Au contraire.

Ecoquere. - *idem* excoquere.

Ecornare. - écorner.

Ecors. - sans cœur, sans reflexion.

Ecperusan. - sorte de jeu où l'on doit soulever un certain poids avec les dents.

Ecphrastes. - traducteur.

Ecquinna. - rassemblement de plusieurs
éléments en un seul.

Ecsribare. - *idem* excribrare, passer au
crible.

Ecstasis, exstasis, extasis. - grande joie,
enthousiasme, ravissement.

Ecstaticus. - *idem* exstaticus, extatique.

Ecthesis. - (< ἔκθεσις)[1], interprétation, exposition.

Ectica. - fièvre étique.

Ectroma. - avortement.

Ecudere. - fabriquer, exécuter.

Eculentus. - vorace, glouton.

Eculeus. -
1. (< *ĕquŭlĕus*), jeune cheval.
2. Instrument de torture.
3. Gibet.

Ecuriare. - (< *carrus*), transporter.

Edalis. - qui mange.

Edccumatus. - remarquable.

Edecumatio. - action de décimer, de lever
la dîme.

Edelingus, edlingus. - (< *eðeling*)[2],
homme noble.

Edeniare. - (*e. se*), se justifier par serment
d'une accusation.

Edentatus. - édenté.

Edere. - bâtir.

Edestium. - construction, bâtiment.

Edia. -
1. (< *adjūtāre*), secours, aide.
2. (< *ĕdēsse*), aisance, nourriture
    suffisante.

---

[1] ἔκθεσις : « action d'exposer ».

[2] A.S : *eðeling*, « un noble ».

3. (< *ĭnĕdĭa*), manque de nourriture.

Edibilia. - *idem* edia2.

Edicere. - révéler, proclamer.

Edicilitas. - *idem* edicilium.

Edicilium, edicilitas. - conciergerie.

Edictalis. -
1. Étudiant en droit de seconde année.
2. (*e. constitutio*), loi, ordonnance.
3. Qui a la valeur d'un édit

Edictum, edictus. -
1. Loi, ordonnance, précepte.
2. Ordonnance royale ou seigneuriale.
3. Citation à comparaître.
4. Publication, proclamation ; bans de mariage.
5. Droit de vente réservé au seigneur.
6. Assemblée, réunion.
7. Statut, règle.
8. Instruction donnée par le pape à un nouvel évêque.
9. Ordonnance canonique, seigneuriale.

Edictus. - *idem* edictum.

Edificamentum. - acquisition.

Edilis. - concierge.

Edilitas, edulitas. - cherté de la vie ; famine.

Editio. -
1. Spectacle.
2. Titre, acte, charte.
3. Déclaration par laquelle le défendeur s'engage à payer les frais et dépens de la poursuite, et par laquelle l'accusateur s'engage de même.

Editorius. - (< *ēdĭtus*), élevé.

Edituere. - promulguer un édit.

Editum. - règlement, ordonnance.

Edituus. -
1. *Idem* ædituus, sacristain en chef ; doyen des chanoines.
2. Héraut.

Edlingus. - *idem* edelingus, noble.

Edocenter. - manière d'enseigner utilement.

Edoctio. - enseignement.

Edogmada, edogmata, edomada, edomata. - (< *hebdŏmăda*), le nombre sept ; sept jours, semaine.

Edogmata. - *idem* edogmada.

Edomada. - *idem* edogmada.

Edomata. - *idem* edogmada.

Edomatio. - le fait de soumettre, conquête.

Edomitor. - conquérant.

Edoneare. -
1. *Idem* idoneare, prouver, justifier en droit.
2. Justifier quelqu'un, disculper.
3. (*se i.*), se justifier, se disculper, se mettre hors de cause.

Edorsare. - briser le dos, anc fr[1], *dorser*.

Edotare. - orner.

Edubitare. - mettre en doute.

Educamen, educamentum. - (< *ĕdĕre*).
1. Nourriture.
2. Couvée de volaille (à nourrir).

Educamentum. - *idem* educamen.

Educere.
1. (*e. se*), se tirer, se libérer d'une inculpation.
2. (*e. seper æneum, aut per compositionem*), se justifier d'une accusation par l'épreuve de l'eau bouillante (Loi Salique).

Educillare. - vendre du vin au détail.

Eductio. -
1. Expulsion.
2. Transport de marchandises, exportation.

Eductor. - chef.

Eductus. -

---

[1] Hippeau.

1. Mener en avant, devant.
2. Présentation pour une charge ecclésiastique.

Edulcorare. - rendre doux.

Eduli. - gourmands.

Edulitas. - *idem* edilitas, cherté de la vie ;
famine.

Edulium. - nourriture en plus du pain.

Eduneare, eduniare. -
1. *Idem* idoneare, prouver, justifier
en droit.
2. Justifier quelqu'un, disculper.
3. (*se i.*), se justifier, se disculper, se
mettre hors de cause.

Eduniare. - *idem* eduneare.

Efebiam. - lupanar.

Efestucare. - *idem* exfestucare.

Effabilis. - (*non e.*), ineffable.

Effacere. - faire.

Effaciatus. - effacé.

Effæcatus. - débarrassé des excréments,
purgé.

Effamen, effandum. - parole, sentence.

Effandamentum. - fente, fissure.

Effate. - sans effet.

Effatuare. - rendre sot.

Effebiolus. - *idem* effebus.

Effebus, effebiolus. - clair, brillant.

Effecare. - vider, tirer jusqu'à la lie.

Effectibilis. - capable faire un effet.

Effectio. - production d'un effet.

Effective. - effectivement.

Effectivus. - qui effectue, qui produit, ef-
ficient.

Effectualis. -
1. Qui réalise.
2. (*e. exhibitio*), mise en pratique.

Effectualiter. - en réalité, en effet.

Effectuare. - réaliser.

Effectum. - (*de effecto*), en réalité, en effet.

Effectuose. - sérieusement, sincèrement.

Effectus. -
1. (< *effētus*), épuisé.

2. (< *effectus*) ; (subs), avantage,
utilité.

Effeminare. - châtrer.

Effeminatorium. - lieu de débauche, lupanar.

Effeminatrix. - celle qui efémine.

Efferatum. - effroi.

Efferenter. - en grand apparat.

Efferentia. - action d'élever, transport de
l'âme.

Efferre. -
1. Emporter.
2. Elever la voix.
3. Faire connaître.
4. (*e. calcaneum*), se dresser sur les
talons, se rebeller
5. Être gonflé d'orgueil.
6. Vanter.

Effervescere. - (fig), éclater d'abondance.

Effestucare. - *idem* exfestucare.

Effestucatio, exfestucatio. - abdication,
abandon.

Effeta. - soit ouvert (Araméen).

Effetare. - affaiblir, épuiser.

Effetus. - fatigué, lassé.

Effibulare. - dégrafer, dénouer.

Efficale. - agissant, qui réalise, puissant,
actif, énergique.

Efficatia. - efficace.

Efficatio. - effet, accomplissement.

Efficative. - en effet.

Efficatus. - effet, exécution.

Efficere. - devenir.

Efficialiter. - avec force, avec efficacité.

Efficientia. - sentence, avis.

Efficium. - (< *offĭcĭum*), office, liturgie sacrée.

Effigialis. - représenté en figure, en effigie.

Effigiare. -
1. Représenter, imaginer, peindre.
2. Contrefaire.

Effigiatim. - en image.

Effigiatio. -

1. Le fait de faire le portrait.
2. Réalisation d'une image, d'une forme.

Effigiator. - celui qui fait le portrait de.

Effigies. - ce qui apparaît au regard, aspect.

Effiguratus. - représenté.

Effiligare. - défricher, essarter.

Effiorere. - fleurir.

Efflagrare. - (fig), embraser les cœurs.

Efflagratio. -
1. Embrasement, incendie.
2. Déchaînement, vent violent.

Efflator. - celui qui expulse en soufflant.

Effloratio. - apparition des fleurs, floraison.

Effluctio. - inondation, débordement.

Effluenter. - abondamment.

Effluentia. - abondance, profusion.

Effluere. -
1. Abonder en.
2. S'écarter de la vertu.

Effluus. - qui s'écoule.

Effluxus. -
1. Passé, écoulé.
2. (subs), action de s'écouler, (fig), action de passer sur.

Effoagium. - droit de prendre du bois de chauffage dans une forêt seigneuriale, affouage, anc fr[1], *effouage*.

Effoare. - chauffer.

Effocare. - étouffer.

Effodere. -
1. Percer.
2. Démolir, détruire.

Effoditio. - (< *effossĭō luminum*), action de crever les yeux.

Effolare. - blesser légèrement, anc fr[2], *affoler*, « tuer, détériorer, fouler ».

Effolatura. - légère blessure.

Effolleare. - dégonfler (le ventre trop plein).

Effondatus. - prodigue de festin et de luxes.

Effondrare. - enfoncer, couler au fond, anc fr[3], *effonder*.

Effontire. - parler d'une façon empoisonnée, comme celui qui est une « langue de vipère ».

Efforcialiter. - avec force, en force.

Efforciare. -
1. Forcer.
2. Vexer.
3. Punir.
4. (*e. se*), s'efforcer.

Efforciari. - s'efforcer.

Efforciate. - avec beaucoup de moyens militaires, en forces.

Efforciatus. -
1. Renforcé.
2. (*efforciati nummi*), monnaie de bon aloi.
3. (*efforciata femina*), femme violée.

Efforcium. - armée, forces.

Efforestare. - déforester pour convertir la terre en pâturage ou en terre labourable.

Efforis. - dehors.

Efformare. - former.

Efformatio. - formation.

Efforsare. - fortifier.

Effortiamentum. -
1. Fortification.
2. Renforcement.
3. (*e. judicii*), application du jugement du tribunal.
4. (*e. curiam*), faire respecter le tribunal.

Effortiare. - *idem* exfortiare.

Effortium. - *idem* exfortium.

Effossio. -
1. Exhumation.
2. Arrachement, mutilation.

---

[1] Godefroy.
[2] Hippeau.
[3] Godefroy.

Effossor. - celui qui creuse, celui qui déterre, violeur de sépultures.

Effractio. -
  1. Action de briser.
  2. Effraction.

Effractor. - celui qui rentre dans les maisons après en avoir forcé l'entrée, cambrioleur.

Effractura. - vol avec effraction.

Effractus. - effrayé.

Effrænis. - déréglé, désordonné.

Effragilis. - faible, débile.

Effrendere. - irriter ; (fig), grincer des dents.

Effrenis. - débridé, effréné.

Effretare. - traverser un fleuve.

Effrigescere. - se refroidir ; (fig), s'épuiser.

Effrondare. -
  1. Effondrer, (*Cf. effondare*).
  2. (< *effŏdĕre*), creuser.

Effrons. -
  1. Impudent.
  2. Téméraire, brutal.

Effronter. - impudemment.

Effructus. - qui devait arriver.

Effrunitus. - sans frein.

Effrutricare. - pousser d'une façon désordonnée comme des broussailles au lieu de donner des fruits.

Effugare. -
  1. Chasser, mettre en fuite.
  2. Partir en fuyant.

Effugatio. -
  1. Action de chasser, bannissement.
  2. Action de mettre en fuite par exorcisme.

Effugator. - celui qui met en fuite, exorciste.

Effugitare. - mettre en fuite.

Effugus. - fugitif.

Effulgentia. - rayonnement.

Effulgere. - briller, étinceler.

Effulminare. - frapper comme la foudre.

Effundamentum. - fonds de terre.

Effundare. - raser, renverser de fond en comble.

Effundere. -
  1. (< *fundĕre*), verser.
  2. Fondre (du métal).
  3. Émettre une odeur.
  4. Dépenser de l'argent.
  5. Se répandre, se laisser aler ; (fig), épancher son cœur.
  6. (< *fundāre*), donner naissance (à une progéniture).

Effunerarius. - préposé aux funérailles.

Effusio. -
  1. Écoulement.
  2. Émission (d'urine ou de sperme).
  3. Ponte (de poisson).
  4. Moulage (d'un objet en métal).
  5. Dépense d'argent.

Effusio. -
  1. Effusion de sang.
  2. Enfantement.

Effusor. - celui qui déverse, qui verse.

Effusorium. - bec de récipient.

Effusus. - effusion, épanchement.

Effutare. - avouer.

Efrangere. - (< *effringĕre*), enlever en brisant, ouvrir avec effraction, rompre.

Efrica. - fossé de séparations entre les champs de différents propriétaires.

Efulminatus. - frappé par la foudre.

Egalare. - faire entre les vassaux cohéritiers un partage des charges de l'héritage.

Egalatio. - action d'égaliser ; *idem* exgalatio, action de rendre égales les parts de chaque héritier en tenant compte des charges qui grèvent l'héritage.

Egaldium. - sentence judicaire.

Egalisare. -
  1. Faire un partage en parties égales.
  2. (*e. pondus*), étalonner une mesure.

Egalitas. - égalité, conformité.

Egallatio. - partition, division

Egalum. - également.

Egaunnum. - fraude, tromperie.

Egeator. -
1. Affréteur.
2. Pilote d'embarcation.

Egeda. - herse (Germanie).

Egentia. - indigence, pauvreté.

Egenus. -
1. (fig), vide, vain.
2. Pauvre.

Egerare. - mépriser, détester.

Egersimon. - (< ἐγέρσιμος)[1].
1. Alerte.
2. Appel pressant.

Egestas. - faiblesse, maladie.

Egestosus, egestuosus. - pauvre, mendiant.

Egestuosus. - *idem* egestosus.

Egestus. - débordement, crue d'un cours d'eau.

Eggo. - *idem* ego, prêtre de campagne.

Eggon. - *idem* ego.

Egidiensis. - (*egidienses denarii*), monnaie des comtes de Toulouse frappée à la St Gilles.

Egitura. - pauvreté, besoin.

Eglidriæ, eglitræ. - aiguière.

Eglisia. - église.

Eglitræ. - *idem* eglidriæ.

Ego, eggo, ecco, eggon. - prêtre de campagne.

Egrapsi. - j'ai signé.

Egratus. - qui ne remercie pas, ingrat.

Egredarium, egredatum. - escalier.

Egredatum. - *idem* egredarium.

Egredi. - sortir, faire sortir.

Egregie. - durement, violemment.

Egregietas. - (*e. vestra*), titre honorifique : « Votre Excellence ».

Egregiosissimus. - *idem* egregissimus.

Egregissimus, egregiosissimus. - le plus excellent.

Egressio. -
1. Départ, exode.
2. (*e. viam universe carnis*), mort.
3. Attaque, sortie pour une attaque ; sortie, détachement.
4. Débordement, inondation (du Nil).
5. (pl), revenus.

Egressorium. - sortie ; (*e. Noæ*), lieu où Noë sortit de l'arche.

Egressus. -
1. (< *ēgrĕdī*, (p.p), *ēgressus*), sortie d'une fonction, démission.
2. Départ, sortie de l'âme : mort.
3. (< ?), revenus d'un domaine.

Egrimonium. - maladie.

Egripus. - verger.

Egroisiatura. - égratignure.

Egrotaticus. - *idem* egrotatitius, maladif.

Egrotatitius, egroticus, egrotaticus. - maladif.

Egrunum. - terme générique désignant les légumes et les fruits acides, anc fr[2], *egrun*.

Egtendalum. - mesure pour les matières sèches, un huitième, anglais *eightendeal*.

Egua, eguesinus. - jument.

Egueserius, eguezerius, eigueserius, egueyerius. - palefrenier, gardien de chevaux.

Eguesinus. - *idem* egua.

Egueti. - dot.

Egueyerius. - *idem* egueserius.

Egueyria. - aiguière.

Eguezerius. - *idem* egueserius.

Egumenarchium. - juridiction d'un abbé grec.

Egwort. - droit de coupes du bois dans les forêts du seigneur (Germanie).

---

[1] ἐγέρσιμος : « dont on ne peut se réveiller ».

[2] Roquefort.

Ehtemannus. - (< *œhteman*)[1], serf (Angleterre).

Ehussoec. - baiser de paix que par ordre du juge se donnaient les plaideurs (Flandres).

Eia. - une île.

Eicere. - *idem* ejicere.

Eignecius. - d'aînesse.

Eigueserius. - *idem* egueserius.

Eikaristiale. - vase sacré de l'eucharistie.

Einecia. - aînesse.

Einunga. - pacte unanimement accepté par l'assemblée (Germanie).

Eipericus. - petit cheval des Asturies, dit astuco.

Eiraudus. -
1.   Aire pour battre le blé.
2.   Terre sans culture, friche.

Eisacum. - *idem* issaccum, droit de douane sur les vins de Bordeaux (*Cf. isshac*).

Eisiamentum, eissancia. - droit de libre usage de choses qui ne sont pas les siennes, anc fr[2], *aisance*.

Eissadonus. - petite houe.

Eissalet, essalet. - nom donné dans la région de Marseille au vent du sud-est.

Eissancia. - *idem* eisiamentum.

Eissariata. eyssariata, exariata. - colline non cultivé et de terrain inégal, avec des creux.

Eisseguum. - égout.

Ejacta. - répudiée.

Ejactare. - (péj), proférer.

Ejectamentum, ejectinum, ejectus, ejectum. - épaves.

Ejectinum. - *idem* ejectamentum.

Ejectio. -
1.   Expulsion d'un locataire.
2.   Action de jeter des boulets de canon.
3.   Saillie, avance.
4.   Action de chasser les démons.
5.   Excommunication.

Ejector. - celui qui expulse, huissier de saisie.

Ejectum. - *idem* ejectamentum.

Ejectura. -
1.   Avance, saillie.
2.   Sculpture en relief sur une colonne.

Ejectus, ejectum, jactura. - jet des marchandises dans une tempête pour sauver le navire.

Ejectus. - *idem* ejectamentum.

Ejicere, eicere. -
1.   Libérer, faire sortir.
2.   Produire.
3.   Porter, conduire dehors (des malades).
4.   Destituer.
5.   Abandonner tous ses biens.
6.   Darder une lance.
7.   Décharger.

Ejicium. - abandon, renonciation.

Ejulabilis. - lamentable.

Ejulabiliter. - lamentablement.

Ejulare. - (< *ĕjŭlāre*).
1.   Gémir, se lamenter.
2.   Hurler (en parlant des renards).

Ejulatorius. - gémissant.

Ejurare. - abjurer.

Ejuratus. - ayant juré.

Ela. - allée, passage.

Elabi. - s'écouler (en parlant du temps qui passe).

Elaborare. -
1.   Acquérir par son travail.
2.   S'efforcer.
3.   Effectuer, amener.
4.   Mettre en culture.

Elaboratus, elaboratum. -
1.   Travail payé.
2.   Ce que l'on a acquis par son travail, biens, fortune.

Elactare. - sevrer.

---

[1] A.S : *œhteman*, « colon, laboureur ».

[2] Godefroy.

Elapsus. -
1.   Laps de temps.
2.   Contretemps.

Elaptuarium. - sorte de boisson, de potion.

Elaqueare. - mettre en liberté, élargir.

Elargamentum, elargimentum. - mise en liberté, élargissement.

Elargare. -
1.   Mettre en liberté, élargir.
2.   Retarder, prolonger.
3.   Augmenter, accroître.

Elargatio. -
1.   Élargissement.
2.   Augmentation.

Elargire. - *idem* elargare1.

Elaterare. - mettre à côté.

Elatio. -
1.   Élévation.
2.   Houle océanique, ondulation.
3.   Orgueil ; (*elationes dicere*), parler avec arrogance.
4.   (< *œlan*)[1], recuisson de tuiles, (Angleterre).

Elax. - élan.

Elbidæ. - raisins d'une couleur entre noir et blanc.

Elcambiare. - changer, permuter.

Eleæ. - éléments, lettres de l'alphabet.

Eleborium. - latte, bardeau.

Electa. -
1.   Petite monnaie.
2.   Veuve.

Electarium. - *idem* electuarium2, l'élite.

Electi. -
1.   Magistrats municipaux, élus.
2.   Officiers royaux chargés de répartir l'assiette de l'impôt.
3.   Les élus, les bienheureux.
4.   Les apôtres.
5.   Hérétiques de la secte des manichéens qui avaient renoncés à

manger de la viande et d'approcher les femmes.

Electio. -
1.   Sélection, choix, élection (au poste).
2.   Recrutement, enrôlement.
3.   Loi statutaire.
4.   Charte de commune.
5.   Peuple élu.
6.   Election d'un évêque, d'un abbé.
7.   Dignité d'évêque élu.

Electioniarius. - électeur.

Electivus. -
1.   Choisi.
2.   Electif, propre à choisir.

Elector. -
1.   Electeur (Empire Germanique).
2.   Électeur d'un roi, d'un évêque, d'un abbé.

Electrum. -
1.   Ambre.
2.   Alliage d'or et d'argent.
3.   Feuille d'or.
4.   Mercure.
5.   Laiton, étain.
6.   (pl) *electra*, éclairs d'émail enchâssés.

Electuarium. -
1.   Électuaire, remède fait de sirop et de miel.
2.   L'élite, la fleur des troupes.

Electus. -
1.   Choix.
2.   Percepteur d'impôt.
3.   Dénomination usitée pour certains magistrats urbains juge, échevin.
4.   (pl), co-jureurs choisis par celui qui jure le premier.
5.   Élu, (l'un des noms du Messie).
6.   Celui qui est élu pour recevoir prochainement le baptême.

---

[1] A.S : *œlan*, « mettre le feu ».

7. Elu, pontife élu, évêque élu.

Eleemosnaliter. - à titre d'aumône.

Eleemosyna, elemosyna, elimosyna, helemosina. - (< *ĕlĕēmŏsўna*).

1. Pitié, miséricorde, tout acte de miséricorde, de piété, tout acte méritoire pour le salut de l'âme.
2. (pl), aumônes distribuées ; (*in elemosyna alicujus*), pour le salut de son âme.
3. (*lex eleemosynæ*) la condition personnelle des tributaires d'église.
4. Donation à une église, un monastère, fondation pieuse.
5. Biens d'église exempts d'obligations féodales ; les biens qui jouissent de ce statut privilégié, même s'ils se trouvent dans les mains de laïcs.
6. Maison près d'un monastère où l'on donnait l'aumône, aumônerie, hospice.
7. Cimetière des pauvres.
8. Aumônerie, charge ecclésiastique.
9. (*elemosina libera, pura, et perpetua*), forme de propriété foncière en échange d'un devoir ou d'un service religieux (Angleterre).

Eleemosynalis. - affecté à la mense capitulaire.

Eleemosynare. -
1. Donner en aumône.
2. Recueillir des aumônes.

Eleemosynare. -
1. Faire l'aumône, donner.
2. Recueillir l'aumône, mendier.

Eleemosynaria, elemosynaria. -
1. Pauvre inscrite dans la matricule des distributions d'aumônes.
2. Celle qui reçoit les aumônes ou les legs pieux pour les distribuer.

3. Aumônerie, charge de l'aumônier, de celui qui s'occupe des aumônes.
4. Aumônière, bourse, caisse des pauvres, tronc pour les aumônes.
5. Acte de donation à une eglise.
6. Exécutrice testamentaire d'un leg pour la distribution d'aumônes.

Eleemosynarius, helemosenarius. -
1. Pauvre qui bénéficie des distributions d'aumônes.
2. Celui qui a reçu un legs pour la distribution des aumônes, exécuteur testamentaire.
3. Aumônier, moine chargé des aumônes ou de l'hospice.
4. Donateur d'une église.
5. Qui concerne une donation pieuse.
6. Tributaire d'église.
7. Quêteur.
8. (*e. domus*), où l'on distribue les aumônes.

Eleemosynata, eleemosynatio. - biens donnés à une église.

Eleemosynatio. - donation.

Eleemosynator, helemosinator. -
1. Celui qui fait souvent l'aumône.
2. Celui qui a la charge de distribuer l'aumône.
3. Exécuteur testamentaire qui a reçu un legs pour la distribution des aumônes.

Eleemosynatrix. - celle qui fait des aumônes.

Elefantiosissimus. - lépreux.

Elegia. - *idem* elegus.

Elegiacus. - *idem* elegus.

Elegius. - *idem* elegus.

Elegus, elegia, elegius, elegiacus. -
1. Misérable, pauvre, triste.
2. (subs), *elegus*, un misérable.

Elementalis, elementaris. -
1. Élémentaire.

2. Naturel, pur.

Elementaris. -
1. *Idem* elementalis.
2. (*chaos elementare*), quatre éléments tour à tour mélangés.

Elementarius. - élémentaire, destiné aux débutants.

Elementatus. - composé d'éléments.

Elementitius. - élémentaire, primitif.

Elementum. - (pl), les choses créées.

Elemosinare. - donner en aumône, ou sous forme de propriété foncière en échange d'un devoir ou d'un service religieux (Angleterre).

Elemosinarium. - aumônerie (Angleterre).

Elemosyna. - *idem* eleemosyna.

Elemosynaria. - *idem* eleemosynaria.

Elemus. - le feu de St Elme.

Elenchice. - en contredisant.

Elenchus, elencus. - (< ἔλεγχος)[1].
1. Preuve contraire, réfutation.
2. Titre d'un livre éclairant sur un sujet, anc fr[2], *elenche*, « preuve, argument ».

Elencus. - *idem* elenchus.

Elenigare. - purifier.

Elephantia. - lèpre.

Elephanticus. - lépreux.

Elephantiosus. - gonflé par la lèpre.

Elephantius, elephantus. - ivoire.

Elephas. - corne d'ivoire, oliphant.

Elessior. - faux laudateur.

Eleutherium. - collier signe de liberté chez les affranchis.

Elevamen. - soulagement.

Elevamentum. - élévation.

Elevare. -
1. Lever un impôt.
2. Lever une armée.
3. Mettre sur le trône, élever.
4. Eloigner, écarter, enlever.
5. Élever à l'état surnaturel.
6. Relever les reliques d'un Saint.

Elevari. - s'élever avec orgueil.

Elevatio. -
1. Élévation (en rang).
2. Fierté, présomption.
3. Louange, exaltation
4. Érection d'un bâtiment.
5. (*e. feni*), enlever, emporter le foin.
6. (*e. pratum*), faire les foins.
7. (*e. mercati*), constituer, instituer un marché.
8. (*e. arietum*), sorte de quintaine.
9. Exaltation (spirituelle).
10. Action de relever des reliques de saints en vue de translation.
11. (*e. hostiam*), élévation à la messe.
12. Intronisation.

Elicathor. - (< ēlĭquāre, p.p, ēlĭquātum), canal de bois qui conduit l'eau à la roue du moulin.

Elicere. - provoquer des actes, produire des sentiments.

Elicitive. - en produisant.

Elicitivus. - qui attire, qui produit.

Elidere. -
1. Repousser, réfuter.
2. Abroger.
3. Elargir, se dit en droit lorsqu'une personne est innocentée d'un crime dont elle était accusée

Elidigare. - *idem* elitigare. jouir sans contestation, obtenir de plein droit.

Elifatus, elispathon. - sauge.

Eligere. -
1. Décider de faire, statuer.
2. Préférer.
3. Prendre un engagement.
4. Choisir, admettre à l'ordination.

Eligibilius. - mieux, d'une manière préférable.

---

[1] ἔλεγχος : « preuve, motif de conviction ».

[2] Godefroy.

Eligma, eligmatium. - remède, médicament.

Eligmatium. - *idem* eligma.

Elimate. - (< *ēlīmātē*), qui est poli, qui brille ; (fig), clairement.

Elimator. - celui qui nettoie, qui lave.

Elimes. - étranger.

Elimitare. - quitter un pays pour l'exil, bannir.

Elimitatus. - circonscrit par des limites.

Elimosyna. - *idem* eleemosyna.

Elimpidare. - élucider, clarifier.

Elinguatio. - amputation de la langue.

Elinguitas. -
1. Le fait de ne pas savoir parler.
2. Première enfance.

Eliquare. -
1. Liquéfier, fondre, purifier.
2. Égoutter, verser.
3. (intrans) s'écouler.
4. Expliquer, rendre coulant.

Eliquatio. - écoulement.

Eliquium. - ce qui est protégé, abrité.

Elisio. -
1. (*e. oculorum*), action d'arracher les yeux.
2. Défaite, découragement, retrait forcé.

Elitigare, elidigare. - jouir, posséder sans contestation, obtenir de plein droit.

Elix. - (< *ēlĭcēs*)
1. Canal de drainage, rigole.
2. Robinet.

Elixatio. - (< *ēlĭcĭĕre*).
1. Ébullition.
2. Décoction.

Elixe. - constellation de la grande ourse.

Elizaria. - terre essartée.

Ellaici. - dés à jouer.

Ellera. - (< *hĕdĕra*), lierre (Italie).

Ello. - glouton

Ellutare. - enduire de boue.

Ellypsiformis. - en forme d'ellipse.

Elma. - sorte de maladie.

Elmetus, elmus, helmus. - casque, heaume.

Elmus. -
1. *Idem* elmetus, heaume.
2. Toit de chaume.

Elocare. -
1. Secouer, disloquer.
2. Placer, donner une fille en mariage.
3. Louer.

Elocatio. - location.

Elochare. - secouer, ébranler, anc fr[1], *eslochier*.

Elocutilis. - relatif à l'éloquence.

Elocutio. - langage, parole.

Elogatio. -
1. Sursis, délai.
2. Trêve, suspension d'armes.

Elogiose. - *idem* eulogiose, avec des reproches.

Elogium. -
1. (*elogia funebria*), éloges funèbres.
2. Sentence de condamnation.
3. Justification, défense.
4. Testament.

Elongamentum. - *idem* elongatio 1.

Elongare. -
1. Donner un délai à quelqu'un, à un débiteur.
2. Détourner, enlever.
3. Eloigner.

Elongatio. -
1. Sursis.
2. Suspension d'armes.

Eloquentia. -
1. Langue, façon de parler.
2. Lecture.

Eloquium. -

---

[1] Godefroy.

1. Langue, idiome ; discours, parole.
2. (*e. vulgare*), langue vernaculaire.
3. Promesse, oracle.

Elourdatus. - étourdi.

Elucere. - devenir clair.

Elucidare. - montrer clairement, expliquer.

Elucidatio. - explication.

Elucidatorius. - explicatif.

Elucratio. - gain, profit.

Eluctatorium. - réfutation.

Elucubratim. - laborieusement, avec soin, avec précaution.

Elucubratiuncula. - brève recherche.

Eluculenter. - excellement.

Eludere. - (*e. tempus*), passer le temps.

Eludium. -
1. Tromperie, illusion.
2. Action d'éluder.
3. Jeu.

Eluere. - garantir.

Elumbire. - affaiblir.

Eluminaria. - lampe, lumière, éclairage.

Eluminatio. - illumination.

Eluminatus. - aveugle, privé de lumière.

Eluscare. - éborgner.

Eluscatio. - perte de la vue, aveuglement.

Eluscere. - devenir clair.

Elusio. -
1. Action d'éluder, de se moquer de.
2. Evasion.

Elusorius. - trompeur, illusoire.

Eluus. - fauve.

Eluvio. -
1. Inondation.
2. Égout.

Elympsis. - éclat.

Elzetus. - champ qui s'étend en long (ou peut-être, *idem* elizaria).

Ema, emath, emach, hæma. - (< αἷμα)[1], sang.

Emaceratio. - affaiblissement, gaspillage.

Emach. - *idem* ema, sang.

Emactare. - massacrer.

Emadere. - couler, s'imprégner.

Emagnus. - très grand.

Emanare. - produire, épancher.

Emanare. -
1. S'écouler, émaner.
2. Naître.
3. (trans), déverser, donner lieu à.
4. Délivrer (un document).

Emanatio. - émanation ; (*e. brevis*), délivrance d'un bref.

Emanatorium. - fontaine.

Emanceps. - affranchi.

Emancipare. -
1. Céder.
2. Faire l'objet d'une exemption.
3. Affranchir un serf.
4. Faire lever une place assiégée.

Emancipatio. -
1. Exemption (du cens).
2. Émancipation de l'obéissance due à un supérieur.
3. Le fait, pour un ordre religieux, de ne relever que du S. Siège.

Emancipatoriæ. - (*e. litteræ*), lettre d'émancipation.

Emandare. - (*e. executioni*). - mettre en exécution.

Emanere. -
1. Découcher.
2. Voyager, rester en dehors de la maison, voyager.

Emanitas. - férocité, barbarie.

Emanitus. - déclare, promulguer.

Emansio. -
1. Action de découcher.
2. Action de s'absenter au-delà de la fin de sa permission en parlant d'un soldat.

Emansor. -

---

[1] αἷμα : « sang »

1. Moine errant.
2. Déserteur ; soldat qui s'absente au- de-là ou en dehors d'une per- mission.

Emantelatio. - *idem* ementalatio.

Emarcere. -
1. Devenir maigre ou famélique.
2. Disparaître.
3. (trans), faire dépérir.

Emarcescere. - tomber en désuétude.

Emarcidus. - fané, flétri.

Emarcuare. - gâter, flétrir, faner.

Emath. - *idem* ema, sang.

Emathoica, hæmatoica. - hémorragie.

Ematosa. - qui souffre d'une perte de sang.

Ematrium. - sorte de petite monnaie.

Emaudus. - émail.

Emax. - qui aime à acheter (ou qui peut s'acheter).

Embassator. - *idem* embaxator.

Embaxaria. - *idem* embaxatura.

Embaxator, embassator, *embaysator*. - ambassadeur.

Embaxatura, embaxaria, embaysaria. - ambassade.

Embaysaria. - *idem* embaxatura.

Embaysator. - *idem* embaxator.

Embdola. - idole.

Embla. - cheval de transport.

Emblena. - ventre.

Emblerius. - palefrenier.

Embobatus. - imposition, redevance.

Embodare. - *idem* imboiare, mettre aux fers.

Embola. - (< ἐμβολή)[1].
1. Augmentation, accroissement.
2. Chargement de marchandises sur un navire.

Embolanus. - de ruelle, qui se tient dans une ruelle.

Embolimæus. - mois intercalaire des ca- lendriers anciens.

Embolis. -
1. Addition, épilogue, post-scriptum de lettre.
2. Partie finale de l'oraison domini- cale.

Embolismus. - intercalation, excédant de l'année solaire sur l'année lunaire.

Embolum. -
1. Épilogue.
2. Post-scriptum.

Embolus. -
1. Ruelle (Byzance).
2. Etablissement commercial (By- zance).

Embossare. - fermer la bouche, empêcher de parler.

Embossatus, imbossatus, inbossatus. - en relief, décoré de pierres ou de reliefs.

Embotum, embunum, embutum. - en- tonnoir, anc fr[2], *embuit, embut*.

Embracitores. - solliciteurs à gages et d'office des procès d'autrui, anc fr[3] , *am- braceour*.

Embrasamentum. - embrasement, incen- die.

Embrexius. - sorte de tuile.

Embrimium. - natte grossière faite en pa- pyrus.

Embrio, embryo. - fœtus embryon.

Embrocare. - (< ἐμβρέχω)[4].
1. Verser dans.
2. Embrocher.

Embrocha. - (< ἐμβροχή)[5], cataplasme hu- mide.

Embrochare. -
1. *Idem* embrocare2.

---

2. Mettre un cataplasme.

Embrodatus, embroudatus, enbrordatus, embraudatus, embroudatus, enbroditus, enbrowdatus, inbroudatus, inbrudatus, imbroidatus. - brodé.

Embroere. - empeser le linge.

Embroudatio. - broderie.

Embroudatus. - brodé.

Embrumia. - (pl) ; (n), natte.

Embryo. - *idem* embrio.

Embryotomia. - opération césarienne.

Embryulcus. - instrument pour réaliser une césarienne.

Embuba. - sorte de canule pour aspirer l'eau

Embuchiæ. - embûches.

Embulum. - (< ἔμβολος)[1], proue de navire, rostre.

Embunum, embutum, imbutum. - *idem* embotum

Embutum. - *idem* embotum.

Emconbrare. - donner en gage.

Emdola. -
1. Entreprise.
2. *Idem* embdola.

Emedium. - sorte de char, de chariot.

Emedulate. - sans moelle, faible.

Emelicus. - histrion, jongleur.

Emeliorare. -
1. Améliorer.
2. Corriger moralement.
3. Donner de la plus-value à un domaine.

Emelioratus. -
1. Améliorer, augmenter.
2. Amélioration d'un bien-fonds.

Emelloratio. - amélioration d'un bien-fonds ; plus-value.

Emembrare. - *idem* exmembrare, mutiler.

Emembris. - sans membres, sans force.

Ememor. - sans mémoire, oublié.

Ememorare. - se rappeler de.

Emenda. -
1. Réparation du dommage.
2. Amende.
3. Punition monastique.
4. Sorte de trait, de javelot.

Emendabilis. -
1. Réparable, qui peut être compensé, dédommagé.
2. Qui peut être corrigé.

Emendamentum. -
1. Amélioration, correction.
2. Don offert à l'église en rémission des péchés.
3. (*panis de emendato*), pain de bas de gamme, bon marché.

Emendare. -
1. (*e. domum*), réparer, refaire (des bâtiments).
2. Réparer le tort fait par un autre, rétablir le droit, rendre la justice ; donner une compensation, indemniser.
3. (*e. aliquem*), châtier, punir.
4. (*e. se*), se corriger.
5. Améliorer, augmenter, perfectionner.
6. Accomplir sa peine, payer.
7. (*e. legem suam*), payer une amende imposée par la loi ou un jugement.
8. (*e. candelam*), moucher les cierges.
9. (*e. equum*), payer un cheval qu'on a perdu et qui avait été prêté par quelqu'un.
10. (*e. terram*), fumer la terre.

Emendatlo. -
1. Perfectionnement, réforme, mesures correctives prises pour corriger et améliorer le modèle existant.

---

[1] ἔμβολος : « éperon ».

2. Le fait d'être ramené dans la bonne vole, de se corriger.
3. Rétablissement du droit, redressement des torts.
4. Défendre sous peine d'amende.
5. Indemnité pour dégâts.
6. Amende, châtiment, punition.
7. Délit méritant réparation.

Emendator. -
1. Celui qui corrige.
2. Magistrat urbain.

Emensio. - (< *ēmēnsĭō*), laps de temps.

Emensitas. - épreuve, péril.

Emensurare. - arpenter.

Emensurate. - avec économie, chichement.

Emensus. - arpenté.

Ementare. - affoler quelqu'un.

Ementiri. - manquer à sa parole.

Ementulare. - (< *mentŭla*), châtrer.

Ementulatio, emantelatio. - castration.

Ementum. -
1. Pensée.
2. (< ?), paiement en porcins ou en ovins.

Emer. - sorte de mesure pour le vin.

Emere. - prendre, recevoir à cens, prendre à ferme.

Emergentia. - quelque chose qui surgit et s'accumule.

Emergentiæ. - revenus occasionnels.

Emergere. - se produire, arriver.

Emerite. - dûment.

Emeritorius. - méritoire.

Emeritum. - pension, retraite.

Emeritus. - passé.

Emerletare. - faire des créneaux dans un mur.

Emeruere. - partir, s'évader.

Emeyragium. - sorte de contribution (ou de corvée).

Emicatim. - par bonds, en sautant.

Emigranea. - migraine.

Emina. - *idem* eminada.

Eminada, eminata, heminada, emina. - héminée.

Eminalis. - *idem* heminalis, hémine, demi-setier.

Eminare. - chasser les ennemis.

Eminata. - *idem* eminada, héminee.

Eminatim. - en gros.

Eminencia, eminentia. - titre honorifique : Eminence.

Eminenter. - à un degré éminent : (en parlant de Dieu).

Eminentia. - *idem* eminencia.

Eminere. - être imminent.

Emingere. - uriner, se vider le ventre.

Eminitas. - éminence, supériorité.

Emino. - rayon, gâteau de miel.

Eminuere. - diminuer.

Emissarium. - écluse.

Emissarius. -
1. Tueur à gages, ceux qui sont envoyés pour tuer.
2. Courrier, messager.
3. (*e. equus*), cheval étalon.

Emissio. -
1. Expédition, envoi.
2. Décharge d'arme.
3. Libération.
4. Peste bubonique.
5. Ruse complot.

Emissivus. - (subs), capacité d'émettre.

Emissus. - (adj), trompeur.

Emitonium. - demi-ton.

Emittere. -
1. Remettre à l'acquéreur les documents de vente.
2. Figurer comme auteur d'une charte.
3. (*se e.*), rebeller, s'opposer.

Emitus. - (< *ēmptŭs*), achat, action d'acheter.

Emola. - (< *amula*), récipient pour la cuisine.

Emolare, emolere. - aiguiser, passer à la meule.

Emolcurator. - receveur des droits de moutures.

Emolere. - *idem* emolare.

Emolimentum. -
1. (< *mŏlĕre*), arme aiguisée.
2. (< *mōlīrī*), mouvement des armées.
3. (< ?), espace (de temps).

Emologare. - confirmer, approuver.

Emologatio. - confirmation.

Emolumenta. -
1. Armes aiguisées.
2. Impôts excessifs.

Emolumentum. -
1. Affûtage.
2. Avantage, bénéfice ; émolument, profit, dû (en particulier de mouture).
3. Récompense spirituelle.

Emolutum. - grain prélevé comme droit de mouture.

Emondæ. - branches coupées.

Emonere. - réclamer.

Emorgius. - hémorragie.

Emortualis. - (*e. sonitus*), le glas.

Emotio. - émotion.

Emovere. - émouvoir.

Empara, emparamentum, emparantia, emparentia. - protection, tutelle.

Emparantia. - *idem* empara.

Emparare. - défendre, fortifier, anc fr[1], *emparer*.

Emparator. - opposant, celui qui fait un empêchement.

Emparentia. - *idem* empara.

Empastata. - pâté.

Empeditis. - *idem* epidecen, vêtement de dessus.

Empenha. - partie supérieure de la chaussure, empeigne.

Empennare. -
1. Garnir de plumes, empenner une flèche.
2. Emmancher.

Empennatus. - muni de plumes, empenné.

Emperia. - habileté.

Emphaseus. - d'emphase.

Emphatice. -
1. Spécialement, particulièrement.
2. (*e. dicere*), dire par une expression grandiose.

Emphyteosis. - bail de longue durée, emphytéose.

Emphyteuta. - celui qui jouit d'un bail emphytéotique.

Empidemia. - épidémie

Empiramentum. - qui empire, qui augmente.

Emplasseare. - louer.

Emplastrare. - appliquer un emplâtre sur une blessure.

Emplastratio. - confection d'emplâtre chirurgical.

Emplastria. - plâtre.

Emplastrum. - terrain propre à bâtir, emplacement, anc fr[2], *emplastre*.

Emplaustrum. - pansement.

Emplayare, emplazare. - louer en bail emphytéotique.

Emplazare. - *idem* emplayare (Espagne).

Emplecha. - sorte d'impôt ou de taxe sur les récoltes, sur l'exploitation.

Empleia. - droit d'utiliser, d'employer, de profiter de quelque chose.

Emploiare. - employer, utiliser.

Emplumailhe. - sorte de chasse aux oiseaux (Occitanie).

Empolinovicatus. - boursouflé.

Emporium, empurium, emptorium, impurium. - (< *ἐμπόριον*)[3], marché.

Empoysonare. - empoisonner.

---

[1] Godefroy.
[2] id.

[3] *ἐμπόριον* : « place de commerce maritime ».

Emprendimentum, emprenementum. - usurpation, empiétement.

Emprenta. - empreinte.

Empresia. - attaque, délit, complot.

Emprestare. - prêter.

Emprisa, imprisa. - expédition, entreprise militaire.

Empromtum. - *idem* emprumptum, un prêt.

Emprosopus. - (< *ἐμπρόσωπος*)[1], celui qui se présente pour son compte ou au nom de quelqu'un.

Emprotortonum. - maladie localisée de la tête aux épaules.

Emprumptum, empromtum, empruntum. - un prêt.

Empruntum. - *idem* emprumptum.

Empsicheus. - de l'âme, du souffle.

Emptatus. - greffé, enté.

Emptica. - navire de commerce.

Empticius, emptitius. - (< *ēmptŭs*), mercenaire.

Empticus. - (< *ēmptŭs*), acquisition faite par achat.

Emptio. -
1. Achat, chose achetée.
2. Droit de mutation.
3. Fermage.

Emptitacium. - achat.

Emptitius. - *idem* empticius.

Emptor. -
1. Marchand.
2. Celui qui perçoit les impôts et en paie un prix fixe.

Emptorium. -
1. Boutique.
2. Marché.

Empyema. - (< *ἐμπύημα*)[2], abcès, accumulation de pus.

Empyreus, empyrius, empyricus. - céleste, venu du ciel. (*cœlum e.*), l'empyrée, séjour des bienheureux.

Empyricus. - *idem* empyreus.

Empyrius. - *idem* empyreus.

Emunata. - privilège d'immunite.

Emunctare. - ramener le navire à terre.

Emunctio. -
1. Vider, souffler, se moucher.
2. Extorquer de l'argent (faire cracher de l'argent).

Emunctor. - celui qui vous détrousse de votre argent.

Emunctorius. - ôté, enlevé.

Emunda. - branches taillées.

Emundare. -
1. Guérir.
2. Laver, (son visage).
3. Se purger d'une inculpation.
4. Purifier l'âme.
5. Clarifier la voix.

Emundatio. -
1. Guérison.
2. Action de se purger d'une inculpation.
3. Purification de la bière (Angleterre).
4. (*e. cinerum*), récupération du plomb dans les rebuts de fabrication (Angleterre).
5. Purification de l'âme.

Emundator. - artisan qui fourbissait, montait et réparait les armes blanches, fourbisseur.

Emunire, emunitare. - exempter, dispenser.

Emunis, immunis. -
1. Innocent, non complice.
2. (lieu) doué du privilège d'immunité.
3. Dépourvu de.

Emunitare. - *idem* emunire.

Emunitas, immunitas, munitas. -
1. Exemption, privilège d'immunité.

---

[1] *ἐμπρόσωπος* : « qui est devant les yeux de ».

[2] *ἐμπύημα* : « abcès ».

2. Possession libre ou affranchisse-ment, (*e. ecclesiæ*), privilège et li-berté accordés à une église[1] ; ter-ritoire jouissant de ce privilège.
3. Diplôme accordant le privilège d'immunité.
4. Lieu d'asile ; pourtour d'un mo-nastère qui jouit de l'immunité, du droit d'asile
5. Protection, tutelle.

Emuniter, immuniter. -
1. Par privilège d'immunité.
2. Sans aucune servitude, en toute indépendance.

Emunitorius. - *idem* emunis.

Emunitorius. - libre de, dispensé de, exempté.

Emuscarium, emusiarium. - chasse-mouches.

Emusiarium. - *idem* emuscarium.

Emutare. - (< *mūtŭārĭus*), prêter.

Emutescere. - devenir muet.

Enach. - réparation, indemnité, donnée à quelqu'un pour cause d'offense ou de bles-sure (Ecosse).

Enactus. - acte, décret.

Enamelatus. - émaillé.

Enamellare. - émailler.

Enantamentum. - bannissement.

Enantare. - s'avancer, aller en avant, pro-céder.

Enare. - délirer, devenir fou.

Enaricare. - (*e. aliquem*), couper le nez à quelqu'un.

Enarrare. -
1. Dire, expliquer.
2. Vanter, prêcher.

Enas. - unité.

Enatare. -
1. Nager au loin, traverser à la nage.
2. S'échapper en nageant.

Enavigatio. - débarquement ; (fig), navi-guer au loin, s'éloigner.

Encabum, encabus. - chaudron.

Encænia. -
1. (pl) ; (n), étrennes.
2. (pl) ; (n), dédicaces.
3. Début.

Encæniare. - (< *encænĭa*).
1. Essayer, porter pour la première fois.
2. Donner un cadeau.
3. Dédicacer, bénir (une église) ; inaugurer un bâtiment profane ; (fig.) restaurer.
4. Se réjouir.

Encænium. -
1. Dédicace d'un temple.
2. Commencement.
3. Cadeau, don.

Encalcare. - rechercher.

Encantare. - vendre à l'encan.

Encanum. - encan, vente publique.

Encarceratus. - moine reclus.

Encaustum. -
1. Encre à écrire.
2. (*sacrum e.*), encre de pourpre à l'usage des empereurs.

Encautaria. - rôle des contributions.

Encautum. -
1. Estampille au fer chaud.
2. Défense, interdiction.
3. Rôle des contributions.

Encefalus. - *idem* encephalus, célèbre, su-prême.

Encengia. - *idem* andecinga, mesure agraire.

Encenia. - endroit fermé de pieux dans une rivière pour capturer les poissons.

Encenium. -
1. Banquet.
2. Cadeau.
3. (pl), *encennia*, joyaux.

---

[1] Montignot.

Encenserium, encensiar. - encensoir.

Encephalus, encefalus. - célèbre, suprême.

Encercare. - chercher, s'informer, s'enquérir.

Enceteria. - dispositif en bois pour maintenir les amphores.

Encheramentum. - enchère.

Encherare. - mettre aux enchères.

Enchia. -
1. Hanche.
2. (< *ynce*)[1], inch. « inch-land », petite exploitation (Angleterre).

Enchiridion. - *idem* enchiridium.

Enchiridium, enchiridion.
- (< *ἐγχειρίδιος*)[2].
1. Manuel, livre portatif.
2. Nom donné au livre de St Augustin, « *opusculum de Fide, spe et caritate* », nommé ainsi car on se doit de l'avoir toujours à portée de sa main.

Enchirium. - manuel.

Enchori, encores, incores, - (*e. lapides*), pierres locales utilisées dans une construction.

Encimum. - meurtre, surtout celui d'une femme enceinte[3], anc fr[4], *encis*.

Encisium. - meurtre par l'épée.

Enclesis. - inclination.

Encleticare. - incliner, pencher.

Encleticus. - homme courbé, sur le déclin.

Enclugia. - enclume, anc fr[5], *encluge*.

Encolpium. - petit reliquaire ou croix en bois précieux porté au cou ou sur la poitrine.

Encoma, incoma. - toise pour la mesure la taille des recrues militaires.

Encombomata. - sorte de vêtement noué autour du corps.

Encombrare. -
1. Empêcher, embarrasser.
2. (*e. maritagium*), dessaisir sa femme du bien qui lui appartient.

Encomiasticus. - (< *ἐγκωμιαστικός*)[6].
1. D'éloge.
2. (subs), panégyrique.

Encomiographus. - celui qui écrit un éloge ou une louange.

Encordialis. - parole intérieure.

Encores. - *idem* enchori.

Encratici. - hérétiques grecs nommés Encrates professant qu'il faut s'abstenir de manger de la viande ou de boire du vin.

Encudo. - enclume.

Encyclia. - (pl), circulaire.

Encyclicus. - encyclique.

Encyclopædia. - *idem* encyclopedia.

Encyclopedia, encyclopædia. - encyclopédie.

Endegus. - couleur indigo

Endellus, endens. - sorte de mesure de longueur représentée par la distance séparant les pieds d'un homme ayant les jambes écartées.

Enderocare, enderrocare. - démolir, mettre à bas.

Enderrocare. - *idem* enderocare.

Endes, endesa. - trépied de cuisine.

Endeticus. - attaché, lié.

Endica. - entassement, accaparement de provisions (en cas de disette).

Endimia. - épidémie.

Endo. - intérieurement, à l'intérieur.

Endoclusus. - inclus.

Endoplorare. - implorer.

Endothys. - nappe d'autel, voile tendu sur le devant de l'autel.

Endriphus. - pain azyme.

Endroma. - *idem* endromis.

---

[1] A.S : *ynce*, « once ».
[2] *ἐγχειρίδιος* : « que l'on tient dans la main ».
[3] Coutume d'Anjou (Montignot).
[4] Godefroy.
[5] Roquefort.
[6] *ἐγκωμιαστικός* : « laudateur ».

Endromis, endroma. - sorte de vêtement grossier.

Endura. - abstinence, jeûne rigoureux (chez les Albigeois).

Enebræ. - (< *ĭnhĭbēre*), présage d'oiseaux empêchant de réaliser une action.

Enecea. - droit d'aînesse, ce qui revient à l'aîné.

Enectere. - (< *ēnectĕre*), dénouer, expliquer, débrouiller.

Enector. - (< *nĕcāre*), meurtrier.

Enectus. - (*e. acquis*), noyé.

Enema. - (< *ĕnĕma*), préparation à injecter par clystère, purge.

Enerbones. - les pauvres.

Energia. - effort.

Energumeni. - ceux qui méprisent la doctrine catholique et pratiquent des diableries.

Enervatio. - affaiblissement, faiblesse, paralysie.

Enervescere. - s'affaiblir.

Enervitas. - inertie, faiblesse.

Eneta. - sorte de poisson.

Eneum. - chaudron.

Eneya. - droit d'aînesse.

Enfiteare. - nier.

Enflura. - tumeur.

Enforzati. - (*e. solidi*), monnaie de bon aloi.

Enfrachescere. - libérer un esclave, affranchir.

Enfranquimentum. - affranchissement d'esclave.

Engannador. - fourbe, trompeur (Espagne).

Engannare. - prendre, surprendre, attraper (Espagne).

Engannum, enganum, ingannum. - tromperie, fraude (Espagne).

Enganum. - *idem* engannum

Engaria. - service, corvée de fourniture d'animal de trait ou de chariot.

Engaster, hogaster. - pourceau (Angleterre).

Engeniator. - créateur de machines de guerre, d'ouvrages militaires

Enghestaria. - sorte de vase.

Engia. - *idem* engya.

Englaratus. - recouvert de gravier

Englescheria, engleceria. - natif d'Angleterre.

Engloge. - (adj), langage plein de douceur.

Englumen. - enclume.

Engorgare. - engorger, gêner.

Enguenalha. - maladie contagieuse, contagion.

Engya, engia. - (< *ἐγγύη*[1]), hypothèque.

Enibra. - contraire, en parlant en particulier de la réponse des augures des oiseaux, (*Cf. enebræ*).

Enica. - adultère.

Enictare. - surveiller, veiller la nuit.

Enideus. - couleuvre.

Enidium. - (< *οἰνίδιον*)[2], flacon pour le vin.

Enigma. - obscurité.

Enigmatice. - dans un langage obscur.

Enim. - mais, or.

Enisus. - (< *ēnītī*), zèle.

Enitia pars. - part qui revient à l'aîné, droit d'aînesse.

Enixus. - instant (de prières)

Enjoalare. - remettre, transmettre des bijoux en or, des joyaux.

Enka, inka. - pièce métallique supportant la meule du moulin.

Enmessura. - charge, accusation.

Enna. - fil, cordon qui pend d'une charte.

Ennafodia, ennafotia. - (<*ἐννέα*)[3], *idem* enafoti, candélabre à neuf lampes.

Ennafotia. - *idem* enafoti.

---

[1] *ἐγγύη* : « ce que l'on met dans la main comme gage ».

[2] *οἰνίδιον* : « un peu de vin ».

[3] *ἐννέα* : « neuf ».

Ennannum. - petit bâtiment attenant à l'autre.

Ennea. - (<*ἐννέα*)[1], chiffre neuf.

Ennina. - chemise de lin.

Ennosigæus. - qui ébranle la terre.

Ennutigium. - heure du soir, de nuit.

Enochilis, enocilis. - anguille.

Enocilis. - *idem* enochilis.

Enodatio. - division, séparation.

Enodus. - absence d'odeur.

Enogratus. - à notre grand chagrin.

Enola. - perle.

Enormis. -
1. Illustre, célèbre.
2. Immoral ; impie.

Enormitare. - s'écarter de la règle, pécher.

Enormitas. -
1. Gravité (du crime).
2. Irrégularité de procédure.
3. Outrage.
4. Taille énorme, grandeur.
5. Grande quantité excès, péché mortel.

Enormus. - *idem* enormis2

Enotare. - mettre à découvert, découvrir.

Enphraxix. -
1. *Idem* infraxis, engorgement.
2. Epuisement.

Enquantium. - vente publique, encan.

Enquesta. - enquête.

Ensa. - (*ad e.*), à l'avenir.

Ensaisinare. - investir, prendre possession.

Ensalmus. - incantation formée de prières superstitieuses.

Ensarius. - fabricant d'épées.

Ensatus. - armé d'une épée.

Ensayaladus. - vêtu d'une casaque grossière, d'un sayon.

Enseignamentum. - enseignement (ou sentence de justice).

Enseniator. - porte-étendard.

Ensenium. - cadeau, présent.

Ensennum. - salaire.

Enseratus. - imprégné de cire.

Ensicium. - meurtre par l'épée.

Ensifer. - écuyer, porte-glaive.

Ensigne. - qui a été signé.

Ensiludium. - joute à l'épée.

Ensipotens. - puissant à la guerre.

Ensis. -
1. Épée, lame de l'épée.
2. (*e. garnitus*), fourreau d'épée.
3. (*e. placitum*), plaidoyer.
4. (*e. justitiæ*), épée du bourreau.

Ensucare. - donner un coup sur la tête.

Enta. - maison où l'on est, où l'on habite.

Entalliator. - graveur, sculpteur.

Entalliatus, intalliatus. - gravé, sculpté.

Entare. - enter, greffer.

Entassator. - celui qui met le blé en meule.

Entellinus. - gant de combat.

Entenadus filius. - beau-fils.

Enterramentum. - enterrement.

Entheca, enthica. -
1. Argent déposé, mis en réserve.
2. Malle de voyage.
3. Grenier de réserve.
4. Lieu où sont déposées des reliques.

Enthecare. - engranger, emmagasiner.

Enthecatus. - mis en réserve.

Enthica. - *idem* entheca.

Enthymesis. - pensée, invention, animation de l'esprit.

Entilma. - ordre, injonction.

Entitas. -
1. Entité, existence.
2. (*e. positiva*), existence concrète.

Entole. - (< *ἐντολή*)[2], commande, ordre.

Entolin. - précepte, règle.

Entoma. - insecte.

Entonare, intonare. - entonner.

Entorca. - *idem* entorticius.

---

[1] *ἐννέα* : « neuf ».

[2] *ἐντολή* : « ordre, instruction ».

Entorticium. - *idem* entorticius.

Entorticius, entorticium, entorca. - torche, cierge.

Entrata, intrata. - entrée.

Entrega. - restitution complète.

Entremaillum. - grand filet de pêche, tramail.

Entremula. - viscères.

Entremutia, entremuya. - trémie.

Entremuya. - *idem* entremutia.

Entus. - incisé, enté, greffé.

Enubilare. - éclairer, dissiper des ténèbres.

Enubilatus. - éclairé, illuminé.

Enucleanter. - purement, clairement.

Enuclear. - amande, noyau.

Enucleare. -
1. Croître, grandir (sortir du noyau).
2. Dénoyauter ; (fig), mettre à nu.
3. Expliquer, (*éplucher* la question).

Enucleatim. - d'une manière nette, exactement.

Enucleatio. - explication, étude.

Enudare. - dépouiller, mettre à nu.

Enuntiative. - comme une affirmation.

Enuntrire. -
1. Éduquer, former.
2. (*se e.*), grandir

Enutritor. - éducateur.

Envernissare. - vernir.

Enxenium, en enium. - don, cadeau.

Enyengat. - orange confite.

Enzengat. - sucre de mauvaise qualité de couleur jaune.

Enzes. - sortes d'oiseaux de proie.

Eoa. - *idem* ewa, la loi (anglo-saxon).

Eodorbryce. - (< *eodor-bryce*)[1], bris de clôture (saxon).

Eolus. -
1. (< ἠώς)[2], l'est.

2. (< αἰόλος)[3], changeant, inconstant, qui varie.

Eorla. - comte, chef, consul (Anglo-saxon)

Eotenus. -
1. Jusqu'à cette époque.
2. A ce point.

Epacare. - apaiser.

Epacta. - jours intercalaires.

Epadire. - dire, manifester.

Epæneticus. - de louange (en parlant de l'office).

Epanalepsis. - répétition d'un mot ou d'une pensée.

Epanoclistus. - fermé par le haut.

Epargus. - chef, éparque.

Epava. -
1. Animaux abandonnés, non réclamés par leurs propriétaires.
2. (*e. apum*), abeilles perdues et réclamées par personne.

Epdomedarius. - hebdomadaire.

Epelemtica, epileptica. - épilepsie.

Ependytes. - vêtement de dessus des moines.

Eperbolire. - bouillir, bouillonner.

Ephalmator. - danseur.

Ephat. - amict.

Ephebeia, ephebia. -
1. Première partie de l'adolescence.
2. Pédérastie.

Ephebia. - *idem* ephebeia.

Ephemerus. - d'un jour, éphémère.

Ephialtes. - (< ἐφιάλτης)[4].
1. Cauchemar.
2. Sorcière.

Ephippiare. - équiper un cheval d'un harnais d'une housse.

Ephod, ephud, ephot. - manteau de prêtre juif ; amict.

Epibategi. - navire de transport.

---

[1] A.S : *eodor*, « clôture », *bryce*, « rupture, fracture ».
[2] ἠώς : « oriental ».
[3] αἰόλος : « qui se meut sans cesse ».
[4] ἐφιάλτης : « cauchemar ».

Epicædium, epicedium. - chant funèbre.

Epicaris. - (< *ἐπίχαρις*)[1] ,doté de la grâce.

Epicausterium. - *idem* epicaustorium.

Epicaustorium, epicausterium. -
1. Terrasse, belvédère.
2. Conduit pour la fumée, cheminée.

Epicedium. - *idem* epicædium, chant funèbre.

Epicinum. - fête pour la victoire.

Epicitharisma. - musique terminant une représentation dramatique.

Epicophium. - ouverture pour la tête.

Epicroculum. - manteau court jaune de prostitué.

Epictacium, epictatium. - ordre, injonction.

Epicurius. - défenseur.

Epicusterium. - siège des cordonniers.

Epicynium. - sourcil.

Epidecen, epidicen, epidites, empeditis. - vêtement de dessus.

Epidemia, epidimia, hypidemia, ipidemia, ypedemica, ypidimia. - épidémie.

Epidicen. - *idem* epidecen.

Epidimia. - *idem* epidemia, épidémie.

Epidimialis, epidimiarius. - d'épidémie, contagieux.

Epidites. - *idem* epidecen.

Epidixis. - représentation (de théâtre, de chant, de jongleur, etc.)

Epidometici. - personnes chargées de prendre les dimensions des habitations et de relever le nom de ceux qui y habitent.

Epieikeia, epikeia. - (< *ἐπιείκεια*)[2], équité dans l'interprétation d'une loi.

Epigergium. - chenet de cheminée.

Epigrafare. - *idem* epigraphare, signer un acte.

Epigraphare, epigrafare, epigrare. - signer un acte.

Epigraphium. - abrégé.

Epigrare. - *idem* epigraphare.

Epigroma. - tableau sur lequel les arpenteurs décrivent les limites des terrains.

Epikeia. - *idem* epieikeia.

Epileptica. - *idem* epelemtica, épilepsie.

Epilepticus. - épileptique.

Epilogare. - résumer, conclure, dire en manière d'épilogue.

Epilogatio. - résumé, fin, conclusion.

Epilogium. - abrégé ; résumé, conclusion.

Epilogus. -
1. Résumé.
2. Bref éloge ; oraison funèbre.
3. Épitaphe.
4. Mime, jongleur.

Epiloricum. - cotte de maille.

Epimeleia. - soin, assiduité.

Epimeleta. - tuteur, curateur.

Epimenium. -
1. (< *ἐπιμήνιος*)[3], cadeau mensuel après la lune nouvelle.
2. (pl), *epimenia*, (<*ἐπιμήνια*)[4], rations, provisions.

Epiphania. - manifestation du Christ ; Epiphanie, fête de l'Adoration des Mages.

Epiphyllis. - grappe la plus haute d'une vigne (avec de petits raisins qu'on ne cueille pas).

Epireasmus. - dégoût qui empêche la volonté d'agir.

Epirhedium. - char.

Epirriptarium. - manteau jeté sur l'épaule.

Episcaustorium. -
1. Cheminée.
2. Place pour brûler l'encens.
3. Belvédère, terrasse.

Episcopale. -
1. Livre contenant ce qui est chanté par l'évêque.

---

[1] *ἐπίχαρις* : « agréable, aimable »

[2] *ἐπιείκεια* : « raison ; équité ».

[3] *ἐπιμήνιος* : « mensuel ».

[4] *ἐπιμήνια* : « provisions ou dépenses mensuelles ».

2. (pl), *episcopalia*, insignes de l'épiscopat.
3. (pl), fonctions épiscopales ; droits épiscopaux, redevances à l'évêque.

Episcopalis. -
1. Qui concerne un évêque ou des évêques, épiscopal.
2. Livre liturgique à l'intention de l'évêque.
3. Messe pontificale.
4. (pl), *episcopalia*, les insignes de la dignité épiscopale.
5. (pl), *episcopalia*, synodaux ou autres paiements du clergé aux évêques (Angleterre).
6. Celui qui soutient le parti de l'évêque.
7. Fils d'évêque.

Episcopaliter. -
1. La façon d'un évêque.
2. Avec l'autorité de l'évêque

Episcopani. - sujets de l'évêque.

Episcopare. -
1. Être évêque.
2. (*e. aliquem*), créer un nouvel évêque.
3. (*e. ecclesiam*), ériger en évêché.

Episcopari. - se comporter en évêque.

Episcopatio. -
1. Dignité d'évêque, exercice de l'épiscopat.
2. Droit revenant à un évêque.

Episcopatus. -
1. Dignité d'évêque.
2. Évêché, diocèse ; évêché, siège épiscopal, ville épiscopale, demeure épiscopale.
3. Domaine épiscopal, territoire dominé par un évêque.
4. Droits de l'évêque, ensemble des biens d'un évêché.
5. Diocèse.

Episcopellus. -
1. Évêque de petite importance.
2. Enfant déguisé en évêque (jeu médiéval).

Episcopicida. - meurtrier d'évêques.

Episcopissa. - femme d'évêque.

Episcopium. -
1. Demeure, résidence d'un évêque ; Évêché, résidence de l'évêque, ensemble des bâtiments destinés aux ecclésiastiques de la cathédrale.
2. Ensemble des domaines et des droits épiscopaux.
3. Dignité épiscopale.
4. Diocèse.
5. Eglise cathédrale.
6. Clergé rattaché à une cathédrale.
7. Cité épiscopale.

Episcopizare. - être évêque.

Episcopus. -
1. Évêque en titre ; évêque adjoint aux cardinaux du S. Siège, ayant droit d'élire le pape.
2. (*episcopi cathedrales*), évêques ayant un siège.
3. (*episcopus commendatarius*), évêque qui a un ou plusieurs évêchés en commandite.
4. (*episcopi exempti*), évêques exempts (de la juridiction du métropolite et soumis directement à Rome).
5. (*episcopi nullatenus*), évêques qui n'ont pas de siège.

Episemum. - vêtement tissé de pourpre et d'or.

Epistagma. - sceau.

Epistemi. - science, expérience.

Epistiuncula. - petite épître.

Epistola. -
1. Charte.
2. Épître lue à la messe.

Epistolæ. -
1. Actes, titres, chartes.

2. (*e. dominicales*), épîtres du Dimanche.

Epistolare. -
1. Recueil de lettres.
2. Recueil des épîtres de Saint-Paul

Epistolaria. - femme serve affranchie par une charte.

Epistolaris. -
1. (subs), secrétaire.
2. (adj), d'une lettre épistolaire.

Epistolariter. - au moyen d'une lettre.

Epistolarium. - livre contenant les Epîtres.

Epistolarius. -
1. *Idem* epistolarium.
2. Courrier, celui qui porte des lettres.
3. Secrétaire impérial ou royal.
4. Serf affranchi par charte.

Epistolatim. - par lettres.

Epistolium. -
1. Sous forme de lettre.
2. Lettre ecclésiastique de recommandation

Epistolographus. - auteur de lettres.

Epistylium. - chapiteau, architrave.

Epitaphista. - faiseur d'épitaphes ou d'oraisons funèbres.

Epitaphium. -
1. Inscription non funéraire, tombeau (par métonymie).
2. Oraison funèbre.

Epithalamicum. - épithalame, chant d'amour, passage du Cantique.

Epithalamicus. - d'épithalame.

Epithema. - surplus.

Epithemare. - appliquer un médicament qui agit sur un point précis du corps, un topique.

Epitheticos. - communément, vulgairement.

Epithymia. - désir ardent, souhait.

Epitimia. - (< ἐπιτιμία1) , considération, honneur.

Epitimium. -
1. (< ἐπιτιμία2)², châtiment, correction, en particulier celui infligé aux clercs fautifs
2. (< ἐπιτιμία2), pénitence libre, ascèse.
3. Fleur de thym.

Epitogium. - vêtement porté sur la toge.

Epitolium. - maison de bains.

Epitoma. - *idem* epitome, mémoire.

Epitomare. - résumer, faire en abrégé.

Epitomarius, epitomator. - abréviateur, celui qui résume.

Epitomator. - *idem* epitomarius.

Epitome, epitoma, - mémoire.

Epitomium. - résumé.

Epitonsor. - tondeur (de drap).

Epitrachelium. - collier.

Epitrimus. - hippodrome.

Epitritus. - qui renferme quatre tiers.

Epitrophium. - maison où l'on nourrit les enfants pauvres.

Epitropus. - procureur, administrateur, intendant, tuteur.

Epitumium. - *idem* epitimium2.

Epiurus. - (< ἐπίουρος)³ cheville de bois.

Epocha. - ère, époque.

Epomis. - vêtement de dessus.

Epotare. - vider en buvant.

Epotator. - celui qui boit, absorbe.

Epropinare. - (*e. cerevisiam*), boire ou vendre de la cervoise au détail.

Eptacephalus. - *idem* heptacephalus, à sept têtes.

Eptaticus. - les sept premiers livres de l'Ancien Testament.

Epteus. - relatif au nombre sept.

---

¹ ἐπιτιμία1 : « jouissance des droits civils ».
² ἐπιτιμία2 : « peine, châtiment ».
³ ἐπίουρος : « cheville de bois ».

Epudoratus. - impudent, sans pudeur, effronté.

Epulæ. - fête, banquet., nourriture, boisson, vivres, aliments.

Epulare. - manger, faire un repas.

Epulari. - se réjouir.

Epulatitius. - celui qui prépare un festin.

Epulcare. - exclure, ne pas laisser rentrer.

Epulicenium. - plat, récipient à porter les mets.

Epulonius. - adonné au festin.

Epycephium. - couvre-chef.

Epyleuticus. - épileptique.

Equa, equalia. - jument.

Equalia. - *idem* equa.

Equalis. - impartial.

Equantia, equatio. - égalité.

Equaria, equaritia, equaricia. - troupe de chevaux, haras.

Equaricia. - *idem* equaria.

Equaritia. - *idem* equaria.

Equarius. - palefrenier.

Equatio. - *idem* equantia, égalité.

Equatissa. - jument.

Eques. -
1. Chevalier, écuyer.
2. Celui qui est astreint à des services de courrier.
3. (< *ăquārĭus*), aiguière.
4. Sorte de monnaie : *écu*

Equester. -
1. Chevaleresque.
2. De char, de char de course.
3. De chevalier.
4. (subs), écuyer.
5. (subs) ; (< *æquus*), conciliateur.

Equevalenter. - d'une manière équivalente.

Equiale. - écurie.

Equicinium. - atelier de maréchal ferrant.

Equicium. - *idem* equitium2, haras.

Equifer. - cheval méchant, féroce.

Equilibrator regis. - gouverneur du prince.

Equimulga. - celui qui s'occupe des juments.

Equinocephalus. - qui a une tête de cheval.

Equinum. - manège.

Equistatium. -
1. Atelier de maréchal ferrant.
2. Écurie.

Equistracium. - *idem* equistatium2.

Equistrator. - écuyer.

Equita. - ordre des chevaliers, chevalerie.

Equitabilis. - propre au passage des chevaux.

Equitare. -
1. (*e. bannitos*), aller à cheval, parcourir le pays pour s'assurer de l'exécution des lois et ordonnances.
2. Être armé chevalier.
3. (*e. super bestias*), faire, assister au sabbat.

Equitarius. -
1. À dos de cheval.
2. Relatif au cheval.
3. (subs), serf astreint au service de courrier à cheval.

Equitata. - chevauchée, service à cheval.

Equitatio. -
1. Chevauchée, voyage à cheval.
2. Monture.
3. Service à cheval.

Equitator. -
1. Cavalier.
2. Celui qui s'occupe des chevaux.
3. Officier forestier (Angleterre).

Equitatura. -
1. Monture en général, cheval de selle.
2. Bête de somme.
3. Chevauchée, voyage à cheval, service à cheval.
4. Service de charroi.
5. Équitation.

6. Ce qui concerne le logement et l'entretien des bêtes.

7. Monture de ceux qui accompagnent.

8. Équipement, équipage de chevaux, monture.

9. Dignité de chevalier.

Equitatus. -

1. (adj), équipé, pourvu d'un cheval.

2. (subs), chevauchée, armée à cheval.

Equites Christi. - moines soldats.

Equitiarius. - palefrenier.

Equitibiale. - jambe.

Equitina. - compagnie de cavalerie.

Equitio. - cheval de selle.

Equitissa. - femme à cheval, amazone.

Equitium. -

1. Journée de travail d'un ou plusieurs chevaux.

2. Écurie ; haras.

Equitractio. - action d'être traîné à la queue d'un cheval.

Equitura. - monture.

Equorabiliter - en naviguant, par mer.

Equuleus. - gibet, fourche patibulaire.

Equus. -

1. Coursier.

2. (*e. ad arma*), cheval de bataille carapaçonné.

3. (*e. frisius*), cheval de frise.

4. (*e. caretti*), cheval attelé.

5. (*e. ambulatorius*), cheval qui va à l'amble, cheval de promenade.

6. (*e. ad stallum*), étalon.

Era. -

1. (< *ārĕa*), aire, terrain, emplacement non cultivé ; cimetière.

2. (< *æra pluriel de æs*), subside, secours en argent.

3. (< *æra*), ère chronologique.

4. (< *æra*), nombre, chiffre ; nombre d'un chapitre, d'un paragraphe.

Eradiare. -

1. Irradier.

2. Chasser, éradiquer, mettre dehors.

Eradicarius. - rasé, détruit de fond en comble, jusqu'à la racine même, éradiqué.

Eradicatio. - déracinement.

Eramen, eramentum. - (< *æra pluriel de æs*), objet en bronze.

Eramentius. - (< *æra pluriel de æs*), fait de bronze.

Eramentum. - *idem* eramen.

Erango. - sorte de poisson

Eranum. - petite monnaie de Sicile en bronze.

Erare. - mener, conduire.

Erator. - débiteur, obligé.

Erbagium, herbagium. - taxe d'herbage.

Erbaldus. - homme audacieux (Germanie).

Erbarolus, herbarolus. - celui qui produit et vend des légumes.

Erbejare. - faire brouter.

Erbergamentum. - maison.

Erberjagium. - droit de gîte chez le vassal ou paiement pour le rachat de cette redevance.

Erchia. - *idem* ercia.

Ercia, erchia, hercia. - herse, sorte de lustre.

Erciare. - herser.

Erciatura. - action de herser.

Erctum. - héritage, patrimoine.

Erculinus. - écureuil.

Erdescota. - contribution annuelle d'un penny pour chaque équipage de charrue (Angleterre).

Erebicus. - de l'enfer.

Erectio. -

1. Action de pendre, pendaison.

2. Edifice.

3. Elévation sur le trône.

4. Érection,

5. Fondation (d'une association).

6. Orgueil.

Erectrix. -
  1. Celle qui relève.
  2. Celle qui élève, construit.
Eregia. - hérésie.
Eremicola. - solitaire, ermite, habitant d'un ermitage.
Eremipeta. - celui qui souhaite la solitude.
Eremita, heremeita. - celui qui dessert un ermitage.
Eremitagium, heremitagium. - ermitage.
Eremitalis, heremitalis. - d'ermite.
Eremitare, heremitare. -
  1. Dévaster.
  2. Vivre en ermite.
  3. Devenir ermite.
  4. Habiter un ermitage.
Eremitarium, heremitorium. - ermitage.
Eremitarius, heremitarius. - (*monachus e.*), ermite.
Eremitas. - action de ravager, dévastation, solitude.
Eremiticus. - sauvage, désert, solitaire.
Eremitoriolum. - petit ermitage.
Eremitorium. - ermitage.
Eremittere. - lutter contre l'ennemi depuis les fortifications.
Eremodicium. - abandon de l'affaire juridique lorsque le demandeur ou le défendeur se soustrait au jugement du fait de son absence.
Eremoditium. - *idem* heremoditium, défaut, contumace.
Eremuncula. - petit ermitage.
Eremus, ermus, ermassius, heremus. - terre non occupée, déserte, non cultivée.
Ereptibilis. - capable d'être dégagé, sauvé.
Ereptio. - libération.
Erga. -
  1. Du côté de, autour.
  2. De la part de.
  3. Concernant.
Ergalium. - sorte de poulie.
Ergare. - parcourir.

Ergasteriacus. - ouvrier, artisan.
Ergasterium. -
  1. Atelier.
  2. Marché, boutique.
  3. Monastère.
  4. Sépulture.
  5. Dispositif pour retenir le cheval pendant qu'on le ferre.
Ergasticus. - (adj), travailleur.
Ergastron. - atelier, boutique.
Ergastulari. - être en prison.
Ergastularius. - relatif à la prison.
Ergastulum. -
  1. Prison, entrave, liens pour les pieds.
  2. Atelier, cellule d'ermite.
Ergata. - ouvrier.
Ergodioctes. - surveillant d'atelier.
Ergodochium. - atelier.
Ergolabus. - entrepreneur de travaux.
Ergum. - cause, raison invoquée.
Ericium. - *idem* ericius.
Ericius, ericium, hericius. - machine de guerre, herse.
Erigere. -
  1. Relever quelqu'un de son état misérable.
  2. Exclure, rejeter ; relever quelqu'un de son emploi.
  3. Bâtir, ériger ; ériger avec présomption.
  4. Elever au pouvoir.
Erilis, herilis. -
  1. De seigneur, seigneurial.
  2. Illustre.
  3. (subs), seigneur.
  4. Fils de seigneur.
  5. Demoiselle noble.
Erilius, eriliz. - action de cesser le combat (Germanie).
Eriliz. - *idem* erilius.
Erimania. - armée.
Erinus, herinus. - hier.
Erinus. - d'hier.

Eriolus. - rigole.

Eripennus. - arpent.

Eripes. - qui a un pied d'airain.

Eripica. - *idem* erpica, herse.

Erisipela. - érysipèle.

Erisipilatus. - souffrant d'érysipèle.

Eritudo. - servitude, domination.

Erlotus. - coquin, anc fr[1], *arlot*.

Erma. - (*e. terra*), friche.

Ermantatus. - armorié (ou émaillé).

Ermassius. - *idem* eremus, terre non occupée, déserte, non cultivée.

Ermaudus. - émeraude.

Ermelinus, ermina, ermena, hermena, erminium, erminum. - hermine.

Ermensul. - idole ou sanctuaire saxon[2].

Ermina, hermina. - *idem* ermelinus, hermine.

Erminatus. - orné d'hermine.

Erminium. - *idem* ermelinus, hermine.

Erminstreat. - une des quatre routes militaires, construites par les rcmains, qui traversent l'Angleterre.

Erminum. - *idem* ermelinus, hermine.

Ermisinus. - fine étoffe de soie.

Ermula. - statue amputée des mains.

Ermus. - *idem* eremus, terre non occupée.

Ernaudini. - sorte de petite monnaie d'argent frappée à Agen, nommée *arnaudin*[3].

Ernes. - épis laissés par les moissonneurs.

Ernesium. - somme d'argent en guise de gage pour garantir un achat ou conclure une affaire, arrhes.

Eroculum, herunculum. - petit panier d'osier (où était enfermé le martyr à noyer).

Erodius, herodius. - (< ἐρῳδιός)[4].

   1.   Héron.

   2.   Oiseau de proie, gerfaut.

Erogare. -

   1.   Faire des dons.

   2.   (*e. aliquem*), détruire, tuer.

Erogatarius, erogator, hergatarius. - exécuteur testamentaire.

Erogatio. - distribution, aumône.

Erogator. - *idem* erogatarius.

Erogatrix. - exécutrice testamentaire.

Eroisa. - ruche d'abeilles.

Eronius. - erroné.

Erpeton. - serpent.

Erpica, erpix, eripica, erptia herpix. - herse.

Erpigenus. - qui rampe d'espèce rampante.

Erpix. - *idem* erpica, herse.

Erplant. - plaine, terrain plat.

Erptia. - *idem* erpica, herse.

Erra. - arrhes.

Erradiari. - se promener, flâner.

Erramen. - erreur, errement.

Erramenta. - (pl) ; (n), actions judiciaires, pièces de procédure (notamment celles qui concernent un ajournement), anc fr[5], *errements*.

Erraneus, errarius, erraticus. - vagabond.

Errans. - (subs), pécheur.

Errarius. - *idem* erraneus

Erraticæ. - (*res e.*), épaves.

Erraticus. - *idem* erraneus.

Errator. - débiteur, oblige.

Erratus. - faute, péché.

Errediari. - se promener çà et là.

Errenisare. - se réjouir, triompher.

Errhinum. - partie du casque qui protège le nez.

Errolus. - vagabond.

Erroneum. - errement (hors de la règle).

Error. -

   1.   Erreur doctrinale, hérésie.

   2.   Faux jugement ; erreur judiciaire.

---

[1] Godefroy.

[2] « *Erminsul était le dieu de la guerre. Il était représenté par un grand tronc d'arbre élevé* ». (Montignot)

[3] A Frey.

[4] ἐρῳδιός : « héron ».

[5] Godefroy.

Errovagari. - circuler, errer.

Errovagus. - errant.

Erscha, herscha. - chaume (Angleterre).

Erthmiotum. - convention entre propriétaires de terrains voisins chez les Saxons : ils avaient coutume de se réunir pour entendre sommairement les plaintes de leurs voisins en désaccord les uns avec les autres pour les régler par une convention.

Erubere. - rougir.

Erubescentia. - honte, pudeur.

Erubescibilis. - dont on doit rougir.

Erubiginare, eruginare. - dérouiller.

Erubiginator. - celui qui dérouille, fourbisseur.

Eructuare. - renverser.

Eruderatio. - dégagement.

Eruderatus. -
1. Guéri.
2. Nettoyé, assaini.

Erudire. - soigner, donner un remède.

Erudis. - ignorant.

Eruditas. - savoir, instruction.

Eruditor. - celui qui enseigne.

Eruditorium. -
1. Étude.
2. Ecole, académie.

Eruere. -
1. Défricher.
2. (*e. aliquem*), délivrer du diable, de la damnation.

Eruga. - variété de plante, roquette.

Eruginare. - *idem* erubiginare, dérouiller.

Eruginator. - *idem* erubiginator1.

Eruginatus. -
1. (< *ærūgĭnōsus*), morose (par métaphore).
2. (adj), chaudronnier.

Erugo. - (< *hĭrŭdo*), sangsue.

Eruitio. -
1. Le fait d'arracher.
2. Sauvetage (arracher au péril ?).

Erumpere. -
1. Faire une sortie armée.
2. Se détacher de.
3. Jaillir, éclater.

Eruptio. - source (d'eau).

Eruptor. - celui qui éclate ou fait irruption.

Erus, herus. -
1. Seigneur.
2. Empereur.

Erutreceum. - sorte de fièvre.

Erza. - herse, sorte de lustre.

Esacare. - mettre en sac.

Esaiani. - hérétiques d'Egypte.

Esamentum. - droit d'utiliser des choses qui ne vous appartiennent pas sur la terre d'autrui.

Esbaia, esbia, eschendus, eschudium. - vanne qui laisse écouler l'eau d'un canal, anc fr[1], *ebée*.

Esbardare. - couvrir de bardeaux.

Esbathamentum. - déambulatoire ou endroit propice à la réflexion.

Esbia. - *idem* esbaia.

Esbiare. - faire écouler le trop-plein des eaux.

Esboellare. - étriper, éventrer, anc fr[2], *esboeler*.

Esbonachium. - *idem* esbonagium.

Esbonagium, esbonachium, esbonatio. - bornage, droit payé pour le bornage des propriétés.

Esbonare, esbundare - mesurer, limiter, borner, anc fr[3], *esboner*.

Esbonatio. - *idem* esbonagium.

Esbondatio. - borne, limite.

Esborrare. - arracher, enlever la bourre.

Esbrancatura. - action d'ébrancher.

Esbriga. - brique.

Esbundare. - *idem* esbonare.

---

[1] Godefroy.
[2] id.
[3] id.

Esbursare. - débourser.

Esbuscare. - arracher les buissons.

Esca. -
1. Plat de viande.
2. Glandée, droit de mener les porcs dans la forêt.
3. Combustible.
4. Sorte de mesure agraire (probablement pour *acra*).

Escaanchia. - *idem* escæta.

Escaauntia. - *idem* escæta.

Escabotum. - troupeau de moutons, anc fr[1], *escaboue*.

Escacarium. - échiquier.

Escadaffault. - estrade.

Escadentia. - *idem* escæta.

Escadere, scadere, eschadere, excidere. - échoir à.

Escadere. -
1. Manquer.
2. Echoir.
3. Venir par droit d'héritage.

Escaducha, escaduta, escæmentum. - saisie de biens meubles ou immeubles pour cause d'infraction et de confiscation, ou pour toute autre cause.

Escæmentum. - *idem* escacucha.

Escæta, escaanchia, escaauntia, escadentia, escanchia, eschaamentum, eschaantia, eschæta, eschaieta, eschamentum, eschanchia, eschasuca, eschasura, eschayda, escheancia, escheementum, eschentia, escheta, escheyta, eschœta. -
1. Déshérence (bien en).
2. Bien octroyé au seigneur à la mort du vassal si celui-ci n'a pas d'héritier ou si ses biens ont été saisis, anc fr[2], *esquance*.
3. Bois tombé d'un arbre.
4. Céréales tombées de l'épi.

5. Abat de carcasse.

Escæta. - *idem* excadentia.

Escætare. - *idem* excætare, percevoir les revenus de mainmorte.

Escætor, eschætor. - magistrat chargé de la saisie des biens dévolus au fisc (Angleterre).

Escætria. - charge du magistrat nommé « escætor ».

Escætus. - en déshérence.

Escahentia. - succession, héritage.

Escaire. - échoir par héritage.

Escala. - lieu où les Juifs se rassemblent pour des raisons religieuses.

Escalare. - escalader.

Escalceati. - hérétiques qui soutenaient que les hommes devaient marcher nus pieds.

Escaldare. - échauder.

Escaldatus. - *idem* excaldatus, échaudé (pain).

Escalfator. - réchaud.

Escalis. - (subs), plat, disque, anc fr[3], *escale*, « tasse, coupe ».

Escallardum. - échalas, pieu.

Escallata. - écarlate.

Escambiare. - échanger.

Escambiator, escambitor. - changeur.

Escambitare. - *idem* escambiare.

Escambitor. - *idem* escambiator, changeur.

Escambium, escannicum, escangia, escangium. - échange, lieu d'échange.

Escamen. - nourriture.

Escampsor. - changeur.

Escanchia. - *idem* escæta.

Escancius. - *idem* escantio, échanson.

Escanda, escanna, essana. - latte.

Escandaleum. - sorte de mesure pour les liquides.

Escandilare. - étalonner.

---

[1] Roquefort.
[2] Godefroy.
[3] id.

Escandis. - arbre, poteau, pieu.

Escangia, escangium. - *idem* escambium, excangium.

Escanna. - *idem* escanda, latte.

Escannicum. - *idem* escambium.

Escantio, escancius. - échanson.

Escapiamentum, escapium, exchapium, eschapium, scapagium. -
1. Évasion, fuite, échappée.
2. Amende pour évasion.

Escapiare. - s'échapper d'une arrestation.

Escapinus. - échevin.

Escapium. - *idem* escapiamentum, ce qui arrive par chance.

Escaplum. - *idem* excaplum.

Escaptura. - *idem* escapiamentum.

Escar. - quai en pierre en bordure de fleuve.

Escara. - combustion.

Escarcella. - escarcelle.

Escargata, escarquaita. - garde, action de monter la garde.

Escaria. -
1. (pl) ; (n), mets qui se mangent crus.
2. Table chargée de mets.

Escariare. - trancher judiciairement une cause, (ou suggérer).

Escarium. - droit à payer pour le pâturage.

Escarius. -
1. Celui qui est chargé des provisions.
2. Personne qui coupe et sert la viande lors d'un repas.

Escarletum. - écarlate.

Escarquaita. - *idem* escargata, garde, action de monter la garde.

Escarreya. - droit de couper le bois nécessaire pour faire des échalas.

Escarrum. - coin, angle.

Escasamentum. - maison, habitation.

Escastilis. - bon à manger, qui peut être mangé.

Escasura. - *idem* excasura.

Escata. -
1. Biens meubles ou immeubles qui, échoient au seigneur, soit que le vassal n'ait pas d'héritiers, soient que les biens aient été confisqués.
2. Succession collatérale.
3. Toute espèce de succession.

Escaticum. - *idem* esca2

Escaticus, exaticus, scaticus. - redevance pour la glandée.

Escauda. - sorte de navire côtier.

Escaudare. - ébouillanter.

Escaudeis. - porc échaudé.

Escaudetus. - sorte de pâtisserie.

Escauserius. - écuyer.

Escazucha. - ce qui échoit par hasard, que ce soit par droit d'héritage imprévu, ou pour toute autre raison.

Escena. - *idem* escenia.

Escendere. - échoir.

Escengia. - rente perçue sur le blé[1].

Escenla, escena. - (< *scandŭla* < *scindula*), bardeau.

Esceppa. - *idem* escepta.

Escepta, esceppa, eskippa, escheppa, eskeppa, eskippa. - (< *scep*)[2], mesure pour les grains (Angleterre).

Escerpa. -
1. Baudrier, ceinture, écharpe.
2. Sacoche en bandoulière.
3. Écharpe.
4. Offrande faite aux prêtres par ceux qui vont en voyage.

Escewinga. - (< *sceawian*)[3], impôt payé au seigneur aux marchands sur les foires.

Eschaamentum. - *idem* escæta.

---

[1] Il faut probablement comprendre que cette rente correspondait au volume de blé récolté sur la surface d'une *encenge*, (voir Godefroy à ce mot), soit un peu plus d'un arpent.

[2] A.S : *scep*, « panier, corbeille ».

[3] A.S : *sceawian* « regarder, rechercher ».

Eschaantia. - *idem* escæta.

Eschacus. - mesure agraire chez les Vascons.

Eschadentia. - *idem* excadentia.

Eschadere. - *idem* escadere, échoir à.

Eschæta. - *idem* escæta.

Eschætor. - *idem* escætor.

Eschafaudus. -
1. Estrade, plancher à chevrons.
2. Échafaudage.

Eschaillo, eschalo. - échelon.

Eschalacius, eschalatus. - échalas.

Eschalatus. - *idem* eschalacius.

Eschalgaita. - garde.

Eschalla. - échelle.

Eschallamentum. - escalade.

Eschallare, eschellare. - escalader.

Eschalmentus. - partie supérieure de l'arbre, là où commence la ramure.

Eschalo. - *idem* eschaillo.

Eschamentum. - *idem* escæta.

Eschanchia. - *idem* escæta.

Eschandelho. - étalon de mesure.

Eschangiare, eschangire. - échanger.

Eschangium. - échange.

Eschanjatio. - échange.

Eschansonnus. - échanson.

Eschantillare. - étalonner les mesures.

Eschantillo. - échantillon.

Eschaota. - écheveau.

Eschapium. - *idem* eschapium.

Eschara, escharso. - échalas, anc fr[1], *escharson*.

Escharfach. - pont.

Eschargaita. - le guet.

Escharguaytare. - faire le guet.

Escharonçonnum. - taxe pour avoir le droit de prendre du bois pour faire des échalas.

Escharpia. - écharpe.

Escharso. - *idem* eschara.

Escharsonare. - mettre des échalas.

Eschartare. - couper les bois et les mettre en culture.

Eschassa. - béquille.

Eschasuca. - *idem* escæta.

Eschasura. - *idem* escæta.

Eschata, escheita. - succession qui échoit.

Eschatologicus. - eschatologique, concernant la fin du monde.

Eschaudetus. - sorte de pain légèrement cuit.

Eschaugueta, eschaugwayta, escheweita. - le guet.

Eschaugwayta. - *idem* eschaugueta.

Eschayda. - *idem* escæta.

Escheamentum. - héritage, succession.

Escheancia. - *idem* escæta.

Escheccum. - enquête.

Escheementum. - *idem* escæta.

Escheita. - *idem* eschata succession qui échoit.

Eschellare. - *idem* eschellare, escalader.

Eschendus. - *idem* esbaia

Eschentia. - *idem* escæta.

Escheppa. - *idem* escepta

Escheta. - *idem* escæta.

Escheudus. - canal d'évacuation des eaux.

Escheuta. -
1. *Idem* escæta.
2. Redevance convenue pour une vente sur le marché, anc fr[2], *eschié*.

Eschevinagium. - maison des échevins, hôtel de ville.

Eschevinatus. - office d'échevin.

Eschevinus. - échevin.

Escheweita. - *idem* eschaugueta, le guet.

Escheyta. - *idem* escæta.

Eschiffa, eschiva. - ouvrage de fortification, anc fr[3], *eschife*, « fortification en appui, guérite pour les sentinelles ».

---

[1] Hippeau.
[2] id.
[3] Godefroy.

Eschilla. - clochette, anc fr[1], *eschille*.

Eschina, skina. - échine.

Eschinare. - rouer des coups, échiner.

Eschipare. - équiper, armer.

Eschipper, eskipper, exkipper, shippare, skippare. - (< *scipian*)[2] ; anc fr[3], *eschipper*.
1. Équiper ou charger (navire, avec équipage, équipement, passagers ou cargaison).
2. Charger ou embarquer (des marchandises ou des animaux) sur un navire, transporter par bateau, expédier.
3. (intrans), monter à bord d'un navire, embarquer, voyager en bateau.
4. Aller sur la mer, voyager, voyager, transporter des marchandises par mer.

Eschirapa. - sorte de récipient.

Eschiva. - *idem* eschiffa.

Eschivire. - s'approprier.

Eschivium. - sorte de paiement à payer par le vassal au seigneur.

Eschochare. - (*e. linum*), broyer du lin.

Eschœta. - *idem* escæta.

Eschopa. - petite maison, boutique, échoppe.

Eschoparius. - boutiquier, marchand.

Eschua. - *idem* esclausa, écluse, réservoir d'eau.

Eschudium. - *idem* echudium, bief de moulin.

Eschudium. - *idem* esbaia.

Eschuta. -
1. *Idem* escæta.
2. Espion.

Escifer. - celui qui apporte les aliments.

Escladitor, esclatidor. - sorte de canal.

Esclatidor. - *idem* escladitor.

Esclausa, esclusa, eschua. - écluse, réservoir d'eau.

Esclava. - sabot de bois.

Esclavina. - vêtement d'étoffe grossière.

Esclavus. -
1. Prisonnier.
2. Esclave (Angleterre).

Esclenca, schlencha. - quartier avant gauche de la carcasse d'un animal, anc fr[4], *esclenche*, « bras, épaule gauche ».

Esclichium. - planchette, bardeau, éclisse.

Escligniatio. - droit de perquisitionner dans les maisons pour rechercher les objets volés.

Esclusa. - *idem* esclausa, écluse, réservoir d'eau.

Esclusagium, escluviamentum. - droit payé au seigneur pour pouvoir installer une écluse.

Escluviamentum. - *idem* esclusagium.

Escobalaria. - balai.

Escobare, escopare. - balayer.

Escobelerius. - clerc chargé de nettoyer, balayer l'église.

Escober. - nécessité par laquelle un vassal est obligé par la loi ou la coutume de payer tribut au seigneur.

Escobilhæ. - balayures.

Escocheium. - héritage, succession.

Escocia. - sorte de tissu, anc fr[5], *escroe*, « lambeau, bande ».

Escodatus. -
1. Bouc châtré.
2. Celui dont la queue est coupée.

Escœria. - marchandises en cuir, (ou les revenus qui en sont tirés).

Escofferius. - tanneur, mégissier, anc fr[6], *escofier*.

Escogocia. - adultère, viol.

---

[1] Hippeau.
[2] A.S : *scipian* « naviguer ».
[3] Godefroy.
[4] id.
[5] id.
[6] Roquefort.

Escolitha. - égout.

Escondire. - *idem* excondicere.

Esconsa. - lanterne sourde, anc fr[1], *escons*, « caché, voilé, obscurci ».

Escopare. - *idem* escobare.

Escoparius, escoparia. - celui qui tient soit un magasin, un atelier ou une petite maison.

Escoramentum. - ustensile de ménage.

Escorca. - écorce.

Escorcheria. - abattoir.

Escorciare. - écorcer.

Escorgare. - écorcher.

Escoria. - écorce.

Escorio. - sorte d'orge à semer en automne, escourgeon.

Escorradorium. - cours d'eau, petite rivière.

Escorzagium. - peine de flagellation.

Escosus. -
    1.   Qui est bon à manger.
    2.   Gras, chargé d'embonpoint.

Escotus. -
    1.   Écot, ce que l'on doit au tavernier.
    2.   Ecossais.

Escouffle. - surnom donné à une monnaie de Flandre du XIVe siècle, de la valeur de douze deniers Parisis[2].

Escouta. - mouchard, espion.

Escra. - sorte de récipient (Espagne).

Escrinium, escris. - écrin, cassette.

Escris. - *idem* escrinium.

Escrivetum. - écritoire.

Escroa. - document féodal portant la description des limites du domaine et des droits du seigneur.

Escronellum. - sorte de filet à poissons.

Escrowetus. - chef, commandant (Flandres).

Escua. - aliment.

Escuagium, escuangium. - service militaire dû au seigneur, ou redevance pour en être dispensé.

Escuallium, escuella, escutella. - écuelle.

Escuangium. - *idem* escuagium.

Escuare. - *idem* escuer.

Escuchonetus, escudetus. - écusson.

Escudeleyr. - fabricant de bouclier, d'écu.

Escudellorius, escudelonus, scudellorius. - petite écuelle.

Escuderia. - écurie.

Escuderius, escuerius, escutarius. - écuyer.

Escudetus. - *idem* escuchonetus.

Escuella. - *idem* escuallium.

Escuellata sponsarum. - sorte de taxe que les nouveaux mariés étaient tenus de payer.

Escuere, escuare. - mettre un auvent appelé *escu*, anc fr[3], *escuer*.

Escufiæ. - *idem* excubiæ.

Escuilliare. - châtrer.

Escuirere. - chasser de la ville pour cause de crime ou délit.

Escularius. - cuisinier.

Esculenta. - nourriture.

Esculentia. - embonpoint.

Esculeum, esculeus. - place libre devant une maison.

Escumator. - écumeur des mers, pirate.

Escupare. - balayer.

Escura. - écurie, grange.

Escurare. - nettoyer, dégraisser le tissu.

Escuratio, exscuratio, scuriatio. - décapage, nettoyage, fourbissage.

Escurator. - éclaireur, messager.

Escuratus. - *idem* escurellus.

Escurellus, escuratus. - écureuil.

Escutarius. - écuyer.

Escutarius. - *idem* escuderius.

Escutella. - *idem* escuallium.

Escutum. - écu, écusson.

---

[1] Roquefort.
[2] A Frey.
[3] Roquefort.

Escuviæ. - *idem* excubiæ.

Esdevenimentum. - ce qui revient à quelqu'un soit par héritage ou pour autre raison.

Esdire. - s'excuser.

Esgagium. - fonds engagé, hypothèque.

Esgaidum. - caution, garantie.

Esgaratere. - *idem* esgaretare.

Esgardamentum. - droit de faire justice.

Esgardare. - juger.

Esgardator, esgardiator. - juge, inspecteur.

Esgardiator. - *idem* esgardator.

Esgardium. - *idem* exgardium, enquête ; jugement après enquête.

Esgardum. -
1. *Idem* esgardium.
2. Au regard de, en raison de.

Esgaretare, esgaratere, esgargatere. - immobiliser un animal ou un ennemi en lui coupant les tendons, les jarrets, anc fr[1], *esjareter.*

Esgargatere. - *idem* esgaretare.

Esgarrare. - couper les jarrets.

Esgeria. - (pl), *idem* estra, épaves.

Esgratineura. - égratignure.

Esgrinire. - rechigner.

Esguardium. -
1. Jugement, sentence.
2. Examen et contrôle des marchandises commercialisables.

Esguogozamentum. - adultère ou la connaissance et le jugement de celui-ci.

Esheria. - (pl), *idem* estra, épaves.

Esibilis. - bon à manger, comestible.

Esiciarius. - celui qui farcit.

Esiciatus. - (< *īsĭcĭātus*), farci, rempli de hachis.

Esicius, isicius, isicus. - (< *ĕsox*), variété de saumon.

Esirdatus. - tondu, rasé.

Esitamentum. - droit d'utiliser des choses qui ne vous appartiennent pas.

Eskeccum. - tromperie, vol.

Eskeppa. - *idem* escepta, mesure pour les grains.

Eskipare, eskippare. - équiper.

Eskippa. - *idem* escepta.

Eskippamentum. - équipement, armement d'un navire.

Eskippare. - *idem* eskipare.

Eskipper. - *idem* eschipper.

Eslagium. - champ le plus voisin d'un bourg ou d'une ville, anc fr[2], *ailage.*

Eslargamentum. - retard, procrastination.

Eslargare. - renvoyer, élargir.

Eslaveidium. - pluie d'orage.

Eslingator, slingator. - soldat armé d'une fronde (Angleterre).

Esluare. - défricher, anc fr[3], *eslaver,* « couper, élaguer ».

Esmælitus. - *idem* esmaillatus.

Esmaillatus, esmailliatus - émaillé.

Esmailliator. - émailleur.

Esmailliatus. - *idem* esmaillatus.

Esmaillus. - *idem* esmaltum, émail.

Esmaldus. - *idem* esmaltum, émail.

Esmaletum. - *idem* esmaltum, émail.

Esmallum. - *idem* esmaltum, émail.

Esmaltum, esmeletum, esmaldus, esmallum, esmaillus, esmaletum, esmerus. - émail.

Esmandare. - réparer un tort.

Esmaraudus, esmeraldus, esmeralda, esmeranda, esmerauda. - émeraude.

Esmeletum. - *idem* esmaltum, émail.

Esmenda. - correction (d'une erreur), compensation (d'un tort).

Esmeralda. - *idem* esmeraudus, émeraude.

Esmeraldus. - *idem* esmeraudus, émeraude.

Esmeranda. - *idem* esmeraudus.

---

[1] Godefroy.
[2] Hippeau.
[3] Godefroy.

Esmerare. - *idem* exmerare, affiner l'or ou l'argent.

Esmerauda - *idem* esmeraudus.

Esmerum. - titre de monnaie.

Esmerus. - *idem* esmaltum, émail.

Esmotaeur. - fléau (pour battre le blé)

Esna. - marc de raisin.

Esnecia, esneseya. - droit d'aînesse.

Esneseya. - *idem* esnecia, droit d'aînesse.

Eso, esono, esocius. - (< *ĕsox*), sorte de poisson, brochet.

Esocius. - *idem* eso.

Esono. - *idem* eso.

Esophorium. - vêtement de dessous, chemise.

Espærius. - fabricant d'épées.

Espagium. - droit de récupérer les biens volés et de régler les problèmes avec leurs propriétaires afin qu'ils leur soient restitués.

Espandagium. - droit sur l'avoine qui s'acquittait avec une mesure comble.

Espannus. - empan, palme, paume.

Esparvarius. - épervier.

Espata. - sorte de grande et large épée.

Espatgium. - droit d'épave, droit de s'approprier les animaux égarés et de propriétaire inconnu.

Espaula. - épaule.

Espaulum. - enclos ceint de pieux.

Espava, espavea. -
1. Biens sans possesseur.
2. Etranger, aubain.
3. Gibier réfugié sur les terres d'autrui.
4. Bétail égaré.

Espavea. - *idem* espava.

Espaveus. - *idem* expaveus.

Espavium. - *idem* expavium, droit d'épave.

Espavus. - étranger, aubain qui a quitté son pays natal pour s'installer dans un autre, anc fr[1], *espave*.

Espazerius. - fontainier, constructeur d'aqueduc, anc fr[2], *espasier*.

Espedor. - tenancier des Hospitaliers (Angleterre).

Espelcatio, espercatio. - saison de vente des congres (Angleterre).

Espeltamentum, expeditamentum, expeditatio. - mutilation des chiens pour les empêcher de chasser dans les forêts du seigneur et amende au cas où cette prescription n'est pas suivie (Angleterre).

Espercaria, expercaria. - endroit où les congres sont vendus (Angleterre).

Espercatio. - *idem* espelcatio.

Esperductum. - *idem* esperduta, barre de métal.

Esperduta, experductum, exsperdutum, esperductum. - barre de métal.

Esperiolus, espiriolus, esquirolus. - écureuil.

Esperkeria. - droit sur le poisson séché dans les îles anglo-normandes, et exporté en Normandie ou ailleurs, mais pas dans le royaume d'Angleterre (*Cf. espercaria*).

Espernium. - service chargé de la réserve de nourriture.

Espero, esperonnus. - éperon.

Espervarius. - *idem* esperverius.

Espeusalata. - mesure agraire.

Espia. - espion (Espagne).

Espiciæ. - épices.

Espiciarius. - épicier.

Espicurnantia, spigurnalcia, spigurnellaria, spigurnantia. - bureau du scelleur des lettres royales.

Espietus, espiones. - épieu, dard, anc fr[3], *espiet*.

Espingla, esplinga, espingles. - épingle.

---

[1] Godefroy.

[2] id.

[3] id.

Espinglarius, espinglies. - fabricant d'épingle.

Espingles. - *idem* espingla.

Espinglies. - *idem* espinglarius.

Espiones. - *idem* espietus.

Espiriolus. - *idem* esperiolus.

Espisio. - gage, caution.

Esplechia. - usage, droit de jouissance, anc fr[1], *esplais*.

Esplectare. - *idem* explectare.

Esplectura. - *idem* explectura, revenu.

Esplencha, esplenchare, splenchare, esplenchia, explecha. - droit de pâturage sur les terres en culture après la récolte, droit de pêche et de chasse, droit de couper du bois.

Esplenchare. - *idem* esplencha.

Esplenchia. - *idem* esplencha.

Espleta. - *idem* expleta.

Espletare. - *idem* explectare.

Espletum. - *idem* explectum.

Espletura. - *idem* explectura, revenu.

Esplinga. - *idem* espingla.

Espœrius. - fabricant d'épée.

Espœrum, esporum, spera, sperum. - cloison, barrière de bois (Angleterre).

Espoisso. - gage, caution.

Espoliæ. - (pl), moissons, produits de la terre.

Espondarius. - tuteur.

Esponderius. - *idem* exponderius, situé à la frontière.

Esporarius. - charpentier, menuisier, fabricant de chevrons.

Espordius. - armure d'épaule.

Esporium. - soliveau, chevron qui supporte la couverture du toit.

Esporlare. - payer le droit de relief, reconnaître son seigneur, anc fr[2], *esporler*.

Esporonum, spurrum. -

1. Paire d'éperons (Angleterre).
2. Engrenage de moulin à vent (Angleterre).

Esporum. - *idem* espœrum.

Espoussorium. - sorte de couverture, de pièce de tissu.

Espreverius. - épervier.

Espringala. - machine de guerre, sorte de fronde pour lancer des carreaux ou des pierres, anc fr[3], *espringale*.

Esquaquerium. - échiquier.

Esquarta. - mesure pour les grains, quarte.

Esquevinagium. - juridiction de l'échevin.

Esquevinessia. - fourrure, peau d'écureuil, anc fr[4], *esclavine* « sorte d'étoffe velue ».

Esqueyra. - écurie.

Esquigueyta. - le guet.

Esquilla. - clochette, anc fr[5], *esquille*.

Esquina. - échine de porc.

Esquipare. - naviguer sur la mer.

Esquirolus. - *idem* esperiolus, écureuil.

Essacare. - mettre en sac, ensacher.

Essaiamentum. - *idem* essaium.

Essaiator. - testeur de la monnaie, des mines, des poids et mesures, du pain.

Essaium, essaiamentum. -

1. Examen, contrôle.
2. Sorte d'étoffe.
3. Plaque d'essai, étalon par rapport auquel la pièce de monnaie est analysée et revenus provenant d'une amende pour violation du test.

Essalatus. - sellé.

Essalet. - *idem* eissalet.

Essana. - *idem* escanda, latte.

Essarcitus. - armée.

Essartare, exsartare. - *idem* exartare, essarter, défricher.

---

[1] Roquefort.
[2] id.
[3] id.
[4] Godefroy.
[5] Hippeau.

Essartum, exsartum. - *idem* exartus, défrichement, (pl), essarts.

Essavare, exsavare - s'écouler, se retirer, anc fr[1], *essever*.

Essavegotus. - sorte de corbeille.

Essaveria, exsevia. - digue, chaussée, (ou vanne, bonde d'un étang).

Essayamentum. - droit ou honoraire de l'essayeur des monnaies.

Essayator. - (*e. monetarum*), essayeur des monnaies.

Essayum. -
1. Essai (des monnaies).
2. Endroit où l'on décharge les marchandises, quai.

Esscengia. - mesure agraire de surface, *idem* andecinga.

Esse. -
1. (subs), l'être, l'existence.
2. Condition, état, manière d'être, comportement.
3. (verb), aller.
4. (*e. ad aliquem*), être à quelqu'un.
5. (*e. de guerra*), être en guerre.

Essecambium. - *idem* excangium.

Essedum, esserta, exadum. - sorte de char, anc fr[2], *essede*.

Essedus. - cheval.

Essella. - planchette, bardeau, anc fr[3], *essele*, « clôture faite avec de petites lattes ».

Essentia. -
1. L'essence, la chose elle-même.
2. Raison d'être, existence.
3. Condition.
4. Possession.
5. Usage, droit de jouissance.
6. Substance, ensemble d'un ouvrage, d'un bâtiment.
7. Disposition, formation militaire.
8. Présence.

Essentialitas. - qualité de ce qui est une essence.

Essentiare. - rendre réel, essentiel.

Essenum. - sorte de filet à poissons, senne.

Essermentare. - tailler une vigne, couper les sarments.

Esserta. - *idem* essedum.

Essertum. - terre défrichée.

Essewera. - *idem* exaquia.

Essinus. -
1. Mesure pour le froment, anc fr[4], *aissin*.
2. Droit de mesurage.

Essiulare. - siffler.

Essolium. - essieu

Essonare. - (*e. se*), *idem* exoniare, se justifier en justice.

Essonia, euxonia. - *idem* exonium, empêchement, en particulier, excuse donnée pour ne pas se présenter au juge, anc fr[5], *essoine*.

Essoniare. - donner une excuse.

Essoniator. - celui qui défend, excuse un autre en justice.

Essonium. -
1. Empêchement en général.
2. *Idem* essonia.

Essonium. - *idem* exonium.

Essor. - *idem* estor.

Essoulla. - latte, bardeau, anc fr[6], *essaule*, « bois propre à couvrir les toits ».

Esta. - banc, étalage sur les marchés.

Estabilitas. - séquestre provisoire d'une chose jusqu'à la décision de justice.

Establia. - étable (ou obligation imposée au vassal d'héberger les chevaux du seigneur).

Estacatura. - piège à poissons formé de pieux, anc fr[7], *estacade*.

---

[1] Godefroy.
[2] Hippeau.
[3] id.
[4] id.
[5] Godefroy.
[6] id.
[7] Hippeau.

Estachada. - (*e. batalia*), duel, combat singulier.

Estachamentum. - clôture probablement de pieux (ou écluse dans une digue).

Estachare. - attacher.

Estachia. - attache, épingle.

Estaco. - boutique, maison, anc fr[1], *estaçon*.

Estaga, estagia. - domicile, habitation, anc fr[2], *estage*.

Estagia. - *idem* estaga.

Estagiarius. - habitant d'un lieu qui a maison dans le fief d'un seigneur.

Estagilis. - boutique.

Estagium. -
1. Maison, salle à manger.
2. Obligation des vassaux à rester dans le château du seigneur pendant la durée de la guerre en vue de le défendre.
3. Demeure, habitation, domicile.
4. (*e. facere*), résider.
5. (*e. habere*), jouir du droit de gîte.

Estagna. - habitation, demeure.

Estagnum. - objet en étain, étain.

Estalagium. - *idem* estallagium.

Estale. - récipient pour la table à manger.

Estallagium, estelagium, estalagium, estallus. - étalage de marchand, droit, taxe d'étalage.

Estallamentum. - hypothèque, mise en gage.

Estallaria, estellus. - pieu dans une rivière pour y attacher un filet.

Estallum. - place de marché.

Estallus. -
1. *Idem* estallagium, étalage de marchand, droit, taxe d'étalage.
2. Rejet, pousse sur la souche d'un chêne.

Estamenha. - vêtements de dessous en laine, (ou une sorte de tissu).

Estamina, estamineta. - tissu fin, anc fr[3], *estamine*, « tissu léger de laine ou de coton ».

Estanchia. - digue pour retenir les eaux.

Estancia. - ce qui échoit à quelqu'un.

Estanfordius. - sorte de tissu de Standford.

Estannus. - *idem* estagium2.

Estapla, estapula. - marché, anc fr[4], *estaple*.

Estaqua, estecha. - pieu, perche, pilier, anc fr[5], *estac*.

Estar, estare. - habitation, demeure, anc fr[6], *estare*.

Estasis. - extase.

Estaticum. - taxe, tribut, imposition.

Estatus. - ordre.

Estaulagium. - taxe pour la vente à l'étalage.

Estauramentum. - (pl) ; (n), approvisionnements, vivres.

Estazos. - boutique.

Estecha. - *idem* estaqua.

Estecha. - poteau, pieu.

Estelagium. - *idem* estallagium.

Estella. - éclat de bois, copeau, anc fr[7], *estelle*.

Estellus. - *idem* estellaria.

Estema. -
1. Mutilation d'un membre.
2. Arbre généalogique.

Estepa. - pieu, poteau, chevron.

Ester. - sorte d'érésipèle, feu sacré.

Estera. - révolte, révolution.

Esterium. - canal où l'eau de mer entre pendant le flux, anc fr[8] *ester*.

Esterlingus, sterlingus. -

---

[1] Godefroy.
[2] id.
[3] id.
[4] id.
[5] Hippeau.
[6] Roquefort.
[7] id.
[8] Hippeau.

1. *Idem* estrelingus, petit poids, infime partie d'once ; valeur, poids de la monnaie, anc fr[1], *esterlin*.
2. Sterling.

Esterminare. - chasser.

Esternulus. - étourneau.

Estessus. - support, étai, plancher.

Estevenensis, stephanensis moneta. - nom donné à une pièce l'argent frappée à Besançon, (XIIIème siècle), portant une figure de Saint Étienne[2] : *estevenante*.

Estibulatio. - promesse.

Estilguachia. - obligation des vassaux de faire le guet dans le château du seigneur.

Estillus. - sommeil.

Estima. - estimation.

Estiro. - mesure agraire en Aquitaine.

Estiva. -
1. Lieu abrité où les troupeaux sont à l'ombre l'été.
2. Sorte de récipient, anc fr[3], *estivelot*, « pot, cruche ».

Estivagium. - droit à payer sur les poissons.

Estivalia. - bottes, bottines, chaussures d'été, anc fr[4], *estival*.

Estivallus. - chaussure tailladée, à lanières.

Estivare. - se reposer à l'ombre.

Estivaticus. - d'été, estival.

Estivum. - été.

Esto. - dimanche de la quinquagésime.

Estoblagium. - droit à payer pour laisser paître les chaumes aux pourceaux, anc fr[5], *estoblage*.

Estocagium, estochagium. - droit de prendre du bois de chauffage.

Estochagium. - *idem* estocagium.

Estodire. - soigner.

Estoffa. - étoffe.

Estoffatus. - approvisionné, garni, instruit, armé, anc fr[6], *estofer*, « approvisionner ».

Estolum. - flotte.

Estopa. - étoupe.

Estoppare. - empêcher, stopper.

Estoquetus. - sorte d'épée.

Estoquum. - (*de estoquo*), de pointe, d'estoc.

Estor, essor. -
1. Glouton.
2. Cheville qui unit le joug au timon.

Estoramenta. - provisions, munitions, meubles, vêtements, anc fr[7], *estorement*.

Estoressa. - châtiment, amende.

Estoriatus. - brodé.

Estorium. - *idem* estoverium.

Estornamentum. - tout ce qui est nécessaire à l'armement d'un navire.

Estorressa. - correction, amende, compensation.

Estoverium, estuverium, estorium, stuverium. -
1. Ration entretien subsistance, anc fr[8], *estovoir*.
2. Droit d'utiliser le bois pour le foyer ou pour la fabrication des outils.

Estra. -
1. Portique, galerie.
2. Appentis, maison qui dépend d'une autre.
3. Fenêtre d'étalage devanture.
4. Maisonnette.
5. *Idem* estria.

Estrada. - voie publique, anc fr[9], *estrade*.

Estræriæ. - *idem* estrajeriæ.

---

[1] Roquefort.
[2] A Frey.
[3] Godefroy.
[4] id.
[5] Hippeau.
[6] Hippeau.
[7] Roquefort.
[8] Godefroy.
[9] Hippeau.

Estrajeriæ, estræriæ. - biens abandonnés ou biens qui retournent au fisc par déshérence.

Estramen. - paillasse.

Estrangaria gutta. - sorte de maladie, fluxion.

Estrava. - *idem* hestraffla, mesure de paille ou de fourrage ; droit à payer pour le fourrage des chevaux (Angleterre).

Estreciare. - resserrer, rétrécir (une route, un cours d'eau, un tissu.

Estreciatus. - serré, étroit, anc fr[1], *estrechier*, « rétrécir, resserrer ».

Estrelingus, esterlingus. - petit poids, infime partie d'once.

Estrena. - petit don, étrennes.

Estrenguedoira. - outil de tonnelier.

Estrepamentum. - dégât, ravage, anc fr[2], *estrepement*.

Estrepare. - ravager.

Estria, extra, esheria, esgeria. - (pl), *idem* estra, épaves.

Estrica, estricha, strica. - mesure pour les matières sèches (Angleterre).

Estricha. - *idem* estrica.

Estriliare. - étriller un cheval.

Estriva. - *idem* estrivum, flèche.

Estriveria. - sangle de l'étrier.

Estrivum, estriva. - flèche.

Estrivus, estriwes, streva, striva. - étrier.

Estriwes. - *idem* estrivus.

Estrix. - grosse mangeuse.

Estromentum, estrumentum. - instrument.

Estructum. - bijou, anc fr[3], *estruit*.

Estrumelarium. - jambière, anc fr[4], *trumeliere*.

Estuffamentum. - étoffe en général.

Estuffare, stuffare. -

1. Fournir, équiper (de matériel militaire) ; (Angleterre).
2. Charger une arme à feu (Angleterre).
3. Rembourrer.

Estugerum, estugium. - boîte, étui.

Esturgius, esturjonus. - esturgeon.

Estus. - l'état de ce que l'on est.

Estuverium. - *idem* estoverium.

Esurialis. - relatif à la faim, (*esuriales ferias*), jours de famine les jours où personne n'invite à dîner.

Esuries. -
1. Faim.
2. Désir.

Esurus. - famélique.

Esus. - nourriture.

Esvanuare. - évaluer, estimer.

Eswarda, eswardum. - jugement, décision de justice, anc fr[5], *esgart*.

Eswardiator. - inspecteur, contrôleur, anc fr[6], *eswardeur*.

Eswardum. - *idem* eswarda.

Esyamentum. - tout ce qui appartient à quelqu'un d'autre mais dont on peut se servir à sa guise.

Etallizare. - faire, fabriquer.

Etallum. - étal, banc des marchands.

Etarchartea. - clôture de branchages.

Eternare. - confier au souvenir éternel.

Etexere. - détisser ; (fig), « détricoter », expliquer.

Etfundus. - domaine, terre, campagne.

Ethees. - or (Arabie).

Ethica, ethicalis. - (*e. febris*), fièvre habituelle.

Ethisis. - *idem* ethica.

Ethnicismus. - paganisme.

Ethnicus. - païen.

---

[1] Hippeau.
[2] id.
[3] Godefroy.
[4] Godefroy.
[5] id.
[6] Roquefort.

Ethymologicare, ethymologizare - rechercher l'étymologie d'un mot.

Ethyrodiani. - hérétiques qui disent que Marie était vierge avant l'accouchement, pas après l'accouchement.

Etia. - mesure agraire.

Etiquetta. - étiquette.

Etleha. - laie.

Etnika. - famille.

Etuneare. -
1. *Idem* idoneare, prouver, justifier en droit.
2. Justifier quelqu'un, disculper.
3. (*se i.*), se justifier, se disculper, se mettre hors de cause.

Eubulia. - prudence morale, capacité de bien décider, rectitude de décision.

Eucatalepsia. - doute méthodique.

Eucharis. - gracieux.

Eucharistia. -
1. Action de grâces.
2. L'eucharistie.
3. Hostie.
4. Ciboire.
5. Fête du Saint Sacrement.

Eucharistiale. - ciboire.

Euchetæ, euchitæ. - hérétiques qui considéraient que la prière suffisait au salut.

Euchimus. - *idem* euchymus, excellent.

Euchologicus. - de prière.

Euchonomus. - économe (de monastère).

Euchymus, euchimus. - excellent.

Eucrasia. - (< εὐκρασία)[1], bon mélange, bonne composition, (fig), bon tempérament.

Eucratas. - dignité à Byzance.

Eucraticus. - formé d'un bon mélange.

Eudemonismus. - eudémonisme (théorie du bonheur).

Eudoxus. - glorieux, fidèle.

Euexia. - (< εὐεξία)[2], bonne santé.

Eufamia. - bonne réputation.

Eufonicos. - en parlant bien.

Eufortunatus. - qui a de la chance.

Eufortunium. - bonne fortune.

Eufrasia. - éloquence.

Euga. - aîné.

Eugenes. - noble.

Euhodia. - heureux voyage.

Eulogia. -
1. Eucharistie.
2. Fragment de l'hostie.
3. Pain bénit.
4. Cadeau ; cadeau offert par un prêtre à son évêque en signe d'honneur.
5. Lettre, missive.
6. Bénédiction, salutation.
7. Don forcé, obligé

Eulogicus. - d'eulogie, de pain bénit.

Eulogiose, elogiose. - avec des reproches.

Eulogium. -
1. Petit cadeau.
2. Disposition, intention.
3. Prédiction.
4. Parole sage, belle maxime.
5. Enoncé, exposé, discours.
6. Habitude, coutume.
7. (*e. angelicum*), salutation angélique.

Euloia. - sortie d'argent, sorte de contribution, (*Cf. eulogia 7*).

Eumenicus. - infernal.

Eumetria. - (*e. equi*), cheval de stature convenable et moyenne.

Eumorfus, eumorphus. - beau.

Eumorphus. - *idem* eumorfus.

Eunichus. - *idem* eunucus.

Eunicizatus. - rendu eunuque.

Eunochare, eunochinare eunochissare, eunochinare, eunuchare, eunuchizare. - *idem* eunochissare, rendre eunuque.

Eunuchinus. - d'eunuque.

---

[1] εὐκρασία : « bonne température ».

[2] εὐεξία : « bonne constitution ».

Eunuchus, eunicus. - dignitaire dans les palais des empereurs byzantins, qui avait la charge de la chambre royale, chambellan, eunuque.

Euperpia. - beauté.

Euphormio. - belle forme.

Euplocanus. - frisé au fer.

Euprepia. - beauté.

Eupsychia. - constance.

Euraydare. - arrêter, mettre en prison.

Euroauster. - vent du sud-est ; le sud-est (par extension).

Eurythmia. - bon goût de l'aspect corporel et de la gestuelle.

Euscheme. - convenablement, surtout en parlant des habillements et des comportements habituels.

Eusebia. - commisération, miséricorde.

Eussinus. - espèce d'arbre : yeuse.

Eustochia. - habileté à conjecturer.

Eustomachius. - bon estomac.

Eustomachus. - favorable à l'estomac.

Eusynesia. - bon sens.

Eutheca. - boîte précieuse.

Eutice. - abondamment.

Eutrapelia. - enjouement.

Eutrapelus. - enjoué.

Eutyches. - heureux.

Euvannamentum. - auvent.

Euxonia. - *idem* essonia, empêchement, en particulier, excuse donnée pour ne pas se présenter au juge, anc fr[1], *essoine*.

Euzare. - (< ?), emmancher un outil.

Euzieria. - champ qui n'est ni en culture, ni labouré.

Evacuare, exvacuare. -
1. Rendre vain, affaiblir, vider, évacuer.
2. Manquer à sa parole.
3. Annuler.
4. Ne pas tenir, renier.
5. (*se .*), renoncer à poursuivre, se désister.

Evacuarium. - *idem* evacuatoria1.

Evacuatio. -
1. Action de vider.
2. Suppression, destruction.
3. Abdication, démission.
4. (*evacuationis charta*), acte par lequel on transmet une propriété à une autre personne.
5. Déclaration par écrit, faite par celui qui a perdu un procès, et valant acquiescement à son exécution[2].

Evacuatoria. -
1. Quittance.
2. (*e. charta*), charte qui annule une précédente.

Evadari. - presser, assaillir (en parlant d'envahisseurs).

Evadiare. - se décharger d'une dette.

Evadiatus. - celui à qui on a pris un gage.

Evaginare. - dégainer.

Evalescere. - aller mieux pendant une maladie.

Evaluatio. - évaluation.

Evanadotus. - aliment difficile à digérer.

Evanefactus. - évanoui.

Evanescere. - perdre la tête, être stupéfait.

Evangeliare. - *idem* evangeliarium.

Evangeliarium, evangeliare. - évangéliaire.

Evangelice. - d'une manière évangélique.

Evangelicus. - (*e. sacramentum*), serment sur l'évangile.

Evangelismus. - le cinquième dimanche après Pâques.

Evangelium. - évangile, évangéliaire.

Evantatgium. - avantage.

Evanuare. - faire évanouir, dissiper.

Evanutus. - passé, écoulé.

Evasio. - évasion.

Evasor. - celui qui s'échappe.

---

[1] Godefroy.

[2] Montignot.

Evastare. - dévaster.

Evectio. -
1. Permis de voyager par le courrier de l'Etat.
2. (pl) montures pour le transport ; chevaux réquisitionnés pour le transport des fonctionnaires ; équipages (d'un seigneur, d'un abbé).
3. Taxe pour le transport.
4. Flotte.

Evectus. - (*e. navalis*), flotte.

Evegium. - (< *ēvĕhĕre*), charroi.

Evellare. - dépouiller.

Evellatio. - destruction.

Evellatus. - arraché.

Evellerare. - dépouiller de sa toison.

Evendicare. - revendiquer.

Evenenare. - ôter le venin.

Evenienter. - par hasard.

Evenire. -
1. Échoir par héritage.
2. Être disponible.
3. Aboutir à, tendre à.

Eventamentum. - événement.

Eventare. -
1. Éventer, dissiper.
2. Transpirer.

Eventilare. -
1. Chasser.
2. Critiquer, examiner.
3. Discuter, traiter de quelque chose.

Eventilatio. - discussion.

Eventio. -
1. Événement.
2. Casuel.
3. Revenus d'une église.

Eventura. - aventure.

Eventus. - arrivée.

Everberare. - obtenir de force.

Evergeta. - le bienfaiteur, (en parlant du saint invoqué).

Eversio. -
1. Désordre moral.
2. Schisme, reniement de la foi.
3. Réfutation.

Eversor. -
1. Bandit.
2. Séducteur.

Eversus. - (*in eversum*), contrairement.

Evertere. -
1. Tromper.
2. Corrompre.
3. Détourner de la foi.
4. Gaspiller.

Evestitura. - renonciation.

Evex. - évêque.

Evexus. - (*evexum poli clima*), la voûte du ciel.

Evictor. -
1. Celui qui évince.
2. Conquérant, vainqueur.

Evidare. - (*e. fabas*), écosser les fèves.

Evidentia. -
1. Evidence ; évidence (intellectuelle).
2. Preuve.
3. (pl), documents qui prouvent la propriété.
4. Vue, présence.
5. Guide, signal.
6. (*e. charta*), titre de propriété.

Evidere. - le fait d'être éveillé, vigilance.

Evigescere. - perdre sa vivacité, sa vigueur.

Evigilare. - éveiller.

Evigilativus. - de vigilance.

Evigilator. - celui qui réveille.

Evigorare. -
1. Énerver.
2. Priver de sa vigueur, de sa vivacité.

Evillare. - être absent, quitter la cité.

Evincere. - convaincre (d'une faute).

Evinculare. - délivrer de ses liens.

Evindicare. -

1. (*e. aliquid*), évincer, déposséder quelqu'un juridiquement ; obtenir en justice ; saisir ; obtenir par les armes à la main une contestation.
2. (*e. aliquem*), condamner quelqu'un.

Evindicatio. -
1. Jugement adjudicatif.
2. Revendication obtenue.

Evindicatorium, evindicatorius. - jugement qui met en possession d'une chose en litige, ou qui maintient la possession de cette chose attaquée en justice.

Evindicatus. - *idem* evindicatio1.

Evirare. - émasculer.

Evirescere. - verdir, fleurir.

Evirginare. - déflorer une jeune fille.

Evitare. -
1. Mettre à mort.
2. Empêcher, défendre ; éviter (un excommunié).

Evocatio. -
1. Citation à comparaître.
2. Vocation religieuse.

Evocatoriæ. - invitations, lettres d'appel.

Evolagium. - droit de pêche dans un étang et libre disposition de ces eaux.

Evolatus. - arbre renversé par le vent.

Evolutio. - laps de temps.

Evolutor. - celui qui déroule (les volumes), lecteur.

Evuanare. - prendre son épée ; (fig), se défendre.

Evulgatio. - publication.

Ewa, eoa. - la loi (anglo-saxon).

Ewagium. - péage pour la traversée d'un cours d'eau (Angleterre).

Ewaria. - responsable des canaux et aqueducs (Angleterre).

Ewbrice. - (*ewe-brice*)[1], adultère (anglo-saxon).

Ewrii. - gardiens des frontières et surveillants des routes (Hongrie).

Ex de post. - depuis.

Ex tunc. - depuis ce moment.

Exabbas. - ancien abbé ; abbé déposé.

Exabundare. - regorger de quelque chose.

Exacerbare. - irriter.

Exacerbativus. - provocateur, exaspérant.

Exaciare. - exciter.

Exacinare. - enlever les pépins de raisin.

Exacontalitus, exacontalites. - (*e. lapis*), nom d'une pierre.

Exacta. - taxe indue, exaction.

Exactare. -
1. Exiger.
2. Faire payer, (taxe, réquisition).
3. Administration.

Exactio. -
1. Levée de taxe.
2. Charge, accusation, demande en justice.
3. Cruauté.

Exactionalis. -
1. Concernant une action en justice.
2. D'impôt, de dette.

Exactionare. - pressurer par l'impôt.

Exactionarius. - percepteur, collecteur d'impôt.

Exactitare. - lever, percevoir une taxe.

Exactivus. -
1. Exigible.
2. Qui a le caractère d'une exaction.

Exactor. -
1. Percepteur, collecteur d'impôt.
2. Fonctionnaires chargés de faire les réquisitions, d'exiger les corvées.
3. Receveur de péage.
4. Agent du roi, fonctionnaire public.
5. Plaignant, partie adverse.

---

[1] A.S : *ewe*, « mariage », *brice*, « rupture ».

Exactorie. - en commettant un abus de pouvoir.

Exactorius. - qui a le caractère d'une exaction.

Exactura. -
1. *Idem* exactio.
2. Charge de percepteur.

Exacuare. - *idem* exacuere.

Exacuatio. - affûtage.

Exacucere. - frapper d'estoc.

Exacuere, exacuare. -
1. Aiguiser ; (fig), aiguiser l'appétit ou le désir.
2. Éperonner un cheval ; (fig) aiguillonner, stimuler.

Exadelfus. - fils du frère, cousin germain.

Exadmirari. - s'émerveiller.

Exadoniare. - (*se e.*), se justifier, se mettre hors de cause.

Exadoniare. - *idem* exidoneare.

Exadum. - *idem* essedum, sorte de char.

Exadunare. - donner en plus, joindre.

Exadvocatus. - avoué exclu de sa charge.

Exæquare. -
1. Diviser en parties égales.
2. Comparer.

Exæruginare. - fourbir.

Exafoci. - *idem* exafoti.

Exafoti, exafoci, exafota. - candélabre à six lampes.

Exaga. - *idem* exagum, espace enclos.

Exagella. - (< *exăgĭum*), solde ou portion d'héritage, ce qui revient à chacun et qui est compensé à égalité.

Exagellarius, exagilarius. - héréditaire.

Exaggerare. -
1. Irriter.
2. Dire en exagérant.

Exaggeratio. - demande excessive, extorsion.

Exagilarius, exagiliarius. - de pesée.

Exagilarius. - *idem* exagellarius.

Exagium. - (< ἐξάγιον)[1].
1. Pesée.
2. Vérification des poids.
3. Essayage des métaux (dans les monnaies).
4. Épreuve judiciaire, jugement de Dieu, ordalie.
5. Revenus, profits.
6. Estimation.
7. (< *ăgĕre*), sortie.

Exagius. - *idem* exagum.

Exagum, exagus, exaga, exagius, exavus. - espace enclos.

Exagus. - *idem* exagum.

Exalabrare. - dévider (du fil).

Exalacritare. - presser.

Exalapare. - gifler.

Exalare. - exhaler.

Exalbare. - blanchir.

Exalienare. -
1. Faire partir.
2. Déposséder, déshériter.

Exalligare. - libérer, révoquer.

Exalmatus. - incantation.

Exalodis. - propriété, bien.

Exalrare. - creuser ou drainer.

Exaltare. -
1. Élever, exhausser, dresser, hausser.
2. Faire surgir.
3. Exalter, honorer.
4. (*Cf. exartare*), défricher, mettre en culture.

Exaltatio. -
1. Action d'élever, de hausser, de dresser.
2. Rang élevé, position exaltée.
3. Construction ou réparation.
4. Orgueil, fierté, hauteur.
5. Faste, luxe.
6. (*e. monetæ*), augmentation du titrage des pièces de monnaie.

---

[1] ἐξάγιον : « balance de pesée ».

Exaltatus. - terre remise en culture.

Exalteratus. - altéré, amoindri.

Exaltio. - hauteur, élévation.

Exaltus. - essart.

Examantissimus. - très aimé.

Examaricari. - rendre amer, devenir amer.

Exambicare. - échanger.

Exambire. - (< *ambīre*).
1. Briguer, solliciter.
2. Séjourner, rester inactif.

Examen. - (< *exāmĕn*).
1. Essaim d'abeilles.
2. Troupe de personnes.
3. Jugement de Dieu, épreuve judicaire, ordalie.
4. Jugement dernier.
5. Origine, source, commencement.
6. Examen académique.
7. Étoffe de soie, de satin.
8. (*e. dotis*), don qui est fait à la femme par le mari en compensation de la dot qu'il a lui-même reçu d'elle.

Examentus, examitus. - velours ; étoffe de soie, de satin.

Exametum, examitum, xametum, sametum, examina, exhimitum. - velours, soie, satin, habit de velours.

Exametus. - de velours, de satin.

Examina. - *idem* exametum.

Examinare. - (< *exāmĕn*).
1. Se dit des abeilles qui se réunissent en essaim.
2. Demander une enquête ; interroger quelqu'un (pour une enquête).
3. Faire subir une épreuve judiciaire ; (*se e.*), subir une épreuve judiciaire ou de justification.
4. Examiner (un élève).
5. Expirer, rendre l'âme, accéder au jugement dernier.

Examinatia. - examen (d'élève).

Examinatio. -
1. Recherche, examen.
2. Epreuve judiciaire.
3. Jugement dernier.
4. Ordalie.

Examinator. -
1. Dignité en Lombardie.
2. Examinateur universitaire.
3. Contrôleur des fabrications (de drap par ex.).

Examinatorium. - creuset.

Examinatorius. - qui sert à éprouver.

Examinatus. - affiné, de bon aloi.

Examitum. - *idem* exametum.

Examitus. - *idem* examentus.

Examorare. - ôter du tas.

Examplare, exemplare. - (< *amplāre*).
1. Augmenter.
2. Agrandir un terrain par défrichement.
3. Agrandir un édifice.

Examplarium. - *idem* examplum.

Examplatio, exemplatio, exampliatio, exemplatorium. - agrandissement, terre défrichée, essart.

Exampliatio. - *idem* examplatio.

Examplificare. -
1. Augmenter.
2. Rendre prospère.

Examplum, exemplum, examplarium. - terrain agrandi, *amplifié*, par défrichements, essart.

Examussis. - règle ; équerre.

Exancillare. - (fig), libérer.

Exancingum. - *idem* andecinga, mesure agraire de superficie.

Exancorare. - lever l'ancre.

Exanguacha. - le guet.

Exangulare. - rechercher.

Exangysis. - gage, garantie.

Exanhelare. - souhaiter vivement.

Exanimabiliter. - timidement, en flageolant.

Exanimalis. - qui est sans âme, inanimé.

Exanimare. - expirer.

Exanimatio. - perte de la vie.

Exantlare. - (< *exantlāre*) ; (fig), exprimer.

Exanulare. - déposer l'anneau.

Exaperire. - expliquer.

Exaquari. - débarquer.

Exaquatio. - écoulement, drainage.

Exaquatorium. - conduit, canal de dérivation.

Exaquescere. - se changer en eau.

Exaquia, exaquium, essewera. -
1.   Drainage.
2.   Canal d'évacuation de moulin.
3.   Fossé, digue, tranchée (pour drainer les terres), anc fr[1], *sewiere*, « décharge d'un étang, d'un vivier ».

Exaquium. - *idem* exaquia.

Exarabilis. - transmissible par écrit.

Exaractare. - *idem* excharactare, écrire, attester.

Exarare. - écrire, rédiger par écrit.

Exaratio. - action d'arracher en labourant.

Exarator. - auteur.

Exarchatus. - territoire soumis à un exarque.

Exarchiatrus. - médecin du prince.

Exarchus. -
1.   Chef, dirigeant à Constantinople, exarque.
2.   Dignitaire ecclésiastique.

Exarcia. - agrès, cordage, équipement de navire, anc fr[2], *essarcie*.

Exardere. - brûler.

Exarere. - se dessécher.

Exariata. - *idem* eissariata, colline non cultivée et de terrain inégal, avec des creux.

Exarichus. - habitant des champs, colon, laboureur (Espagne).

Exaridus. - complétement sec, desséché.

Exarocrare. - passer au crible, tamiser

Exarrare. - équiper, armer.

Exarsus. - enflammé.

Exartare, sartare, essartare. - défricher.

Exartaria. - *idem* exartus.

Exartarius, exartor. - celui qui défriche.

Exartarius. - *idem* exsartarius, défricheur.

Exartatio. -
1.   *Idem* exsartatio, défrichement.
2.   Droit d'essarter, de défricher

Exartes. - *idem* exartus.

Exarthrare, exartuare. - démembrer, rompre les membres.

Exarticulatus. - inarticulé.

Exartuare. - *idem* exarthrare.

Exartum. - *idem* exsartum.

Exartus, essartum, sartum, exartaria, exartes. - défrichement, essarts.

Exas. - le nombre six.

Exasia, exasium. - conduit d'écoulement des eaux.

Exasium. - *idem* exasia.

Exasperatio. -
1.   Dureté.
2.   Colère, irritation.
3.   Révolte violente.

Exassantium. - crapaud.

Exaterus. - étranger ou (celui qui défriche ?).

Exaticus. - *idem* escaticus, redevance pour la glandée.

Exauctorare. - dégrader un clerc.

Exauctoritas. - licenciement.

Exauctorizatio. - privation de l'autorité, déposition.

Exauctorizatus. - qui méprise l'autorité, la discipline.

Exaudi. - le sixième dimanche après Pâques.

Exaudibilis. - facile à écouter.

Exaudibiliter. - en exauçant, avec bienveillance.

Exauditio. - action de prêter l'oreille ; bienveillance.

---

[1] Godefroy.

[2] id.

Exauferre. - emporter, enlever.

Exaugerare. - augmenter.

Exaugescere. - manquer, tomber, se perdre.

Exaugustus. - ancien empereur, empereur déchu.

Exaurare. - dorer.

Exaureare. - prendre l'air, s'envoler dans la moindre brise comme font les faucons.

Exauriculare. - couper les oreilles.

Exautorizatus. - celui qui méprise l'autorité et la discipline.

Exavus. - *idem* exagum, espace enclos.

Exbanditi. - proscrits.

Exbanniare, exbannire. - bannir.

Exbannimentum. - bannissement.

Exbannire. - *idem* exbanniare.

Exblatare. - percevoir, recouvrer les revenus de la terre.

Exbonatio. - détermination des limites, mise en place des bornes par l'autorité judiciaire.

Exbonnare. -
1. Établir par un accord, réglementer.
2. Délimiter par des bornes.

Exbrancare, exbranchiare. - ébrancher, couper les branches.

Exbrancatura. - branchages.

Exbranchiare. - *idem* exbrancare.

Exbrigare. - dégager de tout procès.

Exbursare. - débourser.

Excaancia. - ce qui échoit à quelqu'un.

Excadentia, escæta, excidentia, eschadentia, excaduta. -
1. Retour d'un fief au suzerain.
2. Héritage qui échoit.
3. (pl), casuel ; ce qui échoit au trésor pout toute sorte de raisons.

Excadere. - échoir.

Excaducum. - ce qui échoit à quelqu'un par héritage ou pout tout autre raison.

Excaduta. - *idem* excadentia.

Excæcare. - arracher les yeux, rendre aveugle.

Excæcatrix. - celle qui aveugle.

Excætare, escætare. - percevoir les revenus de mainmorte.

Excaita. - *idem* excadentia3.

Excaldare. -
1. Échauder.
2. (*e. se*), se baigner (dans les thermes).

Excaldatus, escaldatus, excaldetus. - échaudé (pain).

Excaldetus. - *idem* excaldatus.

Excalgaytus. - garde, action de monter la garde.

Excambialis. - d'échange.

Excambiare, escambitare. - changer.

Excambiator, excambitor. - changeur.

Excambitio. - échange.

Excambitor. - *idem* excambiator.

Excambitus, excambium. - change ; échange.

Excambium. - *idem* excambitus.

Excancidare. - blanchir, nettoyer.

Excandalum. - préjudice, perte.

Excandefacere. - faire monter le cours des vivres, enflammer les prix.

Excandentia. - paille plus légère et autres détritus tombant du froment sur l'aire de battage.

Excandere. - s'enflammer de colère.

Excangium, excannium, escangium, essecambium. - échange.

Excannium. - *idem* excangium.

Excanocari. - être exclu de la dignité de chanoine, perdre son canonicat, son droit à la prébende, au bénéfice.

Excapillare. - découvrir, décoiffer.

Excapillatus. - échevelé.

Excapitare. - décapiter.

Excaplum, escaplum. -
1. Fuite.
2. Amende à cause d'une fuite.

Excapulare, scapellare. - détruire.

Excarcerare. - faire sortir de prison.

Excardinare. - (< κραδαίνω)[1], perturber, créer le désordre.

Excardinatio. - action de faire passer un clerc d'une église à une autre.

Excaritus. - distribué par parties.

Excarnare. - décharner.

Excarnificare. -
1. Torturer.
2. Manger la chair.

Excarnificatio. - torture.

Excarpsus, scarsus. - extrait.

Excarrazonata. - sorte de défense contre les assaillants, palissade.

Excarricare. - décharger d'un chariot.

Excartellatus. - écartelé.

Excassura. - *idem* excasura.

Excasura, escasura, excassura. -
1. Main morte.
2. Héritage.

Excaturizare. - échauder.

Excaudicare. - déraciner.

Excausare. - examiner une affaire ou un procès, instruire.

Excausarius. - celui qui soutient les intérêts d'un autre.

Excavementum. - bannissement.

Excavere. - défendre, interdire.

Excedecafoti. - lampadaire à seize lampes.

Excedere. -
1. (*e. hominem*), mourir, décéder.
2. (*e. mentem*), perdre la raison.
3. Commettre une faute, pécher.

Excellare. -
1. Vivre libre avec sa femme.
2. Vivre dans le monde avec une femme (en parlant d'un moine défroqué).

Excellentia. -
1. (*e. vestra*), titre honorifique, excellence.
2. (*per excellentiam*), par excellence.

Excellere. - surpasser.

Excelsia. - position élevée, dignité.

Excennium. - cadeau.

Excentricus, eccentricus. - excentrique.

Exceptaculum. - ce qui reçoit, renferme quelque chose, instrument pour recevoir quelque chose, réceptacle.

Exceptare, exceptuare - s'éloigner de, retirer de, excepter.

Exceptatio. - *idem* exceptatum.

Exceptatoria. - fosse.

Exceptatum, exceptatio. -
1. Exception.
2. (*exceptatum officium*), office de la dernière semaine de l'Avent.

Exceptio. -
1. Réception (de personne)
2. Objection, plaidoyer terrain exonéré d'impôt.
3. (*exceptionis pagina*), charte de bail emphytéotique.

Exceptis, excepto. - outre.

Exceptive. -
1. En exceptant.
2. En ôtant.

Exceptivus. - capable de recevoir.

Excepto. -
1. Sauf.
2. Ainsi que, outre.
3. (adv), en outre.

Exceptor. - secrétaire, greffier.

Exceptoria, exceptorium - réservoir, citerne.

Exceptorium. - *idem* exceptoria.

Exceptrix. - celle qui accueille, reçoit (en parlant de Marie).

Exceptuare. - *idem* exceptare.

Exceptuatio. - exception, réserve.

Exceptum. - commandement, ordre.

Excerebrare. -

---

[1] κραδαίνω : « secouer, agiter ».

1. Faire sauter la cervelle à quelqu'un.
2. Perdre ou faire perdre la tête, devenir fou ou rendre fou.

Excerebratio. - perte de la raison, folie, démence.

Excerebratus. - qui a perdu la tête, qui n'a pas de sens, étourdi, fou, écervelé.

Excernere. - évacuer.

Excessio. -
1. Mort.
2. Faute, péché.
3. Excès.

Excessive. - excessivement.

Excessivitas, expensarum. - dépense excessive.

Excessivus. -
1. Excessif.
2. Extatique.

Excessor. - *idem* excessivus1.

Excessualis. -
1. *Idem* excessor.
2. Excessif (charge).

Excessus. -
1. Départ, sortie.
2. (*e. vitæ*), la mort.
3. Digression.
4. Extase, folie.
5. Vision, apparition.
6. Faute, péché.
7. Délit, crime.
8. Excès, abus.
9. Surplus.
10. (*e. clericorum*), se dit lorsque les clercs en font trop dans l'exercice de leurs fonctions.

Exchalciare. - (*< calcĕus*), emporter, voler l'argent (en mettant les pièces dans ses chaussures, d'où le terme).

Exchalgayta, exchirgaitia. - le guet, action de monter la garde.

Exchangia, exchangium. - échange.

Exchangium. - *idem* exchangia.

Exchapium. - *idem* eschapium.

Excharactare, exaractare. - écrire, attester.

Exchertus. - introduit, ajouté.

Exchintonata. - botte, fagot.

Exchirgaitia. - *idem* exchalgayta, le guet, action de monter la garde.

Exchuchare. - (*< exsuccare*), extraire le suc de.

Excibilatores. - ceux qui volent les biens avant que l'héritier ne puisse en jouir.

Excicotum, exicotum. - écot.

Excidentia. - *idem* excadentia.

Excidere. - *idem* escadere, échoir à.

Excidium. - droit du seigneur sur l'héritage du vassal et également droit de relief.

Excindere. - *idem* exscindere, détruire.

Excinerare. - brûler, réduire en cendre.

Excinium. - présent, cadeau.

Excipere. - accueillir.

Excipium. - épieu pour la chasse au sanglier.

Excipulum. - fossé (ou engin pour la pêche ?).

Excitatio. -
1. Éveiller, invoquer.
2. Réveil (du sommeil) ; ressusciter (de la mort).
3. Appel, exhortation.
4. Incitation.
5. Le fait de provoquer, de susciter.

Excitatoria. - rixe, querelle.

Exclamare. -
1. Prononcer à haute voix.
2. Proclamer, faire connaître.
3. Réclamer (quelqu'un.).
4. (*e. ad*), adresser une pétition à.

Exclarare. -
1. Déclarer.
2. Éclaircir.
3. Décider, (*se e.*), se déployer.

Exclausa. - *idem* exclusa.

Exclaustratio. - permission de demeurer pour un temps hors du cloître.

Exclipticare. - manquer, défaillir.

Exclosorium. - porte d'écluse, écluse.

Exclotoria. - *idem* eclosa, barrage, écluse.

Excludere. -
1. Refuser l'accès ou l'entrée, barrer un fleuve, exclure.
2. (*e. diem ultimum*), mourir.
3. Boucher l'entrée, intercepter, faire barrage.

Exclusa, esclusa, exclausa, sclusa. -
1. *Idem* eclosa, barrage, écluse.
2. Partie canalisée d'un fleuve.
3. Col, défilé.
4. Ouvrage fortifié qui domine une route enserrée dans les montagnes.

Exclusagium. - *idem* exclusaticum droit pour réaliser des écluses, anc fr[1], *exclusaige*, « permission de faire construire des écluses ».

Exclusare. - exclure, empêcher.

Exclusaria. -
1. Bassin.
2. Administration des écluses, des retenues d'eau (monastère).

Exclusarium. - barrage, et redevance pour un barrage.

Exclusaticum, exclusagium, exclusatium, excluticus, exclusaticus. - droit de péage pour réaliser des écluses.

Exclusator. - garde d'un barrage.

Exclusatorium. - barrage.

Exclusi. - assiégeants.

Exclusive. - exclusivement, en excluant.

Exclusivus. - exclusif.

Exclusor. -
1. Portier.
2. (< *excūsŏr*), forgeur, mouleur, fondeur.
3. (*exclusores dæmonum*), exorciste.

Exclusorius. - (< *excūsŏr*), métier de fondeur d'or ou d'orfèvre.

Exclusura. - droit de barrage.

Exclusus. -
1. (subs), assiégeant.
2. Bassin.

Excluticus. - *idem* exclusaticum droit pour réaliser des écluses.

Excociare. - défricher.

Excoctio. -
1. Cuisson, ébullition.
2. Crémation.

Excodicare. - travailler la terre avec la houe.

Excœcatio. - aveuglement (punition).

Excogitabilis. - concevable.

Excogitamentum. - pensée (qui vient à l'esprit).

Excogociamentus. - adultère ou rapt des femmes veuves ou célibataires.

Excola. - étranger.

Excolare. -
1. Purifier par filtration.
2. Exsuder.

Excolata. - viande cuite.

Excolatio. - filtration.

Excolentia. - soin, entretien, administration (d'un patrimoine).

Excolere. -
1. Exploiter, cultiver en usufruit.
2. Défricher, mettre en culture.

Excoliatus - (< *cōlĕus*), émasculé.

Excolidus. - terre qui n'est pas mise en culture.

Excomiare. - chasser, mettre dehors.

Excommiatus. - banni, chassé.

Excommunicare. -
1. (*e. ne*), supplier de ne pas excommunier.
2. Défendre de sous peine d'excommunication.

Excommunicatio. -
1. Interdiction de communion.

---

2. (*e. ob debita*)[1], le débiteur est contraint, par la voie de l'excommunication, au paiement de sa dette.

Excommunicator. - celui qui excommunie.

Excommunicatorius. - qui comporte une excommunication.

Excommunio, excommunis. - celui qui est excommunié.

Excommuniter. - ensemble, en commun.

Excommunus. - excommunié.

Excomparatio. - achat.

Excomputare. -
1. Compter.
2. Déduire.

Exconciliare. - (*e. altare*), interdire un autel.

Excondicere, excondire, escondire. -
1. (*se e.*), satisfaire, se justifier par serment, affirmer.
2. Écarter, réfuter (une accusation).
3. S'excuser, anc fr[2], *escondire*.

Excondire. - *idem* excondicere.

Exconditum. - action de se justifier.

Exconstabularius. - ancien officier de paix (Angleterre).

Excontrare. - échanger.

Excontrum. - échange.

Exconvincere. - excommunier.

Excopare. - balayer.

Excopiare. - recopier.

Excoquere, ecoquere. -
1. Trop cuire, brûler, dessécher.
2. Ébouillanter, cautériser.
3. Fondre, affiner (métal) ; (fig), purifier.
4. Tremper l'acier.

Excordare. - arracher le cœur à.

Excordari. - se tromper.

Excordatus. - qui est sans cœur.

Excoriare. -
1. Meurtrir, écorcher à coups de verges, battre jusqu'au sang ; (fig) dépouiller, exploiter.
2. (*e. cruces*), enlever l'or et l'argent qui ornent les croix.

Excoriatio. - action d'écorcher, de dépouiller, (également fig).

Excoriator. -
1. Écorcheur (de brebis).
2. Celui qui dépouille, exploite.
3. Bourreau.

Excornis. - dépourvu de cornes.

Excorporare. - (*e. se*), se tenir à l'écart.

Excorrentiæ. - biens qui tombent dans les caisses du trésor pour toute sorte de raison.

Excorrigiare. - délacer.

Excorticare. -
1. Couper la queue d'un animal.
2. Ecorcher.
3. Ecorcer.

Excortizare. - écorcher.

Excorzare. - écorcer.

Excossiare. - couper les impuretés de la laine (Angleterre).

Excostare. - tailler, limer.

Excotere. - (< *excŭtere*) ; (*e. bladum*), battre le blé.

Excredere. -
1. Relâcher sous cautionnement.
2. Déconsidérer quelqu'un ; faire en sorte que l'on ne le croit pas.
3. Échanger.
4. Acheter à crédit ; emprunter.

Excreditus. - celui dont le crédit n'est pas établi pour que l'on accepte sa garantie.

Excrementum. -
1. Déchets.
2. Excédent, surplus.
3. (*e. maris*), inondation.

Excrescens. -
1. (*e. dies*), jour intercalaire.
2. (subs), casuel.

---

[1] Montignot.

[2] Godefroy.

Excrescentia. -
1. Excédent, surplus, accroissement.
2. Casuel.

Excrescere. -
1. Augmenter.
2. Excéder.

Excretio. - croissance.

Excretoria. - (*e. casa*), maison isolée.

Excribrare, ecsribare, exscribrare. - passer au crible.

Excrispare. - onduler, faire des boucles.

Excrolare. - ébrancher, secouer, anc fr[1], *croler*.

Excrustare, excrutare. - enlever la surface, la croûte d'une chose ; racler une statue pour voler l'or.

Excrutare. - *idem* excrustare.

Excuba, excubia, excubius, excubus. - sentinelle.

Excubare. -
1. Sortir du lit.
2. Se lever avant le jour (pour les matines).
3. Être couché.

Excubia. - *idem* excuba.

Excubiæ, scubiæ, escuviæ, escufiæ. -
1. Offices nocturnes.
2. Obsèques.
3. Corvées, tracasseries dont les vassaux sont l'objet de la part du seigneur.
4. Services militaires des vassaux pour la garde du château du seigneur.

Excubialis. - de garde, relatif à la garde.

Excubiare. - monter la garde.

Excubiator. - garde, sentinelle.

Excubicilis. - astreint à faire le guet.

Excubicularius. - ancien chambellan.

Excubitare. - veiller, faire le guet.

Excubitorium. - endroit du palais où les soldats montent la garde.

Excubitus. - être de garde.

Excubius, excubus - *idem* excuba, sentinelle.

Excudere. - (< *excūdĕre*).
1. Imprimer (en utilisant des caractères d'imprimerie fondus ?).
2. Forger le métal.

Excudia. - (< *excussŭs*).
1. Brosse à vêtements.
2. Outil à écraser le chanvre.

Excuguathiæ. - le guet.

Exculpare. - excuser, demander pardon de.

Exculpare. - sculpter.

Exculpatio. - le fait d'être disculpé.

Exculpere. - examiner.

Excultabilis. - qui peut être cultivé.

Excultor. - celui qui adore.

Excuneatus. - expulsé par une section des spectateurs (au spectacle).

Excupare. -
1. (< *scōpāre*), balayer.
2. Couper.

Excupator. - (< *scōpāre*) balayeur, nettoyeur.

Excurator. - protecteur.

Excurbitare. - terrasser quelqu'un.

Excurrere. - passer le temps.

Excursus. -
1. Excursion, voyage.
2. Laps de temps.
3. Développement d'une discussion.
4. Traversée de ce monde.
5. Issue, poterne.
6. Ecluse, vanne.
7. Redevance à payer au seigneur pour la pâture sur ses terres.

Excurtare. -
1. Écourter, couper (la queue d'un cheval), anc fr[2], *escouer*.

---

[1] Godefroy.

[2] id.

2. Écourter, anc fr[1], *acourter* ; rétré-
    cir (le champ voisin en labourant
    trop près).

Excusa, excusamentum. - excuse.

Excusabilis. -
1. Exempt de culpabilité, innocent.
2. Exempt (de redevance).

Excusamen. - excuse, pardon.

Excusamentum. - *idem* excusa.

Excusare. -
1. Absoudre, obtenir l'impunité.
2. Accuser.
3. Dispenser (d'un paiement).
4. (*se e.*), se justifier d'un crime,
    d'une faute ; s'excuser de ne pas
    venir.

Excusatio. -
1. Action de se justifier, justifica-
    tion.
2. Exemption.
3. *Idem* excusatoria.

Excusativus. - qui disculpe, justificatif.

Excusator. - celui qui se justifie d'une accusation, où qui réfute la demande de la
partie adverse.

Excusatoria. - lettre par laquelle on excuse son absence.

Excusatorius. - (*e. littera*), lettre pour excuser son absence.

Excusatum. - *idem* excusatio2, exemption.

Excusatus. -
1. Individu qui, s'étant soustrait au
    pouvoir de son maître primitif,
    s'est mis sous la garde d'un autre
    seigneur.
2. Serf fugitif qui obtenait le pardon
    en s'en remettant à l'Eglise.
3. Personnes qui se retiraient dans
    un monastère où dans les églises
    et s'y donnaient entièrement.
4. Serf exempt de corvée, particuliè-
    rement ceux qui se donnaient en-
    tièrement au travail de la terre et
    se trouvaient exemptés de charge
    publique.

Excusor. - (< *excūsŏr*), forgeron, fondeur.

Excussare. - secouer, agiter violemment.

Excussatus. - action d'agiter, de secouer.

Excussio. -
1. Action de secouer (un arbre).
2. Action de battre le blé.
3. Action de frapper.
4. Soustraction à une saisie.
5. Soustraire un malfaiteur à la jus-
    tice.
6. Impôt (qui soustrait du bien).

Excusso. - écusson.

Excussor. -
1. Celui qui bat le blé.
2. Parricide, assassin, garde.

Excussorium. -
1. Aire à battre.
2. Van.

Excussura. - battage du blé.

Excutere. -
1. Battre le blé.
2. Couper, trancher, enlever, arra-
    cher.
3. Faire avorter, se débarrasser (de
    l'enfant conçu).
4. Extorquer, enlever, arracher.
5. Soustraire à un saisie.
6. Faire évader.
7. Délivrer (un château assiégé).
8. (*se e.*), se dérober.

Exdictus. - déjà dit.

Exdignus. - indigne.

Exdomarii. - vagabonds sans domiciles.

Exdux. - ancien duc.

Execatorium. - canal d'écoulement des
eaux.

---

[1] Hippeau.

Execrari. - se dit d'un autel qui doit être reconsacré pour toute sorte de raison

Executare. -
1. Effectuer, exécuter, accomplir.
2. (*e. bona debitoris*), retirer du gage afin de rembourser la dette.
3. Faire mourir par suite d'une condamnation judiciaire.

Executare. - *idem* exsecutare.

Executere. - *idem* executare3.

Executio, exsecutio. -
1. Peine capitale.
2. (*e. campi*), duel.
3. Retrait de la garantie.
4. Pouvoir de l'exécuteur testamentaire.

Executivus. - *idem*, exsecutivus, exécutif.

Executor. -
1. Celui qui exécute les ordres du juge.
2. Percepteur, receveur des impôts.

Executorialis. - *idem* exsecutorialis, qui a force exécutoire.

Executrix. - femme chargée des fonctions d'exécuteur testamentaire.

Exeda. - sorte de char.

Exeditio. - sortie.

Exedra. -
1. Abside.
2. Pièce isolée du reste de l'édifice.
3. Siège de l'évêque au fond de l'abside.
4. Sanctuaire.
5. Reliquaire.

Exegesis. - exégèse.

Exegeta. - exégète.

Exegnium. - don, cadeau.

Exemina. - mesure pour le vin.

Exemplar, exemplarium. -
1. Image, représentation.
2. Modèle.
3. Archétype, original.

Exemplare. -
1. Copier.

2. Rédiger un brouillon.
3. Montrer par des exemples.
4. Elucider, expliquer.
5. Imiter.
6. Exposer à la risée publique.
7. *Idem* examplare.

Exemplari. -
1. Imiter.
2. Écrire soi-même un autographe.

Exemplaris. -
1. À titre d'exemple.
2. Basé, modelé sur

Exemplaritas. -
1. Action de se donner en exemple.
2. Qualité de ce qui sert de modèle.

Exemplariter. - d'une manière exemplaire, à titre d'exemple.

Exemplarium. - *idem* exemplar.

Exemplata terra. - essart

Exemplatim. - à titre d'exemple.

Exemplatio. -
1. Copie.
2. *Idem* examplatio, agrandissement, terre défrichée. (*Cf. examplare2*).

Exemplativus. -
1. Typique.
2. Destiné à reproduire.

Exemplator. - correcteur de textes recopiés.

Exemplatorium. - *idem* examplatio.

Exemplatum. -
1. Copie.
2. Image de ce que l'artiste a voulu représenter.

Exemplatura. - copie.

Exemplatus. -
1. Copié.
2. Servant d'image, symbolique.
3. Essarté (*Cf. examplum*).

Exemplicare. - donner en exemple

Exemplificare. -
1. Copier.
2. *Idem* exemplicare.

3. Raconter, réciter.

Exemplificatio. - copie.

Exemplum. -
1. Parabole, fable, proverbe, exemple ; sujet, figure dans une œuvre d'art.
2. *Idem* examplum, essart.

Exemptare. - exempter.

Exemptio. -
1. Le fait d'être rendu indépendant de telle ou telle autorité.
2. Exemption, décharge (d'une taxe).
3. Exemption des monastères de la juridiction épiscopale.

Exemptor. - bourreau.

Exemptus. - exempt de l'autorité épiscopale.

Exenarrare. - ignorer.

Exendola. - bardeau, planche de couverture de toit.

Exenia. - (< *xĕnĭum*) ; (pl), cadeaux.

Exeniare. - offrir des cadeaux.

Exenium, exennium. - don, cadeau, toute redevance que l'on faisait payer à titre de don « volontaire ».

Exennium. -
1. *Idem* exenium.
2. Cadeau de la nouvelle année (Angleterre).

Exensis. - hors de sens.

Exenterare, exinterare. - éventrer, vider (des volailles).

Exenteratio, exenterizatio, exentricatio. - supplice consistant à éventrer le coupable et à brûler ses entrailles (Angleterre).

Exenterizatio. - *idem* exenteratio.

Exentricatio. - *idem* exenteratio.

Exepiscopus. - ancien évêque, évêque déposé.

Exequiæ. - funérailles, office des morts.

Exequialia, exsequilia. - (pl), obsèques

Exequiare. - célébrer les funérailles.

Exequiarius. - ordonnateur des funérailles.

Exequilais. - relatif aux funérailles.

Exequitare. -
1. Aller à cheval.
2. Tomber de cheval, être démonté.
3. *Idem* executare.

Exequtare. -
1. Retirer le gage.
2. Punir de la peine capitale, exécuter.

Exequtoria. - ordonnance d'exécution.

Exercipes. - coureur, messager à pied.

Exercitalis. -
1. Soldat qui sert à l'armée, qui fait partie de l'ost, homme libre.
2. (adj), qui concerne l'ost.

Exercitaliter. -
1. Avec les armes, militairement,
2. Avec l'ost.
3. (*e. ire*), s'avancer en arme.

Exercitamen. - exercice.

Exercitare. - faire la guerre, guerroyer, marcher avec l'ost.

Exercitas. - action judiciaire.

Exercitator. - travailleur embauché, ouvrier.

Exercitiosus. - exercé, forcé, dressé.

Exercitium. -
1. Droit d'usage.
2. Maniement d'outils, travail.
3. Exercice spirituel.
4. Métier.
5. Œuvre littéraire, exercice de rhétorique

Exercitualis. -
1. Illustre par ses hauts faits militaires.
2. Relatif à l'armée.
3. (pl) ; (subs), droit sur le mort, dit *heriot* dans l'Angleterre anglo-saxonne qui exigeait qu'à sa mort, un noble fournisse à son roi un ensemble d'équipement militaire

comprenant souvent des chevaux, des épées, des boucliers, des lances et des casques. Le terme équivalent en français était « droit du meilleur catel ».

Exercitualiter. - à main armée.

Exercituare. - lever des soldats.

Exercitus. -
1. Ost, expédition militaire.
2. Service militaire obligatoire (dû par les vassaux).
3. La nation, territoire d'une unité ethnique.
4. L'ensemble des hommes libres d'une cité.
5. La foule des courtisans.

Exercium. - exercice, affaire, charge.

Exere. - chasser de, faire sortir.

Exerere. - mettre dehors ou porter hors de.

Exeres. - (< *rēmex*), navires à six rangées de rames superposées.

Exermis. - désarmé.

Exfabriquare. - fabriquer.

Exfaidus, exfaidum. - accord (qui met fin à la vengeance).

Exfebruare. - (< *fĕbrŭāre*), nettoyer, purifier.

Exfelcorare. - fumer la terre.

Exfeodare. - donner en fief.

Exfestucado. - renonciation (en jetant le fétu).

Exfestucare, effestucare, efestucare. -
1. Livrer à quelqu'un tout ce que l'on possède, anc fr[1], *effestuer*.
2. Renoncer à l'alliance de ; résilier un lien d'hommage.

Exfestucatio. - *idem* effestucatio, abdication, abandon.

Exfibulare. - dégrafer, détacher.

Exfida. - redevance pour les pâturages.

Exfinare. - limiter, borner.

Exforciamentum. - *idem* exforciamentum, spoliation.

Exforciare. - *idem* exfortiare.

Exforciator. - celui qui fait violence, prend par la force.

Exforcium. -
1. Secours, aide.
2. *Idem* exfortium.

Exfornicare. - forniquer.

Exfortiamentum, exforciamentum. - spoliation.

Exfortiare, exforciare, effortiare. -
1. (*e. aliquem*), user de la violence envers quelqu'un.
2. (*e. aliquid*), ravir quelque chose.
3. (*e. aliquid*), fortifier (un château par ex.).
4. Renforcer, rendre plus fort, (une monnaie par ex.).

Exfortium, exforcium, effortium. -
1. Action de ravir par la force.
2. Butin.
3. Effort militaire, forces armées.

Exfrediare, exfridiare. - (< *frið*)[2], *idem* diffrodiare, troubler, inquiéter violemment.

Exfretare. - traverser un fleuve.

Exfridiare. - *idem* exfrediare.

Exfructare. - *idem* exfructuare, exploiter.

Exfructicare. - enlever les fruits ; (fig), *idem* exfructuare, percevoir les fruits de, exploiter.

Exfructuare, exfructare, exfructicare. - exploiter.

Exfundare. -
1. Renverser de fond en comble.
2. Enlever un domaine à quelqu'un, exproprier.
3. (*se e.*), renoncer à la propriété de.

Exgalatio, egalatio. - action de rendre égales les parts de chaque héritier en tenant compte des charges qui grèvent l'héritage.

---

[1] Godefroy.

[2] A.S : *frið*, « paix ».

Exgardium, esgardium, exguardium, exgardum. - enquête ; jugement après enquête.

Exgardum. - *idem* exgardium.

Exgravare. - soulager.

Exgravator. - juge d'appel.

Exgrunire. - grogner.

Exgrunitio. - grognement.

Exguardium. - *idem* exgardium.

Exhabitare. - dépeupler.

Exhabitatio. -
1. Action de dépeupler.
2. Action d'abandonner un lieu.

Exhæredare. -
1. (*e. aliquid*), dépouiller quelqu'un de ses biens.
2. (*se e.*), se ruiner.
3. Sortir d'une famille (en parlant de biens qui devraient revenir aux héritiers naturels).

Exhæredatio. - spoliation, ruine.

Exhæreditare. - tomber en déshérence.

Exhæreditas. - *idem* exhæreditatio.

Exhæreditatio, exhereditas. - action de déshériter.

Exhalatus. - (< *exhālāre*, p.p, *exhālātum*), mort.

Exhalescere. - éclater.

Exhaustio. - épuisement.

Exhibere. -
1. Accomplir une promesse.
2. Défrayer, entretenir, payer.
3. Rendre un service.
4. (*se e.*), obéir à (un conseil).

Exhibernare. - passer l'hiver.

Exhibitio. -
1. Production (de preuves, de témoins).
2. Action de montrer.
3. Redevance, prestation, taxe.
4. Action de donner.

Exhibitivus. - capable de montrer.

Exhibitor. - porteur d'une lettre ; celui qui présente, qui exhibe un document.

Exhilarativus. - qui rend joyeux (le vin).

Exhilarescere. - être joyeux.

Exhimitum. - *idem* exametum, velours, habit de velours.

Exhita. - action de sortir pour aller à la rencontre de quelqu'un.

Exhominare. - déshumaniser, dépouiller de sa qualité d'homme.

Exhomologesis. - *idem* exomologesis, prière publique pour la confession des péchés.

Exhomologista. - confesseur.

Exhonorare. -
1. Déposséder quelqu'un de son fief.
2. Déshonorer.

Exhortamentum. - *idem* exhortatus.

Exhortativum, exhortatorium. - exhortation.

Exhortatorius. - (adj), d'exhortation.

Exhortatrix. - celle qui incite à.

Exhortatus, exortatus, exhortamentum. - exhortation.

Exhospitare. - exhumer (les morts, pour les enterrer ailleurs).

Exhospitatus. - (adj), dénué de tenanciers, abandonné par ses habitants.

Exhumare. - exhumer.

Exhumatio. - exhumation.

Exhumectare. - sécher.

Exicius. - exilé, banni, proscrit, anc fr[1], *eschif.*

Exicotum. - *idem* excicotum, écot.

Exidoneare, exadoniare. -
1. Réfuter une accusation.
2. (*se e.*), *idem* exoniare, se purger, se justifier.

Exiens. - moribond.

Exigenda. - condition de celui qui, ayant été convoqué cinq fois en personne, ou cité

à comparaître, ne vient pas, et peut donc être proclamé contumace (Angleterre).

Exigentia. -
1. Action de droit.
2. Besoin, nécessité, exigence.
3. Taxe, impôt.

Exigere. -
1. Provoquer, occasionner.
2. Sortir, s'en aller.
3. (*se e.*), abandonner la possession de.

Exigitivus. - qui exige, nécessite.

Exignire. - enflammer, mettre le feu.

Exiguus. - humble.

Exiliare. -
1. Exiler.
2. Dévorer, dissiper.
3. *Idem* exiliari.

Exiliari. - vivre en exil.

Exiliarius. - celui qui envoie en exil.

Exiliatio. - exil.

Exiliatus. - né en exil.

Exilium. -
1. Emprisonnement.
2. Dévastation, ruine, anc fr[1], *essil*, « destruction ».

Exilium. - *idem* exsilium.

Eximanire. - libérer de, exempter.

Eximentum. - revenus.

Eximere. - (< *exĭmĕre*).
1. Sortir, extraire, dégainer.
2. Tuer, faire périr.
3. Percevoir, lever une taxe.
4. Exempter d'une obligation.
5. Nettoyer.

Eximii. - les grands (les importants).

Eximina, exmina. - mesure pour les grains, émine.

Eximmutuare. - faire pauvre.

Eximperator. - ancien empereur.

Eximperatrix. - ancienne impératrice.

Exinanire. -
1. Rendre vain, anéantir.
2. Délivrer, vider de quelque chose.

Exinanitas. - action de vider, épuisement.

Exinanitio. -
1. Affaiblissement, détérioration.
2. Spoliation, appauvrissement.

Exinanitus. - évanoui.

Exinhonorare. - déshonorer.

Exintegrare. - détruire, ruiner.

Exintegro. - (adv), complètement, sans altération.

Exinterare. - *idem* exenterare, éventrer, vider (des volailles).

Exinvestire. - (*e. de*), désinvestir de.

Exippitare. - ouvrir la bouche, bâiller.

Exire. -
1. (< *exŭĕre*), offrir un prix pour, mettre à l'enchère.
2. (< *exŭĕre*) ; (*e. de crimine*) être absous.
3. (< *exŭĕre*) ; (*e. de conventione*), violer une convention.
4. (< *exīre*) ; (*e. se*), s'en aller, se retirer.
5. (*e. causam*), trancher une cause.
6. (*e. ad judicium*), subir un duel judiciaire, un jugement de Dieu.
7. (< *exīre*), être dû comme redevance.
8. Provenir, se produire.
9. Dépendre, être rattaché à une tenure.
10. (< *exīre*), exprimer, faire sortir un liquide.
11. (< *exīre*) ; (*e. hominem*), mourir.

Existentialitas. - capacité d'exister, force vitale.

Existere. - *idem* exsistere

Exita. -
1. Sortie, droit de sortie.
2. Offre, mise, enchère.

Exitabiliter. - d'une manière funeste.

---

[1] Godefroy.

Exitativus. - qui excite.

Exiticius. -
1. Exilé, qui s'est exilé.
2. Mort ; mort spirituelle.

Exitire. - être en danger.

Exitor. - enchérisseur.

Exitura. - issue, droit de sortie (taxe).

Exitus. -
1. Sortie, voie d'accès, passage libre (d'un champ, d'un domaine) ; droit de sortie (impôt).
2. Expédition militaire.
3. Enfants, descendance.
4. Revenu de la terre, rente.
5. Recettes et dépenses.
6. Renonciation, cession, abandon.
7. Acte, action.
8. (*e. villæ*), taxe que l'on payait aux magistrats au lieu de domicile quand on changeait de résidence.
9. (*e. lignorum*), copeaux de bois.
10. (*exitum facere*), se dépouiller, se démettre de toute chose.

Exius. - *idem* exsus, sortie.

Exkipper. - *idem* eschipper.

Exlegalitas. - condition de hors la loi.

Exlegare. - mettre hors la loi, ôter les droits civils de quelqu'un.

Exlex. -
1. Hors la loi, révolté.
2. D'une autre loi ou religion.
3. Celui qui est privé de ces droits civils.
4. Délit ou crime fait contre la loi.

Exmellare. - lancette, scalpel de chirurgien.

Exmembrare, emembrare. - mutiler.

Exmembratio. - action de mutiler.

Exmembratus. - mutilé, démembré, estropié (martyr).

Exmerare, esmerare. - (< *mĕrus*), affiner l'or ou l'argent.

Exmetare. - poser des bornes.

Exmina. - *idem* eximina, mesure pour les grains, émine.

Exminutuare. - appauvrir.

Exmonochare. - faire sortir du monastère, défroquer.

Exnamiare. - saisir une personne, une propriété.

Ex-nunc. - depuis ce temps, dès maintenant.

Exobligare. - dégager d'une obligation.

Exocculare, exoculare. -
1. Cacher quelque chose.
2. Se dérober à la vue, se cacher.
3. Aveugler moralement.
4. Dévoiler.

Exoccupare. - (*e. aliquid*), dégager, libérer, débarrasser.

Exoccupatio. - le fait d'être inoccupé.

Exochas. - hémorroïde.

Exocionitæ. - nom donnés aux Ariens qui se rassemblaient à Constantinople dans un lieu appelé *Exodonium*, comme la majorité des chrétiens de Constantinople.

Exoculare. - *idem* exocculare.

Exoculatio. - action de crever les yeux.

Exodium. - fin, terme, mort.

Exolutim. - indubitablement, certainement, avec assurance.

Exomis, exomium. - tunique qui laisse une épaule nue.

Exomologesis, exhomologesis. - prière publique pour la confession des péchés.

Exoneratio. -
1. Déchargement d'un navire, d'une arme à feu.
2. Évacuation.
3. Décharge de responsabilité, exonération de responsabilité.
4. Libération de dette, remboursement.

Exoniare, exidoneare, essonare. - (*e. se*), se justifier en justice.

Exoniator. - celui qui s'excuse et demande un délai.

Exonium, essonium, essonia. - excuse pour une convocation, anc fr[1], *essoine*.

Exorabilis. - (saint) qu'on peut invoquer, fléchir par des prières.

Exorabilitas. - pitié.

Exorabula. - une certaine façon d'exhorter.

Exoramen. - prière, supplique.

Exoratio. -
1. Supplication, prière.
2. (*exorationum litteræ*), pétitions, lettres de demandes.

Exoratus. - supplication, intercession.

Exorbare. -
1. Aveugler.
2. Décapiter.

Exorbita. - voie large, voie pour les chars.

Exorbitantia. - (*e. motum*), mouvement très violent.

Exorbitare. -
1. S'écarter du droit chemin.
2. Déposséder.

Exorbitas. - cécité.

Exorbitatio. -
1. Dérèglement, immodération.
2. Déviation, action de sortir de la voie.

Exorbitator. - celui qui transgresse la règle ou fait transgresser.

Exorcisma. - incantation, enchantement.

Exorcismus. - exorcisme, conjuration de l'esprit malin.

Exorcista. - exorciste.

Exorcistatus. - ordre des exorcistes.

Exorcizare. - exorciser, chasser le malin.

Exordiarius. - préchantre.

Exordinare. -
1. (*e. aliquid*), désordonner, troubler, déranger.
2. (*e. aliquem*), casser l'ordination de, dégrader, exclure des ordres.

Exordinatio. -
1. Désordre.
2. Dégradation (d'un clerc) ; action de déposer.

Exordinator. - celui qui dégrade, prive des ordres sacrés.

Exoria. - commencement, naissance.

Exornamentum. - décors, ornement.

Exorquia. - biens provenant d'une personne qui n'a pas d'héritier légitime.

Exors. - excepté.

Exortatus. - *idem* exhortatus, exhortation.

Exortus. -
1. Source (d'une rivière).
2. Sortie, droit de sortie.

Exossare. -
1. Littéralement, désosser, métaphoriquement affaiblir, car les os sont la structure qui renforce le corps.
2. Épierrer.

Exossatus. - (*e. ager*), champ que l'on a épierré.

Exosus. - détesté, odieux.

Exoterus. - exotique.

Exovar, exovarium. - dot.

Exovarium. - *idem* exovar.

Expagium. - *idem* expavium, droit d'épave.

Expalcatio. - battage (du blé).

Expalla. - droit de seigneur de prendre les épaules des porcs sauvages tués.

Expalmamentum. - calfatage de navire.

Expalmare. -
1. Goudronner un navire, fr, *espalmer*.
2. Frapper avec la main, souffleter.
3. Se laver les mains (prêtre après la communion).

Expalmatio. - action de se laver les mains.

Expanciare. - vider les entrailles des animaux.

Expandare. - saisir des gages.

---

[1] Godefroy.

Expandere. - étendre.

Expandiosus. - répandu, célèbre.

Expapillatus. - (*expapillatis brachiis*), bras retroussés.

Exparere. - disparaître.

Exparta. - celle qui a mis bas.

Expartatio. - départ.

Expassio. -
1. Étalement.
2. Etendue.

Expatrare. -
1. Achever, accomplir.
2. Déshériter.

Expatriare. -
1. Bannir.
2. (*se e.*), se rendre à l'étranger.

Expatriatus. - (subs), exilé.

Expatulari. - briser l'épaule.

Expaveus, espaveus, exspavius, exspavus. -
1. Égaré.
2. (pl), épaves.

Expaveyus. - étranger.

Expavium, espavium, spavium, expagium. - droit d'épave.

Expecificatio. - indication précise d'une chose, spécification.

Expectabilis, expectatus. - illustre, renommé.

Expectare. - (*e. jus suum*), expression qui a été utilisée quand le plaignant ayant attendu vainement l'accusé pendant trois jours, avait ainsi gagné l'affaire de plein droit.

Expectare. - *idem* exspectare.

Expectatio. - considération, contemplation.

Expectativus. - *idem* exspectativus, d'attente, expectatif.

Expectatus. - *idem* expectabilis.

Expectorare. - chercher à persuader du fond du cœur.

Expectoratus. -
1. Chassé du cœur.

2. Découvert sur la poitrine, décolleté.

Expeculiati. - serfs privés de leurs pécules.

Expediatio, expeditura. - amende pour la non mutilation des chiens dans la forêt du seigneur, *Cf. espeltamentum*.

Expedibilis, expedivilis. - poids convenable, monnaie ayant cours.

Expedibiliter. - en étant toujours disposé.

Expedicare. -
1. Dépouiller.
2. Dépenser.

Expedicatus. - celui à qui on a coupé le pied (en châtiment).

Expediculare. - (*se e.*), s'épouiller.

Expedimenturn. - bagage.

Expediose. - en bref, d'une manière expéditive.

Expedire. -
1. Abandonner le seigneur ou la seigneurie, renoncer à l'hommage du seigneur.
2. Expédier, envoyer.
3. Concevoir, proposer, encadrer.
4. Apprêter, préparer.

Expeditamentum. - *idem* espeltamentum.

Expeditare. -
1. (*e. canem*), mutiler les pattes d'un chien d'une manière ou d'une autre : En effet, les lois forestières prévoyaient que les chiens des forestiers devaient être préparés de manière à ne pas chasser le cerf ou le lièvre, et qu'ils devaient être moins habiles dans la poursuite des bêtes sauvages.
2. (*e. arbores*), déraciner les arbres.

Expeditatio. - *idem* espeltamentum.

Expeditio. -
1. Obligation d'aller à l'armée, service militaire, ost.
2. La nation rassemblée.
3. Chevauchée.

4. Diligence, action d'être expéditif.
5. Répartition, distribution.
6. Expédition (d'une affaire).
7. Renonciation.
8. Paiement.
9. (*e. causarum*), promulgation des rôles judiciaires.

Expeditionalis. -
1. Concernant le service militaire.
2. Qui est astreint à l'ost.

Expeditionaliter. - avec l'ost, en forces.

Expeditoriæ res. - armes de guerre des combattants.

Expeditura. - *idem* expediatio.

Expeditus. -
1. Rapide.
2. Sans forces.

Expedivilis. - *idem* expeditilis, poids convenable, monnaie ayant cours.

Expegatorium. - sorte de filet pour la capture des perdrix, cailles, faisans.

Expellere. - forcer à.

Expelleuta. - percepteur, collecteur d'impôts.

Expendere. - épuiser, consumer.

Expendibilis. - ayant cours.

Expenditio. - dépense.

Expenditor. -
1. Celui qui paye.
2. Econome, trésorier, intendant.

Expenditus. - payé, acquitté.

Expendium. -
1. Dépense, frais.
2. Distribution.

Expensa, spensa. -
1. Provisions.
2. Prébende.

Expensabilis. - de qualité courante (denrée).

Expensalata. - mesure agraire.

Expensare, expensere. - dépenser.

Expensarium. -
1. Dépense, frais.
2. Magasin.

Expensarius. - (subs), économe.

Expensarum. - *idem* excessivitas.

Expensaticus. - généreux, large.

Expensere. - *idem* expensare.

Expensor. -
1. Économe.
2. Celui qui dépense, dilapide.

Expercaria. - *idem* espercaria, endroit où les congres sont vendus (Angleterre).

Experdens. - voleur.

Experductum. - *idem* esperduta, barre de métal.

Expergencius, expergentius. - avec plus de vigilance.

Expergentius. - *idem* expergencius.

Expergescere. - réveiller, éveiller.

Experimentalis. - expérimental.

Experimentaliter. - par expérience, expérimentalement.

Experimentare. - expérimenter, tenter.

Experimentator. - expérimentateur.

Experimentatus. - expérimenté.

Experimentum. -
1. Renseignement, information.
2. Expérience (scientifique).
3. Remède.
4. Amulette.

Experiri. -
1. Découvrir, connaître.
2. Porter plainte.

Expernare, expernere, exspernere, exspernire. - mépriser.

Expernere. - *idem* expernare.

Expertio. - essai, épreuve.

Expertire. - diviser, partager.

Expertum. - expérience.

Expertus. -
1. Étranger, d'une autre patrie.
2. (< *expergĭtus*), réveillé.

Expetentia. - recherche.

Expetere. -
1. Obtenir, recouvrer.
2. Se rendre en un lieu.

Expiare. -

1. Chercher de tout côté.
2. Epier.
3. (*e. sepulcrum*), bénir, purifier la tombe (avec de l'eau bénite et de l'encens).

Expiarium. - essuie-main.

Expiatio. - expiation.

Expiatrix. - celle qui expie.

Expignorare. -
1. Dégager une hypothèque.
2. Saisir des gages.

Expilare. - épiler, arracher les cheveux ou la barbe.

Expilatus. - débarrassé de ses poils (en parlant des peaux bien travaillées).

Expiotus. - épieu.

Expirare. - expirer (en parlant d'un terme).

Explacabilis. - que l'on peut grandement apaiser, fléchir.

Explacitare. -
1. (*e. aliquid*), obtenir en droit.
2. (*se e.*), se purger, se justifier.

Explaitabilis. - *idem* explectabilis1.

Explanare. -
1. Éclaircir un bois, arracher les arbres pour mettre la terre en culture.
2. Interpréter, expliquer.
3. Déclarer, reconnaître.

Explanatio. -
1. (< *explētĭŏ*), fin, achèvement.
2. Terre défrichée.

Explanatiuncula. - petite explication.

Explantare. - déraciner ; (fig.) arracher, extirper.

Explecha. - *idem* esplencha.

Explechare, explectare. - utiliser quelque chose, exploiter.

Explechia, expletio. - revenus de la terre, du domaine.

Explecta. -

1. Juridiction.
2. Ustensile de ménage quelconque.

Explectabilis. -
1. (serf) soumis au chevage, à la capitation.
2. Sujet à un pouvoir justicier.

Explectamentum. - droit de jouissance sur une chose.

Explectare, esplectare, espletare. -
1. *Idem* explechare, utiliser quelque chose, exploiter ; mettre en culture, cultiver.
2. Percevoir les revenus d'une terre et l'exploiter, anc fr[1], *esploit*, « rente, revenu ».
3. Avoir la jouissance de.
4. Mettre à exécution un mandement de justice.
5. Confisquer.

Explectatio. -
1. Détresse, désolation.
2. (*e. personarum*), arrestation de personnes.
3. (*e. bonorum*), saisie de biens.
4. (*e. jurisdictionis*), acte judiciaire, de la juridiction.

Explectivus. - se dit d'une forêt dont les arbres ont été abattus.

Explectum, espletum. -
1. Acte judiciaire et profits qu'il rapporte.
2. Assignation, procès.
3. Droit de percevoir des amendes.
4. Saisie.
5. Taille, impôt.
6. Corvée de moisson.
7. Revenus d'une terre.
8. Terre vague, forêt.
9. Outil, instrument, ce que l'on utilise pour réaliser quelque chose.
10. Exploit de guerre, attaque, invasion.

---

[1] Godefroy.

Explectura, esplectura, espletura. - revenu.

Explegium. - *idem* expleta1, profits, revenus.

Explementum. - *idem* expletum4, revenu d'une terre.

Explere. - achever.

Expleta, espleta, expletia. -
1. (pl) ; (n) et (f) ; (pl), *expletae* profits, revenus.
2. Outil.
3. Droit de pâturage, de pêche, de chasse, de prendre du bois.

Expletare. -
1. Percevoir les revenus d'une terre.
2. Débiter.

Expletatio. -
1. Saisie, acte de justice.
2. (*e. personarum*), arrestation.
3. (*e. jurisdictionis*), acte de justice, exercice du droit de justice.

Expletator. - celui qui exploite et perçoit les revenus de l'exploitation.

Expletia. - *idem* expleta.

Expletio. -
1. Accomplissement, achèvement.
2. *Idem* explechia, revenus de la terre, du domaine.

Expletium. - *idem* expletum4, revenu d'une terre.

Expletivus. - *idem* expletum4.

Expletor. - celui qui doit « l'exploict », (la corvée) de moisson, *Cf. expletum6*.

Expletum. -
1. Acte judiciaire et profit qu'il rapporte, anc fr[1], *esploit*, « rente, revenu ».
2. Assignation, promesse de comparaître en justice, action litigieuse.
3. Saisie ; retrait des gages.
4. Revenu d'une terre.
5. Domaine particulier exploité pour le propre compte du seigneur.
6. Corvée due au seigneur en temps de moisson, anc fr[2], *exploict*.
7. Sorte de panier ou de corbeille.
8. Copie, description, représentation.
9. Outil instrument quelconque.
10. (*e. belli*), exploit de guerre, attaque.

Expletura. - revenu, résultat de la production.

Expletus. - exempt de.

Explicare. -
1. (*locum e.*), exercer le droit de justice en un lieu.
2. Cultiver, faire produire la terre.

Explicit. - ce qui se termine, s'achève (s'oppose à *incipit*).

Explicite. - explicitement.

Explicium. - *idem* explechia, revenus de la terre, du domaine.

Explicta. - *idem* explechia.

Exploitamentum. - *idem* explechia.

Explorative. - pour se renseigner, par curiosité.

Explorator. -
1. Éclaireur, observateur, espion.
2. Surveillant de monastère.

Explosor. - celui qui rejette, n'admet pas.

Expluere. - répandre, verser.

Explumare. - plumer.

Expœnitentes. - ceux qui font une pénitence publique.

Expolium. -
1. Action de piller, pillage.
2. Dépouille.

Expompare. -
1. Priver de faste ou de splendeur.
2. Faire étalage, se vanter.
3. Injurier, détester.

Exponderius, esponderius. -

---

[1] Godefroy.

[2] Roquefort. (sous *exploicteur, moissonneur*).

1. Limitrophe, voisin.
2. Situé sur la frontière.

Exponencia. - promulgation.

Exponere. -
1. Déposer, mettre à côté, chasser, bannir.
2. Démasquer, critiquer.
3. Produire (des titres).
4. Promulguer (des lois).
5. Interpréter, faire un commentaire.
6. Livrer, payer.
7. Extrader.
8. Exposer à la vente
9. Mettre en gage.
10. Léguer après son décès.
11. Dépenser, employer.
12. Accorder, concéder.
13. Aider à une spoliation.
14. (*e. aliquem*), trahir, aider à un homicide.
15. Mettre à la disposition de quelqu'un.

Expontaneus, exspontaneus. - spontané.

Expontifex. - ancien pontife.

Expontonus. - demi-pique d'officier subalterne : *esponton*.

Exportare. -
1. Emporter, arracher.
2. Malmener.
3. Supprimer.

Exportellum. - petite porte extérieure.

Exoscere. - demander, exiger, implorer.

Exposite. - clairement, distinctement.

Expositio. -
1. Engagement, caution.
2. Exégèse, interprétation.

Expositive. - en exposant, en expliquant.

Expositivus. -
1. Qui expose, explique.
2. Qui fait connaître.

Expositor. -
1. Commentateur, exégète, interprète.
2. Celui qui expose, met en vente.

Expositorium. - commentaire.

Expositum. - commentaire, exposé.

Expost. - désormais, plus tard, ensuite.

Expotestare. - déposséder.

Exprecari. - terminer sa prière.

Exprehendere. - (*e. vitia*), critiquer, réprimer les fautes.

Exprehendere. - réprimer les vices.

Expresbyter. - ancien prêtre.

Expressare. - affirmer expressément.

Expresse. - expressément.

Expressim. - distinctement, clairement.

Expressio. -
1. Énoncé, expression.
2. Emphase.
3. Article, clause dans un document officiel.

Expressitas. - diligence, promptitude.

Expressive. - d'une manière expressive.

Expressivum. - l'expression de, ce qui exprime.

Expressivus. -
1. Expressif.
2. Exprimant spécialement, expressément.

Exprimentaliter. - par expérience.

Exprimere. -
1. Sceller (un acte), graver, empreindre.
2. (*e. signum crucis*), faire le signe de la croix.

Exprobacio, exprobatio. - examen.

Exprobare. -
1. Examiner.
2. Prouver, démontrer.

Expromissor. - garant.

Expropriare. - exproprier, dépouiller de ses biens.

Expropriatio. - expropriation.

Exproprietas. - ancienne propriété.

Expudoratus. - impudique.

Expugnaculum. - machine de siège.

Expugnalis. - susceptible d'être pris d'assaut ou assiégé.

Expugnare. -
1. Attaquer, assiéger.
2. Chasser, expulser.
3. (*e. ab hoste*), défendre à main armée.
4. Combattre.

Expugnatio. - attaque.

Expulsare. - chasser.

Expulsivus. - capable d'expulser, de chasser.

Expulsorius. - destiné à chasser.

Expulverare. - dépoussiérer ; (fig), éclaircir.

Expungere. - supprimer, détruire ce qui doit l'être.

Expurgare. -
1. Justifier quelqu'un.
2. (*se e.*), se justifier.
3. Défricher.

Expurgatio. - purification, extirpation.

Exquamiare. - changer, échanger.

Exquilla. - clochette, anc fr[1], *esquille*.

Exquirere. -
1. Revendiquer, réclamer.
2. Recouvrer, récupérer.
3. Acquérir, acheter.

Exquirium. - écureuil.

Exquisitio. -
1. Recherche, enquête.
2. Découverte.
3. Exaction, action d'exiger un impôt.
4. Sentence.

Exquisitus. - ce que l'on s'est procuré sans l'acheter.

Exrefectus. - à jeun, qui n'a pas mangé, ou pas achevé son repas.

Exrex. - ancien roi.

Exsaginare. - se débarrasser des graisses superflues.

Exsartare, exartare, essartare. - *idem* essartare, défricher.

Exsartarius, exartarius. - défricheur.

Exsartatio, exartatio. - défrichement.

Exsartum, exartum, sartum. -
1. Défrichement.
2. Essart, terrain défriché.

Exsavare. - *idem* essavare, s'écouler, se retirer.

Exscambiare. - échanger.

Exscaturizare. - échauder pour déplumer (un poulet).

Exsceleratus. - criminel, scélérat.

Exscindere, excindere. - détruire.

Exscribrare. - *idem* excribrare, passer au crible.

Exscriptor. - copiste.

Exscudis. - instrument pour soulever la poussière, plumeau, anc fr[2], *escuche*, « époussetoir »

Exsculpere. - (fig), disséquer, examiner avec soin.

Exscuratio. - *idem* escuratio, décapage, nettoyage, fourbissage.

Exscutum. - écu.

Exsecare. - châtrer.

Exsecramentum. -
1. Erreur exécrable.
2. Malédiction, imprécation.

Exsecrare. -
1. Faire une fausse consécration.
2. Profaner.

Exsecratio. - perte de son caractère sacré.

Exsecrator. -
1. Celui qui est maudit et détesté.
2. Profanateur.

Exsecratus. - qui a perdu son caractère sacré.

Exsectio. - action de couper, de tailler (les ongles).

Exsecutare, executare. -
1. Exécuter, faire.
2. Exécuter un criminel.

Exsecutio. - *idem* executio.

---

[1] Hippeau.

[2] id.

Exsecutivus, executivus. - exécutif.

Exsecutor. - exécuteur testamentaire.

Exsecutorialis, executorialis. - qui a force exécutoire.

Exsecutorius. - exécutoire.

Exseminare. - engendrer.

Exsensus. - privé de sens.

Exsequi. - être exécuté.

Exsequiæ, exsequium. - cérémonie funèbre.

Exsequialis. - d'obsèques.

Exsequilia. - (pl), *idem* exequialia, obsèques.

Exsequium. - *idem* exsequiæ.

Exsequtor. - juge ou autre délégué par le prince, chargé de veiller à ce que la loi ordonnée soit exécutée.

Exsevia. - *idem* essaveria, digue, chaussée, (ou vanne, bonde d'un étang).

Exsiccativus. - qui a le pouvoir de dessécher, de purifier.

Exsigillare. - rompre le sceau, décacheter.

Exsiliare. - bannir, proscrire.

Exsilium, exilium. -
1. Voyage lointain.
2. Destruction.

Exsisa. - impôt décidé lors d'assises publiques.

Exsistere, existere. - exister, être ; vivre.

Exsolare. - s'isoler, s'esseuler.

Exsolute. - absolument, assurément.

Exsolutio. - (*e. judicii*), sentence d'acquittement.

Exsolvere. - acquitter un accusé.

Exsortium. - recrutement de troupes par tirage au sort.

Exspatharius. - garde du corps des empereurs d'Orient.

Exspatiare. - grandir, se développer.

Exspavius. - *idem* expaveus.

Exspavus. - *idem* expaveus.

Exspectabilis. - notable.

Exspectare, expectare. -
1. Considérer, tenir compte de.
2. Regarder comme contribuable.
3. Demeurer, rester, supporter.
4. Regarder avec admiration.

Exspectatio. - attente.

Exspectativus, expectativus. - d'attente, expectatif.

Exspectator. - celui qui est curieux de voir.

Exsperdutum. - *idem* esperduta, barre de métal.

Exspernere. - *idem* expernare, mépriser.

Exspernire. - *idem* expernare.

Exspinare. - enlever, arracher les épines.

Exspoliare. -
1. Dévêtir.
2. Dépouiller, piller.
3. (*e. vitem*), ôter les échalas d'une vigne.

Exspoliatio. - pillage, spoliation.

Exspoliator. - spoliateur.

Exspondere. - (*se e.*), promettre de ne plus prétendre.

Exspontaneus. - *idem* expontaneus, spontané.

Exstagnare. - (*e. sanguinem*), étancher le sang.

Exstare. -
1. Être.
2. Proférer (paroles, discours).

Exstasis. - *idem* ecstasis, grande joie, enthousiasme, ravissement.

Exstaticus, ecstaticus. - extatique.

Exstinamentum. - estimation.

Exstinctio, extinctio. - extinction.

Exstinctorium. - éteignoir.

Exstinguere, extinguere. -
1. S'éteindre, être éteint (en parlant d'une action judiciaire).
2. Cesser d'exister, être éteint.

Exstipulare. - renoncer à.

Exstirpare. - défricher une terre.

Exstirpativus. - à défricher.

Exstricabilis, extricabilis. - qu'on peut défaire, dénouer.

Exstromentum. - instrument, outil.

Exstruere, extruere. -
1. Exploiter, cultiver.
2. Dévaster (une cité).

Exstruscare. - arracher.

Exsuchium. - jeu d'échec.

Exsufflare. -
1. Souffler ; exorciser en soufflant sur quelqu'un.
2. Mépriser, dédaigner, rejeter.

Exsul, exul. -
1. Étranger.
2. Hors la loi.

Exsulabundus. - celui qui s'exil ou qui est banni.

Exsulare, exulare. -
1. Détruire abîmer.
2. (intrans), voyager à l'étranger.

Exsulaticius. - relatif à l'exil.

Exsulitas. - exil.

Exsultativus. - d'exultation.

Exsumptuare. - appauvrir, rendre pauvre à force de dépenses.

Exsuperare, exuperare. -
1. Surmonter ; (fig) vaincre, accabler.
2. Saisir (un bien).

Exsuperatissimus. - qui surpasse tout (Dieu).

Exsurdare. - rendre sourd.

Exsurgens. - l'orient.

Exsurgere. -
1. Surgir, se produire.
2. Sortir
3. Ressusciter.

Exsus, exius. - sortie.

Exsuscitator. - (fig), celui qui réveille.

Exsutorium. - endroit où quelque chose est mis à sécher.

Extædiari. - être accablé de chagrin, être tourmenté.

Extales. - entrailles, viscères.

Extaliatus, extalliatus, staliatus. - preneur à bail.

Extalium, stalium, extallium, extallum. - bail ; domaine, ferme cédé à un autre pour une période déterminée, moyennant un paiement annuel.

Extalliatus. - *idem* extaliatus, preneur à bail.

Extallium, extallum. - *idem* extalium,

Extar. - marmite à faire cuire les abats, les viscères.

Extariata. - mesure agraire, stérée.

Extasis. - *idem* ecstasis, grande joie, enthousiasme, ravissement.

Extelarius[1]. - (*e. cervus*), cerf apprivoisé que l'on lâchait pour qu'il attire des cerfs sauvages.

Extemplator. - copiste ; correcteur de textes recopiés. Celui qui est un modèle de.

Extemporaliter. - avant terme.

Extendarium. - drapeau, etencard.

Extendere. -
1. (*se e.*), s'efforcer.
2. Apprécier, évaluer.
3. Arpenter.

Extenebrare. - sortir des ténèbres, apporter au jour.

Extense. - en abondance.

Extensio. -
1. Action d'étendre.
2. Arpentage.
3. Pays, quartier.

Extensitas. - extension.

Extensive. - par extension.

Extensivus. - extensif.

Extensor. - celui qui est chargé d'estimer les héritages et d'en faire le partage entre les cohéritiers.

Extensorium. - registre contenant les actes dans la forme étendue.

---

[1] Ce cerf apprivoisé avait un collier pour le distinguer, ce qui le mettait à couvert d'être percé de flèches des chasseurs. D'où l'étymologie, *extra telum erat*. (Montignot).

Extensum. - minute d'un acte.

Extenta. - arpentage, évaluation, appréciation.

Extente. - de manière étendue.

Extentorium. - ce qui sert à étendre les draps.

Extenuare. - affiner.

Extenuatio. - action de s'humilier.

Extercus. - (< *stercŭs*), fiente, fumier.

Extergifacium. - serviette.

Extergimentorium. - serviette, nappe.

Exterior. -
1. (*exteriores fratres*), frères convers.
2. Celui qui demeure à l'extérieur de l'enceinte, de la place forte.

Exterium. - canal où l'eau de mer entre pendant le flux.

Exterius. - (*e. dicere*), apprendre par cœur.

Exterminare. -
1. Exterminer, tuer.
2. Expulser.
3. Délimiter, déplacer les bornes.

Exterminatio. -
1. Expulsion.
2. Limite.

Exterminator. - exterminateur.

Exterminatorius. - destiné à ruiner (en parlant d'une machine de guerre).

Exterminatus. - (*e. furor*), fureur ardente.

Exterminium. -
1. Dépossession, destruction.
2. Exil (au-delà des limites du territoire).
3. Peste, épidémie ; mine, figure lamentable (métonymie).

Exterminus. -
1. Banni, proscrit, expulsé.
2. Qui extermine.

Externator. - qui bannit, qui proscrit.

Externatus. - qui est dans le délire.

Externicium. - litière.

Externus. -
1. Étranger.
2. Hérétique.
3. (< *hesternus*), d'hier, de la veille.

Exterrere. - faire peur, effrayer.

Exterritare. - épouvanter.

Exterror. - intrépide.

Extersorium. - serviette, essuie main.

Exterula. - vêtement de dessus.

Extesticulare. - émasculer.

Extestinus. - étranger.

Extima. - estimation.

Extimare. - estimer.

Extimum. - taxe exigée avant l'évaluation des marchandises.

Extinctio. - *idem* exstinctio, extinction.

Extinctus. - (*ad extinctum candelæ*), (autorisé, permis) jusqu'à l'extinction de la chandelle.

Extinguere. - *idem* exstinguere.

Extipendium. - (< *stīpendĭum*), impôt, taxe.

Extirpare. - détruire, perdre.

Exto. - (< *esto*), j'y consens.

Extocare. - épierrer.

Extollatio, extollentia. -
1. Action d'élever.
2. Orgueil.

Extollentia. - *idem* extollatio.

Extollere. -
1. (*se e. de aliqua re*), résilier ses obligations.
2. Se révolter.

Extolneare. - dédouaner.

Extonquius. - sorte d'engin de pêche.

Extopare. - obturer, boucher.

Extoppare. - (< *top*)[1], couper les cheveux, raser la tête (Angleterre).

Extornare. - résilier.

Extornatio. - le fait d'abandonner ce qui a été convenu.

Extorquamentum. - taxe injuste.

---

[1] A.S : *top*, « sommet de la tête ».

Extorquere. -
1. Extorquer par la torture.
2. Écarter, détourner.
3. Expulser, chasser.
4. (*e. pedem*), avoir une entorse au pied.

Extorrentia. - exil, bannissement.

Extorris. - exclus, excommunié.

Extors. - privé de.

Extorsio. - (< *extorquēre*).
1. Exigence par la force, (fig.) explication forcée, non naturelle.
2. Impôt excessif, sévère ou illégal.

Extorta. - barrage de branchages entrelacées, entortillés, pour capturer les poissons.

Extortiones. -
1. Impôts indus.
2. Fonctionnaires corrompus.

Extortitius. -
1. Entortillé de.
2. Forcé.

Extortura. - question, torture.

Extra. -
1. (pl), *idem* estra, épaves.
2. (*se e. facere in*), renoncer à.

Extra-agere. - ne pas respecter ses engagements.

Extracha. - *idem* extracta1.

Extracta. -
1. Droit de sortie sur les marchandises.
2. Extrait, copie, partielle, anc fr[1], *estrette*.
3. (< *extendĕre*), étendue.

Extractio. -
1. Prélèvement, retrait, enlèvement.
2. Substance extraite, extrait, essence.
3. Raffinage du métal (Angleterre).
4. (*e. sanguinem*), effusion de sang.
5. Défrichement de terrain.

Extractor. - ouvrier des mines, mineur (Angleterre).

Extractus. - *idem* extracta2.

Extradimittere. - laisser en dehors (d'une vente, d'une donation).

Extradiœcesanus. - étranger au diocèse.

Extradonare. - donner, aliéner un bien (Ecosse).

Extraducere. - sortir.

Extrafamiliare. - faire sortir de la communauté familiale.

Extrafamiliatus. - mis hors de tutelle, émancipé.

Extrafidare. - cautionner, répondre pour quelqu'un.

Extrahere. - copier.

Extrahura. - (subs), égaré, en parlant d'un animal) (Angleterre).

Extraire. - s'en aller, se retirer.

Extrajudicialiter. - sans intenter une action judiciaire.

Extraliminium. - supplément (à un écrit).

Extramanens. - bourgeois dort la propriété est située en dehors de la cité (Ecosse).

Extramarinus. - outre-mer (Ecosse).

Extramontanus. - d'au-delà des monts (Ecosse).

Extranaturalis. - surnaturel.

Extraneare. -
1. Détourner, usurper.
2. Expulser.
3. Aliéner (un bien), abandonner.

Extraneitas. - étrangeté, éloignement.

Extranere. - exclure.

Extraneus. -
1. (*extraneum facere*), dépouiller.
2. (subs), un étranger ; un expulsé.
3. (*e. esse*), être en dehors de l'ordinaire, étrange.

Extrapendere. - pendre (en parlant d'un sceau à l'extrémité d'une charte).

---

[1] Roquefort.

Extraponere. - placer en dehors.

Extraportare. - transporter, transférer.

Extrapraedicamentalis. - qui ne peut se ranger dans une catégorie logique.

Extraprovincialis. - situé hors de la province.

Extrarius. - du dehors (de la maison), étranger.

Extratensio. - exclusion.

Extraterius. - étranger.

Extrates. - les autres.

Extraticus. - magistrat.

Extravagabundus. - errant au dehors.

Extravagans. -
1. En dehors de la règle.
2. Extravagant, absurde.
3. Moine errant.

Extravagantes. - dans les constitutions romaines, ce sont ceux qui agissent hors du Corpus Canonicum de Gratien.

Extravagus. - vagabond.

Extravenditum. - (*e. de foresta*), vente de bois en dehors des limites.

Extrema. - (pl) ; (n), agonie.

Extremere. - être saisi de frayeur.

Extremia. - appel aux armes.

Extremitas. -
1. Condition extrême.
2. (pl), extrémités, situation très pénible.
3. Terme d'une conclusion.

Extremizare. - être à l'extrémité, rendre le dernier soupir.

Extremun. - *idem* extremitas2.

Extremus. - le plus élevé, le plus haut.

Extrena, extrenneum. - (< *strēna*), étrenne.

Extrenneum. - *idem* extrena.

Extrex. - occiput.

Extricabilis. - *idem* exstricabilis, qu'on peut défaire, dénouer.

Extricare. - *idem* extrincare.

Extrilidus. - blanchâtre, livide.

Extrincare, extruncare, extricare. - défricher, épierrer.

Extrinsecus. -
1. Exilé.
2. Extrinsèque, extérieur.

Extroniare, extronizare. - étêter les arbres.

Extronizare. - *idem* extroniare.

Extruere. - *idem* exstruere.

Extruncare. - *idem* extrincare, défricher.

Extrusio. - expulsion, bannissement, (fig.), (*invidiæ, e.*), action de chasser.

Extuberascare. - s'élever.

Extumulare. - exhumer, déterrer un mort.

Extunicare. - dépouiller.

Exturare. - déboucher, ouvrir.

Exturbatio. - perturbation, interruption.

Exturberare. - faire valoir, mettre en évidence.

Extus. - étranger, ennemi.

Exuberatio. - surabondance.

Exuere. -
1. (*e. se de re aliqua*), abandonner, renoncer à une chose.
2. (*e. se de latrocino*), se disculper d'une accusation de vol.
3. (*e. se de crimine*), se disculper d'un crime.
4. (*e. hominem*), mourir.

Exul. - *idem* exsul.

Exulare. -
1. (*e. aliquem*), exiler ; réduire en esclavage.
2. Abîmer, détruire.
3. *Idem* exsulare.

Exulatio. -
1. Gouvernement tyrannique.
2. Exil.

Exulatus, exulitas. - *idem* exulatio2.

Exultio. - fin de la querelle.

Exunare. - rassembler, énumérer.

Exunguare, exungulare. -
1. Arracher l'ongle à un doigt.
2. Déchirer avec des griffes de fer.

Exungulare. - *idem* exunguare.

Exuolare. - reléguer, rejeter.

Exuperare. - *idem* exsuperare.

Exurgitare. - vider en puisant.

Exusiarchia. - pouvoir, origine, pouvoir suprême, originel (de Dieu).

Exustare. - détruire, supprimer.

Exustio. - destruction par le feu.

Exustor. - incendiaire ; (fig), dévastateur.

Exuvialia. - (pl) ; (n), dépouilles, armes du défunt.

Exuviare. - (*e. aliquem*), dépouiller de ses armes.

Exuvus. - sortie.

Exvacuare. - *idem* evacuare.

Exventrare. - éventrer.

Exvolare. - rejeter.

Exvulnerare. - ulcérer, irriter.

Exzenium. - (< ξένιος)[1], cadeau (de nourriture).

Eychalgayta, eychargueta, - garde, action de monter la garde

Eycheyuta. - tout ce qui peut échoir au seigneur.

Eygacium. - *idem* eygatgium.

Eygatgium, eygacium. - canal, conduit, bief.

Eyguesium. - (*e. avere*), troupeau de chevaux.

Eylnescia. - héritage de l'aîné.

Eymeraudus. - émeraude.

Eymina. - mesure pour les grains, hémine.

Eyminata. - mesure agraire correspondant à la surface que l'on peut ensemencer avec une hémine de grains.

Eynicius. - aîné.

Eyrum. - chemin, route, voyage, anc fr[2], *erre*.

Eyscheutia. - ce qui échoit fortuitement, que ce soit par droit d'héritage, ou pour toute autre cause.

Eysia. - tout ce qui appartient à autrui et dont on peut se servir à sa guise

Eysiamentum. - droit d'user de choses que l'on ne possède pas en propre.

Eyssariata. - *idem* eissariata, colline non cultivée et de terrain inégal.

Eyte. - île ou terrain marécageux.

Ezrizeny. - sorte de filet pour capturer les poissons.

---

[1] ξένιος : « qui concerne les hôtes ».

[2] Godefroy.

F

Faba, fava. - fève ; (*f. asiana*), haricot.

Fabacena, fabiacum, fabarium. - prestation, redevance en fèves.

Fabaceus. - de fève.

Fabalia. - *idem* fabaria.

Fabana. - fèves cuites.

Fabare. - *idem* fabaria.

Fabaria, fabalia, fabare, favaria. - champ de fèves.

Fabarium. - *idem* fabacena.

Fabarius. - chanteur à la voix douce, (car les chanteurs s'efforçaient de prendre uniquement comme nourriture des légumes, afin de s'adoucir la voix)[1].

Fabataria. - grand récipient dans lequel on plaçait les haricots.

Fabea. - petite fille.

Fabeliare. - souffler mot.

Fabella. -
1. Petit discours, propos.
2. Petits vers de poésie.

Fabellare. - parler.

Fabellatio. - bavardage.

Faber. -
1. Sorte de poisson.
2. (*f. lignarius*), charpentier.
3. (*f. grossarius*), forgeron.
4. Chef de l'arsenal.

Faberculus. - petit forgeron.

Faberra. - fève.

Fabeus. - enfant.

Fabiacum. - *idem* fabacena.

Fabilis. - à dire, à se rappeler.

Fabinus. - de haricot.

Fabiola. - fleur de haricot.

Fabiolum. - sorte de vêtement (ou de vase liturgique).

Fabisor. - fauteur.

Fabraria. -
1. Serrurerie (métier).
2. Forge.

Fabrateria. -
1. Fabrique, invention, fiction.
2. Forge atelier.

Fabrefacere. -
1. Fabriquer avec art.
2. Forger, ouvrager.

Fabrefactorius. - de forgeron, d'orfèvre.

Fabrefactura. - construction, travail en métal, objet forgé.

Fabrefieri. - être confectionné avec art.

Fabrica. -
1. Fabrique (construction et entretien des bâtiments d'une église).
2. Atelier, forge.
3. Endroit où l'on ferre les chevaux.
4. Bâtiment, édifice.
5. Fabrique d'armes.

Fabricabilis. - qui peut être travaillé par un forgeron, malléable (Angleterre).

Fabricales. - (*f. litteræ*), lettre de fabrique par laquelle le souverain pontife accordait au roi la permission de percevoir une partie des revenus de la fabrique d'une église.

Fabricalis. - propre au forgeron. (Angleterre).

Fabricare. -
1. Construire, bâtir.
2. Forger.

---

[1] Du Cange.

3. Fixer par des clous ou d'une autre manière.

Fabricatio. - *idem* fabricinium.

Fabricativus. - de fabrication.

Fabricator. -
1. Celui qui s'occupe des édifices.
2. (*f. ecclesiæ*), marguillier.

Fabricatrix. - celle qui fabrique.

Fabricatura. -
1. Bâtiment.
2. Fabrication, manière de fabriquer, art du forgeron, orfèvrerie.
3. Objet fabriqué, objet d'art ; (pl), récipients d'or ou d'argent.
4. Produit d'un atelier monétaire.

Fabricatus. -
1. Travail, ouvrage d'art.
2. (*testis f.*), témoin suborné.
3. (adj), rusé, astucieux, habilement fabriqué (Angleterre).

Fabricensis. - armurier.

Fabricerius, fabriquerius. - marguillier.

Fabricina. -
1. Usine, atelier, forge.
2. Objets fabriqués.

Fabricinium, fabricatio. - objet fabriqué, orfèvrerie.

Fabricula. - petit atelier (Angleterre).

Fabricus. - forgeron.

Fabrile, fabrina. - forge.

Fabriliter. - avec art, artistement.

Fabrilla, fabrissa. - femme du forgeron.

Fabrina. - *idem* fabrile.

Fabrinus. - de forgeron, d'orfèvre.

Fabriquerius. - *idem* fabricerius.

Fabrire. -
1. Construire.
2. Forger, façonner.

Fabrissa. - *idem* fabrilla.

Fabula. -
1. Arrangement, accord oral.
2. Récit, histoire.

3. Rumeur.

Fabulare. - parler, s'entretenir.

Fabularius. - conteur, celui qui fait des récits.

Fabularius. - fabuliste.

Fabulatio. - entretien, conversation.

Fabulatorium. - endroit où les moines peuvent parler, salle de conversation.

Fabulatorius. - vain, sans utilité.

Fabulo. - conteur d'histoires.

Fabulose. - dans la conversation.

Fabulositas. - fiction, légende

Fabulosus. - (subs) ; (pl), légendes.

Facare. - prédire, prêcher.

Facceitas. - *idem* facecitas, élégance du style.

Facces. - lentilles d'eau.

Faccinerius, fachilator, fachinerarius. - sorcier, enchanteur, diseur de bonne aventure, anc fr[1], *facinier*.

Facecitas, facceitas. - élégance du style.

Facella. - (< *fax*), torche.

Facellum. - pois chiche.

Faceminæ. - berceuses que l'on chante aux enfants pour les faire endormir.

Facendeira, facendera. - exploitation agricole ; sorte de corvée (Espagne).

Facere. -
1. Demeurer, vivre.
2. Faire affaire avec quelqu'un, traiter.
3. Travailler, cultiver.
4. Réparer.
5. Livrer, laisser, disposer.
6. Fournir, donner, léguer ; (*f. testamentum*), faire son testament.
7. Affirmer, soutenir ; (*f. facta sua*), exposer ses prétentions en justice.
8. Déterminer, assigner, préciser.
9. Devenir tourner à.
10. Faire, consacrer, bénir.
11. (*f. alicui aliquid*), payer.

---

[1] Godefroy.

12. (*f. census*), payer le cens.

13. (*f. ad aliquid*), être en faveur de.

14. (*f. adversus aliquid*), être contraire à.

15. (*f. honorem*), honorer, traiter avec distinction.

16. (*f. usagium*), se conformer à l'usage.

17. (*f. aquam*), faire eau en parlant d'un navire.

18. (*f. carnes*), piller, se livrer au brigandage.

19. (*f. urinam*), uriner.

20. (*f. lectum*), faire le lit.

21. (*f. suum cursum*), obtenir ce que l'on désire.

22. (*f. dominum*), se reconnaître comme vassal.

23. (*f. ecclesiam*), restaurer une église.

24. (*f. firmum*), se faire fort de.

25. (*f. haberi*), faire avoir.

26. (*f. invidiam*), faire envie.

27. (*f. tacentem*), faire désister.

28. (*f. pulchram faciem*), faire bonne mine.

29. (*f. transitum*), trépasser.

30. (*f. videri*), mettre sous les yeux.

31. (*f. litteras*), écrire à quelqu'un.

32. (*f. nihil*), n'être soumis à aucune charge.

33. (*f. evangelium*), chanter l'évangile.

34. (*facit se hora quinta*), il se fait cinq heures, c'est la cinquième heure.

35. (*f. ad aliquid*), contribuer à.

36. (*f. adversus aliquid*), être contraire à.

37. (*f. homines*), lever des troupes.

38. (*f. ictum*), porter un coup.

39. (*f. se nescientem*), agir de manière ignorante, prétendre ignorer le sujet sur lequel vous interrogez quelqu'un.

40. (*f. partem*), prendre le parti.

41. (*f. pulchram faciem*), faire bonne figure.

42. (*f. sanguinem*), faire couler le sang.

43. (*f. taliter*), faire en sorte.

Facesia, facessia, - courtoisie, amabilité.

Facessia. - *idem* facesia.

Facetergium. - *idem* facitergula, mouchoir, serviette.

Facetia. -
1. *Idem* facesia.
2. Verve, éloquence.

Facetiari. - dire quelque chose en plaisantant.

Facetus. -
1. Qui est de bon ton, poli, courtois.
2. Cultivé, instruit.

Facezeiros. - là où l'on pose la face, oreiller.

Facha, facheta, fæcha, fakecha. - sorte de petite colombe.

Facharia. - *idem* facheria.

Facheria, facharia. - métairie, anc fr[1], *facharia* (Provence).

Facherius. - métayer (Provence).

Facheta. - *idem* facha.

Fachia. - futaie.

Fachilator. - *idem* faccinerius.

Fachinatio. - sorcellerie.

Fachinerarius. - *idem* faccinerius.

Fachinus. - portefaix.

Faciale. - linge pour s'essuyer le visage.

Facialis. -
1. De face, face à face.
2. (subs), *idem* faciale.

Facialiter. -
1. De face.

---

[1] Roquefort.

    2.   Relatif à la figure.

Facibilis. - qui peut être fait.

Facienda, fazienda, fazenda. -
1. Exploitation (d'une terre).
2. Ce qui fait partie d'une exploitation agricole (Espagne).

Facies. -
1. Apparence physique ou extérieure, têtes, forme, aspect, personnes, gens.
2. (*f. ecclesiæ*), porte de l'église, seuil.
3. (< *ăciēs*) ; (*f. gladii*), fil de l'épée.
4. (*f. raspata*), visage de colère.
5. (< *fascia*), bande d'un écu, champ.

Facietenus. - jusqu'à la face, au niveau de la face.

Facilis. - étourdi, emporté, inconsidéré.

Facilitas. - instabilité, inconstance.

Facilitatio. -
1. Facilitation.
2. Moyen de soulagement.

Facilla. - faucille.

Facillare. -
1. Étrangler.
2. Juguler un mal.

Facillatura. - ce qu'on fauche à la faucille.

Facilus. - poignard.

Facina, facinaria. - forge.

Facinerose. - criminellement.

Facinorositas. - action criminelle.

Facinus. -
1. Péché.
2. Culpabilité, méchanceté.

Faciolum. - mouchoir, serviette.

Faciolus. - fève.

Facistergium. - *idem* facitergula, mouchoir, serviette.

Facistolium, facistorium. - pupitre.

Facistorium. - *idem* facistolium.

Faciterculum. - *idem* facitergula.

Facitergium. - *idem* facitergula.

Facitergula, faciterculum, facistergium, facitergium, fascitergium, facetergium, facietergium. - mouchoir, serviette.

Facietergium. - *idem* facitergula.

Facium. - faisceau, botte.

Facnus. - (< *facen*)[1], ruse, tromperie.

Faço. -
1. Torche.
2. Façon.

Factibile. - ce qui est faisable.

Factibilis. - faisable.

Factibilitas. - qualité de ce qui est fait.

Facticiosus. -
1. Prompt à faire des machinations.
2. Qui fait beaucoup de choses.

Facticium. - sujétion volontaire.

Facticius. -
1. Celui qui s'est soumis librement à un seigneur.
2. (adj), de manière factuelle, causale.
3. Artificiel, fabriqué.

Factio. -
1. Action factieuse, intrigue.
2. Action de faire.
3. Accord, contrat.
4. Figure, forme.
5. Délit, faute grave.
6. Inimitié sans borne.
7. Prestation de travail, corvée.
8. Atelier.

Factionarius. - conducteur du char de tête au cirque (Angleterre).

Factiose. - traîtreusement.

Factiositas. - habileté à former des ligues.

Factiosus. -
1. (subs), celui qui est engagé dans une guerre privée, une vengeance.
2. Fourbe.

Factitamentum. - chose crée, œuvre.

---

[1] A.S : *facen*, « tromperie ».

Factitatio. - création, œuvre.

Factitator. - fabricant, créateur.

Factive. - en fait, pratiquement.

Factivus. -
1. Réel.
2. Pratique.
3. Capable de faire.
4. Qui fait, crée.

Factor. -
1. Délégué, agent, associé commercial actif
2. Le Créateur.
3. Celui qui exécute, accomplit.
4. Procurateur, intendant, mandataire.

Factoria. - le trésor, le fisc.

Factorium. - pressoir à huile (Angleterre).

Factuarius. - agent, gérant.

Factum. -
1. Donation.
2. Charte constituant un transfert de propriété, contrat, acte public.
3. Exposé (d'un procès).
4. Expédition guerrière.
5. Violence, voie de fait.
6. Redevance
7. Etat, condition.
8. (*ipso facto*), aussitôt.
9. (*in facto esse*), être au fait, au courant.
10. (*quid facti*), point de fait.
11. (*f. rei aliqujus*), le fait d'une chose, ce qui la concerne.
12. (*facta armorum*), faits d'armes.
13. (*facta manualia*), par la force.
14. Exploitation agricole, anc fr[1], *affar*.

Factura. -
1. Création.
2. Créature, être crée, homme.
3. Bâtisse.
4. Stature, taille, forme.
5. La façon, prix d'un travail, facture.
6. Broderie.
7. Charme, maléfice, magie.

Facturare. - être fasciné, ensorcelé.

Facturari. - charmer.

Facturire. - désirer faire.

Factus. -
1. Acte, fait.
2. Unité d'exploitation agricole, anc fr[2], *affar*.
3. (*f. est Dominus*), second dimanche après la Pentecôte.

Facul. - facile.

Facula. -
1. Bois à brûler, bûche.
2. Torche.
3. Part, partie (comme les deux faces de Janus).
4. (*faculas accendere*), sorte de superstition citée par les Conciles.

Faculare. - faire des torches.

Faculentus. - très clair, lumineux.

Facultare. - rendre possible.

Facultas. -
1. Pouvoir, capacité.
2. Droit de disposer d'un terrain, patrimoine, ressources, richesse.
3. (pl), sujets de discussions scolaires, groupe de disciplines scolaires.
4. Faculté universitaire, branche d'une université, collège de docteurs.

Facultatarius. - qui a la faculté d'agir.

Facultaticula. - biens, domaines.

Facultatula. - petite ressource, faible moyen.

Faculter. - facilement.

Facundia. -
1. Érudition, savoir, culture.

---

[1] Roquefort. [2] id.

2. Faculté, pouvoir, permission, autorisation.

Facus. - vermisseau.

Fada. - *idem* fadus.

Faderfium, faderphium, phaderphium. - dot de la mariée.

Faderium. - l'hérédité paternelle[1].

Fadia. -
1. Ajournement de la sentence.
2. Autorisation donnée à un feudataire de vendre son fief.

Fadiatus. - (*f. dies*), jour où la partie citée en justice fait défaut.

Fadiga. - déni de justice lorsque le seigneur refusait de rendre la justice au vassal soit directement, soit de fait en ajournant indéfiniment le jugement.

Fadmus. - mesure de longueur, brasse (Angleterre).

Fadus, fada. - démon, fée.

Fæcha. - *idem* facha, sorte de petite colombe.

Fæciscere. -
1. Souiller.
2. Sentir mauvais.

Fæcor. - qui a l'odeur de la lie.

Fæculentia. - résidu d'égouts, saleté.

Fæculentus. - sale, impur.

Fædus, faidium, fedium, fedus, feodale, feodium. - fief.

Fænus. - intérêt d'un prêt (Angleterre).

Fæstingmen. - (< *fæsting -man*)[2], vassaux (anglosaxon).

Fæx. -
1. Lie.
2. Mélange d'herbes utilisé pour la fermentation de la bière.

Fagena. - faîne, droit de les ramasser.

Fagettum. - *idem* fagotum, fagot.

Fagetum, fagidum, fagia, fagilum, faginina. - hêtraie.

Fagia. - *idem* fagetum, hêtraie.

Fagidum. - *idem* fagetum.

Fagidus. - *idem* faidosus, qui est en guerre privée, dont la vie n'est pas en sûreté.

Fagilum. - *idem* fagetum, hêtraie.

Fagina. -
1. Fouine.
2. *Idem* fagena.
3. Farine

Faginina. - *idem* fagetum, hêtraie.

Fagininus. -
1. De hêtre.
2. (subs), bois de hêtres.

Faginula, faia. - hêtre.

Fagotare. -
1. Faire des fagots.
2. Garnir de fascines.

Fagotarius. - faiseur de fagots, anc fr[3], *fagotier*.

Fagottum. - *idem* fagotum.

Fagotum, fagottum, fagettum, fagotus. - fagot.

Fagus. - droit de faire et de prendre des fagots dans les bois.

Faia. - *idem* faginula, hêtre.

Faicia, faisa, faissa, faissia, faixa, fayssia, faxa, fascia, fessa, fischa. - (< *fascia*), champ tout en longueur, comme une bande.

Faida, feida, faidia, faidus. - (< *fæhðe*)[4].
1. Inimitié qui porte à venger le mort d'un parent ; guerre privée ; vendetta, vengeance de famille, procès ; litige pour homicide, anc fr[5], *faide*.
2. (*pro f.*), payer ou recevoir le prix de la guerre privée ; compensation, amende.

---

[1] Montignot.
[2] A.S : *fæsting*, « acte de confiance », *man*, « homme ».
[3] Roquefort.
[4] A.S : *fæhðe* « vengeance, inimitié, querelle mortelle ».
[5] Godefroy.

3. (*faidam portare alicui*), signifier une guerre privée.
4. (*propter faidam*), tuer.
5. (*faidam componere*), satisfaire la partie lésée.
6. (*componere excepta f.*), cesser la guerre privée.
7. (*faidam pacificare*), cesser par serment la guerre privée.

Faidia. - *idem* faida.

Faidiare. - *idem* faidire.

Faidicus. - *idem* faiditus.

Faidimentum. - compensation pour se racheter de l'exil.

Faidire, faidiare. -
1. Rebeller.
2. Être en guerre privée, se déclarer ennemi.
3. (*f. aliquem*), considérer comme rebelle, exiler.

Faiditas. - inimitié sérieuse et ouverte.

Faiditus, feditus, faidicus, faidosus, feiditus. -
1. Qui est engagé dans une guerre privée.
2. Exilé, banni ; hors la loi, exilé pour rébellion.

Faidium. - fief.

Faidosus, fagidus, feidosus. -
1. Qui est en guerre privée, dont la vie n'est pas en sûreté.
2. *Idem* faiditus2.

Faidus. - *idem* faida.

Faiellum. - petit bois de hêtres.

Faillitus. - amende pour non comparution devant la justice.

Faina. - fouine.

Faira. - *idem* feriæ foire, marché.

Faisa. -
1. *Idem* faicia.
2. *Idem* faisio.

Faisantia, fesantia. - corvée, anc fr[1], *faisance*.

Faisenda. - expédition militaire.

Faisio, faisa, fasio, fazio. - bien à la campagne, métairie, ferme.

Faisium, faissus, fayssus, faxius, faxus, fayssia. - paquet, charge.

Faisnator. - celui qui met le corps dans un linceul, qui enterre les morts, anc fr[2], *faisnieur*.

Faissa, faissia. - *idem* faicia.

Faissus. -
1. *Idem* faisium.
2. Faisceau.

Faitum. - taxe, impôt, charge à payer.

Faixa. - *idem* faicia.

Fakecha. - *idem* facha, sorte de petite colombe.

Fala, phala, falla. -
1. Halle.
2. (< *fălæ*), tour de bois.

Falanga. -
1. Perche ; pieu ; poteau d'amarrage.
2. (< *phălanx*), troupe, compagnie.
3. *Idem* faldinga.

Falangagnum. - droit à payer pour planter des pieux en particulier des poteaux d'amarrage de navires au bord des fleuves ou de la mer.

Falangaticum. - droit à payer par les marchands qui transportent des pieux, des poteaux.

Falangus. - *idem* falanga1.

Falare. - (< *făbŭlārī*), discuter librement.

Falarica. -
1. Trait armé de matières inflammables.
2. Machine à lancer des pierres.

Falarius, falarus. - collier.

Falca. -
1. Paquet, botte.

---

2. Sorte de mesure pour les grains.

3. Partie d'un navire.

Falcabilis. - qui peut être fauché, bon pour la fauche.

Falcagium. - corvée de fauchage, droit de fauche.

Falcare. - (< *falx*), faucher.

Falcarius. - faucheur, faucilleur, moissonneur.

Falcastrare. - couper avec un fauchard.

Falcastrum. -

1. Faucille emmanchée au bout d'une perche, fauchard.

2. Serpe.

Falcata. - (*f. prati*), fauchée (mesure agraire), ce qu'on peut faucher en un jour.

Falcatio. -

1. Fauchage, corvée de fauche.

2. *Idem* falcata.

Falcator. - faucheur.

Falcatores. - soldats armés de faux murales[1] (arme munie d'un croc).

Falcatoria. - sorte de navire, felouque.

Falcatura. -

1. (*f. prati*), *idem* falcata.

2. Fenaison, fauchage, foin coupé.

Falcatus. - muni de faux.

Falcaustrum. - fauchard.

Falcetus. - *idem* falcilla, faucille.

Falchilla. - sorte de poison, de drogue (ou de sortilège).

Falchio. - *idem* falco2, sorte de lance.

Falcicia. - *idem* falcidia.

Falcicula. - *idem* falcilla, faucille.

Falcidia, faucidia, falcicia, falcidium. -

1. (< ?), quart d'héritage.

2. (< *dēfectus*), disparition, diminution.

Falcidium. - *idem* falcidia.

Falcidorium. - *idem* faldistorium, siège sans dossier, chaise pliante et mobile.

Falcile. - *idem* falcilla, faucille.

Falcilia. - *idem* falcilla.

Falcilla, falcetus, falcicula, falcile, falcilia, falsilia, fascilla, faucilla. - faucille.

Falcillagium. - corvée de moisson, de fauchage.

Falcio, falsio, fauchio, falso, falsonus, fanso - épée à un seul tranchant qui était principalement utilisée par les fantassins : fauchon.

Falcistorium. - *idem* faldistorium.

Falcitare. - faucher.

Falcitenens. - porteur de faux.

Falcitineus. - soldat armé d'un fauchard.

Falco. -

1. *Idem* falcus, faucon.

2. Sorte de lance avec une extrémité recourbée.

3. Espèce de poisson.

Falcona, falconeta, falconium. - pièce d'artillerie légère, bombarde allongée, fauconneau.

Falconagium. - redevance à payer en faucons dénichés, *fauconnage*.

Falconaria, falconeria. - chasse au faucon.

Falconarius, falconerius, falconista, fulcarius. - fauconnier.

Falconeria. - *idem* falconaria.

Falconerius. - *idem* falconarius.

Falconeta. - *idem* falcona.

Falconista. - *idem* falconarius, fauconnier.

Falconium. - *idem* falcona.

Falctenus, falctes. - gendre.

Falcti, faleti, falleti. - usuriers lombards (de la société marchande Falleti).

Falcus, fauco. - faucon.

Falda, fauda. -

1. (< *falæd*)[2], clôture, enceinte, enclos, parc à brebis, anc fr[3], *faude*, « bergerie ».

---

[1] Falces murales.

[2] A.S : *falæd*, « étable ».

[3] Godefroy.

2. (*faldæ secta*), obligation du vassal d'utiliser l'enclos du seigneur pour parquer ses moutons.

3. Droit pour établir un parc à moutons en dehors de celui du seigneur.

4. Ourlet, frange (qui fait la *clôture* du tissu).

5. (< *fealdan*)[1], drap plié, tablier de femme, anc fr[2], *faude*, « lames de fer articulées destinées à protéger la partie inférieure du buste ».

6. (< *fealdan*), *idem* faldo2, siège pliant.

Faldagium, faldatum, faldsoca. - droit de dresser un enclos pour parquer les bêtes.

Faldao. - *idem* faldo2, siège pliant.

Faldare. -

1. Faire parquer les moutons pour fumer la terre.

2. Fumer la terre.

Faldata. - faisceau.

Faldatum. - *idem* faldagium.

Faldestolus. - *idem* faldistorium, siège sans dossier, chaise pliante et mobile.

Faldia. - sorte de vêtement porté par les Milanaises.

Faldinga, falinga, falanga. - manteau de laine grossière (Irlande).

Faldistolium. - *idem* faldistorium.

Faldistorium, falcistorium, falcidorium, faudistorium, faldestolus, faldistolium, faltestalium, fasistorium. -

1. Siège sans dossier, chaise pliante et mobile.

2. Chaise percée.

3. Siège quelconque.

Faldo. -

1. Vêtement de laine.

2. Siège pliant.

Faldones, faliones. - sorte de vêtements féminins (*Cf. faldo1*).

Faldsoca. - *idem* faldagium.

Faleisia. - *idem* falesia, rocher, falaise.

Faleræ. - rênes de chevaux.

Falerare. -

1. (*f. sonipedes*), harnacher son cheval.

2. (< *phălĕrāre*) ; (fig.) orner, décorer.

Falernum. - vin.

Falescere. - cesser, finir, faillir, manquer.

Falesia, falisia, falisla, faleisia. - rocher, falaise.

Faleti. - *idem* falcti.

Falha. - cabane au toit de branchages.

Falhitus. - (< *fallĕre*) ; (*f. mulier*), prostituée.

Falia. - *idem* felga.

Falinga. - *idem* faldinga.

Faliones. - *idem* faldones.

Falisia. - *idem* falesia, rocher, falaise.

Falla. -

1. *Idem* fala.

2. Mesure agraire équivalent à la perche (Angleterre).

Fallacia. -

1. (< *fallĕre*), négligence, défaillance.

2. (< *fallĕre*), faute légère, qui échappe, méprise, échec.

3. Falaise (pour *faleisia*).

Fallacium. - tromperie, dérision.

Fallare. - *idem* fallere, faillir, se tromper, cesser, finir.

Fallastrum. - (< *falcastrum*), fauchard, sorte de faux.

Fallax. - trompeur, faux.

Fallentia. - exception.

Fallere, fallire, falliare, fallare. - faillir, cesser, finir.

Fallesire. - ne pas rendre le service qui est dû, échouer auprès de quelqu'un, lui manquer.

---

[1] A.S : *fealdan*, « plier ».

[2] Godefroy.

Falleti. - *idem* falcti.

Fallia. - faute, défaut, action de faire défaut.

Falliare. -
1. Manquer à son devoir.
2. *Idem* fallere, faillir, cesser, finir.
3. Dégrader.

Fallibilis. -
1. Qui trompe.
2. Insidieux, rusé.

Fallibilitas. - tromperie.

Fallibiliter. - traîtreusement.

Fallimentum. - faute, manquement.

Fallire. -
1. Manquer, échouer.
2. *Idem* fallere.
3. Manquer à un devoir.

Fallita. -
1. Faillite financière.
2. Défaut.

Fallitus. - homme qui manque à sa parole.

Fallodia, falodia, fallogia, falo. - torches allumées lors de réjouissances.

Fallogia. - *idem* fallodia.

Fallum. -
1. *idem* falla2.
2. (< ?), étain.
3. (< *fallĕre*), faute, manque.
4. (*sine fallo*), sans faute.
5. (*in fallo*), par hasard.

Falmotum. - *idem* folkesmote.

Falo. - *idem* fallodia.

Falodia. - *idem* fallodia.

Falquerii. - religieux turcs.

Falquetrare. - faucher.

Falsamentum, falsaria. - falsification.

Falsare. -
1. Fausser, falsifier, tromper, porter atteinte à une disposition ; fausser les poids, la monnaie.
2. Falsifier un écrit.
3. Soutenir qu'une chose est fausse, infirmer.
4. (*f. judicium*), faire appel d'un jugement[1].
5. Récuser un témoin.
6. Contester la véracité d'un tribunal.

Falsaria. - *idem* falsamentum.

Falsarius. -
1. (< *falx* ?), sorte de poignard.
2. (*f. litterarum*), faussaire en écritures.

Falsatio. - corruption, infamie, falsification (des mesures).

Falsato, false. - frauduleusement.

Falsator. -
1. *Idem* falsarius2.
2. (*f. Christianus*), apostat.
3. (*f. monetæ*), faux monnayeur.
4. Faux témoin.

Falscetus. - brise légère.

Falsdarius. - *idem* falsarius2.

False. - *idem* falsato.

Falsegravius. - Comte du palais.

Falsetum, fausetum. - celui qui qui a une voix de fausset.

Falsetus. - *idem* faldistorium1.

Falsidicentia. - mensonge.

Falsificare. -
1. *Idem* falsare3.
2. *Idem* falsare4.
3. Falsifier.
4. (*f. curiam*), accuser à tort devant la justice.
5. Couper, briser, entamer (en brisant un sceau, en rognant la monnaie).

Falsificatio. - falsification des écritures.

Falsificatus. - accusé de faux.

Falsigrapher. -
1. Qui commet une faute d'écriture.

---

[1] *« Cet appel se faisait devant la Cour du Roi. Quelquefois cet appel se faisait des Juges que leurs Pairs accusaient d'avoir été corrompus. On terminait cet appel par la voie du duel ».* (Montignot).

2. Faussaire.
Falsigraphia. -
1. Faux en écriture.
2. Fausse graphie.
Falsigraphicus. - incorrect.
Falsigraphus. - faussaire en écriture.
Falsilia. - *idem* falcilla, faucille.
Falsilogus, falsivomus. - menteur.
Falsiloquax. - menteur.
Falsiloquium. - mensonge.
Falsimonia. - fraude, tromperie.
Falsina. - falsification.
Falsio. - *idem* falcio.
Falsiparens. - celui qui a une fausse filiation et dont le père n'est pas celui qui lui est attribué.
Falsitas. -
1. Déni de la vérité.
2. Faux témoignage.
3. Faux jugement
4. Fausse opinion.
5. Tromperie, trahison, fraude.
6. Fourberie
7. Parjure.
8. Falsification.
9. Fausse religion, paganisme.
Falsitestis. - faux témoin.
Falsitia. - fausseté.
Falsivomus. - *idem* falsilogus, (qui vomit le faux).
Falso. - *idem* falcio.
Falsonaria. -
1. Falsification.
2. Faux monnayage.
Falsonarius. - faux monnayeur.
Falsoneria, falsonneria. - fausse monnaie.
Falsonus. - *idem* falcio.
Falsor. - trompeur, celui qui dupe.
Falstia. - fausseté.

Falsus. - contribution que le seigneur perçoit pour faire aiguiser les faux et tous les instruments aratoires tranchants.
Falsus-burgus. - faubourg.
Falta. - défaut de présence devant le tribunal.
Faltestalium. - *idem* faldistorium1.
Faltus. - confluent de rivière.
Falvellus. - *idem* falvus.
Falvus, falvellus, favellus, favus. - (< *fealo*)[1], de couleur fauve.
Falx. -
1. Corvée de fauchage.
2. Fauchée, (mesure agraire pour les prairies de fauche).
3. Droit de faucher dans les communaux.
Falzo, falzonus, folzonus. - sorte de lance.
Famare. -
1. Répandre une rumeur, divulguer
2. Diffamer.
Famare. - se faire un nom.
Famatus. - célèbre, renommé.
Famelicitas. - *idem* famelitas.
Famelicus. -
1. (< *fămēlĭcus*), affamé.
2. (< *fămŭlus*), serviteur, familier.
Famelitas, famescitas, famelicitas. - faim, famine.
Famella. - (< *fămŭla*), petite servante.
Famellulus. - (< *fămŭlus*), humble serviteur.
Famellus. - (< *fămŭlus*), petit serviteur.
Famen. - parole, locution.
Famere. - avoir faim.
Famescere. - mourir de faim, être affamé.
Famescitas. - *idem* famelitas.
Famfaluca. - (< πομφόλυξ)[2], bulle (d'eau).
Famicus. - (< *fămēs*), quartier des tavernes que l'on fréquente quand on a faim.
Famidicus. - celui qui rapporte les nouvelles.

---

[1] A.S : *fealo*, « jaune pâle ou brun ».

[2] πομφόλυξ, : « bulle d'eau ».

Famidicus. - bavard, raconteur d'histoire.

Famidretum. - (< *fāma-rēctum*) amendes publiques.

Famidus. - (< *fămēs*), qui souffre de la faim.

Famiger. - (< *fāma*), qui répond la renommée.

Famigerabilis. - célèbre, renommé.

Famigerendus. - qu'il faut célébrer.

Famigrarius, famigravius. - Comte ou gouverneur de ville.

Familia. -
1. Tous ceux qui dépendent d'un seigneur, d'une église, d'un monastère.
2. L'ensemble des habitants d'un monastère, congrégation de moines, communauté (car l'abbé est un père).
3. Un seul ménage de non-libres.
4. Portion de terre capable de nourrir une famille.
5. Ceux qui dépendent du fisc royal.

Familiarescere. - devenir familier, intime.

Familiaricus. - (subs), intime, familier.

Familiaris. -
1. Serviteur (serf ou affranchi) qui dépend d'un domaine.
2. Familier, confident (du roi) ; (*f. curiæ*), conseiller du roi.
3. Celui qui a été admis à la communauté des bonnes œuvres d'un monastère.

Familiaritas. -
1. Protection accordée par le roi à un monastère.
2. Condition de tributaire.
3. Dignité de conseiller.

Familiariter. - par familles.

Familiarium. - mobilier domestique.

Familiarius. - intime, ami (d'un roi, d'un grand).

Familiatus. - service.

Familiola. - petite maison de serfs.

Famose. - publiquement, à la vue de tous.

Famositas. -
1. Renommée.
2. Infamie, mauvaise renommée.

Famosus. -
1. Honteux, ignoble.
2. Soupçonné d'un crime.
3. (< *fămēs*), famélique.

Famulabilis. - soumis à.

Famulabundus. - servant comme serfs.

Famulandus. - qui sert.

Famulare. -
1. Se rendre à la cour, rendre ses devoirs au roi.
2. Accomplir son service de vassal.

Famulari. - *idem* famulare 2.

Famularius. - qui est au service de.

Famulatio. - condition servile.

Famulatorius. - servile.

Famulatrix. - celle qui est en service, servante.

Famulatura. - *idem* famulatus

Famulatus, famulatura. -
1. Servitude.
2. Vassalité.
3. Office, charge de sergent.
4. Service du roi, obéissance au roi.
5. Culte (d'un saint)

Famulentus. - (< *fămēs*), affamé.

Famulicium, famulitium. -
1. Servitude, (d'un serf).
2. Service.

Famulitium. - *idem* famulicium.

Famulus. -
1. Esclave, serf.
2. Ecuyer, valet.
3. (*f. regis*), sergent
4. (*f. feodalis*), vassal.

Fanale, fanalis, fanarium, fannonus. - fanal.

Fanaticus. -
1. Possédé par l'enthousiasme, fanatique.
2. Païen.

3. Dépendant d'une église, probablement Quaker (Angleterre).

Fanator. - celui qui fane les foins.

Fancelastra. - servante.

Fanculum. - fenouil.

Fando. - sorte de navire en Italie.

Fanella. - amict, (*Cf. fano*).

Fanga. - limon.

Fangia, fangus. - fange, boue.

Fania, faus. - bois de hêtres.

Faniculus. - (< *fănum*).
1. Manipule.
2. *Idem* fanonellus, ornement d'autel, voile.

Fannatio. - temps où les daims mettent bas leurs faons.

Fannatum, frumentum. - vanné (céréale).

Fannonus. - *idem* fanale, fanal.

Fano. - (< *fana*)[1].
1. Linge, bande d'étoffe légère ; amict.
2. Bannière.
3. (*f. offertorii*), linge avec lequel les fidèles entouraient leurs offrandes de pain et de vin.
4. (*f. salmonis*), nageoire de saumon.

Fanon, fanonnus. - lanterne.

Fanonellus, faniculus. - ornement d'autel.

Fanonnus. - *idem* fanon.

Fanso. - *idem* falcio.

Fantasia. - fantaisie.

Fantasmaticus. - d'illusion diabolique.

Fantasticus. -
1. Dépourvu de sens, fantasque.
2. Imbécile.

Fantescha, fanticella. - servante.

Fanulum. - *idem* fanunculum1.

Fanum. - temple païen.

Fanunculum. -
1. Petit temple.
2. Chapelle.

Fao, faunus, feo, foo, feto. - (< *fĕtāre*), faon.

Fapesmo. - comportement, attitude raisonnable, logique.

Fara, phara. -
1. (< *faran*)[2], voyage.
2. Groupe de voyageurs.
3. Peuple en migration.
4. Les membres d'une famille, lignée ; lieu où ils habitent (formant village).
5. Frais de transport par mer.
6. Rétribution payée par les pêcheurs (en Seine).
7. (< *fāra*)[3], fraude, tromperie.

Fara-canthara. - sorte de lustre.

Faragium. - *idem* foragium1, fourrage.

Faralis. - de lustre, de candélabre.

Faramannus, furavannus. - homme d'une *fara*.

Farand-manni. - étrangers[4].

Faras, farius. - cheval arabe.

Faravalium. - *idem* frafalium, trouble au cours du jugement.

Farcimen. - boudin, saucisse.

Farcimina. - action de faire des gabions.

Farciminum. - gale du bétail ; farcin.

Farcina. - (< *sarcĭna*), charge, fardeau.

Farcinare. - farcir ; (fig), remplir.

Farcinia. - sorte de vêtement.

Farcinosus. - qui a le farcin

Farcinum. - farcin, (maladie des équidés et des bovidés).

Farcolata. - farce.

Farcosta, fercosta. - sorte de petit bateau (Ecosse).

---

[1] A.S : *fana*, « bannière ».
[2] A.S : *faran*, « aller ».
[3] Ahd : *fāra*, « embuscade, tentation, traque, rébellion, tromperie ».
[4] A.S : *faran* « aller », *man* « homme ».

Fardella. - (*f. terræ*), *idem* ferdella, mesure agraire correspondant à dix acres.
Fardellarius. -
1. Porte-faix, anc fr[1], *fardelier*.
2. Colporteur.
Fardellum. - paquet, chemise de dossiers, de chartes.
Fardellus. - *idem* ferdellus, fardeau.
Fare. - sorte de filet à poissons.
Fareatica. - commerce de farine.
Farestol. - sorte de lampe.
Faretrum. - (< *phărĕtra*), carquois.
Farga, fargia, fargua. - forge.
Fargia. - *idem* farga.
Fargua. - *idem* farga.
Faria. - bavardages, fariboles.
Faricellus. - meunier.
Farina bona. - belle âme (Italie)
Farinagium. - droit de mouture, anc fr[2], *farinage*.
Farinale, farinaria, farinarium. - moulin à blé.
Farinare. - (*f. panem*), faire le pain.
Farinaria. - *idem* farinale.
Farinarium. -
1. Grenier à farine.
2. *Idem* farinale.
Farinarius. -
1. De moulin.
2. (subs), meunier.
3. (subs), moulin à farine.
4. (subs), marchand de farine.
Farinosium. - coffre où tombe la farine.
Farinosus. - farineux.
Farinula. -
1. Petite quantité de farine.
2. Petit repas.
Fario. - sorte de poisson, truite.
Fariola. - boisson à base d'orge.
Farisea. - jument arabe.

Faristel. - voie barrée.
Farius. - (*f. equus*), cheval arabe[3].
Farlegani. - fornicateurs, adultères.
Farlevium[4]. - paiement au bailleur à la fin du bail, et « heriot », paiement au décès du locataire (Angleterre).
Farlota. - *idem* firlota.
Farnaria. - (< *fornāx*), fonderie monétaire.
Farnariolus. - meunier.
Farnus. - arbre de la famille des chênes
Farocium. - *idem* farossium, phare, fanal.
Faronus, fars. - phare (Espagne).
Farossium, farocium, farotum. - phare, fanal.
Farotum. - *idem* farossium.
Farracum. - (< *far*), bouillie, semoule de maïs, polenta (ou viande grasse).
Farragium, ferragium, froyrage. - fourrage.
Farrago, forrago, forrachum. -
1. Fourrage (ou litière).
2. Mélange de légumes pour nourrir les animaux[5].
Fars. - *idem* faronus.
Farsa, farsia. -
1. Farce, comédie.
2. Chant ajouté au chant liturgique.
3. Tumeur, sorte de malacie, érésipèle.
Farsatura. - farce.
Farsatus, farsitus. - garni, farci.
Farsetus. - (< *farsétto*)[6], sorte de vêtement qui couvre la poitrine, tunique.
Farsia. - *idem* farsa.
Farsitus. - qui est rempli de nourriture, de farce.
Farssitus. - *idem* farsatus.
Fartalia. - met.
Farto, fartorium. - étal de boucher.

---

[1] Godefroy.
[2] id.
[3] « *appelé autrefois cheval alpharace* » (Montignot).
[4] A.S : *fare*, « départ », *leave*, « permission ».

[5] Montignot.
[6] Ital : *farsétto*, « vêtement doublé ou rembourré, qui recouvrait le buste », lat, *farcīre*, remplir.

Fartor. - charcutier, fabricant de saucisses.

Fartorium. - *idem* farto.

Fartum. - exploitation rurale équipée des instruments aratoires et des bestiaux nécessaires à son fonctionnement.

Fartura. - *idem* farturia.

Farturia, fartura. - noyau de blocage entre deux parements de maçonnerie.

Fartus. - intestin farci, tripes.

Farum. -
1. *Idem* farus1.
2. (<*far*), épeautre.

Farus. -
1. *Idem* pharus, lustre, chandelier d'église.
2. Détroit (balisé par un phare).
3. Faisceau (ou chargement léger).

Farzius. - sorte de vêtement

Fasallo. - vassal.

Fasanus, fascianus, faxanus. - faisan.

Fascella. - *idem* fasciola1.

Fascennia. - *idem* fascennina.

Fascennina, fascennia. - défense de ville réalisée avec des fascines.

Fasces. - premier magistrat.

Fascessare. -
1. Arriver à une fin.
2. Faire avec impatience.

Fascia. -
1. (< *fascia*), *idem* faicia, champ tout en longueur, comme une bande ; bande de terre en terrasse.
2. Bandes enveloppant les jambes du genou à la cheville ; sorte de chaussettes.
3. Étole de diacre.
4. (<*fascis*) ; (*f. ligni*), fagot de bois.

Fascialia. - (pl) ; (n), liens.

Fasciamenta. - linceul (fait de bandelettes).

Fasciamentum, fasciarium. - bandage.

Fascianus. - *idem* fasanus.

Fasciare. - (<*fascis*), panser, enrouler.

Fasciarium. - *idem* fasciamentum.

Fasciatorium. -
1. Linceul pour les reliques.
2. Tissu avec lequel était enveloppé le front oint du saint chrême

Fascicularius. - porte-faix.

Fasciculus, fossiculus. -
1. Fagot.
2. Paquet de lettres.

Fascilla. - *idem* falcilla, faucille.

Fascina. - structure de branchage, fascine.

Fascinare. - ensorceler.

Fascinator. - celui qui pratique le mauvais œil, qui jette le mauvais sort.

Fascinatorius. - (adj), relatif au mauvais sort.

Fasciola. -
1. Bandes pour les jambes.
2. Courroie de soulier.

Fasciolatus. -
1. Vêtu de jambières, de bandes molletières.
2. Vêtu d'une écharpe.

Fasciolum. - sorte de turban.

Fascire. - lier.

Fascis, faxis. -
1. (pl), le consulat.
2. Pouvoir suprême.
3. Diadème.
4. Fardeau lourd et gênant.

Fascitergium. - *idem* facitergula, mouchoir, serviette.

Fascium, fascius. -
1. *Idem* fassus, faisceau, fagot.
2. (*f. fœni*), botte de foin.

Fasculum. - houe.

Fasculus. - *idem* fassus, faisceau, fagot.

Faselaria. - gousse de haricots, haricot.

Fasellus. - haricot.

Fasenda. - *idem* fazenda1, métairie, ferme.

Faseria. - mesure pour les grains, mesure *rase*.

Fasio. - *idem* faisio, bien à la campagne, métairie, ferme.

Fasistorium. - *idem* faldistorium, siège sans dossier, chaise pliante et mobile.

Fasius. - sorte de tissu, de toile.

Fasma. -
1. Parole.
2. Langue, idiome.

Fasolarium. - endroit où poussent les fèves, les haricots.

Fassina. - *idem* fassus, faisceau, fagot.

Fassinerium. - pile de bois.

Fassio. - aveu, confession.

Fassolius. - fève, haricot.

Fassus, fascium, fassina, fascius, fasculus, faxina, fossus, foxus. - faisceau, fagot.

Fastella, fasterla. - lien, bande.

Fasticare. - faire souvent.

Fasticerius. - pâtissier.

Fastidiacio. - sorte superstition, de prédiction (pour découvrir ce qui est faste pour l'avenir).

Fastidiatrix. - celle qui dédaigne, a du dégoût pour.

Fastidire. - (< *fastīdīre*).
1. Susciter le dégoût, l'ennui.
2. Se vanter.

Fastiditus. - dégoût, répugnance.

Fastidium. - ennui, déboires.

Fastigare. - (< *fastīgāre*), élever.

Fastigatio. - (*f. mentis*), âme honorable.

Fastigatissimus. - élevé au sommet des grandeurs ; (*fastigatissima felicitas*), le bonheur.

Fastigatus. - (adj), élevé, haut, noble (Angleterre).

Fastigialis. - honorable.

Fastigium. -
1. Tour, maison.
2. Pignon (architecture).

Fastinare. - faner (le foin).

Fastus. -
1. Recherche des honneurs.

2. Gloire d'une position élevée.
3. Orgueil, ambition.
4. (< *fœstan*)[1], jeûnes.

Fasulus. - fève ou produit de la même famille.

Fasuritio. - sorte de remède contre la rage.

Fata. - fée.

Fatalia. - délai légal pour faire appel en justice.

Fatalis. -
1. Imminent, urgent.
2. (pl) ; (n), délais.
3. (< *Fāta*), (*fatales deœ*), fées.

Fatalitas. -
1. Mort.
2. Fatalité ; événement au-dessus de la puissance humaine.
3. Evénement chanceux.
4. (< *Fāta*), caractère, nature de fée.

Fatare. - (< *fātūs*), prédire la destinée, prêcher.

Fateri. -
1. Confesser.
2. Dire, prétendre.

Fatiales. - (*f. dies*), jours solennels.

Fatibilis. - amené par le hasard, étranger, aubain

Fatica. - concession d'un bien pour une longue période, emphytéose.

Faticare. - *idem* fatigare.

Fatidictio. - action de jeter un sort, magie.

Fatiga. -
1. Fatigue.
2. Procédure dilatoire (Espagne).
3. (*f. juris*), défaut de droit.
4. Droit seigneurial à payer quand le vassal veut vendre son bien (*Cf. fatica*).

Fatigabilis. - qui fatigue.

Fatigabiliter. - d'une manière fatigante.

Fatigacio. - *idem* fatigatio.

Fatigare, -

---

[1] A.S : *fœstan*, « jeûner ».

1. Inquiéter.
2. Molester (en justice) ; (*se f.*), se plaindre en justice.
3. Faire un procès à ; (fig.), s'en prendre à la religion.
4. Persécuter, tourmenter.
5. Voyager, se déranger.

Fatigatio, fatigacio. -
1. Tracasserie, embarras.
2. Plainte en justice.
3. (*f. de directio*), défaut de droit (Espagne).
4. Représailles.
5. Raillerie, sarcasme.

Fatigatorius. - (*fatigatoria verba*), sarcasmes.

Fatigatus. - malade.

Fatigiæ. - fatigues.

Fatigium. -
1. Fatigue.
2. Ennui.

Fatigosus. - serviteur, esclave, souffre-douleur.

Fatiloquium. - prédiction.

Fatim. - beaucoup.

Fatimen. - énoncé, mot.

Fatisa. - assises juridiques.

Fatiscere. -
1. Languir, dépérir.
2. Se dissoudre.

Fatitii. - étrangers, ceux qui viennent du dehors.

Fatuare. - rendre vain, échouer.

Fatuari. - être hébété.

Fatuarius. - devin.

Fatuinus. - (*fatuina rosæ*), rose sans odeur.

Fatuitates. - balivernes.

Fatuizare. - délirer, dire n'importe quoi.

Fatum. -
1. Le hasard.
2. Heure fatale, mort.

Fatuosus. - idiot, stupide.

Fatus. - oracle, prophétie.

Fatuus. -
1. Niais, stupide.
2. Outrageant, injurieux, insultant.
3. (*fatuæ virgines*), les vierges folles.
4. (*fatuæ mulieres*), courtisanes.

Faucare. - faucher.

Faucheia. - mesure agraire, fauchée, ce qu'un homme peut faucher en un jour.

Fauchetum. - fourche.

Fauchio. - *idem* falcio.

Faucho, faucia. - sorte d'épée à lame courbe, fauchon.

Faucia. - *idem* faucho.

Faucidia. - *idem* falcidia.

Faucilla. - *idem* falcilla, faucille.

Faucillare. - étrangler, suffoquer.

Fauco. - *idem* falcus, faucon.

Fauctor. - *idem* fautor.

Fauda. - *idem* falda3, tablier de femme.

Faudistorium. - *idem* faldistorium, siège sans dossier, chaise pliante et mobile.

Fauginator. - travailleur de la terre, cultivateur.

Faulaium. - friche où l'on fait paître les troupeaux.

Fauni. - farfadets, lutins.

Faunus. - *idem* fao, faon.

Faus. - *idem* fania, bois de hêtres.

Fausetum. - *idem* falsetum, celui qui qui a une voix de fausset.

Fausillum. - bois de chauffage.

Faussus. - faux.

Faustitudo, faustus. - bonheur, chance.

Faustitudo. - bonheur.

Faustus. - position heureuse, bonheur.

Fautalis. - (*f. custos*), personne, observateur de bonne réputation en qui en peu avoir confiance.

Fautiosus. -
1. Celui qui abandonne son seigneur, traître.
2. Méchant.

Fautor, fauctor. - (< *faŭtŏr*).

1. Celui qui favorise les intérêts de.
2. Partisan d'une hérésie.
3. Complice d'un forfait.

Fautoria. - approbation, consentement.

Fautrum. - *idem* feltrum, feutre.

Fauzil. - *idem* felga, fougère.

Fava. - *idem* faba, fève ; (*f asiana*), haricot.

Favaria. - *idem* fabaria, champ de fèves.

Favellare. -
1. (< *fārī*), converser.
2. (< *făvēre*), flatter, anc fr[1], *favel-ler*.

Favellosus. - (< *făvilla*), de cendres.

Favellus. - *idem* falvus, couleur fauve.

Favena. - sorte de mesure (Italie).

Faventia. - permission pour le vassal d'aliéner son fief.

Faverca. - forge à fer.

Favere. -
1. (< *fārī*), faire en sorte de, causer.
2. (< *făvēre*), donner à un vassal la permission d'aliéner son fief.

Faverius. -
1. Sauvage, non apprivoisé.
2. (*f. colombus*), pigeon ramier.

Favetum, fovetum. - fossé, vallon.

Favilla. - (< *făvilla*).
1. Cendres, suie, étincelles, en particulier portées par le vent.
2. Mort (en référence à la crémation).

Favillaceus, favillaticus. - semblable à la cendre, cendré.

Favillare. -
1. Enflammer.
2. Emettre des étincelles.

Favillatenus. -
1. Jusqu'aux cendres.
2. (*f. cremare*), réduire en cendre.

Favillaticus. - *idem* favillaceus.

Favillatus. - réduit en cendres.

Favillescere. - partir en cendres.

Favillus. - (< *făvus*), petit essaim d'abeilles.

Favisor. - pêcheur.

Favitor, favitorius. - (< *faŭtŏr*), partisan, un attaché à une doctrine, une personne.

Favo. - pièce d'étoffe, manipule, serviette.

Favonium. - antipathie capricieuse.

Favonius, favonus. - bâtard.

Favor. -
1. Faveur, sympathie.
2. Partialité, préjudice.
3. Favori.
4. *Idem* faventia.
5. Don bienveillant de Dieu.

Favorabilis. - digne d'éloges.

Favorabiliter. - favorablement.

Favoralis, favoreus, favorius. -
1. De faveur.
2. Qui a avancé par faveur ; qui courtise.
3. Qui est à la mode.

Favorare, favoriscare, favorizare, favoricare. - favoriser.

Favoreus. - *idem* favoralis.

Favoricare. - *idem* favorare.

Favorisatio. - action de favoriser, faveur,

Favoriscare. - *idem* favorare.

Favorius. - *idem* favoralis 2.

Favorizare. - *idem* favorare.

Favorose. - avec faveur.

Favorosus. -
1. Favorisé.
2. Bienveillant.

Favus. - *idem* falvus, couleur fauve.

Fax. -
1. Joie.
2. Torche

Faxa. - *idem* faicia.

Faxanus, faysannus. - *idem* fasanus, faisan.

Faxia. - *idem* faicia.

---

[1] Godefroy.

Faxina. - *idem* fassus, faisceau, fagot.
Faxiolus. - haricot.
Faxis. - *idem* fascis.
Faxius, faxus. - *idem* faisium, paquet, charge.
Faxulus. - sorte de fève.
Faycia. - *idem* faisium.
Fayditus, faiditus. - banni, exilé.
Faysannus. - *idem* fasanus, faisan.
Fayssia. - *idem* faicia et faisium.
Fayssus. - *idem* faisium.
Fayzimentum. - rupture de confiance.
Fayzitus. - proscrit, banni.
Fazenda. -
   1. *Idem* faisio, facienda, bien à la campagne, métairie, ferme.
   2. Affaire, négoce.
   3. Travail.
Fazendarius. - celui qui s'occupe des affaires d'un monastère, économe.
Fazendera. - expédition militaire.
Fazienda. - *idem* facienda.
Fazio. - *idem* faisio, bien à la campagne, métairie, ferme.
Fazoletum. - mouchoir.
Fazossa-medulla. - torche, flambeau.
Feadum. - *idem* feodum.
Feagium. - contrat d'inféodation, féage.
Featum. - héritage, bien tenu en fief.
Feba. - (< *Phœbē*), la lune.
Febrescere. - commencer à souffrir de la fièvre.
Febribilis. - enclin à la fièvre.
Febricitare. - être complétement fou.
Febricitas. - état fiévreux.
Febricosus, febriculentus. - fiévreux.
Febriculentus. - *idem* febricosus.
Febriens. - patient fiévreux.
Febrifugia. - plante fébrifuge.
Febrilis. - *idem* febriticus.
Febrire. - être malade de la fièvre.
Febriticum. - ce qui passionne.

Febriticus, febrilis. - fiévreux.
Februamentum. - excrément.
Februus. -
   1. (*f. mensis*), février.
   2. Sorte de démon.
Fecia. -
   1. (< *fœx*), dépôt, lie, résidu.
   2. (< *fascis*), bois propre à la construction des maisons des paysans, réalisées avec des branches d'arbres.
Fecidus. - plein de lie, vaseux.
Fecior. - garant, tuteur, arbitre.
Fecius. - *idem* fecia3.
Fecondia. - parole.
Fecosa. - résidu, matières fécales.
Fector. - garantie, caution.
Fecunda. - femme enceinte.
Fecundare. - se rendre apte à donner naissances à des résultats (en parlant de l'imagination, de l'esprit fécond) ; (fig), remplir, compléter, ajouter.
Fecundatio. - fécondation.
Feda. -
   1. (< *fĭdēs*), foi, hommage.
   2. (< *fœdus,a,um*), lie de vin.
   3. (< *fēta*), brebis, anc fr[1], *feye*.
   4. (< ?), amende.
Fedale. - ce qui est possédé au titre de fief.
Fedare. - *idem* feodare.
Fedaticus. - droit féodal.
Federatio. - alliance, traité.
Federifragium. - *idem* fœderifragium, action de briser une alliance, déloyauté.
Feditas. - *idem* fœditas.
Feditus. - *idem* faiditus.
Fedium. - *idem* feodum.
Feducia. - garantie, gage.
Fedum. - *idem* feodum.
Fedunculus. - fidèle.
Fedus - *idem* feodum.

Feeltat et homenatge. - fidélité et hommage.

Feeudare. - concéder en fief.

Fegadrus. - (< *feoh*)[1], collecteur des taxes (Angleterre).

Fegatum. - foie.

Fegatum. - *idem* ficatum, foie.

Fegum. - *idem* feodum.

Feida. - *idem* faida.

Feiditus. - *idem* faiditus, hors la loi.

Feiditus. - *idem* faiditus.

Feidosus. - *idem* faidosus.

Feidum. - *idem* feodum.

Feiela. - mesure pour les liquides.

Feira. - *idem* feriæ, foire, marché.

Feiria. - *idem* feriæ.

Feisfecho, fetischefo[2]. - brebis, mouton (Loi Salique).

Feissia. - métairie.

Felagus. - (< *fæle*)[3], compagnon, associé ; fidèle.

Felapton. - comportement raisonné, logique (Angleterre).

Felcarius, felearius. - sorte d'affranchi.

Feld. - (< *feld*)[4], camp.

Felda. - (< *feld*), *idem* faldal, enclos, parc à brebis.

Fele, felena. - biche.

Felearius. - *idem* felcarius.

Felehus. - phoque.

Felena. - *idem* fele.

Felenga. - *idem* felinga.

Felesennus. - arrière-petit-fils.

Felga, felia, falia. - (< *felg*)[5], pièce de bois courbée permettant par assemblage de plusieurs identiques de réaliser une jante de roue.

Felga, felix, filx, fauzil, feugera, feugia, filgeria, filgerium, fogeria, foucheria, fougeria, fulgeria. - fougère.

Felgaria, felgarium. - *idem* filicarium, lieu où abonde la fougère.

Felia. - *idem* felga.

Felibris. - (< *fellĕbris*), qui tète encore.

Felicare, felicitare. - rendre heureux.

Felicissimus. - (*F. dies*), le jour de Pâques.

Felicitare. - *idem* felicare, rendre heureux.

Feliciter. -
1. (*actum f.*), mot d'approbation, par lequel se terminent les chartres[6].
2. Sous de bons augures

Felicium. - (*f. militare*), promotion, félicitation militaire.

Felinga, felenga. - (< *feallan*)[7], réduction, abattement, ristourne (Angleterre).

Felire. - feuler (panthère).

Felis. - oie sauvage.

Felix. - *idem* felga, fougère.

Fellebris, - *idem* felibris, qui tète encore.

Felleus. -
1. Plein de fiel.
2. Amer comme le fiel.

Fellitare. - (< *fellāre*), téter.

Fellitus. - mêlé de fiel.

Fellivomus. - qui vomit le fiel.

Fello. -
1. Goître, écrouelles.
2. Vilain, rustre.
3. Fripon, menteur, gredin.
4. Couard.
5. Vassal infidèle, félon.

Fellonia. - *idem* felonia.

Felo. - *idem* fello3, fello4, fello5, fello6.

Felonia, fellonia. -
1. Fourberie, crime.
2. Attaque surprise, perfide.
3. Félonie du vassal, déloyauté.

Felonice. - perfidement.

Felonicus. - félon.

Felonitia. - vanité.

---

[1] A.S : *feoh*, « argent, prix, location, dépense ».

[2] A.S : *fedan*, « nourrir », *feoh*, « argent, prix, location, dépense, *bétail* ».

[3] A.S : *fæle*, « fidèle », *agan*, « donner ».

[4] A.S : *feld*, « pâture, plaine ».

[5] A.S : *felg*, « jante de roue ».

[6] Montignot.

[7] A.S : *feallan*, « tomber, chuter ».

Feltare, feltrare. - feutrer.

Feltaria. - atelier de confection des feutres.

Feltatio. - action de feutrer.

Felte. - coupe, vase.

Felterna. - nom d'une racine amère.

Feltrare. - *idem* feltare, feutrer.

Feltrare. - *idem* filtrare.

Feltrarius, veltrarius. - grand veneur du palais.

Feltreus, feltrinus. - de feutre.

Feltrinus. - *idem* feltreus.

Feltrum, filtrum, feutrum, viltrum, veltrum, piltrum, philtrum, fautrum, filtrus, futrum. -
1. Feutre, drap grossier de laine feutrée.
2. Laine feutrée traitée au vinaigre et pouvant résister au fer.
3. Tente de feutre.
4. Filtre.

Fema vinha. - (< *fĭmum*), vigne sur laquelle on a épandu du fumier.

Femare. - fumer la terre.

Femella. -
1. Femelle d'un animal, femme.
2. *Idem* fimella, battant de porte, fer qui retient le marteau.

Femellarius, femellosus. - débauché.

Femellosus. - *idem* femellarius.

Femellus. - de femme, de sexe féminin (pour les animaux et les humains).

Femina. -
1. Femme, épouse.
2. (*f. de corpore*), femme de condition servile, servante
3. (*f. franca*), femme libre.
4. (*f. reginae*), dame d'honneur.
5. (*f. ecclesistica*), femme mise au service de l'église.
6. (*f. peccati*) ; (*f. vitae*), femme de mauvaise vie.

Feminalia. - caleçons.

Feminaliter. - comme une femme.

Feminamas. - hermaphrodite.

Feminare. - se soumettre aux hommes à la manière des femmes.

Feminatius. - de femme.

Femininus. - (subs), le féminin.

Feminula. - humble, petite femme.

Femoracium, femoraile. - (< *fĭmum*), fosse à fumier, anc fr[1], *femorier*.

Femoraile. - *idem* femoracium.

Femoralia. - (pl) ; (n), braies.

Femorarium, fomorerium, femorasses. - fosse à fumier.

Femorasses. - *idem* femorariun.

Femula. - petite fille.

Fen. - espèce, mode, système, partie, art ou doctrine (mot arabe).

Fenagium, fenale, fœnagium. - redevance en foin ou pour le foin.

Fenale. - *idem* fenagium.

Fenalis. -
1. De foin, de la fenaison.
2. (*f. mensis*), juillet.

Fenaltulus. - pâturage.

Fenare. - faner, faucher, faire les foins.

Fenaria, feneria, fenerius, feniculum, fenile, fœnile, fœnisicium. - fenil.

Fenarium, fenatio. - fenaison.

Fenarius. - *idem* fœnarius, de foin.

Fenarius. -
1. Marchand de foin.
2. Fenil (ou meule de foin).

Fenateria, fenerium. - redevance sur les foins (ou droit de prendre du foin).

Fenatio. - *idem* fenarium, fenaison.

Fenator, fœnator. - faucheur, faneur.

Fencemonth. - mois pendant lequel il n'est pas permis de chasser dans les forêts, ni d'envoyer des animaux paître dans les forêts de peur de troubler les daims qui mettent bas.

---

[1] Hippeau.

Fendeo. - troupe, multitude.

Fendicæ. - boudins, saucisses.

Fendichum, fendicum. - (< *fen*)[1], rigole de drainage dans un endroit marécageux (Angleterre).

Fendicum. - *idem* fendichum.

Fenditus. - fendu.

Feneitas. - qualité d'être de l'herbe

Feneralis. -
1. (< *fēnum*), de fenaison.
2. (< *fēnus*), lucratif.

Fenerari. - prêter.

Fenerarius. - usurier.

Feneria. - *idem* fenaria, fenil.

Fenerium. - *idem* fenateria, redevance sur les foins (ou droit de prendre du foin).

Fenerius. - *idem* fenaria.

Fenes. - (< *fĭmum*), fumier, fumage des terres par les moutons.

Fenestella. -
1. Ouverture percée dans un mur ; niche (dans la muraille pour mettre les burettes).
2. (*f. confessionis*), petite fenêtre grillagée (devant le tombeau des martyrs).

Fenestra. -
1. Vitrine de boutique, la boutique elle-même.
2. Grille de couvent, parloir.
3. Petite ouverture grillagée par où les fidèles pouvaient apercevoir le sarcophage dans la crypte.
4. Sorte de tabernacle.
5. Sorte de lampe.
6. Lucarne (du toit).
7. Clairière.

Fenestragium. -
1. Droit d'exposer, redevance pour les vitrines de marchands, anc fr[2], *fenestrage*.

2. Droit de pouvoir réaliser des ouvertures dans la maison.
3. (*fenestram facere*), usage des tournois qui voulait que les combattants exposent leurs écus aux fenêtres des châteaux où ils logeaient afin que chacun puisse connaître l'identité des combattants, cette coutume s'appelait « faire blason fenêtre ».

Fenestrale, fenestrula, fenestrellula, fenestrella, fenestriuncula. - petite fenêtre.

Fenestralis. - de meurtrière.

Fenestrare. - ouvrir.

Fenestraria. - religieuse responsable du *tour*, (meuble rotatif qui, dans le parloir du couvent, permet de faire passer des objets du monde extérieur dans la zone cloîtrée du couvent) : tourière.

Fenestrarius. - tourier.

Fenestratim. -
1. En passant, sans insister.
2. Par les fenêtres (en parlant de la lumière).

Fenestratus. - ouverture de fenêtre.

Fenestrella. - *idem* fenestrale.

Fenestrellula. - *idem* fenestrale.

Fenestri, fenestriuncula. - arcatures (architecture).

Fenestriuncula. -
1. *Idem* fenestri.
2. *Idem* fenestrale.

Fenestrula. - *idem* fenestrale.

Fengeldum. - impôt, contribution pour repousser l'ennemi.

Fenicinus, phœnicinus. - de palmes, de figues, d'olives.

Fenicium. - couleur pourpre.

Feniculum. - *idem* fenaria, fenil.

Feniera. - bannière.

Fenifactor. - faucheur, celui qui travaille à la fenaison.

---

[1] A.S : *fen*, « marécage ».

[2] Godefroy.

Fenificare. - faner.

Fenificium. -
1. Fenaison.
2. Fenil.

Fenil. - meule de foin.

Fenile. -
1. *Idem* fenaria, fenil.
2. *Idem* fenil, meule de foin.

Feniseta. - faucheur.

Fenosus. - semblable au foin.

Fensare. - défendre.

Fensium. - (< *fîmus*), excrément des animaux, anc fr, *fien*, « fumier ».

Fensor. - défenseur.

Fensura. - clôture.

Fensus. - irrité, offensé.

Fenula. - râteau pour faner le foin.

Fenutio. - couleur pourpre.

Feo. -
1. *Idem* fao, faon.
2. *Idem* feodum.

Feodagium, feudagium. - terre dépendant d'un seigneur féodal.

Feodale. - fief.

Feodalis, feudalis, fevalis, fivalis. -
1. Vassal, feudataire.
2. Féodal.

Feodaliter, feudaliter. - à titre de fief, de bénéfice.

Feodare, feudare, fevedare, fedare, fevare, feoffare. -
1. Donner en fief.
2. (*f. societatem*), donner afin fortifier la fidélité.

Feodarius. - *idem* feodatarius, muni d'un fief, feudataire.

Feodatarium. - droit de la femme sur les fiefs du mari.

Feodatarius, feodotarius, feudatarius, feodarius. - muni d'un fief, feudataire.

Feodatio. - concession en fief.

Feodator, fevator. - feudataire.

Feodatus, feudatus, fevatus. - qui possède des fiefs.

Feoderarius. - seigneur suzerain.

Feodifirma. - censive.

Feodifirmarius. - tenancier d'une censive

Feoditas. - hommage.

Feodium. - fief.

Feodotarius. - *idem* feodatarius, muni d'un fief, feudataire.

Feodum, feodus, feoudium feo, feus, fevus, feudum, fedium, feu, feuz, fevum, fivum, fievum, fevium, fegum, fiodum, feadum, feidum, fœdum, feudum, feuodum, fedum, fedium, fetum. -
1. Bien meuble, propriété.
2. Allocation de moyens de subsistance.
3. (*per fevum donare*), concéder un bien-fonds ou une autre source de revenu, cette concession tenant lieu d'une allocation de moyens de subsistance, d'un salaire ; (*in fevum tenere*), tenir un bien-fonds.
4. Droit ou héritage concédé au seigneur (à charge de service et d'hommage).
5. Vasselage ; redevance féodale.
6. Bail à ferme.
7. Rente, cens.
8. Donation à perpétuité.
9. Toute espèce d'héritage.
10. Bénéfice, (*f. ecclesiasticum*), terre appartenant à l'église ou à un clerc.
11. (*f. ad plena arma*), fief dont le possesseur doit servir son seigneur pendant quarante jours, armé et à cheval : fief de chevalier.
12. (*f. bursæ*), apanage en argent constitué par l'aîné sur le fief au profit de ses frères : fief boursier.
13. (*f. de camera*), fief sans terre, rente assignée sur le trésor royal à charge d'hommage.

14. (*f. censuale*), héritage tenu à cens et improprement appelé fief : fief censuel.
15. (*f. corporale*), fief où le possesseur doit s'acquitter en personne des services qu'il doit au seigneur : fief de corps.
16. (*f. colus*), fief qui se partage entre les femmes : fief de quenouille.
17. (*f. dangerii*), fief qui se confisque si le vassal prend possession avant d'avoir prêté l'hommage : fief de danger.
18. (*f. dominicum*), fief dont relève tous les autres :fief dominant.
19. (*f. decimale*), droit de dîme.
20. (*f. francum*), fief où le possesseur n'est tenu qu'à l'hommage et pas aux services : fief franc.
21. (*f. furcale*), fief auquel est attaché le droit de haute justice : fief furcal.
22. (*f. futurum*), fief accordé par le seigneur, mais dont l'investiture n'est donnée qu'après la mort de celui qui en est titulaire au moment de la concession : fief futur.
23. (*f. ligium*), fief pour lequel , en faisant foi et hommage à son seigneur dominant, le vassal s'engage à le servir envers et contre tous : fief lige.
24. (*f. militare*) , fief qui ne peut être possédé que par un chevalier : fief de haubert.
25. (*f. paternum*), fief patrimonial dont le premier possesseur est à l'origine de la famille.
26. (*f. plenum*), fief qui ne relève d'aucun autre : fief plain.
27. (*f. plejuæ*), fief dont le tenancier doit se porter caution pour le seigneur ; fief de pléjure.
28. (*f. procurationis*), fief dont le tenancier est tenu d'héberger le seigneur dominant : fief de paisse et de gîte.
29. (*f. receptabile* et *non reddibile*), fief où le tenancier se doit de recevoir dans son château le seigneur dominant, mais n'est pas obligé de vider les lieux à cette occasion : fief recevable mais non rendable.
30. (*f. resumtibile*), héritage allodial remis par le vassal au seigneur pour le reprendre de lui au titre de fief : fief de reprise.
31. (*f. reversibile*), fief qui à défaut d'héritier mâle revient de plein droit au seigneur au décès du tenancier : fief de retour.
32. (*f. rurale*), héritage chargé de services ou de rentes : fief rural.
33. (*f. simplex*), fief tenu en pleine propriété : fief simple.
34. (*f. spirituale*), fief concédé par une église sous la condition que le tenancier la défende : fief d'avouerie.
35. (*f. villanum*), héritage tenu à cens ou rentes serviles : fief de vilain.
36. (*f. committere*), perdre son fief.
37. (*f. conducere*), recevoir l'investiture d'un fief.
38. (*f. justitiare*), user du droit que l'on a sur le fief ou le confisquer.
39. (*f. negare*), ne pas reconnaître la suzeraineté du seigneur.
40. (*f. reintegrare*), remettre un fief dont on a aliéné une partie, dans l'état où on l'a reçu

Feodus. - *idem* feodum.
Feoffamentum, feofamentum. - inféodation.
Feoffamentum. - *idem* feoffamentum.
Feoffare. - *idem* feodare.

Feoffator. - celui qui donne en fief, anc fr[1], *feoffor*.

Feoralis. - celui qui loue une terre à quelqu'un, ou lui en donne l'usufruit.

Feorwendel. - (< *feorð*)[2], mesure agraire, un quart d'acre (Angleterre).

Feoudium. - *idem* feodum.

Fera. -
1. (< *fĕra*), bête fauve.
2. (*f. regalis*), cerf.
3. Femelle du sanglier.
4. (< *fĕrĭa*), foire ; (*jus feræ*), droit de foire, redevance payée par les marchands au seigneur du lieu où se tenait la foire.
5. Ferme, métairie, *affaire*.

Fera. - *idem* feriæ foire, marché.

Feragale. - *idem* ferrago.

Feragiale. - *idem* ferrago.

Feragium. - fourrage vert.

Feragulum. - couvercle.

Ferale. -
1. (< *fĕrālis*), péché mortel.
2. (< *ferre*), lanterne portative.

Feralis. - personne dangereuse, sauvage.

Feralitas. - bestialité, sauvagerie.

Feraliter. -
1. D'une manière fatale.
2. À la manière des bêtes sauvages, sauvagement, férocement.

Feramen, feramus. - gibier, bête fauve.

Ferarium. - parc à gibier.

Ferascere. - rendre sauvage.

Feraticum. - *idem* (*jus feræ*), droit de foire, redevance payée par les marchands au seigneur du lieu où se tenait la foire.

Feratrum. -
1. (< *fĕra*), fourré (à bêtes sauvages).

2. (< *ferre*), reliquaire, châsse (que l'on porte pour les ostensions).

Ferbannire. - *idem* forbannire.

Fercia. - dame (au jeu d'échecs), anc fr[3], *fierce*.

Fercosta. - *idem* farcosta, sorte de petit bateau (Ecosse).

Ferculare. - plateau pour servir à table ; mets (par métonymie).

Fercularius. - celui qui porte les plats.

Ferculatus. - pourvu de plats, de mets.

Ferculum. -
1. Ce sur quoi quelque chose est transporté ou porté ; (fig) moyen, instrument.
2. Plateau de transport pour la nourriture ; nourriture, mets ; repas, festin.
3. (*fercula pro nuptiis celebratis*), plats qu'on devait apporter au curé qui avait célébré le mariage.

Ferdella, fardella, fordella. - (< *feorð*) ; (*f. terræ*), mesure agraire correspondant à dix acres ou *le quart* de la *virgate* anglaise.

Ferdellus, fardellus. - fardeau.

Ferdellus. - *idem* fertallus.

Ferdingel. - (< *feorð*), mesure agraire correspondant probablement au quart d'un acre, *Cf. feorwendel*, (Angleterre).

Ferdingmannus. - trésorier, gardien du trésor.

Ferdingus, ferlingus. - (< *feorð*), quart de denier, ferlin.

Ferdo. - *idem* ferto.

Ferdonum. - *idem* ferto.

Ferdwita, fyrdwita, firthwita.
- (< *fyrd-wite*)[4], amende pour avoir manqué au devoir de l'ost.

Fere. - comme, par exemple

Feregiale. - *idem* ferrago.

---

[1] Godefroy.

[2] A.S : *feorð*, « un quart ».

[3] Godefroy.

[4] A.S : *fyrd-wite*, « amende pour avoir quitté l'armée ».

Ferenarius. - porte bannière.

Ferendarius. - procureur, avocat qui re-présente une des parties.

Ferens. - frappant du pied.

Ferentarium. - brancard (de procession).

Ferentarius. - porte bannière.

Ferentes. - chevaliers bannerets.

Fererius. - *idem* feretrarius.

Feretitas. - (< *fĕrĭtas*), barbarie, cruauté.

Feretralis. - de châsse.

Feretrarius, fererius. -
1. Gardien des reliques.
2. Sacristain.

Feretrum. -
1. Sarcophage.
2. Reliquaire, châsse.
3. Ciboire.

Feria. - (< *fĕrĭæ*).
1. Fête religieuse, jour saint ; aussi jour férié, jour de repos.
2. Férie, jour de la semaine, journée ordinaire sans liturgie particu-lière.
3. (pl), féries, vacances.
4. Foire, marché.
5. (< *fœr-ea*)[1], traversée.

Feriæ, feira, fira, firum, fera, faira, feiria. - foire, marché.

Feriale. - livre contenant les offices des différentes féries.

Ferialis. -
1. Férial, de la semaine.
2. De fête, férié.

Ferialiter. - comme en semaine.

Ferialla. - semaine qui précède Pâques.

Feriare. -
1. Chômer.
2. Célébrer une fête.
3. Visiter une foire.

Feriari. -
1. Tenir ou fréquenter une foire.
2. Se reposer, chômer.

Feriaticus. - férié.

Feriatio. - action de chômer.

Feriatus. -
1. De fête.
2. (*dies feriati*), la semaine de Pâques.
3. (*dies feriatus*), jour férié.

Fericida. - braconnier.

Ferides. - blessures.

Feriferus. - furieux.

Ferile, ferrile. - endroit où l'on stocke le fer.

Ferina. -
1. Venaison.
2. Farine.

Ferine. - sauvagement.

Ferire. -
1. Sévir contre, punir.
2. Déclarer la guerre à.
3. Atterrir, aborder (en parlant d'un navire).
4. Aboutir (limite).

Ferita, feritum. -
1. Coup, blessure.
2. (*f. facere*), *idem* feritare2.

Feritare. -
1. Se conduire en barbare.
2. Frapper, combattre.

Feritas. - château-fort, ferté.

Feriter. - sauvagement.

Feritor. -
1. Frappeur.
2. (pl), *feritores*, troupes de choc (Italie).

Feritorium. - outil à broyer le chanvre

Feritum. - *idem* ferita.

Ferium. - bien de campagne, domaine.

Ferla. - (< *fĕrŭla*), béquille.

Ferletum, ferletus. - sorte de lanterne.

Ferlina. - (< *feorð*)[2], sorte de monnaie : ferlin, un quart de denier.

---

[1] A.S : *fœr*, « voyage », *ea*, « eau ».

[2] A.S : *feorð*, « un quart ».

Ferlingata. - *idem* ferlingus1, mesure de terre (Angleterre).

Ferlingus. -
1. Mesure agraire, le quart de la *virgate* anglaise (Angleterre).
2. *Idem* ferdingus, quart de denier, ferlin.
3. (< *feorðling*)[1], un quart de penny, (*Cf. ferlina*).

Ferlota. - *idem* firlota.

Ferma. - ferme, métairie.

Fermaculum. - *idem* firmaculum.

Fermalia. - caution, garantie

Fermalium, fermallium, fermeilletum. - agrafe, boucle, anc fr[2], *fermail*.

Fermalius. - *idem* firmaculum.

Fermallium. - *idem* fermalium, agrafe, boucle, anc fr[3], *fermail*.

Fermare. - affermer.

Fermeilletum. - *idem* fermalium.

Fermentacei, fermentarii. - appellation injurieuse des Grecs données par les latins, car ils faisaient le pain destiné au Corps du Christ avec du levain.

Fermentarii. - *idem* fermentacei.

Fermentarius, fermentator. - celui qui vend un mélange d'herbes destiné à la fabrication de la bière.

Fermentator. - *idem* fermentarius.

Fermentum. -
1. Parcelle de pain eucharistique consacré distribué par l'évêque aux prêtres des paroisses, où le terme *fermentum* doit être compris ici comme synonyme de l'eucharistie, qui est le *levain* envoyé aux églises des paroisses.
2. Mélange d'herbes pour la fabrication de la bière.

Fermentus. - ferme, sûr.

Fermes, fermis. - celui qui cautionne, répondant, anc fr[4], *fermans*.

Fermesona. - *idem* firmisona, saison où la chasse est interdite.

Fermeus. - coffre.

Fermina. - *idem* firmina, prison (Angleterre).

Fermis. - *idem* fermes.

Fernisium. - vernis.

Fernova. - superstition, présage qui veut que lorsque l'on quitte sa maison pour faire une affaire et qu'un homme marche, ou qu'un oiseau vole devant vous à votre gauche, votre affaire sera un succès.

Fero. - sorte de monnaie.

Ferocia. - férocité.

Ferparius, ferperius. - fripier, anc fr[5], *ferpier*.

Ferperia. - friperie, anc fr[6], *ferperie*.

Ferperius. - *idem* ferparius.

Ferquedis. - *idem* ferquidis.

Ferquidis, ferquidus, ferquedis, ferquidus. - semblable, de même valeur (Germanie).

Ferquidus. - *idem* ferquidis.

Ferra. -
1. (*f. molendinorum*), pièce de fer au centre de la meule du moulin.
2. (*f. regia*), sorte de taxe (sur les forgerons).

Ferracia. - impôt pour l'entretien des voies pavées.

Ferragale. - *idem* ferrago.

Ferragia. - *idem* ferrago.

Ferragina. - *idem* ferrago.

Ferraginalis. - *idem* ferrago.

Ferraginile, ferraginale. - prairie artificielle.

Ferragium. - *idem* farragium, fourrage.

---

[1] A.S : *feorðling*, « un quart de penny ».
[2] Godefroy.
[3] id.
[4] Roquefort.
[5] Hippeau.
[6] id.

Ferrago, ferragina, ferragale, ferragia, ferraginalis, ferreginale, ferreinis, ferriginale, feragale, feragiale, feregiale, ferreiale. - partie du domaine laissée en vert, pré, pâturage, prairie artificielle.

Ferralis. - de fer.

Ferramentarius. - forgeron.

Ferramentum, ferrementum. -
1. Épée ou autre instrument en fer.
2. (*f. de molino*), pièce de fer au centre de la meule du moulin.

Ferrantus, ferrandus. - couleur de la rouille (ou gris tirant sur le blanc ?), anc fr[1], *ferrant*, « gris, cheval gris tirant sur le blanc ».

Ferrare. -
1. Ferrer un cheval.
2. Mettre aux fers, enchaîner.
3. (*f. tonelos*), cercler les tonneaux.

Ferraria. - mine de fer.

Ferraricius. - de forgeron.

Ferrarium. - forge.

Ferrarius. -
1. Forgeron, serrurier.
2. (*f. equorum*), maréchal ferrant.

Ferrata. -
1. Barrière de fer, balustrade.
2. Seau, tonneau en bois cerclé de fer, anc fr[2], *ferrat*.

Ferraterius. - forgeron, taillandier, anc fr[3], *ferratier*.

Ferrator. - maréchal-ferrant.

Ferratorium. - forge.

Ferratum. -
1. *Idem* ferrata2.
2. (*f. iter*), voie pavée.

Ferratura. -
1. Fers de cheval.
2. Tout ce qui concerne les métiers du fer.
3. Armes de fer.

4. Boucle, ardillon.

Ferratus. -
1. *Idem* ferrata2.
2. (adj), mis aux fers.

Ferraza. - sorte de poisson de mer.

Ferrea. -
1. Fer à cheval.
2. Chaîne de fer.

Ferrebannire. - *idem* forbannire.

Ferreginale. - *idem* ferrago.

Ferreiale. - *idem* ferrago.

Ferreinis. - *idem* ferrago.

Ferrementum. - *idem* ferramentum.

Ferreolum. - tonneau cerclé de fer.

Ferreolus. - petit porc.

Ferreria. -
1. Forge.
2. *Idem* ferata2

Ferreum. -
1. Fer de cheval.
2. (pl), chaînes pour les prisonniers.

Ferria. - *idem* ferrata2.

Ferriata. - *idem* ferrata1, barrière de fer.

Ferricula. - couleur du fer.

Ferriginale. - *idem* ferrago.

Ferrile. - *idem* ferile, endroit où l'on stocke le fer.

Ferriolus. - ferrugineux.

Ferripedare, ferripedere - ferrer les chevaux.

Ferripedere. - *idem* ferripedare.

Ferriterium. - endroit où l'on enchaîne les esclaves.

Ferriterus. - esclave enchaîné

Ferro. -
1. Bâton ferré.
2. Forgeron, serrurier, anc fr[4], *ferron*.

Ferrodius. - mesure pour les grains.

Ferrofusura. - gueuse, morceau de fonte après la fusion.

---

[1] Roquefort.
[2] Godefroy.
[3] id.
[4] Godefroy.

Ferrolhus. - verrou.

Ferronius. - *idem* ferro2.

Ferruginans. - qui a le goût du fer.

Ferrum, ferrus. -

1. (*f. battudum*), fer aiguisé.
2. (*f. album*), fer blanc.
3. Fer de cheval.
4. Droit de pesage.
5. Corvée de labourage ; soc de charrue, la charrue elle-même.
6. (*f. candens*)[1], épreuve du fer chaud.
7. (pl), *ferra*, chaînes, les fers ; (*in ferro mitti*), être mis aux fers.
8. (*ferri onus*) sorte de peine légère (Angleterre).
9. (*f. trabale*), sorte épée à lame courbe en forme de S.

Ferrura. -

1. Métier de maréchal ferrant.
2. Outil en fer.

Ferrus. - *idem* ferrum.

Fersa. - gale.

Fert. - augure suggéré par le vol des oiseaux.

Fertallus, firtallus, fertalus, fertellus, fertelus, ferdellus, ferthendella fertella, ferthelum, ferundellus. - (< *feorð*)[2] .

1. La quatrième partie.
2. Mesure de terre, quart de manse, dix acres.

3. Mesure pour les liquides et les matières sèches, un quart de boisseau.

Fertalus. - *idem* fertallus.

Fertella. - *idem* fertallus.

Fertelus. - *idem* fertallus.

Ferthebero. - pacte (Loi Salique).

Ferthelota. - *idem* firlota.

Ferthelum. - *idem* fertallus.

Ferthendella. - *idem* fertallus.

Ferthendella. - *idem* forndalum.

Ferthing. - *idem* ferto.

Ferthingmanni. - (< *feorðling-man*)[3], le quart (administratif) d'une ville (Ecosse).

Ferthingus. -

1. *Idem* fertallus2, mesure de terre.
2. Un quart de penny.

Ferto, fertum, ferdonum, fierto, ferthing, firdo, ferdo. - (< *feorð*), mesure correspondant au quart du marc d'argent, soit deux onces, anc fr[4], *ferton*.

Ferto. - *idem* firto, fertin, quart de marc.

Fertongo. - scorie de fer.

Fertorium. - chaise à porteurs.

Fertum. -

1. (< *fĕrĭa*), foire, marché.
2. *Idem* ferto.
3. (< *fertum*), sorte de pain qui est porté à l'autel en offrande.

Fertum. - *idem* ferto.

Fertura. - *idem* fertum3.

Ferua. - portion d'héritage, anc fr[5], *ferue* « proportion prorata »

---

[1] « *Un homme accusé d'un crime, qui n'était pas d'une condition à s'en justifier par le duel, prouvait son innocence en portant un fer chaud, qu'on appelait « ferri candentis judicium ». En voici le rite : ce fer était conservé dans certaines Eglises. L'accusé se préparait par le jeûne, la prière, & quelquefois par la Sainte Eucharistie, à subir l'épreuve du fer chaud. Il avait un espace de neuf pieds à parcourir, tenant en sa main un fer, qui ne devait être mis au feu que pendant l'intervalle des prières prononcées par le Prêtre, pour bénir ce fer. C'était dans l'Eglise que l'Accusé consommait la preuve de son innocence, en présence de ses accusateurs ; il y prenait le fer, & au bout de l'espace parcouru, il le jetait à terre, on lui enveloppait incontinent la main, on scellait l'enveloppe, & trois jours après on faisait la visite, pour y apercevoir les ampoules ou d'autres vestiges de brûlure. Cette cérémonie fut improuvée & défendue au treizième siècle ». (Montignot).*

[2] A.S : *feorð*, « le quart ».

[3] A.S : *feorðling*, « le quart d'une chose », *man*, « homme ».

[4] Godefroy.

[5] Godefroy.

Ferula. -
1. (*f. ecclesiæ*), porche d'église.
2. Planche de bois que l'on claquait pour appeler les moines.
3. Bâton pastoral.
4. Béquille, crosse.
5. (*f. percuti*), instrument pour donner la punition, férule.

Ferularium. - *idem* ferula4.

Ferulatio. - bastonnade.

Ferum. - (adv), sauvagement.

Ferundellus. - *idem* fertallus.

Ferunia. - (< *fervŏr*), tumeur, anthrax.

Ferura, feruta. - blessure.

Feruscula. - (< *fĕra*), petit animal.

Feruta. - *idem* ferura.

Ferventia. - (< *fervĕre*).
1. Température d'ébullition.
2. Ferveur, ardeur.

Fervetus. - sorte d'augure.

Fervide. - avec ardeur.

Fervorosus. - (< *fervŏr*), fougueux, impétueux.

Fervura. - inflammation.

Fesancia. - corvée, rente, redevance, toutes les obligations auxquelles on est tenu, anc fr[1], *faisance*.

Fesantia. - *idem* faisantia.

Fessa. -
1. *Idem* faicia, champ en longueur.
2. Fesse.

Fessardaria. - *idem* faicia.

Fessardia. - *idem* faicia.

Fessella. - *idem* fiscella.

Fessellus. - faisceau, fagot, anc fr[2], *fessel*, « faisceau ».

Fessina. - engin pour la pêche.

Fessitudo. - lassitude, épuisement.

Fessorata, fessoyrata. - mesure agraire correspondant à la surface que l'un homme peut travailler à la houe nommée *fossoir*, anc fr[3], *fossorée, fessorée*.

Fessoriata. - *idem* fossoriata, bêchée (mesure de terre).

Fessorius. - sorte de houe anc fr[4], *fossoir, fessoir*, « houe pour labourer la vigne ».

Fessoyrata. - *idem* fessorata.

Fessus. -
1. (< *fascis*), botte (ou meule).
2. (< *fessus*), malade.

Festa. -
1. (< *fēstum*), fête.
2. Offrande.
3. (< *fyrst*)[5], faîte.

Festaculus. - ornement d'autel, anc fr, *festacle*[6], « ornement d'autel tapis, rideau ».

Festagium. -
1. Redevance pour chaque foyer, avoir le droit de posséder et de bâtir une maison, anc fr[7], *festage*, « droit du seigneur sur chaque maison ».
2. Droit qu'on les vassaux de prendre dans les bois du seigneur le bois nécessaire pour construire le toit de leurs maisons.
3. Droit de festin, anc fr[8], *festaige* ; redevance qui se payait lors de certaines fêtes.
4. Chômage, période de fêtes pendant laquelle on ne travaille pas, anc fr[9], *festage*.
5. Aide seigneuriale à payer lors d'événements exceptionnels.

Festaliter. - d'une manière solennelle.

Festare. -
1. Fêter.

[1] Roquefort.
[2] Hippeau.
[3] Godefroy.
[4] id.
[5] A.S : *fyrst*, « sommet ».
[6] Roquefort.
[7] Godefroy.
[8] Roquefort.
[9] id.

2. (subs), terrain enclos.

Festaria. - *idem* festare2.

Festeiare. - festoyer, faire la fête.

Festellus. - tuile faîtière.

Festialis. - héraut.

Festichura. - *idem* festissura.

Festigiare. - (< *fastīgāre*), élever en hauteur, culminer.

Festinantia. -
1. (< *festīnāre*), hâte, rapidité.
2. Serment.
3. Orifice par où se meut l'aiguille de la balance.

Festinare. -
1. *Idem* festivare3, recevoir à dîner.
2. Emmener, reconduire.

Festinatio. - festin.

Festine. - en hâte.

Festino. - comportement raisonné, logique.

Festis. -
1. Faîte, comble.
2. Soumission, obéissance.

Festissare. - couvrir une maison, anc fr[1], *fester, faister*, « couvrir le faîte ».

Festissura, festichura. - tuile d'arête du toit, anc fr[2], *festissure*.

Festivalis. - de fête.

Festivalitas. - fête.

Festivare. -
1. Fêter, célébrer.
2. Chômer un jour de fête.
3. Recevoir à dîner.
4. S'occuper des fêtes, distraire agréablement les convives.
5. Inviter quelqu'un à un festin.

Festivator. - chef d'une association pieuse, porte-bannière de cette association.

Festive. - solennellement, comme en un jour de fête.

Festivitas. -
1. Jour de fête.
2. (*f. fracta*), fête non chômée.
3. Commémoration des défunts.

Festivosus. - rapide, prompt, impatient.

Festivus. - férié.

Festizare. - faire la fête, festoyer.

Festo. - feston.

Festrum. - *idem* festa3, faîte.

Festuca, fistuca. -
1. Tige, paille, fétu (symbole de vente : dans tel contrat, on donnait un brin de paille[3] à l'acquéreur ; on attachait parfois ce brin à la charte).
2. Chose de peu de valeur.
3. (*per festucam*), par tradition.

Festuca. - *idem* fisticus, pistache.

Festucare. - renoncer à la possession de quelque chose en rendant le fétu.

Festucatio. - investiture par la remise d'un *festuca*, fétu.

Festum. -
1. Fête, jour de fête ; fête patronale.
2. Funérailles ; (*f. animarium*), jour des morts, 2 novembre.
3. (*f. apparitionis*), fête de l'épiphanie.
4. (*f. asinorum*), fête des ânes[4]
5. Consécration d'un évêque.
6. Procession solennelle.

---

[1] Godefroy.

[2] id.

[3] D'où le stipuler (Migne).

[4] *« Cette fête a été célébrée longtemps dans les plus grandes Eglises de France, [...] on choisissait une belle fille qu'on faisait monter sur un âne, et qu'on plaçait à côté de l'autel, elle représentait la Sainte Vierge sur un âne ; tout l'Office était mêlé de versets où il était question de l'âne. À Beauvais, le Diacre, au lieu de dire « lte Missa est » y substituait le cri de l'âne « hinhan, hinhan ». Le Peuple répondait par le cri de l'âne. La Messe avait une prose composée sur l'âne, il y avait un refrain que voici :*

> *Hez Sire asne ça chantez*
> *Belle bouche rechignez,*
> *Car vous aurez du foin assez*
> *Et de l'avoine à plantez. »*

(Montignot).

7. Fête, réjouissance, festin, repas, danse, concert ; (*f. facere alicui*), faire fête à quelqu'un, bien le recevoir ; (*facere magnum f.*), faire grande réjouissance.

8. (*festa per totum duplicata*), fêtes qui a lieu sur deux soirs.

9. (*f. duplex*), se dit lorsque deux fêtes coïncident le même jour, auquel cas la fête la plus importante est célébrée en premier, l'autre après.

10. (*festa brachiorum*), fêtes pendant lesquels seuls étaient interdits les travaux qui ne pouvaient être réalisés sans chevaux et chariots.

11. (*festa in cappis*), fêtes de grandes solennités, au cours desquelles, entre les messes solennelles et les vêpres, les chapes sont portés par les desservants du Chœur.

12. Foire, marché.

13. *Idem* festa3, faîte.

14. (*f. arduum*), éminent, chef.

Festum. - *idem* festa3, faîte.

Feta, fœda - brebis, anc fr[1]. *fĕda*.

Fetans. - mouton.

Fetare. - enfanter, féconder.

Fetens. - puant.

Fetica. - (< *fătīgāre*) ; (*f. justitiœ*), retarder, voire refuser, le rendu de justice.

Fetillerus. - celui qui fait usage de phylactères.

Fetischefo. - *idem* feisfecho.

Feto. - *idem* fao, faon.

Fetosa. - (< *fētāre*), enceinte.

Fetosus. - fécond.

Fettucia. - très petit fragment d'un matériau quelconque.

Fetum. - *idem* feodum.

Fetura. -

1. Progéniture.

2. Créature.

Feu. - *idem* feodum.

Feuataria. - droit de fief.

Feuator, feuatorius, feuatus, feudicus, feudarius, feudatarius, feudator, feudatus, feudotarius, feuo. - feudataire, vassal.

Feuatorius. - *idem* feuator.

Feuatus. - *idem* feuator.

Feudagium. - *idem* feodagium, terre dépendant d'un seigneur féodal.

Feudalis. - *idem* feodalis.

Feudaliter. - *idem* feodaliter, à titre de fief de bénéfice.

Feudare. - *idem* feodare.

Feudarius. - *idem* feuator.

Feudatarius. - *idem* feuator.

Feudator. - *idem* feuator.

Feudatus. - *idem* feuator.

Feudicialis. - féodal.

Feudicus. - *idem* feuator.

Feudifirma. - bail à ferme, emphytéose.

Feudotarius. - *idem* feuator, feudataire, vassal.

Feudum. - *idem* feodum.

Feudus. -

1. Domaine, fief (qui revient au donateur et non aux héritiers, après la mort du feudataire).

2. *Idem* feodum.

Feugera. - *idem* felga, fougère.

Feugia. - *idem* felga.

Feuo. - *idem* feuator, feudataire, vassal.

Feuodum. - *idem* feodum.

Feus. - *idem* feodum.

Feutrum. -

1. *Idem* feltrum, feutre.

2. Fourreau d'épée.

Feuz. - *idem* feodum.

Fevalis. - *idem* feodalis.

Fevare. - *idem* feodare.

Fevator. - *idem* feodator, feudataire.

Fevatus. - *idem* feodatus, qui possède des fiefs.

Fevedare. - *idem* feodare.

Fevium. - *idem* feodum.

Fevum, fevus. -
1. *Idem* feodum.
2. Tenure.

Fevus. - *idem* feodum.

Fexa. -
1. (< *fascĭa*), bande de terre.
2. Métairie où l'on élève des troupeaux, anc fr[1], *fex*, *fey*, « troupeau ».

Fezelenus. - gendre.

Fiada. - engagement pris en fournissant caution.

Fiadura. - *idem* fiada (Espagne).

Fiala, phiala. -
1. Vase, coupe légèrement creusée.
2. Réservoir.

Fialarius. - officier du palais des papes (chargé de maintenir en état les lampes).

Fiancialia. - fiançailles.

Fiancum. - côté, flanc.

Fias, fiat. - appellation d'une sorte de bougie.

Fiat. - *idem* fias.

Fibbia, **fichetta**, **fiquecta**. - boucle, agrafe.

Fiberinus. - en peau de castor.

Fibula. -
1. Langue de terre rappelant la forme d'une fibule, d'une aiguille.
2. Dard, aiguille.

Fibulare. - équiper d'un fermoir ; attacher avec un fermoir.

Fibulatorium. - vêtement muni d'une agrafe.

Fibus. - castor.

Ficacium. - bourse.

Ficale. - bijou.

Ficare. - planter, ficher.

Ficaria. - figuier.

Ficarium. - panier, corbeille dans lequel on transporte les figues.

Ficarius. -
1. Cueilleur de figues ; vendeur de figues.
2. Lutin, génie des bois.

Ficarolum. - droit pour pouvoir planter des pieux d'amarrage au bord de la mer ou des cours d'eau.

Ficatum, fegatum. - foie.

Ficellus. - faisceau.

Ficha. -
1. Cours d'eau muni de pieux, barrage.
2. (*ficham facere*), locution marquant la dérision, et le contentement de la personne : « faire la figue »

Fichetta. - *idem* fibbia, boucle, agrafe.

Fichia. -
1. *Idem* ficha1, barrage.
2. Palissade.

Fichtwita, fichwyta. - (< *fyht-write*)[2], *idem* fihtwita amende pour une rixe.

Ficilis. - outil de cordonnier, tranchet.

Ficilus. - radius (os du bras).

Ficitas. - figue.

Ficitor. - celui qui cueille les figues.

Fico. - sorte de soulier de la campagne ou de moines.

Ficonitus. - devin.

Ficta. -
1. Douleur aiguë, comme provoquée par une pointe ; point de côté.
2. (< *fitto*)[3], revenu, impôt, cens.

---

[1] Roquefort.

[2] A.S : *fyht wite*, « amende pour bagarre ».

[3] Ital : *fitto*, « bail d'un fonds rustique, pour une durée déterminée, et contre rémunération convenue en argent ou en nature ».

3. *Idem* ficha1, barrage.

Fictabilis. - censitaire, qui paie le cens.

Fictalicius, fictaticius. -
1. De bail.
2. Locataire (Italie).

Fictalis. - fermier.

Fictaticius. - *idem* fictalicius

Fictatio. - location, chose louée.

Ficticius. - fictif, imaginaire.

Fictio. - action de feindre.

Fictitia, fictitium. - ruse, simulation, tromperie, feinte, faux semblant.

Fictitium. - *idem* fictitia.

Fictor. -
1. Propriétaire, celui qui loue, donne à cens.
2. (*f. forensis*), marchand ambulant, colporteur.

Fictorium. - borne.

Fictualis. -
1. Fermier.
2. (adj), de location.

Fictum. fictus -
1. (< *fingĕre*), mensonge.
2. (< *figĕre*), loyer, fermage.
3. (< *figĕre*), impôt affermé.

Fictuose. - avec déguisement, par faux semblant.

Fictuositas. - feinte, simulation, vaine apparence.

Fictura. - borne.

Fictus. - redevance, location, revenu.

Fictwita. - *idem* fihtwita

Ficundeum. - figuier (ou endroit planté de figuiers).

Fidamen. - foi, confiance.

Fidancia, fidantia, fidencia. -
1. Caution, garantie, anc fr[1], *fiance*.
2. Droit d'exiger des gages à titre de redevance coutumière, taxe.
3. Remise d'un gage par un inculpé.
4. Serment d'allégeance.
5. Sauf-conduit.

Fidantia. - *idem* fidancia.

Fidantiare. - garantir (Ital).

Fidata. - *idem* fidancia1, redevance coutumière, taxe.

Fidatio. -
1. Action de jurer.
2. Fiançailles.

Fidator. - celui à qui on confie quelque chose.

Fidatus. - (adj), et (subs), fidèle, en qui on peut avoir confiance.

Fidedatio. - parole d'honneur.

Fidedicere, fidepromittere. - répondre pour quelqu'un, apporter sa garantie.

Fidedictio. - garantie.

Fidedictor. - celui qui apporte sa garantie, garant.

Fidedictus. - celui pour lequel on répond.

Fidedigni. - personnes digne de foi (comme les clercs), personnes non astreintes au serment en justice.

Fidedignitas. - témoignage fourni par un clerc ou un moine.

Fidefactum. - promesse solennelle.

Fidefragium. - parjure.

Fidefragus. - parjure.

Fideicaptio. - serment.

Fideicommissarius. - exécuteur testamentaire.

Fideidonatio. - promesse de mariage.

Fideifragus. - celui qui manque à sa parole.

Fideimachia. - combat pour la foi.

Fideimanus. -
1. Fidéicommissaire (Germanie).
2. Personne de confiance que l'on charge d'une mission.

Fidejubere. - se porter garant

Fidejurare. - s'engager par serment.

Fidejussio. -
1. Garantie.

---

[1] Godefroy.

2. Cautionnement pour un tiers devant comparaître.

Fidejussor. -
1. Celui qui apporte sa garantie, sa caution.
2. Exécuteur testamentaire.
3. Parrain.

Fidejussorie. - à titre de caution.

Fidejussorius. - (subs), caution.

Fidejutrix. - celle qui apporte sa garantie.

Fidele. - bien rural donné en fief.

Fidelis. -
1. Fidèle, subordonné, vassal, anc fr[1], *feeil*.
2. Epouse.
3. (*f. homo*), homme de confiance (pour juger), prud'homme.
4. Ecclésiastique subordonné à un évêque.
5. (pl), *fideles*, les chrétiens, les fidèles.

Fidelitas. -
1. Foi, fidélité.
2. Fidélité au roi, au suzerain, serment d'allégeance, de fidélité.
3. Fief.

Fideliter. - en confiance avec Dieu.

Fidella. - luth, lyre.

Fidementirosus. - *idem* fidementitus.

Fidementitus, fidementirosus. - parjure, qui a manqué à la foi jurée.

Fidencia. - *idem* fidancia.

Fidentialia. - (pl) ; (n), fiançailles.

Fidentiarius. - ami, confident.

Fidepromittere. - *idem* fidedicere, répondre pour quelqu'un, apporter sa garantie.

Fides. -
1. Foi.
2. Loyalisme des sujets, foi, fidélité due au prince, au suzerain.
3. Promesse solennelle, serment.

4. (*fidem facere*), s'engager envers quelqu'un.
5. (*fidei formula*), profession de foi.
6. (*ponere aliquem per fidem*), faire prêter serment.
7. (*venire ad fidem*), faire allégeance.
8. (*f. oculata*), témoignage oculaire.
9. Caution, cautionnement.
10. (*fide media*) ; (*f. manualis*), en serrant la main (s'engager).
11. (*f. laesa ; mentita ; fracta*), serment rompu.
12. (*fidei machia*), combat, lutte pour la foi.
13. Taxe, impôt, droit.
14. (< *fĭdēs*), corde de lyre.

Fidetenus. - en se donnant la main (serment).

Fideus. - (< *finus*), fin.

Fidiator. - celui qui est garant, caution.

Fidiatura. - garantie.

Fidicinare. - (< *fĭdēs*), jouer de la lyre.

Fidicula. - cordelette pour la flagellation.

Fidignus. - garant, répondant.

Fiducia. -
1. Foi, fidélité.
2. Confiance libre (de ceux qui parlent franchement, hardiment.
3. Promesse solennelle, anc fr[2], *fiance*.
4. Caution, gage, dépôt.
5. Protection, sauvegarde.
6. Force, efficacité.

Fiducialia. - (pl) ; (n), fiançailles.

Fiducialis. - sûr, à qui on peut se fier.

Fiducialiter. -
1. Avec confiance.
2. Celui qui a lié sa confiance à un autre ou à son maître

Fiduciare. - promettre solennellement, donner sa foi.

---

[1] Godefroy.

[2] Hippeau.

Fiduciarie. - à titre fiduciaire.

Fiduciarius. -
1. Celui qui donne une garantie.
2. Dépositaire.
3. Vassal, celui qui est lié par un serment de fidélité.

Fiduciatus. - qui a confiance.

Fiduculus. - instrument de torture.

Fidula. - violon, viole.

Fidunculus. - celui en qui on a confiance.

Fidus. -
1. Qui a confiance.
2. Confidentiel, secret.
3. (subs), clerc de notaire.

Fiedicus. - prophète.

Fiens. - (< *fimum*), fumier, fiente, anc fr[1], *fiens*.

Fientamenta. - fientes.

Fieraduca. - sorte de vêtement.

Fierbote. - *idem* firebote, droit qu'on a dans la forêt d'autrui, de couper du bois pour le foyer, le bâtiment, la clôture et l'agriculture (anglosaxon).

Fieri. -
1. Être.
2. (sub) ; (*in fieri*), en devenir.

Fierto. - *idem* ferto.

Fiertra. - reliquaire, châsse.

Fieta. - mesure pour les liquides.

Fievum. - *idem* feodum.

Fiffegha. - *idem* fishfeum, somme à payer en remplacement de la fourniture de poissons (Angleterre).

Fiffuls. - mesure pour les grains (Angleterre).

Figere. -
1. Valider (par des témoins).
2. Figer, cailler.
3. Aboutir, finir, se terminer.

Fightwita. - *idem* fihtwita.

Figidus. - fixé, destiné à.

Figliaria. - filleule (Italie).

Figlina, figulina. -
1. Art de potier ; poterie.
2. Carrière de terre à potier

Figlus, riglus. - fiche, ce qui sert à fixer.

Figmen. - (< *fingĕre*), invention, simulacre.

Figmentare. - simuler.

Figmentarius. - (*f. cantor*), habile musicien.

Figmenter. - faussement.

Figmentum. -
1. Dissimulation, prétexte, tromperie.
2. Représentation, image.
3. Création, créature.
4. Fiction, invention.
5. Mensonge, invention fausse.

Figua. - figue.

Figuaida. - pâturage.

Figueria. - lieu planté de figuiers.

Figula. - petite figue.

Figulatio. - action de façonner, façon.

Figulina. - *idem* filina.

Figura. -
1. Symbole, allégorie.
2. Lettre, caractère.
3. Chiffre, nombre.
4. Formule.
5. Diagramme, schéma.
6. (*f. judicii*), méthode de jugement prescrite.

Figuralis. -
1. Figuré, symbolique.
2. De figure.
3. De plan, de schéma.

Figuralitas. - langage figuré, allégorique.

Figuraliter. -
1. En style figuré.
2. D'après un plan, schématiquement.
3. Avec vraisemblance.

Figurantia. - style figuré.

---

[1] Hippeau.

Figurare. -
1. Marquer d'un sceau.
2. Frapper une monnaie, lui donner une effigie.

Figurate. - d'une façon symbolique, allégoriquement.

Figuratio. -
1. Allégorie.
2. Plan, schéma.

Figurativus. - symbolique.

Fihtewita. - *idem* fihtwita.

Fihtwita, fihtewita, fightwita, fichtwita, fichwyta, fictwita. - (< *fyht-wite* »[1], amende pour une rixe.

Filacium. -
1. Gros fil, filasse.
2. Filet, nasse, piège.
3. Liasse (de documents).

Filacterium. -
1. (< *filatèra*)[2], long entretien, discours filandreux, paroles inutiles, bavardage.
2. (< φυλακτήριον)[3], reliquaire.

Filanderia. - fileuse.

Filare. - mettre en fil en pelote.

Filaria. - fileuse (Italie).

Filarosus. - fuseau.

Filassere. - garder, protéger.

Filaterium. -
1. *Idem* filatorium.
2. Endroit où pousse les fougères.

Filaticium. - ficelle, gros fil.

Filatio. - en ligne droite.

Filatista. - fileur, fileuse.

Filatorium. -
1. Collection de documents.
2. Filature, corderie.
3. (*f. nocturnum*), veillée où l'on file.
4. *Idem* filiaterium, amulette.

Filatrix. - fileuse.

Filatum. -
1. Filet à prendre les oiseaux, les perdrix ; filet à prendre les poissons, anc fr[4], *filandre*.
2. Paquet de fils ; fil.

Filatura. - art de filer, filage.

Filatus. -
1. *Idem* filatura, filage.
2. Sorte de poisson : congre, anc fr[5], *filat*.

Filça, filcia. - ordonnance, acte, titre.

Filcarium. - *idem* fililicarium, lieu où abonde la fougère.

Filcia. - *idem* filça.

Filectum. -
1. Filet de viande.
2. Ensemble de fougères, endroit où pousse les fougères.

Fileia. - suite, enfilée.

Filendarius. - marchand de fil, anc fr[6], *filandrier*, « fileur, fileuse ».

Filentulus. - philanthrope, bon.

Fileria. -
1. *Idem* filatrix, fileuse.
2. Pièce de charpente sur laquelle repose les chevrons, anc fr[7], *filiere*.
3. Mesure agraire (ou endroit où pousse le chanvre).

Fileris. - *idem* fileria2.

Filetum, filettum. -
1. Fil.
2. Filet.

Filgarium. - *idem* fililicarium, lieu où abonde la fougère.

Filgeria. - *idem* felga, fougère.

Filgerium. - *idem* felga.

Filgus. - fraisier.

---

[1] A.S : *fyht wite*, « amende pour bagarre ».
[2] Ital : *filatèra*, « discours prolixe et vain, et menteur ».
[3] φυλακτήριον : « talisman ».
[4] Godefroy.
[5] Hippeau.
[6] Godefroy.
[7] id.

Filheta. - prostituée, anc fr , *fillette*.

Filia. -
1. Fille.
2. (< *filix*), fougère.
3. Filiale, église qui dépend d'une autre.
4. (pl), filiales, monastères dépendant d'une maison-mère.
5. (*filiæ Dei*), sœurs des hôpitaux.
6. (*f. ordinis*), bienfaitrice d'un ordre.

Filiabilis. - filial.

Filiada. - fille spirituelle en raison du baptême.

Filialis. - qui concerne les relations entre une église mère et ne église fille.

Filialitas. - filiation.

Filialiter. - filialement, comme un fils.

Filiare. -
1. Attraper.
2. Reconnaître comme fils.

Filiaster. -
1. Beau-fils, gendre, anc fr[2], *fillastre, filastre*.
2. Fils du premier lit.
3. Fils bâtard.
4. Petit-fils né d'une fille.
5. Filleul.

Filiastinus. - (*f. amor*), amour filial.

Filiastra. - belle-fille.

Filiaterium, philaterium. - amulette.

Filiatio. -
1. Qualité de fils.
2. Adoption
3. Droit du fils aux biens du père.
4. Titre honorifique donné par le pape à un évêque.
5. Obéissance due à un abbé.
6. Filiation d'un monastère à un plus grand.

Filiatus. - qui ressemble à son père.

Filica. -
1. Aimable, courtois.
2. Fougère.

Filicaria. - *idem* fililicarium.

Filicarium. - *idem* fililicarium.

Filicellum. - sorte de tissu.

Filicetum. - *idem* fililicarium.

Filicida. - infanticide.

Filicidium. - meurtre d'un fils.

Filico. - homme mauvais et méchant.

Filicon. - don gratuit, redevance volontaire.

Filidrissa. - (< δρῦς)[3], plante parasite sur le tronc des chênes.

Filietas. - qualité de fils.

Fililicarium, filicetum, filcarium, felgarium, felgaria, filgarium, filicaria, filicarium. - lieu où abonde la fougère.

Filiola. -
1. Petite fille.
2. Filleule.
3. Fille spirituelle du fait du baptême.
4. Étoffe qui couvre le calice pendant la messe (à Toulouse).

Filioladium. - *idem* filiolagium.

Filiolagium, filioladium, filiolatus. - don du parrain au filleul, anc f[4], *fillolage*.

Filiolatus. - *idem* filiolagium.

Filiolitas. - qualité et titre honorifique de fils choisi.

Filiolus. -
1. Filleul.
2. Neveu.

Filium. - fil de l'eau.

Filius. -
1. (*f. hominis*), homme en général ; paysan, laboureur.
2. (*f. maritalis*), fils légitime du mari.
3. (pl), *filii*, les enfants.

---

[1] Godefroy.

[2] id.

[3] δρῦς : « tout arbre, puis, en particulier le chêne ».

[4] id.

4.   (*f. spiritalis*) ; (*f. de baptismo*) ; (*f. adoptivus*) ; (*f. baptismalis*), filleul.

5.   (*f. fratris*), neveu.

6.   (*f. spiritualis*), filleul ; celui qui fait partie d'une famille du fait d'une adoption.

7.   (*f. pœnitentialis*), pénitent.

8.   (*filii ecclesiæ*), clercs, desservants d'une église.

9.   (*f. Giezi*), lépreux.

10.   (*f. materialis*) ; (*f. matris suæ*), bâtard.

11.   (*f. major*), titre honorifique chez les cathares ou manichéens des vicaires des évêques.

12.   (*f. facere*), « faire des petits », (rapporter de l'argent, en parlant d'un prêt).

Filiusfamilias. - fils de famille (encore sous la dépendance du père).

Filla. - cordon, fil qui suspend le sceau dans les chartes.

Filladisserium. - gros fil de soie.

Filleria. - *idem* fileria2, pièce de charpente sur laquelle repose les chevrons, anc fr[1], *filiere*.

Fillo, filo. - félon ; filou, trompeur, fourbe, coquin.

Fillo. - *idem* fello2, fello3, fello4, fello5.

Fillones. - vauriens que l'on nomme également filous.

Fillum. -

1.   Fil de perles enfilées.

2.   (*f. aquæ*), fil de l'eau.

Filo. - *idem* fillo.

Filocaptus. - pris d'amour pour.

Filocompus, filocopus, filopompus. - qui aime l'ostentation, vaniteux.

Filocopus. - *idem* filocompus.

Filogramus. - qui aime les lettres.

Filopar. - égal en grandeur.

Filopompus. - *idem* filocompus.

Filosa. - quenouille.

Filotum. - pelote de fil.

Filtrare, feltrare. -

1.   Fabriquer du feutre.

2.   Faire avec du feutre, doubler de feutre.

Filtreus, filtrinus - de feutre, en feutre.

Filtro. -

1.   *Idem* feltrum1, feutre.

2.   Pantoufle de feutre.

Filtronius. - (pl), *filtronii*, souliers de feutre.

Filtrum. - *idem* feltrum.

Filtrus. - *idem* feltrum.

Filua. - sorte de navire, felouque.

Filum. -

1.   Filament unique, brin filé par une araignée ou un ver à soie.

2.   Cordon, lanière.

3.   Le fil de la vie.

4.   (*f. aquæ*), fil de l'eau ; (*f. fluminis*), cours de l'eau, fil de l'eau

5.   Fil (qui attache le sceau d'une bulle).

6.   (*f. directum*), ligne droite, série.

7.   Fil d'argumentation, ligne de discours.

8.   (*f. aquæ saline*), filon de saline, veine, galerie.

9.   (*f. maris*), marée haute.

10.   (*opus fili*), ouvrage de filet.

11.   (*filetta perulis*), fil de perles.

12.   (*f. de paternostris)*, chapelet.

Filx. - *idem* felga, fougère.

Filza. - toute chose mutuellement cohérente avec un fil conducteur (Italie).

Filzata. - espèce de tissu tissé à partir de fils croisés.

Fimare, fimorare. - (< *fĭmum*), fumer une terre.

---

[1] Godefroy.

Fimarium, fumarium, fimoratium. - fumier, fosse à fumier, anc fr[1], *femorier*, « fosse à fumier ».

Fimarius. -
1. (*f. currus*) ; (< *fĭmum*) charrette pour le transport du fumier.
2. (*f. lectus*), brancard pour transporter morts afin d'être enterrés.

Fimbria. - (< *fimbrĭa*).
1. Bord de champ.
2. (pl), draperies que l'on mettait sur le tombeau des saints.

Fimbriare. - franger, border, broder.

Fimbriatio. - action de franger, de border.

Fimbriatus. - orné de franges.

Fimella, femella. - battant de porte, fer qui retient le marteau, anc fr[2], *femele*.

Fimitium. - moment, saison où l'on fume la terre.

Fimoralis. - sale ; (fig), injuste.

Fimorare. - *idem* fimare, fumer une terre.

Fimoratium. - *idem* fimarium.

Fimus. - terre glaise.

Finabilis. - (< *fĭnis*).
1. Qui peut être fini.
2. Passible d'une amende.

Finabiliter. - entièrement, tout à fait.

Finadagium. - droit, taxe sur les bornes.

Finagium. -
1. Finage, limite, territoire, borne.
2. *Idem* finadagium.

Finale. -
1. Frange, pan, ornement de selle.
2. Parcelle située â l'extrémité d'un terroir.

Finalis. -
1. Final.
2. Qui fait partie d'un finage, d'un domaine.
3. (*finalis dies*), jour fixé pour le règlement définitif d'un procès.

4. (*f. justitia*), arrêt qui termine définitivement un procès.

Finalitas. -
1. Fin (d'un hymne).
2. Enfin.
3. Pour toujours.

Finaliter. -
1. Enfin, finalement.
2. Pour toujours.

Finamentum. - fin, conclusion.

Financia. -
1. Paiement, redevance en argent.
2. Argent, finance.

Finanha. - élément d'une maison de campagne.

Finare. - (< *fĭnis*).
1. Payer.
2. Exiger, faire payer.
3. Toucher une somme.
4. Raffiner.

Finatio. -
1. Paiement.
2. Arrangement, contrat.

Finatio. finitio. - raffinage de métal (Angleterre).

Finator. - celui qui doit le droit de relief.

Fincare. - demeurer (Espagne).

Findere. - fendre, diviser ; (fig), fendre, (eau, air).

Findula. - latte.

Finetenus. - pour toujours.

Fingere. - (*f. se*), se ménager, travailler sans ardeur.

Fingia. - (< *fingĕre*), sorte de mauvais pain (qui n'a de pain qu'en apparence).

Fingibilis. - n'existant qu'en apparence, imaginaire.

Finiabilis. - final, qui se termine.

Finilis. -
1. Relatif à la borne.
2. (*finiles lapides*), pierres servant de bornes.

---

[1] Hippeau.

[2] Roquefort.

Finire. -
1. Terminer un procès, trouver un accord.
2. Régler, céder, abandonner, renoncer à.

Finis. -
1. Finage, région délimitée, territoire ; subdivision du pagus comprenant plusieurs localités.
2. Etendue de terre constituant un domaine.
3. Maison, habitation.
4. Champ en sole.
5. Acte par lequel pour donner plus d'autorité à l'accord, on cède une propriété, un droit à quelqu'un en présence des agents de la justice.
6. (*finem facere*), terminer un procès par l'accord des parties.
7. Droit de mutation.
8. Accord, arrangement ; paiement faisant suite à un arrangement.
9. (*ad finem quod*), afin que.

Finita. - finage, district, domaine.

Finitas. -
1. Limitation.
2. Caractère de ce qui est fini, borné.

Finite. - d'une manière finie.

Finitimitas. - extrémité.

Finitimus. -
1. Membre d'une communauté villageoise, (*Cf. finis1*).
2. (adj), qui touche à sa fin.

Finitio. -
1. Conclusion d'un procès.
2. Fin de vie, mort.
3. *Idem* finatio, raffinage de métal (Angleterre).

Finitivus. -
1. Ultime, définitif.

2. Qui termine (un procès), final, définitif.

Finitum. - territoire délimité.

Finitura. - *idem* funtura.

Finitus. - (adj), mort.

Finium. -
1. Accord mettant un terme à un litige.
2. Pays, territoire limité.

Finocchiaria. - plat pour présenter des grains de fenouil

Finstallum, fuistallum. - lieu de raffinage du sel (Angleterre).

Fintitius. - apte à être fendu (en parlant de bois).

Finus. -
1. Fin, excellent, parfait.
2. Raffiné, pur, non mélangé (or, argent).

Fiodum. - *idem* feodum.

Fiola. - petit récipient en verre, fiole.

Fiolarius. - verrier.

Fiora. - morceau, pièce.

Fiquecta. - *idem* fibbia, boucle, agrafe.

Fira. -
1. *Idem* feriæ, foire, marché.
2. (< ?), quantité de bois amassé.

Firdefare. - (< *fyrdfæreld*)[1], départ pour la guerre, assaut.

Firdo. - *idem* ferto (Alsace).

Firdsocne. - (< *fyrd-socn*)[2], exemption d'ost, de service à l'armée.

Firdwita. - (< *fyrd-wite*)[3], amende pécuniaire pour celui qui ne s'est pas rendu au service de l'ost.

Firebare. - (< *fyr-tor*)[4], phare, tour à signaux.

Firebote, fierbote. - (< *fyr-bót*)[5], droit qu'on a dans la forêt d'autrui, de couper du

---

[1] A.S : *fyrdfæreld*, « expédition militaire, ou service militaire des habitants ».
[2] A.S : *fyrd*, « armée », *socn*, « exemption ».
[3] A.S : *fyrd*, « armée », *wite*, « amende ».
[4] A.S : *fyr*, « feu », *tor*, « tour ».
[5] A.S : *fyr*, « feu », *bót*, « dédommagement ».

bois pour le feu, mais également le bâtiment, la clôture et l'agriculture.

Firgia. - fer, entrave pour les prisonniers, anc fr[1], *ferges*.

Firia. - *idem* fira2.

Firlata. - *idem* firlota.

Firlota, firlata, farlota, ferlota, furlota, ferthelota, firthelota. - sorte de mesure chez les Écossais, contenant 2 gallons et une pinte, « firlot ».

Firma. -
1. (< *firmare*), affirmation, serment sur le bon droit d'une action.
2. Domaine loué, ferme, rente, taxe, prix de la location.
3. (*f. nobilis*) ; (*f. pura*), domaine tenu en emphytéose.
4. (*f. alba*), domaine où le cens est payable en argent (et non en nature).
5. (*f. manu sua*), signature.
6. (*f. dotis*), don du mari à sa femme le jour du mariage (Aragon).
7. (< *feorm*)[2], banquet, festin ; gîte, hospitalité ; somme payée par le vassal au lieu du droit de gîte dû au seigneur.
8. Sorte de vêtement de femme rendus *fermes* par l'amidon.

Firmabilis. -
1. De ferme, de rente.
2. Qui dure longtemps.
3. (*f. vacca*), vache grasse.

Firmacia. - amende.

Firmaculum, firmale, firmalus, firmalius, fermaculum, firmalius, fermalius, firmalliculum, firmaliculum. - boucle, agrafe, fermoir, tout ce qui sert à fermer.

Firmagium. -
1. Impôt, taxe.
2. Amende.

Firmale. - *idem* firmaculum.

Firmaliculum. - *idem* firmaculum.

Firmalius. - *idem* firmaculum.

Firmalliculum. - *idem* firmaculum.

Firmalus. - *idem* firmaculum.

Firmamentum. -
1. Autorité, fermeté.
2. Toiture, ferme.
3. Serrure.
4. Fortification, barrage.
5. Confirmation (d'une donation, d'un privilège).
6. Caution, garantie.
7. Amende, taxe.
8. Le ciel.

Firmamentus. - montant de location, fermage.

Firmantia. -
1. Répondant, caution, garantie.
2. Repas, droit de past.
3. Taxe, impôt, redevance ; amende pécuniaire.
4. Recette des gages non rachetés des justiciables.

Firmare. -
1. Construire des fortifications.
2. Enclore, enfermer ; fortifier.
3. Fermer (une porte).
4. (*f. se*), s'arrêter.
5. Garantir, affirmer, promettre ; déclarer sous la foi du serment ; (*f. in directum*), jurer que sa cause est juste.
6. Conclure (un traité) ; confirmer (un acte, un document) ; (*f. manu sua firma*), signer un acte.
7. Financer.
8. Faire une donation.
9. Louer, affermer.
10. Fixer (une redevance).
11. Consacrer.

---

[1] Godefroy.

[2] A.S : *feorm*, « nourriture, mets, hospitalité ».

12. Fiancer, anc fr[1], *fermer* une fille.

13. (*f. cantum*), répéter un morceau de chant.

Firmaria. -

1. Prison.

2. Infirmerie (de monastère).

Firmarium. - fermoir.

Firmarius. -

1. (adj), de ferme, de rente.

2. Fermier d'impôt, receveur de fermage ; collecteur d'impôts.

3. Celui qui confirme un acte.

4. Infirmier.

5. Prêtre à qui est confiée une église à ferme, desservant salarié.

6. Moine chargé de l'administration un prieuré.

Firmatarius. - moine intendant du monastère.

Firmaticus. - fromage.

Firmatim. - en dur, en relief.

Firmatio. -

1. Garantie.

2. Action d'affermir par des sanctions, garantir ; dureté, solidité.

3. Confiance, assurance.

4. Preuve concluante.

5. Approvisionnement en vivres.

6. Charte, document ; donation.

7. Fortification, fort, construction d'ouvrages fortifiés.

8. Epoque où les animaux de la dernière portée sont adultes.

Firmator. -

1. Garant, celui qui assiste à la rédaction d'un acte, témoin.

2. Fermier, celui qui tient à ferme.

Firmatorium. -

1. Fermoir.

2. Fortification, ouvrage de défense.

Firmatura. -

1. Fermeture, serrure.

2. Fortification.

Firmatus. -

1. Enfermé.

2. (subs), homme à gages, loué ; apprenti ; mercenaire.

Firmerium. - agrafe.

Firmesona. - *idem* firmisona.

Firmicularius. - agrafe.

Firmigarans. - vassal.

Firmina, fermina. - prison.

Firmisona, fermisona, firmesona. - saison où la chasse est interdite.

Firmitas. -

1. Solidité, fermeté ; authenticité, autorité.

2. Place-forte, forteresse ; ligne de défense ; rempart, enceinte urbaine.

3. Appui, soutien (dans une élection).

4. Garantie, assurance (pour un traité) ; promesse jurée de s'abstenir de tout acte hostile, garantie de sécurité, sauvegarde ; preuve à l'appui.

5. Charte, convention.

6. Validité ; valeur définitive, confirmation (d'un document).

7. Concession en précaire.

8. Donation, concession.

9. Caisse communale pour les frais des remparts.

10. Coffre-fort ; serrure.

11. Impôt, taxe.

Firmiteta. - taxe sur les ventes.

Firmitudo. - citadelle.

Firmum. - tan du chêne.

Firmura. - serrure.

Firmus. -

1. Qui a une grande autorité.

2. Fortifié.

---

[1] Godefroy.

Firosellum, folasellum. - bourre de soie, filoselle.

Firsa, fursa. - (< *fyrse*)[1], ajonc.

Firtala. - mesure pour le bé (Flandres).

Firtallus. - *idem* fertallus.

Firthe. - (< *fyrhto*)[2], fantôme, spectre.

Firthelota. - *idem* firlota.

Firthunga, fyrthunga, fyrderinga. - (< *fyrding*)[3], expédition, assaut militaire.

Firthwita - (< *fyrd-wite*)[4], *idem* ferdwita, amende pour avoir manqué au devoir de l'ost.

Firto, ferto. - (< *feorð*)[5], *fertin*, quart de marc.

Firtsul. - pilier de soutien de la toiture.

Firum. - *idem* feriæ, foire, marché.

Fisana. - boisson à base d'orge.

Fisca. - *idem* fista, coffre.

Fiscalatus. - office du fisc, du procureur fiscal.

Fiscalia. - impôt.

Fiscalinus, fiscilinus, fisgilinus. -
1. (adj) et (subs) ; (*f servus*), vilain ou serf attaché au domaine du prince, occupant les fermes du fisc royal, anc fr[6], *fiscalin*.
2. (pl), agents du fisc royal.
3. Celui qui est tenancier d'une terre du fisc royal, vassal.

Fiscalis. -
1. (*f. ager*), concernant le patrimoine royal, dépendant de patrimoine royal, du fisc.
2. (subs), celui qui tient une terre du fisc royal et qui détient alors un statut privilégié, tenancier, vassal.
3. Soumis à un cens, à une taxe, tributaire.

4. (subs), procureur fiscal.
5. (subs) ; (pl) ; (n), *fiscalia*, bien ayant appartenu au fisc.

Fiscalitas. - domaine d'un vilain.

Fiscaliter. -
1. À la manière d'un fisc, d'un domaine royal.
2. En guise de fief, par inféodation
3. (*f. tenere*), posséder à titre de fief, de bénéfice.

Fiscare. - confisquer.

Fiscaria. - (pl) ; (n)., revenus fiscaux.

Fiscarius. - receveur des impôts.

Fiscatio. - illusion, fiction.

Fiscatum. - série de pieux dans la rivière pour capturer les poissons.

Fiscatus. - vassal, celui qui est investi d'un fief, d'un bénéfice.

Fiscella, fessella. - (< *fiscus*).
1. Petit panier.
2. Piège à poisson en osier, panier à poisson.

Fiscellula. - (< *fiscus*), petit panier.

Fischa. - *idem* faicia., champ tout en longueur.

Fisciacus. - domaine.

Fiscilinus, fisgilinus. - *idem* fiscalinus.

Fiscina. - (< *fiscus*).
1. Instrument de pêche.
2. Faisselle pour faire le fromage.

Fisco, fisconus. - paillasse.

Fiscosa infirmitas. - (< *ficus*), verrue.

Fiscosus. - de verrue.

Fisculus. - petite métairie, fisc peu étendu.

Fiscus. -
1. Le patrimoine royal, (*f. regius*), trésor royal, domaine royal.
2. (*fisco sociare*[7]), réunir aux biens royaux, confisquer

---

[1] A.S : *fyrse*, « ajonc, ronce ».

[2] A.S : *fyrhto*, « frayeur ».

[3] A.S : *firding*, « expédition militaire ».

[4] A.S : *fyrd-wite*, « amende pour avoir quitté l'armée ».

[5] A.S : *feorð*, « le quart ».

[6] Hippeau.

[7] Montignot.

3.   Ensemble des biens fonds appar-
      tenant à un même propriétaire et
      soumis à la même administration,
      aux mêmes redevances, services.
4.   Source de revenus perçus au pro-
      fit du fisc, autre qu'un domaine.
5.   Trésor (d'un seigneur féodal, d'un
      prince, d'un monastère).
6.   (*in fisco habere*), tenir en fief ;
      domaine (d'une église, d'un mo-
      nastère).
7.   (*f. apostolicus*), domaine du pape.
8.   (*f. episcopalis*) ; (*f. sacerdotii*),
      maison et champs dont on dotait
      une église pour l'entretien du
      curé.
9.   Cens, revenu, rétribution.

Fisgilinus. - *idem* fiscalinus.

Fishfeum, fiffegha. - somme à payer en remplacement de la fourniture de poissons (Angleterre).

Fisicolus. - différente sorte d'instruments de musique.

Fissa. - *idem* fessa2, fesse.

Fissiculare. - deviner.

Fissina. - *idem* fiscina1.

Fissinerius. - ouvrier qui travaille le fer, forgeron, taillandier, anc fr[1], *fisinier*.

Fissio. - fente du sabot.

Fissonus. - aiguillon anc fr[2], *fiçon, fisson*.

Fissorium. - coin.

Fissura. -
1.   Action de fendre le bois.
2.   Échancrure, taillade (pour embel-
      lir les vêtements, luxe interdit aux
      clercs).

Fissurarius. - celui qui fend, fendeur.

Fista, fisca. - coffre.

Fisticus, fusticus, festuca. - pistache.

Fistolatus. - *idem* fistulatus.

Fistuca. - *idem* festuca1.

Fistula. -

1.   (*f. aquæ*), conduit d'eau.
2.   Tuyau avec lequel on donnait la
      communion avec le vin.
3.   Sorte de maladie, fistule.

Fistulare. - jouer de la flûte.

Fistularis. - en forme de conduit.

Fistulatus, fistulitus, fistulosus, fistola-tus - qui souffre d'une fistule.

Fitialis. - spirituel, éloquent, poli.

Fitreus. - de feutre.

Fitta. - douleur ; piqûre.

Fittaivolus. - locataire, fermier d'un bien.

Fitter. - quatre (Loi Salique).

Fitus. - cens, location.

Fivalis. - *idem* feodalis.

Fivatorius. - vassal, celui qui tient un fief.

Fivum. - *idem* feodum.

Fixare. - (*f. oculos*), regarder fixement.

Fixe. - fermement.

Fixella. - (< *fiscus*).
1.   Petite corbeille.
2.   Fesselle pour égoutter le fromage.

Fixio. -
1.   Action de figer.
2.   Action de clouer.

Fixius. - plus fermement.

Fixoria, fixuria. - borne qui fixe la limite d'un terrain.

Fixorium. -
1.   *Idem* fictorium, borne.
2.   Clou.

Fixorius. -
1.   Clou pointu.
2.   (*f. cultellus*), poignard.

Fixula. - agrafe, boucle, épingle

Fixura. -
1.   Rang de pieux pour retenir la
      terre.
2.   Fente, *fissure*.
3.   Lieu où la tente est fixée.
4.   Action de clouer.

Fixuria. - *idem* fixoria, borne.

---

[1] Godefroy.

[2] id.

Fixus. - attaché, fixé.

Fizuria. - garantie, caution.

Flabellæ. - (pl), soufflets.

Flabellare. - ventiler.

Flabellum, flavellum. - (< *flābellum*).
1. Éventail, chasse-mouches, anc fr[1], *flabel, flavel*.
2. Soufflet d'orgue.
3. Girouette.

Flabraris. -
1. D'éventail.
2. (subs), brise fraîche.

Flabrum. - souffle de vent

Flaccentus. - endurci dans le vice.

Flaccidus. - (< *flaccēre*) ; (fig), indolent.

Flachia. - lieu plein d'eau stagnante.

Flaciata, flasciata, flassiata, flassada, fleciata, flessiata. - couverture de laine.

Flaco. -
1. Flacon.
2. Flan (gâteau).
3. Bourbier.

Flacteria, flactra. - bourbier.

Flactor. - pourriture.

Flactra. - *idem* flacteria, bourbier.

Flado, flanto, flato, flanzo, flavo, flausonus, flauzo. - flan, crème.

Fladones. - *idem* flansones, sorte de gâteaux, flans.

Flællum. - fléau d'armes, anc fr[2], *flael*.

Flaga. - *idem* flagga, roseau.

Flage. - sorte de vêtement en fourrure en Angleterre.

Flagella. - coup de fouet.

Flagellare. -
1. Fouetter.
2. Faire de la peine, chagriner.

Flagellarius. - officier public chargé de maintenir l'ordre.

Flagellata. - sorte d'arme similaire au fouet.

Flagellatio. -
1. (pl), fléaux, punitions (divines).
2. Flagellation (pénitence).
3. Battage du blé au fléau.

Flagellator. -
1. Celui qui flagelle.
2. Celui qui manie le fléau, batteur en grange.
3. (pl), *flagellatores*, flagellants (secte des -).

Flagellatorium. - fouet, discipline.

Flagellum. -
1. Fléau à battre le blé.
2. Baguette (de commandement).
3. Barre de fermeture de porte.
4. Paquet de chandelles[3].
5. Char tiré par quatre chevaux (avec un conducteur qui tient un fouet).
6. Extrémité des branches.
7. Sorte d'instrument de musique à percussion.

Flagellus. - carnage, boucherie.

Flagga, flaga, flecca. - roseau.

Flagiæ. - fouet avec des lanière en cuir de bœuf.

Flagitare. - examiner, approfondir.

Flagitatim. - avec soin, attentivement.

Flagitatrix. - exigeante.

Flagitium. - sorte de punition, de torture.

Flago. - *idem* flaco1, flacon.

Flagor. - (< *flăgrāre*), ardeur.

Flagramen. - ardeur.

Flagrantia. - flamboiement ; (fig) ardeur, passion.

Flagriones. - (< *flăgrum*), les esclaves (menés au fouet).

Flagrum. - (pl), bandelettes.

Flagurrere. - porter.

Flagurrire. - brûler.

Flagus. -

---

[1] Godefroy.
[2] id.

[3] La réunion des mèches des chandelles du paquet évoque les lanières du fouet.

1. Estuaire de fleuve.
2. Cuisine.

Flaho. - sorte de sceau.

Flaka. - (< *flectĕre*), haie, clôture de bois tressé.

Flalba, slabba, sclabba. - lingot d'acier (Angleterre).

Flallum. - moulin à poivre.

Flambardus. - arrogant.

Flambellum. - torche, flambeau, anc fr[1], *flamble*, « flamme ».

Flamburum. - troupe militaire régulière, régiment, légion.

Flamen. -
1. Petite flamme.
2. Bannière d'église.
3. (pl), *flamines*, les évêques.

Flameolum. - mitre épiscopale.

Flamica. - espèce de galette, anc fr[2], *flamiche*.

Flamicia, flado. - flan, crème.

Flaminare. - brûler.

Flaminea. - (pl), maisons de clercs près de l'église.

Flamineatus. - revêtu des insignes de l'épiscopat.

Flamineum. -
1. Bande de toile, voile, flanelle.
2. Mitre épiscopale.

Flaminghus, flamingus. - flamand, belge.

Flamininus. - épiscopal.

Flaminium. - sacerdoce, dignité de prêtre.

Flammabundus. - brillant, scintillant.

Flammantius. - d'une manière plus enflammée.

Flammare. - être allumé.

Flammaticus. - de feu, enflammé.

Flammatio. - le feu.

Flammatus. - enflammé de colère.

Flammeriari. - être enflammé de colère.

Flammescere. - être enflammé (pour la réalisation d'une action)

Flammeum. -
1. Torche.
2. Flamme.

Flammeus, flammidus. - irrité.

Flammiciosus. - enflammé (enfer).

Flammicomans, flammicomus. - être doté d'une chevelure flamboyante.

Flammicromus. - ardent, brûlant.

Flammicula. - petite flamme.

Flammidus. - *idem* flammeus, irrité.

Flammifaciere. - donner une flamme, flamber.

Flammificus. - qui jette des flammes.

Flammifluus. - *idem* flammicomans.

Flammiger. - ardent, passionné.

Flammigerans. - portant la flamme, ardent.

Flammigerare. - brûler.

Flammivomatus, flammivomus. - visage furieux, crachant des flammes.

Flammivomus. - *idem* flammivomatus.

Flammonius. - de feu, de flammes.

Flammosus. -
1. Flamboyant.
2. Brûlant de fièvre.

Flammula. -
1. Flambeau.
2. Étendard (rouge).

Flanchus. - *idem* flancus.

Flancus, flanchus. - flanc, côté.

Flaneha. - flanelle.

Flanqueria. - *idem* flequerius, boulanger.

Flans. - sorte de monnaie de mauvais aloi, dit deniers blancs.

Flansada. - couverture, courtepointe.

Flansones, flansoni, flantones, flatones, fladones. - sorte de gâteaux, flans.

Flanto, flanzo. - *idem* flado, flan (pâtisserie).

Flaqueria. - boulangerie.

Flaquerius. - boulanger.

Flarnis. - sorte de gâteau.

---

[1] Godefroy.

[2] id.

Flasca. - *idem* flasco, petit récipient portatif.

Flascheta. - petit conduit d'eau.

Flasciata. - *idem* flaciata, couverture de laine.

Flascilones. - sorte de vêtement.

Flasciola. - bandes molletières.

Flasco, flesco, flasconus, flascona, flascula, flascus, flasculus, flasca, flaskettus, flaxa. - petit récipient portatif.

Flasculum. - *idem* flosculus, froc.

Flasculus. - *idem* flasco.

Flascus. - *idem* flasco.

Flaskettus. - *idem* flasco.

Flassada. - *idem* flaciata, couverture de laine.

Flassiata. - *idem* flaciata.

Flasteum, flastum. - fagot, fascine.

Flatare. - augmenter, rendre plus grand.

Flatilis. -
1. Raisonnable, souple de caractère.
2. Spirituel.

Flato. -
1. *Idem* flado, flan (pâtisserie).
2. Flan (disque métallique à convertir en monnaie).

Flatones. - *idem* flansones, sorte de gâteaux, flans.

Flatta, flatteria. - pièce de terre (Angleterre).

Flatteria. - *idem* flatta.

Flaturalis. - qui sert à souffler, respiratoire (en parlant des organes de la respiration).

Flaturarius. -
1. Fondeur de métaux.
2. (*f. sigillarius*), fabricant de monnaies, de sceaux.

Flatus. - le dernier souffle de vie.

Flausonus. - *idem* flado, flan (pâtisserie).

Flauta. - flûte, anc fr[1], *flauste*.

Flauzo. - *idem* flado.

Flava. - (< *flāvus*), jaunisse.

Flavellum. -
1. Soufflet.
2. Éventail.

Flavescere. - être jaune, jaunir.

Flavo. - *idem* flado, flan (pâtisserie).

Flavor. -
1. Couleur jaune, jaune d'or.
2. Monnaie d'or.

Flaxa. - *idem* flasco, petit récipient portatif.

Flayon. - corbeille, panier.

Flebagium. - affaiblissement, anc fr[2], *foiblage*.

Flebilis. - faible anc fr[3], *foible, flebe*.

Flebilitas. - faiblesse.

Flebotomare. - couper une veine, saigner.

Flebotomaria. - endroit où l'on coupe la veine, où l'on saigne.

Flebotomia. - coupure de veine, saignée.

Flebotomum. - scalpel destiné à couper les veines, à saigner.

Flec, flichia, fliches. - quartier de porc salé, anc fr[4], *fliche*.

Flecaria, flecarius, flechanus - *idem* flequerius, boulanger.

Flecca. -
1. *Idem* flagga, roseau.
2. Flèche.

Flecha. - *idem* flechia, flèche.

Flecharius. - fabriquant de flèches ou archer.

Flechia, flecha, flecca. - flèche.

Flechiarius, flechiator. - archer.

Flechomus. - *idem* flequerius, boulanger.

Fleciata. - *idem* flaciata, couverture de laine.

Flegma. - flegme.

Flegmaticus, phlegmaticus. - (subs), morveux.

[1] Hippeau.
[2] Godefroy.
[3] id.
[4] id.

Flemeneswite. - (< *flyma-wite*)[1], amende appliquée aux déserteurs, aux fugitifs.

Flemenfirma. - (< *flyma-feorm*)[2], saisie des fugitifs.

Flemere. - (< *flowam-mere*)[3], traverser furtivement une rivière.

Flenium. - *idem* flunus, sorte de petit bateau, anc fr[4], *flouin*.

Fleolum. - paquet de chandelles.

Fleothomare. - saigner.

Flequena, flequeria. - boulangère.

Flequeria. - *idem* flequena.

Flequerius, flecarius, flechanus, flechomus, flecaria, flanqueria. - boulanger.

Flere. - pleurer, se lamenter.

Flesch-axe. - couperet.

Flesco. - *idem* flasco, petit récipient portatif.

Fleshmongers. - (< *flæsc-mangere*)[5] , bouchers.

Flessiata. - *idem* flaciata, couverture de laine.

Fleta. -
1. Bateau, barque longue et étroite, anc fr[6], *flette*.
2. (< *fleot*)[7], mare, flaque d'eau de mer.
3. Une des prisons de Londres, « the fleet ».

Fletho. flethonus, fletonus. - pointe de flèches ou tranchant d'armes en fer ou en bronze.

Fletifer. - (< *flētŭs*), larmoyant.

Fletta. - anc fr[8], *flet*, lamproie.

Fletum. - *idem* fleta2.

Fletwita. - (< *flit-wite*)[9], amende applicable aux rixes et querelles.

Fleubomatus. - celui dont la veine est incisée (qui a subi une saignée).

Fleura. - taxe extraordinaire (Bavière).

Fleutator. - joueur de flûte.

Flevotomum. - saignée (acte médical).

Flexa. - cannage, comme la tresse des cheveux entrelacés d'une femme.

Flexare, flexere. - fléchir.

Flexere. - *idem* flexare.

Flexibiliter. - en ployant, en fléchissant.

Flexio. -
1. Courbure.
2. Pente, descente.

Flexosus. - venté, exposé au vent.

Flexuositas. -
1. Sinueux.
2. Personnage tortueux, caractère sinueux.

Flexuosum. - endroits sinueux, courbes.

Fliches, flichia - *idem* flec, quartier de porc salé, anc fr[10], *fliche*.

Flichium. - friche.

Flima. - (< *flyma*)[11], fugitif.

Flita. - (< *flīgĕre*, p.p, *flīctum*), sorte de couteau de barbare ou de paysan.

Floa. -
1. Farine, fleur de farine.
2. (*f. auri*), le vermeil.

Flobotomia. - saignée (acte médical).

Flocca. -
1. Froc, habit des Bénédictins.
2. Houppe, touffe.
3. Masse que l'on ajoute aux flèches pour assurer le tir pour améliorer la précision, empennage.

---

[1] A.N : *flyma, flema*, « fugitif », *wite*, « punition ».

[2] A.N : *flyma, flema*, « fugitif », *feorm*, « nourriture ».

[3] A.N : *flowan*, « s'échapper insensiblement », *mere*, « étendue d'eau ».

[4] Godefroy.

[5] A.S : *flæsc-mangere*, « boucher ».

[6] Hippeau.

[7] A.S : *fleot*, « petite rivière ».

[8] Hippeau.

[9] A.S : *flit*, « scandale », *wite*, « punition ».

[10] Godefroy.

[11] A.S : *flyma, flema*, « fugitif, vagabond ».

4.   Equipe d'ouvriers.

Floccare. -
1.   Neiger, faire neiger.
2.   (subs), flocon (de neige, de coton).

Floccatus. - ample, large, flottant.

Floccellus. - capuchon flottant ou petit froc.

Flocceus. - de flocon.

Floccipendare. - faire peu de cas de.

Floccum, floccus, flocus. -
1.   Froc de moine.
2.   Houppe.

Floceia. - couverture.

Flochia. - *idem* flocca2.

Floctare. - flotter.

Floda. - (< *floda*)[1], étendue d'eau stagnante (ou canal).

Floddus. - flot.

Flodus. - marée haute.

Flomer. - (< *vōmer*), endroit en culture (à la charrue).

Flomites. - paillettes de fer rouge (qui s'échappent quand on le bat),

Flonis. - bouquet d'ail ou d'oignons.

Floquetus. - petit froc.

Flora. - fleur de farine.

Florale. - lieu planté de fleurs.

Floralia. - suppliques solennelles, communément appelées rogations.

Florare. - faire pousser des fleurs, fleurir, remplir de fleurs, orner de fleurs, jeter des fleurs.

Florarium. - endroit où il pousse des fleurs (ou endroit où l'on dépose des fleurs).

Floratus. - orné de fleurs brodées.

Flordelisium. - fleur de lys.

Florenata. - terre produisant un florin de revenu.

Florentia. - (pl) ; (n), candélabres en forme de lys.

Florentinum. - vin de Florence.

Florentius. - *idem* florentia.

Florenus, florinus, floreus, floria. - florin (monnaie d'or de Florence).

Flores. -
1.   Menstrues.
2.   (*f. beatœ mariœ*), marques de scorbut ou d'érysipèle.

Floreta. -
1.   Étoffe de fleurs (Italie).
2.   *Idem* floretus2.

Floretatus. - semé, orné de fleurs.

Florettus. - petite fleur.

Floretus. -
1.   Endroit plein de fleurs.
2.   Monnaie de France, *fleurete, florette*, qui valait douze deniers, puis trois deniers
3.   Sorte de tissu grossier, anc fr[2], *floret, fleuret*.

Floreus, floria. - *idem* florenus, florin (monnaie d'or de Florence).

Floriani. - sectateurs de Florinus, disciple de Valentin.

Floriarium. - (*f. animi*), l'âme.

Floridare. - fleurir ; se couvrir de fleurs ; être en fleur.

Floridentia. - prairie.

Floriditas. -
1.   Nature fleurie.
2.   Eloquence fleurie.

Floridum. - saison des fleurs.

Floridus. - (subs) ; (pl) ; (n), prospérité, éclat.

Florigenus. - qui produit des fleurs.

Floriger. - celui qui porte des fleurs.

Florigeratus. - fleuri, orné de fleurs.

Florinus. - *idem* florenus, florin.

Floriparus. - qui produit des fleurs.

Floripotens. - puissamment fleuri.

Florire. - fleurir.

Floronus. - fleuron.

---

[1] A.S : *floda,* « endroit où tout coule ».

[2] Godefroy.

Florulentia. -
1. (fig), qualité fleurie.
2. Lieu abondant en fleurs.

Flos. -
1. (*f. auri*), vermeil.
2. (*f. frumenti*), fleur de farine.

Flosculare. - être plein de fleurs.

Flosculus, floscus, flasculum. - froc.

Floscus. -
1. *Idem* flosculus, froc.
2. Chemin public, champ inculte proche d'une ville, (*Cf. fraustum*).

Flostullus. - sorte de ceinture

Flota. -
1. Sorte de poisson.
2. *Idem* flotta.

Flotare. - flotter.

Flotson. - (<*fleótan*)[1], droit de la mer consistant en ce que ce qui flotte sur la mer suite à un naufrage appartient au capitaine.

Flotta. - (<*flota*)[2].
1. Flotte.
2. Train de radeaux.

Floze. - radeau.

Flucticola. - qui réside en mer.

Fluctificare. - soulever les flots.

Fluctifluus. - aux flots mouvants.

Fluctigena, fluctigenus. - crée par les vagues.

Fluctiger. - se faire porter par la vague ou la subir.

Fluctivagans, fluctivagus. - aux flots agités.

Fluctivigare. - être indécis, flottant.

Fluctuabundus. - flottant, hésitant, peu sûr.

Fluctuare. - (fig), être ballotté.

Fluctus. - flocon de laine ; (fig), les flots agités (de ce monde).

Fluentare. - couler.

Fluentia. - (pl) ; (n), cours d'eau.

Fluetum. - sorte de tissu probablement assez fin, d'où l'appellation.

Fluidus. -
1. Éphémère, instable.
2. Qui a la dysenterie.

Fluifacere. - faire couler.

Fluitantia. - (pl) ; (n), choses instables.

Fluitare. - naviguer sur un cours d'eau.

Fluma. - (<*flūxus*)
1. Flegme.
2. Taie d'oreiller, anc fr[3], *flaine*, « taie d'oreiller, matelas ».

Flumaria, flumis, fluminea. - rivière, anc fr[4], *flun, flum*.

Flumen. - (*f. maris*), marée (Angleterre).

Flumetica. - pays au bord d'un fleuve.

Fluminarius. - de fleuve.

Fluminea. - *idem* flumaria.

Fluminium. - taxe pour naviguer sur un fleuve.

Flumis. - *idem* flumaria.

Flunus, flenium. - sorte de petit bateau, anc fr[5], *flouin*.

Fluor. -
1. Écoulement.
2. Courant.
3. Liquide.

Flur. - champ ouvert appartenant à un village, communal (Germanie).

Flustra. - (pl) ; (n), flots tranquilles (d'une rivière).

Fluta. - sorte de poisson.

Fluuta. - radeau.

Fluvide. - d'une manière imperceptible, doucement.

Fluvidus. - (subs) ; (pl) ; (n), pertes séminales.

Fluviola, fluviolus. - petite rivière

---

[1] A.S : *fleótan* « flotter ».
[2] A.S : *flota* « navire ».
[3] Hippeau.
[4] Godefroy.
[5] id.

Fluvus. - sorte de navire, flûte.

Fluxe. - négligemment.

Fluxibilis, fluxilis. - fluide ; (fig), transitoire.

Fluxibilitas. - fluidité, qualité de ce qui est fluide, volatile.

Fluxilis. - *idem* fluxibilis.

Fluxipedus. - qui coule jusqu'aux pieds.

Fluxis. - flux.

Fluxus. -
1. Humeur changeante.
2. (*f. albus*), fleurs blanches ; flux désordonné de pertes blanche dont souffrent les femmes, et qui diffère de leur flux mensuel.

Fluzebniki. - sorte d'officier de justice en Pologne.

Foacis. - *idem* foassa.

Foagium, focagium, fogagium, fuagium. -
1. Redevance par foyer, anc fr[1], *fouage*.
2. Redevance sur les bois emmenés en ville.
3. Ramassage du bois de chauffage, affouage.

Foale, fuale, focale, focalium. -
1. Bois de chauffage.
2. Briquet, pierre à feu.
3. Crémaillère.
4. Souche, bûche.
5. Fer à friser.
6. (< *faucēs*), collier que l'on met autour du cou.

Foallia. - tout ce qui sert à entretenir le feu.

Foarium. - *idem* focarium, bois à brûler.

Foassa, focacia, fogata, focacius, fogaceus, focatia, foassis, focacia, focatius, focius, foacis, fogaca, fogacia, foguaces, fogascia, fouaces, foghacea, foyassia, fouhacea, fouacha. - fouace, galette cuite sous la cendre.

Foca. - phoque.

Focacia. - *idem* foassa.

Focagium. - *idem* foagium1.

Focalagium. - *idem* fogalagium, taxe par foyer.

Focale, focalium. - *idem* foale.

Focanea, foganea. - salle d'un monastère où l'on se chauffe.

Focapa, fœcapa. - sorte de gâteau.

Focare. - brûler, livrer aux flammes.

Focaria. -
1. Servante, cuisinière.
2. Concubine.
3. Foyer, cheminée.
4. Bois de chauffage.
5. Droit d'entrée pour ceux qui amènent du bois en ville.

Focaris. - (*f. petra*), pierre à feu.

Focarista, focaristia. - prêtre vivant en concubinage.

Focarium, foarium. -
1. Foyer.
2. Bois à brûler.

Focarius. -
1. Celui qui s'occupe du foyer ; le foyer lui-même.
2. Saunier (qui chauffe l'eau salée pour récupérer le sel).
3. *Idem* focarista.
4. Marmiton (Angleterre).

Focata. -
1. *Idem* focaria5, droit d'entrée pour ceux qui amènent du bois en ville.
2. Rétribution pour le ramassage du bois à brûler.

Focatia, focatius. - *idem* foassa.

Focaticum. - *idem* foagium1.

Focax. - phoque.

Fochus. -
1. (< *fiòcco*)[2], banderole.
2. Famille, maison, feu.

Focilare. -

---

[1] Godefroy.

[2] Ital. : *fiòcco*, « bande d'étoffe ».

1. Endroit où l'on fait le feu, foyer.
2. Maison, feu.

Focile. -
1. Réchaud.
2. Bûcher.
3. Pierre à feu.
4. Os du bras[1].

Focis. - passage, embouchure de rivière (où l'on pêche).

Focius. - *idem* foassa.

Foco. - réchaud, fourneau.

Foculare. -
1. Réchaud.
2. Foyer, maison.
3. (verb) ; (*se f.*), se chauffer.
4. Soufflet.
5. *Idem* floccum, froc de moine.

Focularis. - foyer, maison.

Focularius. - celui qui a un foyer.

Focum, focus. -
1. Feu, foyer, maison ; (*focos dividere*), vivre à plusieurs familles dans le même foyer.
2. Feu, incendie.
3. (*f. facere*), allumer le feu.
4. Fer chaud.
5. Foyer d'une maladie.
6. (*facere vivam guerram de sanguine et foco*), mettre à feu et à sang.

Fodagium. - *idem* foagium1.

Foddercorn. - droit d'exiger le fourrage pour les chevaux où la somme d'argent correspondant à ce droit (Angleterre).

Foddriare. - nourrir (avec du fourrage).

Fodera. -
1. *Idem* furrura, garniture de fourrure.
2. *Idem* fothera, sorte de mesure de poids, « fother » (Angleterre).

Foderagium, forreragium, furreragium, fourragium. - fourrage ; droit d'exiger le fourrage.

Foderare, fodrare, folrare, furrare. -
1. Fourrer, garnir de fourrure.
2. Réquisitionner le fourrage, anc fr[2], *forrer*, *fourrer*, « enlever de force ».

Foderatus. -
1. *Idem* forratus, fourré.
2. Complétement équipé, muni de tout le nécessaire.

Foderum. -
1. *Idem* fodrum, fourrage, obligation de fournir le fourrage, contribution en fourrage, taxe pour l'entretien des armées.
2. Avoine.

Foderus. - *idem* fodrus2, gaine, étui, fourreau.

Fodia, fodiata. - tranchée, fossé.

Fodiatio, foditio. - action de creuser, droit de creuser, mine.

Fodita. - fossé, (ou réserve de poissons dans un réservoir)

Foditare. - creuser.

Foditio. - *idem* fodiatio.

Fodmarta. - *idem* foglammus, bêtes engraissées dans les pâturages de foin tardif, *Cf. foggum*, (Ecosse).

Fodorus. -
1. *Idem* fodrus2, gaine, étui, fourreau.
2. Fourrage.

Fodra. -
1. Habit doublé, fourré.
2. (*f. plumbi*), masse de plomb de trois cents livres.

Fodrare. - *idem* foderare.

Fodrarii. -
1. Fourriers.

---

[1] Le radius se nommait autrefois *focile minus* et le cubitus *focile majus*. (Migne).

[2] Godefroy.

2. Brigands, pillards issus de l'armée.

Fodratura, foleratura, folleratura, folratura, folleratus, foratura, forbatura, fodera, fourratura, frourerius, froyrerius. - *idem* furrura, garniture de fourrure.

Fodrerarius, foderarius, forrerarius, folrerius, forator, forragius, fodriarius, frourerius, frouresius, froyrerius, fodrarius, forrarius, forrator. - fourrier, celui qui est chargé de réquisitionner le fourrage.

Fodriarius. - *idem* fodrerarius.

Fodrum, foderum, fodrium, fotrum, forrum, foleum. -
  1. Fourrage.
  2. Obligation de fournir le fourrage, contribution en fourrage.
  3. Taxe pour l'entretien des armées.

Fodrus. - *idem* futrus, fourreau.

Fodrus. -
  1. Botte de paille.
  2. Gaine, étui, fourreau.

Fœcapa. - *idem* focapa, sorte de gâteau.

Fœda. - *idem* feta, brebis.

Fœderare. -
  1. Unir, associer.
  2. *Idem* foderare2, réquisitionner le fourrage.

Fœderaticum. - solde des troupes alliées.

Fœderaticus. - fédéré, soumis à un traité.

Fœderatio. - fédération, alliance, union.

Fœderator. - celui qui fédère.

Fœderatus. - fourré, (*Cf. foderatus1*).

Fœderifragium, federifragium. - action de briser une alliance, déloyauté.

Fœdicula. - sorte de torture.

Fœdifragus. - celui qui brise l'alliance.

Fœditas, feditas. -
  1. Nuisance.
  2. Laideur, difformité.

3. Honte.

4. Saleté, excréments.

Fœditer. - affreusement.

Fœdrium. - *idem* furrura, garniture de fourrure.

Fœdum. - *idem* feodum.

Fœdus. -
  1. (*f. nuptiarum*), pacte, lien du mariage.
  2. Trêve.

Fœnagium. - *idem* fenagium redevance en foin ou pour le foin.

Fœnarius, fenarius. - de foin.

Fœnator. - *idem* fenator, faucheur, faneur.

Fœnerarius. - (< *fēnĕrātŏr*), usurier.

Fœnile, fœnisicium. - *idem* fenaria, fenil.

Fœnus. - stérile, désert.

Fœsa. - coupe de bois.

Fœsunticeta. - lieux infects.

Fœtulentia. - état fétide.

Fœtunticeta. - endroit fét de.

Fœturatus. - gestation in utero.

Fœtutina. - immondices malodorants.

Fœvare. - mettre le cuir dans la fosse au tan.

Fœya. - bois de chauffage (ou transport de ce bois), anc fr[1], *fouée*. « provision de bois ».

Fogaca, fogacia, fogaceus. - *idem* foassa, fouace, galette cuite sous la cendre.

Fogacia. - *idem* fogagium1

Fogagium. -
  1. Droit pour la pâture du foin tardif (*Cf. foggum*).
  2. *Idem* foagium1.

Fogaina. - cuisine.

Fogalagium, focalagium, foiagium, folcagium. - *idem* foagium1 taxe par foyer.

Foganea. - *idem* focanea, salle d'un monastère où l'on peut se chauffer.

Fogascia. - *idem* foassa, fouace

Fogata, fogatia - *idem* foassa.

Fogaterius. - celui qui fait cuire les fouaces.

Fogerare. - creuser, fouiller la terre comme font les porcs.

Fogeria. - *idem* felga, fougère.

Foggum. - foin tardif, regain.

Foghacea. - *idem* foassa, fouace

Fogia. -
1. Raison, mode.
2. *Idem* fogius.

Fogius. - fossé (piège pour les loups).

Fogla. - feuille de mûrier.

Foglammus. fogmarta, fodmarta. - mouton engraissé dans les pâtures de foin tardif, *Cf. foggum*, (Ecosse).

Fogmarta. - *idem* foglammus.

Foguaceria. - bois nécessaire pour faire cuire une fournée de pain.

Foguaces. - *idem* foassa, fouace.

Foiagium. - *idem* foagium1, taxe par foyer.

Foillliata. - cabane de branchages.

Foineare. - *idem* foyneare, fouiller avec le groin, vermillonner.

Foini. - peaux de fouines.

Foisatera. - (*f. terræ*), mesure agraire d'un arpent.

Fola. - (<*fole*)[1], poulain.

Foladoyra. - sorte de vêtement orné de fourrure.

Folagium. -
1. *Idem* fullagium, redevance pour l'usage d'un moulin à foulon.
2. Redevance en fleur de farine, (ou mouture et droit de mouture).

Folare. -
1. (*f. fenum*), emmagasiner le foin en le foulant afin qu'il prenne une place réduite dans le fenil.
2. (*f. pannos*), *idem* fullare, fouler les draps.

Folaricium, folatorium, folehum. - moulin à foulon.

Folasellum. - *idem* firosellum, bourre de soie, filoselle.

Folatorium. - *idem* folaricium.

Folcagium. - *idem* foagium1, taxe par foyer.

Folcastrum. - *idem* falcastrum3, arme de guerre.

Folda. - *idem* falda1, clôture.

Foldrum. - *idem* fothera, sorte de mesure de poids, « fother » (Angleterre).

Folehum. - *idem* folaricium.

Foleia. -
1. Emplacement situé devant une porte de maison (ou lieu couvert de feuillages).
2. (*mori folium*), feuille de mûrier.

Folen. - un tel, un certain (Aragon).

Foleratura. - *idem* furrura, garniture de fourrure.

Foleratus. - *idem* forratus, fourré.

Foleratus. -
1. *Idem* furrura, garniture de fourrure.
2. (adj), *idem* forratus, fourré.
3. (adj), garni de tout ce qui est nécessaire, fourni.

Folere. - moudre.

Folereus. - foulon.

Folescere. - faire le fou, l'idiot, la buse.

Foleum. - *idem* fodrum.

Folexellus. - cocon de ver à soie.

Foleya. - maison d'agrément, *folie*.

Folgare, fulgare. - (<*folgian*)[2], se mettre sous la dépendance de quelqu'un, devenir son vassal.

Folgarius. - client, serviteur, vivant sous le même toit que son maître, et s'occupant de son foyer.

Folhatura. - feuilles de bois : planches.

---

[1] A.S : *fole*, « poulain ».

[2] A.S : *folgian*, « suivre », anglais *follow*.

Folhetta, folietta, fulheta. - mesure pour les liquides, feuillette[1].

Folhiagium. - bouquet de fleurs.

Folia. -
1. *Idem* folhetta.
2. *Idem* folium3, feuille.
3. (*mori folium*), feuille de mûrier.
4. Lieu ombragé, feuillée.

Foliacia, foliamen. - (pl) ; (n), feuillages peints où sculptés.

Foliare. - pousser des feuilles.

Foliata. - feuillée, lieu couvert de feuilles.

Foliatilis. - semblable aux feuilles.

Foliatim. - (*f. vendere*), vendre (le vin) au détail à la feuillée.

Foliatum. - courbé.

Folietta. - *idem* folhetta.

Folium. -
1. (*f. pecudineum*), parchemin.
2. Planchette, lamelle.
3. (*f. vini*), mesure pour les vins, *feuille*[2].

Folkesmote, folkesmotum, folkmote, folkesmoth, falmotum. - (< *folc-gemot*)[3], assemblée populaire.

Folkesmotum. - *idem* folkesmote.

Folla. - *idem* fulla, atelier de foulon.

Follare. -
1. *Idem* fullare, fouler le drap.
2. Fouler le raisin.
3. Se gonfler comme un soufflet.

Follaris. - monnaie d'or de Byzance.

Follata. - *idem* fulla, moulin à foulon.

Follatum. - *idem* fulla.

Follea. - gâteau de pâte feuilletée anc fr[4], *fulée*.

Follentia. - *idem* follitia.

Follera. - sorte de récipient.

Folleralis. - sorte de monnaie en usage en Europe méridionale, principalement en Grèce.

Folleratum. - pelisse.

Folleratura. - *idem* furrura, garniture de fourrure.

Folleratus. -
1. *Idem* fodratura.
2. (adj), *idem* forratus, fourré.

Follere. -
1. *Idem* follare1.
2. Monnaie italienne en cuivre : follaro[5].

Follescere. - *idem* follare1.

Folleti daemones. - follets, lutins.

Follia. -
1. Outrage, injure.
2. Amende pour défaut à comparaître devant le tribunal.

Folliacerium. - action de couper des branches d'arbres.

Folliare. - *idem* fullare, fouler (le drap).

Folliatus panis. - gâteau feuilleté, anc fr[6], *fulée*.

Follicantes, folligantes. -
1. (< *follis*), vêtement de toile trop ample, grossière.
2. (*f. caliguæ*), chaussures trop larges, qui ressemblent à un soufflet.

Follicare. - (< *follis*), se gonfler et se remuer comme un soufflet.

Folliculus. - (< *follis*), *idem* follis6, scrotum, bourse.

Folliculus. - (< *follis*), petit soufflet.

Folliculutus. - bouffant, chiffonné.

Folligantes. - *idem* follicantes.

Follis. -
1. Outre, fiole.

---

[1] Ancienne mesure mesurant à Bordeaux environ cent treize litres (H Doursther).

[2] Ancienne mesure correspondant à la moitié du muid, soit environ cent cinquante litres (H Doursther).

[3] A.S : *folc-gemot*, « assemblée populaire ».

[4] Hippeau.

[5] A. Frey.

[6] Hippeau.

2. Monnaie de l'empire Byzantin.

3. (< *follis*), soufflet d'orgue.

4. Fou, insensé gonflé (d'orgueil), anc fr[1], *folieus*.

5. *Idem* folleralis.

6. Scrotum, bourse.

Follitîa, follentia, folonitia. - folie, orgueil, vanité.

Follo. - *idem* fulla, moulin, atelier à foulon.

Follus. -

1. *Idem* follis3.

2. Fou, idiot, sans instruction.

Folo. - *idem* fulla, atelier, moulin à foulon.

Folonia. - *idem* fulla.

Folonitia. - *idem* follitia.

Folragium. - *idem* fodrum1, fourrage.

Folrare. - *idem* foderare1, fourrer, garnir de fourrure.

Folratura. - *idem* furrura, garniture de fourrure.

Folrerius. - *idem* fodrerarius, fourrier.

Folrium. - *idem* fodrum1, fourrage.

Folus. - (< *follis*), soufflet.

Folzonus. - *idem* falzo, sorte de lance.

Fomen. - nourriture.

Fomentare. - (< *fõmĕs*).

1. Nourrir.

2. Appliquer un cataplasme.

Fomentatio. - cataplasme.

Fomentum. - combustible.

Fomere. - façonner.

Fomes. - (< *fõmĕs*).

1. Tout combustible pour le feu ou pour la lampe.

2. Chaleur, feu.

3. Aliments.

4. Excitant, stimulant, motif.

Fomitare. - faire du petit bois.

Fomitatus. - excité, fomenté.

Fomorerium. - *idem* femorarium, fosse à fumier.

Fomus, fumus. - étuve.

Fonara. - force, puissance.

Fonasgum. - potion pour éclaircir la voix.

Foncearius, fonsalis. - (adj), foncier.

Foncia. - fond de vallée, de vallon.

Fonde. - (< *funda*), fronde.

Fondera. - (pl) ; (n), domaines.

Fonditus. - fondu.

Fondreda. - fondrière.

Fondus. -

1. Fonds, domaine.

2. Domaine faisant partie d'une fondation ecclésiastique.

3. Fond, profondeur (d'un lac).

4. Ancrage, droit d'ancrage.

Fonellum, funellum. - entonnoir.

Fons. -

1. Source.

2. Baptistère.

3. Burette d'eau pour le service de la messe.

4. Bassin où les prêtres se lavent les mains avant de procéder à la messe.

Fonsalis. - *idem* foncearius.

Fonseyus redditus. - rente foncière.

Fonsserius. - (*fonsseria justitia*), justice foncière.

Fonta. - fontaine.

Fontalia. - (pl) ; (n), sources et ruisseaux issues des sources.

Fontalis. -

1. (fig), qui est à la source, original, capital, principal.

2. (*f. aqua*), eau de source.

Fontalitas. - qualité de ce qui est à la source, principe.

Fontaliter. - comme de venant de la source.

Fontanea, fontana. - source, fontaine.

Fontanella. - petite fontaine.

Fontanile. - *idem* fontanilis1.

Fontanilis. -

---

[1] Godefroy.

1. (subs), fontaine.
2. De source.

Fontanus. - (subs), fontaine.

Fontaria. - *idem* funtaria, fonderie, métier de fondeur, process de fonderie (Angleterre).

Fontelluceia. - petite fontaine (Italie).

Fontenarius, fontanerius. - fontainier, chef des fontaines, des eaux.

Fontenella. - petite source.

Fonticola. - celui qui rend un culte aux sources, aux fontaines.

Fontificare. -
1. Faire jaillir, produire.
2. Jaillir, sortir, être produit, être multiplié.

Fontigenæ. - muses, nymphes, qui habitent près des fontaines, ou puisent l'eau des sources.

Fontius. - de source.

Foo. - *idem* fao, faon.

Footgeld, fotgeldum, fotegeldum. - littéralement le « paiement[1] du pied », c'est le privilège de garder les chiens dans la forêt, sans leur couper la plante des pieds ou les griffes (afin de protéger le gibier du prince), sans amende ni contrôle. (Angleterre).

For. - *idem* fora3.

Fora. -
1. (< *fŏrĭs*), porte.
2. (< *fŏrĭs*), sortie.
3. (< *forestis*), redevance pour usage des bois seigneuriaux.

Forachium. - *idem* fodrum1, fourrage.

Foraculum. - outil pour forer, tarière.

Foragare. - *idem* foraginare.

Foraginare, foragare. - fourrager, piller.

Foragium. -
1. Fourrage, paille.
2. Droit d'exiger le fourrage.
3. Redevance ou obligation du vassal d'héberger le seigneur dans certaines circonstances.
4. (< *fŏrāre*)[2], redevance au seigneur[3] sur la vente du vin et des boissons alcoolisées, anc fr[4], *forage*.

Forago. - (< *fŏrāgo*), fil de couleur dans la toile comme ornement, ou pour repérer la division du tissu ou encore pour marquer le travail du jour.

Forale. -
1. Bourg.
2. Impôt sur les foires.
3. Partie d'un chariot, morceau de bois foré de trous dans lequel sont placées les fourches d'attelage.

Foralia. - (pl) ; (n), taxe sur les foires.

Foralis. -
1. (< *fŏrensis*) ; (*f. platea*), de la place publique, commun.
2. Qui concerne la justice séculière.
3. Qui concerne les marches.
4. (*forales sententiæ*), de tribunal.

Foralitius. - étranger.

Foramen. -
1. Ouverture, fenêtre.
2. (< *fŏrīs*), importation (de l'extérieur).

Foraminare. - percer.

Foraminulentus, foraminosus. - plein de trous.

Foraneitas - (< *fŏrīs*).
1. Non résidence, absentéisme.
2. État du chanoine qui est étranger, qui ne fait pas résidence.

Foraneus. -
1. (adj) et (subs), de l'extérieur, étranger dans la ville.

---

[1] A.S : *geldan*, « payer ».
[2] Mettre en *perce* le tonneau.
[3] Il lui appartenait de fixer le prix du vin aux cabaretiers (Montignot).
[4] Godefroy.

2. Forain (marchand).

3. Qui ne réside pas.

4. *Idem* foraneitas, (*f. decanus*), doyen rural (qui n'habite pas dans la ville épiscopale).

5. (*officialis f.*)., juge ecclésiastique qui tient séance hors de la ville épiscopale.

6. Qui est écarté, détourné (en parlant d'un chemin).

Foranus. -

1. De l'extérieur.

2. D'une autre juridiction.

3. Étranger, d'une autre ville ou nation.

Forare. -

1. Fourrer, doubler un vêtement.

2. Evaluer, négocier un prix (comme à une foire).

Foraria. -

1. Office de fourrier.

2. Assignation, distribution des logements.

3. Pâturage, (*Cf. fodrum1*).

Forarium. -

1. *Idem* foraria3, pâturage.

2. Promontoire.

Foras. -

1. Au dehors.

2. En dehors de l'Eglise catholique.

Forasfactum. - *idem* forisfactum.

Forasmuraneus. - hors les murs.

Forasta, forastium. - forêt, bois.

Forasterius. - étranger.

Forasticus. -

1. Séculier, laïque, extérieur à l'église.

2. Situé à l'extérieur, qui habite au dehors de la ville.

3. De l'extérieur du monastère.

4. Un dépendant qui d'origine n'appartient pas au domaine, hôte.

Forastium. - *idem* forasta.

Forastolium, forestolium. - pupitre, lutrin.

Foratagium. - *idem* foragium1.

Forataneus. - *idem* foritaneus, du dehors, de la banlieue.

Foratanus. - *idem* foritaneus.

Forathe. - (< *forað*)[1], avant serment, avant-seing.

Foraticum. -

1. *Idem* foraturium, redevance sur le vin vendu à l'auberge.

2. *Idem* foragium1, fourrage.

Foraticum. - *idem* foragium1.

Foraticus, foratio, foraticum. - *idem* foragium1.

Forator. -

1. Fourreur.

2. *Idem* fodrerarius, fourrier.

Foratorium. -

1. Celui qui poinçonne, perce.

2. Ouverture dans la coque pour le passage des rames d'un bateau (Angleterre).

Foratura, forbatura. - *idem* furrura, garniture de fourrure.

Foratura. -

1. Doublure (de vêtement) ; vêtements doublés, vêtements en fourrure.

2. Doublure (en bois, comme protection contre le plomb).

Foraturium, foraticum. - redevance sur le vin vendu à l'auberge.

Foratus, foricatus. - (adj), *idem* forratus, fourré.

Foratus. - *idem* furratus, fourré.

Forba. - (< *forda bos*), abattage d'une vache pleine.

Forbagnire. - bannir, mettre hors la loi, exiler.

Forbanditorius, forbannitorius. -

---

[1] A.S : *forað*, « ancien ».

1. Qui met hors ban, hors taxes.
2. (*forbaditoria notitia*), acte par lequel on déclare renoncer à quelque chose.

Forbanimentum. - bannissement, exil.

Forbannire, ferbannire, ferrebannire, forisbannire, furbannire. -
1. (*f. aliquem*), bannir, mettre hors la loi.
2. (*f. aliquem*), requérir le témoignage de quelqu'un.
3. (*f. aliquid*), interdire.
4. Fixer, proclamer (une taxe).

Forbannitio. - exil.

Forbannitorius. - *idem* forbanditorius, qui met hors ban, hors taxes.

Forbannum, forbannus. -
1. Mise hors la loi (d'une personne).
2. Séquestration, confiscation (de choses).

Forbannus. - *idem* forbannum.

Forbarramentum. - empêchement de vente.

Forbator, forbissator, forbitor, fourbissor. - fourbisseur d'armes.

Forbatudus. - (adj), relatif à la victime d'un homicide pour lequel l'acquittement d'un wergeld ne peut pas être exigé (car l'homicide s'est déroulé dans un cas de légitime défense).

Forbenda, forebenda. - harnais d'attelage des chars (Angleterre).

Forbisor. - *idem* furbisor, fourbisseur.

Forbissator. - *idem* forbator.

Forbitor. - *idem* forbator, furbisor.

Forbora. - fils unique.

Forca. -
1. Force.
2. Fourche, potence.
3. Fortification, forteresse, prison, anc fr[1], *force*.
4. Paquet, botte.

Forcagium, forciagium, fortagium, fortiagium, fortigium. - redevance pour les réparations et l'entretien des fortifications du château seigneurial.

Forcaiadella, forcelletum. - petit fort, petite fortification.

Forcapium, forscapium, foriscapium. -
1. Prix de rachat exigé par celui qui s'est emparé d'un bien meuble égaré d'autrui.
2. Redevance due au seigneur pour l'exploitation des minéraux.
3. Redevance due au seigneur comme prix de la permission d'aliéner une tenure.

Forçare. - forcer.

Forcaria. - *idem* focaria2, concubine.

Forcata. -
1. Taxe pour l'installation des étalages (soutenus par des *fourches* ?) sur les marchés.
2. Mesure agraire (Italie).

Forcatum. - *idem* furcatum, fourche à foin.

Forceaptum. - *idem* foreceapum.

Forcelettum. - *idem* fosseletum.

Forcelletum, forciletum. - *idem* forcaiadella.

Forceps. -
1. Bec d'oiseau.
2. Pinces, tenailles (Angleterre).

Forcerium. -
1. *Idem* forsarium, boîte, caisse.
2. Cercueil.

Forcerius. - fabricant ou marchand de caisses.

Forcerum. - *idem* forsarium.

Forcha. -
1. Fourche.
2. Variété de poisson.

Forchagium. - *idem* foagium1, redevance pour foyer.

Forcheapum. -
1. *Idem* foreceapum.
2. *Idem* forscapium.

Forchetta. - fourchette.

Forchia. -
1. *Idem* forcha1.
2. Croisement de deux chemins.

Forcia. -
1. Contribution, levée d'argent qui se fait par la force.
2. *Idem* fortia.

Forciagium. -
1. *Idem* foagium1, redevance pour foyer.
2. *Idem* forcagium, redevance pour les réparations et l'entretien du château seigneurial.

Forcialiter. - par force, violemment.

Forciare. -
1. Forcer ; violer (une femme).
2. Faire rentrer les impôts.
3. Fortifier.

Forciatus. - réalisé de force.

Forciletum. - *idem* forcaiadella.

Forcipium. - le radius (os du bras).

Forclutum, foreclutum. - pièce métallique de renfort pour éviter l'usure du versoir de la charrue (Angleterre).

Forconsiliare, forisconsiliare, forsconsiliare. -
1. Mal conseiller, anc fr[1], *forconseiller*.
2. Trahir quelqu'un, comploter contre.
3. (*f. aliquid alcui*) chercher à faire perdre quelque chose à quelqu'un.

Forconus. - *idem* forcha.

Forda. -
1. Truie en gestation, *Cf. forba*, (Angleterre).
2. (< *ford*)[2], gué d'une rivière (Angleterre).

Fordella. - (*f. terræ*), *idem* ferdella, mesure agraire correspondant à dix acres.

Fordwarmannus, forwarmannus, forewardmannus. - représentant, membre, officier d'une gilde (Angleterre).

Fore. - être.

Forebenda. - *idem* forbenda.

Foreceapum, forcheapum, forceaptum. - (< *for-ceap*)[3] surveillance des marchés (Angleterre).

Forecensitus. - de la campagne.

Foreclutum. - *idem* forclutum.

Forefacere. -
1. *Idem* forisfacere.
2. (*f. membrum*), commettre un crime qui mérite l'amputation d'un membre au coupable.

Forefactum, forfantus. - forfait, crime.

Forefactum. - *idem* forisfactum.

Forefactura. - *idem* forisfactura.

Forefeng. - *idem* forfang.

Foregium. - *idem* foragium1.

Forellus, forrellus. - fourreau, anc fr[4], *forelle*.

Foremannus. - (< *foran-man*)[5]
1. Homme qui avance devant la charrue (Angleterre).
2. Officier de gilde (Angleterre).
3. Capitaine de navire (Angleterre).
4. Tenancier d'une portion de terre (Angleterre).

Foremaritagium. - *idem* forismaritagium, formariage, et taxe imposée aux sujets qui se mariaient avec une femme libre ou une femme en dehors de la dépendance du seigneur.

---

[1] Roquefort.
[2] A.S : *ford*, « gué ».
[3] A.S : *for*, « assemblée », *ceap*, « prix, vente, affaire, négociation ».
[4] Godefroy.
[5] A.S : *foran*, « devant, en tête », *man*, « homme ».

Foremundus. - tuteur.

Forencianus. - étranger, qui est du dehors.

Forensis. -

1. (< *fŏrum*), concernant le droit séculier.
2. (subs), laïc.
3. Concernant les foires, les marchés, le commerce ; (*dies f.*), jour de marché ; (*f. villa*), ville qui peut établir des foires, des marchés.
4. (subs), marchand.
5. (< *fŏrīs*), étranger ; qui n'est pas du diocèse.
6. (subs), dépendant qui ne réside pas dans le domaine.
7. Visiteur, hôte.
8. (*f. burgus*), faubourg.
9. (< *fŏrum*) ; (*f. modius*), muid de mesure commune.

Forensitus. - banni.

Forera. - champs tête-bêche.

Forerda. - *idem* forertha.

Foreria. -

1. Magasin, grenier.
2. *Idem* foraria3.
3. (< *fŏrīs*), pâture (en lisière des champs), anc fr[1], *jorière*.

Forertha, forerda, forherda, forhurtha, forurda. - (<*foran-eorðe*)[2], tête de champ, bande de terre autour d'un champ permettant le retournement de l'attelage et la charrue (Angleterre).

Fores. -

1. Droits coutumiers.
2. (*f. regis*), assemblée, conseil du roi.

Forescheta. - *idem* forschet, mesure agraire anglaise valant une acre et demie.

Foresfactum. - *idem* forisfactum.

Foresfactura. - *idem* forisfactura.

Foresta, foreste, forestis, forestus, forestum. -

1. (< *fŏrīs*)), terrain en dehors de ce qui est affecté à l'usage commun et dont le roi se réserve la jouissance ; (*f. dominicum*), forêt (réservée au roi, notamment pour la chasse).
2. Les eaux, les pêcheries royales.
3. (< *fŏrestis*), région boisée, forêt.
4. (< *fŏrestis*), forêt défrichée.

Forestagium, forestale. -

1. (< *fŏrestis*), droit d'usage d'une forêt, redevance pour l'affouage, anc fr[3], *forestage*.
2. Droit que payait les charrettes et les chevaux chargés quand ils traversaient certains bois.
3. Charge de forestarius.

Forestale. - *idem* forestagium.

Forestalis. - concernant le droit forestier.

Forestallum. - *idem* forstallum.

Forestanus. - (< *fŏrīs*), suburbain.

Forestare. -

1. (< *fŏrīs*), s'en aller.
2. (< *fŏrīs*), proscrire, exiler.
3. (< *forestis*), soumettre au droit forestier, exercer ses droits sur la forêt.

Forestaria. -

1. (< *fŏrīs*), les habitants de la banlieue.
2. Charge de celui qui reçoit les hôtes (dans un monastère ou un chapitre).
3. (*f. camera*), bâtiment destiné aux logements des étrangers chez les Franciscains.
4. (< *forestis*), charge de l'officier forestier.
5. Terres de la forêt royale.

---

[1] Godefroy.

[2] A.S : *foran*, « devant, en tête », *eorðe*, « terre ».

[3] Godefroy.

Forestarius, foresterius, forstarius.
1. (< *fŏrīs*), de la campagne.
2. (subs), étranger.
3. (< *forestis*), concernant la forêt royale, faisant partie de la forêt royale.
4. (subs), officier forestier, charge d'administrer le domaine royal.
5. Paysan qui a défriché et s'est établi sur le domaine de la forêt.
6. Garde-forestier.

Forestatia. - *idem* forestagium1.

Forestatio. -
1. (< *fŏrīs*), bannissement.
2. (< *forestis*), droits, taxe sur les forêts.

Forestatura. - provision de bois.

Foreste. - *idem* foresta.

Forestea. - forêt, bois.

Forestella. - petite forêt.

Forestensis. -
1. (< *forestis*), concernant le droit forestier.
2. (subs) ; (pl) ; (n), les installations forestières.

Foresteria. -
1. (< *fŏrīs*), droit d'aubaine.
2. Habitants de la banlieue d'une ville.
3. *Idem* forestagium1.

Foresterius. - *idem* forestarius.

Foresteus. - garde forestier.

Forestia. - *idem* forestagium1.

Forestica. - (< *forestis*) ; (pl) ; (n), droit de chasse, droit d'usage des forêts.

Forestis. - *idem* foresta.

Forestolium. - *idem* forastolium, pupitre, lutrin.

Forestorius. - officier forestier.

Forestum. -
1. *Idem* foresta.
2. Crime, délit, *Cf. forisfacere.*

Forestus. -
1. *Idem* foresta.
2. Garde forestier.

Foretallium. - *idem* forstallum.

Foretallum. - *idem* forstallum.

Foretaneus. - *idem* foritaneus, du dehors, de la banlieue.

Foretanus. - étranger, celui qui habite en dehors de la cité.

Foreteretia. - forteresse, fortification.

Forethot-felonie. - (< *fore-ðeaht*)[1], meurtre prémédité (Angleterre).

Foretum. - outil pour percer, foret.

Forewardmannus. - *idem* fordwarmannus, représentant, membre, officier d'une gilde (Angleterre).

Forfacere. - *idem* forisfacere.

Forfacta. - amende.

Forfactum. - *idem* forisfactum.

Forfactus. - *idem* forisfactus, qui a commis un crime, digne de mort.

Forfaitura. - *idem* forisfactura1.

Forfang, forfeng, forefeng, forfengen. - (< *fore-fang*)[2], saisie, capture dans les rues ou sur les marchés de victuailles avant que ce qui est nécessaire au roi ne puisse être servi.

Forfangium, forisfangium, forsfangium. - (< *fore-fang*) récompense pour la récupération de bêtes volées.

Forfantus. - *idem* forefactum, forfait, crime.

Forfatura. - peine prononcée en punition d'un crime ou d'un délit.

Forfeng, forfengen. - *idem* forfang.

Forficare. - couper au ciseau.

Forfices. - (< *forceps*).
1. Ciseaux.
2. Mouvement de troupes en tenaille.

Forficia. - *idem* forfices1.

Forga. - *idem* forgia1.

---

[1] A.S : *fore*, « devant, en tête de », *ðeaht*, « pensée ».

[2] A.S : *fore-fang*, « action anticipée ».

Forgabulum, forisgabulum. - paiement du tenancier se substituant aux corvées dues normalement au seigneur (Angleterre).

Forgeldum. - paiement pour avoir le privilège de ne pas mutiler les pattes de ses chiens dans les forèts du seigneur (Angleterre).

Forgerium. - *idem* forsarium, petit coffre, cassette, anc fr[1], *forgier*.

Forgia. -
1. Forge.
2. Cheminée, petit fourneau.

Forgina. - petite forge.

Forgire. - établir ou posséder une forge.

Forgitare. - (< *fŏrīs*), décaler le bord du toit de l'aplomb du mur pour que les eaux de toiture tombent au-delà.

Forgorpire. - renoncer à la possession de quelque chose.

Forherda. - *idem* forertha, tête de champ, bande de terre autour d'un champ permettant le retournement de l'attelage et la charrue (Angleterre).

Forhurtha. - *idem* forertha.

Foria. -
1. Colique, foire.
2. Marché, foire.
3. Mors que l'on place dans la mâchoire des chevaux, frein.

Foriarii. - *idem* fodrarii, brigands, pillards.

Forica. - lieu où l'on déverse les ordures de la ville.

Foricarius. - celui qui est chargé du nettoyage des toilettes publiques (Angleterre).

Foricatus. - *idem* forratus, fourré.

Foricia. - faculté de pouvoir se réfugier ou de se retirer dans un château.

Foricus. - situé dans les environs de la ville.

Forifacere. - *idem* forisfacere.

Forifactum. -
1. *Idem* forisfactum.
2. (*f. haiœ*), amende pour animal qui a franchi une clôture.

Forifactura. - *idem* forisfactura.

Forifamiliare. - émanciper, anc fr[2], *forfamillier*.

Forijudicatus. - celui qui a été condamné à une confiscation judicaire, éventuellement banni.

Forimatrimonium. - *idem* forismaritagium.

Forinare. - fréquenter les foires.

Forincatio. - éloignement, bannissement.

Forinsecus. -
1. Du dehors.
2. (subs) ; (pl), les étrangers.
3. Situé à l'extérieur

Foris decanus. - doyen rural, celui qui dirige les églises du dehors, dépendant de l'église principale.

Foris. -
1. (*f. facta*), forfaits.
2. (*f. factura*), amende.
3. (*f. positi*), excommuniés.
4. Païens, ceux qui sont en dehors de l'Eglise.
5. (< ?) ; (subs), droit, souveraineté, pouvoir.

Foris-affidare. - *idem* forisfidare1.

Forisaffidatio, forisaffirmatio. - renonciation à ses biens.

Forisaffirmatio. - *idem* forisaffidatio.

Forisare. - convenir du prix d'une chose.

Forisbannire. - *idem* forbannire.

Forisbannitio, forisbannitura. - bannissement.

Forisbannitura. - *idem* forisbannitio.

Forisbarium. - faubourg.

Foriscapiens. - celui qui doit un droit de mutation ; tenancier qui doit une redevance comme prix de la permission d'aliéner sa tenure.

---

[1] Godefroy.

[2] id.

Foriscapium. -
1. Droit de mutation, anc fr[1], *foris-capi*.
2. Redevance pour l'exploitation des minéraux.
3. Redevance illégale, extorsion.
4. *Idem* forcapium.

Foriscasatio, foriscasio. - émancipation.
Foriscasatus. - émancipé.
Foriscasio. - *idem* foriscasatio.
Foriscelatus. - recelé illégalement, en fraude, anc fr[2], *forceler*,
Forisceta. - étranger.
Forisconsiliare. - *idem* forconsiliare1.
Forisdecanatus. - dignité de *foris decanus*.
Forisfacere, forsfacere, forifacere, fore-facere, forfacere. -
1. Perdre quelque chose en commettant une action délictueuse.
2. (*se f.*), encourir une peine capitale.
3. (*f. alicui*), offenser, faire tort à.

Forisfactio. -
1. Délit amendable.
2. Tribunal pour les délits à punir d'une amende.
3. Confiscation, amende.

Forisfactor. - malfaiteur, accusé, anc fr[3], *forfaiteur*.
Forisfactum, foresfactum, forifactum, forfactum, forsfactum, forasfactum, forsfactum, forefactum. -
1. Délit, forfait, crime.
2. Confiscation, amende.
3. Extorsion.

Forisfactura, foresfactura, forefactura, forifactura, forisfaitura. -
1. Délit, méfait.
2. Amende en punition d'un délit.

3. Droit de fixer des amendes.
4. (*f. mobilis*), bien meuble de ceux qui ont été condamnés par jugement.

Forisfactus, forfactus. - qui a commis un crime, digne de mort.
Forisfaitura. - *idem* forisfactura.
Forisfamiliare, forisfamulare. - émanciper.
Forisfamiliatus. - émancipé.
Forisfamulare. - *idem* forisfamiliare.
Forisfangium. - *idem* forfangium, récompense pour la récupération de bêtes volées.
Forisfidare. -
1. Renoncer à ses biens.
2. Abjurer.

Forisgabulum. - *idem* forgabulum, paiement du tenancier se substituant aux corvées dues normalement au seigneur (Angleterre).
Forisgorpire. - *idem* foriswerpire, se dessaisir.
Forisguerpire. - *idem* foriswerpire.
Forishabitans. - étranger, non résident de la cité.
Forisjudicare, forjudicare. -
1. Confisquer judiciairement, anc fr[4], *forjuger*.
2. Bannir.

Forisjurare, forjurare, forsjurare. - renoncer par serment, abandonner.
Forisjuratio. - action de déclarer forfait, de renoncer.
Forismaritagium, forismatrimonium, formatrimonium, forismaritatio, forma-ritagium, forimatrimonium, fourmaria-gium. - formariage, et taxe imposée aux sujets qui se mariaient avec une femme libre ou une femme vivant hors de la dépendance du seigneur, anc fr[5], *formariage*.

---

[1] Roquefort.
[2] Godefroy.
[3] id.

[4] Roquefort.
[5] id.

Forismaritare. - (*se f.*), contracter un for-mariage.

Forismaritatio, forismatrimonium. - *idem* forismaritagium.

Forismittere. - aliéner, mettre en dehors de ses mains.

Forispatriatus, forisparatus. - qui séjourne à l'étranger.

Forisprisarer, forsprisare. - excepter, anc fr[1], *forprendre*.

Forissitus. - exilé, banni.

Forisstallaror. - *idem* foristallor.

Foristagium. - droit d'établir des gardes et de délivrer des amendes pour des délits commis sus ses terres.

Foristallare. - *idem* forstallare, accaparer.

Foristallor, forisstallaror, forstallator, fristallator. - celui qui accapare et achète les produits avant qu'ils n'atteignent le marché.

Foristallum. - *idem* forstallum.

Foristaria. - droit d'usage dans les bois (ou office de forestier).

Foristrahere. - enlever, anc fr[2], *fortraire*.

Foristum. - amende.

Forisvadiare. - perdre son bien au profit du prêteur par défaut de rachat du gage, anc fr[3], *forgage*.

Forisveia, forisvia, forsveia. - intrusion et amande pour intrusion, anc fr[4], *forvoier*.

Forisvia. - *idem* forisveia.

Foriswerpire, forwerpire, forisguerpire, forisgorpire. - se dessaisir.

Foritaciere. - faire tort, manquer à quelqu'un.

Foritallum. - *idem* forstallum.

Foritaneus, forataneus, foretaneus, foratanus. - du dehors, de la banlieue.

Foriter. - hors de, dehors.

Forizare. - suivre, fréquenter les marchés.

Forizatio. - négoce, commerce.

Forjudicare. - *idem* forisjudicare.

Forjurare. - *idem* forisjurare, renoncer par serment, abandonner.

Forlacum. - fortification, forteresse.

Forland. - terrains péripheriques à un pôle d'intérêt spécifique et loués à des locataires à des conditions particulieres (Angleterre).

Forlanga. - *idem* furlanga, mesure de terre.

Forleta, forlota. - taxe à payer par les laboureurs à l'occasion de la journée du « Plough Monday », (Angleterre).

Forlonga. - *idem* furlanga.

Forlota. - *idem* forleta.

Forlottus, formannus. - tenancier d'un quart de *virgate* ou *yardland* (Angleterre).

Forma. -
1. Image, ressemblance.
2. Beauté.
3. Manière ou la méthode d'agir dans toute entreprise, formalité
4. Argent monnayé, monnaie, sceau avec une forme, l'effigie du prince.
5. Apparition, spectre, fantasme.
6. Siège des chanteurs du Chœur rabattable. (Il se peut que ces sièges aient été appelés ainsi parce que des formes ou des images, par un travail sculptural ou au pinceau, étaient esquissées sur le dos) ; sorte de litière.
7. Forme, embauchoir à chaussure.
8. (< *fornix*), arc, cintre, voûte ; aqueduc voûté.
9. Eruption cutanée, impétigo qui prend une forme croûteuse.
10. (*f. casei*), *idem* formaticum, fromage.

---

[1] Godefroy.
[2] id.
[3] id.
[4] id.

Formabiliter. - formellement, expressément.

Formagata. - gâteau au fromage.

Formagiarius, fromagerius. - marchand de fromage.

Formagium. - *idem* formaticum, fromage.

Formaida. - gâteau au fromage.

Formale. - aqueduc voûté.

Formalia. - exemples qui sont donnés à titre d'arguments.

Formalis. -
1. Formel, exprès.
2. Relatif à la forme, formel.
3. Normal, standard (Angleterre).
4. (*formales epistolæ*), circulaires.
5. (subs), aqueduc.
6. Qui a la forme d'une borne (Angleterre).

Formalitas. - forme, taille, allure.

Formaliter. -
1. Formellement, d'une manière adéquate, totale, essentiellement.
2. Conforme au modèle (Angleterre).

Formalium. - agrafe en or ornée de pierres précieuses.

Formannus. - *idem* forlottus, tenancier d'un quart de virgate ou yardland (Angleterre).

Formare. -
1. Former, instruire.
2. Rédiger dans les formes.
3. Mettre de l'ordre, mettre en forme.
4. Composer, rédiger.
5. (*f. pacem*), faire la paix.

Formaria. - *idem* formarius mais dans les couvents de religieuses.

Formarius. - directeur spirituel dans les monastères, désignant celui qui éclaire les moines par son mode de vie ou qui veille sur la spiritualité des moines.

Formastrum. - travail de boulanger.

Formata. -
1. Lettre de recommandation pour le clerc qui se déplace.
2. Hostie (non encore consacrée).

Formaticum, formaticus, forma, formagium. - fromage.

Formaticus. - *idem* formaticum.

Formatio. -
1. Descendance.
2. Formation, perfection.
3. Fonderie ou travail du métal (Angleterre).

Formativus. - qui a le pouvoir de former, d'informer.

Formatrimonium. - *idem* forismaritagium, formariage.

Formatrix. - celle qui forma.

Formatum. - mur en pisée.

Formatus. -
1. (subs), bachelier qui a achevé ses études, formé.
2. Ferme, inamovible.
3. (*officium formatum*), charge inamovible, dont le bénéficiaire ne peut être privé.

Formella. -
1. (*f. ceræ*) petite boule de cire.
2. Petit siège, escabeau, *Cf. forma5*, anc fr[1], *formete*.
3. Sorte de poids (Angleterre).
4. Petite forme ou un moule pour la cuisson (Angleterre).
5. Objet moulé ou modelé, fromage.
6. (*f. leporum*), terrier de lièvres.

Formellus. -
1. Fromage.
2. Faucon ou faucon femelle.
3. (*f. aquæ vivæ*), conduit, aqueduc.

Formelus. - dressé (en parlant des animaux, en particulier des faucons).

---

[1] Godefroy.

Formensis. - (*formensia prædia*), domaine traversé par un aqueduc.

Formentada. - paiement en blé.

Formerius. - jeune novice.

Formica. - verrue, bouton.

Formicabilis, - (*f. pulsus*), pouls faible et rapide.

Formicales, formicapes. - tenailles.

Formicalia. - (subs), tenailles, pinces.

Formicapes, - *idem* formicales.

Formicare. - donner une forme à.

Formicarium - fourmilière.

Formicatio. - fourmillement.

Formicoleion. - le lion des fourmis, animal petit comme une fourmi mais qui dévore ces dernières.

Formicta. - sorte de gâteau.

Formida. - droit de relief payé pour une censive.

Formidalis. - formidable, redoutable.

Formidatio. - terreur (Angleterre).

Formidolositas. -
1. Aspect effrayant.
2. Timidité.

Formidulus. - craintif.

Formidus. - chaux.

Formificus. - qui crée, donne forme.

Formifluus. - qui prodigue les formes.

Formio. - corbeille.

Formipedia. - forme de cordonnier.

Formitas. - légalité.

Formiter. - légalement, dans les formes.

Formittere. - (< *fŏrīs*), mettre dehors.

Formix. - (< *fornix*), arc d'une voûte.

Formortura, forsmortura. - mainmorte, taxe de mainmorte.

Formos. - chaleur.

Formosare. - orner, décorer.

Formositas. - beauté.

Formula. -
1. Formule, énoncé.
2. Modèle, idéal.
3. Education.
4. Siège, banc, siège pliant, couche, lit, sorte de chaise longue.
5. (*f. panis*), sorte de gâteau.
6. Bulle en forme de communication.
7. Charte.
8. Petit portrait.
9. Monnaie.
10. Fromage.
11. Beauté.

Formulare. -
1. Formuler.
2. Symboliser.

Formularium. - manuel, formulaire.

Formum. - (< *formus*), fer chaud.

Fornacalia. - instrument, outil pour le travail au four.

Fornacia, fornacita, fornatica, fornerium. - droit à payer pour faire cuire au four banal, anc fr[1], *fornage*.

Fornacire. - faire un four (ou cuire au four).

Fornacita. - *idem* fornacia.

Fornacius, fornaxarius. -
1. Tuilier.
2. Boulanger.

Fornacula. - petit four, foyer.

Fornamentun, fornimentum, furnimentum. - tout ce qu'on est obligé de fournir à autrui, anc fr[2], *fornement*.

Fornariolus, fornarius, fornerius, fulnarius. - (< *furnus*), *idem* furnarius1, boulanger.

Fornarium. - fournil.

Fornarius. - *idem* furnarius1, boulanger.

Fornasarius, fornaserius, fornaxarius, fornassarius. - tuilier.

Fornasata. - *idem* forneia fournée.

Fornasella, fornaxella, fornexella. - fourneau, petit four.

Fornaserius. - *idem* fornasarius, tuilier.

Fornaseta, furnesium, furnesia. - (< *for-nax*), fournaise.

Fornassarius. - *idem* fornasarius, tuilier.

Fornata. - *idem* forneia, fournée.

Fornatica. - *idem* fornacia.

Fornaticum. - *idem* furnaticus, taxe pour la cuisson.

Fornaticum. - prix qui est payé au boulanger pour les frais de boulangerie et son salaire.

Fornatura. -
1. Ce qui permet de décorer, d'orner.
2. Fournée de pain (Angleterre).

Fornax. -
1. Four.
2. Superstition consistant faire travailler son fils au fourneau afin de le guérir de la fièvre.

Fornaxarius. - *idem* fornacius.

Forndalum, forndellum, fornedellum, ferthendella. -
1. Mesure agraire, le quart de la *virgate* ou *yardland* (Angleterre).
2. Mesure de capacité, le quart du baril (Angleterre).

Forndellum. - *idem* forndalum.

Fornedellum. - *idem* forndalum.

Forneia, fornesia, fornasata, furnata, fornata, forneia, furnatio, furnamentum, furneia, furnetum, furniamentum. - fournée.

Fornela. - forge, fourneau.

Fornelerius, fornellerius, fournairo. - garçon boulanger, mitron.

Fornellada. - charbon pour le four, endroit où l'on stocke le charbon.

Fornellerius. - *idem* fornelerius.

Fornellum, furnellum. - pièce, chambre voûtée.

Fornellus. - creuset pour faire fondre l'or et l'argent.

Forneria. -
1. Fournée.

2. Four pour faire cuire le pain.

Fornerium. - *idem* fornacia.

Fornerius. - *idem* furnarius1, boulanger.

Fornesia. - *idem* forneia, fournée.

Fornexella. - *idem* fornasella, fourneau, petit four.

Forniare. - cuire au four.

Fornicare. - *idem* fornicari.

Fornicari, fornicare. -
1. (< *fornix*), forniquer, se prostituer.
2. Être infidèle à Dieu, être idolâtre, (métaphore).

Fornicaria. - prostituée.

Fornicarius. -
1. Bâtard.
2. (adj), d'adultère, de fornication.

Fornicatio. - *idem* fornicium, viol, punition pour viol.

Fornicator. - débauché.

Fornicatoria. - fornication.

Fornicatrix. - prostituée.

Fornicatus. - (< *fornix*).
1. Voûté.
2. (*f. paries*), mur muni d'arcs de décharge.

Forniceus. - voûté.

Fornicium, fornicatio. - viol, punition pour viol.

Fornificare. - former, donner ses formes.

Forniforus. - celui qui apporte un don (d'argent), disciple ; celui qui apporte le don (d'apprentissage), enseignant.

Fornile. - *idem* furnil.

Fornilha. - *idem* fornilia.

Fornilhare. - ramasser le bois nécessaire pour la chauffe du four.

Fornilherius. - celui qui ramasse le bois nécessaire pour la chauffe du four.

Fornilia, fornilha. -
1. (pl) ; (n), menu bois pour chauffer le four.
2. Redevance pour le bois de chauffage du four banal.

Fornilla. - redevance que l'on payait pour ramasser le bois pour la chauffe du four, anc fr[1], *fourmille*, « menu bois pour la chauffe du four ».

Fornillum. - endroit où est situé le four : fournil.

Fornimentum. - *idem* fornamentun.

Fornire. - exécuter, achever.

Fornix. -
1. Arcades où se tenaient les prostituées, bordel.
2. Arc (arme).

Fornum. - partie de la maison où se trouve le four.

Foroborari. - saigner, faire une incision.

Forofactum. - crime, délit.

Foronia. - voleuse.

Foronomus. -
1. (< φερώνυμος)[2], le nom que l'on porte.
2. Avocat.

Forostagiare. - trahir ses otages.

Forpæ. - vieux habits.

Forparius. - marchand de vieux habits : fripier.

Forpex. - cisailles.

Forpicula. - petites tenailles.

Forprisa. - exception (*Cf. forisprisare*).

Forqueta. - fourchette.

Forrachium, forrachum, forragium. - *idem* farrago, fourrage.

Forrachum. - *idem* farrago, fourrage.

Forragius. - *idem* fodrerarius, fourrier.

Forrago. - *idem* farrago, fourrage (ou litière).

Forrare. - doubler (un habit).

Forrarius, forrator - *idem* fodrerarius, fourrier.

Forratura. - *idem* furrura, garniture de fourrure.

Forratus, frodatus. - *idem* forratus, fourré.

Forrellus. - *idem* forellus, fourreau.

Forreragium. - *idem* foderagium, fourrage.

Forrerarius. - *idem* fodrerarius.

Forreria. - *idem* foraria.

Forrum. - *idem* fodrum, fourrage, obligation de fournir le fourrage contribution en fourrage, taxe pour l'entretien des armées.

Forrus. - affranchi.

Fors. - excepté, hormis.

Forsarium, forsarius, forcerium, forgerium, forzerum, forcerum. - boîte, caisse.

Forsatum, fossatum. - fossé.

Forscapium, forschap, forcheapum. -
1. Droit de relief ou droit du seigneur sur les objets trouvés sur ses terres, anc fr[3], *forescapy*.
2. *Idem* forcapium.

Forschap. - *idem* forscapium.

Forschet, forescheta. - mesure agraire anglaise valant une acre et demie.

Forsconsiliare. - *idem* forconsiliare1.

Forsfacere. - *idem* forisfacere.

Forsfactum. - *idem* forisfactum.

Forsfangium. - *idem* forfangium, récompense pour la récupération de bêtes volées.

Forsita. - *idem* fortalicium, fortification.

Forsjurare. - *idem* forisjurare, renoncer par serment, abandonner.

Forsmortura. - *idem* formortura, mainmorte, taxe de mainmorte.

Forsorium. - (< *fossorium*), houe, bêche.

Forsprisare. - *idem* forisprisarer, excepter, anc fr[4], *forprendre*.

Forstallagium. - intercepter, acheter les marchandises avant qu'elles n'atteignent le marché.

Forstallare, foristallare. - accaparer.

---

[1] Hippeau.

[2] φερώνυμος : « dont le nom convient, bien nommé »

[3] Roquefort.

[4] Godefroy.

Forstallator. - *idem* foristallor, celui qui accapare et achète les produits avant qu'ils n'atteignent le marché.

Forstallum, forestallum, foristallum, forstellum, foritallum, foretallum, foretallium, forstellum. -
1. (< *faran-stallu*)[1], guet-apens.
2. (< *for-stalian*)[2], action d'entraver la récupération de bêtes volées.
3. (< *for-stelan*)[3], accaparement, usurpation.
4. (< *fore*)[4], pièce de terre devant la maison (Angleterre).

Forstarium. - délit de ceux qui interceptent les marchandises apportées sur la route vers le marché public, et les achètent avant qu'elles ne soient exposées à la vente publique, pour le revendre plus cher ensuite.

Forstarius. - *idem* forestarius.

Forstellum. - *idem* forstallum.

Forsula. - *idem* fortalicium, fortification (petite).

Forsveia. - *idem* forisveia.

Fortacia. - *idem* fortalicium, fortification.

Fortagium. - *idem* forcagium, redevance pour les réparations et l'entretien du château seigneurial.

Fortalicia. - *idem* fortalicium.

Fortalicium, fortelicium, fortilicium, fortaricium, fortalitas, fortalicia, forsita, forsula, fortacia, fortalissa, fortalitia, fortalitium, fortilecia, fortilicia, fortisia, fortitium. - fortification.

Fortalissa. - *idem* fortalicium.

Fortalitas. - *idem* fortalicium.

Fortalitia. - *idem* fortalicium.

Fortalitium. - *idem* fortalicium.

Fortanimus. - volontaire, âme forte.

Fortare. - rendre fort, fortifier.

Fortaria. - *idem* focaria2, concubine.

Fortaricium. - *idem* fortalicium.

Forte. -
1. (< *fortĭs*), avec force.
2. (< *ferre*), tombeau, chasse.

Fortecia, forteda. fortera, fortessia, fortericia, forteritia. forticia, fortilicia, fortesia, forteza, fortialitium, frotezia. - (< *fortĭs*), forteresse.

Forteda. - *idem* fortecia, forteresse.

Fortera - *idem* fortecia, forteresse.

Fortericia. - *idem* fortecia, forteresse.

Forteritia. - *idem* fortecia, forteresse.

Fortesia. - *idem* fortecia, forteresse.

Fortessia. - *idem* fortecia, forteresse.

Forteza. - *idem* fortecia, forteresse.

Fortia, forcia. -
1. Force, virulence, contrainte.
2. Déprédation par violence ; violation de domicile.
3. Vigueur, force, puissance ; vaillance, aguerrissement, port d'armes.
4. Territoire où s'exerce le pouvoir d'un seigneur.
5. Place-forte, forteresse.
6. Force armée.
7. Main-forte, secours.
8. Impôt injuste exigé par la force ; coercition exercée par le pouvoir public ; injustice, tort.
9. Forge.

Fortiagium. - *idem* forcagium, redevance pour les réparations et l'entretien du château seigneurial.

Fortialitium. - *idem* fortecia, forteresse.

Fortiamentum. - déprédation par violence.

Fortiare. -
1. Fortifier.
2. Ravir, saisir.

Forticia. - *idem* fortecia, forteresse.

---

[1] A.S : *faran*, « voyager », *stallu*, « vol ».
[2] A.S : *for-stalian*, « entraver ».
[3] A.S : *for-stelan*, « voler ».
[4] A.S : *fore*, « en tête ; devant ».

Forticulum. - fortin.

Fortificare. -

1. *Idem* fortiare.
2. Donner du courage.

Fortificarus. - fortifié, courage renforcé.

Fortificatio. - fortification.

Fortificiare. - renforcer un vêtement en le doublant.

Fortigium. - *idem* forcagium.

Fortilecia. - *idem* fortalicium, fortification.

Fortilicia. - *idem* fortalicium.

Fortilicium. - *idem* fortalicium.

Fortiosus. - fortifié.

Fortis. -

1. Fort, riche, puissant.
2. (*fortem se facere*), se faire fort de.
3. (*fortis potio*), boisson forte (en alcool).
4. (*f. regio*), région puissante riche en ressources.
5. (*f. Nivernesis*), monnaie d'argent.

Fortisia. - *idem* fortalicium, fortification.

Fortissimus. - très dur.

Fortiter. - beaucoup, fort.

Fortitium. - *idem* fortalicium.

Fortitudo. -

1. Force, solidité, puissance, pouvoir.
2. Fortification.
3. Force armée, troupe.
4. Force, violence, contrainte.

Fortivus. - fortuit.

Fortuitus. - important.

Fortuna. -

1. Gain exceptionnel.
2. Cadeau, don.
3. Droit sur les trouvailles, ce qu'on trouve par hasard.
4. (*f. maris*), tempête en mer.
5. Dépense extraordinaire imprévue.

Fortunale. - tempête en mer, anc fr[1], *fortunal*, « malheur, tempête ».

Fortunare. -

1. Exposer au danger.
2. Risquer, hasarder.

Fortunaria. - (subs) ; (pl), événements fortuits.

Fortunatus. - chanceux.

Fortunia. - trésor que l'on a découvert.

Fortuniose. - avec chance, succès, avec bonheur.

Fortuniosus. - heureux.

Fortunium. -

1. Bonne ou mauvaise fortune.
2. Heureux événement.
3. Bonne fortune, chance.
4. Danger, risque, aventure.
5. (*f. belli*), tournoi.

Fortunosus. - tempêtueux, orageux.

Forulus. -

1. Fourreau.
2. Étui en cuir dans lequel des pièces d'argent étaient emballées.
3. Carquois pour les flèches.
4. Caisse, coffre, bourse.
5. Écritoire

Forum. -

1. Autorité judiciaire compétente pour telle matière
2. (*jux fori*), droit séculier.
3. (*f. villæ*), droit de bourgeoisie.
4. Foire, marché ; la foire comme date de paiement.
5. (*f. habere*), convenir du prix.
6. Ville qui a le droit d'avoir des foires ou des marchés.
7. (*f. vini*), droit que l'on payait pour pouvoir vendre le vin au détail.
8. Permission de résider dans une ville.
9. Droit d'accès au marché.
10. (*f. bonum*), bon marché.

---

[1] Godefroy.

11. Marchandises ; ravitaillement ; victuailles pour la subsistance d'une armée ou même d'un particulier.
12. Dixième de la valeur des choses qui se vendent sur le marché, ou des marchandises elles-mêmes qui sont exposées sur le marché et la foire.
13. (*f. per bursam*), en Normandie, c'était le droit par lequel les parents pouvaient revendiquer la propriété vendue à un étranger et la réclamer pour eux-mêmes, au prix convenu, avant que l'année de la vente ne soit écoulée.
14. (*f. pœnitentiæ*), restitution ordonnée par le confesseur.

Forurda. - *idem* forertha, tête de champ.

Forus. -
1. Marché, foire.
2. Prix des marchandises.
3. Loi ou coutume municipale.
4. Lieu où l'on juge.
5. Prison basse, cul de basse fosse.
6. (< *fŏrĭs*), bief.
7. Carrière, mine.
8. Levée de terre, digue.
9. Corvée d'entretien des fossés de défense.
10. Peine d'enterré vif.
11. Pressoir, lieu où l'on foule la vendange.
12. (< *fŏrus*), pont, passerelle de navire (Angleterre).
13. (< *fŏrĭs*), ouverture de passage des rames d'un navire (Angleterre).
14. (adj), (< *fŏrās*), étranger, du dehors de la ville.

Foruscitus. - banni, proscrit.

Forwarmannus. - *idem* fordwarmannus, représentant, membre, officier d'une gilde (Angleterre).

Forwerpire. - *idem* foriswerpire, se dessaisir.

Forzarius. - pince, tenaille.

Forzela. - fourchette.

Forzeletta. - pincette, ciseaux.

Forzerum. - *idem* forsarium, boîte, caisse.

Fos. - sorte de mesure à Marseille.

Fosca. - bois touffu, plein de fourrés.

Foscule. - de manière épanouie.

Fossa, fossis. -
1. Cul de basse fosse rempli d'eau, (où sont immergées les femmes condamnées pour vol).
2. Levée de terre, digue.
3. Tombeau.
4. (*fossa cœca*), latrines.
5. (*fossa lapidum*), carrière de pierres.
6. (*fossam facere*), établir un rempart pour défendre la ville ou le château.
7. Corvée d'entretien des fossés de défense.

Fossadare. - *idem* fossatare, bêcher, creuser.

Fossadera, fossadeira. - impôt de guerre (Espagne).

Fossadile. - fossé servant de bornage.

Fossadum. - *idem* fossatum.

Fossagium. -
1. Corvée de creusage des fossés.
2. Droit à payer pour l'ouverture d'une fosse au cimetière.

Fossalare. - creuser un fossé.

Fossale, fossalum, fossalus. - fossé, tranchée.

Fossamentum. - obligation par laquelle les citoyens étaient tenus de réparer les fossés des villes, corvée qui était parfois rachetée contre argent.

Fossare. -
1. Entourer d'un fossé.
2. Enterrer.

Fossaretum. - cimetière.

Fossariata. - *idem* fossoriata, bêchée (mesure de terre)

Fossarium. - *idem* fossorium.

Fossarius, fossator, fosserarius, fossiator, fossor. -
1. Terrassier.
2. Fossoyeur.
3. Sapeur.

Fossata. - sépulture.

Fossatare, fossotare, fossitare, fossadare. - bêcher, creuser.

Fossataria. -
1. Redevance concernant l'armée.
2. Droit payé à l'Eglise ou au seigneur par la famille d'un mort.

Fossatellum, fossatellus, fossella. - petit fossé.

Fossaterius. - celui qui est chargé de l'entretien des fossés d'une ville, d'un château

Fossator. - *idem* fossarius.

Fossatum, fossetum, fosseium, fossadum, fossatus. -
1. Canal, fossé, tranchée.
2. Rempart.
3. Retranchement, camp.
4. Place-forte.
5. Corvée d'entretien des digues et fossés.

Fossatura. - fossé.

Fossatus. - *idem* fossatum.

Fosseium. -
1. *Idem* fossatum.
2. Fossé (servant de limite).

Fosselettum. - *idem* fosseletum.

Fosseletum, fosselettum, forcelettum. -
1. Petite forteresse.
2. Petit coffre-fort, anc fr[1], *forceret, forgeret*.

Fossella. - *idem* fossatellum, petit fossé.

Fosserarius. - *idem* fossarius.

Fosserata. - *idem* fossoriata, bêchée (mesure de terre).

Fossetum. - *idem* fossatum.

Fossiator. - *idem* fossarius.

Fossiculus. - *idem* fasciculus.

Fossidare. - faire un fossé, fouir.

Fossina. -
1. (< *officīna*), forge.
2. (< *fascĭna*), engin de pêche, barrage à poissons.

Fossio. - mine.

Fossis. - *idem* fossa.

Fossitare. - *idem* fossatare.

Fossodare. - travailler la terre à la houe.

Fossor. -
1. *Idem* fossarius.
2. Celui qui cultive à la main.

Fossoriata, foxoriata, fessoriata, fossariata, fosserata, fossoyrata, foxarada.
- mesure de terre, (particulièrement dans les vignes), bêchée.

Fossorium, fossarium. - (< *fŏdĕre*), bêche, houe, hoyau. Fossé.

Fossorius. -
1. (< *fŏdĕre*), *idem* fossorium1, bêche, houe, hoyau.
2. (subs), porc (qui fouit la terre).

Fossotare. - *idem* fossatare.

Fossoyrata. - *idem* fossoriata, bêchée (mesure de terre).

Fossulia. - petit fossé.

Fossura. - fossé et action de travailler à la houe.

Fossus. - *idem* fassus, faisceau, fagot.

Fotaveragium, fotaverium. - corvée de transport de marchandises à pied, ou paiement pour en être dispensé (Angleterre).

Fotaverium. - *idem* fotaveragium.

Fotegeldum. - *idem* footgeld.

Fotemallus. - *idem* fotmellum.

Fotgeldum. - *idem* footgeld.

Fothera, fodera, foudra, fudra, foldrum.
- sorte de mesure de poids, « fother » (Angleterre).

---

[1] Godefroy.

Fotio. - action de chérir.

Fotmallus. - *idem* fotmellum.

Fotmellum, fotmallus, fotemallus, votmellum - mesure de poids pour le plomb, usuellement soixante-dix livres (Angleterre).

Fotor. - (< *fŏvēre*), celui qui chérit, qui nourrit.

Fotrix. - nurse.

Fotrum. -
1. *Idem* fodrum, fourrage, obligation de fournir le fourrage, contribution en fourrage, taxe pour l'entretien des armées.
2. Boîte, étui.
3. *Idem* foderum.

Fotus. - (< *fŏvēre*), (fig), réchauffement.

Fouaces. - *idem* foassa, fouace.

Fouacha. - *idem* foassa.

Fouagium. -
1. *Idem* foagium.
2. Préparation du cuir dans une fosse et du tan.
3. Droit de prendre du bois de chauffage pour le four.

Fouatrum. - droit de pâture dans les forêts.

Foucagium. -
1. Permission de conduire les animaux dans les pâturages et bois du seigneur, ou redevance à payer pour obtenir cette permission.
2. *Idem* foagium.

Foucheria. - *idem* felga, fougère.

Foudra. - *idem* fothera, sorte de mesure de poids, « fother » (Angleterre).

Fougeria. - *idem* felga, fougère.

Fouhacea. - *idem* foassa, fouace.

Foulagium. - mouture du grain et droit payé pour faire moudre au moulin banal, anc fr[1], *foulage*.

Foulare. - fouler la vendange.

Fouleria. - *idem* fulla, moulin à foulon.

Foulfacere. - faire du tort, causer du dommage.

Foulleia. - jonchée de fleurs dans l'église.

Founinare. - mettre bas.

Fouragium. - *idem* foderagium.

Fourare. - fourrer.

Fourbissor. - *idem* forbator, fourbisseur d'armes.

Fourchata. - fourche, fourchette.

Fourcus. - avec une arête pointue

Fourmariagium. - *idem* forismaritagium, formariage.

Fournairo. - *idem* fornelerius, garçon boulanger, mitron.

Fourragium. - *idem* foderagium.

Fourratura. - *idem* furrura, garniture de fourrure.

Fovea. -
1. Tanière.
2. Mine de charbon (Angleterre).
3. Trésor trouvé en creusant.
4. Basse-fosse, prison.
5. Piège.
6. Tombeau.
7. Abreuvoir pour le bétail.
8. Latrines, fosse d'aisance.
9. Digue, fossé, talus souvent surmonté d'une haie (Angleterre).

Foverare. - *idem* foderare2.

Fovetum. - *idem* favetum, fossé, vallon.

Fox, foxia. - passage étroit, entrée

Foxarada. - *idem* fossoriata, bêchée (mesure de terre).

Foxina, fuxina, fucina. - (< *officīna*), *idem* fossina1, forge.

Foxorada. - *idem* fossoriata.

Foxoriata. - *idem* fossoriata.

Foxsoranus. - vigneron.

Foxus. - *idem* fassus, faisceau, fagot.

Foyassia. - *idem* foassa, fouace.

---

[1] Godefroy.

Foyneare, foineare. - fouiller avec le groin, vermillonner.

Frabutatio. - malversation.

Fracassare. - détruire.

Fraccescere. - être démoralisé.

Fracchinellus. - sorte de corde.

Fracha, frachia. - ouverture, fente, brèche, anc fr[1], *fraite*.

Fracidus. - pourri.

Fracta. -
1. Destruction.
2. Haie, clôture (fabriquée avec des branches brisées).

Fractare. - briser.

Fractellum. - latrines.

Fracticidium. - vêtements déchirés.

Fracticus. -
1. Coupé, fendu.
2. Porte à deux battants.

Fractilata. - (*f. vestis*), habit, étoffe à jours, tailladé, effrangé.

Fractilis. - qui peut se briser facilement, fragile.

Fractio. -
1. Petite portion, petite parcelle.
2. (*f. votorum*), violation des vœux.
3. Infraction.
4. Évasion.
5. Réfraction.
6. Lassitude (de l'esprit).

Fractitium. -
1. Facile à briser.
2. (subs), terre labourable.

Fractitius. - facile à briser.

Fractor. -
1. Voleur avec effraction.
2. Criminel ; évadé de prison.

Fractora. - aiguille, languette.

Fractorium. - ciseau de sculpteur.

Fractum, fractus. frazia - frais, dépenses.

Fractura. -

1. Intrusion.
2. Amende pour intrusion.
3. Brèche.
4. Dommage.

Fractus. -
1. *Idem* fractum.
2. Non travaillé (métal).
3. Déchet.
4. Affaiblissement.
5. Coupé, tailladé, damassé.

Fradragium. - *idem*, fraternitas1, part d'héritage qui revient à un puîné.

Frælla. - *idem* frælum.

Frælum, frælla, fraiellus, fraillus, frellus, fragella, fregella, fredlus, frethlus. - panier de joncs, anc fr[2], *fraiaus*.

Frænarius. - fabricant de mors (freins) pour chevaux, anc fr[3], *frenier*.

Fræreschia. - *idem* fraternitas1, part d'héritage qui revient à un puîné.

Frærium, fraorium, fraura. - fourbisseur.

Frætia. - *idem* frateia.

Frafalium, faravalium. - trouble au cours du jugement.

Frafugetum. - *idem* fraxinata, bois de frênes.

Fragella. - *idem* frælum.

Fragetum. - *idem* fraxinata.

Fragia, franchicia, franga, frangia, fringia, frisium, frisum, frisatura, frizium, fringa. - frange.

Fragiare. - (< *flăgrāre*), frapper, tuer.

Fragiatus, fragilitatus. - estropié.

Fragilare. - rompre, briser.

Fragilitas. - pollution nocturne.

Fragilitatus. - *idem* fragiatus.

Fraglamen. - ardeur.

Fragmen -
1. Rupture, brèche.

---

[1] Godefroy.

[2] Roquefort.

[3] Godefroy.

2. (*f. juris regalis*), rupture de la paix.

Fragmenta. - reliefs, restes de nourriture.

Fragmentatim. - par morceaux.

Fragminare. - briser, mettre en pièces, en miettes.

Fragor. - rumeur.

Fragositas. - escarpement.

Fragrantia. - flagrant délit.

Fragrare. - (<*frāgrāre*), flairer, sentir.

Fragraria. - fraisier.

Fragrascere. - exhaler une odeur.

Fragratio. - parfum, odeur.

Fragula. - (<*frāga*), fraise.

Fragumen. - (<*frăgŏr*), bruit.

Fragus. - (<*frangĕre*), le pli du genou ou le genou lui-même.

Fraiatio, fraura, freura, frixura. - fourbissage.

Fraichia. - *idem* fraternitas1, part d'héritage qui revient à un puîné.

Fraicinus, frassinus, fraysis, freyno. - frêne.

Fraiellus. - *idem* frælum, panier de joncs.

Fraillus. - *idem* frælum.

Frairasca. - *idem* fraternitas1.

Frairtresca. - *idem*, fraternitas1.

Fraiterius. - qui fait des ravages.

Frama. - *idem* framea.

Framea, frama. -
1. Hache à deux tranchants.
2. Lance, guisarme.
3. Epée.

Frameatus. - soldat armé du glaive, garde du corps.

Framen. - couteau.

Frana. - juge (ancienne loi frisonne).

Franalis. - (adj) et (subs), exempt de charges.

Francalia. -
1. Terre exempte de cens et de charges.

<hr>

2. Cuissard.

Francalicia, franchilatio, franchimentum, franchia, franchitas, franquintus, franquitudo. - privilège, exemption.

Francalis. - exempt de charge, franc.

Francaliter. - (*f. tenere*), posséder en toute franchise, être exempt de cens et de charges.

Francare. - affranchir, libérer.

Francarium, francis. - mesure pour les grains, anc fr[1], *franchart*, « mesure pour les grains valant le tiers d'une coupe ».

Francatio. - affranchissement.

Francenum. - vélin.

Franchamen. - librement, volontairement.

Francheria. - terre exempt de cens et de charges.

Franchia. - *idem* francalicia.

Franchicia. - *idem* fragia, frange.

Franchilatio. - *idem* francalicia.

Franchimentum. - *idem* francalicia.

Franchire, franchisare. -
1. Affranchir quelqu'un.
2. (*f aliquid),* doter de franchises.

Franchisare. - *idem* franchire.

Franchisia, francisia, frangisia, franquisia. -
1. Franchise, liberté, exemption.
2. Terre possédée en franc-alleu.
3. Redevance pour une franchise.
4. Droit que l'on payait pour obtenir la liberté.
5. Territoire doté d'un privilège.
6. Pacte, coutume.

Franchisius. - légitime.

Franchitare. - exempter.

Franchitas. - *idem* francalicia.

Franchius. - exempt de corvées et de redevances.

Franchus. - monnaie de France valant vingt sous, nommée *franchée*.

Francia. -

1.   La France.

2.   *Idem* frangia, frange.

Francicus. - (*f. panis*), sorte de gâteau.

Francigena. - Français (du Nord, pour les Albigeois).

Francilogus. - langue française.

Franciloquus, franciosus. - français.

Franciosus. - *idem* franciloquus.

Francis. -

1.   *Idem* francarium.

2.   Mesure agraire.

Francisca. - hache à deux tranchants.

Franciscanus. - Franciscain.

Francisce. - en français.

Francisia. - *idem* franchisia.

Francitas, franquitas. -

1.   Sûreté, franchise.

2.   Territoire exempt de servitudes.

Francizare. - parler français.

Francolensis. - possesseur d'une terre libre.

Francomatus. - prisonnier qui a recouvré sa liberté, anc fr[1], *franconate*, « libre, affranchi ».

Francum. -

1.   Territoire dont les habitants jouissent de privilèges.

2.   (*f. mesum*), terre qui est cultivée par des hommes en condition libre, ou qui n'est pas soumise à la servitude.

3.   (*f. molitum*), exemption du paiement des droits de mouture.

4.   (*f. festum*), foire franche où les marchands sont exemptés de taxes.

Francumplegium. - association d'entreaide (Angleterre).

Francus. -

1.   Franc, d'extraction noble.

2.   Qui est de condition libre.

3.   (pl), *Franci*, les Français.

4.   Libre, exempt de charge seigneuriale (domaine).

5.   Sorte de monnaie : franc, de bon aloi.

6.   (*f. tenens*), franc tenant, celui qui possède un fief.

7.   (*francum metum agri*), terre cultivée par un homme libre, sans charge.

8.   (*franca terra*), franche terre, héritage qui n'est pas tenu à cens.

9.   (*franca villa*), ville franche en possessions de franchises.

10.   (*francum festum*), marché exempt de droits et qui se tient le jour de la fête patronale.

11.   (*franci pisces*), poissons frais ; poissons appartenant au seigneur.

12.   (*francum molitum*), exemption du droit de mouture.

13.   (*f. respectus*), avoir une terre en « franco-respectu », c'est tenir ou posséder une terre libre et exempte de tout impôt ou paiement annuel.

Frandegulum. - machine de siège, catapulte projetant des pierres.

Franga. - *idem* fragia, frange.

Frangere. -

1.   Effacer.

2.   Se briser.

3.   (*f. quarreram*), équarrir la roche.

4.   (*f. domum*), fracturer la maison.

5.   (*f. carcerem*), s'évader de prison.

6.   (*f. litteras*), ouvrir une lettre, briser le cachet.

7.   Enfreindre.

8.   (*f. causam*), être débouté.

9.   Rompre la terre en friche, la mettre en culture.

Frangia. - *idem* fragia, frange.

Frangibilis. - divisible, séparable, sécable.

---

[1] Roquefort.

Frangisia. - *idem* franchisia.

Franquare. - affranchir, donner la liberté.

Franquesia. - territoire possédant une franchise.

Franquillinus. - sorte d'oiseau, genre de perdrix.

Franquintus, franquitudo. - *idem* francalicia, privilège, immunité, exemption.

Franquisia. - *idem* franchisia.

Franquisitio. - concession de privilège.

Franquitas. - *idem* francitas.

Franquitudo. - *idem* francalicia

Fransire. franzere - (< *frangĕre*), briser.

Franzere. - *idem* fransire.

Fraorium. - *idem* frærium, fourbisseur.

Frapatura, frappa. - ruban.

Frapperia. - friperie.

Frappum. - partie de grément (Angleterre).

Fraragium. - *idem*, fraternitas1, part d'héritage qui revient à un puîné.

Frareschia. -
1. *Idem*, fraternitas1.
2. Sœur utérine.

Frartresca. - *idem*, fraternitas1.

Frasca, frasha. - branche d'arbre (Italie).

Frascaria. - *idem* frascarium.

Frascarium, frascaria, fraschetum. - terre couverte de broussailles.

Frascetus. - joueur de fifre.

Fraschetum. - *idem* frascarium.

Frascia. - *idem* flasco, petit récipient portatif.

Frasha. - *idem* frasca.

Frasium. - frais, coût.

Frasnea. - *idem* fraxinata, bois de frênes.

Frassata. - étoffe de laine grossière.

Frasselus. - sorte de chariot à deux roues.

Frassinus. - *idem* fraicinus, frêne.

Fratalia. - *idem* fratreia.

Fratea. - association de conspirateurs.

Fratelea. - *idem* fratreia.

Fratellæ Dominæ. - religieuses.

Fratellae sorores. - moniales.

Frater. -
1. Frère.
2. Moine.
3. (*f. guildehalle*), membre d'une gilde.
4. (*f. patruelis*), fils de l'oncle paternel.
5. (*f. in lege*), beau-frère.

Fraterculus. - religieux, frère.

Frateria. - *idem* fratreia.

Fraternalis. - fraternel.

Fraternaliter. - fraternellement.

Fraternitas. -
1. Part d'héritage qui revient à un puîné.
2. Partage des biens paternels entre frères et sœurs.
3. Fraternité, ensemble des moines d'un même couvent ou d'un même ordre.
4. Fraternité entre moines de différents couvents, qui mettaient en commun leurs biens, se recevaient mutuellement, étaient liés par une fraternité de prières.
5. Redevance payée pour cette fraternité.
6. Fraternité de prières (par laquelle des laies entraient dans la fraternité de prières d'un monastère).
7. Fraternité, confrérie de laïcs.
8. Chapitre de chanoines.
9. Corporation de métiers.

Fraternizare. - fraterniser.

Fraternus. - neveu (fils du frère).

Fratescha, fratesqua. - *idem*, fraternitas1.

Fraticellus. - petit frère, moine.

Fratillare. - moudre.

Fratillum, fritillum. - moulin à poivre.

Fratorium. - réunion d'une confrérie, frairie.

Fratralis. - de frère.

Fratreia, fratria, fnætia, fratria, frateria, fratalia, fratelea. -

1. Confrérie.
2. Frairie.

Fratresca, fratescha, frateschia, fratesqua, fratriagium, fradragium, fratrischa, freyreschia. - *idem*, fraternitas1, part d'héritage qui revient à un puîné.

Fratrescha. - *idem*, fraternitas1.

Fratreschia. - *idem*, fraternitas1.

Fratresqua. - *idem*, fraternitas1.

Fratria, frateria. -
1. *Idem* frateia, confrérie, association jurée.
2. Chapitre de chanoines.

Fratriagium. - *idem*, fraternitas1.

Fratrimonium. - avoirs, biens du côté du frère.

Fratrischa. - *idem*, fraternitas1.

Fratrissa, fratrua. - femme du frère.

Fratrua. - *idem* fratrissa.

Fratruelissa. - cousine germaine.

Fratruus. - neveu, fils d'un frère.

Fraucis. - *idem* frecus, terrain vague autour d'une agglomération.

Fraudabiliter. - frauduleusement.

Fraudare. -
1. Frauder, tromper une personne pour obtenir (quelque chose).
2. Emporter, retirer.
3. Voler, détourner de l'argent.

Fraudatus. - faux, falsifié.

Fraudenter, fraudilenter, fraudolenter, fraudulose. - d'une façon trompeuse.

Fraudentia. - tromperie.

Fraudificus. - trompeur.

Fraudilenter. - *idem* fraudenter.

Fraudolans. - fraudeur.

Fraudolenter. - *idem* fraudenter.

Fraudulose. - *idem* fraudenter.

Fraura. -
1. *Idem* frærium, fourbisseur.
2. *Idem* fraiatio, fourbissage.

Fraustum, fraustus, frostum, frostium, freta, frouza, frustum. - (< *frustare*), domaine inculte, défriché.

Fraustus. -
1. *Idem* fraustum, domaine inculte.
2. (adj), défriché.

Frauwenrada, vrowenrada. - accessoires pour la parure des femmes

Frax. - sorte de poisson.

Fraxinata, fraxinetum, frafugetum, fraxineia, frayssineda, fragetum, frasnea. - bois de frênes.

Fraxineia. - *idem* fraxinata.

Fraxinetum. - *idem* fraxinata.

Frayreysia. - droit sur l'héritage patrimonial.

Fraysis. - *idem* fraicinus, frêne

Frayssineda. - *idem* fraxinata, bois de frênes.

Frazia. - *idem* fractum, frais, dépenses.

Frea. - femme non mariée (qui est sous tutelle).

Freborga. - *idem* friborga.

Freciare. - entourer de pieux.

Frecinga. - *idem* frescenge, porcelet.

Frecinnare. - chanter.

Frectagium. - fret.

Frecum. - *idem* frecus.

Frecus, frecum, fretus, frocus, fraucis, frouzus. - terrain vague autour d'une agglomération.

Freda. -
1. Baldaquin, ornement placé au-dessus de la châsse ou du tombeau d'un saint.
2. Amende, taxe.
3. Frais, dépense.

Fredallus, frithellus. - (< *fritheil*)[1], sorte de corvée en Ecosse, (peut être corvée de transport et serviteur qui remplit cette corvée).

---

[1] Gael : *fritheil*, « servir ».

Fredare. - exiger une redevance, une amende, mais également, molester, anc fr, *fredir*[1], « battre maltraiter » et anc fr[2], *frede*, « peine pécuniaire ».

Freddus. - *idem* fredum.

Fredlus. - *idem* frælum, panier de joncs.

Fredum, fredus, fritus, freidus, fridum, frœdum, frethus, fretus, freddus, fridus, fritus, friddus, freidus, fyedum. -
1. Amende.
2. Peine corporelle à la place de l'amende.

Fredum. - sorte d'imposition.

Fredus. - *idem* fredum.

Fregata. - sorte de navire léger, frégate.

Fregella. - *idem* frælum, panier de joncs.

Freidus. - *idem* fredum.

Freitum. - *idem* fretta.

Frellus. - *idem* frælum.

Frementer. - avec frémissement.

Fremibile. - la faculté de rugir.

Fremmus. - gémissement.

Fren. - (< *phrĕnēsis*), délire, folie, frénésie.

Frenagium. - (< *furnus*), prix à payer au seigneur pour la cuisson au four banal.

Frenamen. - (< *frēnum*) ; (*juris frenamina*), frein des lois.

Frenarius, frenerius. - (< *frēnum*), fabricant de mors, freins pour les chevaux.

Frenatio. - action de retenir.

Frendere. - (< *frendĕre*), broyer en grinçant des dents (en parlant des porcs)

Frendis. - cochon sauvage, sanglier.

Frendlesmanni. - proscrits, exilés (Angleterre).

Frendor. - (< *frendĕre*).
1. Grondement (en musique).
2. Grincements des dents ; hennissement bruyant ; rugissement menaçant (Angleterre).

Frenecatus. - (< *frēnum*), cheval (qui a un mors).

Frenerius. - *idem* frenarius.

Freneticare. - (< *phrĕnēsis*), délirer.

Freneus. - de frêne.

Frenum. -
1. Bride ou harnais de cheval (avec rênes et mors).
2. (fig), vérification, action de retenir, freiner.

Freoborhges. - (pl), *idem* friborga.

Freodo. - veau de lait.

Frepatæ. - mauvais vêtements, fripes.

Frequentabilis. - souvent accessible.

Frequentaneus. - qui fréquente.

Frequentare. -
1. Être vécu souvent.
2. Hanter.
3. Avoir l'habitude.
4. Essayer, expérimenter.

Frequentatio. - approche ou rencontre fréquente.

Frequentativus. - qui est répété.

Frequentatus. - souvent, beaucoup.

Frequentela. - suite, cortège.

Frequentidicus. -
1. Qui dit souvent.
2. Astrologique, prophétique.

Frequentivus. - fréquent, assidu.

Freragium. - *idem* fraternitas2, partage des biens paternels entre frères et sœurs, anc fr[3], *férage*.

Frerasca. - *idem* fraternitas2.

Frerester. - beau-frère, anc fr[4], *frerastre*.

Fres. - frange.

Fresa. - fraise.

Fresagia. - petite récolte de légumes.

Fresatura. - frange, passementerie.

Fresatus. - plissé, froncé.

Fresceium. - *idem* friscum, terre en friche.

Frescenga. - *idem* friscinga, porcelet.

---

[1] Roquefort.
[2] id.
[3] Godefroy.
[4] id.

Frescha. - *idem* friscum.

Frescheium. - *idem* friscum.

Frescherium. - *idem* friscum.

Freschium. - *idem* friscum

Freschus. - frais, récent.

Frescianus. - rafraîchi, mouillé.

Frescinga. - *idem* friscinga, porcelet.

Frescus. - *idem* friscum, terre en friche.

Fresella, fresellus, frexatura. -
1. Frange, passementerie, ruban.
2. Fraise, collet.

Fresellus. - *idem* fresella.

Fresenia. - *idem* friscinga, porcelet.

Fresium, frezium, fressum, fresus, frezum. - frange.

Fresqueria, fresquieyra. - feuilles ou herbes fraîches utilisées comme décoration ou dans le but de rafraîchir.

Fresquieyra. - *idem* fresqueria.

Fressenga. - *idem* friscinga, porcelet.

Fressengia. - *idem* friscinga.

Fressinga. - *idem* friscinga.

Fressingus. - *idem* frescenga.

Fressum. - *idem* fresium, frange.

Frestenga. - *idem* friscinga, porcelet.

Frestra. - ouverture, fenêtre.

Fresus. -
1. Broyé, brisé, rompu.
2. *Idem* fresium, frange.

Freta. -
1. Mesure pour les liquides.
2. *Idem* fraustum, domaine inculte, défriché.

Fretare. -
1. (< *frĭcāre*), frotter.
2. Traverser.

Fretatio. - prix d'affrètement d'un navire.

Fretella. - (< *fistŭla*), flûte de Pan, anc fr[1], *frestel*.

Fretengia. - *idem* friscinga, porcelet.

Frethlus. - *idem* frælum, panier de joncs.

Frethus. - *idem* fredum.

Fretina. - petite pièce de monnaie, anc fr[2], *ferdin, fretin*, Cf. *freto1*.

Freto, fretonus. -
1. Petite monnaie, anc fr[3], *ferdin, fretin*.
2. Feuille d'argent.

Fretosus. - (*f. locus*), lieu barré de canaux, de ruisseaux.

Fretta, frettum, freitum. - fret.

Frettare. -
1. Affréter un navire.
2. *Idem* frigiare, orner de broderies.

Frettum. -
1. *Idem* fretta.
2. Cercle entourant le moyeu de la roue, jante.

Fretum. -
3. (< *frĕtum*), ruisseau, canal, bras d'eau.
4. Fret.
5. *Idem* fredum1, amende.
6. *Idem* fretus1.

Fretus. -
1. *Idem* fredum.
2. *Idem* frecus, terrain vague autour d'une agglomération.
3. Redevance pour une protection, une tutelle.
4. Confiance, foi, conviction.

Freum. - *idem* fredum1, amende.

Freura. - *idem* fraiatio, fourbissage.

Frevela. - délit, injures.

Frexatura. - *idem* fresella1.

Frexingia. - *idem* friscinga, porcelet.

Freyen. - affranchi, homme libre (Germanie)

Freyno. - *idem* fraicinus, frêne.

Freyreschia. - *idem, fraternitas1*, part d'héritage qui revient à un puîné.

Freyturarium. - répertoire de monastère.

---

[1] id.
[2] id.
[3] id.

Frezagia. - petites céréales, petits légumes.

Frezatus. - bordé d'une frange.

Frezium. - *idem* fresium, frange.

Frezum. - *idem* fresium.

Fribola. - récipient d'argile de peu de valeur.

Fribolum, friviusculum. - brouillerie entre époux.

Friborga, friborga, fridborga, frithborga, freborga freoborhges. - (< *friðborges*)[1], en droit saxon, ces termes font référence au chef de la Famille de dix hommes importants dans chaque ville qui avaient chacun juré au roi de réparer les dommages causés par chacun d'eux. Le chef de Famille était directement responsable des agissements répréhensibles des membres la Famille.

Fribusculum, friunscolum, frivoluscum, frigusculum, friviusculum, friunsculum, frivolusculum. - querelle de peu d'importance.

Frica. - (< *frīgĕre*), grillade.

Fricamen. - mouture.

Fricare. - frire.

Fricata. - poêle à frire.

Fricatio. - (< *frĭcāre*), action de polir ; (fig.) action d'adoucir.

Fricatura. - *idem* frixatio, friture.

Frichia. - *idem* friscum, terre en friche.

Frichium. - *idem* friscum.

Frichtum. - *idem* frithum.

Frico. - frotteur, essuyeur (dans les monastères).

Frictare. - *idem* frigiare, orner de broderies.

Frictrix. - prostituée.

Frictura. - *idem* frixura.

Fridborga. - *idem* friborga.

Friddus. - *idem* fredum.

Frideles. - sorte de myosotis.

Fridum. - *idem* fredum.

Fridus. - *idem* fredum.

Frifrasigena. - répudiation de la fiancée (Loi Salique).

Frigdarium. - réservoir, vivier à poissons.

Frigdere. - avoir froid.

Frigdolæ. - beignets.

Frigdor. - frisson, fièvre.

Frigefacere. - refroidir.

Frigefactio. - action de refroidir.

Frigefieri. - être refroidi.

Frigella. - *idem* fringilla, sorte de corbeau, corneille.

Frigellus. - *idem* frigilla.

Friggedo. - froid.

Frightum. - *idem* frithum.

Frigiare, frizare, frictare, frettare. - orner de broderies.

Frigiatus. - brodé.

Frigidare. - refroidir, rafraîchir.

Frigiditas. - impuissance.

Frigidus. - froid, flegmatique.

Frigilla, frigellus, frincellus, fringilla. - sorte d'oiseau : pinson.

Frigingia. - *idem* friscinga, porcelet.

Frigisci equi. - chevaux de frise.

Frigitudo. - constitution froide.

Frigium, phrygium. -
1. Ornement brodé de la tête.
2. Mitre d'évêque.

Frigius. - brodé.

Frigor. - froid.

Frigora. - *idem* frigoratio.

Frigoratio. - froid de la fièvre.

Frigoreticus. - *idem* frigoriticus.

Frigoriticus, frigoreticus. -
1. Fiévreux.
2. (*f. morbus*), fièvre.

Frigorositas. - sensibilité au froid, frilosité.

---

[1] A.S : *borth* (génitif *borges*), « garant », *frið*, « paix ».

Frigorosus. - glacé de froid, frileux.

Frigulum. - récipient, urne en terre cuite.

Frigus. -
1. Frisson de fièvre.
2. Perte d'enthousiasme religieux, impiété.

Frigusculum. - *idem* fribusculum, querelle de peu d'importance.

Frilazin. - (< *freó-lesan*)[1], affranchi.

Frilingi. - hommes libres.

Frincellus. - *idem* frigilla.

Fringa. - *idem* fragia, frange.

Fringia. - *idem* fragia.

Fringilla, frigella, frugella. - sorte de corbeau, corneille, anc fr[2], *freu*.

Fringilla. - *idem* frigilla.

Fringionus. - sorte de vêtement.

Frinigildum. - (< *gildan*)[3], amende d'homme libre.

Friofald. - (<*freó-feld*)[4] champ ouvert, libre (Loi Salique).

Friolasia. - affranchissement (*Cf. frilazin*).

Friparius, friperius. - fripier.

Friperia. - friperie.

Friperius. - *idem* friparius, fripier.

Friquerius. - celui qui vend de la viande rôtie.

Frisare. - garnir de franges ou de passementeries.

Frisatura. - *idem* fragia, frange.

Frisatus. - orné de franges.

Friscenga. - *idem* friscinga, porcelet.

Frischa. - *idem* friscum, terre en friche.

Frischeia. - *idem* friscum.

Frischetum. - *idem* friscum.

Frischus. - frais, récent.

Friscinga, friskinga, frescinga, friscenga, friscingus, fresenia, fressenga, frestenga, fretengia, frexingia, frigingia, frisengia, frisiginga, frisingia, fristinga, fressengia, fressinga, frecinga, frescenga. - porcelet.

Friscingagium, friscingaticum, friskingaticus, friscingaticus, friskingagium. - droit que le seigneur levait sur les porcs, et par extension sur d'autres produits, anc fr[5], *fressangage*, « droit dû par les fermiers de la glandée qu'on payait en porcs frais ou en argent ».

Friscingaticus. - *idem* friscingagium.

Friscingus. - *idem* friscinga, porcelet.

Frisculum. - petit froid, période de mauvaise humeur, de dérangement moral :

Friscum, frescha, frescus, frichium, fruscus, fresceium, frescherium, frescheium, freschium, frichia, frischa, frischeia, frischetum, frussetum. - terre en friche.

Friscus. -
1. Frais, récent, non salé
2. Fresque.

Frisenda. - métairie.

Frisengia. - *idem* friscinga, porcelet.

Frisia, phrygia. - frise.

Frisiginga. - *idem* friscinga.

Frisingia. - *idem* friscinga.

Frisium. - *idem* fragia, frange.

Frisius. - frangé.

Friskinga. - *idem* friscinga.

Friskingagium. - *idem* friscingagium, redevance en porcelets.

Friskingaticus. - *idem* friscingagium.

Frislingus. - porcelet.

Friso. - homme de condition libre.

Frisoca. - (< *freó*)[6] ; (terre) en pleine propriété.

Frissatus. - (*f. pannus*), étoffe frangée.

Frissena. - sorte d'arme.

Frisserium. - *idem* fritella.

---

[1] A.S : *freó*, « libre », *lesan*, « libérer ».
[2] Godefroy.
[3] A.S : *gildan*, « payer ».

[4] A.S : *freó*, « libre », *feld*, « pâture, champ ouvert ».
[5] Godefroy.
[6] A.S : *freó*, « libre ».

Fristallator. - *idem* foristallor, celui qui accapare et achète les produits avant qu'ils n'atteignent le marché.

Fristinga. - *idem* friscinga, porcelet.

Frisum. -
1. *Idem* fragia, frange.
2. *Idem* frisus, broderie.

Frisus, frisum. - broderie.

Fritella, frisserium. - sorte de gâteau avec de la farine, des herbes et de l'huile.

Fritellum. -
1. *Idem* fratillum, moulin à poivre.
2. Cornet de dés.

Frithborga. - *idem* friborga.

Frithellus. - *idem* fredallus, sorte de corvée en Ecosse.

Frithgabulum, frugabulum. - sorte de fermage (Angleterre).

Frithgildum. - (< *frið-gild*)[1], association, réunion, société.

Frithum, frichtum, frightum. -
1. (< *frith*)[2], pâturage dans les bois, pâturage dans les collines (Angleterre).
2. (< *frið*), paix, état de la société résultant du respect des droits coutumiers et du paiement des charges (Angleterre).

Fritillum. - *idem* fratillum, moulin à poivre.

Fritillus. - (pl), balbutiements (d'un petit enfant).

Fritsalum. - sorte de tissu.

Fritschingum. - sorte de mesure en Germanie.

Fritus. - *idem* fredum.

Frium. - alevin.

Friunscolum. - *idem* fribusculum, querelle de peu d'importance.

Friunsculum. - *idem* fribusculum.

Friviusculum. -

1. *Idem* fribolum, brouillerie entre époux.
2. *Idem* fribusculum.

Frivole. -
1. À la légère, sans réfléchir.
2. Le fait de perdre du temps au tribunal pour des bagatelles afin de provoquer un retard.

Frivolis. - (*f. moneta*), monnaie qui n'a pas le poids légal.

Frivologia. - discours oiseux.

Frivolose. - à la légère.

Frivolusculum. - *idem* fribusculum, querelle de peu d'importance.

Frivoluscum. - *idem* fribusculum.

Frixa. - viande grillée.

Frixagere. - frire.

Frixare. -
1. *Idem* frixagere.
2. (< *frĭcāre*), frotter, brosser.

Frixatio, fricatura. - friture.

Frixatura. - action de faire frire, friture.

Frixium. - bordure en broderie.

Frixorium. -
1. (< *frīgĕre*), chaudière.
2. Poêle à frire.
3. (fig), ardeur.
4. Sorte de monnaie.

Frixum. - flèche, javelot.

Frixura, frictura. - (< *frīgĕre*).
1. Friture, rôti.
2. Chaleur brûlante.

Frixura. - *idem* fraiatio, fourbissage.

Frizare. - *idem* frigiare, orner de broderies.

Frizium. - *idem* fragia, frange.

Frocarius, frosarius. - magistrat chargé de surveiller l'entretien des chemins et le respect des règlements de voierie, anc fr[3], *froquier*.

Froccus, frocus, froggus. -

---

[1] A.S : *frið*, « paix », *gild*, « société, club ».
[2] Irl : *frith*, « endroit montagneux ».
[3] Godefroy.

1. Bure, froc (habit monastique à larges manches).
2. Tunique d'homme.
3. Robe (de femme).

Frocus. - *idem* frecus, terrain vague autour d'une agglomération.

Frodagium. - *idem* fodrum1, fourrage.

Frodatus. - *idem* forratus, fourré.

Frodium, froyre. - mobilier, ustensile de ménage.

Frodum. - fourrage à fournir.

Frodus. - terre sans culture proche de la cité ou du château.

Frœdum. - *idem* fredum.

Froiradura, froire. - doublure d'habit.

Froiratus. - doublé (habit).

Froire. - *idem* froiradura.

Froissare. - froisser, meurtrir.

Fromagerius. - *idem* formagiarius, marchand de fromage.

Fromaginum. - *idem* fromagium.

Fromagium, fromatgeum, fromatgium, fromaginum. - droit sur les fromages.

Fromatgeum. - *idem* fromagium.

Fromatgium. - *idem* fromagium.

Fromenteia. - bouillie à base de céréales.

Frominatus. - brisé, rompu.

Fronciatus. - plissé, froncé.

Froncica. - pli.

Froncina. - parchemin en peau de veau.

Fronda. - *idem* frunda, fronde.

Fronde. - droit sur le bétail ou les charrettes (Germanie).

Frondere. - avoir des branches.

Frondiger. - (< *frons1*), feuillu.

Frondositas. - grande abondance de feuilles, de branches, grande frondaison.

Fronimus. - (< φρόνιμος), sage.

Fronitrix. - femme de tanneur, *Cf. frunire1*.

Frons. -
1. (< *frōns-frondis*), branche feuillue ; verdure.
2. (*f. festa*), arbre de mai.

3. (*frondem festam figere*), planter le mai.
4. (< *frōns-frontis*) ; (*ad frontem*), de front.
5. Effronterie, impudence.
6. Partie d'un terrain ou d'un bâtiment qui jouxte une route ou une rue, une façade

Fronsare. - froncer, plisser (vêtement).

Fronsitura. - pli.

Fronsitus. - *idem* fronssatus.

Fronssatus, fronsitus. - plissé, froncé.

Frontale, frontallum, frontellum, frontalium, frontinellum, frontella, frontellum. -
1. Frontal, ornement qui pend devant l'autel.
2. Partie antérieure de n'importe quel objet.
3. Sorte de diadème.
4. Frontal (de cheval).
5. (*de frontale*), de front.

Frontalium. - *idem* frontale.

Frontallum. - *idem* frontale.

Frontaria. - (< *frōns-frontis*).
1. Front de combat, frontière (en Espagne).
2. Tête d'une parcelle.
3. Diadème (ornement de femme).
4. Devant d'autel.

Frontarium, fronteria. - *idem* frontaria1.

Frontatus. - posé de front, en face.

Frontella. - *idem* frontale.

Frontellum. - *idem* frontale.

Fronteria. -
1. *Idem* frontaria1.
2. Bandeau que les femmes portent au front.

Frontes. - les côtés les plus courts du parallélogramme que fait le champ selon la terminologie des arpenteurs.

Frontespicium. -
1. Frontispice.
2. Frontière.

Fronticipium. - commencement.
Frontinellum. - *idem* frontale.
Frontispicium. - *idem* frontale1.
Fronto. - qui a le front large.
Frontose. - avec impudence.
Frontositas. - effronterie, impudence.
Frontosus. - têtu.
Frontuose. - de front, hardiment.
Fronza, fronzia. - *idem* frunda, fronde.
Fronzia. - *idem* frunda.
Frosarius. - *idem* frocarius, magistrat chargé de surveiller l'entretien des chemins.
Frostium. - *idem* fraustum, domaine inculte, défriché.
Frostum. - *idem* fraustum.
Frotare. - *idem* fretare1, frotter.
Frotezia. - *idem* fortecia, forteresse.
Frotta. - foule, troupe, file.
Frourerius, froyrerius. -
   1.   *Idem* furrura, garniture de fourrure.
   2.   *Idem* fodrerarius, fourrier.
Frouresius. - *idem* fodrerarius.
Frouza. - *idem* fraustum, domaine inculte, défriché.
Frouzus. - *idem* frecus, terrain vague autour d'une agglomération.
Froxare. - tromper.
Froyerare. - renforcer, fortifier.
Froyrage. - *idem* farragium, fourrage.
Froyre. - *idem* frodium, mobilier, ustensile de ménage.
Froyrerius. - *idem* frourerius.
Froza. - fagot, botte.
Frua. - fruit, revenu.
Frualitas. - actes de plaisir, joies du mariage.
Fruatio, fructa. - jouissance, usufruit, anc fr[1], *fruition* « jouissance ».
Frucha. - récolte du fruit, le fruit.
Frucharia. - marché aux fruits.

Frucheria. -
   1.   *Idem* frucha.
   2.   Vendeuse de fruits.
Frucherius. -
   1.   Marchand de fruits.
   2.   Usufruitier.
Fructa. - *idem* fruatio.
Fructatum, fructera, fructetum, fructetus. - verger.
Fructera. - *idem* fructatum.
Fructerius. - valet de fruiterie (dans une maison royale).
Fructetum. - *idem* fructatum.
Fructetus. - *idem* fructatum.
Fructex. - (pl), arbrisseaux.
Fructibilis, fructificalis. - qui produit des fruits, fécond.
Fructicare. - porter fruit, fructifier.
Fructicellus. - fruit de tout sorte.
Fructicosus, fruticosus. - à fruit.
Fructifer. -
   1.   Paysan usufruitier.
   2.   Fécondité du sol.
Fructificalis. - *idem* fructibilis, cultivable, qui produit des fruits, fécond.
Fructificare. - faire fructifier
Fructificatio. -
   1.   Jouissance.
   2.   Usufruit.
Fructificatio. - jouissance.
Fructigenus. - fertile.
Fructorium. - fruit, production.
Fructuagium. - productions, revenus.
Fructuare. - récolter,
Fructuaria. -
   1.   Usufruitière.
   2.   Marchande de fruits.
   3.   Charge de *fructerius*.
   4.   Droit sur les fruits.
Fructuarium. -
   1.   Verger.
   2.   Revenu d'une propriété.

---

[1] Godefroy.

Fructuarius. -
1. (*usus f.*), usufruit.
2. Usufruitier.
3. *Idem* fructerius.
4. Celui qui met le *fret* sur le navire.

Fructuose. - profitablement.

Fructuositas. - fertilité.

Fructura. - reproduction (d animaux).

Fructus. -
1. Postérité.
2. Prix de la cargaison du *fret* d'un navire.

Frudiare. - *idem* frugiare, avoir la jouissance de ; percevoir des revenus.

Frugabulum. - *idem* frithgabulum, sorte de fermage (Angleterre).

Frugalitas. -
1. (< *frūgālĭtās*), fertilité.
2. (< *frūgālĭter*), pénurie, disette.

Frugella. - *idem* fringilla, sorte de corbeau, corneille.

Frugescere. - porter des fruits.

Frugestrum. - terre prête à engendrer des fruits.

Frugiare, frudiare, fruitare. - (< *fruī*), avoir la jouissance de.

Frugiferatio. - fertilité.

Frugium. - jouissance, usufruit,

Fruibilis. - dont on peut jouir.

Fruitare. - *idem* frugiare.

Fruitio. - jouissance.

Fruitis. - genre d'aiguière.

Fruitosus. - (< *fructŭōsus*), fécond, fertile, avantageux.

Frumare. - fouir, creuser.

Frumen. - (< *frūmĕn*), gosier.

Frumentagium, furmenassium. - (< *frūmentum*), redevance en blé (à l'origine, mais qui par la suite fut étendue à toutes sortes de terres et même aux vignobles), anc fr[1], *fromentage*.

Frumentale. - (< *frūmentum*), céréale.

Frumentalis. - de céréale.

Frumentare. - amasser de la nourriture pour le bétail.

Frumentari. - fournir, alimenter en céréales.

Frumentaria. - marché aux céréales, anc fr[2], *fromenterie*.

Frumentarius. - agent chargé du grenier domanial.

Frumentaticus. -
1. (adj), de céréale.
2. *Idem* frumentagium

Frumentifer. - (champ) qui porte des céréales.

Frumentosus. - *idem* frumentaticus1.

Frumentum. - *idem* far natum, céréale vannée.

Frumere. - se nourrir.

Frumgyld. - (< *frum-gyla*)[3], premier versement fait à la famille d'une personne assassinée en reconnaissance de son meurtre.

Frumitare. - fouir.

Frumstol. - (< *stól*)[4], siège, résidence du chef.

Frunda, fronda, frunza, fronza. - fronde.

Fruniare. - *idem* frunire1, tanner.

Frunire, -
1. Tanner.
2. Préparer le tan pour les tanneurs.

Frunitare. - tanner les peaux.

Frunitor. - tanneur.

Frunitorium. - atelier de tanneur, tannerie.

Frunitum. - *idem* frunium.

Frunium, frunitum. - tan.

Frunza. - *idem* frunda, fronde.

Frusca terra. - terre en friche.

Fruscus. - *idem* friscum.

Frussare. - *idem* frussiare, défricher.

Frussetum. - *idem* friscum.

---

[1] Godefroy.
[2] id.

[3] A.S : *frum*, « premier », *gyld*, « paiement ».
[4] A.S : *stól*, « siège, trône ».

Frussiare, frussare. - défricher.

Frussura terra. - terre mise récemment en culture.

Frusta. -
1. Cuirasse (Italie).
2. (*f. terra*) ; (< *frustum*), morceau de terre, petit champ.

Frustare. -
1. (< *frustum*), briser.
2. (< *fustis*), fouetter.

Frustatorius. - frustré.

Frusteri. - (< *frustum*), partir en morceaux.

Frusticulum. - (< *frustum*), paillette.

Frustillum. - morceau, fragment.

Frustites. - (< *frustum*), intendant de maison, économe qui réparti en morceaux la nourriture.

Frustra. - impunément.

Frustrabilis. - sujet à frustration.

Frustramen. - (< *frŭstrāmĕn*), obstacle.

Frustrare. -
1. (< *frustrā*), priver de.
2. Tricher, voler (par fraude) ; réfuter (par argument).
3. (< *frustum*), briser en morceaux, diviser.
4. (< *fustis*), battre de verges.

Frustrarium, frustratorie - (< *frustrā*), en vain, inutilement.

Frustrator. -
1. (< *fustis*), celui qui par pénitence se fait battre publiquement de verges.
2. (< *frustrā*), celui qui trompe avec de faux espoirs.

Frustratoria. - tout acte par lequel on retarde l'exécution d'un jugement.

Frustratorie. -
1. *Idem* frustrarium.
2. (< *frustāri*), faussement.

Frustratorius. -
1. Fait pour tromper, éluder ou gagner du temps.
2. Vain, trompeur.

Frustratus. - tromperie.

Frustulum. - petit déjeuner.

Frustum. -
1. *Idem* fraustum, domaine inculte.
2. (< *frustum*), quart de talent chez les brandebourgeois.

Frustus. - (adj), défriché.

Frusus. - sorte de ronce.

Frutecta. - rameau, branche.

Frutectum. - (< *frŭtētum*), fourré, taillis.

Frutectus. - qui porte des fruits.

Fruticare. - (fig), germer, produire des pousses.

Fruticetum. - fourré, endroit avec des buissons.

Fruticosus. - *idem* fructicosus, à fruit.

Fruxel. - duvet.

Frygraviatus. - sorte de fief germanique.

Frygravius. - édile chargé de préserver la paix entre les citoyens (Germanie).

Fryttyng rotæ. - jante de roue.

Fuagium. - *idem* foagium2.

Fuale. - *idem* foale.

Fualium. - menu bois sec pour faire le feu, anc fr[1], *fouail*.

Fuarium. - *idem* fodrum1, fourrage.

Fuca. - sorte de poisson.

Fucabllis. - trompeur.

Fucatio. - teinture, coloration ; (fig), tromperie, maquillage.

Fucellus, fussellus. - bâton, morceau de bois.

Fucilha. - pieu, étais.

Fucina. - *idem* fossina1, forge.

Fuco. - (< *fūcus*), trompeur.

Fucus. -
1. Sorte de plante tinctoriale.
2. (< *fax*), torche.

---

[1] Godefroy.

Fudra. - *idem* fothera, sorte de mesure de poids, « fother » (Angleterre).

Fuelha. - planche mince, feuillet.

Fuerna, furna. - pêcherie.

Fuerus. - coutume locale.

Fueta. - quantité de terre qu'un homme peut labourer ou *fouir* en un jour, anc fr[1], *fuète*.

Fuga. -
1. Fuite, évasion.
2. Déroute, défaite.
3. Refuge, asile.
4. Chasse, terrain de chasse, droit de chasse, (en chassant, les animaux fuient).
5. Droit de mener le bétail (en pâture).
6. Sorte de colombier, anc fr[2], *fuie*, *fuye*.

Fugaces. - esclaves fugitifs.

Fugacia. -
1. Portion de territoire livrée aux cerfs et aux animaux sauvages, sans clôture, ni lois de la forêt, mais néanmoins partagée par la communauté.
2. Sorte de gâteau.

Fugagium. - *idem* foagium1, redevance par foyer.

Fugare. -
1. (*f. venari*), poursuivre, chasser.
2. Bannir.
3. (*f. averia*), mener les animaux au pâturage.
4. (*f. districtiones*), prendre hypothèque sur le bien d'un débiteur.

Fugaria. - *idem* fugacia1.

Fugatio. -
1. Chasse, droit de chasse.
2. Poursuite de celui qui fuit.

Fugator. -

1. Cheval ou chien de chasse.
2. Charretier.

Fugatus. - exilé.

Fugax. -
1. Esclave fugitif.
2. Celui qui est en exil ; distant, caché.

Fugellus. - fugitif.

Fugibilis. - périssable.

Fugibundus, fugitivarius, fugitivosus, Fugitorius, fugitarius. - fugitif.

Fugillare. - battre le briquet.

Fugillus. - briquet, anc fr[3], *foisil*.

Fuginare. - gêner par la flatterie, jouer des tours, tromper.

Fugitare. - fuir (d'un domaine dans un autre).

Fugitarius. - *idem* fugibundus.

Fugitio. - fuite.

Fugitivarius. -
1. *Idem* fugibundus.
2. Celui qui chasse les esclaves en fuite.

Fugitivosus. - *idem* fugibundus.

Fugitivus. -
1. Qui cherche à fuir, à éviter.
2. Éphémère, transitoire, périssable.
3. (subs), esclave, moine en fuite.

Fugitorius, fugitarius. - *idem* fugibundus.

Fugosus. - en fuite.

Fuiagium. - *idem* foagium2.

Fuistallum, fustaillia. - sorte de tonneau : futaille.

Fuistallum. - *idem* finstallum.

Fulboran. - fils légitime unique (Germanie)

Fulca, fulcha. - (< *furca*), fourche patibulaire.

Fulcarius. - *idem* falconarius, fauconnier.

Fulcha. - *idem* fulca.

Fulchrum. - *idem* fulcrum3, lit.

---

[1] id.
[2] id.

[3] Hippeau.

Fulciatorium. - (< *fulcīre*), bâton, canne qui soutient.

Fulcida. - fauchée (mesure).

Fulcimen. - (< *fulcīre*), jambe, pied (qui soutient le corps).

Fulcimentare. - soutenir.

Fulcimentum. - ce qui est à l'usage d'une femme.

Fulcire. - remplacer.

Fulcita. - (< *fulcīre*), ceinturon qui soutient l'épée.

Fulcitor. - celui qui soutient.

Fulcitus. - orné, garni, muni.

Fulcralia. - (<*fulcrum*), garniture de lit.

Fulcrari. - orner, garnir (un lit).

Fulcrum, fulchrum. - (<*fulcrum*).

    1.   Appui, soutien, fondement.

    2.   Sabot, corne du pied.

    3.   Lit.

Fuldio. - *idem* faldo2, siège pliant.

Fulex. - (< *fŭlix*), oiseau de mer, foulque.

Fulfrea, fulfreal, fulfrear. - affranchi.

Fulfreal. - *idem* fulfrea.

Fulfrear. - *idem* fulfrea.

Fulgare. - *idem* folgare, se mettre sous la dépendance de quelqu'un, devenir son vassal.

Fulgedo. - (< *fulgŏr*), éclat, splendeur.

Fulgentia. - éclat, brillance.

Fulgeria. - *idem* felga, fougère.

Fulgetra. - (< *fulmĕn*), éclair.

Fulgidus. - éminent.

Fulgio. - (< *fŭlīgo*), suie.

Fulgorus. - (< *fulgŏr*), resplendissant.

Fulgretido. - splendeur.

Fulgurandose. - (< *fulgŏr*), avec éclat.

Fulgurosus. - (< *fulgŏr*), éblouissant.

Fulgus. - roux.

Fulheta. - *idem* folhetta, mesure pour les liquides, feuillette[1].

Fulica. - espèce d'oiseau : foulque.

Fuliginosus. - (< *fŭlīgo*), couvert de suie, noir de suie.

Fulina. - (< *cŭlīna*), cuisine.

Fulinare. - cuisiner.

Fulinarius. - cuisinier.

Fulla, folla, follatum, follo, folo, folonia, folio, fullonus, fullus, fullonium, fullonia, fullo, fullatorius, fullaticus, follata, fullata, fullencium, fullatorium, fullaricium, fullaria, fouleria, fullonica, fullum. - (<*fullo*), atelier de foulon, moulin à foulon.

Fullagium, folagium. - redevance pour l'usage d'un moulin à foulon.

Fullare, folliare, folare, follare. - fouler le drap, le raisin.

Fullaricium. - *idem* fulla.

Fullata. - *idem* fulla.

Fullaticus. - *idem* fulla.

Fullatio. - travail du foulon.

Fullatius, fullaticus, fulleraticus, fullatorius. - de foulon.

Fullatorium, fullencium, fullericum molendinum. - foulerie.

Fullatorium. - *idem* fulla.

Fullatorius. - *idem* fulla.

Fullencium. -

    1.   *Idem* fulla.

    2.   *Idem* fullatorium, foulerie.

Fulleraticus. - *idem* fullatius, de foulon.

Fullericum molendinum. - *idem* fullatorium, foulerie.

Fullo. - *idem* fulla, moulin à foulon.

Fullonarius. - de foulon.

Fullonia. - *idem* fullonium.

Fullonica. - *idem* fulla,

Fullonium. - *idem* fulla.

Fullonia. - *idem* fulla.

Fullonus. - *idem* fulla.

Fullum. - *idem* fulla.

Fullus. - *idem* fulla.

---

[1] Ancienne mesure mesurant à Bordeaux environ cent treize litres (H Doursther).

Fulmen. - (fig), les foudres de l'excommu-nication.

Fulminare. - (< *fulmĕn*) ; (*f. excommuni-cationem*), fulminer une sentence d'ex-communication.

Fulminatio. - condamnation.

Fulminatus. - (< *fulmĕn*), foudroyé.

Fulnarius. - *idem* furnarius1, boulanger.

Fultio. - (< *fulcīre*), soutien.

Fultor. - (< *fulcīre*), assistant, soutien.

Fultum. - *idem* fulcrum3, lit.

Fulvere, fulvescere. - devenir jaune.

Fulvescere. - *idem* fulvere.

Fulvidus. -impétueux.

Fumado. - sorte de poisson.

Fumagium. -
1. (< *fŭmus*), *idem* fumaticus, rede-vance pour le fumage des viandes.
2. Bois nécessaire pour le chauf-fage, *Cf. foagium3*.
3. Impôt payable par chaque maison habitée.
4. Épandage de fumier.

Fumans. -
1. (subs), maison, foyer, feu.
2. Taxe sur chaque foyer.

Fumanteria. - *idem* fumans2.

Fumaria. - foyer, cheminée.

Fumariolum. - petite cheminée.

Fumarium. -
1. (< *fĭmum*), *idem* fimarium, fu-mier.
2. (< *fŭmus*), cheminée.

Fumaticum. - *idem* fumans2.

Fumaticus, fumagium. - redevance pour le fumage des viandes.

Fumatio. -
1. Action d'enfumer (le vin).
2. Fumée, vapeur.

Fumerius. - *idem* fumarium2.

Fumicus. - enfumé.

Fumifluus. - gueule, monstre qui répand, qui vomit la fumée, la flamme.

Fumigabundus. - qui fume.

Fumigare. - enfumer (les maisons avec le cierge béni le samedi-saint).

Fumigatorium. - encensoir.

Fumiger. - qui répand de la fumée.

Fumigium. - fumigation, encensement.

Fumositas. -
1. Fumée épaisse.
2. Caractère fumeux (du brouillard).

Fumosus. - sombre ; (fig), fumeux

Fumus. -
1. Feu, foyer, maison.
2. (< *fĭmum*), fumier.
3. *Idem* fomus, étuve.

Funale. - cierge.

Funalia. - (< *fūnis*), torches de cordes tor-sadées entourées de cire ou de poix.

Funambuli. - (< *fūnis*), on a ainsi appelé ironiquement des lâches qui descendus par les cordes de la ville assiégée, fuirent la cité.

Funarius. -
1. Relatif au porteur de torches.
2. (subs), un des chevaux extérieurs, dans un attelage de trois chevaux.
3. Cordier.

Funcare. - tonneau pour les harengs salés.

Functa. - (< *fūnŭs*), funérailles.

Functio. -
1. Action de prendre ses fonctions.
2. Exécution de tâche, en référence à une charge ou un devoir public.
3. Cotisation publique.
4. Accomplissement d'un service di-vin.
5. Redevances, servitudes.
6. Legs.

Functionalis. - contribuable.

Functiorum. - chose transitoire.

Functorius. - dont on est chargé.

Funculus. - (< *fūnis*), chapelet.

Funda. -
1. (< *fundus*), (pl), fondations pieuses.

2. (< *funda5*), bourse de commerce (où sont réunis de l'argent et des marchandises), anc fr[1], *fonde*.

3. (< *funda1*), fronde.

4. (< *funda1*), filet à lancer pour la pêche.

Fundabilis. - affermi, solide, bien assis.

Fundabulum. - (< *funda*), fronde.

Fundacagium. - droit d'emmagasinage.

Fundacarius. - recevoir du droit d'emmagasinage.

Fundaceus. - sorte de chariot.

Fundalis. -

1. De fonds.

2. (*fundalia bona*), propriétés foncières, biens en fonds.

3. (*f. dominus*), propriétaire foncier.

4. (*f. redditus*), rente foncière.

5. Relatif à la fronde.

6. Qui sert à la base des fondations.

Fundalitas. - propriété sur le fonds, seigneurie.

Fundamen. -

1. Fonds.

2. Racines des arbres

3. (*f. sanctæ crucis*), signe de la croix.

Fundamentaliter. - radicalement.

Fundamentum. -

1. Firmament.

2. Fonds, domaine.

3. Fondation (de monastère, d'église).

4. Fondement, anus.

Fundanus. - *idem* fundarius.

Fundare. -

1. Enfoncer.

2. Constituer ; fonder une église, un monastère.

Fundarius, fundanus, fundatarius. - paysan, métayer qui cultive le *fonds*.

Fundata. - *idem* fundamen1.

Fundatarius. - *idem* fundarius.

Fundaticum. - droit d'ancrage.

Fundatio. -

1. (< *fundĕre*), fonte.

2. (< *fundāre*), fondation (d'église, de monastère.

3. Charte de fondation.

Fundatitiæ. - (*f. litteræ*), chartes relatives à la fondation d'une église ou d'un monastère.

Fundator. -

1. (< *fundĕre*), fondeur.

2. (< *fundāre*), fondateur d'un établissement religieux.

Fundatorius. - de fondateur.

Fundatorius. - relatif au fondateur d'une église.

Fundatrix. - celle qui fait une fondation.

Fundatus. -

1. (subs), fonds, domaine.

2. Fondé, argumenté.

3. Mêlé de fils d'or, étoffe à fond d'or.

Fundecus. - *idem* fundicus.

Fundenda. - (< *funda1*), engin de guerre, machine de jet.

Fundera, fundora. - fonds.

Funderatio. - immersion, trempage.

Fundere. - (*f. fossata*), raser des fossés.

Fundibalarium, fundibularium. - (< *funda*), machine de siège, trébuchet.

Fundibalarius, fundibalator, fundibalista, funditor. - frondeur.

Fundibalator. - *idem* fundibalarius.

Fundibalista. - *idem* fundibalarius.

Fundibalum. - machine à lancer, fronde.

Fundibilis. - se dit des armes de guerre qui lancent des projectiles.

Fundibula. - petite fronde.

Fundibulare. - lancer des pierres à la fronde.

---

[1] Godefroy.

Fundibularium. - *idem* fundibalarium, trébuchet.

Fundibulum. - fronde.

Fundicare. - (< *funda5*), payer la taxe d'entrepôt des marchandises.

Fundicerius. -
1. Foncier.
2. (*justitia fundiceria*), justice foncière.

Fundiculus. - petit terrain à bâtir.

Fundicus, fundicum, fundecus. -
1. Établissement commercial, bazar.
2. Entrepôt, maison où les marchandises étaient exposées (dont le roi se réservait la vente et l'achat).
3. Droit d'entrepôt.
4. Terrain à bâtir.

Fundinavis. - taxe peut être payée par les patrons de navire.

Fundis. - *idem* fundus.

Funditer. - tout à fait, absolument.

Funditor. -
1. Fondeur.
2. Possesseur d'un domaine, d'un fonds.
3. *Idem* fundibalarius, frondeur.

Fundora. - *idem* fundera, fonds.

Fundotenus. -
1. Depuis les fondations.
2. De fond en comble.

Fundulus. -
1. Petit domaine.
2. Petit poisson qui se tient au fond.

Fundum. - l'arrière de la tête.

Fundura. - vallon, vallée.

Fundus. -
1. Finage ; fonds comme source de revenus ou moyen de subsistance.
2. Ancrage.
3. Quille d'un navire.
4. Profondeur de l'eau.

Funebritas. - (< *fūnŭs*), funérailles.

Funelerius. - (< *fūnis*), cordier.

Funellum. - *idem* fonellum, entonnoir.

Funerale. - chants de funérailles.

Funeralia. -
1. (pl) ; (n), funérailles.
2. Apprêts funéraires (cierges, etc.).
3. Legs pieux à l'occasion d'un décès.
4. Droit qui revient à l'église ou au curé sur l'héritage d'un paroissien.

Funeralis. - relatif aux funérailles.

Funerare. - ensevelir.

Funerarium. - funérailles.

Funerarius, funerator. - croque-mort.

Funeratio. - enterrement.

Funerator. - *idem* funerarius.

Funerosus. - qui cause la mort.

Funescere. - porter le deuil.

Funestare. - enterrer.

Funeus. - (< *fūnis*), de corde (échelle).

Fungia. - poisson salé, stockfish (Angleterre).

Fungibilis. - (< *fungī*), fongible, produits que l'on consomme et qui peuvent être remplacés : (vin, blé, etc.)

Fungire. - (< *fungī*), consommer

Fungus. - mèche de lampe.

Funicellus. - (< *fūnis*), ficelle.

Funicularis. - de cordeau, de mesure.

Funiculus. -
1. (*f. populi*), suite, file de personnes.
2. Corde à mesurer utilisée pour déterminer l'attribution du terrain, du lot ; portion de terrain attribuée à la corde à mesurer (Angleterre).

Funifer. - triste, lugubre.

Funifex. - (< *fūnis*), cordier.

Funis. -
1. Corde.
2. Part d'héritage.
3. Mesure de longueur, corde à mesurer.

Funsalis. - (*f. census*), cens foncier.

Funtaria, funtorium, fontaria. - fonderie, métier de fondeur, process de fonderie (Angleterre).

Funtorium. - *idem* funtaria.

Funtura, finitura. -
1. Fonte.
2. Processus de fusion de minerai, fonderie, (Angleterre).
3. Processus de fabrication de la bière, (Angleterre).

Funus. - (< *fūnŭs*).
1. Cadavre.
2. (*f. imaginari*), cénotaphe.
3. Combat mortel.
4. (*locus funeris*), champ de batail.

Fur. -
1. Celui qui vole la nuit.
2. (*furis apprehensio*), droit d'un seigneur de punir un voleur surpris dans les limites de sa propriété.
3. Le Diable.

Fura. - (< *fūr*), furet.

Furabula, furaculum. - ténèbres.

Furaculum. - *idem* furabula, ténèbres.

Furaerus. - de couleur fauve.

Furari. -
1. Voler.
2. Préparer en secret (la guerre).
3. Saisir furtivement.

Furatio. - (< *furtum*), vol, larcin.

Furator. - (< *fūr*).
1. Celui qui est chargé de prendre soin des furets (pour la chasse).
2. Voleur.

Furatrina. - (< *fūr*), acte de voler ; (*f. conjugalis*), adultère.

Furatura. - *idem* furrura, garniture de fourrure.

Furavannus. - *idem* faramannus, homme d'une *fara*.

Furbannire. - *idem* forbannire.

Furbatio. - action de fourbir les armes.

Furbator. - *idem* furbisor, fourbisseur.

Furbire. - fourbir.

Furbisor, forbisor, furbator, forbitor. - fourbisseur.

Furbitura. - fourbissage.

Furca. -
1. Potence.
2. Droit d'avoir haute justice.
3. Droit de couper le bois dans les forêts du seigneur pour faire des fourches.
4. (*f. putei*), poutre placée au-dessus des puits qui permet de puiser l'eau.
5. (*f.* et *rastrum*), droit qu'avait un maître de faire faner ses foins (avec une fourche) par un locataire.
6. Bifurcation.

Furcafera. - sorte d'arme, fourche armée de fer.

Furcalis. - de fourche, de gibet, de haute justice.

Furcantes. - ceux qui se servent de fourches.

Furcare. -
1. (*f. carectam*), charger une charrette de foin.
2. Bifurquer.

Furcata. - machine de guerre caractérisée par une fourche.

Furcatum, forcatum. - fourche à foin.

Furcatura. - bifurcation.

Furcatus. - animal à sabot fendu.

Furcia., furquia. - maison, domaine.

Furcilla. -
1. Râteau à faner.
2. Support en fer duquel est suspendue la marmite au-dessus du feu.
3. (*f. pectoris*), clavicule.
4. Grande faim (*Cf. furcula2*).

Furcillare. - suspendre, pendre.

Furcina. - fagot.

Furco. -
1. Fourche.

2. Champ qui se sépare en deux parties comme les deux dents d'une fourche.

Furcosus. - de fourche, en fourche.

Furcula. -
1. Petite fourche.
2. Creux de l'estomac, estomac, « fourche du sternum », anc fr[1], *forcel, fourcel*.

Furculus. -
1. Fourche à deux ou trois dents.
2. Bifurcation (d'une veine, d'un conduit).

Furcus. - fagot, botte (Languedoc).

Furectus, **furettus**, **furicus** - (< *fūr*), furet.

Furellus. - fourreau, gaine.

Furendellus. - (< *feorð-dœl*)[2], le quart de part.

Furentia. - (< *fŭrĕre*), fureur.

Furescere. - (< *fūr*), voler.

Fureta. - sorte d'arme de poing (dague, couteau…).

Furetetius. - *idem* furettarius.

Furetius. - sorte de filet (ou d'engin de pêche).

Furettare. - chasser au furet.

Furettarius, **furetetius**. - chasseur au furet.

Furettus. - *idem* furectus.

Furfart. - sorte d'impôt, de taxe, de péage.

Furfuraculum. -
1. (< *fŏrāre*), tarière.
2. (< *furvus*), ténèbres.

Furfuragium. - (< *furfŭr*), son pour faire manger les chiens.

Furfures. - sorte d'oiseau inconnu.

Furgo, **furgonus**. - ustensile de four, anc fr[3], *furgon*.

Furgonus. - *idem* furgo.

Furia. - (< *fŭrĕre*), acte de colère.

Furiaria. - fureur, colère, furie.

Furiatus. - action de faire dans la fureur.

Furibum. - sorte de litière, de civière pour les malades.

Furibunde. - avec rage.

Furicidium. - (< *fūr*), meurtre d'un voleur.

Furicus. - *idem* furectus, furet.

Furiella. - tempête.

Furigildum. - (< *fūr*), amende pour vol.

Furire. - (< *fŭrĕre*), être hors de soi.

Furitas. - fureur.

Furlanga, **forlanga**, **forlonga**, **furlunga**, **furlinga**, **furlonga**. - (< *furlang*)[4], mesure de terre basée sur la longueur du sillon.

Furlinga. - *idem* furlanga.

Furlonga. - *idem* furlanga.

Furlota. - *idem* firlota.

Furlunga. - *idem* furlanga.

Furma furmelli. - maladie de cheval, anc fr[5], *furine*.

Furmelli. - *idem* furma.

Furmenassium. - *idem* frumentagium, redevance en blé

Furna. - *idem* fuerna, pêcherie.

Furnacha. - *idem* furnaticus, taxe pour la cuisson.

Furnacum. - *idem* furnaticus.

Furnagium. - *idem* furnaticus.

Furnale. - (< *furnus*), four à sel.

Furnamentum. - *idem* forneia, fournée

Furnare. -
1. Enfourner.
2. Préparer le four.

Furnarium. - four banal (ou droit à payer pour la cuisson du pain).

Furnarius, **furnerius**, **furnerus**, **fornarius**. -
1. Boulanger.
2. Fournier, moine chargé de la boulangerie.

---

[1] Godefroy.

[2] A.S : *feorð*, « le quart », *dœl*, « part, portion ».

[3] Hippeau.

[4] A.S : *furlang*, « stadium, 125 pas, le huitième du mille romain ».

[5] Roquefort.

3.   Régisseur du four banal.

Furnata. - *idem* forneia fournée.

Furnaticum. - *idem* furnaticus, taxe pour la cuisson.

Furnaticus, furnacum, furnagium, furnacha, furnaticum, fornaticum. - taxe pour la cuisson.

Furnatio. - *idem* forneia fournée.

Furnedo. - suie ; (fig.) obscurité.

Furneia. - *idem* forneia.

Furnellum. - *idem* fornellum, pièce, chambre voûtée.

Furnellus. -
1.   *Idem* furnil.
2.   Fourneau de mine.

Furnerius. - *idem* furnarius.

Furnerus. - *idem* furnarius.

Furnesia. - *idem* fornaseta, fournaise.

Furnesium. - *idem* fornaseta.

Furnetum. - *idem* forneia fournée.

Furneus. - fumier, paille, chaume ou foin.

Furniamentum. - *idem* forneia.

Furniare. - enfourner.

Furniculus, furnulus. - (< *fornācŭla*), fourneau, creuset pour faire fondre l'or.

Furnicus. - furieux.

Furnil, fornile, furnilium, furnilius, fornile, furnellus, furnillum. -
1.   Fournil.
2.   Pièce munie d'un fourneau.

Furnile. - *idem* furnil.

Furnilia, furnilla, furnulia. - (pl) ; (n), fagots, petit bois, anc fr[1], *fornille*.

Furnilium. -
1.   *Idem* furnulum, four banal.
2.   *Idem* furnil.

Furnilius. - *idem* furnil.

Furnilla. - (pl) ; (n), *idem* furnilia.

Furnillum. - *idem* furnil.

Furnimentum. -

1.   *Idem* fornamentun, tout ce qu'on est obligé de fournir à autrui.
2.   Fourniture de vivres.
3.   Ustensiles, mobilier, hardes.

Furniolus, furnolus. - lanterne pour la chasse aux oiseaux.

Furnipendium. - crémaillère de cheminée (suspendue).

Furnire. -
1.   Garnir, fournir.
2.   Cuire au four, anc fr[2], *fornier*.

Furniri. - se fournir de quelque chose.

Furnisare. - *idem* furnire2, cuire au four.

Furnitor. - suppléant à l'exécuteur testamentaire.

Furnitus. - fourni, muni, équipé.

Furnolus. - *idem* furniolus.

Furnulia. -
1.   (pl) ; (n), *idem* furnilia fagots, petit bois, anc fr[3], *fornille*.
2.   *Idem* furnulus.

Furnullus. - bâtiment rustique (où se tient le fournil).

Furnulum, furnilium. - four banal

Furnulus, furnulia. -
1.   *Idem* furnullus.
2.   *Idem* furniculus.

Furnus. -
1.   Four ; four banal.
2.   Fournil.
3.   (*f. indominicatus*), four qui est possédé en propre.

Furo. - (< *fūr*).
1.   Furet, anc fr[4], *furon, fuiron* « petit furet ».
2.   Voleur.

Furqua. - fourche.

Furquia. - *idem* furcia, maison, domaine.

Furra. - *idem* furrura, garniture de fourrure.

Furrare. - *idem* foderare.

Furratura. - *idem* furrura.

Furratus, foratus, forratus. - fourré.

Furreosus. - *idem* furriosus.

Furrera. - *idem* furrura.

Furreragium. - *idem* foderagium, four-rage.

Furriosus, furreosus. - de grain, de farine.

Furrum. - fourrage.

Furrura, furrera, furura, furratura, furruria, furruratura, foderatura, foleratura, forratura, furrura, furatura, furura, forratura, fœdrium, furra. - garniture de fourrure.

Furruratura. - *idem* furrura.

Furruria. - *idem* furrura.

Fursa. - *idem* firsa, ajonc.

Fursiti. - hérétiques vaudois.

Furta. - *idem* furtus, vol.

Furtare. - *idem* furtivare.

Furtivare, furtare. - voler.

Furto. - (< *furtim*), en cachette.

Furtuosus. - qui vole souvent.

Furtus, furta. - (< *furtum*), vol, anc fr[1], *furt*.

Furura. - *idem* furrura.

Furvescere. - s'assombrir, s'obscurcir.

Furzatura. - pli.

Furzatus. - plissé.

Fusa, fusale, fusata, fusela. - (< *fūsum*), fusée, fil enroulé sur le fuseau.

Fusale. - *idem* fusa.

Fusare. - tirer le fuseau, filer.

Fusaria. - (< *fūsūra*), fonderie.

Fusarium. - aire pour le broyage du chanvre.

Fusarius. -
1. (< *fūsūra*), fondeur.
2. (< *fūsum*), fabricant de fuseaux.

Fusata. - *idem* fusa.

Fusator. - fondeur (de monnaie).

Fuscanus. - brun, brunâtre.

Fuscatio, fuscedo. - (< *fuscus*), obscurité.

Fuscator, - trompeur.

Fuscedo. -
1. *Idem* fuscatio, obscurité
2. Couleur du roussi, couleur du pain demi-brûlé.

Fusci. - habitants de Mauritanie, Maures.

Fuscidus. - (< *fuscus*), sombre.

Fuscillus. - fuseau.

Fuscina. - sorte de harpon, de fourche à plusieurs dents pour prendre le poisson, ou les loutres, anc fr[2], *foine*.

Fuscinula, fusciuncula. - fourchette.

Fuscitas. - couleur brune, basanée.

Fusciuncula. - *idem* fuscinula, fourchette.

Fuscus. - (< *fuscus*).
1. (subs), homme de couleur.
2. Privé de lumière ; (fig), plongé dans la nuit.
3. Obscurci, énigmatique.

Fusela. - *idem* fusa

Fusellus. - *idem* fusolus.

Fusibilis. - fusible.

Fusile. - os du bras (du poignet au coude).

Fusilis. - fondu, coulé, moulé.

Fusillus. -
1. *Idem* fusolus.
2. Pierre à briquet, anc fr[3], *foisil*.

Fusina, fussina. - (< *officīna*), atelier, boutique.

Fusio. -
1. Cotisation fiscale, impôt.
2. Fusion, fonte.

Fusitrix. - serveuse de vin (Angleterre).

Fusolus, fusillus, fusellus, fuxolus, fuxulus. -
1. Fuseau, pivot.
2. (*fusolus. molendini*), arbre de moulin.

Fusor. - fondeur de métaux.

Fusoria. - métier de fondeur.

---

[1] Godefroy.
[2] id.
[3] id.

Fusorium. -
1. Tuyau.
2. Creuset (dans lequel quelque chose est en fusion).

Fusorius. - métal moulé, coulé.

Fussaria. - piscine, vivier.

Fussellus. - *idem* fucellus, bâton.

Fussicula. - sorte de contribution.

Fussina. - *idem* fusina.

Fussorium, fossorius, fussorius. - (< *fŏdĕre*), *idem* fossorium1, bêche, houe.

Fusta. - (< *fustis*).
1. Bois de construction.
2. Poutre.
3. Droit sur le bois de construction.
4. Navire, liburne.
5. Fût, tonneau.
6. Tout ustensile en bois.

Fustaillia. - *idem* fuistallum, sorte de tonneau : futaille.

Fustamentum. - matériau en bois.

Fustana. - futaine.

Fustanetum. - *idem* fustaneum.

Fustaneum, fustanium. fustenium, fustanetum, fustania, fustanum, fustinus, fustonyum. - futaine.

Fustaneus. - de futaine.

Fustania. - *idem* fustaneum.

Fustanium. - *idem* fustaneum.

Fustanum. - *idem* fustaneum.

Fustare. - (< *fustis*), frapper du bâton, fustiger.

Fustaria. - (< *fustis*).
1. Œuvre de charpenterie.
2. (*f. ars*), métier de charpentier..

Fusteiare, fusterare. - couper du bois pour la construction.

Fustenium. - *idem* fustaneum.

Fusterare. - *idem* fusteiare.

Fusteria. - endroit où le bois de construction est exposé pour la vente.

Fusterius. - charpentier.

Fustetus. - arbre à teindre la couleur cuir, anc fr[1], *fustel*.

Fusteus. - de bois.

Fusticare. - fouetter.

Fusticulus. - bâtonnet.

Fusticus. - *idem* fisticus, pistache.

Fustigare. - (< *fustīgāre*), frapper avec un bâton.

Fustigatio. - action de fustiger, de fouetter.

Fustilabus. - machine de guerre pour lancer des pierres.

Fustinus. - *idem* fustaneum.

Fustis. -
1. Arbre assez haut, tronc.
2. Sceptre.
3. Bâton de pèlerin.
4. (*f. lectorum*), pied de lit, bois de lit, derrière de lit en bois.
5. Navire.
6. (*per fustem*), exactement, formule utilisée dans les chartes pour indiquer la mesure complète, exacte.
7. (*fustes ad sepulcra ponere*), sorte de superstition païenne.

Fusto. - crosse (de l'abbé).

Fustonyum. - *idem* fustaneum.

Fustuarius. -
1. De bastonnade.
2. *Idem* fusterius.

Fustum. - bois, poutre.

Fusum. -
1. Verge de fer.
2. Fuseau.
3. (< *fūsōrĭum*), canal, déversoir.

Fusura. - ruine, écroulement.

Fusus. -
1. Fuseau.
2. La femme, (celle qui travaille au fuseau) ; (*ad fusum transire*), « tomber en quenouille » en

---

[1] Godefroy.

parlant d'un héritage qui échoit aux filles.

Futices. - haies.

Futrum. - *idem* feltrum.

Futrus, fodrus. - fourreau.

Futuralis. -
1. Futur.
2. (*f. monachi*), novices.

Futurare. - remettre, différer.

Futuritio. - état futur.

Futurum. -
1. (pl), (*futura necessaria*), ce qui doit arriver nécessairement.
2. (*futura contingentia*), qui est pensé sous la forme du futur.

Fux. - (< *faucēs*), embouchure de rivière.

Fuxina. - *idem* fossina1, forge.

Fuxolus. - *idem* fusolus, fuseau, pivot.

Fuxulus. - *idem* fusolus.

Fyedum. - *idem* fredum.

Fylactorium. - reliquaire.

Fylargiria. - (< φιλαργυρία)[1], avarice, amour de l'argent.

Fylatus. - en forme de fil.

Fynaitum. - *idem* finum2

Fyrderinga. - *idem* firthurga, expédition

Fyrdwita. - *idem* ferdwita, amende pour avoir manqué au devoir de l'ost.

Fyrthunga. - *idem* firthunga.

---

[1] φιλαργυρία : « amour de l'argent ».

G

Gaagnabilis. - (*g. terra*), terre apte à la culture, labourable.

Gaagneria. - *idem* gagnia, champ cultivé avec demeure et le nécessaire à la culture, métairie.

Gaagnium, gagnium, gaaingnagium, gaannagium. - impôt sur les fruits de la terre, anc fr[1], *gaignage*.

Gaaignagium, gaanagium. - terre propre à la culture, et peut être de rapport, anc fr[2], *gaaigne*, « revenu, gain »

Gaaingnagium. - *idem* gaagnium.

Gaanagium. - *idem* gaaignagium

Gaannagium. - *idem* gaagnium.

Gaanneria. - *idem* gagnia, champ cultivé.

Gaba, gabia. - rue, chemin (Italie).

Gabadius. - fourbe, imposteur.

Gabala. - *idem* gabalus.

Gaballa. - jument.

Gaballum. - frein, mors de cheval.

Gabalum, gablum. -
1. *Idem* gablum, impôt, redevance.
2. Pignon, façade, anc fr[3], *gable*, jable.

Gabalus, gabala. - croix, gibet.

Gabanum, gabanus. - sorte de manteau sans manche, caban.

Gabanus. - *idem* gabanum.

Gabarotus, gabarrotus, - barque de rivière.

Gabarrotus. - *idem* gabarotus.

Gabarrus. - sorte de crevette, squille.

Gabarus. - insipide.

Gabata, gabatha. -
1. Conque, plat, jatte.
2. (pl), lustres.

Gabator, gabeo, gabitor. - plaisant, railleur, anc fr[4], *gabeur*.

Gabatus. - *idem* gabata1.

Gabbara, gabbares. - momies égyptiennes.

Gabbares. - *idem* gabara.

Gabbata. - (pl), momies.

Gabbia, gabia. - (< *gàbbia*)[5].
1. Cage.
2. Prison.
3. Hune, plate-forme de la vigie

Gabella. - (< *al qabâla*)[6].
1. Taxe commerciale.
2. (*g. salis*), gabelle, impôt sur le sel.
3. Bureau de la gabelle.
4. Interdiction, prohibition.
5. Rente, paiement aux membres du clergé.
6. (< *căpŭlum*), câble.

Gabellare. - lever ou payer la gabelle.

Gabellarius, gabellator, gabellinus, gabellotus. - celui qui lève la gabelle.

Gabellator. - *idem* gabellarius.

Gabellinus. - *idem* gabellarius.

Gabellotus. - *idem* gabellarius.

Gabellotus. - sorte de monnaie, denier.

Gabeo. - *idem* gabator.

Gaberina, gaberna. - bière, cercueil pour transporter les morts.

---

[1] Roquefort.
[2] Hippeau.
[3] Godefroy.
[4] Roquefort.
[5] Ital : *gàbbia*, « cage ».
[6] Arabe : *al qabâla*, « impôt, taxe ».

Gaberna. - *idem* gaberina.

Gabettus. - sorte de récipient rappelant la forme d'un navire.

Gabidus. - froid, glacé.

Gabinetum. - cabinet, réserve où l'on range les objets de valeur.

Gabinum. - cage ou parc pour animaux.

Gabiola. - prison, geôle, anc fr[1], *gabiole*.

Gabitor. - *idem* gabator.

Gablagium. - *idem* gablum.

Gablaigium. - *idem* gablum.

Gablerius. - celui qui monte au hunier : gabier.

Gablum, gablagium, gablaigium, galbagium, gabalum, gaulum, gavalum, gavelum, gavulum. -
1. (< *gafol*)[2], impôt, redevance, anc fr[3] *gable* « intérêt, usure, profit ».
2. (< *gafol*), cens acquitté en blé.
3. *Idem* gabalum, pignon.

Gabula. - fourche patibulaire.

Gabulare. - payer les impôts.

Gabularius. - contribuable, celui qui paye les impôts.

Gabulum. - (<*gobhal*)[4].
1. Croix, gibet.
2. Place des exécutions.
3. Pignon, frontispice, parement d'une façade.

Gabulus. - croix, gibet ; place des exécutions.

Gabusia. - sorte de choux.

Gabuta. - bâton pastoral, crosse.

Gaçari. - hérétiques vaudois.

Gacha, gachia, gathia. - sentinelle.

Gachare, gachiare. - faire le guet.

Gacherare. - faire un premier labour et laisser reposer la terre une année, anc fr[5], *jascherer, gascherer*.

Gachia. - *idem* gacha.

Gachiare. - *idem* gacharer.

Gachilis. - endroit élevé, tour, où se plaçaient les sentinelles chargées de faire le guet pour la ville.

Gachum. - partie de serrure : gâche.

Gactus. - sorte de navire (ou machine de guerre).

Gadaignare. - gagner, acquérir.

Gadalis. - (pl), fille de joie.

Gaddum. - (< *gyrd ; geard*)[6]
1. Pointe en métal, aiguillon.
2. Barre de fer utilisée comme arme de jet.
3. Mesure du terrain basée sur la longueur d'une barre de 9 pieds, nommée *goad*, (Angleterre).

Gaderes. - *idem* gades.

Gades, gaderes. -
1. (pl), limite, borne, haie.
2. Gens d'escorte (qui surveillent les limites).

Gadgium. - gages.

Gadiare. - (< *badian*)[7].
1. Donner une garantie.
2. Faire un testament.

Gadiarus. - celui qui se porte garant.

Gadiator, gadierus. - exécuteur testamentaire.

Gadierus. - *idem* gadiator

Gadildum. - *idem* gaida3, guède.

Gadis. - *idem* gades1, borne.

Gadium. -
1. (< *vădum*), gué.
2. (< *badian*) ; (< *vădĭmōnĭum*), engagement pris en fournissant une caution.
3. Testament.
4. Amende.

---

[1] Godefroy.

[2] A.S : *gafol*, « tribut, taxe ».

[3] Godefroy.

[4] Gael : *gobhal*, « fourche ; pilier support de maison ».

[5] Godefroy.

[6] A.S : *gyrd* ; *geard*, « barre, bâton »

[7] A.S : *badian*, « garantir ».

Gadius. -
1. (*g. spiritualis*), père spirituel, parrain.
2. Prêtre chargé de la direction de
   conscience.

Gadrigalis. - gros bâton.

Gadus. - *idem* gadium1, gué.

Gægium. - amende.

Gænagium. - terre en culture.

Gængnia. - cause supérieure, ou que l'on
gagne.

Gæria. - gain, profit.

Gæsum. - *idem* gessum, sorte de pique,
d'arme des gaulois.

Gafarer. - mettre la main sur quelqu'un,
saisir.

Gafetgaria. - verger.

Gaforium. -
1. Provisions.
2. Réquisition de vivres.
3. Extorsion, paiement arraché de
   force et d'une façon illégale.

Gafrand. - héritier.

Gafuland. - (< *gafel-land*) [1] ,impôt sur la
terre chez les saxons.

Gagelli. - sortes d'ornements pour chevaux.

Gageria, **gagieria**, **vadiaria**.
- (< *badian*)[2].
1. Caution, garantie.
2. Pari, gageure (Angleterre).

Gagerium. - gage (sur une propriété).

Gagerius. - celui qui est payé aux gages.

Gagga. - jauge pour mesurer la hauteur du
liquide dans un fût.

Gaggarer. -
1. Étouffer (ou bâillonner).
2. Forcer la tête de quelqu'un en arrière pour lui maintenir la bouche
   ouverte.

Gagia. - salaire, gage.

Gagiamentum. - engagement, garantie.

Gagiamentum. - *idem* gagium3, amende
pécuniaire.

Gagiare, **gatgiare**. -
1. Prendre en gage, en nantissement.
2. Donner en gage, nantir.
3. Condamner à une amende.
4. (*g. emendam*), payer l'amende ou
   donner une caution pour en garantir le paiement.

Gagiarus. -
1. Exécuteur testamentaire, anc fr[3],
   gagier2.
2. Celui qui s'occupe de l'entretien
   d'un bâtiment d'église, marguillier, sacristain, anc fr[4], *gagier2*.

Gagiata, **gagiatio**. - paiement.

Gagiatio. - *idem* gagiata.

Gagieria. - *idem* gageria.

Gagierus, **gaigerius**. - pillard, prédateur.

Gagiolus. - bosquet.

Gagium. -
1. Gage.
2. (*g. mortuum*), gage dont on laisse
   jouir le créancier qui profite des
   fruits sans les imputer sur la dette.
3. Amende, peine pécuniaire.
4. Salaire, gage.
5. *Idem* gahagium, forêt réservée.
6. (*g. duellare*) se dit lorsque un
   condamné devant la justice indique qu'il démontrera son innocence par un duel.

Gagnabilis. - (*g. terra*), terre propre à la
culture (mais qui n'est pas encore défrichée).

Gagnagium. -
1. Matériel agricole, y compris les
   animaux et tout ce qui est nécessaire à la récolte.

---

[1] A.S : *gafel* « contribution », *land*, « terre, champ ».
[2] A.S : *badian*, « garantir ».
[3] Godefroy.
[4] id.

2. *Idem* gagnia, champ cultivé et de rapport, anc fr[1], *gaaignage*.
3. Gain.
4. Automne, saison des récoltes.
5. Honoraires donnés chaque jour aux chanoines présents au chœur.

Gagnare. - cultiver, labourer, anc fr[2], *gaigner*.

Gagneria, gaynagium, guagneria. - ferme, métairie, anc fr[3], *gaaignerie*.

Gagnerius. - laboureur, cultivateur.

Gagnia, gagnagium, guagnagium, gaanneria, gaagneria, gahagneria, gannaria, ganneria, gasanhagium, ganagium, guaignagium, guanagium, gueaignagium. - champ cultivé avec demeure et le nécessaire à la culture, métairie, anc fr[4], *gangnerie*.

Gagnium. - *idem* gaagnium, impôt sur les fruits de la terre.

Gagula. - oiseau : caille.

Gagularius, jabularius. - (< *gafol*)[5], tenancier d'un manse détenu par un paiement en corvées et non en loyer (Angleterre).

Gahagium, gagium, gajum. - (< *gehœged*)[6], forêt réservée.

Gahagneria. - *idem* gagnia.

Gaia. -
1. Oiseau : geai.
2. Cage.

Gaiagium. - *idem* gadium2, engagement pris en fournissant une caution (ou amande).

Gaiamentum. - gage, hypothèque.

Gaianum. - gain, bénéfice, fruit.

Gaibum. - *idem* gaida3, guède.

Gaid. - garant, tuteur.

Gaida. -
1. Rebord d'une robe qui descend jusqu'aux pieds.
2. Garant.
3. (< *weid*)[7], plante utilisée pour la teinture bleue, guede.
4. Pièce de terre, coin de terre (Italie).

Gaidia. -
1. Impôt, taxe.
2. *Idem* gaida3.

Gaidis - *idem* gaida1.

Gaie. - forêt dense.

Gaieria. - gage, nantissement.

Gaigeria. -
1. Caution.
2. Terre affermée, louée.

Gaigerius. - *idem* gagierus, pillard, prédateur.

Gaigeura. - caution, garantie.

Gaigina, gaigna. - (< *gàinne*)[8], pointe de carreau d'arbalète (Angleterre).

Gaigium. - *idem* gagium3 amende.

Gaigna. - *idem* gaigina.

Gaignagium, gaigneria, gainagium. - *idem* gagnabilis, terre propre à la culture.

Gaigneria. - *idem* gagnabilis.

Gaigum. - *idem* gagium3, amende.

Gaillardus. - sorte de monnaie.

Gaina. -
1. Fourreau.
2. *Idem* gaigina.

Gainagium. - *idem* gagnabilis, terre propre à la culture.

Gainare. - cultiver la terre pour la faire produire un gain.

Gainarius. - fabricant de fourreau.

Gaingna. - celui qui perçoit des revenus.

Gaingnagium. - gain, revenu.

Gaiola. gaola, jaola, giola. - (< *căvĕŏla*), geôle.

[1] Godefroy.
[2] Roquefort.
[3] Godefroy.
[4] Roquefort.
[5] A.S : *gafol*, « tribut, contribution ».
[6] A.S : *gehœged*, « clôturé »
[7] M.h.A, *weid*, allemand, *Waid*, guède
[8] Irl : *gàinne*, « roseau, flèche ».

Gaiolagium, geolagium, jaularia. - droit dû au geôlier pour la garde et le soin du prisonnier, anc fr[1] *jaiolage.*

Gaiolarius, gaolarius, geolarius. - geôlier.

Gaira, geira. - *idem* gara2, parcelle de champ.

Gairicæ. - terres non cultivées, en broussailles.

Gairus. - mesure agraire.

Gaisda, gaisdo. - plante servant à la teinture bleue, anc fr[2], *gaiste, guesde.*

Gaisdo. - *idem* gaisda.

Gaita. - le guet.

Gaitagium. - droit que devait payer le vassal pour être exempté de faire le guet dans le château du seigneur.

Gaitanum. - bande, ceinture.

Gaitare. - faire le guet.

Gaitia. - *idem* guarda1, redevance payée au seigneur pour sa protection

Gaitum. - garde qui fait le guet.

Gaius. - geai.

Gaivus. - (*res gaiva*), épave, chose perdue.

Gaiwita. - *idem* gawita, arrhes (Angleterre)

Gajamentum, gajarium. - action d'engager, de faire un nantissement.

Gajardus. - char de combat où l'armée déploie sa bannière à Crémone.

Gajare. - payer.

Gajarium. - *idem* gajamentum.

Gajarius. - gardien d'église.

Gajeria. - gage.

Gajularius. - gardien de prison.

Gajum. - *idem* gahagium, forêt réservée.

Galabrunus, galebrunus, isenbrunus, gualabrunus. - sorte d'étoffe de soie.

Galactera. - pot de lait.

Galactias. - galaxie ; voie lactée.

Galactinus. - de lait.

Galæa. - sorte de trirème.

Galæare. - (< *gălĕa*), casque.

Galæarius. - marin, matelot.

Galæasia, galæatia. - sorte de navire, grande galère, galéasse.

Galæatia. - *idem* galæasia.

Galæator. - capitaine de navire.

Galæatus. - soldat coiffé du casque nommé *galæare.*

Galandra. - (< *gălĕa*), tortue.

Galandranum. - vêtement de paysan.

Galanga, galenga, galinga, gallingar, galingan. - sorte d'épice, de racine médicinale.

Galardonare. - rétribuer, rémunérer (Espagne).

Galare. - se réjouir, se régaler.

Galastra. - seau à traire.

Galathea. - *idem* galatia.

Galatia, galaxia, galathea, galaxeum, galaxias. - voie lactée.

Galatina. - préparation destinée à conserver le poisson.

Galatium. - la langue française.

Galaverna. - vent de galerne, vent pluvieux et du couchant.

Galaxeum. - *idem* galatia.

Galaxia. - *idem* galatia.

Galaxias. - *idem* galatia.

Galba. -
1. Paille, gerbe, *Cf. garba.*
2. Gros, obèse.

Galbagium. - *idem* gablum, impôt, redevance.

Galbanis. - *idem* galbanum.

Galbanum, galbanis. - sorte de suc aromatique.

Galcea. - voie pavée.

Galcheræ. - jachères.

Galcheria. - *idem* gualkeria, retenue d'eau.

---

[1] Godefroy.

[2] Roquefort.

Galdum. - sorte de mesure pour la laine, anc fr[1], *gal.*

Galea. -
1. Galère, navire de guerre long, rapide, galée.
2. Galette.
3. Casque.

Galea. - *idem* gialeta.

Galeagium, jaleagium. - droit de jauge.

Galeare. -
1. Se défendre.
2. (subs), casque.

Galearea. - *idem* galearia.

Galearia, galearea. - tiare.

Galearii. - valets d'armée.

Galearius, galeator. - rameur, galérien.

Galeasia, galeatia. - long navire, galéasse.

Galeatia. - *idem* galeasia.

Galeator. - *idem* galearius.

Galeatus. - soldat portant un casque.

Galebrunus. - *idem* galabrunus.

Galectum. - petit tuyau, petit conduit.

Galeda. - *idem* gialeta.

Galedellus. - sorte de navire, petite galée.

Galefurca. - sorte de crémaillère de cheminée (Angleterre).

Galeglasius. - *idem* galloglassus, soldat à pied lourdement armé (Irlande).

Galeia. - *idem* gallea, galère.

Galeida. - *idem* gallea, galère.

Galenga. - *idem* galanga.

Galenum. - récipient pour le vin.

Galeo, galio, galeonus, galionus, galionum. - galion.

Galeonus. - *idem* galeo.

Galeota. -
1. Rameur d'une galée.
2. Navire dit galiote.

Galera. - navire à un rang de rameur : galère.

Galeria. - portique, galerie.

Galerus. - (*g. pontificalis*), coiffure épiscopale.

Galestrolus. - *idem* galeota1, rameur.

Galeta. -
1. Sorte de récipient, broc.
2. Mesure pour le vin.
3. Mesure pour les céréales.
4. Sorte de petit navire.
5. Galette.
6. Casque.
7. Vase liturgique.

Galetum, galetus. - mesure pour les liquides et pour les céréales ; (*g. terræ*), mesure agraire, ce que l'on peut ensemencer avec une *galetus*.

Galeunculus. - petit navire, petite galée.

Galga-nux, galinga, galiqua. - noix de galle.

Galgo. - puits.

Galia. - *idem* gallea, galère.

Galiator. - vaurien.

Galida. -
1. *Idem* gallea, galère.
2. Petit récipient.

Galilæa. -
1. Galerie.
2. Porche d'église.
3. Mardi gras.

Galinerius. - (< *gallĭna*), marchand de poules.

Galinga. -
1. *Idem* galanga, sorte d'épice.
2. *Idem* galga-nux.

Galingan. - *idem* galanga.

Galio. - *idem* galeo, galion.

Galionum. - *idem* galeo, galion.

Galionus. - *idem* galeo.

Galiota. - *idem* galeota2, galiote.

Galiotus. - *idem* galeota1, rameur.

Galiqua. - *idem* galga-nux.

Galitium. - moulin à fouler les draps.

Galla. -

---

[1] Godefroy.

1.	Produit pour teindre le cuir, noix de galle.
2.	Gale.

Galladella, galladellus. - sorte de navire léger.

Gallanda. - guirlande.

Gallandus. - entouré de fossés, de défenses, anc fr[1], *garlander*, *galander*, « créneler, garnir d'une cloison ».

Gallardus. - farceur, mime.

Gallarius. - pareur de cuir, celui qui utilise la galle.

Gallea, galia, galeia, galida, galeida. - galère.

Galleris. - sorte de navire semblable à la gallée.

Galleta. -
1.	*Idem* galo1, mesure pour le vin.
2.	Sorte de racine médicinale.

Galletus. -
1.	Fort, robuste, gaillard.
2.	Du pays de Galles, Gallois.

Galliardus. - *idem* goliardus1, jongleur, histrion, bouffon, farceur.

Gallica, gallicanus, galochia. - sorte de chaussure, galoche.

Gallicantus. - point du jour, au chant du coq.

Gallicanus. - *idem* gallica.

Gallicarius. - fabricant de galoches.

Gallicatus. - chaussé de galoches.

Gallicianalis. - (*gallicianale tempus*), le point du jour.

Gallina, gaulina. -
1.	Redevance payable en poule, (ou redevance sur les poules).
2.	(*g. lecti*), redevance en poules due aux servants de l'église à l'occasion des mariages.

Gallinagium, gallininum, gallinium. - redevance au seigneur en poules pour Noël.

Gallinarium, gualhiniera. - poulailler.

Gallinarius. - marchand de poules.

Gallinatus. - poulet.

Gallingar. - *idem* galanga, sorte d'épice, de racine médicinale.

Gallininum. - *idem* gallinagium.

Gallinium. - *idem* gallinagium.

Gallinus. - (adj), de poule.

Galliolum. - ornement liturgique.

Galliquercus. - variété de chêne.

Gallire. - *idem* gallulare.

Gallo. - châtiment des concubines des prêtres.

Gallodius. - mesure pour les céréales.

Gallofero. - vagabond, mendiant (Espagne).

Galloglassus, galeglasius. - (< *gallóglaigh*)[2], soldat à pied lourdement armé (Irlande).

Gallonnum. - instrument pour tresser et entrelacer les cheveux, anc fr[3] *galonner*, « tresser les cheveux avec des rubans ».

Gallonus, galonus. - côté.

Gallula. - gale du chêne.

Gallulare, gallire. - (< *gallŭlascĕre*), changer, muer, devenir mâle.

Gallung. - mesure pour les céréales en Germanie.

Gallus. - (*g. silvestris*), faisan.

Galmilla. - *idem* galmula.

Galmula, galmilla. - babeurre (Angleterre).

Galnabis, galnape, gaunapis, gaunape. - (< *galnapis*), couverture de laine grossière.

Galnape. - *idem* galnabis.

Galnetum. - (< *galbĭnus*), *idem* jalnetum, lieu où poussent les ajoncs.

Galo. -
1.	Mesure pour les liquides, gallon.
2.	(< ?), voûte.

Galochia. - *idem* gallica.

---

[1] Godefroy.

[2] Irl : *gallóglaigh*, « jeune soldat étranger ».

[3] Godefroy.

Galoer, galorium, gualoer. - droit du seigneur sur les biens de ceux qui meurent sans testament ou sans héritier, anc fr[1], *galoy*.

Galona, galonus, jalo. - *idem* galo1, mesure pour les liquides, gallon.

Galona. - *idem* galo1.

Galonagium. - redevance sur le vin.

Galonus. -
1. *Idem* gallonus, côté.
2. *Idem* galo1.

Galopedium. - chaussure de bois (ou forme de cordonnier).

Galorium. - *idem* galoer.

Galos. - belle-sœur.

Galum. - *idem* galo1.

Galuppus. - valet d'armée (Italie).

Galus. - *idem* galo1.

Galvanus. - receveur, celui qui exige le paiement.

Gamacha. - guêtres de toile pour protéger de la boue et du froid, anc fr[2], *gamache*.

Gamacta. - coup, frappe, anc fr[3], *gamafrer*, « frapper, blesser ».

Gamaga, gamagaga, gamagogus. - (< γάμος-ἄγω)[4], entremetteuse, qui prostitue.

Gamagaga. - *idem* gamaga.

Gamagium. - (< γαμέω)[5], paire de bœufs attelés au joug, qui sont comme mariés ensemble.

Gamagogus. - *idem* gamaga.

Gamahali. - *idem* gamales.

Gamahalus, gamalus. - co-jureur contractuel.

Gamaladio. - coparticipant.

Gamales, gamahali. - (< γάμος), enfants légitimes, nés du mariage, par opposition aux enfants naturels. (Loi Lombarde).

Gamallus. - ressortissant d'un tribunal.

Gamaltare. - engager, mettre en gage, *Cf. gambium*.

Gamalus. - *idem* gamahalus.

Gamba. - partie de la jambe au-dessus du genou.

Gambarus. - écrevisse ; homard.

Gambatoria. - mesure agraire.

Gambegla. - sangle, étrier des cavaliers, sur lesquels reposent les jambes des cavaliers.

Gamberga. - *idem* gamberia.

Gamberia, gamberga, gambria - partie d'armure qui couvre la jambe, anc fr[6], *gambière*.

Gambesatus. - bourré, fourré de laine, anc fr[7], *gamborsier*, « garnir de laine ».

Gambeso, gambesun, gambiso, guabaysho. - sorte de vêtement fourré que l'on portait sous la cuirasse, anc fr[8], *gambison*.

Gambetta, gambutta. - cane, bâton, béquille.

Gambeza, gambocia. - tronc, couche d'arbre (Italie).

Gambiso. - *idem* gambeso

Gambium. - (< *cambīare*) change.

Gambo. - jambon.

Gambocia. - *idem* gambeza.

Gambosus. - qui a une tumeur au jarret.

Gambria. - *idem* gamberia.

Gambucium. - pied de porc.

Gambutta. - *idem* gambetta.

Gamelius. - (< γαμήλιος), qui concerne le mariage, nuptial.

Gamelum. - câble.

Gamera. - (< *cămĕra*), loge du gardien de l'église.

Gamere. - couvrir, voiler.

Gamerrus, gammarra. - vêtement de femme en Italie, mantille.

---

[1] Roquefort.
[2] id.
[3] Godefroy.
[4] γάμος, « mariage », ἄγω, « conduire ».
[5] γαμέω, « marier ».
[6] Roquefort.
[7] id.
[8] id.

Gamma. -
1. Limite de deux terrains ayant ensemble la forme de la lettre gamma : Γ.
2. Sorte d'ornement ayant la forme de la lettre gamma : Γ.
3. Gamme de musique.

Gammarra. - *idem* gamerrus.

Gammula. -
1. Lettre, écrit.
2. (< *gălumma*), sorte d'ornement.
3. Coiffure.

Gamphora. - camphre.

Gamula. - *idem* gammula2.

Gamus. - biche, daim.

Ganado. -
1. Troupeau (Espagne).
2. Accord (Espagne).

Ganagium. - *idem* gagnia, champ cultivé avec demeure et le nécessaire à la culture

Gananeia. - revenu, gain.

Ganare. - acquérir, s'emparer de, gagner.

Ganatum. - bétail, troupeau.

Ganavare. - (< *nāvāre*), faire avec soin.

Gancare. - s'emparer de force.

Gances, gansæ, gantæ, jansæ. - (pl), (< *ganta*), oies, anc fr[1], *jante*, « oie sauvage ».

Ganda. - tas, monceau.

Gandargium. - sorte d'impôt.

Gandenga. - sorte de vêtement.

Ganea. - (< *gānĕa*).
1. Taverne.
2. Courtisane.

Ganeare. - gagner.

Ganearia. - cabaretier.

Ganearius. - débauché.

Ganelo. -
1. Perfide, traître, anc fr[2], *ganellon*.
2. (< ?), tas, monceau de pierres.

Ganeonium. - taverne, cabaret.

Ganerbii. - personnes nobles dans l'ancienne société germanique.

Gangagia. - *idem* gangia.

Gangia, gangagia. - local louche, taverne à prostituées.

Ganglion. - petit renflement.

Ganguilo. - engin de pêche, anc fr[3], *ganguil* « sorte de filet ».

Gangula. - (pl), (< *glandŭla*), scrofules.

Ganiagium. - honoraire que l'on donne chaque jour aux officiants présents au chœur

Ganifvetus, ganipula, ganivelus, ganiveta. - courte épée ou canif, anc fr[4], *ganive, ganivet*.

Ganilatio. - *idem* gannatura.

Ganipula. - *idem* ganifvetus.

Ganire. - mener une vie de débauches.

Ganita. - *idem* ganta, oie sauvage.

Ganivelus. - *idem* ganifvetus.

Ganiveta. - *idem* ganifvetus.

Gannacha. - *idem* garnachia, long manteau.

Gannare. - tromper.

Gannaria. - *idem* gagnia, champ cultivé.

Gannator. - fourbe, celui qui trompe.

Gannatum. - troupeau, bétail.

Gannatura, ganilatio. - tromperie, fourberie, dérision.

Ganneria. - *idem* gagnia, champ cultivé.

Gannium. - cabaret, taverne.

Gannum. - moquerie, dérision.

Gannus, gwantus. - gant.

Gansæ. - *idem* gances, oies sauvages.

Ganta, gantis, genta, ganita, gantua. - oie sauvage, anc fr[5], *jante*.

Gantae. -
1. Gantelets.
2. *Idem* gances, oies sauvages.

Ganteletus, gantellus. - gantelet de fer.

[1] Godefroy.
[2] Roquefort.
[3] id.
[4] id.
[5] Godefroy.

Gantellus. - *idem* ganteletus.

Ganterius, gantex. - fabricant de gants.

Gantex. - *idem* ganterius.

Gantis. - *idem* ganta, oie sauvage.

Ganto, guanto. -
1. Gant.
2. Jante.

Gantua. - *idem* ganta, oie sauvage.

Gantulus. - *idem* gantus.

Gantus, gantulus. - gant.

Ganzara, ganzarola, ganzera, ganzirra.
- sorte d'embarcation.

Ganzarola. - *idem* ganzara.

Ganzera. - *idem* ganzara.

Ganzirra. - *idem* ganzara.

Gaola. -
1. *Idem* gaiola, geôle.
2. (< *glădĭus*), lieu marécageux où les glaïeus abondent.

Gaolarius. - *idem* gaiolarius, geôlier.

Gaphans. - héritier chez les Lombards.

Gapo. - crampon.

Gapra. - endroit d'un cours d'eau favorable à la pêche.

Gara. -
1. (< ?), flan, soufflé au fromage.
2. (< *gara*)[1], parcelle de champ triangulaire (Angleterre).
3. *Idem* gabata.
4. *Idem* gattus, navire.

Garachinx, garanthinx, garantinx, garathinx. - donation sans condition (Lombardie).

Garachium, garaytum, garralium, garratum, grachium. - terre novale, anc fr[2], *guéret*, « terre qui n'a reçu qu'un labour ».

Garacia. - friche, lande.

Garaciae. - *idem* garrica, garrigue.

Garactum. - terre dépouillée de ses fruits, anc fr[3], *guéret*.

Garafio, gravio, graphio. -
1. Juge.
2. Comte.

Garagangi. - étrangers.

Garalis. - gobelet.

Garandia. - *idem* garantia.

Garandiare, garantandire, garantare, garantiare, garantire, garantisare, garantissare, garantizare, garendare, garendire, garentare, garentiare, garentire, garentizare, garrandare, garrandire. - garantir, promettre.

Garaneus. - couleur qui est proche du rouge, garance.

Garanna, garannia, guarenna. - parc à lièvres et lapins, garenne.

Garannia. - *idem* garanna.

Garanno. - gardien de garenne.

Garantandire. - *idem* garandiare, garantir, promettre.

Garantare. - *idem* garandiare.

Garanthinx. - *idem* garachinx

Garantia, garandia, guarentia. -
1. Garantie, sûreté, anc fr[4], *garandie*.
2. Protection, défense.
3. Responsabilité.
4. Rouge garance.

Garantiare. - *idem* garandiare, garantir, promettre.

Garantificatio. - garantie.

Garantinx. - *idem* garachinx.

Garantire. - *idem* garandiare, garantir, promettre.

Garantisare. - *idem* garandiare.

Garantissare. - *idem* garandiare.

Garantitius, garenticius. - contrat par lequel on se rend caution pour quelqu'un.

Garantitor, guarandizator, garantizator, garantus, garentus. - le garant.

Garantizare. - *idem* garandiare.

Garantizator. - *idem* garantitor, le garant.

---

[1] A.S : *gara*, « terre en angle ».
[2] Roquefort.
[3] Hippeau.
[4] id.

Garantus. - *idem* garantitor.

Gararius. - chef des bûcherons.

Gararus. - (moine) qui s'occupe du bois.

Garathinx. - *idem* garachinx.

Garavella. - gravier.

Garaytum. - *idem* garachium, terre novale.

Garba, gerba. -
1. Gerbe, anc fr[1], *garbe*.
2. Redevance ou dîme acquittée en gerbes.

Garbagium, gerbagium, garbaria, gerberia, garbale, gerbagum, gerbaria. - redevance acquittée en gerbes, anc fr[2], *garbage*.

Garbaironus, garbera. - meule de gerbes.

Garbale. - *idem* garbagium.

Garbaria. - *idem* garbagium.

Garbeiare. - mettre en gerbes, anc fr[3], *garber, garbejer*.

Garbelagium. - action d'éliminer les déchets et impuretés dans les épices, anc fr[4], *garbelage*.

Garbelaria. - coussin, natte de céréales, paillasse.

Garbellare. - passer au crible (Italie).

Garbera. - *idem* garbaironus, meule de gerbes.

Garberium. - *idem* garberius.

Garberius, gerberius, garberium. - grange à blé.

Garbina. - sorte de racine aromatique.

Garbinum. - sorte de mesure pour le grain, la farine.

Garbinus. - vent du sud-ouest.

Garbum. - aire à battre le blé en *gerbes*.

Garbus. - étoffe mi-laine, mi-toile.

Garcia, garsia, gartia. -
1. Fille.
2. Courtisane.

Garcianus. - *idem* garcio.

Garcifer, garsifer, garsio, gressifer, gratifer, gressifer, guarcianus, guarcifer, guarcio. - garçon, serviteur, sous-ordre, écuyer.

Garcinæ. - bagages d'une armée.

Garcio, gargio, garcianus, garco, garcus. -
1. *Idem* garcifer.
2. Soldat mercenaire, sicaire, brigand, pillard.
3. Écuyer, valet d'armée.
4. Employé d'atelier.
5. Jeune garçon.

Garciolus. - petit garçon, serviteur.

Garco. - *idem* garcio.

Garcus. - *idem* garcio.

Garda. -
1. Garde, tuteur.
2. Service dû au seigneur pour la protection.
3. Fortification, citadelle.
4. Garde champêtre, messier.
5. (*g. monetarium*), fonctionnaire chargé de la direction du monnayage.
6. Peigne de cardeur, *carde*.

Gardacorsium, gardecorsium. -
1. Vêtement de femme qui couvre la poitrine.
2. Lieu où l'on dépose les vêtements, garde-robe.

Gardagium. - surveillant, garde du château.

Gardairus, gardarius, garderius. - garde, vigile.

Gardamingerius. - fonctionnaire chargé de la surveillance des provisions destinées à la table du maître.

Gardare. - garder.

---

[1] Hippeau.

[2] id.

[3] Roquefort.

[4] Anglo-Norman Dictionary. Aberystwyth University.

Gardarius. - *idem* gardairus.

Gardaroba, garderoba, gardropia. - lieu où l'on range les vêtements, garde-robe.

Gardator. - garde champêtre, messier.

Gardea. - *idem* gardia.

Gardecorsium. - *idem* gardacorsium.

Gardela. - *idem* gardeta.

Gardelenda. - sorte de vêtement féminin.

Gardellus. - (< *cardŭēlis*), chardonneret.

Gardenappa, guardenapa. - disque de bois sur lequel on met la vaisselle pour protéger la nappe.

Gardenarius. - *idem* gardinarius, jardinier.

Garderius. -
1. *Idem* gardairus.
2. Celui qui étant sous la protection d'un autre, lui rend le service de garde.

Garderoba. - *idem* gardaroba.

Garderobarius. - celui qui a pour mission de surveiller les vêtements et les armes, anc fr[1], *garderobier*.

Gardeta, gardela. - colline, pente.

Gardia, gardea. -
1. Garde.
2. Tuteur d'enfant.
3. Redevance payée pour faire garder les récoltes.
4. Redevance à payer pour la tutelle.

Gardiagium. -
1. Garde champêtre, messier.
2. Redevance pour faire garder les récoltes.

Gardianus, guardianus, gardiarius. - gardien.

Gardiare. -
1. Garder, conserver.
2. Défendre, protéger.

Gardiarius. - *idem* gardianus.

Gardiata. - surveillant, défenseur.

Gardiator. -

1. Gardien, tuteur.
2. (*g. regalium*), officier chargé par le roi de veiller à la conservation de ses droits.

Gardiatrix. - tutrice.

Gardiens testis. - celui qui apporte du crédit par son témoignage.

Gardignagium, gardinum, gardinus, gardonium, jardinus, gardum. - jardin.

Gardinarius, gardenarius. - jardinier.

Gardingatus. - dignité des *gardingi*.

Gardingi. - ceux qui parmi les goths espagnols sont considérés comme des nobles et des hauts fonctionnaires du palais.

Gardingus. - homme de la maison, garde du corps.

Gardinum. - *idem* gardignagium.

Gardinus. - *idem* gardignagium.

Gardio. - poisson : gardon.

Gardire. - garder.

Garditio. - droit de garde.

Gardo. - berger, garde du bétail.

Gardoira. - récipient pour faire cuire.

Gardonare. - donner en récompense, anc fr[2], *guerredoner*.

Gardonium. - *idem* gardignagium, jardin.

Gardropia. - *idem* gardaroba.

Gardum. - *idem* gardignagium, jardin.

Gardus. - instrument relatif au pressoir.

Garectum. - *idem* garethum, jarret.

Garegna. - *idem* garenna, garenne, réserve.

Garenarius. - garde-pêche, garde-chasse.

Garenda. - droit de chasser le lapin et le lièvre.

Garendare. - *idem* garandiare, garantir, promettre.

Garendia. - *idem* garantial, garantie.

Garendire. - *idem* garandare.

Garenna, warenna, garegna - garenne, réserve.

Garennagium. - redevance à payer pour posséder une garenne ou de chasser le lièvre et le lapin, anc fr[1], *garenage* « droit de garenne ».

Garennarius. - garde de garenne.

Garennia. - droit d'avoir une garenne.

Garens. - le garant.

Garentare. - *idem* garandiare, garantir, promettre.

Garentiare. - *idem* garandiare.

Garenticius. - *idem* garanticius, contrat par lequel on se rend caution pour quelqu'un.

Garentigia. - acte fait devant notaire apportant juridiquement la garantie, acte authentique.

Garentire. - *idem* garandiare, garantir, promettre.

Garentitor. - garant, répondant, caution.

Garentizare. - *idem* garandiare.

Garentus. - *idem* garantitor, le garant.

Garenza. - *idem* garantia1, garantie, sûreté.

Garethum, garectum, garettum. - jarret.

Garetinus. - action de donner, don.

Garetta. - *idem* garita, tour de guet, guérite.

Garettum. - *idem* garethum, jarret.

Garfales. - sorte de navire de charge.

Garga. - sorte d'exaction, de taxe. (Irlande).

Gargaillus. - trou permettant de remplir le tonneau, anc fr[2], *gargau*.

Gargalia. -
1. Gosier, gorge.
2. Gargouille permettant d'éliminer les eux de toiture.

Gargalio. - *idem* gargalia1.

Gargangi. - étrangers.

Gargarare. - parler avec emphase.

Gargarismus. - (< γαργαρισμός).
1. Gargarisme.

2. Modulation de la gorge.

Gargata, gargula. -
1. Gosier, gorge.
2. (*g. portus*), entrée du port.

Gargio. - *idem* garcio.

Gargocil. -
1. Gosier.
2. (*bibere ad g.*), boire d'une façon immodérée.

Gargoula, gargoullia. - *idem* gargalia2, gargouille.

Gargoullia. - *idem* gargalia2.

Gargula. - *idem* gargata.

Garica. - *idem* garrica, garrigue.

Garillum, jarillum, gerillum, garullum, garolium, garuilum, garoillium, garoillus, gariollum, geroillum, gerullum, gerullium, garrolium, garullium, jarella, jarellum. - barrière, palissade.

Garimentum. - garantie.

Gariofile, gariofilum, gariofilus, garoffollum, garophanum, garyophium, garyofolum. - (< *căryŏphyllŏn*), clou de girofle.

Gariofilum. - *idem* gariofile.

Gariofilus. - *idem* gariofile.

Gariola. - corbeau, corneille.

Garire, gariscere. - défendre, protéger.

Gariscere. - *idem* garire.

Garita, garitta, garetta, guaretta, guarida. - tour de guet, guérite.

Garitta. - *idem* garita.

Garlanda, girlanda, garlonda, garlandum, gerlanda. -
1. Couronne, guirlande.
2. Tour, enceinte, palissade.
3. Le faîte d'un édifice, son couronnement, la ligne des créneaux.

Garlandare. - créneler un mur.

Garlandum. - *idem* garlanda.

Garleta. - *idem* galeta1, mesure pour le vin.

---

[1] Godefroy.

[2] Roquefort.

Garlonda. - *idem* garlanda.

Garmachia. - *idem* garnachia, long manteau.

Garna. - branches de pin (Auvergne)

Garnachia, garmachia, guarnachia garnochia, garnamentum, garnacia, gannacha, garnatia, garuaria, guanaschia, guarnacia, guarnichia, guasnacia. - long manteau, anc fr[1], *garnache*.

Garnacia. - *idem* garnachia.

Garnamentum. - *idem* garnachia.

Garnaria. - réservoir.

Garnatia. - *idem* garnachia.

Garnatus. -
1. Garni.
2. (subs), *idem* granatus, grenat.

Garnecta. - *idem* granatus.

Garnestura. - réserve d'armes et de ravitaillement pour la défense du château en cas de siège.

Garnetta. - *idem* granatus.

Garnettus. - *idem* granatus.

Garniamentum. - garniture (d'habit).

Garniare. - mettre une garniture d'habit.

Garnimentum, garnitura, guarnimentum, guernimentum. - tout ce qui peut servir à orner, à vêtir, à armer une personne et également à approvisionner une place forte.

Garnire. -
1. Garnir, orner.
2. Former, éduquer (à l'art militaire ?).

Garnisio. -
1. Provisions de garnison en vivres et en armes pour le service d'une place forte.
2. Troupes qui gardent la place forte : la garnison.
3. Les lieux où étaient stockés les approvisionnements de la maison du roi.

Garniso. -
1. Sorte d'armure constituée d'un assemblage d'anneaux métalliques que l'on nomme *jazeran*.
2. (*garnisones servientium*), hommes que l'on met chez le prévenu jusqu'à ce que il est satisfait aux requêtes de la justice.

Garnistura. -
1. *Idem* garnestura.
2. *Idem* garniamentum.

Garnitio. - troupe de secours.

Garnitor. - celui qui s'occupe du *garnimentum*.

Garnitura. - *idem* garnimentum.

Garnizo. - la troupe de garnison.

Garnochia. - *idem* garnachia, long manteau.

Garo. - bas de vêtement.

Garoffollum. - *idem* gariofile, clou de girofle.

Garoillium. - *idem* garillum barrière, palissade.

Garoillus. - *idem* garillum.

Garolium. - *idem* garillum.

Garophanum. - idem gariofile, clou de girofle.

Garossa, garropis. - jarousse, sorte de vesce.

Garpæ. - maladie du cheval.

Garpire. - rejeter, renoncer à la possession de ses biens.

Garræ. - (pl), balustrade.

Garrafossus, garranerius. - fossé, canal, ruisseau.

Garralium. - *idem* garachium, terre novale.

Garrandare. - *idem* garandiare, garantir, promettre.

Garrandia. - *idem* garantial, garantie.

Garrandire. - *idem* garandiare.

Garranerius. - *idem* garrafossus.

Garrapata. - tique des chiens et des chats.

Garratum. - *idem* garachium.

Garratus. - pierre, caillou.

Garreare. - faire la guerre.

Garrica, **garriciæ**, **garaciæ**, **garrigæ**, **garrigiæ**, **garica**, **garricæ**, **garriga**, **garrosca**, **garuca**, **guarrica**. - garrigue, terres incultes avec buissons de chênes verts.

Garricæ. - *idem* garrica, garrigue.

Garriciæ. - *idem* garrica.

Garridor. - garant, répondant.

Garriga. - *idem* garrica.

Garrigæ. - *idem* garrica.

Garrigerius. - gardien des récoltes, messier.

Garrigiæ. - *idem* garrica.

Garrigua. - champ couvert de récolte mais pas encore moissonné.

Garrire. - (< *garrīre*).
1. Crier, hurler, pousser un cri de guerre.
2. Hurler de douleur.
3. Bavarder sottement (Angleterre).
4. Parler de manière flatteuse (Angleterre).
5. Gazouiller en parlant d'un oiseau (Angleterre).

Garritus. -
1. Cri de guerre.
2. Bavardage.
3. Gazouillement.
4. Garanti, cation.

Garrium. - gazouillement des oiseaux (observé par les augures).

Garrolium. - *idem* garillum barrière, palissade.

Garropis. - *idem* garossa, jarousse, sorte de vesce.

Garrosca. - *idem* garrica, garrigue.

Garrosseria. - hache, cognée.

Garroteus. - de la jarretière.

Garrotus, **guarrellus**, **guarrus**. - trait d'arbalète, anc fr[1], *garrot*.

Garrulare. - causer, caqueter, bavarder.

Garrulatrix. - bavarde.

Garrulatus. - bavardage.

Garrulitas. -
1. Idiome, langue.
2. Langage insolant.

Garsa, **jarsa**. - scarification, anc fr[2], *garser*, « scarifier, piquer ou inciser la peau en plusieurs endroits avec une lancette ».

Garsacra. - *idem* grasacra, labour ou autre service en échange de droits de pâturage (Angleterre).

Garsallum. - gorge, gosier.

Garsia. - *idem* garcia.

Garsifer. - *idem* garcifer garçon, serviteur, sous-ordre, écuyer.

Garsio. - *idem* garcifer.

Garterium. - jarretière.

Garthum. - *idem* girthum, sangle de selle (Angleterre).

Gartia. - *idem* garcia.

Garuaria. - *idem* garnachia, long manteau

Garuca. - *idem* garrica, garrigue.

Garuilum. - *idem* garillum barrière, palissade.

Garullium. - *idem* garillum.

Garullum. - *idem* garillum.

Garum. -
1. Sorte de boisson.
2. Sauce à base de poissons.

Garyofolum. - *idem* gariofile, girofle.

Garyophium. - *idem* gariofile.

Garza. - sorte de tissu en coton de texture fine (Italie)

Garzabola. - sorte de navire (Italie)

Garzare. - lustrer, calandrer.

Garzaria. - lieu où l'on lustre et calandre les draps.

Garzator. - ouvrier qui calandre les draps.

---

[1] Godefroy.

[2] Roquefort.

Garzatura. - ce qui sert à rembourrer, bourre.

Gasachio. - adversaire, partie adverse.

Gasacio. - la partie adverse.

Gasalha. - *idem* gasalia.

Gasalhia. - *idem* gasalia.

Gasalia, gasalhia, gazalhia, gasalha, guasalpha. - partage des bénéfices d'engraissage.

Gasanhagium. - *idem* gagnia, champ cultivé avec demeure et le nécessaire à la culture, métairie.

Gascaria, gasqueria, gascheria. - jachère.

Gascheria. - *idem* gascaria.

Gasco. - grand récipient.

Gascomarcon. - sorte de vêtement ecclésiastique.

Gasindium. - *idem* gasindius.

Gasindius, gasindium, gasindus, gasindio. - familier, ami, compagnon du prince (Lombardie).

Gaspaleum, gaspalium, gaspilio. - céréales vannées.

Gaspalium. - *idem* gaspaleum.

Gaspilio. - *idem* gaspaleum.

Gasqueria. - *idem* gascaria, jachère.

Gassarina. - hache.

Gastadomus. - maison en ruine.

Gastaldanus. - *idem* gastaldianus, individu libre tributaire seulement du *gastaldus*.

Gastaldatum. - *idem* gastaldatus.

Gastaldatus, gastaldiatus, gastaldatum, guastaldatum. - charge d'intendant des domaines (chez les Lombards).

Gastaldia. - administration, circonscription, charge du *gastaldus*.

Gastaldiæ census. - *idem* gastaldicum.

Gastaldianus, gastaldanus. - individu libre tributaire seulement du *gastaldus*.

Gastaldiatus. - *idem* gastaldatus.

Gastaldicum, gastaldiæ census. - taxe perçue par le *gastaldius*.

Gastaldio. - *idem* gastaldius.

Gastaldius, guastaldus, gastaldus, gastaldio, gastoldus, gustaldus. -
1. Régisseur des domaines du fisc.
2. Régisseur de domaine privé.
3. Gouverneur de ville ou de province.

Gastaldus. - *idem* gastaldius.

Gastare, guastare. - piller, détruire.

Gastella, guastella, guastellus, gastellus, wastellus. - pain fait avec de la fleur de farine, anc fr[1], *gastel*.

Gastellarius. - celui qui fait des pains nommés *gastella*, anc fr[2], *gastelier*.

Gastellus. - *idem* gastella.

Gasteriare. - exercer la fonction de gardien des récoltes et des vignes.

Gasterium. - salaire du messier, du garde champêtre.

Gasterius. - garde champêtre, messier, anc fr[3], *gastier*.

Gastina, wastina. -
1. Terre inculte.
2. Pâturage.
3. Terre couverte de la récolte.
4. Ferme.

Gastinedum. - sorte de corvée pour le compte du seigneur, (peut être corvée de défrichage).

Gastoldus. - *idem* gastaldus.

Gastrimargia. - *idem* gastrimaria.

Gastrimargicus. - *idem* gastrimargius.

Gastrimargius, gastrimargicus, gastrimargus. - (< *gastrimargus*), glouton.

Gastrimargus. - *idem* gastrimargius.

Gastrimaria, gastrimoria, gastrimargia, gastromagia. - (< *gastrimargia*), voracité.

---

[1] Godefroy.
[2] Roquefort.
[3] Godefroy.

Gastrimonia. - *idem* gastrimaria.

Gastrum. - sorte de récipient.

Gastum. -
1. Dévastation, anc fr[1], *gast*.
2. Terre sans culture.

Gastus. - seigneur chez les saxons

Gata. -
1. *Idem* gattus1 ou gattus2.
2. Gâteau.
3. (< *găbăta*), mesure pour les céréales (Angleterre).

Gatgeria, **gatgium**, **wadium**, **gatgiura**. - gage.

Gatgiamentum. - gages, salaire.

Gatgiare. -
1. *Idem* gagiare.
2. (*g. emendam*), payer une indemnité ou une amende, donner une caution pour une amende.

Gatgium. - *idem* gagium, gage et amende.

Gatgiura. - *idem* gatgeria, gage.

Gatha. - crieur public, huissier.

Gathia. - *idem* gacha, sentinelle.

Gatiare. - saisir le gage.

Gatta. -
1. Chatte.
2. Machine de guerre.
3. (< *geat, gat*)[2], porte, barrière d'accès à la ville, barrière d'octroi.

Gattus, gatus, gata. -
1. Sorte de navire marchand.
2. Machine de guerre pour mettre les assiégeants à l'abri des projectiles.
3. Chat.
4. Crochet à trois griffes, grappin.

Gatus. -
1. Gros navire à rostre de cent rameurs, anc fr[3], *cahs*.
2. *Idem* gattus2.

3. *Idem* gattus3.
4. Crochet de fer, crampon.

Gauchatorium, gaucho, gauchorium. - moulin à fouler les draps.

Gauchire. - fouler les draps, anc fr[4], *gaucher*, « fouler les draps ».

Gaucho. - *idem* gauchatorium.

Gauchorium. - *idem* gauchatorium.

Gauda, gaudo, gaudum. - plante tinctoriale : gaude.

Gaudaticum. - jouissance d'acquisition, droit de posséder.

Gaudechotum. - article vestimentaire (*Cf. gaudichetum*).

Gaudens. - spontané, volontaire.

Gaudenter. - avec joie.

Gaudentia. - jouissance, possession.

Gaudeolum. - joyau.

Gaudere. - jouir de, posséder (sens juridique).

Gaudete. - (*g. in Domino*), troisième dimanche de l'Avent.

Gaudia. -
1. Garantie, caution.
2. (pl) ; (n), grains de chapelet, rosaires.

Gaudiare. - payer une amende ou donner une caution pour cette amende.

Gaudiata. -
1. Distribution supplémentaire.
2. (*vinum gaudiatœ*), vin de joyeuseté, verre de l'amitié.

Gaudibundus. - tout joyeux.

Gaudichetum. - pièce d'armure.

Gaudificare. - rendre joyeux.

Gaudiflue. - délicieusement.

Gaudifluus. -
1. Débordant de joie.
2. Délicieux.

Gaudimentum. -
1. Joie.

---

[1] Godefroy.
[2] A.S : *geat, gat,* « porte ».

[3] Roquefort.
[4] Godefroy.

2. Jouissance de, possession.
3. Usure, intérêt.

Gaudimonium. - divertissement, joie.

Gaudiose. - joyeusement.

Gaudiosus. - joyeux.

Gaudita. - jouissance, usufruit.

Gaudium. -
1. Joie spirituelle (des fêtes).
2. Grosse perle du rosaire.
3. *Idem* gauda, gaude.

Gaudius. - gage.

Gaudivigens. - manifestant sa joie, sautant de joie.

Gaudo. - *idem* gauda, gaude.

Gaudum. - *idem* gauda.

Gaudus. - (< *weald*)[1], bois, forêt.

Gauffra, guafra. - sorte de gâteau, gaufre.

Gaufra. - gouffre (ou peut être golfe maritime).

Gaugatum, gaugiatum. - jaugeage des tonneaux.

Gaugettum. -
1. Jaugeage du vin.
2. Droit, redevance pour le jaugeage des tonneaux.

Gaugia, gauja. - mesure étalon pour les barriques, jauge.

Gaugiator. - vérificateur des jauges, des poids et mesures.

Gaugiatum. - *idem* gaugatum.

Gauja. - *idem* gaugia.

Gaulina. - *idem* gallina, redevance payable en poule.

Gaulum. - *idem* gablum, impôt, redevance.

Gaulus. -
1. Variété d'oiseau prédateur des abeilles : guêpier.
2. (< γαυλός)[2], sorte de navire marchand rond.

Gaunape. - *idem* galnabis, couverture de laine grossière.

Gaunapis. - *idem* galnabis.

Gaunatrices. - belles-sœurs.

Gaunus. - jaune.

Gaurans - couleur de cheval, couleur du cerf.

Gaurea. - bateau, nacelle.

Gauri, gaurini. - noms que donnent les turcs à tous ceux qui ne sont pas musulmans.

Gaurini. - *idem* Gauri.

Gaurizare. -
1. Exulter.
2. Chanter en chœur.

Gausapa. - *idem* gausape.

Gausape, gausapa. -
1. Nappe, napperon
2. (*sedere ad g.*), s'asseoir à table.
3. Casaque du militaire.
4. Devant d'autel.

Gausapus. - *idem* gausape2.

Gausida, gausidia, gausita. - jouissance, usufruit.

Gausidia. - *idem* gausida.

Gausita. - *idem* gausida.

Gaustina, gastina, wastina. - pâturage.

Gauta. - (< *gòta*)[3], joue.

Gautocus. - coffre pour les aumônes.

Gavagium. - cens à payer chaque année par tête au seigneur, chevage.

Gavaldatus. - chevauchée militaire.

Gavallus, gavalus, gavellus, gavius, gablum, gavulus. - (< *gafol*[4], cens acquitté en blé qui pèse sur les terres cultivables.

Gavalum. - *idem* gablum2, cens acquitté en blé.

Gavalus. - *idem* gablum2.

---

[1] A.S : *weald*, « forêt ».
[2] γαυλός : « vase ou panier arrondi ».
[3] Ital : *gòta*, « joue ».
[4] A.S : *gafol*, « taxe, contribution »

Gavarretus. - fonctionnaire de la cour de Sicile pendant la domination des Normands sur ce pays.

Gavata, gaveda, gavessa. - (< *găbăta*), jatte.

Gaveda. - *idem* gavata.

Gavelettum, gaveletum. - (< *gabhail*)[1].

1. Action en justice pour défaut de paiement de loyer.
2. Terrain ou tenure sur lequel le loyer, n'a pas été payé.

Gaveletum. - *idem* gavelettum.

Gavelgida, gavelmannus. - (< *gafel-gieldan*)[2], celui qui est assujetti à l'impôt nommé *gablum*.

Gavelicunda. - *idem* gavelikinda.

Gavelikendius. - *idem* gavelikinda.

Gavelikind. - *idem* gavelkind.

Gavelikinda, gavilekinda, gavelicunda, gavelikendius. - (< *gafol-gecynd*)[3], terre ou tenure avec des droits coutumiers particuliers (Kent).

Gavelkind, gavelikind, gavellond. - coutume qui prévaut dans le comté de Kent, selon laquelle l'héritage d'un détenteur d'un ancien fief est partagé également entre les enfants mâles, et par laquelle un héritier de 15 ans peut aliéner sa terre.

Gavella. -
1. Javelle, gerbe.
2. Famille détenant une division de territoire nommé en gallois *gafael* (Angleterre).

Gavellond. - *idem* gavelkind.

Gavellus. -
1. *Idem* gablum, cens acquitté en blé.

2. Botte de sarments de vigne, ou ces sarments eux-mêmes, anc fr[4], « javelles de sarments ».

Gavelman. - tenanciers assujettis à payer le *gablum*.

Gavelmannus. - *idem* gavelgida.

Gaveloces. - javelots, (*Cf. gavelocus*).

Gavelocus. - (< *jăcŭlum*).
1. Javelot.
2. Pied de biche en fer.

Gavelum. - *idem* gablum1, impôt, redevance.

Gavena, gavenarium. - redevance annuelle que recevait le comte de Flandres pour la protection de l'Eglise.

Gavenarium. - *idem* gavena.

Gaverlotus. - javelot, anc fr[5], *gavelot*.

Gavessa. - *idem* gavata, jatte.

Gavialto. - (*g. esse*), être tenu de faire quelque chose.

Gaviare, wadiare. - donner en gage.

Gaviator. - celui qui prend des gages, qui reçoit des hypothèques.

Gavile. - cercle de fer autour des roues, jante.

Gavilekinda. - *idem* gavilikinda.

Gavilium. - cheville de bois ou de fer.

Gavina. -
1. (< *gavina*)[6], tumeur.
2. Sorte de vêtement pourpre porté sur les épaules.

Gavisci. - (< *gaudēre*), se réjouir, se vanter.

Gavisio. - jouissance, possession.

Gavisorius. - joyeux.

Gavius. - *idem* gablum2, cens acquitté en blé.

Gavo. - tumeur, *Cf. gavina1*.

---

[1] Gael : *gabhail*, « terre cultivable par une attelage de deux bœufs, ferme ».

[2] A.S : *gafel*, « impôt », *gieldan* « payer »

[3] A.S : *gafol*, « taxe, tribut », *gecynd*, « nature, état naturel et constitutif ».

[4] Godefroy.

[5] Hippeau.

[6] Ital : *gavina*, « tumeur scrofuleuse du cou qui laisse une cicatrice en creux ».

Gavotus. - celui qui habite la montagne, montagnard, ancien provençal[1] *gavot*.

Gavulum, gavulus. - *idem* gablum2, cens acquitté en blé.

Gavus. - gai.

Gawita, gaiwita. - arrhes (Angleterre).

Gayare. - saisir, prendre le gage.

Gayda. - franges, bordures.

Gaydes. - bordures, franges.

Gayeta. - *idem* gayta.

Gayetus. - *idem* gayta.

Gaylator. - *idem* gayta.

Gayna. - fourreau, gaine.

Gaynagium. - *idem* gagneria, ferme, métairie

Gaynerius, guainarius. - fabricant de fourreaux.

Gayola. - *idem* geola, geôle, prison.

Gaysa. - légume, vesce.

Gayta, gayeta, gaylator, gaytus, gayetus, gaytia, guayta, gueita, gueitum, guccia, gueta, guetus, gueytum. - sentinelle, le guet, la garde.

Gaytagium. - droit de garde.

Gaytare. - monter la garde.

Gaytia. - *idem* gayta.

Gaytus. - *idem* gayta.

Gaza. -
1.   Espèce d'oiseau : pie (Italie).
2.   (< *găza*), trésor, richesse, (également fig), référence au trésor royal de Perse.

Gazalhia. - *idem* gasalia, partage des bénéfices d'engraissage.

Gazara. - sorcière, devineresse.

Gazari, gazeri. - hérétiques Cathares.

Gazaria. - (< *găza*), trésor public, fisc.

Gazatum. - trésor.

Gazela. - cheval arabe.

Gazera. -
1.   Gage.
2.   *Idem* gaza.

Gazeri. - *idem* Gazari.

Gazetum. - *idem* gazophylarium.

Gazifer. - qui apporte la richesse, qui contient des trésors.

Gazium. - gage.

Gazophylarium, gazetum. - (< γαζοφυλάκιον), coffre où l'on mettait l'argent destiné aux pauvres.

Gazzatum. - gaze (de lin ou de soie).

Gebellinus. - (*gebellina pellis*), peau de zibeline.

Gebellipicus. - de zibeline.

Gebellittus. -
1.   Zibeline.
2.   (adj), de zibeline :

Gebenna. - poids, charge.

Geburscipa. - (< *gebur-scipe*)[2], assemblée de paysans, de ruraux chez les anglosaxons.

Geburus. - (< *gebur*)[3] , habitat de la campagne chez les anglosaxons.

Gehenna. -
1.   Enfer.
2.   Tortures infernales.

Gehennalis. - infernal.

Gehennatio. - (< *gehend*)[4], territoire, juridiction.

Geheti. - cagots.

Geiba. - motte de terre couverte d'herbe.

Geira. - *idem* gara2, parcelle de champ.

Geitivus, jactivus. -
1.   Cité à comparaître, assigné en justice.
2.   Qui a négligé sa promesse.
3.   Épileptique.

Gelacia. - pierre précieuse.

Gelasianus. - (< γελάω)[5], bouffon, pitre.

Gelda. - gilde, association.

---

[1] FEW IV,4.a.
[2] A.S : *gebur*, « fermier, paysan », *scipe*, « état, dignité ».
[3] A.S : *gebur*, « fermier, paysan ».
[4] A.S : *gehend*, « voisinage ».
[5] γελάω : « rire ».

Geldabilis, guadabilis. - assujetti à l'impôt *geldum*.

Geldare, gildare. - (< *gildan*)[1].
1. Compenser.
2. Payer l'impôt dit *geldum*.

Gelde. - *idem* gilda.

Geldinda. - bélier châtré.

Geldonia, gildonia, gellonia. - gilde, confrérie, réunion d'une frairie.

Geldum, geldus, gildus, guldus, guldum. - (< *gildan*).
1. Prix.
2. Impôt foncier.
3. Impôt en général.

Geldus. - *idem* geldum.

Gelia. - taxe, tribut imposé par les Arabes égyptiens aux chrétiens.

Geliba, gelina. - *idem* gelima, javelle, gerbe.

Gelicidare. - geler.

Gelicidium. - action du gel, gelée, verglas.

Gelicigare. - geler.

Geliditas. - froideur du climat.

Gelignagium. - redevance, droit sur les poules de basse-cour, anc fr[2], *gelinage*.

Gelima, gelina, geliba, geluna. - (< *gelm*)[3], javelle, gerbe.

Gelina. - *idem* gelima.

Gelis. - gelée.

Gella, gello, gillo, gellus, guillo, gelo, guillo. - grande cruche pour mettre le vin, et mesure pour le vin, anc fr[4], *gerle*[5], *jarle*, *gelle*, *gille*.

Gellagium. - redevance sur la mesure de vin nommée *gella*.

Gello. - *idem* gella.

Gellonia. - *idem* geldonia, gilde, confrérie, réunion d'une frairie.

Gellonia. - *idem* gildo, membre d'une gilde.

Gellus. - *idem* gella.

Gelmus. - casque.

Gelo. - *idem* gella.

Gelositas. - (< *zēlŏtў̆pĭa*), jalousie.

Gelsiminus. - *(g. flos)*, jasmin.

Gelta, gilto. - mesure pour le vin.

Geltina. - gélatine.

Geltschulda. - dettes pécuniaires.

Geluna. - *idem* gelima, javelle, gerbe.

Gelunarium. - tas de gerbes nommées *gelunæ*.

Gema. - poix, goudron, anc fr[6], *geme*, « poix, résine ».

Gemata. - produit que les femmes utilisent pour lubrifier le visage.

Gemba. - jambe.

Gemebunde. - en gémissant.

Gemella. -
1. (< *cămella*), écuelle, bol.
2. (< *gĕmellăr*), récipient double ; burette double.

Gemellæ. - charnières.

Gemellaris. - (< *gĕmellus*), jumeau.

Gemellarium. - *idem* gemella2, burette double.

Gemellatus. - (< *gemma*), orné de pierres précieuses.

Gemellio, gemilio, gemmilio. - bassins jumeaux pour les ablutions.

Gemellipera. - celle qui enfante de jumeaux.

Gementiæ. - (< *gĕmĕre*), gémissements.

Gemilio. - *idem* gemellio.

Gemina. -
1. Portion, pitance double.
2. Couverture, tapis.

Geminarium. - bain public double (hommes et femmes)

Geminatissime. - doublement, de deux manières.

---

[1] A.S : *gildan*, « payer, acquitter ».
[2] Godefroy.
[3] A.S : *gelm*, « une pleine main ».
[4] Godefroy.
[5] cinquième du muid, environ 75 litres (H Doursther).
[6] Godefroy.

Geminitas. - état de ce qui est double, redoublement.

Gemiponctus. - point double remplaçant les noms propres dans les chartes et les titres.

Gemitiosus. - *idem* gemituosus.

Gemituosus, gemitiosus. -
1. Lamentable, déplorable.
2. Gémissant.

Gemma. - hostie, parcelle d'hostie.

Gemmaria. - palmier sauvage.

Gemmarius. -
1. De pierres précieuses.
2. (subs), orfèvre, celui qui taille les pierres précieuses.
3. (subs), marchand de pierres précieuses.

Gemmilio. - *idem* gemellio, bassins jumeaux pour les ablutions.

Gemmulina. - petite pierre précieuse.

Gemotum. - (< *gemot*)[1], réunion, assemblée publique chez les anglosaxons.

Gena. - (< *gĕna*), face, visage.

Genca. - (< *gānĕa*), taverne.

Genealis. - (< *gĕnŭs*), natal, de la naissance.

Genealogia. -
1. Souche, race, famille, naissance.
2. Bien de famille, héritage.
3. Communauté de village.
4. Nation.

Genearcha. - chef de génération, de lignage.

Geneath. - agriculteur, colon, chez les anglo-saxons.

Genecerium. - étui, coffret, anc fr[2], *genecier*.

Geneceum, genecium. - (< *gўnæcēum*), atelier de femmes.

Genecium. - *idem* geneceum.

Genella. - prunelle, anc fr[3], *genelle*.

Genelliacus. - (< *gĕneⱥhlĭăcuⱥ*), astrologue, celui qui calcule l'horoscope.

Gener. -
1. Beau-frère.
2. Beau-père.

Genera. - race.

Generabilis. - qui peut produire.

Generalatus. - dignité de généra.

Generale. - pitance monastique générale où chacun avait son plat.

Generales. - tout le monde.

Generalia. -
1. Général, commun à tous.
2. Entier, dans son ensemble.
3. (adj),et (subs), général d'un ordre religieux.

Generalis. -
1. Commun, de tout le monde, égal pour tous.
2. Préfet de province à Byzance.

Generalitas. -
1. Généralité, universalité.
2. Communauté de religieux.

Generamen. - génération.

Generatio. -
1. Génération, degre de parenté.
2. Sorte, espèce.
3. Souche, généalogie, postérité.
4. Filiation monastique.

Generativus. - génératif, productif, capable de produire, de reproduire, d'engendrer.

Generatorium. - faculté génératrice.

Generatorius. - relatif à la génération.

Generosa. - femme noble

Generositas. -
1. Noblesse (de race).
2. Famille, race, lignée.

Generosus. -
1. Noble, statut personnel héréditaire, de race noble.

---

[1] A.S : *gemot*, « réunion, assemblée ».
[2] Godefroy.

[3] Hippeau.

2. De politesse, de civilité.

3. Prestige, influence.

Genesteium. - *idem* genesterium.

Genesterium, genesteium, geneteium. - endroit où les genêts abondent.

Geneta. -

   1. Petit cheval espagnol.

   2. Peau de civette.

Genetaliacum. - nativité.

Geneteium. - *idem* genesterium.

Geneteria. - sorte de javelot ou de lance.

Genethlia. - (< γενέθλιος)[1], destinée, horoscope.

Genevrus. - genévrier.

Gengivi. - gencives.

Genhare. - donner conseille.

Genica, jenicia. - génisse.

Geniciaria. - (< gynæcēum).

   1. Servante qui travaille dans un atelier de femmes.

   2. Lit nuptial.

Genicium. - *idem* geniciaria1.

Geniclinare. - avancer à genoux.

Geniclum. - *idem* geniculum.

Genicula. -

   1. Génisse.

   2. Sorte d'habit qui descend jusqu'aux genoux.

Geniculare. -

   1. S'agenouiller.

   2. Adorer.

Geniculariter. - à genoux.

Genicularius. - (< gĕna), qui concerne le visage.

Geniculatio. - génuflexion.

Geniculum, genuculum, jeniculum, geniclum. -

   1. Degré de parenté.

   2. Classe, section, degré.

   3. Horoscope.

Genimen. - génération.

Geniolus. - ingénieux, subtil.

Genipereta. - endroit où le genévrier abonde.

Geniscus. - lutin, génie.

Genitalitas. - sexe, acte sexuel.

Genitaria, genitiaria. - (pl) ; (n), animaux d'élevage.

Genitiaria. - *idem* genitaria, atelier de femmes

Genitium. -

   1. Patrimoine.

   2. Atelier de femme

Genitor. - bisaïeul.

Genitum. -

   1. Progéniture.

   2. Origine, point de départ.

Genitura. - *idem* genitum2.

Genitus. - agenouillé, à genoux.

Genius. -

   1. Éclat, splendeur.

   2. Caractère.

   3. Ange.

Genizarus. - janissaire.

Gennatus. - sorte d'étoffe.

Genobardum. - *idem* gernonus.

Genocolales. - armure qui protège les genoux.

Gens. -

   1. Race, nation.

   2. Territoire national ou tribal.

   3. Païens (avec réf. aux Sarrasins).

   4. (pl), gens, parents.

   5. Vassaux.

   6. Soldats ; (*gentes armorum*), homme d'armes.

   7. Gens, habitants.

Genta. -

   1. *Idem* ganta, oie sauvage.

   2. Gendre.

Gentacula. - *idem* gentaculum.

Gentaculum, genticulum, gentacula. - petit déjeuner.

Gentia. - jante de roue.

---

[1] γενέθλιος : « qui concerne la naissance ».

Genticulum. - *idem* gentaculum.

Gentilia. - noblesse.

Gentilicius, gentilitius. - de païen, de barbare.

Gentilis. -
1. Noble.
2. Beau, élégant, cultivé.
3. De la même race, de la même nation.
4. (pl), *gentiles*, ceux qui ne sont pas romains, les étrangers.
5. Païens, idolâtres, les gentils.
6. (*gentiles peregrini*), espèce de faucons, faucons pèlerins.

Gentilitas. -
1. Le paganisme.
2. Les païens.

Gentiliter. - à la manière des païens, comme les *gentils*.

Gentilitius. - *idem* gentilicius.

Genu. -
1. Genou.
2. (< *gĕnĭcŭlus*), coude.
3. (< *gĕnŭ*[1]), degré de parenté.

Genua. - habit descendant jusqu'au genou

Genuale. -
1. Jarretière.
2. Armure qui protège les genoux.

Genuarium. - portion de terre en forme de coude.

Genuarius. - qui fléchit les genoux.

Genuclare. - fléchir les genoux, faire une génuflexion.

Genuculum. -
1. *Idem* geniculum.
2. Genou.

Genuflectile, genuflexorium. - prie-Dieu.

Genuflexorium. - *idem* genuflectile.

Genuflexum, genuflexus. - génuflexion.

Genufragium. - instrument de torture pour briser les genoux.

Genuino. - par droit de naissance.

Genuinum. -
1. Ce qui engendre.
2. Ce qui est propre à.
3. Naissance.

Genuinus. - de l'instinct charnel.

Genuitas. - naissance, race.

Genula. - joue.

Genullum. - postérité, héritiers.

Genus. -
1. Mesure étalon.
2. Gendre.
3. Genre, sorte.

Genutenus. - jusqu'au genou.

Genziva. - gencives.

Geographare. - décrire la terre.

Geola, gaola, gayola. - geôle, prison.

Geolagium. - *idem* gaiolagium, droit dû au geôlier pour la garde et le soin du prisonnier, anc fr[2] *jaiolage*.

Geolaria. - droit que devait payer au seigneur ceux qui étaient mis en prison.

Geolarius, geolerus, geulerius. - geôlier.

Geolerus. - *idem* geolarius.

Geomantia, geumantia. - géomancie.

Geomanticus, geumnaticus. -
1. De géomancie.
2. (subs), devin, sorcier.

Geometricalis. - qui se rapport au géomètre.

Geometricare. - mesurer.

Gera. - potion.

Geracis. - épervier.

Gerada. - chez les Saxons, tout ce qui est à l'usage d'une femme, vêtements, bijoux, etc.

Geramen. - assemblée secrète, conciliabule.

Geranium. - (< γέρανος)[3], grue (machine).

Gerarcha. - chef.

Gerax. - épervier.

---

[1] Avec le sens de nœud d'une tige.
[2] Godefroy.

[3] γέρανος: « grue, oiseau , et aussi machine à enlever les fardeaux ».

Gerba. -
1. *Idem* garba, gerbe, redevance pour la récolte.
2. (< *herba*), prairie

Gerbagium. - *idem* garbagium, redevance acquittée en gerbes.

Gerbagum. - *idem* garbagium.

Gerbaria. - *idem* garbagium.

Gerberia. -
1. *Idem* garbagium.
2. *Idem* garberius, grange à blé, anc fr[1], *gerberie*.

Gerberius. - *idem* garberius.

Gerbidus. - (< *herba*).
1. De l'herbage.
2. (*gerbida* terra), herbage.

Gerbinus. - (< *herba*), (*gerbina* terra), herbage.

Gerbora. - gerbe, botte.

Gerbum, gerbus. - herbage.

Gercia, gercis. - jeune brebis, anc fr[2], *jarse, Cf. germgia*.

Gercis. - *idem* gercia.

Geresuma. - *idem* gersuma.

Gerfalchus. - *idem* gerfalco, gerfaut.

Gerfalco, gerofalco, girofalco, gerfalcus, gerfalchus, gerfaudus, giffardus, girfalco, grifalco, grio. - gerfaut.

Gerfalcus. - *idem* gerfalco.

Gerfaudus. - *idem* gerfalco.

Gergenna. - bâton placé en travers des anses d'un réceptacle pour le verrouiller.

Gergometum. - mauvais vin, vin éventé.

Geria. - hospice de vieillards.

Gerillum. - *idem* garillum, barrière, palissade.

Gerima. - gerbe.

Gerla. -
1. Berle (plante).
2. (< *gĕrŭla*), récipient pour le vin.
3. (< *gĕrŭla*), corbeille.

Gerlanda. - *idem* garlanda, guirlande.

Gerlonus. - (< *gĕrŭla*), sorte de corbeille, anc fr[3], *gerle*, « grande cruche ».

Germanicus. - double, accouplé.

Germanitas. - réunion de frères au sens spirituel.

Germaniter. - fraternellement, sincèrement.

Germanitus. - sincèrement.

Germanus. - frère, moine.

Germgia, germia. - brebis qui n'a pas encore porté, anc fr[4], *germe*.

Germia. - *idem* germgia.

Germinare. -
1. Pousser, croître.
2. Produire, engendrer.

Germinativus. - qui fait germer.

Germion. - levure.

Germota. - fagot, botte (ou sorte de mesure).

Germundus. - sorte de navire.

Gernaria, giara, guira. - sorte de récipient : jarre.

Gernarium. -
1. (< *carnārĭum*), ossuaire, charnier.
2. *Idem* granarium1, grenier.

Gernatus. - ouvert.

Gernerium. - *idem* granarium1.

Gernetta. - *idem* granatus, grenat, pierre précieuse rouge.

Gernobada. - *idem* gernonus.

Gernobadatus, grenobadatus. - celui qui a une longue barbe, anc fr[5], *guernnoné*.

Gernobita. - imberbe

Gernoboda. - *idem* gernonus.

Gernonus, gernobada, gernoboda, genobardum. - moustaches, anc fr[6], *grenon, gernon*.

Gernus. - gendre.

---

[1] Godefroy.
[2] id.
[3] id.
[4] id.
[5] Roquefort.
[6] Godefroy.

Gero. - bas de vêtement.

Gerocomium, gerontecomium, geroto-mium, grocomium. - hospice de vieillards.

Gerofalco. - *idem* gerfalco, gerfaut.

Geroillum. - *idem* garillum barrière, palissade.

Geroldinga. - sorte de fruit, de pomme.

Geron. - prêtre, vieillard.

Gerona. - pièce de terre (peut être triangulaire, en pointe), (Angleterre).

Geronta. - nourrice.

Gerontecomium. - *idem* gerocomium.

Gerontus. - vieillard, vieille femme.

Geroprepes, jeruprepes, hieroprepes. - (< ἱεροπρεπής)[1], divin, sacré.

Gerotomium. - *idem* gerocomium.

Gerra. -
1. Barrière, balustrade, grille à hauteur d'appui.
2. Guerre.
3. Errant.

Gerria, jarria. - garrigue.

Gerruli, giroli. - sorte de poisson.

Gersa. -
1. Blanc d'Espagne, céruse.
2. Fange, boue.
3. Maladie du cheval.
4. Amidon (Angleterre)

Gersacra. - *idem* grasacra, labour ou autre service en échange de droits de pâturage (Angleterre).

Gersare. - *idem* gersal.

Gersoma. - *idem* gersuma.

Gersuma, gersoma, geresuma, girsuma, gressuma, grassuma, gersoma, grisuma, grossoma. - (< gœrsuma)[2].
1. Compensation en nature, amende (Angleterre).
2. Pension alimentaire.
3. Dépense.

Gerthum. - *idem* girthum, sangle de selle (Angleterre).

Gerula. - (< gĕrŭla).
1. Hotte.
2. Récipient pour le vin, mesure pour les liquides.
3. Nourrice.
4. Coupe à boire.

Gerulanus. - porte-faix.

Gerullium. - *idem* garillum barrière, palissade.

Gerullum. - *idem* garillum.

Gerulphus. - loup-garou.

Gerulum. - (< gĕrĕre).
1. Porteur.
2. Reliquaire portatif.

Gerulus. - porteur d'une lettre.

Gerusa. - aiguillon.

Gesa. - (< gœsa), javelot.

Gesdium. - guède.

Gesina, gesma. -
1. Accouchement d'une femme, gésine.
2. Arrêt d'activité, chômage.

Gesma. - *idem* gesina.

Gessa. - *idem* gessum.

Gessara. - *idem* gessum.

Gessia. - sorte de légume : gesse.

Gessido. - ennemi.

Gessum, gessa, gessara, gæsum, gesum. - (< gœsa).
1. Sorte de pique, d'arme des gaulois.
2. Javelot.

Gesta. -
1. *Idem*, gistium, gîte, droit de gîte.
2. Récits, histoire, titre de donation, procès-verbaux.
3. (< gist)[3], levure de bière.
4. *Idem* gessum.

Gestabilis. -

---

[1] ἱεροπρεπής : « digne d'une personne sainte ».

[2] A.S : gœrsuma, « dépense, trésor, amende ».

[3] A.S : gist, « levure ».

1. (< *gestāre*), portatif.
2. (*g. cœlum*), globe céleste.

Gestamen. -
1. Sceptre.
2. (*g. cunale*), berceau.

Gestans. - parrain qui *porte* l'enfant à baptiser dans ses bras.

Gestare. - (< *gestāre*).
1. Faire porter, contenir (dans un texte).
2. (*g. canticum*), composer, chanter un cantique.

Gestari. - litière ou transport à cheval.

Gestarium. - *idem* gestatorium, béquille.

Gestarius. -
1. Porteur.
2. Nourriture, mets.
3. Litière ou bière pour transporter les morts.
4. Bât de transport.

Gestarolum. - *idem* gestatorium, béquille.

Gestatio. -
1. L'action d'être transporté.
2. Le lieu où l'on est transporté.

Gestatorium, gestarium, gestiarum, gestarolum -
1. (< *gestāre*), béquille.
2. (*gestatorium cunarum*), berceau.

Gestatorius. -
1. Qui sert à porter.
2. (*sella gestatoria*) litière.
3. Qu'on peut déplacer, portable.
4. Béquille.

Gestiarum. - *idem* gestatorium, béquille.

Gesticularius. - gesticulateur qui exprime sa pensée par des gestes.

Gesticulatio. - comportement du corps, posture.

Gesticulosus. - plein d'entrain.

Gestio. - orgueil, vanité.

Gestire. - faire, produire.

Gestium. - *idem*, gistium, gîte, droit de gite.

Gestor. - (*g. negotiorum*), agent de négoce, courtier.

Gestorium. -
1. Plat de viande.
2. Petit lit ; grabat.

Gestre. - variété de bois : ébène.

Gestrum. - (< κέστρα)[1], dague.

Gestum. -
1. *Idem*, gistium, gîte, droit de gîte.
2. Fête (pour Noël, de funérailles).
3. *Idem* gesta3, levure.

Gestura. - manière d'agir, procédé, méthode.

Gestus. -
1. Attitude, comportement vestimentaire
2. Actes ; (*g. monachales*), archives d'un monastère.
3. Gestion, administration.
4. Habit.
5. (< ?), enterrement.

Gesum. - *idem* gessum.

Geta. -
1. *Idem* gita, taxe, répartition d'impôt (Espagne).
2. Goth.

Geteya, geticium, jettea. - jetée, brise-lames.

Gethinctha. - (< *geþing*)[2], tribunal.

Geticium. - *idem* geteya.

Getta. - petite maison ou magasin en longueur ou en saillie.

Gettus. - piège à lacet pour faucon.

Getula. - récipient en bois, hotte.

Geulerius. - *idem* geolarius, geôlier.

Geumantia. - *idem* geomantia, géomancie.

Geumnaticus. - *idem* geomanticus.

---

[1] κέστρα : « poinçon ».

[2] A.S : *geþing*, « assemblée ».

Geusi. - les gueux, noms donnés aux calvinistes ou luthériens de Flandres au XVIème siècle.

Geusiæ. - joues, anc fr[1], *jeues*.

Gevelina, giavarina, giavelotus, gibilina, gieverina. - sorte de lance ou de pique : javeline.

Gewere. - sorte de monnaie des Flandres au XIIIème siècle.

Gexta. - *idem* gistium, gîte, droit de gîte.

Gextum. - *idem*, gistium.

Geyssum. - plâtre.

Gherra. - terre inculte, broussaille, friche.

Ghestum. - *idem* gestum2, fête.

Ghiaria. - (< *glārĕa*), gravier (Italie).

Ghiazerino. - sorte de vêtement militaire.

Ghigetum. - digue, barrage (Italie).

Ghilanda. - *idem* ghirlanda.

Ghildhalla. - *idem* gildhalla, halle d'une gilde.

Ghirlanda, garlanda, ghilanda. - guirlande (Italie).

Ghiro, guiro, giro. - (< *gȳrāre*), ceinture. (Italie).

Gialda. - *idem* gildhalla, halle d'une gilde (Angleterre).

Gialeta, galleta, galeda, galea, jalea. -
1. Sorte de récipient, broc.
2. Mesure pour les liquides.

Giallus. - jaune (Italie).

Gialnisco. - type de cheval dit de Naples, anc fr[2], *genet, gensest d'Espagne*, « petit cheval prompt à la course »

Giara. - *idem* gerraria sorte de récipient : jarre (Italie).

Giardinarius. - jardin (Italie).

Giavarina. - *idem* gevelina, sorte de lance ou de pique : javeline (Italie).

Giavella. - gerbe, javelle (Italie)

Giavelotus. - *idem* gevelina.

Giba. -
1. Fardeau, charge d'un poids déterminé, anc fr[3], *gibe*.
2. Châsse, reliquaire.

Gibacaria, gibaceria, gibasserius, gibesserius. - gibecière.

Gibaceria. - *idem* gibacaria, gibecière.

Gibasserius. - *idem* gibacaria.

Gibba, gubba, gumba. - protubérance, bosse.

Gibbatus. - *idem* gibborosus, bossu.

Gibberosus. - *idem* gibborosus.

Gibbo. - *idem* gibo, redingote.

Gibborosus, gibberosus, gibbosus, gibbatus. - bossu.

Gibbositas. - bosse, tumeur, gibbosité.

Gibbosus. - *idem* gibborosus, bossu.

Gibelini et **Guelfi**. - noms données aux deux factions qui se déchirèrent en Allemagne et en Italie au XIIIème siècle.

Gibellinitas. - parti des Gibelins.

Gibellinus. -
1. De zibeline.
2. Gibelin.

Giberia. - gibecière.

Gibesserius. - *idem* gibacaria, gibecière.

Gibetum. - gibet.

Gibicere, gibostare. - chasser, particulièrement les oiseaux, anc fr[4], *gibecer*.

Gibiettum. - temps de la chasse.

Gibilina. - *idem* gevelina, sorte de lance ou de pique : javeline.

Gibisserium. - bourse.

Gibo, gibbo, gippo, gippus. - redingote.

Gibostare. - *idem* gibicere.

Gibra. - être humain.

Gietivus. - qui n'a pas comparu devant la justice, qui a fait défaut.

Gietus. - *idem*, gistium, gîte, droit de gîte.

Gietz. - peut être seuil de maison ?

Gieverina. - *idem* gevelina.

Giezia. - le crime de Giezi : la simonie.

---

[1] Roquefort.
[2] id.
[3] Godefroy.
[4] Roquefort.

Giezita. - celui qui à l'instar de Giezi accepte de l'argent.

Giezota. - disciple de Giezi.

Giffardus. - *idem* gerfalco, gerfaut.

Giffare. - signal indiquant que le bien a été mis sous séquestre par l'ordre du trésor, du fisc.

Giga. -
1. Sorte d'instrument de musique à vent, anc fr[1], *gige*, *gigue*.
2. (< *guiggia*)[2], anse du bouclier, anc fr[3], *guige*, *guiche*.

Gigantinus. - de géant.

Gigare. - jouer du violon.

Gigarius. - violoniste.

Gigator. - domestique, employé à gages.

Gigliatus, giliatus. - monnaie d'argent ou d'or frappée sous Louis XIV, avec au revers une croix composées de huit lettres « L » avec des fleurs de lys, pour la pièce d'or, « les Italiens lui donnèrent le nom de Fiordaliso d'oro et *Gigliato d'oro* »[4].

Gigna. -
1. Exercice gymnastique.
2. (< *gingīva*), gencive.

Gignacium, ginatium. - gymnase.

Gignadius. -
1. Acrobate, jongleur.
2. Écolier, étudiant.

Gignentia. - génération, naissance.

Gignitio. - engendrement, génération.

Gigottus. - petite monnaie de Cambrais, « pièce de cuivre valant un demi liard, frappée au XVIème et XVIIème siècle : gigot »[5].

Gilbogus. - nourrisson survivant brièvement à la naissance, mais non mort-né (île de Man).

Gilbosus. - (< *gibbōsus*), bossu.

Gilbus. - (< *gilvus*), couleur jaune.

Gilda, gelde, guilda, guelda, gulda, gildia, gildonia, gueuda. - (< *gild*)[6].
1. Gilde, fraternité, association (d'entraide ou commerciale ; corporation).
2. Réunion d'une gilde, beuverie.
3. Le commun, l'ensemble des roturiers.

Gildabilis. - membre de la gilde ou assujetti à la gilde.

Gildagium, gildum, guldagium, gulta. - redevance, impôt.

Gildalis. - *idem* gilda1.

Gildare. - *idem* geldare.

Gildhalla, gildhaula, ghildhalla, guihala, guilhaula, guilhalla, gialda, gyalda. - halle d'une gilde de marchands, des marchands de la Hanse.

Gildhaula. - *idem* gildhalla.

Gildia. - *idem* gilda.

Gildo, gildonium, gellonia. - membre d'une gilde.

Gildonia. -
1. *Idem* geldonia, gilde, confrérie, réunion d'une frairie.
2. *Idem* gilda.

Gildonium. - *idem* gildo, membre d'une gilde.

Gildum, gildus. - amende.

Gildum. - *idem* gildagium.

Gildus. - *idem* geldum.

Giliatus. - *idem* gigliatus.

Gilio. - cousin germain.

Gilium. -
1. Sorte d'ornement.
2. Lys (Italie).

Gilla. -
1. Tromperie, fourberie, anc fr[7], *guile*, *gile*.

---

[1] id.

[2] Ital : *guiggia*, « courroie ».

[3] Godefroy.

[4] A. Frey.

[5] id.

[6] A.S : *guild*, « société ou association où les paiements sont effectués par contributions mutuelles ».

[7] Godefroy.

2.   (< *gilla*)[1], serviteur (Irlande).

Gillo. - *idem* gella, grande cruche ; (fig) un rustre.

Gillonarius. - caviste.

Gillonarius. - fonctionnaire, officier du palais chez les Wisigoths.

Gillus. - récipient d'un quart de pinte, *Cf. gella*, (Angleterre).

Gilstrio. - celui qui est assujetti au paiement du *gildum*.

Gilto. - *idem* gelta, mesure pour le vin.

Giltwite. - (<*gilt- wite*)[2], amende.

Gimaresta. - variété de vigne.

Gimbosus, gimbus. - bossu.

Gimbra, gymbra. - jeune brebis (Angleterre).

Gimbus. - *idem* gimbosus, bossu.

Gimnaremus. - variété de vigne.

Gimpla. - vêtement un peu ample de femme.

Ginatium. - *idem* gignacium, gymnase.

Gindon. - (< *sindōn*), sorte d'étoffe.

Ginestus. - genêt.

Gineta. - droit de couper le genêt sur les terres du seigneur.

Ginetheria. - sorte de lance ou de javelot, anc fr[3], *genataire*.

Gingiber, gingibretum. - gingembre.

Gingibretum. - *idem* gingiber.

Gingipedium. - scorbut.

Gingritus, gingrum. - cri des oies.

Gingrum. - *idem* gingritus.

Ginibrera. - endroit planté de genévriers.

Ginochium. - genou (Italie).

Ginoflata. - giroflée.

Gioia. -
1.   Joie.
2.   Gemme, pierre précieuse.

Giola. - *idem* gaiola, geôle.

Giornea. - manteau militaire (Italie).

Giostra. - joute, tournoi (Italie).

Giostrare. - jouter.

Giota. - (*g. bladi*), blé vanné pour en retirer les impuretés et faire la mesure correcte exigée par le seigneur.

Giova. - supplice pour les blasphémateurs auxquels on arrache la langue.

Giovaticum. - gain, profit (Italie).

Gipo, gippo, giponus. - pourpoint assez court.

Giponus. - *idem* gipo.

Gippegius. - plâtrier.

Gipperosus. - bossu.

Gippo. - *idem* gipo.

Gippum, gissum, gistium, gistius. - (< *gypsum*), plâtre.

Gippus. -
1.   *Idem* gibo, redingote.
2.   Voleur.

Gipsa, gypsa, gipsus. -
1.   Jambe de bois.
2.   (< *dipsăs*), serpent, dragon.

Gipsura. - plâtré (Angleterre)

Gipsus. - *idem* gipsa.

Giraculum. - moulinet, jeu d'enfant.

Girafa. - girafe.

Girare. - entourer, tourner, aller autour.

Giratim. - en tournant.

Girca. - albâtre.

Girdalium, gridillum. - gril.

Girdella. - (< *gyrdel*)[4], ceinture.

Girella. - sorte de poisson.

Girens. - garant, répondant, caution.

Girestus. - cornet à dés.

Girfalco. - *idem* gerfalco, gerfaut.

Girgathum. - lit de force pour les fous.

Girgillus. -
1.   Poulie à gorge.
2.   Pivot, dévidoir, rouet.

Girlanda. - *idem* garlanda.

Giro. -
1.   *Idem* gyro, pan.

---

[1] Irl : *gilla*, « serviteur ».
[2] A.S : *wite*, « amende », *gilt*, « faute ».
[3] Godefroy.
[4] A.S : *girdel*, « ceinture ».

2. *Idem* ghiro, ceinture.

3. Enceinte d'une ville, la défense qui l'entoure.

Girofalco. - *idem* gerfalco, gerfaut.

Giroli. - *idem* gerruli, sorte de poisson.

Girpiscere. - renoncer à la possession de quelque chose, abandonner.

Girsuma. - *idem* gersuma.

Girthum, gyrthum, gerthum, garthum. - (< *gjörð*)[1], sangle de selle (Angleterre).

Gisare. - être allongé, reposer, gésir.

Gisarma, guidarma, guisarma, guisiarma, gysarum. - sorte de hallebarde, de pique, anc fr[2], *guisarme*.

Giscellus, gistellus. - endroit d'une rivière où l'on a placé des pieux pour la pêche, anc fr[3], *guidel*, pêcherie.

Gisel. - témoin.

Giselon. - pointe en fer de flèche.

Gisiles. - témoins d'un accord ou otages gardés en garantie d'exécution du pacte.

Gisina. - accouchement.

Gissum. - *idem* gippum, plâtre.

Gista. -
1. *Idem* gistium, gîte, droit de gîte.
2. (*g. aquæ*) jet d'eau ; barrage retenant un étang (Angleterre).
3. Poutre, solive (Angleterre).

Gistamentum. -
1. Ensemble de solives (Angleterre).
2. Agitation, dérangement des animaux (Angleterre).

Gistellus. - *idem* giscellus.

Gistium, gista, gexta, gistum, gesta, gestium, gestum, gextum, gietus. - gite, droit de gîte.

Gistium. - *idem* gippum, plâtre.

Gistius. - *idem* gippum.

Gistum. - *idem*, gistium, gîte, droit de gîte.

Git. - nielle.

Gita, geta, gitagium. - taxe, répartition d'impôt (Espagne), anc fr[4], *giet*, « redevance annuelle, sorte de taille répartie sur tous les habitants pour répondre à des dépenses communes ».

Gitagium. - *idem* gita.

Gitare. - mettre dehors, chasser.

Giteia. - saillie, protubérance.

Giternarius. - joueur de guitare, ménestrel.

Githserus, guthsera. - (< *gitsere*)[5], gourmand, avide.

Giudicium. - action judiciaire, justice (Italie).

Gizeria. - (< *gĭgērĭa*), gésier de poulet.

Glabella. - (< *glăbellus*), espace sans pilosité entre les deux sourcils.

Glaber. - chauve.

Glaciæ. - (pl), froid, glace.

Glacialis. -
1. Gelé, glacé.
2. (subs), globe oculaire, *cristallin* (Angleterre).

Glacialiter. - sous forme de glace.

Glaciare. -
1. Se glacer.
2. Être dévié, glisser (Angleterre).

Gladialiter. - comme par un glaive.

Gladiare. - *idem* gladire.

Gladiarius. - celui qui fabrique des épées.

Gladiatio. - action de frapper avec l'épée.

Gladiator. -
1. Champion dans un duel.
2. Bourreau.
3. Officier porte glaive.
4. Bandit, assassin.
5. Fourbisseur (de glaives en particulier).

Gladiatorium. - combat en duel.

---

[1] Isl : *gjörð*, « ceinture, sangle de selle ».
[2] Godefroy.
[3] id.
[4] id.
[5] A.S : *gitsere*, « cupide, gourmand ».

Gladiatura. -
1. Combat à l'épée.
2. Joute, tournoi.
3. Etat de chevalier.

Gladiatus. - (adj), armé d'une épée.

Gladifer. - porte-glaive (dignité à la cour).

Gladiolum, glodius. - glaïeul.

Gladire, gladiare. - frapper du glaive, transpercer.

Gladius. -
1. Glaive, droit de glaive, juridiction complète d'un seigneur ; le pouvoir de justice.
2. (*g. spiritualis*), juridiction ecclésiastique.
3. Lame de glaive ou de couteau.
4. (*g. cereus*), cierge de la plus haute variété.
5. Sexe viril.

Glæba. - *idem* gleba.

Glaga. - claie, grille.

Glaiola. - glaïeul (ou lieu où les glaïeuls abondent).

Glaius, glaiva, glaivus. -
1. Épée, lance.
2. Cavalier armé de lance.

Glaiva. - *idem* glaius.

Glaivus. - *idem* glaius.

Glana. - *idem* glena.

Glanare. - *idem* glenare, glaner.

Glanator, glaniator. - glaneur.

Glanatrix. - glaneuse.

Glanda, glandemia, glandium. - glandée.

Glandacium. - *idem* glandagium.

Glandagium, glandacium, glandaticum, glandatorium. - droit payé pour la pâture des porcs dans les bois, anc fr[1], *glandage*.

Glandaretum. - lieu où les glands abondent.

Glandaria. - gland de chêne et tout fruit qui lui ressemble.

Glandatica. - (pl) ; (n), lieux où l'on peut aller à la glandée.

Glandaticum, glandaticus, glandeticus. - glandée, redevance pour la glandée, permission d'envoyer les porcs en forêt pour la glandée.

Glandatio. - action de récolter le gland, récolte du gland.

Glandatorium. - *idem* glandagium.

Glandeiare. - mener les porcs à la glandée.

Glandemia. - *idem* glanda, glandée.

Glandeticus. - *idem* glandaticum

Glandis. -
1. *Idem* glandaria.
2. Partie supérieure du rempart de fortification des villes.

Glandium. - *idem* glanda, glandée.

Glando. - gland.

Glandolarius. - de grêle.

Glaniare. - glaner.

Glaniatio. - action de glaner.

Glaniator. - *idem* glanator, glaneur.

Glans. -
1. Gland.
2. Taillis de chênes.
3. Grosseur, protuberance.

Glantus. - blanc.

Glanum. - fruit du hêtre, du chêne, du châtaignier.

Glara, glaretum. - (< *glārĕa*), gravier, gravière.

Glarea. -
1. Gravier.
2. Blanc d'œuf, glaire.
3. Chair de raisin (Angleterre).

Glarecta. - ornement de casque.

Glaretum. - *idem* glara.

Glareus. - argileux.

Glaris. - affabulateur.

Glarius. - d'argile.

---

[1] Roquefort.

Glasiacus, glasius, glassus, glasus. - sonnerie de toutes les cloches ; puis, glas des morts.

Glasius. - *idem* glasiacus.

Glassa. - (< *glæsum*), vernis (Angleterre).

Glassanus. - sorte de truite (Espagne).

Glassus. - *idem* glasiacus.

Glastum. - guède.

Glasus. - *idem* glasiacus.

Glatia. - esplanade, glacis.

Glatilare, glatire. - aboyer, anc fr[1], *glatir*, « crier, hurler ».

Glatire. - *idem* glatilare.

Glauca. - (< γλαύξ)[2], chouette.

Glaucedo. - couleur jaune grisâtre.

Glaucicomus. - (< *glaucĭcŏmans*), vert.

Glaucitas. -
1. Couleur glauque.
2. Taie, cataracte.

Glaucividus. - où l'on voit dans le noir, ténébreux, sombre.

Glaucomen. - (< *glaucŏma*), glaucome.

Glaucumeus. - (< *glaucus*), verdâtre, glauque.

Glaucus. - sorte de poisson de couleur vert-bleu : pélamide.

Glava. - *idem* glavea.

Glavarina. - javelot.

Glavea, glavia, glavium, glavius, glavia, glava. - lance, javelot, anc fr[3], *glave*.

Glavia. - *idem* glavea.

Glaviolus. -
1. Petite lance.
2. Homme armé d'une lance, anc fr[4], *glavelot*.

Glavis. -
1. Bûcher.
2. Clôture, palissade.

Glavium. - *idem* glavea.

Glavius. - *idem* glavea.

Gleba, glæba, gliba. -
1. Terre, fonds, ferme.
2. Domaine, biens ecclésiastiques, terre donnée en dot à une église.
3. Poignée, botte, faisceau, motte de terre, (symboles de transactions de fonds).
4. Tourbière.
5. Cadavre, dépouille.

Glebalis. - (*g. terra*), bien ecclésiastique

Glebariæ. - charbons de terre, tourbe.

Glebarius. - (subs) ; (pl), *glebarii*, serfs attachés à la glèbe.

Glebaticus. - (*glebatica. servitus*), état de serf attaché au fonds et transmissible comme lui.

Glebo. - laboureur, travailleur de la terre.

Glebotenus. - à pied.

Glegellatus. - orné de fleurs de lys.

Gleinator. - glaneur.

Glena, glana. -
1. Glane.
2. Faisceau de flèches.

Glenagium. - terre mise en culture.

Glenare, glanare, gleniare. - glaner.

Gleniare. - *idem* glenare, glaner.

Glenna. - botte, gerbe.

Glenum. - blé, céréale.

Glera. -
1. Glaise, marne.
2. Gravier, gravière.

Glesia. - église (Provence).

Glesiasticum. - bénéfice ecclésiastique.

---

[1] Godefroy.

[2] γλαύξ : « chouette, oiseau de nuit ».

[3] Godefroy.

[4] id.

Glessum, glesum. - ambre jaune.

Glesum. - *idem* glessum.

Gleva, gliba. - *idem* gleba2, domaine, biens ecclésiastiques.

Glevaria. - gravière.

Gleya. - église, chapelle.

Glezinus. - *idem* glizinus, de toile blanche.

Gliba. - *idem* gleba2.

Glimus. - ver luisant.

Gliphaticus, glisaticus, glizaticus. - de toile blanche.

Glirius. - stupide.

Glis, glitis. - terre glaise.

Glisa. - *idem* glizum, lin fin, toile blanche.

Glisaticus. - *idem* gliphaticus, de toile blanche.

Gliscere. -
1. Gonfler, se remplir, grandir.
2. Flamboyer, briller.
3. Souhaiter, désirer.
4. Avoir hâte (de).

Glischromarga. - marne.

Glisdum. - *idem* glizum, lin fin, toile blanche.

Glisegius. - marguillier, anc fr[1], *gliseur.*

Gliseria. - marnière.

Glissera. - table.

Glissis. - sorte de jeu de cartes, anc fr[2], *glic.*

Glisum. - *idem* glizum, lin fin, toile blanche.

Gliteus. - de craie, crayeux.

Glitis. - *idem* glis.

Glitosus. - argileux.

Glitzum. - *idem* glizum.

Glizaticus. - *idem* gliphaticus, de toile blanche.

Glizinus, glezinus. - de toile blanche.

Glizum, glizzum, glisum, glisa, glisdum, glitzum. - (< *glisian*)[3], lin fin, toile blanche.

Glizzum. - *idem* glizum.

Gloa. - pièce de bois, bûche, anc fr[4], *gloe.*

Globa. -
1. Liaison, rapprochement.
2. Total, somme.
3. (*in una g.*), en bloc.

Globare. - *idem* globisare.

Globisare, globare. -
1. Jouer aux boules
2. Réunir en un seul ensemble

Globorare. - (< *corrōbŏrāre*), fortifier.

Globositas. - montuosité.

Globulare. - jouer aux boules.

Globulatio. - jeu de boules.

Glocca, glocum, glogga. - cloche.

Gloctorale. - cri de la cigogne.

Glocum. - *idem* glocca, cloche.

Glodius. - *idem* gadiolum, glaïeul.

Glodus. - clou.

Gloerius. - celui qui fend un tronc d'arbre en bûches, (*Cf. gloa*).

Glogga. - *idem* glocca, cloche.

Gloma. - aiguille.

Glomellus. - petite balle.

Glomerellus. - garçon étudiant la grammaire.

Glomeria. - grammaire.

Glomerum. - manteau pastoral.

Glomex. - (< *glūma*), pelote.

Glomicellus. - petite boule, petite balle (de laine).

Glomo. - instrument rond que le l'on met dans la bouche pour la maintenir ouverte.

Glora. - la terre.

Gloria. -
1. Gloire de Dieu, des élus.
2. Démonstration d'honneur (adressée à un grand personnage).

---

[1] Godefroy.
[2] id.
[3] A.S : *glisian*, « briller », anglais *glitter.*
[4] Godefroy.

3. Nom de la 8ᵉᵐᵉ des neuf parties de l'hostie dans la liturgie mozarabe.

Gloriantissimus. - très glorieux (titre honorifique à un évêque.

Gloriare. -
1. Glorifier, exalter.
2. (*g. se*), se glorifier.

Glorietta. - pièce haute dans une tour, gloriette.

Glorifer. - qui apporte la gloire.

Glorificare. -
1. Rendre gloire.
2. Rendre célèbre.
3. Elever à une dignité.

Glorificatio. - affirmation, confession de foi.

Gloriolari. - être plein de vanité.

Gloriose. - avec distinction, honorablement.

Gloriositer. - glorieusement.

Gloriosus. - glorieux, glorifié.

Glos. - (< γαλόως)[1].
1. Belle-sœur.
2. Femme du frère.

Glosa. - *idem* glossa1.

Glosare, glossare. - munir de gloses, de notes.

Glosochomium, glosochomum. - (< γλωσσόκομον)[2], cercueil, niche, tombeau.

Glossa. -
1. Glose, explication, commentaire, annotation.
2. Langue, idiome.
3. (*g. vocabuli*), étymologie d'un mot.
4. Image, modèle, exemple.

Glossare. -
1. *Idem* glosare, munir de gloses, de notes.

2. Mettre à nu, à découvert.

Glossarium. - collection de gloses, glossaire.

Glossator. - commentateur.

Glossatura, glossula, glosa, gloza, glossema. - *idem* glossa1.

Glossatus. - expliqué.

Glossema. - *idem* glossa1.

Glossicus. - de glose, de note.

Glossilla. - petite glose, petite note.

Glossula. - *idem* glossa1.

Glotonus. - vaurien débauché, anc fr[3], *glous, glout.*

Glotorare. - crier comme la cigogne.

Glotta. - (< γλῶσσα)[4], langue.

Gloza. - *idem* glossa1.

Gludum. - *idem* gluen.

Gluen, gluius, gludum. - paille, chaume, anc fr[5], *glui.*

Gluere, gluvere. - (< glūbĕre), écorcer.

Gluius. - *idem* gluen.

Glunire. - exhaler.

Glura. - singe.

Glutinatorium. - colle, glu.

Glutinum. - (*g. familiaritatis*), obligation que l'on a de se joindre aux autres.

Glutinus. - coagulé, agglutiné.

Glutire, -
1. Sangloter.
2. Se marier, épouser.

Glutis. - terre glaise.

Gluto, glutto. - glouton.

Glutrix. - gourmande.

Gluttire. - *idem* glutire1.

Glutto. - *idem* gluto.

Gluvere. - *idem* gluere, écorcer.

Glycerius. - doux comme le miel.

Gnaffus, gnafus. - sorte de jeu de dés.

Gnafus. - *idem* gnaffus.

Gnanus, nanus. - nain.

---

[1] γαλόως : « belle-sœur ».
[2] γλωσσόκομον : « boite, coffre, cercueil ».
[3] Roquefort.
[4] γλῶσσα : « langue et organe de la parole ».
[5] Godefroy.

Gnarificatio. -
1. Notification.
2. (pl), discours, entretiens.

Gnarurare. - (< *gnārus*), faire connaître, informer.

Gnaruris. - qui connaît, qui sait.

Gnatare. - (< *gnātus*), engendrer.

Gnaticidium. - meurtre commis sur les enfants, infanticides.

Gnatonicus. - (< *Gnātho*), (*vir g.*), parasite, homme vil.

Gnome. - (< γνώμη)[1], perspicacité, jugement.

Gnomologia. - (< γνωμολογία)[2], expression d'opinions, action de parler par sentences.

Gnomonica. - horlogerie.

Gnostici. - hérétiques, disciple de Nicolas d'Antioche.

Gnosticus. - parfait connaisseur (en parlant des Pères grecs).

Goa, grioa, groa. - sorte de mesure valant trois palmes.

Gobel. - *idem* gobeletus.

Gobeletus, gobelletus, gobel, gobellus, goboletus. - gobelet.

Gobelinus, gobenius. - lutin, démon familier, anc fr[3], *gobelin*.

Gobelletus. - *idem* gobeletus.

Gobellus. - *idem* gobeletus.

Gobenius. - *idem* gobelinus.

Gobettus. - *idem* gobo.

Gobia. - pays, canton en Germanie.

Gobio. - *idem* guvio, espèce de poisson : goujon.

Gobius. - serpette.

Gobo, gobettus. - morceau, petite pièce de (nourriture, bois...).

Goboletus. - *idem* gobeletus, gobelet.

Gobonatus. - (< *gòbbo*)[4], en relief, en métal repoussé en parlant d'un objet d'art.

Gocken. - navire de transport des vénitiens.

Goda. - usage, jouissance.

Godala. - sorte de bière, anc fr[5], *godale*, « sorte bière sans houblon ».

Godandardus, godardus, godendus, goudendardum. - bâton ferré, courte lance dans les Flandres, anc fr[6], *godendart*.

Godardus. - *idem* godandardus.

Godatus. - godet, récipient.

Godebertus. - cotte de mailles.

Godendus. - *idem* godandardus.

Godetus. - tasse, godet.

Godia, godimentum, gocimentum, goldia. - (< *gaudēre*).
1. Jouissance, usufruit.
2. Revenu, rente, profit.

Godimentum. - *idem* godia.

Godire, goldire. - jouir de, avoir la jouissance de.

Gofetus. - *idem* gomphus, gond.

Goffo. - *idem* gomphus.

Gogna. - pilori (Italie).

Gogolacia. - filet de pêche.

Gogravia. - juridiction d'un *Gaugraf*.

Gogravius. - juge de canton (Westphalie).

Gogredum. - (< *gograid*)[7], tamis ; mesure pour les matières sèches (Angleterre).

Goia. -
1. Canton.
2. Sorte de faux, serpe, anc fr[8], *goie*, *goye*.

Goilart. - *idem* goliardus2

Gojo. -
1. Morceau d'étoffe haillon.
2. Pièce de fer en bout d'axe, goujon.

---

[1] γνώμη : « faculté de connaître ».
[2] γνωμολογία : « action de parler par sentences, recueil de sentences ».
[3] Hippeau.
[4] Ital : *gòbbo*, « qui a une bosse, bossu ».
[5] Godefroy.
[6] id.
[7] Gall : *gograid*, « plein tamis ».
[8] Godefroy.

3. *Idem* guvio, variété de poisson, goujon.

Golabius. - *idem* golabus.

Golabrus. - *idem* golabus.

Golabus, golabrus, golabius, golebrus. - sorte de petite embarcation des génois.

Golafrus. - sorte de navire (*idem* golabus ?)

Golafus. - *idem* gulaba, sorte de vaisseau.

Goldia. - *idem* godia.

Goldimentum. - *idem* godia.

Goldire. - *idem* godire, jouir de, avoir la jouissance de.

Golebrus. - *idem* golabus.

Golena. - petit lac (Armorique).

Golerium. - *idem* golerum,

Golerum, golerium. - col de vêtement, anc fr[1], *gole*.

Golffus. - *idem* golfus.

Golfus, golffus. - golfe.

Golia, golola. - tortue.

Goliarda. - fourberie, tromperie.

Goliardensis. - de jongleur, de bouffon.

Goliardia. - métier d'histrion, de jongleur.

Goliardizare. - dire des gaillardises.

Goliardus. -
1. Bouffon, histrion, anc fr[2], *gouliart*.
2. Sorte de monnaie périgourdine : monnaie gaillarde, *goilart*.

Golinus. - couleur de cheval entre le roux et le blanc.

Gollia. - canal, lieu bas d'écoulement des eaux, anc fr[3], *golot*.

Golola. - *idem* golia, tortue.

Golota. - serviteur, familier de la maison.

Golta. - joue.

Gomarus. - homard.

Gombaria. - sorte de navire des vénitiens.

Gombata. - botte de chanvre.

Gombetus. - coin, angle.

Gomeria. - paquet dc laine.

Gomeriaticum. - droit sur la laine.

Gommelli. - hérétiques de la secte de Vaudois.

Gomor. - ancienne mesure pour les liquides.

Gomphium. - cheville.

Gomphus, gumphus, gonfus, gunfus, gonnus, gofetus, goffo, gossetus. - (< γόμφος)[4], gond.

Gomus. - (< *cummi*), gomme.

Goncis. - serrure, grillage de fer.

Gondelarius. - gondolier.

Gondola. - gondole.

Gonella, gonellus. -
1. *Idem* gonnella, habit de peau.
2. Manteau, tunique, anc fr[5], *gonele*.

Gonfalo, gonfano. - bannière, étendard.

Gonfalonerius. - porte étendard ; en Italie, premier magistrat de la ville.

Gonfaneria. - charge et dignité de porte étendard.

Gonfano. - *idem* gonfalo.

Gonfus. - *idem* gomphus, gond.

Gongrus. - sorte de poisson : congre.

Goniculares. - partie de l'armure qui protège les genoux.

Gonicus. - (*gonica prædia*), biens patrimoniaux.

Gonna. -
1. *Idem* gunna1, vêtement de peau.
2. Machine de guerre ou sorte de projectile (Angleterre).

Gonnella, gonella, gunella. - *idem* guna1, habit de peau.

Gonnus. - *idem* gomphus, gond.

Gononus. - poignée, botte, faisceau.

Gontfano. - *idem* guntfano, étendard, bannière.

---

[1] Godefroy.
[2] id.
[3] Hippeau.

[4] γόμφος : «cheville de fer ou de bois pour lier ensemble les pièces d'un navire ».
[5] Godefroy.

Gopillator. - chasseur de renards, anc fr[1], *goupilleur*.

Gora. -
1. *Idem* gara2, parcelle de champ.
2. (< *gòra*)[2], canal, conduit d'eaux pluviales.

Gordana. - instrument de pêche, anc fr[3], *gourdane*.

Gordum, gordus, gortus, gortium, gorgum, gorgia, gors, grodum, gortum. - passage étroit dans une rivière, barrage servant pour la pêche.

Gordus. - *idem* gordum.

Gorellum. - collier de cheval, anc fr[4], *goherel, gorel*, « joug, licou ».

Goretus, gorretus. - oseraie (irriguée par un canal, (*Cf. gora2*).

Gorga. -
1. *Idem* gordum.
2. Lieu couvert de buissons et de ronces, anc fr[5], *gource*.
3. *Idem* gora2, canal.

Gorgale. - *idem* gorgerium.

Gorgas, gorgata. - (< *gòrgo*)[6], tourbillon d'eau.

Gorgata. - *idem* gorgas.

Gorgeria. - *idem* gorgerium.

Gorgerium, gorgeria, gorgale, gorgiale. - pièce d'armure qui protège la gorge : gorgerin.

Gorgia. -
1. *Idem* gordum.
2. Gésier, jabot.
3. Gosier, gorge.
4. Défilé, gorge.

Gorgiale. - *idem* gorgerium.

Gorgiata. - soufflet, coup de poing.

Gorgium. - sorte de mesure agraire de surface.

Gorgon. - le diable.

Gorguæ. - gouttières.

Gorgum. - *idem* gordum.

Gorja. - canal d'écoulement des eaux.

Gormaringa. - sorte de fruit.

Gornardus. - *idem* gornatus.

Gornatus, gornus, gurnardus, gornardus. - poisson de mer : rouget grondin.

Gornus. - *idem* gornatus.

Gorpire. - se démettre de tous ses biens, abandonner, *déguerpir*.

Gorra. -
1. *Idem* gorrassus, variété d'osier.
2. (< *gorro*)[7], sorte de coiffe dont se couvrent la tête et les épaules les Espagnols.

Gorrassus. - variété d'osier.

Gorretus. - *idem* goretus, oseraie.

Gorrinare. - tromper, surprendre.

Gorrinus. - (< *gorrón*)[8], celui qui trompe.

Gors. - *idem* gordum, passage étroit dans une rivière (et servant pour la pêche).

Gorsum. - somme versée en sus de l'amende établie, ou au titre d'un don chez les danois.

Gortium. - *idem* gordum.

Gortum. - *idem* gordum.

---

[1] Hippeau.

[2] Ital : *gòra* « canal de dérivation ».

[3] Godefroy.

[4] id.

[5] id.

[6] Ital : *gòrgo* « endroit où l'eau s'arrête et tourbillonne, ne trouve pas de sortie, et attire vers elle et avale tout ce qui passe » ; latin *gùrges*.

[7] Esp : *gorro*, « morceau de tissu rond ou bonnet tricoté pour couvrir et abriter la tête ».

[8] Esp : *gorrón*, « parasite, homme vicieux qui traite avec les femmes de mauvaises vies ». Les termes *gorro ; gorrón* semblent provenir du basque *gorri*, « rouge », couleur préférée des Basques, et qu'auraient dû avoir les premières « gorro ». A partir de cette coiffe s'est formé le terme *gorrón*, désignant un homme parasite, et désignant ainsi indirectement sans le nommer le basque : C'est le nom de l'étudiant qui porte un bonnet dans les Universités, et va ainsi manger, sans dépenser d'argent. (Diccionario Filológico Comparado De La Lengua Castellana, M. Calandrelli)

Gortus. - *idem* gordum.

Gorum. - sorte de réchaud, de chauffe-rette.

Gorza. - *idem* gurga.

Gossa, goussa. - gousse, cosse.

Gossa, guza, guzia, guzia. - machine de guerre.

Gossa. - *idem* gussa, machine de guerre.

Gossarius. - sorte de monnaie d'or du XIIème siècle.

Gossetus. - *idem* gomphus, gond.

Gossilia. - vêtement de tissu grossier.

Gossipinus. - (< *gossÿpinus*), de coton.

Gossonarium, gothonus. - coton.

Gossum. - tumeur.

Gossus. - espèce de chien, chien mâtin.

Gossypium. - ouate, coton (pour essuyer le front des nouveaux baptisés).

Gostarium. - tombereau.

Gota, gotha, gotina, gotta, grotina. - (< *gutta*), ruisseau, canal.

Gotassa, gotassis, gutta. - maladie de la goutte.

Gotassis. - *idem* gotassa.

Gotera. - *idem* guttura, gouttière, égout.

Goterius. - conduit, canal.

Goteyria, gouteria. - gouttière.

Gotha. - *idem* gota.

Gothacenses, gothenses. - (*g. denarii*), monnaie du XIVème siècle, dite de la ville de Gotha, dont l'emblème était deux couronnes en vis à vis avec l'épigraphe Gotor.

Gothenses. - *idem* gothacenses.

Gothi. - *idem* Guti, les Goths.

Gothonus. - *idem* gossonus.

Goti. - les occitans, dont la région s'appelait *Gothia* à cause des Goths qui avaient envahi le pays[1].

Gotina. - *idem* gota.

Gotium, gutium. - récipient pour liquides.

Gotta. - *idem* guta, gota, canal, ruisseau, rigole.

Gottata. - soufflet, gifle.

Gottefflus. - flacon permettant un écoulement goutte à goutte.

Gotti. - *idem* Guti, les Goths.

Gottina. - *idem* guttina, ruisseau, rigole.

Gouchetum. - moulin à fouler le drap.

Goudalarius. - brasseur de bière, anc fr[2], *godalier*.

Goudendardum. - *idem* godandardus.

Gouding. - assises, conventions où les litiges sont examinés à l'amiable.

Gouemon. - *idem* goumon, goémon.

Gougulator. - prestidigitateur, illusionniste, trompeur, jongleur.

Goumon, gouemon. - goémon.

Gouna, gowna. - (< *gunna*) *idem* guna2, habit.

Gouna. - *idem* guna2, habit.

Gourla, gurla. - poche, bourse, anc fr[3], *gorle*.

Goussa. - *idem* gossa, gousse, cosse.

Gouteria. - *idem* goteyria.

Gouttæ. - gouttes, larmes.

Gouvetarius. - régisseur, intendant.

Gowna. - *idem* guna2, habit.

Goyardus. - serpe emmanchée d'un long manche, anc fr[4], *goiart*.

Goza. - machine de guerre.

Graantagium. - paiement d'une chose achetée à crédit, anc fr[5], *granté*.

Graantare. - promettre sous la foi du serment.

Graantum. - gré.

Grabans. - grabataire.

Grabata. - *idem* gabata1, conque, plat, jatte.

Grabatarius. -
1. Fabricant de lits.

---

[1] « *Par le même nom je crois que l'on désigne les Normands, qui ils ont pillé la Gaule* » (Du Cange).
[2] Godefroy.
[3] id.
[4] Godefroy.
[5] id.

2. *Idem* gravatarius, celui qui reçoit le baptême en danger de mort (sur son grabat).

Grabatarius. - *idem* gravatarius, celui qui reçoit le baptême en danger de mort (sur son grabat).

Grabatum. -
1. Civière.
2. Cercueil.

Grabella. - sorte de navire, (caravelle ?).

Grabotum. - petits grains et fragments de paille emportés par le vent pendant le vannage.

Gracellus. - sorte de récipient.

Grachium. - *idem* garachium, terre novale.

Gracilis, grala. - sorte de trompette aux sons grêles, aigus, anc fr[1], *graile, graille*.

Gracilium. - fil enduit de poix des cordonniers.

Gracilla, gracula. - corneille noire, anc fr[2], *graile*.

Gracillis. - (< *crassus*), grossier, rude (en parlant de tissu).

Gracitare. - crier comme les oies.

Gracula. - *idem* gracilla.

Grada. - mesure agraire de longueur.

Gradale, graduale. -
1. Degré.
2. *Idem* gracalis3, grand plat.
3. Graduel, livre contenant les chants de la messe.

Gradalicantum. - *idem* gradale4.

Gradalis. -
1. (adj), du jour.
2. Du graduel.
3. Grand plat.

Gradare. - juger, rendre justice.

Gradarium, gradatarium, gradium, gradarius. - escalier.

Gradarius. -
1. (adj) et (subs), (cheval) qui marche à l'amble, cheval trotteur.
2. *Idem* gradarium.

Gradatarium. - *idem* gradarium, escalier.

Gradella. - grille, grillage, anc fr[3], *greil, gril*.

Gradere. - (< *grădi*), s'avancer, aller.

Graderius. - annuel.

Gradiarius. - *idem* gradale2.

Gradicia. - (< *crātis*), claies.

Gradilis. - traversée, passage de rivière.

Gradingus. - personne honorée d'un grade, gradué.

Gradipes. - outarde.

Gradire. - se réjouir.

Graditivus. - muni de degrés, d'échelons.

Gradium. - *idem* gradarium, escalier.

Gradive. - en marchant ; (g. *accelerare*), hâter sa marche.

Gradivicola. - (< *grādĭvus*), disciple de Mars, guerrier.

Gradizella. - barrière, grille.

Graduale. - *idem* gradale3.

Gradualis. - du graduel.

Graduare. - conférer des grades universitaires.

Graduarius. - *idem* gradale3.

Graduatio. - action de conférer des grades universitaires, promotion à ces grades.

Graduatus. - gradué, qui a conquis un grade universitaire.

Gradus. -
1. Promotion, nomination à une fonction.
2. Grade universitaire.
3. Degré de parenté ; génération.
4. Plancher, étage de maison.
5. Porche d'église.
6. Boutique, comptoir.
7. Emplacement où un bateau peut aborder, fait *escale* ; port.

---

[1] id.
[2] Hippeau.

[3] Godefroy.

8. Lit de fleuve, embouchure.

9. Bras de mer, ; détroit.

10. Ordre ecclésiastique ; ensemble des prêtres

Græcari. - adopter l'usage grec.

Græcatim. - à la façon des Grecs

Græcatio. - hellénisme.

Græcatus. - mode grecque.

Græcingarius, græcingarium. - vin grec.

Græcisare, græcizare. - parler grec.

Græciscus. -

1. Habitant de la Grèce : grec.

2. Travail grec.

Græcitas. - la langue grecque.

Græcizare. - *idem* græcisare, parler grec.

Græcolatinus. - de rite gréco-latin.

Græcolatio. - idiome composé de mots grecs et des mots latins.

Græcolonus. - interprète grec.

Græcus. - de l'église grecque, ou païen

Grafare. - (< γραφή)[1], écrire.

Grafarius, graferius, grafferius. - greffier, scribe.

Graferius. - *idem* grafarius.

Graffa. - croc, crochet de fer.

Grafferius. - *idem* grafarius, greffier.

Graffiare. - écrire, transmettre, transférer à un autre la possession d'une chose.

Graffilium. - agrafe, crochet.

Graffio. -

1. *Idem* grafio1.

2. *Idem* graffio2.

3. Juge.

4. Stylet.

Graffiolum. - greffe d'un arbre.

Graffonus. - croc, pointe, crochet, anc fr[2], *grafion*.

Grafia. -

1. Écriture.

2. Comté.

Grafio. -

1. (< *gerefa*)[3], préfet ; percepteur de taxes.

2. (< *Graf*)[4], comte.

Grafium. -

1. Stylet.

2. Ecrit.

Graga. - (< *grágán*)[5], district, canton (Irlande).

Gragnola. - grêle.

Grahantum. - *idem* grantum, caution.

Graigus. - (*g. color*), bleu azur.

Graissa. - *idem* grascia, graisse (Italie).

Grala. - *idem* gracilis, sorte de trompette aux sons grêles, aigus.

Grama, gramma. - (< *gràmola*)[6], outil à broyer (le chanvre, le lin).

Gramaculum, gramaculus, gramalius. - crémaillère.

Gramaculus. - *idem* gramaculum.

Gramalius. - *idem* gramaculum.

Gramalla. - sorte de vêtement utilisés pars les laïcs espagnols en Castille.

Gramata, gramatia, gramita, gramatum, gramasia, gramica. - broderie, frange.

Gramatia. - *idem* gramata.

Gramatica, grammateia. - grammaire.

Gramatum. - *idem* gramata.

Gramen. -

1. Herbe, plante.

2. Pâturage.

3. Sorte de mesure, la même que celle des Frisons appelée *graes*, comprenant 240 verges, dont chacune contient 14 pieds.

Gramica. - *idem* gramata.

Gramigna. - (< *grāmĕn*), sorte de lèpre, impétigo, (qui se propage comme de l'herbe, d'où l'appellation).

---

[1] γραφή, « action d'écrire ».

[2] Godefroy.

[3] A.S : *gerefa*, « gouverneur, bailli, préfet ».

[4] All : *Graf*, « titre de noblesse héréditaire, comte.

[5] Irl : *grágán,* « village, district ».

[6] Ital : *gràmola* « outil pour broyer le chanvre ».

Gramis. - (< *grāmĭœ*), maladie des yeux, chassie.

Gramita. - *idem* gramata.

Gramlus. - sorte de redevance en Germanie.

Gramma. -
1. Ligne, raie.
2. (< *γράμμα*)[1], écrit.
3. *Idem* grama, outil à broyer.

Grammadicalis. - étudiant en grammaire.

Grammateia. - *idem* gramatica.

Grammaticalis. - (subs) ; (pl), grammaire.

Grammaticare, grammatizare. -
1. Étudier la grammaire.
2. Parler latin.

Grammaticaster. - greffier, écrivain.

Grammaticellus. - grammairien trop peu érudit.

Grammaticulus. - débutant en grammaire.

Grammaticus. -
1. Qui a fait des études de grammaire.
2. Greffier, scribe, secrétaire, anc fr[2], *gramazi*.

Grammatista. - étudiant en grammaire.

Grammatizare. - *idem* grammaticare.

Grammula. - caractère, lettre.

Grammulare, gramolare, gramulare. - (< *gramolàre*)[3].
1. Nettoyer, purifier, pétrir.
2. Écorcer la tige du lin, teiller.

Grammus. - *idem* gramma1

Gramolare. - *idem* grammulare.

Gramulare. - *idem* grammulare.

Grana, granata. -
1. Sorte d'insecte servant à la fabrication de l'écarlate, cochenille, anc fr[4], *graine*.
2. Monnaie d'or de Cracovie.

Granaiolus, granarolus. - marchand de grains.

Granalis. - de grain.

Granare. - mûrir sous la forme de grains, faire venir le grain à maturité.

Granarium, grenarium, gernarium. -
1. Grenier à blé.
2. *Idem* granarius.

Granarius, granator, granetarius, granatarius. - celui qui répartit le blé, sorte d'économe monastique qui s'occupe surtout de la réception des récoltes.

Granarolus. - marchand ce blé.

Granata. - *idem* grana.

Granataria. -
1. *Idem* granatoria, grenier à grain.
2. Halle au blé.

Granatarius. -
1. *Idem* granarius.
2. Fermier de l'impôt public.

Granatella. - *idem* granatus, grenat, pierre précieuse rouge.

Granateria. -
1. Impôt collecté en blé.
2. *Idem* granatoria, grenier à blé.
3. Taxe sur les halles à grains.
4. Halle au grain.

Granaticum. -
1. *Idem* granatoria, grenier à blé.
2. Taxe sur les halles à grains.

Granaticus. - de grain.

Granatinus. - *idem* granatus, grenat, pierre précieuse rouge.

Granator. - *idem* granarius.

Granatoria, granateria, granataria, granaticum, granatorium, granerium, granorium, grania. - grenier à blé.

Granatorium. - *idem* granatoria.

Granatus, granatum, granatella, granatinus, granitellus, grenatus, gernetta,

---

[1] *γράμμα*, « caractère gravé »
[2] Roquefort.
[3] Ital : *gramolàre* « écorcer le lin », terme issu de *carmĭnāre*.
[4] Godefroy.

garnetta, **garnecta**. - grenat, pierre précieuse rouge.

Granca. - *idem* grancea.

Grancea, granca, granchia, graniculum, grantia. - grange, ferme.

Grancherarius. - celui qui dirige une grange, une ferme, une métairie : métayer, fermier, anc fr[1], *grangier*, « métayer »

Granchia, granea, graneca, grangis, granica, grangeria, grangica, grangium, grancia. -
  1. *Idem* grancea, grange.
  2. Ferme dépendant d'un monastère.

Granchiagium. - taxe sur les halles à grains.

Granchiarius. - *idem* grangiarius, moine chef des récoltes, d'une grange, d'une ferme.

Grancia. - *idem* granchia.

Grandedo. - grandeur.

Grandes. -
  1. (< *grandō*), grêle de coups, coups violents.
  2. (*g. infringere*), faire pleuvoir les coups sur.

Grandificatio. - agrandissement.

Grandinare. -
  1. Fouetter, châtier.
  2. Tomber comme la grêle.

Grandinatus. - (< *grandō*), ravagé par la grêle.

Grandiolus. - glande, amygdale.

Grandipendere. - estimer beaucoup, faire grand cas de.

Grandire. - garantir.

Grandisonus. - qui pousse de grands cris.

Granditas. -
  1. Grandeur, importance d'un personnage.
  2. (*præter granditatem*), excessivement.

Granditudo. -
  1. *Idem* granditas.
  2. Grandeur d'un édifice.

Granditus. - énorme.

Grandosus. - assez gros.

Granea. -
  1. *Idem* granchia.
  2. Céréale.
  3. Sorte d'aliment.

Graneca. - *idem* grangia.

Graneria, granerium. - *idem* granarium1.

Granerium. -
  1. *Idem* granarium1.
  2. Droit sur les granges, les fermes.

Granetagium, grannagium. - droit sur les grains vendus au marché.

Granetarius. - *idem* granarius.

Granga, grangua. - métairie, ferme.

Grangaticum. - redevance sur les granges.

Grangeria. - *idem* granchia.

Grangerius. - *idem* grangiarius, moine chef des récoltes, d'une grange, d'une ferme.

Grangia. -
  1. Aire ou tout lieu où l'on bat le blé.
  2. Ferme, métairie.
  3. *Idem* granchia.

Grangiagium. -
  1. *Idem* grangaticum.
  2. Ferme, métairie, anc fr[2], *grangeage*, « métairie ».

Grangiaria. - office de *grangier*, anc fr[3] *grangerie*.

Grangiarius, granchiarius, grangerius, grangiator, granitor. - moine chef des récoltes, d'une grange, d'une ferme.

Grangiator. - *idem* grangiarius.

Grangica. - *idem* granchia.

Grangiola. - petite ferme, petite métairie.

Grangis. - *idem* granchia.

Grangium. - *idem* granchia.

---

[1] Godefroy.
[2] id.
[3] id.

Grangnalota. - variété de vigne.

Grangua. - *idem* granga, métairie, ferme.

Grani, grano, granus, greno, greunones. - moustaches.

Grania. - *idem* granatoria, grenier à blé.

Graniatgium. - *idem* grangiagium2, ferme, métairie.

Granica. -
1. *Idem* granchia.
2. *Idem* granatoria.

Granicia, granicies, granities, greniciæ, grunh. - (< *Graniza*)[1], borne, limite.

Granicies. - *idem* granicia, borne, limite.

Graniculum. - *idem* grancea, grange.

Granitarius. - celui qui dirige une grange ou une ferme.

Granitellus. - *idem* granatus, grenat, pierre précieuse rouge.

Granities. - *idem* granicia, borne, limite.

Granitor. - *idem* grangiarius, moine chef des récoltes, d'une grange, d'une ferme.

Grannagium. - *idem* granetagium, droit sur les grains vendus au marché.

Grano. -
1. *Idem* grani, moustaches.
2. *Idem* grennio1, favoris.

Granorium. - *idem* granatoria, grenier à blé.

Gransulla. - *idem* grunsilla.

Grant. - sorte de démon en Angleterre[2].

Grantare. - s'engager à faire, promettre.

Grantia. - *idem* grancea, grange.

Grantum, grahantum. - caution.

Granum. -
1. Grain, blé, froment.
2. Mesure de poids : grain.

3. *Idem* granal, cochenille.
4. Petite monnaie de Naples[3].
5. (*g. scholasticum*). doctrine évangélique.

Granus. -
1. *Idem* granum4, monnaie.
2. *Idem* grani, moustaches.

Granvalla. - sorte de cervoise.

Grapa. -
1. Grappe.
2. Balle, enveloppe du grain, résidu du froment, anc fr[4], *grapier*.
3. *Idem* gropa.

Grapada. - droit sur les poissons vendus au marché.

Grapellus. - *idem* grapelus.

Grapelus, grapellus. - *idem* grapus, crochet, grappin.

Graperium. - *idem* grapa2, résidu du froment.

Grapetura. -
1. Récolte de petites grappes après la vendange, anc fr[5], *grappage*.
2. Vendange, action de cueillir le raisin.

Graphagia. - *idem* graphia1.

Grapharius. - *idem* graphiarius.

Graphia. -
1. Écriture.
2. Description, plan.
3. Charte.

Graphiarius, grapharius, graphida. - greffier, écrivain.

Graphida. - *idem* graphiarius.

Graphio. -
1. *Idem* garafio.

---

[1] M.h.a : *Graniza*, allemand *Grentz*, « Ligne qui sépare deux états, pays, propriétés ou autres zones »

[2] « *Il y a en Angleterre une certaine espèce de diable, qu'ils appellent Grant, semblable à un poulain d'un an, les pattes dressées et des yeux scintillants. Ce genre de démons apparaît très souvent dans les rues dans la chaleur même du jour ou au coucher du soleil, et chaque fois qu'ils apparaissent, c'est le présage pour cette ville ou de ce village d'un incendie* » (Du Cange).

[3] Monnaie en cuivre du XVème s ècle, le centième du ducat (A Frey).

[4] Roquefort.

[5] Godefroy.

2. Collecteur des impositions.
Graphis. - écriture.
Graphium. -
1. Stylet.
2. Donation écrite.
3. Sorte d'engin ou de dispositif de guerre.
4. Petite grappe, (*Cf. grapium*).
Graphius. - *idem* graphium1.
Grapiare, grapyare, grapire. - travailler à la fourche (Angleterre).
Grapinum. - *idem* grapinus.
Grapinus, grapinum. - criblure de blé.
Grapire. - *idem* grapiare.
Grapium. - petite grappe.
Grappa. - espèce de plante qui est trempée et filée pour servir de toiles, comme le chanvre.
Grappus, -
1. Grappe.
2. *Idem* grapus.
Grapu forsi. - violation, profanation de sépulture (Lombardie).
Grapus. - crochet, grappin.
Grapyare. - *idem* grapiare.
Grasacra, garsacra, gersacra. - (< *grasian*)[1], labour ou autre service en échange de droits de pâturage (Angleterre).
Grasala, grassala, grasale, grasaletus, grasilhia, grassalha, grazaletus, grazala. - plat rond et large, peu profond, sorte de jatte, anc fr[2], *graal, grasal*.
Grasale. - *idem* grasala.
Grasaletus. - *idem* grasala.
Grasanec. - (< *grasian*), droit de glandée des porcs (Angleterre).
Grascaf. - (< *Graf*)[3], droit du comte.
Grascia, graissa. - graisse (Italie).
Grasewatio. - agent procédant l'exécution ultime, l'exécuteur de l'exécution

Grasgropa. - plaque de métal de renfort des roues (Angleterre).
Gras-hearth, grasshurt. - (< *cræt-heorð*)[4], corvée avec une charrette, rendue par les vignerons au seigneur, (un jour après la fête de saint Michel).
Grasia. - *idem* greusia, grief.
Grasilhia. - *idem* grasala.
Graspeis, grasspercius. - sorte de poisson, anc fr[5], *craspois, graspois*, « baleine, (parfois phoque) ».
Grassala. - *idem* grasala, plat.
Grassalha. - *idem* grasala.
Grassare. - (< *grassārī*), tourmenter.
Grassedo. - épaisseur, densité.
Grassella. - *idem* grassellus.
Grassellus, grassella, grissellus. - récipient ou mesure pour les grains.
Grasshurt. - *idem* gras-hearth
Grassia. - variété de céréale en Italie.
Grassicia. - gros temps en mer.
Grassius. - embouchure de fleuve, *Cf. gradus8*.
Grasspercius. - *idem* graspeis.
Grassuma. - *idem* gersuma.
Grassus. - gras.
Grata. - (< *crātis*), claie, grille (Italie).
Gratanter. - volontiers, de bon gré.
Gratare. -
1. Gratter.
2. Herser (Angleterre).
3. Promettre, s'engager à, *garantir*.
Gratari. -
1. Se réjouir.
2. Remercier.
3. Agréer.
Gratarium, gratura. - grattoir.
Gratarola. - sorte d'impôt.
Grates, gratex. - claies.
Gratia. -

---

[1] A.S : *grasian*, « pâturer ».
[2] Godefroy.
[3] All : *Graf*, « titre de noblesse héréditaire, comte.
[4] A.S : *cræt*, « charrette », (*heorð*), « serviteur ».
[5] Roquefort.

1. (*in gratiam alicujus*), (donation) en faveur de.
2. (*scire gratias*), savoir gré, remercier.
3. (*gratiam alicujus habere*), être bien vu de.
4. Grâce, don de Dieu.
5. État de grâce.
6. Bulle papale de grâce.
7. (*annus gratiæ*), an de grâce.

Gratialis. - obligeant, gracieux.
Gratiare. -
1. Remercier, rendre grâces.
2. Exempter, délivrer, affranchir (un esclave), *gracier*.

Gratiari. - plaire, être gracieux.
Gratiarius. - homme en faveur (chez un prince).
Graticula. - grille.
Gratifer. -
1. *Idem* garcifer, garçon, serviteur, sous-ordre, écuyer.
2. (adv), plein de reconnaissance.

Gratificare. -
1. Se déclarer content d'une chose.
2. Faire plaisir à, favoriser, gratifier.
3. Régler une affaire avec quelqu'un.

Gratificari. - donner, gratifier.
Gratificatio. - accord amiable.
Gratificator. - bienfaiteur.
Gratificatorius. - d'actions de grâces.
Gratifice. - avec reconnaissance.
Gratificus. - celui qui fait le bien gracieusement, gratuitement.
Gratillus. - cordage cousu en bordure de voile pour les renforcer : ralingue.
Gratiola. - petite grâce.
Gratiose. -
1. Avec faveur, avec plaisir.
2. Gracieusement.

Gratiositæ. -
1. Gracieuseté, amabilité.
2. Reconnaissance.

Gratiositas. -
1. Reconnaissance esprit reconnaissant.
2. Affabilité, douceur.
3. (*g. novitatis*), la grâce de la nouveauté.

Gratiosus. - reconnaissant.
Gratis. -
1. À dessein, exprès.
2. De bon gré, volontiers.

Gratisonus. - qui exprime la reconnaissance.
Gratitare. - se dit du cri que les oies émettent.
Gratitia, gratitius. - (< *crātis*), claie.
Gratitice. - agréablement, avec reconnaissance.
Gratitudinaliter. - avec un sentiment de reconnaissance.
Gratiuncula. - petite grâce.
Grattare. - gratter.
Grattarola. - sorte d'instrument de cuisine.
Gratterare. - se dit du son émis par les béliers.
Grattugia. - *idem* grattusia.
Grattusia, gratusia, grattugia, gratusa. - râpe.
Gratuite. - poliment, avec douceur, bonté.
Gratuiter. - gratuitement.
Gratuitus. -
1. Agréable, acceptable.
2. (subs) ; (pl) ; (n), dons gracieux.
3. (adv), de lui-même.

Gratula. - (< *crātis*), claie, grille.
Gratulabunde. - en signe de reconnaissance.
Gratulare. - (*se g. de*), se féliciter de.
Gratulari. - jouir de.
Gratulative. - avec joie.
Gratulosus. - qui félicite.
Gratum. -
1. Bon vouloir, consentement.

2. Promesse, garantie, gré, vouloir, volonté.
3. (*malo grato*), contre le gré.
4. (*gratum facere*), payer ce qu'on doit.

Gratura. - *idem* gratarium, grattoir.

Graturare. - mélanger en triturant, broyer.

Gratus. -
1. Gré, volonté.
2. (< *crātis*), claie, grille.
3. (< *crātis*), piège en forme de cage pour les oiseaux.
4. Bourre, mauvaise laine, anc fr[1], *gratuise*.

Gratusa. - *idem* grattusia, râpe.

Gratusia. - *idem* grattusia.

Grauaringus. - *idem* gruaringus, gruyer, préposé aux forêts, juge pour les délits forestiers.

Graueria. - *idem* gruaria.

Graulus. - (< *grācŭlus*), choucas (oiseau).

Grava. -
1. (< *grœf*)[2], bois, redevance sur les bois.
2. Bosquet.
3. Plage de sable, *grève*.

Gravabilis. - qui rend lourd.

Gravairo, gravero. - gravier, sable.

Gravamen. -
1. Grief, accusation, plainte, réclamation.
2. Oppression.
3. Imposition, charge financière (Angleterre).
4. (< *grama*)[3], colère (Angleterre).

Gravamentum. -
1. *Idem* gravamen1 et gravamen2.
2. Peine, inquiétude, souci.

Gravantia. - dommage, tort, injure, anc fr[4], *grevance*.

Gravara. - avalanche.

Gravare. -
1. Accuser.
2. Réprimander.
3. Prononcer d'un ton grave, traiter avec solennité, distinction.
4. Graver.
5. Consentir, stipuler.
6. Terrasser, couvrir de gravier.
7. Charger.
8. Frayer en parlant des poissons.

Gravarengus. - *idem* gravaringus.

Gravari. - être enceinte.

Gravaria, gravayrium. - corvée, impôt, exaction, anc fr[5], *graverie*.

Gravaringus, gravarengus, gravennarius. - chef de la force armée d'une ville, prévôt.

Gravarium. - gravière.

Gravata. - (< *grăvĭda*) ; (*g. mulier*), femme enceinte.

Gravatarius, grabatarius. - celui qui reçoit le baptême en danger de mort (sur son grabat).

Gravatio. -
1. Maladie grave.
2. Tort, injustice.
3. Réclamation injuste.

Gravator. -
1. Oppresseur.
2. Graveur.

Gravatoria. - saisie injuste.

Gravatorium. - (< *grăvāre*), aggravation de sentence.

Gravatum. -
1. Maladie grave.
2. Sculpture (gravée).

Gravatura. - gravure.

Gravatus. -

---

[1] Godefroy.
[2] A.S : *grœf* « bois ».
[3] A.S : *grama*, « colère, indignation, rage ».
[4] Godefroy.
[5] id.

1. (*g. opus*), travail gravé, ciselure, gravure.
2. Victime d'un arrêt de justice injuste.
3. (< *grăvĭdāre*), femme enceinte.

Gravayrium. - *idem* gravaria.

Grave. - grief.

Gravea. - *idem* grava2, bois, bosquet.

Gravedo. -
1. Peine, chagrin, anc fr[1], *grain*.
2. Tort, dommage.
3. (< *grăvāre*), exaction, oppression.
4. Taxe, corvée dont on est grevé.

Gravella. -
1. Petit caillou.
2. Gravier

Gravellatus. - gravé en relief.

Gravennarius. -
1. *Idem* gravaringus.
2. Collecteur des taxes (Normandie).

Gravera. - *idem* grava3.

Graveria, gravera. - *idem* grava3.

Graverinus. -
1. Lourd.
2. Grave, catastrophique.

Graverium. -
1. Charge, paquet.
2. Terre sablonneuse (ou pleine de graviers).

Gravero. - *idem* gravairo, gravier, sable.

Graveta. - armure de jambe, anc fr[2], *grève*.

Gravia, greva. -
1. *Idem* grava3.
2. Raie qui sépare les cheveux dans la coiffure, anc fr[3], *grève*.

Graviare. - accabler, opprimer.

Gravidare. -
1. (< *grăvĭdāre*), rendre mère.
2. (< *grăvāre*), embarrasser, opprimer.

Gravidatio. - (< *grăvĭdāre*), action de concevoir.

Gravido. -
1. Grief.
2. *Idem* gravedo2, tort.

Graviglonus. - grille, grillage.

Gravio. - *idem* garafio.

Graviosus, gravosus. - lourd, accablant, grave.

Gravis. - sérieux, respectable.

Gravitanter. - avec dignité.

Gravitas. -
1. Tort, oppression.
2. Charge, redevance.
3. Honneur (titre honorifique).

Gravitudo. - maladie grave, arthrite, pleurésie...

Gravium. - (< *grœf*)[4], bois, bosquet.

Graviuscule. - assez gravement.

Gravoisium. - petits cailloux.

Gravosus. - *idem* graviosus.

Grayale. - (< *crātĭcŭla*), petit gril.

Graylator. - sentinelle, garde qui utilise une trompette appelée *gra'a*.

Graylum. - poids légal de la monnaie.

Graysa. - graisse.

Grazala. - *idem* grasala.

Grazaletus. - *idem* grasala.

Grazilla, gresilha. - (< *crātĭcŭla*), gril.

Greagium. - droit sur la coupe et les ouvrages en bois, anc fr[5], *gréage*

Greale. - livre d'église, graduel.

Greantare. - promettre, s'engager.

Greantator. - garant, répondant.

Grecia. - (< *grădĭor*), escalier, marche d'escalier.

Gredarium. - escalier.

---

[1] Godefroy.
[2] id.
[3] id.

[4] A.S : *grœf* « bois ».
[5] Godefroy.

Gredelingus. - bélier de deux ans (Angleterre).

Greentare. - approuver, consentir à.

Greetmannus. - *idem* greetmanus.

Greetmanus, greetmannus. - (< *gerihtman*)[1], gouverneur d'une ville (Frise).

Greferius. - *idem* greffarius.

Greffariatus. - office de greffier, greffe.

Greffarius, grefferius, greferius. - greffier.

Grefferius. - *idem* greffarius.

Gregalis. - (< *grex*), de troupeaux.

Gregare. - (< *grex*), réunir, rassembler.

Gregaria. - métairie pour troupeaux, bergerie.

Gregarius. -
1. Gardien du troupeau : berger ; chien de berger.
2. (*g. miles*) simple soldat, soldat (de la *troupe*).
3. Roturier, chevalier de rang inférieur.

Gregetum. - collier (où plusieurs éléments sont *agrégés*).

Gregia. - incommodité, anc fr[2], *griesche*.

Gregius. - gris.

Gregulus. - petit troupeau.

Greil. - grille, gril.

Grelare. - proclamer à son de trompe dite *grala*.

Gremale. - tablier.

Gremiale. - (< *grĕmĭum*), grémial, étoffe de soie posée sur les genoux de l'évêque assis.

Gremialis. -
1. De fagot.
2. Qui fait partie d'une congrégation.
3. (*gremiales rivi*), (< *grĕmĭum*), rivières issues du même sein du même fleuve.

Gremium. -
1. (< *grĕmĭum*), partie centrale de la basilique, nef.
2. Ceinture de vêtement.
3. Tablier (Angleterre).
4. Groupe, communauté.
5. Tribunal.
6. (< ?), gerbe.

Grena. - *idem* grava3, grève.

Grenarium. -
1. *Idem* granarium.
2. Sorte de grosse toile, anc fr[3], *grenier*, « pièce de grosse toile ».
3. Grenier à sel.

Grenatus. - *idem* granatus, grenat.

Grenerium. - *idem* granarium1, grenier à blé.

Grenerius. - *idem* granarium1.

Grenetarius. - sorte de percepteur.

Grengia. - *idem* granarium1.

Greniciæ. - *idem* granicia, bornes, limites.

Grenida. - grenier à blé.

Grennio. -
1. (pl), favoris.
2. Touffe de cheveux, de poils.

Grenno. - *idem* grennio2.

Greno. - *idem* grennio2.

Grenobadatus. - *idem* gernobadatus, celui qui a une longue barbe.

Grentiscus. - *idem* græciscus1, grec.

Grepia. - (*g. anchorae*), anneau qui sert à saisir l'ancre.

Greppus. - rochers escarpés, remblais.

Grescere. - croître.

Greschieria. - carrière de grès.

Greseus. - de couleur grise, gris.

Gresilha. - *idem* grazilla, gril.

Gresillones. - menottes de fer que l'on met aux prisonniers, anc fr[4], *gresillons*.

Gresium. - pierreux.

Gressibilis. - *idem* gressilis.

---

[1] A.S : *geriht*, « droit, justice », *man*, « homme ».
[2] Roquefort.
[3] id.
[4] Godefroy.

Gressifer. - *idem* garcifer, garçon, serviteur, sous-ordre, écuyer.

Gressilis, gressibilis. - (< *gressĭbĭlis*), qui marche.

Gressius. - dalle, pavé (de grès).

Gressonaria. - cressonnière.

Gressor. - (< *gressŭs*), qui va à l'amble, au pas.

Gressum, gressus. - peau d'animal gris.

Gressuma. - *idem* gersuma.

Gressus. -
1. (< *gressŭs*), pas, marche, chemin, sortie.
2. (*g. gratificatus*), permission de sortir librement d'un monastère.
3. Peau d'animal de couleur grise.

Gresum. - coteau pierreux.

Gresus. - gris, blanchâtre, couleur cendre.

Greugia. - *idem* greusia, grief.

Greunones. - *idem* grani, moustaches.

Greusa. - *idem* greusia, grief.

Greusia, grasia, greusa, greutia, greugia, greusa, griechia. - grief, plainte, anc fr[1], *greuge*, « différend démêlé ».

Greutia. - *idem* greusia.

Greva. - *idem* grava3, sable, gravier, gève.

Greve. - *idem* grava3.

Grevus. - épais, dense.

Grex. -
1. Paroisse, communauté, « *troupeau* » de fidèles.
2. Congrégation religieuse.

Greziscus. - *idem* græciscus1, grec.

Griagium, griaria, griatoria. - droit sur les forêts, anc fr[2], *gruage*, *griage*.

Griagium. - *idem* gruagium.

Griaria. -
1. *Idem* griagium.
2. *Idem* gruaria.

Griarius. - *idem* gruaringus, gruyer, préposé aux forêts, juge pour les délits forestiers.

Griatoria. - *idem* griagium.

Griba. - reliquaire, châsse.

Gricillare. - affaiblir, diminuer.

Grida. - proclamation (par *cri*).

Gridagium. - publication *cri*, principalement en ce qui concerne le vin mis en vente ; droit à payer pour cette publication.

Gridare. - publier, proclamer (Italie).

Gridillum. - *idem* girdalium, gril.

Griechia. - *idem* greusia, grief.

Grieillare. - émincer, réduire.

Grietania. - charge de bourgmestre (Frises).

Grietmanus. - (< *geriht-man*)[3], bourgmestre.

Grifalco. - *idem* gerfalco, gerfaut.

Grifare. - prendre par violence, usurper.

Griffinus, gripinus. - de griffon.

Griffio. - *idem* griffo.

Griffo, gryfo, griffio. - monnaie de valant dix florins et dix sous.

Griffus, griphus, grippis, grypa. - griffon.

Grifoulus. - source jaillissante.

Grifus. - *idem* grippus1, orgueilleux, têtu.

Grignolus, grigulosus. - lépreux (ou malade).

Grigulosus. - *idem* grignolus.

Grilla. -
1. Variété de raisin.
2. Sorte de pince crantée.

Grilliones. - fers que l'on met aux pieds des prisonniers.

Grimandus. - sorte de cierge, anc fr[4], *grimaud*.

Grino. - moustache, anc fr[5], *greron*.

Grio. - *idem* gerfalco, gerfaut.

---

[1] Godefroy.
[2] id.
[3] A.S : *geriht*, « droit, justice », *man*, « homme ».

[4] Hippeau.
[5] Godefroy.

Grioa. - *idem* goa, sorte de mesure valant trois palmes.

Griota. - bouillie d'orge : gruau.

Gripa. -
1. Sorte d'ornement.
2. Fossé, rigole (Angleterre).

Griphones. - Grecs de l'empire byzantin.

Griphus. - *idem* griffus, griffon.

Gripidus. - abandonné, cédé.

Gripinus. - *idem* griffinus, de griffon.

Gripire. - *idem* grippire, céder, abandonner.

Gripitio, guerpitio, guirpilio, gurpicio, gurpimentum. - cession, abandon.

Grippa, gripperia, gripus, grippus. - sorte de navire du type des byzantins.

Gripperia. - *idem* grippa.

Grippire, gripire. - céder, abandonner, anc fr[1], *guerpir*.

Grippis. - *idem* griffus, griffon.

Grippus. -
1. Orgueilleux, têtu.
2. *Idem* grippa, navire.

Gripta. - endroit sous terrain, crypte.

Gripus. -
1. *Idem* grippus1.
2. *Idem* grippa, sorte de navire du type des byzantins.

Griseius. - *idem* griseus.

Grisetus, griseum, grisium. -
1. Couleur grise, peau de couleur grise, vair.
2. (pl), habits de couleur grise.

Griseum. - *idem* grisetus.

Griseus, grisus, grisius, griseius. -
1. Vair, fourrure mouchetée du petit-gris.
2. (*pannus g.*), drap écru.
3. (subs), cistercien (vêtus de gris).

Grisilio. - menotte de fer des prisonniers.

Grisitas. - couleur grise.

Grisium. -
1. *Idem* grisetus.
2. (< *crista*), colline.

Grisius. - *idem* griseus.

Grissellus. - *idem* grassellus, récipient ou mesure pour les grains.

Grissus. - gris.

Grista. - (< *grist*)[2], grain à moudre (Angleterre).

Gristarius. - meule, moulin à grain (Angleterre).

Grisum. - *idem* griseus1.

Grisuma. - *idem* gersuma.

Grisus. - *idem* griseus.

Gritbricha, grithbricha. - (*grið-brec*)[3], amende pour rupture de la paix.

Grithbricha. - *idem* gritbricha.

Grithmannus, gyrthmanus. - (< *grið-man*)[4], homme réfugié dans un sanctuaire.

Grixeum. - *idem* griseus1

Grixus. - peau précieuse du petit gris.

Groa. -
1. *Idem* goa, sorte de mesure valant trois palmes.
2. Marais (ou lieu entouré de haies).

Groba. - égout, fosse.

Grocerus. - marchant en gros, grossiste.

Grochus. - (< *crŏcus*), safran.

Grocitare. - croasser.

Grociter. - très copieusement.

Grocomium. - *idem* gerocomium, hospice de vieillards.

Grodum. - *idem* gordum, passage étroit dans une rivière, barrage servant pour la pêche.

Groea, groeta. - endroit d'une rivière planté de pieux en vue de capturer les poissons, (*Cf. gordum, grodum*).

Groeta. - *idem* groea.

---

[1] id.

[2] A.S : *grist*, « mouture ».

[3] A.S : *grið-brec*, « rupture de paix ».

[4] A.S : *grið*, « paix », man, « homme ».

Grolerius. - savetier.

Grolia. - épluchure, fragments, rebut.

Grollare. -
1. Chanceler, branler, anc fr[1], *groler, croler*.
2. Préparer la charrue, *Cf. grounda* (Angleterre).

Groma. - (*<grūma*), sorte de mesure.

Gromarthius. - commandant d'une troupe.

Gromes, gromus. - serviteur, domestique, anglais groom.

Gromma, gronna, grunna. - (pl), lieux marécageux et herbeux, anc fr[2], *terre gronelle*.

Gromulus. - champ, terre.

Gromus. - *idem* gromes.

Gronagium. - sorte de tenure, *Cf. grounda* (Angleterre).

Gronda. - *idem* grunda, gouttière du toit.

Gronna. - *idem* gromma,

Gronnesella. - *idem* grunsilla.

Gronnosus, gronosus. - marécageux.

Gronosus. - *idem* gronnosus.

Gropa, grapa. -
1. Plaque de fer clouée à la partie intérieure de la roue pour plus de solidité (Angleterre).
2. Plaque de fer utilisée comme renforcement du bâtiment (Angleterre).

Gropials. - aussière d'amarrage des navires.

Groposa. - variété de vigne.

Groppa. - croupe.

Gropposus. - qui a beaucoup des nœuds, noueux.

Groppus, gruppus. -
1. Groupe.
2. Masse
3. Colline.

4. Marque de notaire (en relief, en épaisseur).
5. (< ?), col de bouteille.

Gropys. - crochet, croc.

Groselerius. - groseiller.

Grosities. - grosseur.

Groso. - grossier, sans éducation.

Grossa. -
1. Grosse, large écriture.
2. Gros d'un bénéfice.
3. Unité de quantité, grosse : 12 douzaines.

Grossare. -
1. Mettre au propre, grossoyer.
2. Acheter en gros

Grossaria. - quartier, place des marchands de gros.

Grossarius, grossator. -
1. Scribe, secrétaire qui met en grosse les actes.
2. (*faber g.*), forgeron, ouvrier chargé des gros travaux.

Grossatio. - action d'écrire les actes en grosse.

Grossator. - *idem* grossarius.

Grossatus. -
1. Grossi.
2. (acte expédié) en grosse.

Grosse. - difficilement.

Grosselenus. - assiette.

Grossescere. - grossir.

Grossibilitas. - faculté de grossir (propre aux hommes comme aux bêtes).

Grossicies. -
1. Épaisseur.
2. (*g. intellectus*), lourdeur d'intelligence.

Grossitas. -
1. Rudesse.
2. Caractère grossier, ordinaire.

Grossities. -

---

[1] Godefroy.

[2] Roquefort.

1. Ordure, immondices, *grossière-tés*.
2. *Idem* grossicies.

Grossitudo. -
1. Grosse taille d'une personne.
2. (*g. cordium*), haine, irritation.
3. (*g. styli*), lourdeur du style.
4. *Idem* grossitas2

Grossoma. - *idem* gersuma.

Grossum. -
1. Le gros d'un bénéfice, ce qui revient annuellement.
2. (*vendere in grosso*) vendre en gros.
3. (*g. avere*), gros bétail.
4. Grosseur, tumeur.
5. Largeur.

Grossus. -
1. Gros.
2. (*silva grossa*), gros bois (opposé aux branchages).
3. (*grossa domus*), grande maison, illustre famille.
4. (*grossa justitia*), haute justice.
5. Grossier, matériel, peu spirituel, incapable.
6. (*grossa verba*), gros mots.
7. (*grosso modo*), grossièrement, simplement.
8. (*g. denarius*), gros tournoi (monnaie).
9. Riche, puissant.

Grotina. - *idem* gota, ruisseau, canal.

Grotta. - grotte.

Groua. - lieu marécageux.

Grouinum. -
1. Confluent.
2. Promontoire (métaphore du museau du porc).

Grounda, grunda. - partie de charrue (Angleterre).

Groundagium. - paiement pour le l'ancrage des navires dans le port, à terre.

Groundsella. - *idem* grunsilla.

Groussare. - (< *grăvāre*), murmurer, se plaindre, se fâcher, anc fr[1], *greuser, grousier*.

Grova. - puits de mine (Angleterre).

Grua. -
1. Grue.
2. (*g. domestica*), héron.

Gruagium, griagium. -
1. Juridiction forestière.
2. Redevance sur les forêts.

Gruagium. - péage à l'entrée des portes des villes.

Gruaria, grueria, graueria, griaria. - (< *groen*)[2].
1. Redevance forestière.
2. Charge de gruyer (forestier).

Gruaria. - office de gruyer.

Gruaringus, grauaringus, gruarius, gruerius, griarius. - gruyer, préposé aux forêts, juge pour les délits forestiers.

Gruarium. - droit que percevait le gruyer en raison de leur charge.

Gruarius. -
1. *Idem* gruaringus, gruyer, préposé aux forêts, juge pour les délits forestiers.
2. Celui qui a le droit d'usage dans la forêt d'autrui.
3. Faucon dressé pour la chasse aux grues.

Gructa. - oratoire souterrain, *crypte*.

Grudo. - sangsue.

Grudum. - *idem* grutum.

Gruellum. - bouillie, gruau.

Gruellus. - son (résidu).

Grueria. - *idem* gruaria.

Gruerius. - *idem* gruaringus.

Grufus. - poilu, hirsute.

---

[1] Godefrroy.

[2] A.S : *groen*, allemand *grün*, anglais *green*, « vert », > ce qui est verdoyant.

Grugnum. - *idem* grunnium, groin.

Gruicus. - de grue.

Gruinum. -
1. *Grain* qui tombe sur l'aire pendant que l'on engrange les gerbes dans la grange.
2. Cap, promontoire, point de terre qui s'avance dans la mer, anc fr[1], *groin*.

Gruit. - *idem* grutt.

Gruma. -
1. (< *grūma*), instrument d'arpentage.
2. (< *gròmma*)[2], dépôt sur l'intérieur des barriques.
3. Caillot de sang, grumeau (Angleterre).

Grumare. -
1. Mesurer, arpenter.
2. Assembler, amasser.

Grumiceglus. - (< *glŏmus*), petite pelote.

Gruminus. - monticule, tas de terre.

Grunda, gronda. - (< *grunda*), gouttière du toit.

Grunda. - *idem* grounda.

Grundalis, grundarium. - gouttière.

Grundare. -
1. Dégoutter.
2. Faire des gouttières.

Grundarium. - *idem* grundalis, gouttière.

Grundega. - vêtement décoré ou fourrure.

Grundire. - *idem* grunnire, gronder, grogner.

Grundruhr, grundruke, gruntroringe. - exaction, pillage des biens d'autrui lors d'une catastrophe.

Grundruke. - *idem*, grundruhr.

Grundsella. - *idem* grunsilla.

Grunh. - *idem* granicia, borne, limite.

Grunium. - *idem* grunnium, groin.

Grunna. - *idem* gromma.

Grunnire, grundire. - gronder, grogner.

Grunnium, grunum, grugnum, grunium, grunnus. - groin.

Grunnus. - *idem* grunnium.

Grunsilla, gronnesella, grunsulla, grundsella, gransulla, groundsella. - poutre horizontale ou le bois dans un bâtiment qui est fixé aux fondations et constitue la base à la structure (Angleterre).

Grunsulla. - *idem* grunsilla.

Gruntroringe. - *idem*, grundruhr.

Grunum. - *idem* grunnium, groin.

Gruppus. -
1. *Idem* groppus.
2. Nœud, sorte de bouton dont on orne les habits.
3. Signature, paraphe, griffe.

Grupta. - grotte, *crypte*.

Grus. - bouillie de céréales, gruau.

Grussus. - couvert de pois.

Gruta. -
1. Taxe payée par les brasseurs, *Cf.* grutum, (Germanie).
2. Poule sauvage.

Grutaria. - friandises, dessert.

Grutarius. -
1. Celui qui s'occupe des herbes pour la brasserie.
2. Marchand de fruits et légumes.

Grutt, gruit. - taxe prélevée sur la bière.

Grutta. - grotte.

Grutum, grudum. - (< *grui*)[3], mélange d'herbes pour la brasserie.

Gryfo. - *idem* griffo, sorte de monnaie.

Grypa. - *idem* griffus, griffon.

Grypta. - crypte.

Grysobitus. - sorte de pierre précieuse, chrysolithe.

Guabaysho. - *idem* gambeso, sorte de vêtement fourré que l'on portait sous la cuirasse.

---

[1] Godefroy.

[2] Ital : *gròmma*, « dépôt dans les barriques ».

[3] A.S : *grut*, « préparation pour la bière ».

Guabia. - cage.

Guacha, guachium. - veilleur, sentinelle, guet.

Guachia. - territoire, district.

Guachile. - guérite, tourelle élevée où se plaçait la garde.

Guachium. - *idem* guacha.

Guada. - filet de pêche, anc fr[1], *guidel, Cf. gordum*.

Guadabilis. - *idem* geldabilis, assujetti à l'impôt *geldum*.

Guadagnum. - gain, bénéfice.

Guadalerium, gualaderium. - récipient contenant de l'eau bénite.

Guadanare. - gagner.

Guaddimonium, guademonium, guadia. - caution.

Guademonium. - *idem* guaddimonium.

Guadia, wadia, guadius, guadium. - caution, gage.

Guadia. - *idem* guaddimonium.

Guadiare. - *idem* guadire.

Guadiator. - exécuteur testamentaire.

Guadire, wadire, vadire, guadiare. -
1. engager, lier par une caution.
2. (*guadiare sponsam*), épouser.

Guadium. -
1. *Idem* guadia, caution, gage.
2. Amende pécuniaire.

Guadius. - *idem* guadia.

Guadum. -
1. (< *vădum*), gué.
2. *Idem* gaida3, guède.

Guafra. - *idem* gauffra, sorte de gâteau, gaufre.

Guageria. -
1. *Idem* gageria, gage donné par le débiteur.
2. Ferme, métairie, *engagée* par caution.

Guageria. - *idem* gageria1, caution.

Guagiare. - *idem* gagiare2.

Guagiarius. - *idem* gagiarus1, exécuteur testamentaire.

Guagnagium. - *idem* gagnia, champ cultivé avec demeure et le nécessaire à la culture, métairie.

Guagnalis. - (*guagnales terræ*), terres labourées, prêtes à être gagnées à la culture.

Guagneria. - *idem* gagneria, ferme, métairie.

Guaignagium. - *idem* gagna, champ cultivé avec demeure et le nécessaire à la culture, métairie.

Guainarius. - *idem* gaynerius, fabricant de fourreaux, da gaines.

Guaisdium, waisda, waida, vaisidia, gueda, guesdium, gualda, gualdum. - (< *weid*)[2], *idem* gaida3, guède.

Gualabrunus. - *idem* galabrunus, sorte d'étoffe de soie.

Gualaderium. - *idem* guadalerium, récipient contenant de l'eau bénite.

Gualcheria. - (< *wealcere*)[3], moulin à foulon.

Gualda. - *idem* gaida3, guède.

Gualdana, gualiana. - bande, escadron, expédition militaire (Italie).

Gualdemanare. - garder, conserver.

Gualdemanus. - garde, gardien.

Gualdrapius ornatus. - housse de cheval.

Gualdum. - *idem* gaida3, guède.

Gualdus, waldus, gwaldus. - (< *weald*)[4], bois, forêt.

Gualea. - *idem* galea1, galère, navire de guerre long, rapide, galée.

Gualetum. - *idem* galea3, casque

Gualhiniera. - *idem* gallinarium, poulailler.

Gualiana. - *idem* gualdana.

Gualkeria, walkeria, galcheria. - retenue d'eau.

---

[1] Godefroy.

[2] M.h.A, *weid*, allemand, *Waid*, guède.

[3] A.S : *wealcere* « foulon ».

[4] A.S : *weald* « bois, forêt », allemand *Wald*.

Gualoer. - *idem* galoer, droit du seigneur sur les biens de ceux qui meurent sans testament ou sans héritier.

Gualoppare. - galoper.

Gualtina. - vivier, réserve de poissons[1].

Guanaschia. - *idem* garnachia, long manteau.

Guanciale. - coussin, oreiller.

Guangator. - celui qui fait des fossés ou laboureur.

Guangnagium. - *idem* gagna, champ cultivé avec demeure et le nécessaire à la culture, métairie.

Guantilecti. - gantelets de fer.

Guanto, guantus, wanto. - gant.

Guanto. - *idem* ganto.

Guantus. - *idem* ganto.

Guaragnus, guaranio. - cheval étalon, anc fr[2], *guaranion*.

Guaranda. - garenne.

Guarandia, guarantia. - *idem* garantial, garantie, sûreté.

Guarandizator, guarantor. - *idem* garantitor, le garant.

Guaranio. - *idem* guaragnus, cheval étalon

Guarantia. - *idem* garantial, garantie, sûreté.

Guarantor. - *idem* garantitor, le garant.

Guarba. - gerbe.

Guarberium. - meule de gerbes.

Guarcianus. - *idem* garcifer, garçon, serviteur, sous-ordre, écuyer.

Guarcifer. - *idem* garcifer.

Guarcio. - *idem* garcifer.

Guarda, warda. -
1. Redevance payée au seigneur pour sa protection.
2. Garde, caution.
3. Avoué, défenseur.

Guardacamera. - antichambre.

Guardagium. - protection tutelle.

Guardamanserius. - officier chargé des mets servis à la table.

Guardamanzaria. - garde-manger.

Guardanapa. - *idem* gardenappa, disque de bois sur lequel on met la vaisselle pour protéger la nappe.

Guardare. - garder.

Guardaroba. - garde-robe.

Guardator, guardiator, guardio. - gardien.

Guardianus, guardinus. - *idem* gardianus, gardien.

Guardiator. -
1. *Idem* guardator, gardien.
2. Exécuteur testamentaire.

Guardinus. - *idem* guardianus.

Guardio. - *idem* guardator, gardien.

Guarenda. - *idem* garanna

Guarenna, guarona, warenna, warennum. -
1. Endroit clôturé, garenne.
2. Droit de chasse, particulièrement les lapins dans cet endroit.

Guarenna. - *idem* garanna.

Guarentia. -
1. *Idem* garantia.
2. Garance.

Guarentiana, guarentitia. - document qui garantit un accord, une convention.

Guarentitia. - *idem* guarentiana.

Guarentizare. - garantir.

Guarentus. - garant.

Guaretta. - *idem* garita, tour de guet, guérite.

Guargatura. - charge.

Guarida. - *idem* garita.

Guarilhanus. - gouttière.

Guarimentum. - garantie.

---

[1] Terme de la même origine que *gualdus*, « forêt », à comprendre ici comme « forêt de poissons », l'expression s'appliquait aussi bien pour les bêtes sauvages que les poissons (Du Cange).

[2] Hippeau.

Guarina. - refuge, asile, château défendu par un fossé.

Guarinus. - homme vivant sous l'influence et le refuge du ciel.

Guarire. -
1. Guérir.
2. Garantir, défendre.

Guarita, **guazida**. - guérite.

Guarnachia. - *idem* garnachia, long manteau.

Guarnacia. - *idem* garnachia.

Guarnamentum. - mobilier.

Guarnare - *idem* garnire, garnir, décorer.

Guarnazo. - longue robe (Italie).

Guarnellum. -
1. Sorte de tissu de lin.
2. Type de vêtement commun aux hommes et aux femmes.

Guarnerium. - grenier.

Guarnichia. - *idem* garnachia.

Guarnimentum. - *idem* garnimentum, tout ce qui peut servir à orner, à vêtir, à armer une personne et également à approvisionner une place forte.

Guarnire, **guarnare**, **guarnisare**, **warnire**. - garnir, décorer.

Guarnisare - *idem* garnire.

Guarona. - *idem* guarenna.

Guarpire. - *idem* guerpire.

Guarpitio. - *idem* gripitio.

Guarrada. - sorte de récipient (ou charretée).

Guarraria. - chemin (ou carrière de pierres).

Guarreiare. - *idem* guerrare, faire la guerre.

Guarrellus. - *idem* garrotus, trait d'arbalète.

Guarrica. - *idem* garrica, garrigue.

Guarrus. - *idem* garrotus.

Guarus. - garant.

Guasalpha. - *idem* gasalia, partage des bénéfices d'engraissage.

Guasape. - *idem* gausape1, nappe.

Guasgapus. - sorte de vêtement

Guasnacia. - *idem* garnachia, long manteau.

Guaso, **guazo**. - motte de gazon.

Guaspaleum. - déchets ou petite paille après le vannage.

Guastada. - *idem* guastella2.

Guastaldatum. - *idem* gastaldatus, charge d'intendant des domaines.

Guastaldus. - *idem* gastaldius.

Guastare. - *idem* gastare, piller, détruire.

Guastator. - avant-garde militaire, éclaireurs qui débarrassent le chemin, anc fr[1], *gastadour*.

Guastella. -
1. *Idem* gastella, pain fait avec de la fleur de farine.
2. (< *guastàda*)[2], flacon de verre.

Guastellus. - *idem* gastella1.

Guastina, **wastina**. - friche, marais.

Guastivus. - (*guastiva terra*), terre labourée mais qui n'est pas encore ensemencée.

Guastum, **vastum**. - destruction, mutilation, ravage, anc fr[3], *gast*.

Guastus. - ravagé, ruiné.

Guata. - *idem* gattus2, machine de guerre.

Guatgeria. - gage, nantissement.

Guatgium. - solde, gage, salaire.

Guatt. - *idem* gaida3, guède.

Guattarus. - (< *gutàre*)[4], inspecteur.

Guatum. - *idem* gaida3.

Guauria. - pâturage communal entouré de fossés.

Guayna. - rigole, petit canal, fente dans le sol par où l'eau s'écoule.

---

[1] Roquefort.

[2] Ital : *guastàda*, « récipient de verre avec le pied et le col étroit », issu de *angustus*, « étroit, resserré ».

[3] Godefroy.

[4] Ital : *gutàre*, « regarder avec attention ».

Guayta. - *idem* gayta, sentinelle, le guet, la garde.

Guazida. - *idem* guarita, point de surveillance en hauteur, guérite.

Guazo. - *idem* guaso.

Guazzare. - (< *guazzàre*)[1], arroser, abreuver (Italie).

Guba. - citerne, cuve.

Gubba. - *idem* gibba, protubérance, bosse.

Guber. - *idem* gubernator.

Gubernaculum. - (< *gŭbernāre*), droit de passage pour les navires ; (g. *aquæ*), droit d'usage sur l'eau.

Gubernala. - prison ou place forte.

Gubernale, gunernamen, gubernantia, gubernatorium, gubernium. - gouvernement, direction.

Gubernamen. -
1. Barre, gouvernail.
2. Gouvernement, règle.

Gubernantia. - *idem* gubernale.

Gubernare. -
1. Conserver, garder.
2. Pourvoir, soigner, fournir le nécessaire.

Gubernarius. - (g. *domus*), édifice où ceux qui ont en charge l'administration de la ville se réunissent.

Gubernator, guber. -
1. Abbé ; curé.
2. Régent.

Gubernatorium. - *idem* gubernale.

Gubernatrix. - celle qui dirige.

Guberneda. - autorité, gouvernement.

Gubernium, gubernum. - *idem* gubernale.

Gubernum. - *idem* gubernale.

Gubio. - *idem* guvio, espèce de poisson : goujon.

Guccia. - *idem* gayta, sentinelle, le guet, la garde.

Gucebe. - sorte de récipient.

Gudum. - gué.

Gueaignagium. - *idem* gagna, champ cultivé avec demeure et le nécessaire à la culture, métairie

Gueda. - *idem* gaida3, guede.

Gueita. - *idem* gayta, sentinelle, le guet, la garde.

Gueitum. - *idem* gayta.

Guelda. - *idem* gilda.

Guelfici. - les Guelfes.

Guella. - couleur écarlate (héraldique « de gueule »).

Gueminum. - chemin.

Guerba. - gerbe.

Guerbagium. - redevance en gerbes.

Guerblæ. - crochets.

Gueren. - (< *wær*)[2], vivier, réservoir à poissons.

Guerestare. - faire la guerre.

Guergueria. - droit sur le bois d'autrui.

Guerignagium. - le fait de contenir des fossés ou les berges de rivière avec des piquets ou des pieux.

Gueritor. - garant, répondant.

Gueritus. - garanti.

Guerna. - aulnaie (régiona. *verne, vergne*).

Guernimentum. - *idem* garnimentum, tout ce qui peut servir à orner, à vêtir, à armer une personne et également à approvisionner une place forte.

Guerpillum. - *idem* guerpitio.

Guerpire, werpire, gurpire, guarpire, guerpiscere, guirpisgere, guilpire, guipire, guirpire, gurpiscere, guspire. - abandonner une possession, *déguerpir*, renoncer à, céder.

Guerpiscere. - *idem* guerpire.

Guerpitio, guarpitio, guerpillum, guirpimentum, guirpis, gurpizo, guerpus,

---

[1] Ital : *guazzàre*, « baigner, être plongé dans un liquide ».

[2] A.S : *wær*, « vivier, endroit ou engin pour pêcher », anglais *weir*, « barrage ».

guerpum, verpum, werpum werpitio. - abandon, renonciation.

Guerpum. - *idem* guerpitio.

Guerpus. -
1. *Idem* guerpitio.
2. (adj), abandonné.

Guerra, werra. -
1. Guerre.
2. (*g. bona*), de bonne guerre.
3. (*g. aperta*), guerre ouverte, déclarée.
4. (*g. cassa*), suspension d'arme, trêve.
5. (*g. guerriata*), guérilla.
6. (*g. severa*), guerre à outrance.
7. (*g. tenere*), se comporter en ennemi.

Guerragare. - *idem* guerrare.

Guerrare, guarreiare, guerragare, guerregiare, guerregare, guerreare, guerriare, guerrificare, guerrigiare. - faire la guerre.

Guerrarius, guerrator, guerrerius, guerrorius. - homme de guerre, guerrier, brave.

Guerrator. - *idem* guerrarius.

Guerreare. - *idem* guerrare.

Guerregare. - *idem* guerrare.

Guerregiare. - *idem* guerrare.

Guerreria. - droit sur la forêt d'un autre, ou sorte de taxe.

Guerrerius. - *idem* guerrarius.

Guerriare. - *idem* guerrare.

Guerrificare. - *idem* guerrare.

Guerrigiare. - *idem* guerrare.

Guerrinus. -
1. Ennemi.
2. (*guerrina terra*), terre ennemie.
3. (*guerrinum tempus*), temps des combats.

Guerrivus. - ennemi.

Guerrorius. - *idem* guerrarius.

Guerus. - homme de guerre, soldat.

Guesdium. - *idem* gaida3, guède.

Guespa. - guêpe.

Gueta. - *idem* gayta, sentinelle, le guet, la garde.

Guetagium. - contribution pour le paiement du guet.

Guetare, gueytare. - faire le guet.

Guetus. - *idem* gayta.

Gueuda. - *idem* gilda.

Gueusii. - les gueux, appellation donnée aux luthériens et calvinistes au XVIème siècle.

Gueytare. - *idem* guetare.

Gueytum. - *idem* gayta.

Gugalia. - (< *Geige*)[1], sorte d'instrument de musique, de violon.

Guia. - bornage, placement des bornes.

Guianensis, guiennensis. - (*g. moneta*), monnaie de Guyenne ou d'Aquitaine du XIVème siècle estimée à cinq deniers de Bordeaux ou trois de Tours.

Guiardonum. - récompense, rémunération, salaire, anc fr[2], *guerredonance*.

Guiare. -
1. Mettre des bornes.
2. Mener, conduire.
3. Elever, diriger.

Guible. - crible.

Guichetus, guinchetus, guischetus. - porte, guichet.

Guicia. - sorte de contribution, de paiement.

Guida. - guide.

Guidagium, guinagium, guisagium, guisatgium, guisaticum, guitsagium, guidarium. -
1. Taxe de guidage, sorte de péage, droit qui se payait au seigneur pour la sûreté des chemins et le transport des marchandises.
2. Sauf-conduit.

---

[1] All: *Geige*, « violon »

[2] Godefroy.

3. Obligation faite aux vassaux dans les pays maritimes d'allumer des feux de guidage pour les navigateurs.

Guidamentum. - gouvernement, administration.

Guidare. - guider.

Guidarium. - *idem* guidagium.

Guidarma. - *idem* gisarma, sorte de hallebarde, de pique.

Guidaticum. - protection sur les routes, sauf-conduit.

Guidator. - guide.

Guideme. - sorte d'instrument de musique, de cithare.

Guido. -
1. Bannière.
2. Porte bannière.

Guidrigild. - estimation de la valeur d'un homme.

Guiennensis. - (*g. moneta*), *idem* guianensis.

Guietes. - homme en armes, soldat (Angleterre).

Guifa. - *idem* guiffa.

Guiffa, wiffa, guifa. -
1. Mise à l'encan.
2. Marque de prise de possession par sentence judiciaire.

Guigettum, guinchetum, gychettum, wikettum, wichettum, wichetta, wykettum. - petite porte ou portail (dans ou à côté d'une porte ou d'un portail plus grand), guichet.

Guihala. - *idem* gildhalla, halle d'une gilde.

Guilda. - *idem* gilda, gilde, association.

Guilentia. - garantie.

Guilfa. - *idem* guilla.

Guilhalla. - *idem* gildhalla.

Guilhaula. - *idem* gildhalla.

Guilla, guilfa. - quille.

Guillator. - trompeur, anc fr[1], *guileor*.

Guillelmus, guillermus. - monnaie du comte de Flandre au XVème siècle : *guillemin*.

Guillermus. - *idem* guillelmus.

Guillo. - *idem* gella, grande cruche pour mettre le vin, et mesure pour le vin.

Guillotus. - petite monnaie des comtes de Foix : *guillot*.

Guilpire. - *idem* guerpire.

Guimagium. - *idem* guionagium.

Guimpa, guimpla, impla. - voile de femme utilisé par les religieuses, guimpe.

Guimpla. - *idem* guimpa.

Guina. -
1. *Idem* guva, ventouse de verre.
2. Variété de cerise : guigne.

Guinagium. - *idem* guidagium.

Guinchetum. - *idem* guigettum.

Guinchetus. - *idem* guichetus, porte, guichet.

Guinda. - *idem* gunnal, vêtement de peau.

Guindolum. - variété de cerise que l'on appelle griotte à Paris, *guindon* en Bourgogne et *guindoule* en Larguedoc.

Guiniator, guinitor. - receveur du droit dit de *guinagium*.

Guinitor. - *idem* guiniator.

Guinterna, guiterna. - sorte de cithare anc fr[2], *guiterne*.

Guionagium, guimagium, guinagium -
1. Sorte de contribution pour la garantie qu'apporte le seigneur pour le transport sur les chemins, anc fr[3], *guionage*, « conduite, guide ».
2. Taxe sur les tonneaux.
3. Redevance en vin.

Guionessa. - fougère.

---

[1] Godefroy.
[2] id.
[3] id.

Guiphare. - apposer le signe de possession nommé guiffa2.

Guipire. - *idem* guerpire, abandonner une possession, renoncer à, céder.

Guira. - *idem* gernaria, sorte de récipient : jarre.

Guirens, guirentus, guiritor. - garant, répondant.

Guirentia. - garantie.

Guirentus. - *idem* guirens.

Guiritor. - *idem* guirens.

Guirla. - sorte de jeu.

Guiro. - *idem* ghiro, ceinture.

Guirpilio. - *idem* gripitio, cession, abandon.

Guirpimentum. - *idem* gripitio.

Guirpire. - *idem* guerpire, abandonner une possession, renoncer à, céder.

Guirpis. - *idem* gripitio.

Guirpisgere. - *idem* guerpire.

Guisa. -
1. Apparence, habillement.
2. Ruse, tromperie.

Guisagium. - *idem* guidagium.

Guisare. - équiper de l'arme dite *guisarma*.

Guisarma. - *idem* gisarma, sorte de hallebarde, de pique

Guisatgium. - *idem* guidagium.

Guisaticum. - *idem* guidagium.

Guisatum. - à leur guise.

Guischetus. - *idem* guichetus, porte, guichet.

Guisiarma. - *idem* gisarma.

Guissalla. - petit fil, ficelle.

Guiterna. - *idem* guinterna, sorte de cithare.

Guitsagium. - *idem* guidagium.

Guizardonum. - présent, don (Marseille).

Gula. -
1. Gueule, peau (du gosier) de la martre (teinte en rouge).
2. Gueules, couleur rouge, (sur les écus).
3. Bord.
4. Bourse, anc fr[1], *goulière*.
5. (*g. mantelli*), le haut ou l'ouverture d'un habit.
6. (*g. fluvii*), embouchure d'un fleuve.

Gulaba, golafus. - sorte de vaisseau.

Gulator. - glouton.

Gulatus. - orné de peaux de martre.

Gulbium, gurgium. - gouge.

Gulda. - *idem* gilda.

Guldagium. - *idem* gildagium, redevance, impôt.

Guldum. - *idem* geldum.

Guldus. - *idem* geldum.

Guletum. - lieu où les joncs nommés *guliæ* abondent.

Gulfus. -
1. Golfe.
2. Fosse (Angleterre).

Guliæ. - joncs.

Guliardia. - paillardise.

Gulosæ carnes. - viandes qui ne sont pas saines.

Gulositas. - gourmandise.

Gulphus. - *idem* gulfus1, golfe.

Gulta. - *idem* gildagium, redevance, impôt.

Gumba. - *idem* gibba, protubérance, bosse.

Gumbaria. - sorte de navire.

Gumella. - (< *giumèlla*)[2], sorte de mesure, correspondant à ce que contient le creux formé par les deux mains jointes : jointée.

Gumenæ. - appellation générique des cordages de navire, et particulièrement les cordages des ancres.

Gumma. -
1. Résine.

---

2. Trou d'eau sous la roue d'un moulin, anc fr[1], *gomme.*

Gumphus. -
1. *Idem* gomphus, gond.
2. Croc, crochet.

Guna, gunna. -
1. (< *gunna*), vêtement de peaux, habit, spécialement vêtement de berger[2].
2. Arme à feu (Angleterre).

Gunarius. - marchand de peaux.

Gundula. - don, cadeau.

Gunella. -
1. *Idem* gonnella, gunal, habit de peau.
2. Habit de femme, cotillon, anc fr[3], *gonele, gounele.*

Gunernamen. - *idem* gubernale, gouvernement, direction.

Gunfana. - bannière.

Gunfus. - *idem* gomphus, gond.

Gunna. - *idem* gunal.

Gunnatus. - vêtu d'une pelisse.

Gunnella. - robe longue, anc fr[4], *gonele.*

Gunnis. - *idem* guna2, arme à feu.

Gunpoudre. - poudre à canon.

Guntfalo. - *idem* guntfano, étendard, bannière.

Guntfano, gontfano, guntfalo, guntfaro. - étendard, bannière.

Guntfanonarius. - gonfalonier, porte étendard.

Guntfaro. - *idem* guntfano.

Guodobia. - épieu, vouge (arme).

Guoya. - sorte de faux, serpe, anc fr[5], *goie.*

Guphus. - *idem* gumphus2, croc.

Gupilarius. -
1. Renardier (chien de chasse).
2. *Idem* gopillator, chasseur de renards.

Gupillus. - goupil, renard.

Guppa. - casaque militaire.

Guppum. - (< *gypsum*), p âtre

Gurbedus. - terrain inculte.

Gurbilio. - (< *corbŭla*), petite corbeille.

Gurdamonium. - variété de céréale.

Gurdonicus, gurdus. - grossier, sot.

Gurdus. - *idem* gurdonicus.

Gurga, gorza. -
1. Passage.
2. Barrage.

Gurgeria. - partie de l'armure qui protège la gorge.

Gurges. -
1. Masse tourbillonnante d'eau, tourbillon.
2. Source.
3. Barrage, piège à poisson ; partie d'un cours d'eau resserré, profond, gorge, permettant d'établir une pêcherie ou installer un moulin.
4. Embouchure.
5. Gouttière, déversoir pour l'eau de pluie (Angleterre).

Gurgis. - embouchure de fleuve.

Gurgitatus. - engouffré.

Gurgitium. -
1. Étable à porcs.
2. Cabane.

Gurgitum. -
1. Canal d'écoulement des eaux.
2. Endroit du cours d'eau où il y a des gorges (*Cf. gurges*).

Gurgium. - *idem* gulbium, gouge.

Gurguina. - petite chambre.

Gurgulatio. - gargouillement (du ventre).

Gurgulio. - petite maison.

Gurgulitas. - goinfrerie.

Gurgulium, gurgulum. - gorge.

Gurgulum. - *idem* gurgulium, gorge.

Gurgustio. - filet de pêche.

Gurgustium. -
1. Petite maison, maison de pauvre.
2. Mauvaise auberge, *gargote*.
3. *Idem* gurgulium, gorge.
4. *Idem* gordus, endroit des rivières favorable pour la capture des poissons.

Gurgustrium. - filet de pêche (ou sorte de récipient à poissons).

Gurgustus. - petit poisson.

Gurla. - *idem* gourla, poche, bourse.

Gurnardus. - *idem* gornatus, poisson de mer : rouget grondin.

Gurpicio. - *idem* gripitio, cession, abandon.

Gurpimentum. - *idem* gripitio.

Gurpire. - *idem* guerpire, abandonner une possession, renoncer à, céder.

Gurpiscere. - *idem* guerpire.

Gurpizo. - *idem* guerpitio, abandon, renonciation.

Gurra. - variété d'osier.

Guspire. - *idem* guerpire.

Gussa. -
1. *Idem* gossa.
2. Coquille, coque.

Gussettum. - partie de la cotte de maille en triangle placée sous l'aisselle, anc fr[1], gousset.

Gustaldus. - *idem* gastaldius.

Gustanter. - (adv), avec plaisir, volontiers.

Gustare, gustaris. - festin, repas, (surtout celui que les vassaux étaient obligés par la loi ou par la coutume de donner à leur seigneur).

Gustator. - le petit doigt.

Gustrum. - sorte de récipient.

Gustum, guttum. -
1. Collation, goûter.
2. Goût, plaisir, friandises.
3. (*g. facere*), goûter le premier.

Guta, gotta. - canal, ruisseau, rigole.

Gutfirma. - (< *gytfeorm*)[2], fête.

Guthsera. - *idem* githserus, gourmand, avide.

Guti, gothi, gotti. - les Goths.

Gutium. - *idem* gotium, récipient pour liquides.

Gutosus, guttosus. -
1. Hydropique ; goutteux.
2. Mouillé par la pluie.

Gutrema. - maladie de la gorge, angine.

Gutrum. - sorte de récipient.

Gutta. -
1. *Idem* gotassa, maladie de la goutte.
2. (*g. ciata*), sciatique.
3. (*g. fantilia*), variole.
4. Tâche de couleur (ornement sur les vêtements).
5. (*g. alba*), suif.
6. *Idem* guta, canal.

Guttare. - goutter.

Guttarium. - gouttière, petit canal.

Guttatus. - orné de gouttes, moucheté.

Guttena. - *idem* guttina, ruisseau, rigole.

Guttera. - *idem* guttura, gouttière, égout.

Gutteria. -
1. *Idem* guttura et guttarium, gouttière, égout.
2. Goître.

Guttifluus. - d'où s'échappe une goutte.

Guttina, gottina, guttena. - ruisseau, rigole.

Guttonarius. - (*g. equus*), cheval qui va à l'amble.

Guttosus. - *idem* gutosus1.

Guttula. - petit canal, petit ruisseau.

Guttur. - (*g. posterius*), anus.

Guttura, guttera, gotera, gutteria, gutura. - gouttière, égout.

---

[1] Godefroy.

[2] A.S : *gytfeorm*, « fête du labour ».

Gutturiosus, gutturosus. - goitreux.

Gutturna, gutturnositas. - goître.

Gutturna, gutturnositas. - *idem* gutteria2, goître.

Gutturna. - *idem* gutteria2, goître.

Gutturnositas. - *idem* gutteria2

Gutturosus. - *idem* gutturiosus, goitreux.

Gutura. - *idem* guttura.

Guva, guina. - ventouse de verre.

Guvernerius. - gouverneur.

Guvetta. - chouette, anc fr[1], *guvette*, « chat-huant ».

Guvio, gobio, gubio. - (< κωβιός)[2], espèce de poisson : goujon.

Guvus. - hibou.

Guychetus. - porte, guichet.

Guysa. - manière, guise.

Guza. - *idem* gossa, machine de guerre.

Guzia. - *idem* gossa.

Gwaldus. - *idem* gualdus, bois, forêt.

Gwalstowna. - (< *cwale-stow*)[3], fourches patibulaires (Angleterre).

Gwantus. - *idem* gannus, gant.

Gwayf. - épaves, choses abandonnées, anc fr[4], *gaif* « abandonné, perdu », (Angleterre).

Gwyndagium, windagium -
1. Acte ou paiement par transfert.
2. Dispositif de traction ou de levage, guindeau, treuil.

Gyalda. - *idem* gildhalla, halle d'une gilde.

Gydagium. - charroi.

Gyltwite. - (< *gilt-wite*)[5] amende, faute amende pécuniaire (Angleterre).

Gymbra. - *idem* gimbra, jeune brebis.

Gymnasium. -
1. Ecole, université.
2. (fig), ascèse.
3. Service militaire.
4. Thermes, bains.

Gynæceum. -
1. Atelier de femmes.
2. Lupanar.

Gynæcialis. - d'atelier de femmes.

Gynæciarius. - tisserand du roi.

Gynæcius. - de femme.

Gyndragium. - sorte de redevance sur la vente du vin.

Gypsa. -
1. (< *dipsăs*), serpent.
2. Jambe de bois.
3. Statue.

Gypsæ fenestræ. - pierres translucides (en feuilles très minces).

Gypsatus. - plâtré ; (fig), souillé de terre.

Gypsinum. - plâtre, stuc.

Gypsoplastes. - mouleur de plâtre.

Gyramen. - tour, ronde, ensemble.

Gyrare. -
1. Faire la ronde.
2. Pivoter, retourner.
3. Entourer, cerner.

Gyratio. - tour (course des astres).

Gyrativus. - de cercle, en cercle.

Gyrgatus. - lit sur lequel on place le paralytiques et les possédés.

Gyro, giro. -
1. Bas de vêtement.
2. Tour (de ceinture).
3. Tour (des murs).

Gyrofalco, gyrofalcus. - grand faucon.

Gyrofalcus. - *idem* gyrofalco.

Gyrogrillus. - hérisson.

Gyrovagare. -
1. Errer çà et là.
2. Jouter.

Gyrovagatio. - action d'errer çà et là.

Gyrovagi. - moines qui quittèrent leurs monastères et détruisirent leurs cellules, et se mirent à errer sous prétexte de piété

---

[1] Godefroy.
[2] κωβιός : « goujon ».
[3] A.S : *cwale* « mort violente », *stow*, « endroit, place principale »

[4] Godefroy.
[5] A.S : *gilt*, « faute », *wite*, « amende ».

Gyrthmanus. - *idem* grithmannus, homme réfugié dans un sanctuaire.

Gyrthum. - *idem* girthum, sangle de selle.

Gyrus. -
1. Mouvement circulaire.
2. Cercle, anneau.
3. Bague ou instrument pour le marquage des arbres (Angleterre).
4. Faucon (Angleterre).

(adj), (*g. arcus*), arc en ciel.

Gysarum. - *idem* gisarma, sorte de pique.

Gysum. - plâtre, stuc.

H

Habardasshator. - *idem* haberdassarius.

Habe. - (< *ave*), salut.

Habedassarius. - *idem* haberdassarius.

Habellanietum. - (< *avellāna*), endroit où les noisetiers abondent.

Habena. -
1. (< *hăbēna*), rêne.
2. Fronde ; (fig), règle, contrôle.

Habenæ. - cordage, de navires, haubans.

Habentes. - ceux qui sont riches, qui ont de la considération.

Haberdassarius, haberdassator, habardasshator, habedassarius. - mercier (Angleterre).

Haberdassator. - *idem* haberdassarius.

Habere. -
1. Vouloir ou devoir.
2. (*h. se*), se comporter.
3. (*h. personam*), se retourner.
4. Exister.
5. Ce que l'on possède, l'avoir.
6. Avoir à faire quelque chose, être obligé.
7. Tenir (une propriété) ; posséder une tenure.
8. (*h. pro malo*), trouver mauvais.
9. (*h. agere*), mettre beaucoup de travail et d'efforts dans quelque chose.
10. (*h. facere contra aliquem*), avoir à faire contre ou avec quelqu'un.
11. (*h. facere*), faire des affaires.
12. (*h. animum cum aliquo*), avoir des intelligences avec un parti, avec quelqu'un.
13. (*h. ad dies suos*), avoir sa vie durant (la fortune et l'infortune).
14. (*h. in testimonium*), prendre à témoin.
15. (subs), avoir, biens.

Habergagium, habergamentum - maison, habitation, demeure.

Habergamentum - *idem* habergagium.

Habergatum. - *idem* halsbergatum, haubergeon.

Habergellum, habergeon, habergetum, - cotte de maille, haubert.

Habergeon. - *idem* habergellum.

Habergetum. - *idem* habergellum.

Habia. - hallier, haie, buisson.

Habilamenta. - *idem* habilitamenta.

Habilamentum, habilhamentum. - habillement, vêtement.

Habilhamentum. - *idem* habilamentum.

Habilimentum. -
1. Préparatifs de guerre.
2. Équipages de guerre, armure, équipement militaire.

Habilis. -
1. Adroit, éprouvé, excellent, diligent, capable de, habile.
2. Certain, assuré.

Habilitamenta, habilamenta, habilmenta. - (pl) ; (n), habillement, équipement.

Habilitare. -
1. Mettre en état, rendre capable, habiliter.
2. Façonner, disposer, préparer.
3. Exécuter une entreprise, la poursuivre.

Habilitas. -

1. Action de réparer, d'orner, de décorer.
2. (*habilitates conditionum*), conditions proposées.

Habilitatio. -
1. Action d'habiliter, de rendre apte.
2. Capacité.
3. Réhabilitation.

Habiliter. - (adv), justement, à propos.

Habilius. - suffisant, qui suffit.

Habillus. - habile, efficace, énergique.

Habilmenta. - *idem* habilitamenta.

Habitaculum. -
1. Lieu habité, endroit.
2. Demeure (en parlant d'une église) ; monastère.

Habitamen, habitamentum, habitatura. - habitation.

Habitamentum. -
1. *Idem* habitamen, habitation.
2. *Idem* habilimentum,

Habitantia. -
1. Métairie, ferme, bien de campagne.
2. Résidence, séjour.
3. Famille.
4. Obligation de tant d'années de séjour à ceux qui veulent obtenir le droit de bourgeoisie.

Habitatio. -
1. Demeure rurale.
2. Les habitants.
3. Action de résider.

Habitatores. - les barbares qui habitaient les villes ou villages des provinces de l'Empire romain.

Habitatura. - *idem* habitamen, habitation.

Habitatus. - action de résider (à tel endroit).

Habitio. -
1. Prise, occupation d'une ville, d'un château.

2. Possession, jouissance.
3. (*h. rati*), ratification.

Habitualis. -
1. (*h. tunica*), vêtement dont on s'habille habituellement.
2. Habituel, concernant la façon de résider.

Habitualiter, habitudinaliter. -
1. Habituellement.
2. Conformément à la façon de résider.

Habituare. - habiller, vêtir, anc fr[1], *habituer*.

Habituati. - chanoines non bénéficiers.

Habituatio. -
1. Habillement.
2. Prise de l'habit religieux.

Habitudinalis. -
1. Concernant l'état, la manière d'être.
2. Relatif.

Habitudinaliter. - *idem* habitualiter.

Habitudo. -
1. Ce par quoi quelque chose est par rapport à une autre, relation, rapport.
2. Nature propre.

Habiturium. - *idem* habitantia4.

Habitus. -
1. Manière de vivre, mœurs, habitude, mode de vie.
2. Disposition générale et durable (d'où, habitude).
3. Aptitude.
4. Le fait d'avoir.
5. Tenue vestimentaire, habit ; habit religieux ; état monastique.

Habluere. - (< *ablŭĕre*), laver.

Hablum. - *idem* habulum, port.

Haboutare, habutare. -
1. Assigner.
2. Se terminer, aboutir.

---

[1] Godefroy.

Habra. - (< ἅβρα)[1] servante, esclave.

Habudare. - (< ăbundāre), avoir en abondance.

Habughunt, hapichunt. - chien de chasse.

Habulum, hablum, havra, havia, havra, haula, havena. - (< hæfen)[2], port, havre, anc fr[3], hable.

Habuncolus. - (< ăvŭncŭlus), oncle maternel.

Habunda. - abondance.

Habundus. - qui abonde.

Habutare. - idem haboutare.

Haca. - idem kaka, espèce de poisson, merlu (Angleterre).

Hacca. - idem hachia, hache d'armes.

Hacceta. - idem hachetta, hachette.

Haccha. - idem hachia.

Haccha. - idem hachus.

Hacelelia. - sorte de couvre-chef.

Haceta. - idem hachetta, hachette.

Hacha. - idem hachia.

Hachea. - idem hachia.

Hacheta. - idem hachetta.

Hachetta, haceta, hacceta, hacheta. - hachette.

Hacheya, hachia. - amende honorable.

Hachia, hacha, hacca, haccha, hachea. - (< ascĭa), hache d'armes.

Hachia. -
1. Peine, amende[4], anc fr[5], haschiée.
2. Hache d'armes.
3. Idem hacheya.

Hachiatus. - gravé en traits croisés, hachurés.

Hachus, hechia, haccha, heckum. -
1. (<heg)[6], râtelier à foin (Angleterre).
2. Tillac (Angleterre).

Haciata, haquetum. - sorte d'unité de mesure, de volume ou de poids.

Hackeneius. - idem hakeneius.

Hacla. - sorte de vêtement.

Hactare. - diriger, entreprendre une action.

Haddera. - bruyère (Angleterre).

Haddocus. - idem hadox.

Haderunga. - (< haderung)[7], faveur faite aux personnes, partialité, favoritisme.

Hadgabulum. - idem hagabulum, prix de location de maison ou taxe (Angleterre).

Hadox, haddocus. - variété de poisson de mer mis en saumur, haddock.

Hadrianalia. - jeux célébrés en l'empereur Hadrien.

Hædulare. - jouer.

Hæma. - (< αἷμα)[8], idem ema, sang.

Hæmatoica. - idem ematoica, hémorragie.

Hæmorrhous. - (< αἱμόορoος), serpent d'Afrique qui cause des flux des sang.

Hærecius, hæricius, hærettus, harerus. - (h. canis), chien courant.

Hærectum. - idem hærettus.

Hæreda. - idem hereda, partie des Provinces, délimitée par leurs frontières chez les suédois.

Hæredaliter. - idem heredaliter, par héritage.

Hæredare. - avoir par voie de succession.

Hæredes. -
1. Idem hæres.

---

[1] ἅβρα : « jeune servante favorite de sa maîtresse ».
[2] A.S : hæfen, « endroit protégé du vent et de la pluie ».
[3] Hippeau.
[4] « Peine corporelle imposée pour expier quelque crime. Harmiscara, c'est la même peine, qui consistait en certaines processions déshonorantes qu'on faisait faire au coupable, qui visitait certaines

Eglises ; on allait en cérémonie au-devant du malfaiteur qui avait des fourches sur le dos, ou y portait un chien ; c'est ce qui était exprimé en d'autres termes, ferre angarias » (Montignot)
[5] Godefroy.
[6] A.S : heg, « foin »
[7] A.S: haderung de même sens.
[8] αἷμα : « sang »

2. *Idem* hæreditantes.

Hæredipeta. -
1. Le plus proche héritier.
2. Celui qui convoite un héritage.

Hæreditabilis. -
1. Qui a l'avoir patrimonial.
2. Qui doit revenir à quelqu'un par héritage.

Hæreditabiliter. - par héritage.

Hæreditagium. -
1. Succession.
2. Bien parvenu par succession.
3. Métairie, fonds de terre.

Hæreditamentum. - tout ce qui passe à l'héritier par droit d'héritage, et spécialement les biens immobiliers.

Hæreditantes. - (*h. homines*), affranchis.

Hæreditare. -
1. Succéder à quelqu'un.
2. Mettre en possession.
3. (*h. animam suam*), réserver pour son usage personnel (ou préparer le salut de son âme en faisant des dons aux églises).

Hæreditarium. - hérédité.

Hæreditarius. -
1. Héritier.
2. Maître, propriétaire.

Hæreditas. - (*h. luctuosa*), ce qui revient aux parents à la mort de leur fils, c'est-à-dire le quart des biens qu'il détenait.

Hæreditatus. - ce qui est possédé par voie d'héritage.

Hærere. - (*h. se*), s'approcher d'avantage, se porter plus avant.

Hæres. - héritiers, titre donné aux mineurs jusqu'à l'âge de 21 ans, à la mort des feudataires dont ils héritaient.

Hæreseus, hæresianus, hæresista, heresista. - hérétique.

Hæresianus. - *idem* hæreseus, hérétique.

Hæresiarcha. - chef d'hérésie.

Hæresis. -
1. Amende pour crime d'hérésie.
2. Hérésie.
3. (< αἵρεσις)[1], fonction quelconque.

Hæresista. - *idem* hæreseus, hérétique.

Hæreticalis. - d'hérésie, conduisant à l'hérésie.

Hæreticare. -
1. Rendre hérétique.
2. Taxer d'hérésie, ranger au nombre des hérétiques.

Hæreticatio. -
1. Action de rentrer dans la secte, initiation (chez les Cathares).
2. Action de traiter d'hérétique.

Hæreticus. -
1. (*h. vestitus*), celui qui professe ouvertement l'hérésie.
2. (*h. creditus*), hérétique soupçonné.
3. (*h. hæreticans*), chef de secte.

Hæretizare. - penser en hérétique.

Hærettus, haireicius, harerus, hærectum, heiritum, herricium, haytectum, heirettum, hayericeum, hæricius, herettius. -
1. (*h. bernarius*), homme de chenil. (Angleterre).
2. (*h. canis*), chien courant (Angleterre).

Hæricius. - *idem* hærettus.

Hæro. - (fig), (*h. creatoris*), champ, terre (en parlant du ciel).

Hæsimenta. - (pl) ; (n), lieux d'aisances, latrines.

Haferban. - sorte de revenu en Germanie.

Haffne. - groupe de personnes destinées à servir à bord des navires.

---

[1] αἵρεσις : « préférence, inclination, goût particulier ».

Hafneator. - (< *hœfen*)[1], officier du port, capitainerie (Angleterre).

Hafnecourts. - (< *hœfen*), assemblée, amirauté du port.

Haga, hagia, haia, heia, haja, hauga. - (< *haga*)[2].
1. Haie, clôture, palissade.
2. Demeure rurale entourée de palissades.
3. Glacis (devant une ville).
4. Parc clôturé pour gibier.
5. Obligation du vassal d'entretenir les haies des terres du seigneur ou redevance pour l'exemption de cette corvée.

Hagablum. - *idem* hagabulum.

Hagabulum, hadgabulum, haggabulum, hagablum. - prix de location de maison ou taxe (Angleterre).

Hagardum, haggardum, hogardum. - enclos où sont stockées les récoltes (Angleterre).

Hagastaldus, haistaldus, hestaldus, hagastoldus, hestoldus. - dépendant non marié en service chez un seigneur.

Hagastoldus. - *idem* hagastaldus.

Haggabulum. - *idem* hagabulum.

Haggardum. - *idem* hagardum.

Hagha. -
1. Endroit couvert mais ouvert sur les parties latérales, hangar.
2. *Idem* haga2, demeure rurale.

Hagia. - *idem* haga.

Hagiographia. - (< *ἅγιος*)[3], littérature mystique.

Hagiographus. -
1. Théologien.
2. Hagiographe.

Hagiologium. - calendrier des fêtes, calendrier.

Hagion. - (h. *pleuma*), l'Esprit Saint.

Hagiosiderum. - sorte de cloche portée par l'homme qui précède le prêtre apportant l'eucharistie utilisée par les grecs. Elle était constituée d'une plaque de fer suspendue par une corde et frappée par un marteau.

Hagius. - saint.

Haia. -
1. *Idem* haga.
2. (h. *carrucœ*), ridelle de charrette.

Haiare. - chasser dans un parc à gibier nommé haga4.

Haibota. - droit de prendre dans les forêts du seigneur le bois nécessaire pour faire des haies.

Haici. - *idem* haga1, haie.

Haimesuckin. - (< *ham-sokn*)[4] le refuge de la maison, (Anglosaxon).

Haimfara. - *idem* hamfara.

Haimgart. - (< *ham-geard*)[5], jardin de la maison, personnel.

Haimhaldare. - (*ham-healdan*)[6], réclamer un bien perdu ou le reprendre et le ramener à la maison.

Hainfar. - *idem* heinfare.

Haiota. - petit bois ou partie de bois.

Haira, heira, hairia. - (< *hœr*)[7], toile de crin.

Hairbannus. - *idem* harribannus

Haired. - (< *heort*)[8], cerf.

Haireicius. - *idem* hærettus.

Hairia. - *idem* haira, toile de crin.

Hairo, hero, hiero, heronus, herodius. - héron.

Hairo. - *idem* heiro.

Haisa. - *idem* hesa, haie, clôture.

---

[1] A.S : *hœfen*, « endroit protégé du vent et de la pluie ».
[2] A.S : *haga*, « clôture, enclos ».
[3] *ἅγιος* : « saint, sacré, mystique »
[4] A.S : *ham*, « maison », *sokn*, « refuge ».
[5] A.S : *ham*, « maison », *geard*, « enclos ».
[6] A.S : *ham*, « maison », *healdan*, « tenir ».
[7] A.S : *hœr*, « crin, poils ».
[8] A.S : *heort*, « cerf ».

Haisellus, heket, hecquet. - portail rustique fait de branchages tressés donnant accès à la cour ou au verger.

Haistaldus. - *idem* hagastaldus, dépendant, non marié en service chez un seigneur.

Haistria. - *idem* haistrus, hêtre.

Haistrus, hestrus, haistria. - hêtre.

Haita. -
1. (< *ἄττα*)[1], père (Frises).
2. Vœu, désir, anc fr[2], *hait*.

Haiwardus, heiwardus, heywardum, haywardus. - officier chargé des haies et des clôtures pour empêcher le bétail de divaguer et séquestrer éventuellement le bétail errant (Angleterre).

Haja. - *idem* haga.

Haka, haca. - espèce de poisson, merlu (Angleterre).

Hakedus. - variété de poisson, brochet.

Hakeneius, hakenettus, haqueneya, hackeneius, hakneius, hakinnetus. - cheval d'allure douce, haquenée, petit cheval d'équitation ou de transport de marchandises (Angleterre).

Hakenetus. - *idem* hakeneius.

Hakinnetus. - *idem* hakeneius.

Hakneius. - *idem* hakeneius.

Hala. -
1. *Idem* haga1, haie, clôture.
2. Port, havre, anc fr[3], *haule*, *hable*.
3. Logement couvert de branchages, *Cf. hallus*.
4. Halle de vente de marchandises.

Halabarches. - chef des forces maritimes à Byzance.

Halabergatum, haubergatum, halsbergotum, halsbergetum, halsbergio, halsborgio, halsbergo, hasbergonus. - auberge.

Halagia. - draperies, tentures nappes.

Halagium. - droit pour exposer les marchandises dans la halle, anc fr[4], *halage*.

Halare. - (< *hālāre*), souffler sur.

Halatio. - souffle.

Halbannum, haubannum, hasbanum. - impôt payé en argent ou en biens par certains artisans pour avoir le droit d'exercer leurs métiers.

Halbarda. - hallebarde.

Halberga. - *idem* halbergellum.

Halbergellum, halsergellum, halbergium, halsberga, halberga, hauberga, hasberga, osberga, halsperga haubergellum, halsbero, haubercum, haubergeolum, haubergettum, haubergiolum, haubergus, hauberjonius. -
1. Haubert.
2. Chevalier muni d'un haubert.

Halbergium. - *idem* halbergellum.

Halcha, halha. - prairie basse au bord d'une rivière (Ecosse).

Halcium. - collier de cheval.

Halecium. - hareng.

Halecius. - (*h. serrus*), hareng fumé, hareng-saur.

Halesone. - accord, convention.

Halfang. - *idem* halsfang, pilori.

Halga. - auge.

Halgardum. -
1. Espace clôturé attenant à un manoir.
2. Hangar.

Halha. - *idem* halcha, prairie basse au bord d'une rivière (Ecosse).

Haliaetus. - (< *ἁλιάετος*)[5], sorte d'aigle ou de faucon.

Halimotum. - *idem* hallimotum.

Halla. -
1. (< *heal*)[6], port, havre.

---

[1] *ἄττα* : « cher père ».
[2] Godefroy.
[3] Hippeau.
[4] Godefroy.
[5] *ἁλιάετος* : « aigle de mer ».
[6] A.S : *heal*, « endroit de divertissement, palace, auberge, maison ».

2. Maison, manoir, domaine, lieu couvert.

3. Halle, marché.

Hallagium. - taxe de marché.

Hallandum. - cloison (Ecosse).

Hallebic, hellebic. - taxe sur le poisson importé à Paris, (laquelle fut supprimée en 1325 mais fut remplacée par le doublement de l'impôt payé sur le poisson de mer).

Hallebout. - *idem* hanok, appel au combat, cri aux armes.

Hallimota. - *idem* hallimotum.

Hallimotum, halimotum, halmotum, hallimota. - (< *heal-mot*)[1], assemblée du seigneur dans laquelle les procès des vassaux sont réglés, ou la cour des quartiers et des sociétés dans les villes et cités.

Hallus, hamnus. - buisson d'épines, hallier.

Halmotum. - *idem* hallimotum.

Halotus. - bûche, souche, anc fr[2], *halot*.

Halsa. - partie de la proue d'un navire à travers laquelle passent les câbles d'amarrage (Angleterre).

Halsberga. - *idem* halbergellum, haubert.

Halsbergatum, haubergatum, habergatum, halsberjatum, halsbergotum, halsbergetum, halsbergettum. - haubergeon.

Halsbergettum. - *idem* halsbergatum.

Halsbergetum. - *idem* halabergatum auberge.

Halsbergetum. - *idem* halsbergatum.

Halsbergio. - *idem* halabergatum.

Halsbergo. - *idem* halabergatum, auberge

Halsbergotum. -

1. *Idem* halabergatum.

2. *Idem* halsbergatum, haubergeon.

Halsberjatum. - *idem* halsbergatum.

Halsbero. - *idem* halbergellum, haubert.

Halsborgio. - *idem* halabergatum auberge.

Halsergellum. - *idem* halbergellum.

Halsfang, healfang, helfeng, halfang, hanlffange, halsfangium, halsfangum. - (< *hals-fang*)[3], machine de supplice qui saisit le cou du sujet entre deux planches, placé sur une estrade et expose le peuple à la honte : pilori.

Halsfangium. - *idem* halsfang.

Halsfangum. - *idem* halsfang.

Halsperga. - *idem* halbergellum, auberge.

Haltanus, hauteinus, hautenus. - (*falco h.*), faucon hautain celui qui vole très haut.

Halteristæ. - celui qui pratique les haltères.

Halto. - résidus du vannage, paille de blé dans laquelle il reste encore quelques grains, anc fr[4], *hauton*.

Halva, helva. - mesure de terre, demi-acre (Angleterre).

Halvehare. - impôt de capitation.

Halvemitta. - (<*healf-mitta*)[5], mesure pour le sel (Angleterre).

Halwin. - taxe exigée sur le vin.

Ham, hamme. - (< *ham*)[6], maison, habitation ; village.

Hama. -

1. (< ἄμη)[7], mesure de capacité pour les liquides.

2. Partie du harnais d'un cheval de trait (Angleterre).

3. *Idem* hamma, terre clôturée (Angleterre).

Hamallare. - prendre la défense d'autrui.

Hamallus. - défenseur, protecteur.

Hamampsoca. - *idem* hamsocna.

Hamare. - (< *hāmus*), pêcher à l'hameçon.

Hamartus. - pêcheur.

Hamatile. - aiguillon, dard.

---

[1] A.S : *heal*, « place, maison », *mot*, « assemblée ».
[2] Godefroy.
[3] A.S : *hals*, « cou », *fang*, « capture ».
[4] Godefroy.
[5] A.S : *healf*, « demi », *mitta*, « mesure ».
[6] A.S : *ham*, « maison ».
[7] ἄμη : « récipient pour puiser l'eau ».

Hamator. - (< *hāmus*), pêcheur à la ligne munie d'un hameçon.

Hamatus. - (< *hāmus*), cuirasse ou cotte de mailles.

Hamaxurgus. - (< ἀμαξουργός)[1], charron.

Hamburgus. - sorte de bière, (ainsi appelée peut-être à cause du nom tonneau dans lequel elle est habituellement versée, ou de la ville de Hambourg où elle a été préparée pour la première fois)[2].

Hamdonus. - *idem* hyndenus.

Hamedius. - (pl), conjurés.

Hamekellus, hamelicus. - mesure pour les liquides, anc fr[3], *hamequin*.

Hameletta, hemlota, hamletta. - (< *ham*)[4], petit hameau (sans église).

Hamelicus. - *idem* hamekellus.

Hamellum. - hameau.

Hamera, hamiro. - émir.

Hamesocha. - *idem* hamsocna.

Hamestallum. - propriété (Angleterre).

Hamfara, haimfara, heimfara, heinfara, haymfara. - (< *hám-faru*)[5], amende pour violation de domicile (Angleterre).

Hamiro. - *idem* hamera, émir.

Hamis. - branchage de maintien du filet à capturer les oiseaux ou d'autres animaux.

Hamletta. - *idem* hameletta.

Hamma, hammus, hommus, hamna, hampnus, hampnia, hama. - terre clôturée (Angleterre).

Hamme. - *idem* ham.

Hammus. - *idem* hamma.

Hamna. - *idem* hamma.

Hamnus. - *idem* hallus.

Hamosus. - (< *hāmus*), attaché à un crochet, un hameçon (Angleterre).

Hamoverium. - moyens privés, biens personnels, argent, biens immobiliers (Angleterre).

Hampnia. - *idem* hamma, terre clôturée (Angleterre).

Hampnus. - *idem* hamma.

Hampsoknire. - commettre le délit de *hamsocna* (Angleterre).

Hamsoca. - *idem* hamsocna.

Hamsocca. - *idem* hamsocna.

Hamsochna. - *idem* hamsocna.

Hamsocna, hamsokina, hamsoca, hamesocha, hamampsoca, handsoca, hamsochna, hamsoka, handsoca, hamsocca, - (< *hamsocna*)[6], agression d'une personne dans sa propre maison ou effraction et amende pour ce délit (Angleterre).

Hamsoka. - *idem* hamsocna.

Hamsokina. - *idem* hamsocna.

Hamstra. - marmotte.

Hamula. - (< *hāmus*).
1. Fermoir.
2. Fourchette à trois dents.

Hamunculus. - petit crochet, hameçon (Angleterre).

Hanafas, hanapat. - mesure pour le miel.

Hanapa. - *idem* hanapus.

Hanapat. - *idem* hanafas.

Hanaperia. - *idem* hanaperium

Hanaperium, hanaperia, hanaperius. -
1. Lieu où l'on enferme les hanaps.
2. Caisse de la chancellerie (Angleterre).
3. Récipient, panier, coffre à documents (Angleterre).
4. (*h. scaccarii*), mesure de grains (Angleterre).

Hanaperius. - *idem* hanaperium.

Hanaphus. - *idem* hanapus.

Hanapus, hanaphus, hannipa, henaphus, hanapa. - vase à boire, hanap.

Hanasterius. - *idem* hansterius, membre de la Hanse.

---

[1] ἀμαξουργός : « charron ».
[2] Du Cange.
[3] Godefroy.
[4] A.S : *ham*, « maison ».
[5] A.S: *hám-faru*, « violation de domicile ».
[6] A.S : *hamsocna*, « effraction de maison »

Hanca. - *idem* hancha.

Hancha, hanca, hancia. - hanche.

Hancia. - *idem* hancha.

Handana. - *idem* handayna.

Handayna, handana, handeina, handena, hayndena. - journée du labour.

Handeina. - *idem* handayna.

Handena. - *idem* handayna

Handhabenda. - (*hand-fang*)[1], voleur pris en flagrant délit.

Handhouder. - service, office municipal en Flandre qui veille au respect des lois.

Handlum. - manche de la charrue.

Handseax, hantsaccus. - (< *hand-seax*)[2], dague, poignard.

Handsoca. - *idem* hamsocna.

Hanga. - pente boisée (Angleterre)

Hangardum. - édifice couvert mais ouvert sur les faces latérales : hangar.

Hangwith, hengwitha, henglibita, hengewyta, hengewita, hengawita, heingwita, hegenewitha, hengenewita. - (< *hangian-wite*)[3], amende, peine imposée pour avoir pendu un voleur ou un criminel sans recours à la loi ou même pour l'avoir laissé échapper à la garde légale.

Hanig. - sorte de contribution, corvée en Angleterre.

Hanis. - titre équivalent au roi ou au chef chez les Tartares et les Perses.

Hanlffange. - *idem* halsfang, pilori.

Hannipa. - *idem* hanapus.

Hano. - variété de poisson : merlu.

Hanok, hallebout. - appel au combat, cri aux armes.

Hanones. - espèce de poissons de la famille du merlan : *hanons*.

Hanot. - (*mittere domum ad h.*), condamner la demeure, car la coutume prévalait en France, que non seulement les coupables devaient être punis par des châtiments corporels ou par la mort, surtout les meurtriers, mais aussi que leurs maisons devaient être détruites ou incendiées, à moins qu'ils ne les rachètent par de l'argent, anc fr[4], *hanot*.

Hansa, hansia. -
1. Hanse, association de marchands.
2. Qualité de membre d'une hanse.
3. Cotisation pour adhérer à une hanse ; redevance commerciale.

Hansagium. - contribution exigée par la hanse.

Hansare. - payer la contribution hanséatique.

Hansatus. - membre de la hanse.

Hanseaticæ. - (*h. civitates*), cités hanséatiques.

Hansgravius. - fonctionnaire préposé à une hanse.

Hansia. - *idem* hansa.

Hansterius, hanasterius. - membre de la Hanse.

Hantsaccus. - *idem* handseax.

Haoxpex. - (< *auspex*), augure, devin.

Hapalus. - (< ἁπαλός)[5], œuf sans coquille (pas encore pondu).

Hapichunt. - *idem* habughunt, chien de chasse.

Hapiola. - petite hache.

Haqueneya. - *idem* hakeneius.

Haquetum. - *idem* haciata, sorte d'unité de mesure, de volume ou de poids.

Hara. -
1. Porcherie.
2. (*h. cunicularia*), réserve à lapins, garenne.

Haracium. - troupeau de chevaux.

Haraho. - lieu où se tiennent les plaids.

---

[1] A.S: *hand*, « main », *fang*, « capture ».

[2] A.S: *hand*, « main », *seax*, « courte épée ».

[3] A.S: *hangian*, « pendre », *wite*, « amende ».

[4] Roquefort.

[5] ἁπαλός : « tendre, délicat ».

Haraldus. - *idem* heraldus, hérault d'armes.

Haramo. - musaraigne.

Harangua. - discours publique, harangue.

Harbannum. - appel à joindre l'armée.

Harbergagia. - *idem* herberga.

Harberjamentum. - maison, habitation.

Harca. - *idem* harta.

Harcabusarius. - arquebusier.

Harcia. -
1. *Idem* harta.
2. Lien de fagot, anc fr[1], *harcele*, « lien d'osier ».

Harda. - *idem* harta.

Hardeia. - botte, fagot, anc fr[2], *hardée*, « botte liée par une corde ».

Hardellus. - vaurien, fripon, anc fr[3], *hardel*.

Hardelonus. - boucle ou ardillon de boucle.

Hardere. - fortifier, protéger avec des clôtures.

Hardes. - liens de fagots.

Hardiata, hardita. - (*h. tunica*), sorte de casaque ou de manteau.

Hardimentum. - hardiesse.

Hardinea. -
1. Taillis.
2. Lieu plein de sable ou de gravier, anc fr[4], *hardine*.

Hardita. - *idem* hardiata.

Harduica. - *idem* herdewica.

Hardwicha. - *idem* herdewica.

Harela, harella. - (< *here*)[5].
1. Conspiration, émeute, bagarre.
2. Entreprise militaire (faite au nom d'un évêque).

Harella. - *idem* harela.

Harenarius. -
1. Sorte d'instrument de musique à cordes.
2. Celui qui combat dans l'*arène*.

Harenga. -
1. Harangue.
2. *Idem* harengus, hareng.

Harengaria. - saison de la pêche au hareng.

Harengarius. - moine chargé de l'approvisionnement en poissons du monastère.

Harengeria. - harengère, marchande de hareng.

Harengium. - *idem* harengus.

Harengus, harenga, harengium, harinc. - hareng.

Harenifodina. - sablonnière.

Hareolus. - gai, plaisant, facétieux.

Harepipa. - piège à gibier, anc fr[6], *harepipe*.

Harerus. - *idem* hærettus, chien courant.

Haribannator, haribannitor. - celui qui est chargé de percevoir l'amende.

Haribannitor. - *idem* haribannator.

Haribanum. - *idem* herebannum.

Haribergare, heribergare, haripergare. - (< *here-berga*)[7].
1. Héberger les soldats.
2. Exiger le logement.
3. Peupler, coloniser.

Haribergum, heribergum. - campement, camp d'armée.

Harida. - charretée.

Harietum. - *idem* heriotum.

Harigaldus. - *idem* herigaldus, sorte de vêtement.

Harigola. - sorte de vêtement.

Harigotum. - *idem* herigaldus.

Harimandia. - *idem* harimannia.

Harimania. - *idem* harimannia.

---

[1] Godefroy.
[2] id.
[3] id.
[4] id.

[5] A.S : *here*, « armée ».
[6] Godefroy.
[7] A.S : *here-berga*, « halte de repos de l'armée dans sa marche »

Harimannia, herimannia, harimania, harimandia. - (*here-man*)[1], condition d'homme libre, de l'armée.

Harimannus, herimannus. - homme de l'armée, homme libre.

Harinc. - *idem* harengus, hareng.

Hariolare. - (< *hărĭŏlāri*), prédire.

Hariolatus. - métier de devin, divination.

Hariotum. - *idem* heriotum.

Haripergare. - *idem* haribergare.

Hariquidam. - ce qui était exigé en paiement des recrues de tout métier lors de leur admission dans la corporation.

Harisliz. - *idem* herisliz, abandon de l'armée, désertion.

Haritrait. - le tiers.

Harlotus, herelotus. - vagabond, coquin.

Harma. - (< ἅρμα)[2], char.

Harmellinus. - *idem* hermellina, hermine.

Harminus. - *idem* hermellina.

Harmiscara. - amende ou punition déshonorante infligée par le roi.

Harmoniacus. - harmonieux.

Harmonicalis. - d'harmonie, de musique.

Harna. -
1. Teigne.
2. Blessure grave ou homicide.

Harnasha, hernasha, harnashium, harnashum, harnesium, hernisium, hernesium, harnasium, harnisium. -
1. Équipement de soldat.
2. Harnais pour cheval.
3. Ustensiles, outils ; mobilier.
4. Filet pour la pêche, anc fr[3], *harnois*.

Harnashium. - *idem* harnasha.

Harnashum. - *idem* harnasha.

Harnasium. - *idem* harnasha.

Harneschiare. - *idem* harnesiare.

Harnesiare, harneschiare, herneschiare, hernesiare, hernizare. -
1. Équiper.
2. Orner, garnir.

Harnesiatus, harnizatus, hernesiatus. - armé, équipé.

Harnesium. - *idem* harnasha.

Harnisium. - *idem* harnasha.

Harnizatus. - *idem* harnesiatus.

Haro, harou. - cri de Haro, qui prévaut le plus en Normandie, et qu'on pousse habituellement lorsqu'un crime capital est commis, par exemple un vol, incendie criminel, meurtre[4].

Haroldus. - *idem* heraldus, hérault d'armes.

Haropen. - action d'arracher les cheveux (Flandres).

Harou. - *idem* haro.

Harpa. - (< ἅρπη)[5].
1. Harpe.
2. La faux.

Harpaginetulus. - sorte de décoration pour les murs et les plafonds des pièces, mentionnée par Vitruve dans un passage où il parle d'ornements irréguliers à feuilles et volutes enroulées.

Harpare. - (< ἅρπη).
1. Jouer de la harpe
2. Carder la laine (Angleterre).

Harpator. - joueur de harpe.

Harpaxare. - (< *harpăgāre*), voler.

Harpica. - *idem* herpica, herse.

---

[1] A.S : *here*, « armée », *man*, « homme » : (le combattant ne peut être un esclave, ce ne peut être qu'un homme libre).

[2] ἅρμα : « attelage, char »

[3] Godefroy.

[4] « *Celui qui voyait commettre un crime capital, comme meurtre ou vol était obligé, en Normandie, de crier haro ou harou. S'il se taisait, le Seigneur Haut-Justicier, qu'on dit avoir droit de clameur de haro, condamnait à l'amende son vassal qui n'avait pas crié, & pareillement il lui était permis de faire enquête, s'il avait crié à propos. Si c'était sans sujet, il était encore condamné à l'amende. Ceux qui entendaient la clameur, étaient obligés de prêter secours, d'arrêter le coupable, & de crier haro avec les premiers* » (Montignot).

[5] ἅρπη : faux, (pl), faucille et tout objet crochu pour saisir .

Harpiger. - soldat équipé d'une arme en forme de faux appelée *harpis*.

Harpis. - sorte d'arme en forme de faux.

Harpo. - harpon pour la chasse à la baleine.

Harponarius. - celui qui utilise le harpon, baleinier.

Harribannus, heribennus, herebannus, -
1. Convocation pour aller à la guerre, ou pour faires les corvées, anc fr[1], *herban*.
2. Amende pour ceux qui ne répondent pas à la convocation à l'armée.
3. Redevance remplaçant les prestations en nature pour l'armée.
4. Service du travail ; redevance pour le racheter.
5. Redevance pesant sur les artisans et les commerçants.

Harsa. - candélabre d'église en forme de *herse* ou de triangle.

Harta, harca, horca, harda, harcia. -
1. Partie du tirant de la charrue.
2. Elément de la charpente, de la toiture.

Harthpenny. - (< *heorð*)[2], denier de Saint Pierre, taxe établie en Angleterre pour être envoyée à Rome.

Hartmutto. - paiement pour l'usage de la forêt.

Harus. - feuilles, frondaison ramure (Germanie).

Harzura. - *idem* hercia1, herse.

Hasardum. - sorte de jeu de hasard.

Hasbanum. - *idem* halbannum, impôt payé en argent ou en biens par certains artisans pour avoir le droit d'exercer leurs arts.

Hasbardum. - hasard.

Hasberga. - *idem* halbergellum.

Hasbergonus. - *idem* halabergatum auberge.

Hasclea. - bâton, pieux.

Hasco. - (< *hacod*)[3], mulet (poisson).

Hashardus. - jeu de hasard.

Haspa, hespa. - (< *hæps*)[4].
1. Crochet de fermeture de porte.
2. Agrafe (symbole de cession d'un bien).

Haspacium. - sorte de service féodal.

Hassaseri, heissesin. - ceux faisant partie de la secte ismaïlienne des Assassins.

Hassocus. - (< *hesg*)[5], endroit où l'on trouve des plantes de marais touffues comme le jonc ou le carex (Angleterre).

Hasta. -
1. Broche.
2. Perche (mesure de longueur).
3. Pieu, piquet.
4. Pénis.
5. Sceptre, bâton de commandement.
6. Membre viril.
7. (< *assātūra*), morceau de porc frais.

Hastalarius, hastellarius, hastarius, hasterius. - tournebroche.

Hastallare. - proroger, différer.

Hastare. - combattre à la lance.

Hastarius. - *idem* hastalarius.

Hastata. - perche (mesure de superficie).

Hastator. -
1. Rôtisseur.
2. Fabricant de lances.

Hastedum. - bien de campagne, ferme, métairie.

Hastellaria. - rôtisserie, auberge.

Hastellarius. - aubergiste.

---

[1] Godefroy.

[2] A.S : *heorð, heorth*, « foyer » (taxe pour chaque foyer)

[3] A.S : *hacod*, « mulet »

[4] A.S : *hæps*, « boucle ».

[5] Gall : *hesg*, « plante des marais, carex ».

Hastellarius. - *idem* hastalarius, tourne-broche.

Hastenditium. - service dû au seigneur allant à l'armée, et le rachat pécuniaire de celui-ci pour en être exempté.

Hasterellus. - cou, nuque, anc fr[1], *haterel*.

Hasterius. - *idem* hastalarius, tourne-broche.

Hastia. - broche.

Hastile. - bec de candélabre.

Hastilia. - *idem* hastiludium, tournoi.

Hastilis. - *idem* hasta3, mesure de longueur.

Hastilisare. - *idem* hastiludiare.

Hastiliter. - avec la lance.

Hastiludare. - *idem* hastiludiare.

Hastiludiare, hastiludare, hastilisare. - jouter.

Hastiludiator, hastilusor. - jouteur (dans un tournoi).

Hastiludium, hastillia. - joute, tournoi.

Hastilusor. - *idem* hastiludiator.

Hastinga. - lieu d'ancrage des navires, port, rade.

Hastingi. - Normands, Danois.

Hastitenens. - lancier.

Hastivellum. - récolte précoce (Angleterre).

Hastivia. - vivacité.

Hastorium. - *idem* hostorium, gabarit pour la mesure des niveaux.

Hastra. - hêtre.

Hastrus. - mesure pour les grains, anc fr[2], *haster*, « mesure de grains qui contenait environ trente septiers ; mesure de terre »

Hastula. -
1. Mesure agraire, perche.
2. (< *assŭla*), fragment, éclat.

Haterellus. - arrière de la tête ou le cou, anc fr[3], *haterel*.

Hattus. - chapeau (Angleterre).

Hatubus. - celui qui parle d'une façon pénible, avec difficulté.

Hatya. - haine, envie.

Haubannum. - *idem* halbannum.

Haubercum. - *idem* halbergellum.

Hauberga. - *idem* halbergellum.

Haubergare. - séjourner, être logé.

Haubergatum. -
1. *Idem* halabergatum auberge.
2. *Idem* halsbergatum, haubergeon.

Haubergellum. - *idem* halbergelum

Haubergeolum. - *idem* halbergelum.

Haubergerius. - fabricant de cottes de mailles.

Haubergettum. - *idem* halbergellum.

Haubergettus. - sorte de tissu : *haberjet* (Angleterre).

Haubergiolum. - *idem* halbergellum.

Haubergus. - *idem* halbergellum.

Hauberjonius. - *idem* halbergellum.

Haubinus. - *idem* hobellarius, cavalier faiblement armé avec un petit cheval.

Haucepinus. - sorte de treuil pour tendre avec le pied la corde d'arbalète, anc fr, *haussepié*.

Haucera, haucerium, hausera. - aussière.

Haucerium. - *idem* haucera.

Haucire. - hausser.

Haudraga. - outil pour couper ou arracher les herbes et enlever les boues dans les rivières, anc fr[4], *haudrague*.

Haufare. - *idem* heinfare.

Hauga. - *idem* haga.

Hauka. - axe horizontal du guindeau (Angleterre).

Haula. - *idem* habulum, port

Haulla. - *idem* hala2, maison.

Haulohare. - saluer (Angleterre).

Haultura. - hauteur, éminence.

Hauptrecht. - corvée nécessitant la fourniture d'un chariot.

---

[1] Godefroy.
[2] Roquefort.
[3] Godefroy.
[4] id.

Hauqueto. - manteau militaire.

Hauritorium, haustrum.

- (< *haurītōrĭum*).

1. *Idem* hausorium1, récipient pour puiser.
2. Machine pour puiser.

Hausera. - *idem* haucera, aussière.

Hausibilis. - buvable.

Hausor. - buveur, consommateur.

Hausorium. -

1. Récipient pour puiser.
2. Puits.

Haustorium. - *idem* hausorium2.

Haustra. -

1. *Idem* hauritorim2.
2. Chapelet, (métaphore de la roue à godets pour puiser l'eau).

Haustrum. -

1. *Idem* hasta1, broche.
2. *Idem* hausorium.

Haustus. - droit que l'on a de puiser l'eau au puits du voisin.

Hauteinus. - *idem* haltanus.

Hautenus. - *idem* haltanus.

Hauto. - menu grain qu'il reste après le vannage, anc fr[1], *hauton*.

Hava. - *idem* havotus.

Havadium. - *idem* havagium.

Havagium, havadium. - redevance d'une poignée de grains par setier, anc fr[2], *havage*.

Havata, haveia. -

1. Mesure agraire, poignée.
2. *Idem* havagium.

Havedelonds. - promontoires, caps.

Haveia. - *idem* havata.

Havena. -

1. *Idem* habulum, port.
2. *Idem* hevena, mesure de superficie.

Haveneghelt. - (< *hæfen-geld*)[3] ce qui est dû pour l'amarrage ou le stationnement des navires au port.

Havere. - bien, propriété (Italie).

Havermaltum. - malt d'avoine ou malt que le locataire était tenu de transporter pour son seigneur (Angleterre).

Haverocus, havrocus. - gratification, pourboire du faneur (Angleterre).

Havetus. - croc, crochet.

Havia. - *idem* habulum, port

Havoare. - admettre, reconnaître, se reconnaître comme dépendant.

Havota. - pâturage d'été (Angleterre).

Havotus, hava, havus. - mesure pour céréales, anc fr[4], *havot*, « mesure pour les grains équivalent à 17 litres et 53 centilitres ».

Havra. - *idem* habulum, port.

Havrocus. - *idem* haverocus.

Havus. - *idem* havotus.

Hawa. - *idem* howa, houe.

Haware. - creuser ou retourner la terre avec une houe.

Hawetum. - haie d'aubépine (Angleterre).

Haya. - *idem* haga1, haie.

Haycium. - *idem* haga1.

Haydagium. - *idem* hidagium, taxe sur les exploitations rurales.

Hayericeum. - *idem* hærettus.

Haymfara. - *idem* hamfara, amende pour violation de domicile.

Hayndena. - *idem* handayna, journée de labour (Angleterre).

Hayrelium, heyrelium. - maison à la campagne et les bâtiments qui en dépendent, anc fr[5], *hairel, haireau*.

Haytectum. - *idem* hærettus.

Hayum. - pré (Angleterre).

Haywardus. - *idem* haiwardus.

---

[1] Godefroy.

[2] id.

[3] A.S : *hæfen,* « port », *geld,* « paiement ».

[4] Godefroy.

[5] Hippeau.

Hazardor. - joueur.

Heagium. - droit à payer pour la maison d'habitation, anc fr[1], *haiage*.

Healfang. - *idem* halsfang, pilori.

Hearpa. - instrument de musique, harpe.

Heaumerius. - fabricant de casques, de heaumes.

Hebanus, ibanus. - ébène.

Hebbyngwera, ebbingwera.

- (< *ebbe-wær*)[2], petit barrage pour piéger les poissons à la marée descendante (Angleterre).

Hebdemadaria. - religieuse de semaine pour présider à l'office.

Hebdomadalis. - de dimanche, dominical.

Hebdomadariatim, hebdomadatim. - par semaine.

Hebdomadarius. -
1. Hebdomadaire, qui revient chaque semaine.
2. Serf astreint à des corvées hebdomadaires.
3. Moine qui est de semaine pour vaquer à des travaux spécifiques du monastère.

Hebdomadatim. - *idem* hebdomadariatim, par semaine.

Hebergagium, hebergamentum. - séjour, habitation.

Hebergamentum. - *idem* hebergagium, séjour, habitation.

Hebergare. -
1. Héberger, loger.
2. Réparer, bâtir des édifices.

Hebergiare. - (*h. boscum*), bâtir des maisons à la place d'un bois.

Hebetas. - lassitude.

Hebetativus. - ce qui engourdit l'esprit.

Hebita. - cuirasse, haubert.

Hebitas. - (< *hĕbĕs*), stupidité.

Hecca, hecka, hechium. - (< *hæg*)[3], haie, palissade (Angleterre).

Heccagium. - contribution pour l'entretien des palissades (Angleterre).

Hechia. - *idem* hachus.

Hechiare. - clôturer (Angleterre).

Hechinga. - haie ou terrain clôturé (Angleterre).

Hechium. - *idem* hecca, haie, palissade.

Heck. - sorte de filet pour capturer les poissons.

Hecka. - *idem* hecca.

Heckum. - *idem* hachus, râtelier à foin.

Hecquet. - *idem* haisellus, portail rustique fait de branchages tressés donnant accès à la cour ou au verger.

Hecticus. - fièvre éthique.

Heda, hetha, hutha, hitha. - (< *hyð*)[4], embarcadère (Angleterre).

Hedagium. - *idem* hidagium, taxe sur les exploitations rurales.

Hedcluttum. - *idem* hevedclutum, plaque de métal sur la tête de charrue, soc.

Hedificamentum. - amélioration apportée à une construction, un édifice.

Hedificare. -
1. Porter à la piété par l'exemple donné, édifier.
2. (*h. vineas*), planter des vignes.

Hedonismus. - (< *ἡδονή*)[5], hédonisme, morale du plaisir.

Hedra. - (< *ἕδρα*)[6], litière, chaise à porteurs.

Hedus. - machine de guerre, bélier pour défoncer les portes.

Heere-schild. - (< *here-sceld*)[7], « bouclier de l'armée », c'est-à-dire le droit de lever des hommes de troupe pour la guerre.

---

[1] Godefroy.

[2] A.S : *ebbe*, « reflux », *wær*, « barrage ».

[3] A.S : *hæg*, « barrière ».

[4] A.S : *hyð*, « port ».

[5] *ἡδονή* : « plaisir, jouissance ».

[6] *ἕδρα* : « tout objet pour s'asseoir ».

[7] A.S : *here*, « armée », *sceld*, « bouclier ».

Heerestrata, herestrata - (< *here-stræt*)[1] chemin public, route militaire en Germanie.

Heeretochius. - (*here-toga*)[2], chef de l'armée.

Heergravius, heregravius. - chef militaire, général en chef en Germanie.

Heerwadium. - (*here-wede*)[3], sorte de nantissement à titre militaire donné par l'héritier au seigneur pour recouvrer une redevance paternelle.

Hegenewitha. - *idem* hangwith.

Hegin. - territoire, district en Germanie.

Hegira. - hégire, ère des Mahométans.

Hegningus, heiningus. - clôture (Angleterre).

Hegumenarchium. - couvent ou logement de l'abbé à Byzance : *hégouménion*.

Hegumeniarcha. - moine chargé à Byzance de la direction de l'*hégouménion*.

Hegumenium. - à Byzance, partie du monastère où l'on reçoit les hôtes et pèlerins étrangers.

Hegumenus. - hégoumène, abbé du monastère chez les chrétiens d'Orient.

Heia. -
1. *Idem* haga1, haie.
2. *Idem* hercia, candélabre, herse.

Heidones. - païens.

Heimarmene. - (< $εἱμαρτός$)[4], destin (Angleterre).

Heimburgensis, heimburgius. - crieur public, hérault en Germanie.

Heimburgius. - *idem* heimburgensis.

Heimfara. - *idem* hamfara, amende pour violation de domicile.

Heimzuht. - encerclement de l'ennemi par la force (Germanie).

Heinfara. - *idem* hamfara,

Heinfare, haufare, hainfar. -

1. Évasion d'un esclave ; châtiment infligé au coupable.
2. Droit de connaître des crimes de cette nature.

Heingwita. - *idem* hangwith.

Heiningus. - *idem* hegningus, clôture.

Heira. - *idem* haira, toile de crin.

Heirettum. - *idem* hærettus.

Heirinus. - *idem* heiro, héron.

Heiritum. - *idem* hærettus.

Heiro, hairo, heirinus, heironus. - héron,

Heironus. - *idem* heiro.

Heisa. - *idem* hesa, haie, clôture.

Heisia. - *idem* hesa.

Heissesin. - *idem* hassaseri, ceux faisant partie de la secte ismaïlienne des Assassins.

Heiwardus. - *idem* haiwardus.

Heket. - *idem* haisellus, portail rustique fait de branchages tressés donnant accès à la cour ou au verger.

Hekfore. - génisse (Angleterre).

Helblingus. - monnaie en Germanie[5] : *helbling*.

Helchia. - caisse en bois faisant réservoir dans laquelle les pêcheurs conservent le poisson.

Helcinum. - (< *helcĭum*), harnais, corde d'attelage.

Helebota. - petit bateau (Angleterre).

Helemosenarius. - *idem* eleemosynarius, qui reçoit les aumônes.

Helemosina. - *idem* eleemosyna.

Helemosinator. - *idem* eleemosynator, celui qui fait souvent l'aumône.

Helfeng. - *idem* halsfang, pilori.

Helitiatus. - hors de toute contestation.

Helladicus. - grec.

Hellebic. - *idem* hallebic, paiement pour le poisson importé à Paris.

---

[1] A.S : *here*, « armée », *stræt*, « chemin ».
[2] A.S : *here*, « armée », *toga*, « chef, leader ».
[3] A.S : *here*, « armée », *wed*, « gage ».
[4] $εἱμαρτός$: « marqué par le destin »

[5] *« Ce mot signifie moitié, et comme le Pfennig était le nom allemand équivalent pour le denier, le helbling était à l'origine utilisé pour désigner la moitié de cette pièce, c'est-à-dire l'obole »* (A. Frey).

Hellebit. - sorte de jeu.

Hellemparta. - hallebarde.

Helliruna. - magicienne, sorcière.

Hellous. - glouton.

Helluabundus. - ivrogne.

Helluo. - (< *hellŭo*), glouton (Angleterre).

Helmarc. - moitié du marc.

Helmo. - *idem* helmus1, casque.

Helmuaripha. - trapèze (Arabie).

Helmus, elmus, hermus. -
1. Casque, heaume.
2. Toit de chaume.
3. Monnaie avec une gravure représentant un casque.

Helna. - variété de plante à caractère tonique : aunée.

Helnatus. - (*h. vinum*), vin aromatisé à l'aunée.

Helovitreum. - (< *hŏlŏvĭtrĕus*), (*h. vas*), récipient totalement en verre.

Helperoup. - secours, aide.

Heltus, hiltus, hulta, honcus. - poignée (d'épée), anc fr[1], *helt*.

Helucus. - (< *ēlūcus*), somnolence provoquée par le vin.

Helva. - *idem* halva, mesure de terre.

Helvewecha. - sorte de paiement, de taxe (Angleterre).

Hematus. - cousu, ourlé (Angleterre).

Hemera, imera, ymera. -
1. Jour.
2. (*h. examinationis*), jour de jugement.

Hemerodromi. - (< δρόμος)[2] coursiers, messagers quotidiens.

Hemerotraphus. - (< ἡμέρα)[3], ration de nourriture quotidienne.

Hemicadium, hemicedium. -
1. Mesure pour les liquides.
2. Lampe à huile.

Hemicedium. - *idem* hemicadium.

Hemicyclus. - demi circulaire, hémicycle.

Hemigranea, hemigrania. - migraine.

Hemigrania. - *idem* hemigranea

Hemina, himina. - (< ἡμίνα)[4], mesure pour les matières sèches et pour les liquides : hémine[5].

Heminada. - *idem* eminaca, héminée.

Heminagium. - redevance pour le mesurage avec l'hémine.

Heminale. - (*h. salis*), droit payé au fisc pour les fabricants ou marchands de sel.

Heminalis, eminalis. - hémine.

Heminata. - quantité de terre qu'on peut ensemencer avec une hémine de grains.

Hemiolum. - (< ἡμιόλιος)[6], une fois et demi.

Hemiplexia. - hémiplégie

Hemisium. - petite monnaie correspondant au demi as romain.

Hemisperium. -
1. *Idem* hemisphærium.
2. Instrument en verre en forme de demi-sphère, ou sphère, utilisé pour repasser les tissus.

Hemisphærium, hemispherium, hiemispherium. -
1. Moitié de la sphère, hémisphère.
2. Ce monde.
3. *Idem* hemisperium2, boule à repasser le linge.
4. Cadran solaire.
5. (*h. consummare*), passer le temps.

Hemispherium. - *idem* hemisphærium.

Hemissecla. - mesure correspondant au poids et à une monnaie d'un demi sicle soit deux drachmes.

Hemistes. - récipient qu'on boit d'un seul coup.

---

[1] Godefroy.

[2] δρόμος : « action de courir ».

[3] ἡμέρα : « jour ».

[4] ἡμίνα : « demi setier ».

[5] La 32 ème partie du modius chez les romains (H. Dourster).

[6] ἡμιόλιος : « un entier et demi »

Hemitritæus. - fièvre double-tierce.

Hemlota. - *idem* hameletta.

Hemmethe. - mesure pour les grains en Saxe.

Hemosus. - haineux.

Henaphus. - *idem* hanapus, hanap.

Hendegarius. - sorte de machine de guerre.

Hendem. - également, semblablement.

Heneunte. - (< *inĭre*), dès, au début.

Hengawita. - *idem* hangwith.

Hengenewita. - *idem* hangwith.

Hengestmannus, hengmannus, henxtmannus, henxmannus, hextmannus. - (< *hengest-man*)[1], palefrenier (Angleterre).

Hengewita. - *idem* hangwith.

Hengewyta. - *idem* hangwith.

Henghen. - (< *hengen*)[2], prison, surveillance.

Hengiste. - (< *hengest-man*)[3] ; (*forestum ad h.*), droit de faite paître les chevaux dans les bois.

Hengistfuoter, hengistnotus. - palefrenier (Germanie).

Hengistnotus. - *idem* hengistfuoter.

Henglibita. - *idem* hangwith.

Hengmannus. - *idem* hengestmannus.

Hengwitha. - *idem* hangwith, amende, peine imposée pour avoir pendu un voleur ou un criminel sans recours à la loi ou pour l'avoir laissé échapper à la garde légale.

Henotheismus. - (< *ἑνότης*)[4], hénothéisme, adoration d'un seul dieu païen (par exemple le soleil).

Henrici. - monnaie d'or française frappée par Henri II.

Henxmannus. - *idem* hengestmannus.

Henxtmannus. - *idem* hengestmannus.

Heordpeni. - (*heorð-pening*)[5], paiement pour chaque foyer.

Heortologia. - (< *ἑορτή*)[6], étude des fêtes liturgiques.

Hepa. -
1. (< *hype*)[7], hanche.
2. *Idem* hopa2, mesure.

Heptacephalus, eptacephalus. - à sept têtes.

Heptamyxos. - lampe à sept becs.

Hepum. - *idem* hopa2, mesure.

Hera. -
1. Sorte de corbeau.
2. *Idem* heralis, maison rurale.
3. (< *Ἥρα*), Junon.

Heraldus, hiraldus, heraudua, herodius, hiraudus, heroudes, haraldus, haroldus, herodus, herraldius, herauldus, herraldus. - hérault d'armes.

Heralis. - maison rurale avec jardin.

Heraudua. - *idem* heraldus.

Herauldus. - *idem* heraldus.

Herba. -
1. Droit à payer pour pouvoir couper l'herbe dans les prairies et d'y faire paître le bétail.
2. Corvée de la coupe de l'herbe.
3. (*herbæ domesticæ*), herbes potagères, légumes.
4. (*herbas dare*), empoisonner, anc fr[8], *enherber*, « empoisonner à l'aide de plantes ».

Herbaceus. - de légumes, cuit avec des légumes.

Herbacia. - prairie, herbage.

---

[1] A.S : *hengest*, « cheval », *fodder*, « fourrage ».
[2] A.S : *hengen*, « prison ».
[3] A.S : *hengest*, « cheval », *man*, « homme ».
[4] *ἑνότης* : « unité ».
[5] A.S : *heorð-pening*, « paiement à faire par les propriétaires d'une maison avec un foyer, anglais *hearthpenny* ».
[6] *ἑορτή* : « fête ».
[7] A.S : *hype*, « hanche ».
[8] Godefroy.

Herbagagium, herberagium, herbegagium, herbergegium. - (< *here-berga*)[1], domicile, édifice, maison, demeure, maison d'habitation, anc fr[2], *habergage, halbergage.*

Herbagia. - *idem* erbagium, *idem* herbaticus1, taxe d'herbage.

Herbagiatio. - pâturage.

Herbagium. -
1. Herbe des prés quand elle est coupée.
2. Pâturage.
3. *Idem* herbaticus1, taxe d'herbage. *Idem* herbarium.
4. *Idem* herbaticus.

Herbaiarus, herbolerius. - celui qui garde les pâturages.

Herbajare. - brouter, paître.

Herbannum. - *idem* herebannum.

Herbantum. - *idem* herbal, redevance.

Herbare. -
1. Faire paître.
2. (*vinum herbatum*), vin aromatisé aux herbes.

Herbaria. -
1. Empoisonneuse.
2. Poison.
3. (*forum herbarium*), marché aux herbes, aux légumes.

Herbarium, herbagium. -
1. Droit de fenaison.
2. Pâturage.
3. Jardin potager.

Herbarius. -
1. Botaniste.
2. Empoisonneur, anc fr[3], *herbaire.*
3. (*h. vir*), sorcier qui utilise des herbes.

Herbarolus, erbarolus. - celui qui produit et vend des légumes.

Herbatgium. - *idem* herbaticus1, redevance pour le pâturage.

Herbaticum. - *idem* herbaticus.

Herbaticus, herbaticum, herbagium. -
1. Redevance pour le pâturage.
2. Droit de pâturage
3. Herbe fauchée.
4. Herbage.

Herbatium. - droit d'exiger la redevance pour le pâturage.

Herbatum. -
1. Prairie.
2. (*h. vinum*), vin aromatisé aux herbes.

Herbegage. - droit pour faire paître dans les prés et dans les bois.

Herbegagium. - *idem* herbagagium, domicile, demeure.

Herbegare. - *idem* herbergare.

Herbera. - *idem* herberia, poisons.

Herberagium. - *idem* herbagagium.

Herberga, herbergaria, harbergagia. -
1. Auberge, hôtel.
2. Demeure, logement.
3. Droit d'habitation, de séjour, de gîte.
4. Stockage de marchandises (Angleterre).

Herbergagium. - *idem* herberga.

Herbergamentum. -
1. *Idem* herbal, droit à payer pour pouvoir couper l'herbe.
2. *Idem* herberga.

Herbergare, herbegare. - construire une maison, la meubler.

Herbergaria. - *idem* herberga.

Herbergatum. - droit de prendre dans la forêt le bois nécessaire à la construction et à l'entretien de la maison, anc fr[4], *herbegage.*

---

[1] A.S : *here-berga*, « campement d'armée ».
[2] Hippeau
[3] id.
[4] Roquefort.

Herbergegium. - *idem* herbagagium, demeure, logement.

Herbergementum. - lieu d'hébergement.

Herbergeria. - *idem* herberga1, auberge, anc fr[1], *herbergerie*.

Herbergiagium, herberigium. - droit de gîte dû au seigneur par le vassal et redevance pour en être exempté.

Herbergiare. -
1. *Idem* herbergare, bâtir des maisons.
2. (*h. se*), être logé chez quelqu'un.

Herbergium. - *idem* herberga2, demeure, logement.

Herberia, herbera. - poisons, breuvages empoisonnés.

Herberigium. - *idem* herbergiagium.

Herberjagium. -
1. Habitation rurale avec une portion de terre.
2. *Idem* herbergagium2, herberga2, demeure, logement.

Herbeus. - de couleur verte.

Herbiagia. - *idem* herberga2, demeure.

Herbicare. - arracher l'herbe.

Herbice. - *idem* herpix, instrument agricole : herse.

Herbidare. - (*h. terras*), semer de la verdure, de l'herbe.

Herbigagium. - *idem* herberga3.

Herbilegus. - faucheur, moissonneur.

Herbilia. - espèce de légume.

Herbitium. - herbage.

Herbolasta. - sorte de pâtisserie aux herbes.

Herbolerius. - *idem* herbaiarus, celui qui garde les pâturages.

Herbum. - (< *ervum*), sorte de lentille : ers.

Herburgagium. - *idem* herberga3.

Herburgius. -
1. Empoisonné.
2. (subs), qui empoisonne.

Hercalæ. - écrouelles.

Herceare. - *idem* herciare, herser.

Herchare. - *idem* herciare.

Herchatura. - hersage.

Herchia. - *idem* hercia1, herse.

Hercia. -
1. (< *hirpex*), herse agricole.
2. Corvée d'hersage.
3. *Idem* ercia candélabre.

Herciare, herceare, herchare. - herser.

Herciniæ, hercyniæ. - (*h. aves*), oiseaux de Germanie.

Hercis. - *idem* hercia1, herse.

Hercitæ. - esclaves attachés aux travaux des champs, à utiliser la herse.

Hercium. - *idem* ercia et hercia2, sorte de candélabre.

Hercius. -
1. Toute clôture permettant la fermeture d'un lieu.
2. Herse fermant une porte.

Herctum. - (< *herctum*), patrimoine, héritage, partage.

Hercyniæ. - *idem* herciniæ.

Herda. - (< *heord*)[2], troupeau, *harde*.

Herdamentum. - héritage, possession (Espagne).

Herdellum. - *idem* hirdellum.

Herdewica, hordwica, hardwicha, harduica. - (< *heord*), ferme d'élevage, laiterie (Angleterre).

Herdicus. - (< *Herr*)[3], ou (< *heard*)[4], seigneur, maître.

Herdillum. - *idem* hirdellum.

Herebannum, haribanum, hairbannus, herbannum, herebode, heribannum. - (< *here-bannan*)[5].

---

[1] Godefroy.
[2] A.S : *heord*, « troupeau ».
[3] All : *herr*, « seigneur, sieur, maître ».
[4] A.S : *heard*, « chef, leader ».
[5] A.S : *here*, « armée », *bannan*, « commander ».

1. Convocation pour aller à la guerre ou pour faire les corvées auxquelles les vassaux sont tenus, redevance à payer pour en être dispensé, anc fr[1], *herban*.
2. (*plenum h.*), amende prononcée contre celui qui ne se rendait pas à la convocation.

Herebannus. - *idem* harribannus.

Hereberga. - château, tente, demeure, maison, édifice, auberge, gîte, anc fr[2], *herberge*.

Herebergare, heribergare. - héberger, loger, donner l'hospitalité ou la recevoir.

Herebergaria. - droit de gîte dû au seigneur, ou redevance pour en être dispensé

Herebergator, hereebergiator. - celui qui héberge.

Herebergiator. - *idem* herebergator.

Herebode. - *idem* herebannum.

Hereconius. - (*h. dies*), jour de payement.

Hereda, hæreda. - (< *haerad*)[3], partie des provinces, délimitée par leurs frontières chez les suédois.

Heredaliter, hæredaliter. - par héritage.

Heredare. - assigner un héritage, faire hériter.

Heredatio. -
1. Action d'hériter.
2. Action de déshériter.

Heredatus. - possédant, propriétaire.

Heredicapa. - coureur d'héritages ; celui qui prend l'héritage d'autrui.

Hereditabilis. -
1. D'héritage.
2. Apte à hériter (d'un fief).

Hereditabiliter. - par droit d'héritage.

Hereditagium. -
1. Héritage, part d'héritage.
2. Tenure héréditaire.
3. Dotation d'une église.

4. Droit à l'héritage.

Hereditales. - *idem* hereditantes, hommes libres qui peuvent hériter.

Hereditalis. -
1. Héritable.
2. D'une condition personnelle héréditaire.
3. (subs), l'avoir, le bien.

Hereditaliter. - par héritage, par le droit.

Hereditamentum. -
1. Héritage.
2. (*h. maritorum*), en Aragon, c'est le cadeau que le mari fait à sa femme à l'occasion du mariage, ou plutôt le cadeau offert par le mari à sa femme après la première nuit du mariage, prix de la virginité.

Hereditantes, hereditales. - hommes libres qui peuvent hériter.

Hereditare. -
1. Faire (quelqu'un) son héritier.
2. Obtenir par héritage.
3. Mettre en possession de quelque chose.
4. Munir d'une tenure héréditaire.
5. Doter (une église).
6. Déshériter, dépouiller, arracher.
7. Laisser son pécule aux descendants, laisser en héritage.

Hereditaria. - héritière.

Hereditarie, hereditario - par héritage.

Hereditario. - *idem* hereditarie

Hereditarium, heredium. - héritage.

Hereditarius. -
1. Héréditaire.
2. Qui hérite.
3. (subs), héritier, tenancier héréditaire.

Hereditas. -

---

[1] Godefroy.
[2] id.

[3] Suédois, *haerad*, « district », (primitivement de 100 maisons).

1. Les immeubles, hérités ou non, qu'on possède en propre ; les alleux ; droit allodial, droit de propriété entière.
2. Propriété (en général).
3. Les descendants.

Hereditatio. - action d'hériter, héritage.

Hereditatus. - qui possède des immeubles en tenure héréditaire.

Herediter. - pour toujours.

Hereditorius. - (charte) qui institue héritier.

Heredium. - *idem* hereditarium.

Heredum. - charge, fardeau.

Herefare. - (< *here-fare*)[1], expédition militaire.

Heregaldum. - *idem* herigaldus.

Heregeda. - *idem* herezelda.

Heregedum. - *idem* herezelda.

Heregia. - hérésie, ou peine que l'on prononçait contre ceux qui étaient convaincus d'hérésie.

Heregravius. - *idem* heergravius, chef militaire, général d'armée en Germanie.

Hereldum. - *idem* herezelda.

Herelotus. - *idem* harlotus, vagabond, coquin.

Heremia. - lieu désert et dépeuplé.

Heremita. -
1. *Idem* eremita, celui qui dessert un ermitage.
2. Ermitage.
3. Femme menant une vie recluse.

Heremitagium. -
1. *Idem* eremitagium, ermitage.
2. Monastère.

Heremitalis, eremitalis. - d'ermite.

Heremitana. - ermitage.

Heremitare. -
1. *Idem* eremitare.
2. Dévaster.

Heremitarium, heremitorium. - ermitage.

Heremitarius. - *idem* eremitarius.

Heremitas. - terre inculte.

Heremiticare. - vivre en ermite.

Heremitice. - en ermite.

Heremitorium. - *idem* heremitarium, eremitarium, ermitage.

Heremitus, herma, hermale, hermaces, hermacium, hermassum, hermis, hermus, hermassium, hertemus. - terre inculte, lande, friche ; (*herma terra*), terre non cultivée, anc fr[2], *herme, herm*.

Heremodicium. - *idem* heremoditium.

Heremoditium, heremodicium, eremoditium. - défaut, contumace.

Heremosus. - qui n'est pas cultivé.

Heremus, eremus. - terre non occupée, déserte, non cultivée.

Herenachus. - dignité ecclésiastique chez les Irlandais, donnée au clerc qui n'avait pas encore la tonsure mais qui avait collecté le cens dû à l'évêque et au reste de l'église, une partie à l'évêque, une autre à la reconstruction de la fabrique (de l'église), une troisième pour soutenir les pauvres et organisé l'hospitalité aux étrangers.

Herencia. - dépendance (d'un bien rural).

Herencinus. - qui est adjacent, qui dépend d'un autre.

Hereotum. - *idem* heriotum.

Heres. - (< *hērēs*).
1. Propriétaire foncier.
2. Tenancier à titre héréditaire.
3. Celui dont on espère l'héritage.
4. (*h. apparens*), héritier présomptif.
5. (*h. astrarius*), héritier reconnu.
6. (*h. propinquior*), prochain héritier, ayant un droit prioritaire.

---

[1] A.S : *here-fare*, « expédition belliqueuse d'une armée étrangère »

[2] Godefroy.

7. (*h. quartus*), héritier du quart des biens.

8. (*h. rectus*), héritier direct.

Herescarius. - petite monnaie de Furnes.

Heresipilis, herisipila. - érésipèle.

Heresista. - *idem* hæreseus, hérétique.

Herestrata. - *idem* heerestrata, chemin public, route militaire en Germanie.

Heresyve. - crible, tamis.

Heretagium. - terre provenant d'une succession.

Hereticus. -

1. Ancien, vieux.

2. (*hereticæ carnes*), viandes peu saines.

Heretochius, herthochius. - (< *heretoga*)[1], chef militaire.

Herettius. - *idem* hærettus.

Hereyeldum. - *idem* herezelda.

Herezelda, herrezelda, herizelda, heregedum, heregeda, herieldum, heryheldum, hereyeldum, hereldum, heriyelda. - (< *hearra-gild*)[2], droit chez les Écossais qu'a le seigneur de prendre la meilleure pièce de bétail dans les troupeaux de son vassal après la mort de celui-ci.

Herga, hergandus. - (< *here*)[3], vêtement propre aux hommes en armes.

Hergandus. - *idem* herga.

Hergas. - sorte de manteau porté par les femmes et les hommes, anc fr[4], *hargaut, hergaut*.

Hergatarius, erogatarius. - exécuteur testamentaire.

Hergewada. - *idem* herradus, part d'héritage perçue par le seigneur.

Hergewede, herwada, herwadus. - (< *here-geweald*)[5], droit du don au seigneur du matériel militaire du vassal au décès de ce dernier.

Hergeweth. - armes de guerre. (à rapprocher de *hergewede*).

Hergripa. - (< *hær-gripan*)[6], amende pour empoignade de cheveux.

Heri. - (*ab h.*), d'hier.

Heriatum. - *idem* heriotum.

Heribannator. - receveur de l'amende de celui qui n'a pas rejoint l'armée.

Heribannum. - *idem* herebannum.

Heribannus. -

1. *Idem* haribannus, service militaire, convocation à l'armée.

2. Redevance pour celui qui n'a pas rejoint l'armée.

Heribennus. - *idem* harribannus.

Heribergare. -

1. *Idem* herebergare, héberger, loger.

2. *Idem* haribergare.

Heribergum. - *idem* haribergum, campement, camp d'armée.

Hericia, herico, herisso - tout type de fermeture comme une herse.

Hericius. -

1. *Idem* ericius, machine de guerre, herse.

2. (adj), de hérisson.

Herico. - *idem* hericia.

Heridetare. - faire hériter.

Heriectum. - *idem* heriotum.

Herieldum. - *idem* herezelda.

Heriettum. - *idem* heriotum.

Herietum. - *idem* heriotum.

Herigaldum. - *idem* herigaldus.

Herigaldus, heregaldum, herigaudum, herigaudium, herigaldum, harigaldus, harigotum. - sorte de vêtement.

Herigaudium. - *idem* herigaldus.

Herigaudum. - *idem* herigaldus.

---

[1] A.S : *heretoga*, « général, consul, duc ».

[2] A.S : *hearra*, « maître, leader », *gild*, « paiement, compensation, tribut ».

[3] A.S : *here*, « armée ».

[4] Godefroy.

[5] A.S : *here*, « armée », *geweald*, « pouvoir, règle »

[6] A.S : *hær*, « cheveux », *gripan*, « saisir, empoigner »

Herilis, erilis. - (*hearra*)[1].
1. De seigneur, seigneurial.
2. Illustre.
3. (subs), seigneur : fils de seigneur.
4. Demoiselle noble.

Herilitas. - distinction, noblesse.

Herimanna. - femme libre.

Herimannia. - *idem* harimannia, condition d'homme libre.

Herimannus. - *idem* harimannus, homme de l'armée, homme libre.

Herinus, erinus. - hier.

Heriotum, hereotum, herietum, harietum, hariotum, heriatum, heriectum, heriettum, heyrethotum. - (< *here-geat*)[2].
1. Impôt de guerre en armes.
2. Préparatifs de guerre.
3. Droit du seigneur de prendre à la mort du vassal sa plus belle bête ou le meilleur bien de l'héritier.

Heriscliz. - *idem* herisliz.

Herisipila. - *idem* heresipilis, érésipèle.

Herisliz, heriscliz, herliz, harisliz. - (< *here*)[3].
1. Abandon de l'armée, désertion.
2. Retraite légitime de l'armée après la fin de la guerre.

Heriso, herisona, herisonus, hirsona, hiruco. - palissade à pointes (Angleterre).

Herisona. - *idem* heriso.

Herisonus. - *idem* heriso.

Herisso. - *idem* hericia.

Heristallus. - (< *here*), campement de l'armée.

Heritator, heritius. - héritier.

Heritius. - *idem* heritator.

Heritudo. - (< *hĕrus*), puissance, domination.

Heriyelda. - *idem* herezelda.

Herizelda. - *idem* herezelda.

Herliz. - *idem* herisliz, abandon de l'armée, désertion.

Herma. - *idem* heremitus, terre inculte, lande, friche, (*h. terra*), terre non cultivée.

Hermaces. - *idem* heremitus.

Hermacium. - *idem* heremitus.

Hermale. - *idem* heremitus.

Hermanerium. - édifice, manse, maison.

Hermaphroditare. - rendre hermaphrodite.

Hermaphroditare. - châtrer.

Hermaphroditus. - eunuque.

Hermare. - abandonner, laisser inculte et inhabité.

Hermassium. - *idem* heremitus.

Hermassum. - *idem* heremitus.

Hermelinus. - d'hermine.

Hermellina, harmellinus, harminus, hermena, ermelinus. - hermine.

Hermena. - *idem* hermellina.

Hermendatum. - juridiction sur les voleurs et les criminels en Espagne et particulièrement en Navarre.

Hermenium. - (< ἑρμηνεία)[4], interprétation.

Hermina, ermina. - hermine.

Herminii. - Arméniens.

Herminius. - d'hermine.

Hermis. - *idem* heremitus terre inculte, lande, friche

Hermitagium. -
1. *Idem* heremita2, ermitage.
2. *Idem* heremitus, terre inculte, lande, friche.

Hermitorium. - *idem* heremita2.

Hermosus. - inculte, désert.

Hermus. -
1. *Idem* helmus1, casque, heaume.
2. *Idem* heremitus, terre inculte.

---

[1] A.S : *hearra*, « maître, chef, leader ».
[2] A.S : *here-geat*, « fourniture de guerre », (*geat*, « fournir »).
[3] A.S : *here*, « armée ».
[4] ἑρμηνεία : « interprétation de la pensée »

Hernaldum. - sorte de péage, anc fr[1], *hernault*.

Hernasha. - *idem* harnasha.

Herneschiare. - *idem* harnesiare.

Hernesiare. - *idem* harnesiare.

Hernesiatus. - *idem* harnesiatus, armé, équipé.

Hernesium. - *idem* harnasha.

Herniosus. - qui souffre d'une hernie.

Hernisium. - *idem* harnasha.

Hernizare. - *idem* harnesiare.

Hero. - *idem* hairo, héron.

Herodias. - espèce de sortilège.

Herodius. -
1. *Idem* erodius, hairo, héron.
2. Oiseau de proie, gerfaut.
3. *Idem* heraldus, hérault d'armes.

Herodus. - *idem* heraldus, hérault d'armes.

Heronus. - *idem* hairo.

Heros. - (< *hearra*)[2], seigneur, baron.

Heroudes. - *idem* heraldus, hérault d'armes.

Herpert[3]. - cheval du maître.

Herpex. - *idem* herpica.

Herpica, herpex, hirpex, harpica. - herse.

Herpicare. - herser.

Herpicarius. - celui qui herse.

Herpicatio. -
1. Hersage.
2. Journée d'hersage

Herpius. - *idem* herpix.

Herpix, herbice, herpius, hirpix, hyrpex, erpica. - (< *hirpex*), instrument agricole : herse.

Herradus, herwada, hergewada, herwadus, herwadium. - part d'héritage perçue par le seigneur.

Herraldius. - *idem* heraldus, hérault d'armes.

Herraldus. - *idem* heraldus.

Herremeritus. - célèbre par son mérite.

Herreruelus. - sorte d'habit ou de manteau en Espagne.

Herrewerck. - rapine, vol dans la maison ou la ferme d'autrui (Loi Danoise).

Herrezelda. - *idem* herezelda.

Herricium. - *idem* hærettus.

Herrid. - salle, maison (Danemark).

Herronica. - héronnière.

Hersa. - herse de défense.

Herscha, erscha. - chaume (Angleterre).

Hersonaria. - (< *ers*), jardin potager.

Hertemus. - *idem* heremitus, anc fr[4], *hertaye*.

Herthochius. - *idem* heretochius

Hertica. - *idem* hercial, herse agricole.

Heruncellus. - jeune héron.

Herunculum, eroculum. - petit panier d'osier (où était enfermé le martyr à noyer).

Herus, erus. - (< *hearra*)[5].
1. Seigneur.
2. Empereur.

Hervergaventum. - *idem* herbergamentum.

Hervis. - canal.

Herwada, herwede. -
1. *Idem* hergewede.
2. *Idem* herradus, part d'héritage perçue par le seigneur.

Herwadium. - *idem* herradus.

Herwadus. -
1. *Idem* herradus.
2. *Idem* hergewede.

Herwede. - *idem* herwada.

Heryheldum. - *idem* herezelda.

Hesa, hesia, heisia, heisa, heisia, haisa, heskia. - haie, clôture (Angleterre).

Hescudarius. - pillard, bandit.

Hesia. - *idem* hesa.

---

[1] Godefroy.
[2] A.S : *hearra*, « maître, chef, leader ».
[3] All : *Herr*, « seigneur, maître », *Pferd*, « cheval ».
[4] Godefroy.
[5] A.S : *hearra*, « maître, leader ».

Hesiamentum. -
1. Servitude, droit exercé sur une terre autre que la sienne.
2. Commodité ou disposition appréciée dans une maison.
3. Profit, avantage.
4. Assouplissement des conditions carcérales

Heskia. - *idem* hesa, haie, clôture.

Hesnagium. - droit de l'aîné sur les biens patrimoniaux.

Hespa. - *idem* haspa.

Hesperiolus, sciurellus. - (< *scĭūrus*), écureuil.

Hesta. - étalage, étal.

Hestaldus. - *idem* hagastaldus, dépendant non marié en service chez un seigneur.

Hestallagium. -
1. Droit à payer pour avoir son étalage sur les marchés.
2. (*officium estallallagii*), fonctionnaire qui perçoit les droits d'étalages.

Hesteleie. - gratifications qui sont données à des témoins véridiques

Hesternus. -
1. Hier (Angleterre).
2. (*h. annus*), l'an passé.

Hestha. - coq châtré, chapon (Angleterre).

Hestoldus. - *idem* hagastaldus.

Hestraffla, estrava. - mesure de paille ou de fourrage ; droit à payer pour le fourrage des chevaux (Angleterre).

Hestrus. - *idem* haistrus, hêtre.

Hesus. - (< *esus*), nourriture.

Hesychasta. - ermite très retiré.

Hesychasterium. - (< ἡσυχάζω)[1], ermitage, profonde retraite.

Heta. - souhait, anc fr[2], *hait*.

Heteriarcha. - chef, commandant des troupes alliées (Byzance).

Heteriarches. - prince de la jeunesse.

Heteroclitum. - lieu où plusieurs chemins se rejoignent.

Heterogeneus. - dissemblable, qui est d'une espèce différente.

Heteromala, heteromascha. - (*h. vestis*), robe de velours.

Heteromascha. - *idem* heteromala.

Hetha. - *idem* heda, embarcadère (Angleterre).

Heuca, heusa. - cheville de fer qui retient la roue sur l'essieu, anc fr[3], *heusse*.

Heuda. - mesure pour le grain en Flandre, anc fr[4], *hoet*, *heud*.

Heuka. - *idem* huca, sorte de vêtement à capuchon.

Heura, hura. - sorte de coiffe en feutre grossier, anc fr[5], *hure*, « poil qui couvre la tête et tête d'homme ou de bête ».

Heuretes. - (< εὑρετής)[6], inventeur.

Heusa. - *idem* heuca.

Heuschira. - *idem* heusira.

Heuse, heusia. - chaussure militaire.

Heusia. - *idem* heuse.

Heusira, hyusira, heuschira. - sorte d'impôt ou de taxe (Angleterre).

Heuvelborh. - (< *healf-borh*)[7], garant.

Heva. - épouse.

Hevedclutum, hedcluttum. - plaque de métal sur la tête de charrue (Angleterre).

Hevena, havena, hevina. - mesure de superficie.

Hevet. - tête (Angleterre).

Hevina. - *idem* hevena.

Hexagonus. - (adj), hexagonal.

Hextmannus. - *idem* hengestmannus, palefrenier.

Heya. - *idem* hagal, haie, palissade.

---

[1] ἡσυχάζω : « demeurer silencieux ; se tenir tranquille ».
[2] Godefroy.
[3] id.
[4] id.
[5] id.
[6] εὑρετής : « inventeur ».
[7] A.S : *healf*, « moitié », *borh*, « garant ».

Heyare. - palissader.

Heyleka. - (<*halig*)[1], saint.

Heymburger. - (pl), chefs de la police.

Heyrelium. - *idem* hayrelium, maison à la campagne et les bâtiments qui en dépendent.

Heyrethotum. - *idem* heriotum.

Heyward. - (< *hig-weard*)[2], gardien des pâturages du roi.

Heywardum. - *idem* haiwardus.

Hialum. - verre.

Hianio. - perle précieuse.

Hiantius. - (< *hĭantĭa*), en ouvrant davantage la bouche.

Hiare. - (< *hiāre*), ouvrir la porte.

Hiator. - celui qui pose les pavés, paveur, qui utilise l'outil appelé *hie*, anc fr[3], *hieur*.

Hiatus. - (< *hĭātŭs*).

1. Bouche, ouverture.
2. Ouverture profonde, gouffre.
3. Ouverture d'une plaie.
4. Désir ardent, bouche bée.
5. Bruit, parole (quand on ouvre la bouche).

Hibere. - retenir, attacher, lier.

Hibernagium, hibernaticus, hibernaticum, hivernagium. -

1. Semailles d'hiver.
2. Récolte de blé d'hiver.
3. *Idem* hybernagium, seigle.

Hibernatica. - loyer d'hiver (payable à la S. Martin).

Hibernaticum. - *idem* hibernagium.

Hibernaticus. -

1. *Idem* hibernagium.
2. (adj), hivernal.

Hiblatus. - splendide.

Hichacum, issaccum. - droit de douane sur les vins de Bordeaux, (*Cf. isshac*).

Hiconomus. - *idem* economus.

Hida, hidra, hyda, hilda. - (< *hyde*)[4], unité de terre arable, en particulier dans le centre, le sud et l'est de l'Angleterre, utilisé dans l'évaluation de l'impôt royal considéré comme équivalent à 120 acres, son étendue était sujette à de grandes variations locales. (Angleterre).

Hidagium, haydagium, hudagium, hedagium. - (< *hyð*)[5], taxe sur les exploitations rurales (Angleterre).

Hidalgus. - noble (Espagne).

Hidare. - taxer la terre par unité de surface dénommée *hida* (Angleterre).

Hidarius. - tenancier d'un manse nommé *hida* (Angleterre).

Hidata. - mesure de terre de 80 à 120 acres (Angleterre).

Hidgildum, hudegeld. - (< *hyd-gyld*)[6], le « rachat de sa peau » (en payant pour éviter la punition).

Hidra. - *idem* hida.

Hidrio. - sorte d'aromate.

Hiemalis. - (*h. annona*), seigle.

Hiemispherium. - *idem* hemisphærium.

Hieracitæ. - membres de la secte manichéenne des hiéracites fondée par un certain Hierax.

Hierarcha, ierarcha. - (< *ἱεράω*)[7], chef, évêque (titre honorifique) ; le prêtre.

Hierarchia. - hiérarchie.

Hierarchialis. - d'un ordre sacré hiérarchique.

Hierarchice. - hiérarchiquement, selon l'ordre hiérarchique.

Hierarchicus. -

1. Hiérarchique.
2. (subs), évêque.

Hierarchus. - chef.

---

[1] A.S : *halig* « saint, grand, sublime ».

[2] A.S : *hig* « herbe », *weard*, « gardien ».

[3] Hippeau.

[4] A.S : *hyde*, « la surface de terre qui peut être labourée avec une charrue ou faire vivre une famille ».

[5] A.S : *hyð*, « port ».

[6] A.S : *hyd-gyld*, « l'argent à donner pour ne pas être battu », *hyde*, « cuir, peau ».

[7] *ἱεράω*, « consacrer au culte »

Hierax. -
1. (< *ἱέραξ*)[1], sorte de faucon.
2. (< *ἱεράω*)[2], sacré.

Hiero. - *idem* heiro, héron,

Hierochronographus. - celui qui s'occupe de la chronologie sacrée.

Hierodulus. - (< *ἱερόδουλος*)[3], esclave consacré au service du temple.

Hieromnemon. - maître des cérémonies à Byzance.

Hieromonaci. - religieux moines et prêtres.

Hieronticum. - livre liturgique.

Hierophylacium. - lieu où l'on range les objets sacrés, trésor, sacristie.

Hieropræses. - archevêque.

Hieroprepes, geroprepes. - divin, sacré.

Hierosolymipeta. - pèlerin qui part à Jérusalem.

Hierus - (< *ἱερός*)[4], saint.

Hies. - chemin étroit, sentier.

Hietare. - (< *hĭētāre*), bailler.

Higgaster. - *idem* hogaster, pourceau (Angleterre).

Higra. - (< *egor*)[5], mascaret (Angleterre).

Hilaramen. - joie.

Hilarescere. - égayer.

Hilarianus. - de joie.

Hilaribundus, hilerabundus. - joyeux.

Hilariter. - gaiement.

Hilarizare. - agir avec joie.

Hilcus. - (*hylca*)[6], garde de l'épée, poignée d'épée.

Hilda. - *idem* hida, unité de terre arable.

Hilerabundus. - *idem* hilaribundus, joyeux.

Hilider. - (< *chĕlȳdrus*), reptile, serpent.

Hilla. - voile, tenture, anc fr[7], *hille*, « rideau à côté de l'autel ».

Hillelondus. - celui qui a une tenure sur une colline, sur des hautes terres (Angleterre)

Hilnachia. - sorte de navire, anc fr[8], *esnèche*, « vaisseau léger des pirates ».

Hiltichus. - *idem* hiltiscalcus.

Hiltiscalcus, hiltichus. - (< *hild-scalc*)[9], dépendan astreint à des services militaires.

Hiltra, hyltra. - sorte de piège à poisson, ou élément de moulin hydraulique (Angleterre).

Hiltus. - *idem* heltus.

Himerinus. - (< *ἡμερινός*)[10], qui se fait pendant le jour, diurne.

Himina. - *idem* hemina, mesure pour les matières sèches et pour les liquides.

Himnizare. - chanter des hymnes.

Himonia. - corde puits.

Hindenus. - *idem* hyndenus.

Hindonus. - *idem* hyndenus.

Hineum, ineum, hinnium. -
1. Four à saunage.
2. Chaudière d'ordalie.

Hinniculus. - (< *hinnŭlĕus*), jeune faon.

Hinnitivus. - de hennissement.

Hinnium. - *idem* hineum.

Hinnula. -
1. Échalote.
2. Faon.

Hinnuletum. - endroit où poussent des échalotes, jardin potager.

Hipothecarius. - apothicaire.

Hipparchus. - commandant de cavalerie.

Hippicare, hippitare. - bâiller.

Hippicum. - mesure et espace de 4 stades ou quatre coudées.

---

[1] *ἱέραξ* : « faucon »
[2] *ἱεράω* : « consacrer au culte ».
[3] *ἱερόδουλος* : (esclave attaché au temple).
[4] *ἱερός* : « saint, sacré ».
[5] A.S : *egor*, « courant marin ».
[6] A.S : *hylca*, « courbe, tortueux » (par opposition à la partie droite de l'épée)
[7] Godefroy.
[8] id.
[9] A.S : *hild*, « combat », *scalc*, « serviteur »
[10] *ἡμερινός* : « du jour ».

Hippitare. - *idem* hippicare, bâiller.

Hippocœrcium. - lieu où l'on ferre les chevaux.

Hippodes. - hommes aux pieds de cheval (monstres fabuleux).

Hippodromium. - hippodrome.

Hippodromos, hippodromus. - jockey.

Hippodromus. - *idem* hippodromos.

Hippotriba. - le grand écuyer.

Hiraldus. - *idem* heraldus, hérault d'armes.

Hiraudus. - *idem* heraldus.

Hircaritia, hircorita. - (< *hircus*), étable de boucs, troupeau de boucs.

Hirchetum. - (< *hērĭcĭus*), palissade à pointes, barbelés.

Hircorita. - *idem* hircaritia.

Hircus. -
1. Bouc.
2. Étoffe qui a la texture du poil de bouc, cilice.
3. (*h. emissarius*), bouc émissaire.
4. Coin de l'œil (ou la chassie s'accumule).

Hirda. - (< *yrð*)[1], corvée de labour.

Hirdellum, herdellum, hyrdillum, herdillum. - (< *hyrdel*)[2], haie, cadre ou treillis de brindilles entrelacées, cage faite en treillis (Angleterre).

Hirmannus, hyremannus. - (< *hearra-man*)[3], serviteur, homme du maître.

Hirpex. - *idem* herpica, herse.

Hirpix. - *idem* herpix.

Hirquitallus. - garçon qui approche pour la première fois de la virilité ou qui fait l'expérience de sa virilité.

Hirrire. - gronder, grogner.

Hirritus. - grognement des chiens.

Hirs. - sorte de millet.

Hirsella, hyrsula. - cerf de deux ans (Angleterre).

Hirsellum. - gardien d'animaux (Angleterre).

Hirsona. - *idem* heriso, palissade à pointes.

Hirstis. -
1. Terre en friche, anc ft[4], *histar*.
2. *Idem* hurstum, butte, colline boisée (Angleterre).

Hirsus. - (< *hirsūtus*), hérissé.

Hiruco. - *idem* heriso.

Hirundella, hirundina. - hirondelle.

Hirundina. - *idem* hirundella.

Hirundo. - sorte de machine de guerre.

Hisca. - sorte de manteau.

Hislula. - île.

Hisma. - (< *ἵζω*)[5], siège, origine (Angleterre).

Hispalis. - sorte de petit serpent.

Hispide. - rudement.

Hispiditas. -
1. Rudesse, rugosité.
2. Pilosité.

Hissirus. - (< *ōstĭum*), *idem* huisserium, barge pour chevaux, anc fr, *huissier*, « grand bateau à portes ».

Hissus. - longue tunique tissée avec du chanvre.

Histor. - (< *ἵστωρ*)[6], celui qui sait.

Historia, istoria. -
1. (pl), leçons, lectures (de l'office, tirées des livres historiques de l'ancien testament).
2. Récit véridique.
3. Livre, volume.
4. Tissu historié, orné de dessins, image, dessin, figure.

Historiacus. - historien.

Historialiter. -

---

[1] A.S : *yrð*, « terre labourée ».

[2] A.S : *hyrdel*, « grille ».

[3] A.S : *hearra*, « maître, chef, leader », *man*, « homme »

[4] Godefroy.

[5] *ἵζω* : « s'asseoir ».

[6] *ἵστωρ* : « qui sait, qui connaît ».

1. En historien.
2. En peignant des sujets, des *histoires*.

Historiare. -
1. Raconter.
2. Historier, orner de gravures.

Historiatus, histriatus. - historié, peint, sculpté.

Historiographia. - histoire générale.

Historiographus. - peintre.

Historiola. - petit récit.

Historiologus. - historien.

Historium. -
1. Livre d'histoire.
2. *Idem* hostorium, gabarit pour la mesure des niveaux.

Historiuncula. -
1. Petit récit.
2. Petite histoire (formule de modestie).

Histriatus. - *idem* historiatus.

Histrio. - (< *histrĭo*).
1. Ménestrel, jongleur.
2. Bouffon de cour.

Histrionaliter. - à la manière du jongleur.

Histrionatus. -
1. Métier de jongleur.
2. Représentation donnée par un jongleur.

Histrionice. - par bouffonnerie.

Histrionicus. - (subs), ménestrel, jongleur.

Hitha. - *idem* heda, embarcadère.

Hittire. - rechercher.

Hittus. - aboiement.

Hiufa. - marque apposée sur une maison ou un domaine dont on va prendre possession.

Hivernagium. - *idem* hibernagium.

Hlafordsocna, hlasocna. -

(< *hlaford-socn*)[1], droit de l'homme libre demander la protection du seigneur (Angleterre).

Hlammator, klammator. - pêcheur d'anguilles (Angleterre).

Hlasocna. - *idem* hlafordsocna.

Hlode. - *idem* hloth.

Hlosa. - bergerie (Angleterre).

Hlotbota. - amende infligé à celui qui participe à un rassemblement, ou une association illégale (Anglosaxon).

Hloth, hlode. - (< *hloð*)[2], troupe, rassemblement, association de 7 à 35 personnes (Anglosaxon).

Hlutres. - (< *hluter*)[3] ; (pl), (*amphoræ h. ale*), mesure pour la bière (Anglosaxon).

Hoa. - *idem* howa, houe (Angleterre).

Hoare. - utiliser la houe.

Hoba, huoba, huba, hova, huva, hofa, hœva, hobus. - (< *hof*)[4], unité d'exploitation, manse, mesure agraire.

Hobarius, hubarius, huobarius. - tenancier d'un manse.

Hobellarius, hobererius, hobinus, haubinus, hobiarius. - cavalier faiblement armé avec un petit cheval, anc fr[5], *hobin*, « petit cheval qui va à l'amble, au pas ».

Hobererius. - *idem* hobellarius.

Hobiarius. - *idem* hobellarius.

Hobinna, huobinna, hobunna, hobonia, hovinum. - manse, mesure agraire, *Cf. hoba.*

Hobinus. - *idem* hobellarius.

Hobira. - cuirasse.

Hobonia. - *idem* hobinna.

Hobunna, hobus. - ferme, métairie, *Cf. hoba.*

Hobunna. - *idem* hobinna.

Hobus. -

---

[1] A.S : *hlaford-socn*, « protection du tenancier par le seigneur ».
[2] A.S : *hloð*, « troupe, bande de voleurs ».
[3] A.S : *hluter*, « pure ». Le terme *ale* est sous-entendu dans le texte cité par Du Cange.
[4] All : *Hof*, « propriété rurale, maison ».
[5] Godefroy.

1. *Idem* hoba, unité d'exploitation, manse, mesure agraire.

2. *Idem* hobunna, ferme, métairie.

Hoccus. -

1. *Idem* hoga.

2. Croc, grappin, *Cf. hoke.*

Hocedei. - *idem* hockdies.

Hoch. - *idem* hoga.

Hochia. - sorte d'enclos de terre arable, anc fr[1], *osche, hoche.*

Hochofinna. - peine, amende aggravée.

Hockdies, hockedies, hokdies, hocedei. - *hockday* qui célèbre, le deuxième ou troisième mardi apprès Pâques, l'expulsion des danois d'Angleterre en 1002.

Hockedies. - *idem* hockdies.

Hodiedum. - encore aujourd'hui, jusqu'aujourd'hui.

Hodietenus. - jusqu' à aujourd'hui.

Hodium. -

1. *Idem* hodus.

2. (< *ŏdĭum*), haine, aversion.

Hodius. - *idem* hodus.

Hodœporicum. - *idem* hodœporicus.

Hodœporicus, hodœporicum. -
(< *ὁδοιπορικός*)[2].

1. De route, de voyage.

2. (subs), voyage, relation de voyage, mémoire des lieux que l'on visite.

Hodus, hodius, hodium, hotus. - mesure de capacité pour matières sèches (Germanie), anc fr[3] *hoet.*

Hoellus. - houe.

Hœva. - *idem* hoba, unité d'exploitation, manse, mesure agraire.

Hofa. - *idem* hoba.

Hoffata. - *idem* hofsacha

Hofsacha, hoffata. - ferme (Germanie).

Hoga, hoghia, hogium, hoch, hogum, houca, hoccus. - (< *heag*)[4], monceau, montagne, hauteur, anc fr[5] *hogue, hoge.*

Hogardum. - *idem* hagardum, enclos où sont stockées les récoltes.

Hogaster, hoggus, hogettus, hogerellus, higgaster, hogastrum. - *idem* engaster, pourceau.

Hogastrum. - *idem* hogaster.

Hogerellus. - *idem* hogaster.

Hogettus. -

1. Houe.

2. *Idem* hogaster.

Hoggus. - *idem* hogaster.

Hoghia. - *idem* hoga.

Hogium. - *idem* hoga.

Hogri. - houes (Angleterre).

Hogum. - *idem* hoga.

Hoha. - *idem* howa, houe (Angleterre).

Hoia. -

1. Petit caboteur (Angleterre).

2. *Idem* howa, houe (Angleterre).

Hokdies. - *idem* hockdies.

Hoke. - (< *hoc*)[6], crochet, et tout ce qui est courbé à la manière d'un crochet un coin recourbé de terre.

Hokenbuch. - sorte d'arme de gros calibre, bombarde.

Hokum. - (< *hoc*).

1. Crochet de fermeture (Angleterre).

2. Bande de prairie le long d'une rivière (Angleterre).

Hola. - carène ou cale de navire (Angleterre).

Holarius. - *idem* hullarius, celui qui exploite le charbon de terre.

Holca, olca. - terre arable.

Holcas. -

---

[1] Godefroy.

[2] *ὁδοιπορικός* : « de voyage, de voyageur ».

[3] Godefroy.

[4] A.S : *heag*, « haut », allemand *hoch*.

[5] Godefroy.

[6] A.S : *hoc*, « crochet ».

1. (< *ὁλκάς*)[1], navire de transport de charge.
2. (< ?), récipient pour boire le vin.

Holda. - sorte de démon, lutin.

Holeta. - bâton de berger, houlette.

Holetta. - *idem* hulletus, cabane (Angleterre).

Holinus. - (< *olla*), marmite.

Holistice. - (< *ὅλος*)[2], totalement.

Holisticus. - tout entier, total, considéré dans son ensemble.

Holma. - *idem* hulmus.

Holmus. - *idem* hulmus.

Holoberus, holoverus. - teint en pourpre.

Holoblatteus. - qui est tout de pourpre.

Holocausta. - l'Eucharistie.

Holocauste. - (adv), par holocauste.

Holocaustoma, holocaustum. - (< *ὁλοκαύτωμα*)[3], sacrifice où l'on brûlait la victime.

Holocaustum. -
1. *Idem* holocaustoma.
2. Hostie.

Holochrysus. - (< *ὁλόχρυσος*)[4], tout en or.

Holocotynus. - monnaie d'Egypte.

Holocrystallinus. - entièrement de cristal.

Holographia. - acte écrit en entier de la main de l'auteur.

Holosericus. - tout en soie.

Holosiderus. - tout en fer.

Holoverus. - *idem* holoberus.

Holovitreus. - (subs), coupe de verre.

Holta. - (< *holt*)[5].
1. Bosquet, taillis (Angleterre).
2. Refuge (Angleterre).

Holulare. - se plaindre, se lamenter.

Homagialis. - (subs), vassal.

Homagiatus. - vassal.

Homagium, hommagium. -
1. Hommage.
2. (*h. planum*), hommage qui n'est pas lige, c'est-à-dire sans serment.
3. (*h. per stipulationem*), hommage par convention rédigée dans une charte.
4. (*h. guerpire*), dans cet hommage, le vassal mécontent de son seigneur, commençait par renoncer à son fief, avant d'appeler son seigneur devant ses juges.

Homallare, omallare. - plaider.

Homanagium. - hommage.

Homanaticus. - *idem* hominaticus.

Homata, hometa, hominata. - mesure de superficie de terre plantée de vignes ; autant de vignes qu'un homme peut en cultiver en un jour, anc fr[6], *hommée*.

Homeliaticus, homiliaticus. - homilétique.

Homelizator. - celui qui compose des homélies.

Homenagium. - *idem* hominium.

Homenaticum. - *idem* hominium.

Homenaticus. - *idem* hominaticus.

Homenechia. - *idem* hominium.

Homenesco. - acte de soumission du vassal, hommage.

Hometa. - *idem* homata.

Hometum. - maison, habitation.

Homicedium. - homicide.

Homicida. - (*h. de animali*), peine infligée par pendaison ou par le feu pour les animaux qui avaient tué un homme

Homicidalis. - relatif à l'homicide.

Homicidaliter. - comme coupable d'homicide.

Homicidantes. - assassins.

---

[1] *ὁλκάς* : « vaisseau de transport ».
[2] *ὅλος* : « qui forme un tout ».
[3] *ὁλοκαύτωμα* : « holocauste ».
[4] *ὁλόχρυσος* : « tout en or ».
[5] A.S : *holt*, « bosquet ».
[6] Godefroy.

Homicidia. - droit de connaître du crime d'homicide, ou amende prononcée pour ce crime.

Homicidium, hominicidium, homicidius, homicidum. -
1. Amende pour meurtre.
2. Carnage.

Homicidius. -
1. *Idem* homicidium.
2. Assassin.

Homicidum. - *idem* homicidium.

Homiliæ. - entretiens familiers entre le prêtre et les fidèles : homélies.

Homiliare. - recueil d'homélies.

Homiliaris. - d'homélie.

Homiliaticus. - *idem* homeliaticus, homilétique.

Hominacio. - *idem* hominium.

Hominagium. -
1. *Idem* hominaticus.
2. Satisfaction, réparation.

Hominata, homata. - mesure de superficie pour les vignes, ce que peut cultiver par an un *homme*.

Hominata. - *idem* homata.

Hominaticus, ominaticus, homenaticus, homanaticus, hominagium, hommagium. -
1. Hommage du vassal, condition de vassal.
2. Hommage servile.

Hominatio. - hommage au suzerain.

Hominatus, hominicatus, hominicium, hominiscum. - hommage de vassal

Hominicatus. - *idem* hominatus.

Hominicidium. - *idem* homicidium.

Hominicium. -
1. *Idem* hominatus.
2. Toute déclaration de soumission.

Hominiscum. - *idem* hominatus.

Hominium, homenagium, homenaticum, homenechia, hominacio. -

1. Hommage de vassal.
2. (*h. pro emenda*, hommage de paiement : celui qui avait commis un délit ou crime devenait vassal pour peine de ce crime.
3. Suzeraineté, droit de recevoir l'hommage.
4. Confirmation d'un accord.
5. Territoire sous la suzeraineté de quelqu'un.
6. Offrande aux messes des morts.

Hommagium. - *idem* homagium, hommage.

Hommagium. - *idem* hominaticus.

Hommus. - *idem* hamma, terre clôturée.

Homo. -
1. Serf, vassal, celui qui est soumis ; homme de quelqu'un, dépendant, anc fr[1], *homme*, « vassal ».
2. (*h. mundi*), laïc.
3. (*h. de corpore*), dépendant non libre.
4. (*h. de capite*), dépendant astreint au chevage.
5. (*h. coactus*), serf attaché à la glèbe.
6. (*h. fidei*), vassal.
7. (*h. cubans*), vilain domicilié dans la seigneurie.
8. (*h. ad arma*), homme d'armes.
9. (*h. ad collum*), portefaix.
10. (*h. generosus*), homme de noble race.
11. (*h. honoratus*), habitant notable.
12. (*h. legitimus*), juge expert.
13. (*h. legalis*), adolescent.
14. (*h. pedes*), homme de basse condition.
15. Mari.
16. Celui qui est chargé de la surveillance des serfs dans le domaine.

---

[1] Godefroy.

17. Remplaçant dans une ordalie, champion.

Homocentaurus. - centaure.

Homoformose. - d'une manière anthropomorphique.

Homogeneus, homogenus. - homogène, de même nature que.

Homogenus. - *idem* homogeneus.

Homogius. - *idem* homolegius.

Homolegius, homoligius, ligius, homogius. - homme-lige, vassal.

Homoligius. - *idem* homolegius.

Homologare. -
1. Déclarer publiquement.
2. Homologuer, inscrire les édits sur les registres du parlement.

Homologi. - (*h. coloni*), serfs attachés à la glèbe.

Homorarium. - (< $\tilde{\omega}\mu o\varsigma$)[1], amict.

Homousiani. - hérétiques ariens.

Homousion. - consubstantiel, de même essence.

Honcus. - *idem* heltus, poignée (d'épée)

Hondredum. - *idem* hundredum.

Hondus. - mesure agraire chez les Belges.

Honestamentum. - décoration, marque de dignité.

Honestare. -
1. (*h. se*), se préparer.
2. Réparer, aménager, orner (une demeure).
3. Accommoder par un arrangement.
4. Légitimer, régulariser.

Honestas. -
1. Honneur, prérogative, privilège.
2. Ornement, beauté.

Honestas. -
1. Profit, avantage, intérêt.
2. Honorabilité extérieure, respectabilité.

Honeste. -

1. Avec bravoure.
2. Respectueusement.

Honestus. - conforme, convenable.

Hongrecoltra. - terre inculte, marécageuse, tourbière.

Honnina. - chenille.

Honor. -
1. Honneur, hommage, culte.
2. Souveraineté.
3. Bénéfice militaire, terre donnée sous condition de services militaires.
4. Fief, territoire, domaine.
5. Fidélité vassalique.
6. Gouvernement d'une ville ou d'un territoire.
7. Etendu d'une juridiction.
8. Droit de mutation ; redevance.
9. Cadeau d'honneur.
10. Rang social, situation bien établie.
11. Inviolabilité des biens d'église.
12. Privilège.
13. (*h. cathedræ*), tribut annuel que chaque église devait payer à l'évêque.

Honorabilis. -
1. Paré, orné. bien équipé (en parlant d'un cheval).
2. Revêtu d'une dignité.

Honorabilitas. - marque d'honneur.

Honorabiliter. - avec distinction, honorablement.

Honoranter. - avec honneur.

Honorantia. -
1. Honneur, fonction importante, droit essentiel.
2. (pl), privilèges, prérogatives.
3. (pl), honoraires.

Honorare. -
1. Salarier, payer.
2. Charger d'une fonction.

---

[1] $\tilde{\omega}\mu o\varsigma$: « épaule »

3. Donner en fief, pourvoir d'un fief.
4. Combler de présents, de bienfaits.
5. Doter une église.
6. Donner à quelqu'un des titres ho-
norifiques.
7. Célébrer.

Honorarium. -
1. Honoraires (de professeur).
2. (adj), (*h. vinum*), vin d'honneur.

Honorati. -
1. Notables, les gens chargés d'une
fonction importante.
2. Possesseurs de fiefs.

Honoratim. - avec les honneurs dus.

Honorator. - seigneur féodal.

Honoratorius. - destiné à honorer.

Honoratus. -
1. Qui a été investi d'une charge publique élevée ou d'un important
bénéfice.
2. Qui a été investi d'un bénéfice de
cour.
3. Qui a été investi d'un bien-fonds.
4. (subs), celui qui occupe un rang
social élevé.

Honorerium. - réunion des prêtres les plus
élevés en dignité.

Honorificabilitudinitas. - honneur.

Honorificabilitudo. - dignité.

Honorificare. - combler d'honneurs.

Honorificentia. -
1. Votre honneur (titre honorifique
aux évêques).
2. Dignités, honneurs.
3. Fief.
4. Honoraires.

Honoripeta. - celui qui recherche les honneurs.

Honorium. - haute justice et territoire où
elle s'exerce.

Honorus. - qui honore.

Honteister. - sorte de mesure (Belgique).

Honus. -
1. *Idem* honor.
2. (< *ŏnŭs*), charge, fardeau.

Hoop. - *idem* hoopa.

Hoopa, hupum, hoop, hopatio. - cerclage
de fût (Angleterre).

Hopa. - (< *hóp*)[1].
1. Enclos, pâturage (Angleterre).
2. *Idem* hopha.
3. Cerclage de fût (Angleterre).

Hopatio. - *idem* hoopa

Hopelanda, hopulanda, houppelanda. -
sorte de manteau, houppelande.

Hopellum. - petit enclos (Angleterre).

Hoperatus. - assemblage.

Hopeta, hoppetus. - (*h. prati*), enclos aux
chevaux (Angleterre).

Hopfa. - *idem* hopha.

Hopha, hopfa, hopum, hopa. - mesure
pour les matières sèches (Angleterre).

Hopia. - opium.

Hopla. - peuplier.

Hoppa. -
1. (*h. canis*), collier de chien (Angleterre).
2. *Idem* hopa1, enclos.
3. *Idem* hopha, mesure.

Hoppetus. - *idem* hopeta.

Hopulanda. - *idem* hopelanda.

Hopum. -
1. *Idem* hopha.
2. Cerclage de fût (Angleterre).

Hoquelator. - chicaneur, querelleur,
fourbe, trompeur.

Hoquetus. -
1. Hoquet.
2. Empêchement, difficulté, chicane.

Hora. -
1. (*omni h.*), à chaque instant.
2. (*mala h.*), pour mon malheur.

Horalis. - sorte de tunique

---

[1] A.S : *hóp*, « cercle ».

Horama, oroma, orama. - vision, apparition.

Horarie. - pour une heure, momentanément.

Horarium. - vêtement épiscopal de tissu fin.

Horarius. -
1. (subs), clerc chargé de réciter l'office.
2. Celui qui paie les chanoines qui le récitent.
3. Livre contenant les heures, bréviaire.

Horatim. - par heure.

Horatorium. - oratoire.

Horca. -
1. *Idem* harta.
2. (< ὕρχη)[1], sorte d'amphore à huile.

Hordalicium. - *idem* hurdicium.

Hordamentum. - *idem* hurdicium.

Hordaria. - (< *horder*)[2], office de gardien (Angleterre).

Hordarius, horderius, hordera. - gardien du grenier, du magasin, trésorier (Angleterre).

Hordearium. - (< *hordĕum*), somme attribuée au cavalier pour l'orge de son cheval.

Hordeatio. - maladie du cheval.

Hordecium. - *idem* hurdicium.

Hordeicium. - *idem* hurdicium.

Hordera. - *idem* hordarius.

Horderisgildum. - paiement à la cour de la « hundred » (Angleterre).

Horderius. - *idem* hordarius.

Hordewica. - *idem* herdewica.

Hordicium. - *idem* hurdicium.

Horista. - prêtre officiant aux heures canoniales.

Horistera. - célébration des heures canoniales.

Horizon. - la ligne qui sépare les constellations visibles (septentrionales), des constellations invisibles (australes).

Horla. - (< *ōra*), bord, bordure, anc fr[3], *orle*.

Hormesta. - (pl) ; (n) ; (*h. mundi*), les misères du monde.

Hornegeldum, horngeldum, horniyeldum, hornyeldum. - (< *horn-gild*)[4], taxe sur les bêtes à cornes (Angleterre).

Horngeldum. - *idem* hornegeldum.

Horniyeldum. - *idem* hornegeldum.

Horno, orno. - (< *hornus*), cette année.

Hornyeldum. - *idem* hornegeldum.

Horologiator. - fabricant d'horloges.

Horologicus. -
1. Astronomique.
2. (*ratione horologica*), par calcul astronomique.

Horologium. -
1. Horloge mécanique.
2. (*h. temperare*), remonter l'horloge.
3. (*h. excitatorium*), réveil.
4. Bréviaire (Eglise grecque).

Horoscopicus. - astrologue.

Horoscopium. -
1. Astrolabe.
2. Horoscope.
3. Horloge, sablier, clepsydre.

Horoscopus. -
1. Horoscope.
2. Horloge.

Horrearius. - (< *horrĕum*), gardien de grenier.

Horreaticus. -
1. Relatif au magasin, au grenier.
2. (*horreaticæ species*), produits gardés dans le grenier.

Horredo. - horreur.

Horrendius. - plus horrible.

---

[1] ὕρχη : « récipient où se conservait le poisson salé ».
[2] A.S : *horder*, « surveillant, gardien ».
[3] Godefroy.
[4] A.S : *horn*, « corne », *gild*, « paiement ».

Horrentia. - aversion.

Horrere. - (*horrori esse*), être en horreur.

Horrescentia. - horreur, effroi.

Horribilis. - qui a horreur de, s'éloigne de.

Horribiliter. - d'une, manière horrible.

Horricomis. - qui a les cheveux ou le poil hérissé.

Horricus. - horrible.

Horridicus. - horrible, menaçant.

Horriditas. -
1.   État de ce qui est hérissé.
2.   Obscure retraite.

Horridiuscule. - d'une manière un peu hérissée.

Horrifer. - qui inspire l'horreur.

Horripilare. - se dresser sur la tête, se hérisser en parlant des cheveux.

Horripilatio. -
1.   Horripilation.
2.   Horreur, peur, frayeur.
3.   Hérissement des cheveux.

Horror. - cachot.

Horsacra. - champ d'une acre desservi par un service de chariots tirés par un cheval pour transporter le grain (Angleterre).

Horsgabulum. - rachat en argent de tout service que l'on devait avec un cheval.

Horta. - *idem* hortale.

Hortale, ortale, hortalis, hortalicium, hortalitium, hortum, horta, hortifer, hortilis, hortis. - jardin.

Hortalia, hortaligia, hortoragliæ, hortularia. - légumes qui poussent au jardin.

Hortalicium. - *idem* hortale.

Hortaligia. - *idem* hortalia.

Hortalis. - *idem* hortale.

Hortalitium. - *idem* hortale.

Hortatiuncula. - brève exhortation, encouragement.

Hortellus. - enclos cultivé.

Hortensis. - de jardin.

Horticellus. - petit jardin.

Horticula, horticulus, hortolanus, hortilio. - jardinier.

Horticulus. - *idem* horticula.

Hortifer. - *idem* hortale.

Hortilio. - *idem* horticula.

Hortilis. - *idem* hortale.

Hortis. - *idem* hortale.

Hortivus. -
1.   Cultivé au jardin.
2.   Utilisé comme jardin.

Hortolagium. - légumes et droit sur les légumes.

Hortolanus. - *idem* horticula.

Hortoragliæ. - *idem* hortalia.

Hortulanus. - moine chargé de soigner le jardin du couvent.

Hortularia. - *idem* hortalia.

Hortum. - *idem* hortale.

Hortus. -
1.   (*h. dominicalis*), jardin abbatial.
2.   Petite exploitation avec maison et jardin.

Horula. - petite, heure, court instant.

Hosa, husa, osa. -
1.   (pl), bottes, jambières.
2.   Petit baril.

Hosarius. - fabricant de bottes.

Hosbondus. - *idem* husbandus, père de famille d'une ferme.

Hoscha. - enclos de terre labourable, anc fr[1], *osche*.

Hosebondus. - *idem* husbandus.

Hosewyva. - *idem* husewiva, femme au foyer (Angleterre).

Hosobinda. - bande de jambières.

Hosœtum. - *idem* hussetum, endroit où pousse le houx, bois de houx.

Hospes. -
1.   Guerrier barbare établi en territoire romain.
2.   Personne qui séjourne, manant, vilain ; (*h. cubans et levans*)[2],

---

[1] Godefroy.

[2] Montignot.

hôtes couchant et levant, ce qui désigne le droit d'habiter.

3. Tenancier libre.
4. Tenure d'un *Hospes*.
5. Aubain, étranger de passage.
6. Soldat mercenaire.
7. Hôtelier.
8. (< *obsĕs*), (pl), otages.

Hospiciatus, hospitiatus. - condition de manant.

Hospitagium, hostagium, ostagium. -
1. Tenure d'un manant.
2. Cens payé par le manant.
3. Droit de gîte.
4. Droit de prendre du bois de construction.

Hospitalagium. -
1. Frais de d'hébergement.
2. Droit de gîte.

Hospitalanus. - *idem* hospitalarius.

Hospitalaria, hostalaria, hostellaria, hostillaria, hospitalarium. -
1. Hospice, hôpital.
2. Auberge.
3. Bâtiment d'un monastère destiné à recevoir les hôtes, les étrangers.
4. Maison, demeure.

Hospitalarium. - *idem* hospitalaria.

Hospitalarius, hospitalanus, hospitalis, hostalarius, hostelarius. -
1. Chevalier Hospitalier, de l'ordre des Hospitaliers.
2. Moine gardien de l'hôpital.
3. Moine qui reçoit les hôtes.
4. Aubergiste.
5. Receveur des cens dus par les résidents, les manants.

Hospitalaris, hospitilarius, hospitularius. - *idem* hospitalarius1.

Hospitale. -
1. Hôtel.
2. Droit de gîte.
3. Hospice, hôpital ayant son domaine propre.

4. Maison des Hospitaliers.

Hospitalicium. -
1. Droit de gîte.
2. Hôpital.

Hospitalii. - chevaliers Teutoniques.

Hospitalis. -
1. *Idem* hospitalarius.
2. Tenancier libre.
3. (*h. domus*), hôpital ; endroit du monastère où l'on reçoit les hôtes.
4. Hôpital ; lieu de refuge, d'accueil.

Hospitalista. - membre de l'ordre des Hospitaliers.

Hospitalitas. -
1. Hospitalité.
2. Qualité d'hôte, de celui qui reçoit l'hospitalité.
3. Hôpital.
4. Aumône, charité.
5. Qualité d'*hospes* (en parlant des barbares établis sur les domaines des Romains.
6. Droit de gîte.
7. Cantonnement militaire.

Hospitalitatio. - charge d'héberger.

Hospitalitium. - maison, demeure.

Hospitalium. - hôpital.

Hospitalius. - des chevaliers de l'Hôpital.

Hospitamentum. -
1. Droit d'habiter.
2. Tenure d'un *hospes*.
3. *Idem* hostilagium.

Hospitare. -
1. Héberger.
2. (pass), être hébergé.
3. Coloniser (un lieu), peupler, habiter, mettre des fermiers sur une terre.
4. Bâtir une maison.
5. Faire valoir le droit de gîte pour quelqu'un.

Hospitari. - héberger.

Hospitaria. - bâtiment dans un monastère destiné à recevoir les étrangers.

Hospitarius. -
1. *Idem* hospitalarius.
2. (adj), des hôtes, de l'hôpital.

Hospitaticum. -
1. Colonie barbare fondée sur le droit d'hospitalité.
2. Redevance sur les logements publics pour voyageurs.
3. Droit de gîte.

Hospitatio. -
1. Services auxquels est tenu envers son seigneur l'hôte ou le fermier.
2. Gîte, hébergement, ou redevance pour en être exempté.

Hospitator. -
1. Celui qui loge, habitant, occupant.
2. Hôtelier.
3. (*h. magnus*), maréchal de camp.

Hospitatura. - habitation.

Hospitatus. -
1. Habitation, demeure.
2. Droit de gîte.
3. *Idem* hospitatio1.
4. Prise d'otages.
5. (adj), affermé, loué.

Hospitelarius. - maître d'hôtel.

Hospitia. - maison, demeure.

Hospitiarius. - *idem* hospitarius2, des hôtes, de l'hôpital.

Hospitiatus. -
1. *Idem* hospiciatus.
2. Condition d'hôte, de manant.

Hospiticida. - meurtrier d'un hôte.

Hospiticium, hosticium. -
1. Demeure
2. Tenure d'un manant, d'un résident.

Hospitietum. - droit de gîte.

Hospitilarius. - *idem* hospitalarius1, chevalier Hospitalier, de l'ordre des Hospitaliers.

Hospitisia. - famille, maison.

Hospitissa. - hôtesse.

Hospitium. -
1. Bâtiment affecté au logement des fermiers.
2. Bâtiment d'un monastère destiné à recevoir les hôtes, les étrangers.
3. Droit de gîte.
4. Hôpital d'un monastère.
5. Tenure d'un manant.
6. (*h. fortalitium*), maison fortifiée.

Hospitularius. - *idem* hospitalarius1, chevalier Hospitalier, de l'ordre des Hospitaliers.

Hossa. - sorte de bas, de bandes enveloppant la jambe.

Hosta. - corde de jonc d'Espagne ou le jonc lui-même.

Hostagia. - *idem* hospitatio1.

Hostagiamentum, hostagimentum. - otage, sûreté.

Hostagiare. - donner une garantie, recouvrer la liberté en donnant une caution, anc fr[1], *ostagier*.

Hostagiaria. - sûreté, garantie

Hostagiarius. - garant, caution[2].

Hostagimentum. - *idem* hostagiamentum otage, sûreté.

Hostagium. - *idem* hospitagium.

Hostagius, hostiagius. - otage ; personne retenu en sureté comme caution d'un traité.

Hostalagium, hostelagium. - dépense faite dans une hôtellerie.

Hostalaria. - *idem* hospitalaria.

Hostalarius. -
1. *Idem* hospitalarius.

---

[1] Godefroy.
[2] Également appelé *hostagius*, c'est-à-dire otage, celui qui était confié à l'ennemi pour assurance, a pris le nom d'otage, parce que, semblable à un hôte qui est dépendant de son Seigneur, les otages étaient au pouvoir de l'ennemi. (Montignot)

2. Celui qui loue des maisons ou des entrepôts à des commerçants étrangers

Hostalayria. - hôtellerie.

Hostalerius, hostallerius. - hôtelier.

Hostalicium. - *idem* hostilicium, corvée.

Hostalicius. - *idem* hostilicius, concernant l'armée.

Hostallagium, hostellagium. - logement.

Hostallerius. - *idem* hostalerius, hôtelier.

Hostaticus, ostaticus. -
1. Service de charroi pour l'armée, redevance qui le remplace.
2. Caution.

Hostelagium. - *idem* hostalagium, dépense faite dans une hôtellerie.

Hostelarius. - *idem* hospitalarius.

Hosteleragium. - hôtellerie.

Hostelina. - redevance à payer au seigneur pour les frais de guerre.

Hostelitia. - *idem* hostilicium, corvée, charroi pour l'armée.

Hostellagium. - *idem* hostallagium.

Hostellamanta, ustilementum. - outil, élément d'équipement, équipement, ameublement.

Hostellaria. - *idem* hospitalaria.

Hostellarius. - moine qui reçoit les hôtes ; hôtelier.

Hostelleria. - hôtellerie.

Hostellum. - hospice.

Hostena. - *idem* hostenditium.

Hostenditium, hostenducia, hostena. - service militaire dû par le vassal au seigneur ou redevance pour en être dispensé.

Hostenducia. - *idem* hostenditium.

Hosteria. - *idem* hostiarium, ciboire, pyxide.

Hosterius. - hôtelier.

Hostia. -
1. Hostie.
2. Pain très mince et très léger.
3. *Idem* hostigia.
4. (< *hostĭa*), bête de boucherie.

Hostiagius. - *idem* hostagius.

Hostiaria. -
1. *Idem* hostiarium.
2. (< *ōstĭum*), partie supérieure d'une porte.

Hostiarium, hosteria. - ciboire, pyxide.

Hostiarius. -
1. Celui qui est chargé de pourvoir d'hosties.
2. (< *ostĭārĭus*), portier.
3. Huissier.
4. (*h. armorum*), sergent d'armes (qui surveille les entrées).

Hosticium. - *idem* hospiticium.

Hosticum. -
1. Armée.
2. Expédition militaire.

Hosticus. - auberge, hôtellerie.

Hostigia. - services auxquels est tenu envers son seigneur l'hôte ou le fermier.

Hostilagium. - loyer des maisons et boutiques où les marchands étrangers étalent leurs marchandises les jours de foire et de marché.

Hostilamentum, ustilementum. - outil, élément d'équipement, équipement, ameublement.

Hostilaricium. - *idem* hostilitium.

Hostilarius. -
1. Tenancier.
2. Moine qui reçoit les hôtes.

Hostile. - (*h. iter*), armée, obligation de participer à l'ost.

Hostilense, hostiliense. - service de transport pour l'armée.

Hostilia. -
1. Maison, bâtiment.
2. Hôtellerie.

Hostilicatus. - apte à attaquer l'ennemi.

Hostilicidium. - charroi pour l'armée.

Hostilicium, ostilicium, hostalicium, hostelitia. - corvée, charroi pour l'armée.

Hostilicius, hostalicius. - concernant l'armée.

Hostiliense. - *idem* hostilense.

Hostilis. -
1. Concernant l'armée, l'ost.
2. (subs) ; (pl), les obligations militaires.

Hostilitas. -
1. Hostilité, état de guerre.
2. Service militaire, expédition militaire.
3. Bande ennemie hostile.

Hostiliter. -
1. En expédition militaire.
2. Avec l'équipement militaire, prêt pour la guerre.
3. En assemblée générale du royaume.

Hostilitium, hostilaricium. -
1. Redevance pour payer les frais de guerre.
2. (< *hostĭa*), droit sur l'abattage des animaux.

Hostillaria. - *idem* hospitalaria, hospice.

Hostimenta, ustilementum. - outil, élément d'équipement, équipement, ameublement.

Hostimentum. - (< *hostīmentum*).
1. Compensation.
2. Poids ou dispositif pour la mesure du poids.
3. Récompense, revanche.

Hostire. - faire la guerre.

Hostis. -
1. Armée, ost.
2. Expédition militaire.
3. Obligation de prendre part à l'ost[1].
4. Paiement au seigneur pour les frais de guerre.

5. Celui pour le compte de qui on travaille, au service duquel on se trouve.
6. Vengeur.
7. (*h. antiquus*), le diable.

Hostisia. -
1. Petit logis, petite tenure.
2. *Idem* hostigia, services auxquels est tenu envers son seigneur l'hôte ou le fermier.

Hostispices. - aruspices.

Hostitium. - demeure, maison.

Hostitor. - portier.

Hostium. -
1. (< *ostĭum*), entrée, porte.
2. *Idem* hostis1, armée.

Hostmannus. - homme de l'ost, propre au service militaire pour le seigneur.

Hostoarius. - *idem* hostorius.

Hostolenses. - hôtes, étrangers.

Hostorium, historium, hastorium. - gabarit pour la mesure des niveaux.

Hostorius, hostoarius, hostricus. - autour, épervier.

Hostreantia. - prestation qui est dû au seigneur féodal et qui semble être le même que celui que le seigneur donne au vassal en échange de l'aliénation de la redevance.

Hostricus. - *idem* hostorius, autour, épervier.

Hota. - hotte.

Hotagium. - *idem* hospitagium1, tenure.

Hotchpoth. - terme de la loi anglaise concernant l'héritage et le partage des biens entre frères dont les autres ont déjà obtenu une part d'un parent vivant par donation en raison du mariage, qui, s'ils souhaitent accéder à la succession paternelle, sont tenus d'apporter en commun les biens donnés,

---

[1] « *Ils ne devaient l'ost souvent que dans l'étendue du territoire du Seigneur : quelquefois ils étaient obligés de le suivre hors de ses domaines. Les usages, les lois ont été différents pour déterminer le temps pendant lequel les vassaux devaient l'ost. En France ce temps était ordinairement de soixante jours. Tous étaient obligés à fournir l'host depuis seize ans jusqu'à soixante ans. Pendant l'expédition on ne pouvait les poursuivre en justice pour leurs dettes.* » (Montignot).

afin qu'ils puissent ainsi prendre les droits légitimes qui leur sont dus par la loi

Hotellus. - mesure pour les grains, anc fr[1], *hostiel, hotiel.*

Hotta. -
1. Hotte, panier.
2. Sorte de mesure.
3. *Idem* hutta.

Hotus. - *idem* hodus, mesure de capacité.

Houales. - officiers de justices, semblables aux échevins.

Houca. - *idem* hoga, monceau, montagne.

Houcellus. - petite botte, bottine, anc fr[2], *housel,* « botte, guêtre ».

Houcia. - *idem* hulcia.

Houla. - jeu de boule, de ballon, anc fr[3], *soule.*

Houpeta. - ornement de vêtement

Houppelanda. - *idem* hopelanda, sorte de manteau, houppelande.

Hourdare. - installer des palissades, fortifier, anc fr[4], *hourder.*

Hourdum. - échafaud, anc fr[5], *hourt.*

Hourium. - district d'une juridiction (ou enceinte).

Housabold. - *idem* housebote.

Housbotum. - *idem* husbota[6], droit de couper dans une forêt le bois nécessaire à la construction d'une maison.

Housebote, housabold. - bois que, par le privilège de la loi, le locataire peut couper et emporter du fonds affermé pour réaliser les haies, la réparation de ses clôtures et de ses charrues, et également pour alimenter son feu, *Cf. housbotum.*

Housegabulum. - *idem* husgabulum[7]cens.

Housellus. - bottine, anc fr[8], *housel.* (*housellos induere*), se chausser.

Housere. - fortifier.

Housevyva. - *idem* husewiva, femme au foyer (Angleterre).

Housia. - *idem* hulcia2.

Housus. - *idem* hussus, houx.

Houuwa. - *idem* howa, houe.

Hova. - *idem* hoba, unité d'exploitation, manse, mesure agraire.

Hovellus. - (*hof*)[9].
1. Niche, auvent en pierre.
2. Dépendance, hangar.

Hovelute, hovet-lude. - propriétaire foncier.

Hovet-lude. - *idem* hovelute.

Hovinum. - *idem* hobinna, manse.

Howa, hawa, hoa, hoha, hoia, houwa. - houe (Angleterre).

Howserobing. - dans la loi anglaise, il s'agit d'un crime supérieur au pillage de maisons, c'est pénétrer par effraction dans la maison ou la tente d'autrui et emporter ses biens, quelqu'un étant présent à ce moment-là.

Hoybold. - droit de prendre le bois pour confectionner des haies.

Hræfawnt, hrefwnt. - (*hrif-wund*)[10], blessure au ventre (Lex Bajwar).

Hranne. - troupeau de porcs (Lex Salica).

Hringus. - camp, résidence, palais royal des Huns.

Hroccus. -
1. Vêtement masculin, tunique.
2. Froc de moine.

Huagium. - corvée qui consistait à faire lever en criant les animaux que chassait le seigneur, anc fr[11], *huage.*

Huanaria. - lieu abondant en houx.

Huare. - avoir, posséder.

---

[1] Hippeau.
[2] id.
[3] Godefroy.
[4] id.
[5] id.
[6] A.S : *hus,* « maison », *bót,* « compensation »

[7] A.S : *hus,* « maison », *gafol,* « location, taxe »
[8] Godefroy.
[9] A.S : *hof,* « caverne, maison ».
[10] A.S : *hrif,* « ventre », *wund,* « blessure ».
[11] Godefroy.

Huba. - *idem* hoba, unité d'exploitation.

Hubarius. - *idem* hobarius, tenancier d'un manse.

Huca, heuka. - sorte de vêtement à capuchon porté par les hommes et les femmes, anc fr[1], *huque*.

Hucagium. - proclamation de la vente du vin et paiement pour cette proclamation, anc fr[2], *huchement*, « proclamation publique ».

Hucciare. - crier, appeler, anc fr[3], *hucer*, *huchier*.

Huccus. - clameur, cri confus.

Hucellus, huchellus, huchetta. - petit coffre, petite huche.

Hucenabra. - manse, maison.

Hucetum. - *idem* hussetum, endroit où pousse le houx, bois de houx.

Huceum. - *idem* hulcia.

Hucha. -
1. Huche.
2. Vente à l'encan et cri pour l'annoncer, *Cf. huciare*.

Huchellus. - *idem* hucellus.

Huchetta. - *idem* hucellus.

Hucheum. - *idem* hulcia.

Huchia. - *idem* hucha1.

Hucia. -
1. *Idem* hutica, huche, caisse.
2. *Idem* hulcia.
3. Houssine.

Hucnoticus. - huguenot, calviniste.

Huco. - houe.

Huctinus. - *idem* hutinus, dispute.

Hudagium. - *idem* hidagium, taxe.

Hudegeld. - *idem* hidgildum le « rachat de sa peau ».

Huellum. - houe.

Huernum. - maison, manse d'un vilain.

Huervum. - (< *hwearf*)[4], *idem* wharfus quai, dock, jetée.

Huesium, hutesium, hutasium, hutehesium, outesium. - cri poussé par plusieurs personnes, comme cela se fait quand on poursuit quelqu'un afin de l'arrêter, huée.

Huga. - *idem* hosa2, baril (Angleterre).

Hugia. - *idem* hutica, huche, caisse.

Hugnare. - murmurer.

Hugo. - (< *lĭgo*), houe.

Hugonotti. - hérétiques du genre luthériens et autres.

Huila. - huile.

Huissartum. - essart, terre redonnée à la culture.

Huisserium, hissirus, usseria, usserius, usaria, ussers. - (< *ōstĭum*), navire destiné au transport des chevaux, anc fr[5], *huissier*, « grand navire à porte (*huis*) ».

Huisserius. -
1. (*h. cameræ*), huissier de la chambre.
2. (*h. armorum*), sergent d'armes.

Hujas. - qui est de la même ville ou du même pays.

Hula, hulus. - mesure de céréales (Angleterre).

Hulare, huliare. - entasser en meules les gerbes (Angleterre).

Hulca. - *idem* hulka.

Hulcia, hucia, housia, hussia, houcia, hucheum, husia, huceum, huscia, hutya.
-
1. Mantelet.
2. Housse, couverture de cheval.

Hulcum. - *idem* hulka.

Hulcus. -
1. Berger.
2. (< *ulcus*), ulcère, plaie.

---

[1] Godefroy.
[2] id.
[3] Hippeau.

[4] A.S : *hwearf*, « rivage, jetée ».
[5] Godefroy.

3. *Idem* hulka (Angleterre).
4. (< *hulc*)[1], cabanon, appentis (Angleterre).

Huliare. - *idem* hulare.

Hulka, **hulca**, **humerulusulcum**. - (< ὁλκάς)[2], navire de charge.

Hulla. - (< *hill*)[3], colline (Angleterre).

Hullæ. - (pl), charbons de terre, houilles.

Hullarius, **holarius**, **hullerius**. - celui qui exploite le charbon de terre, la houille.

Hullerius. - *idem* hullarius.

Hulletus, **holetta**. - cabane (Angleterre).

Hulmus, **holmus**, **holma**. - (< *holm*)[4].
1. Monticule, colline.
2. Prairie le long d'une rivière ; île.

Hulsgenga, **hulsgengium**. -
(< *husel-gang*)[5] , paroissien, communiant.

Hulsgengium. - *idem* hulsgenga.

Hulta. - *idem* heltus, poignée (d'épée).

Hulus. - *idem* hula.

Humanalis. - humain.

Humanare. - (passif), faire homme.

Humanari. - devenir homme, se faire homme.

Humanatio. - action de se faire homme, incarnation.

Humanatus. - né homme.

Humanitas. -
1. Aliments nécessaires à la vie.
2. (*humanitatem tribuere*), donner le nécessaire.
3. Ensemble de tous les hommes, l'humanité.
4. Bonté, humanité.
5. Nature humaine, capacité humaine.
6. Taille, stature.
7. Vie d'homme.

Humantsin. - espèce de poisson de mer.

Humari. - noyer les voleuses chez les danois : les femmes qui volent ne doivent pas être pendues mais noyées dans un trou d'eau. Si elles sont enceintes on leur coupe les deux oreilles.

Humatio. - tombeau.

Humblo. - *idem* humulus, houblon.

Humectamen, **humectamentum**, **humectatio**. - bain.

Humectamentum. - *idem* humectamen, bain.

Humectare. - inonder.

Humectatio. - *idem* humectamen, bain.

Humecte. - sorte de jeu de cartes, (avec pour enjeu le vin).

Humectum. - marécage.

Humectus. - marécageux.

Humeletum. - hameau.

Humelo. - *idem* humulus, houblon.

Humerale, **umerale**. - (< ὦμος)[6], amict.

Humeralis. - qui couvre l'épaule.

Humerulus. - essieu.

Humerus. - pièce de porc que l'on doit donner au seigneur.

Humidus. - (subs), l'humide (dans le corps).

Humigare. - humecter.

Humiliare. -
1. (*se h.*), s'incliner, fléchir les genoux.
2. Déshonorer.
3. Humilier.

Humiliati. - en Italie, (surtout en Lombardie), hommes et femmes vivant régulièrement en congrégations et connus par la pauvreté, la simplicité de leurs vêtements, la gravité de leurs manières, de leurs paroles et de leurs actes, montrant ainsi un grand exemple d'humilité.

---

[1] A.S : *hulc*, « chambre, niche, tanière ».

[2] ὁλκάς : « vaisseau de transport ou de charge ».

[3] A.S : *hill*, « colline ».

[4] A.S : *holm*, « île ». Le premier sens de monticule, colline s'explique par la partie qui émerge au-dessus de l'eau, tandis que le deuxième sens se rapporte à la partie qui est en bordure de l'eau.

[5] A.S : *husel*, « sacrement, eucharistie », *gang*, « déplacement, marche ».

[6] ὦμος : « épaule »

Humiliatio. -
1. Mortification.
2. Génuflexion, inclination de tête.
3. Réparation, satisfaction.
4. Déshonneur, honte.

Humiliator. - celui qui humilie.

Humilis. - fait à voix basse.

Humilitari. - devenir humble, s'humilier.

Humilitas. -
1. Dégradation, déshonneur.
2. Humilité intellectuelle.

Humiliter. - paisiblement, sans être inquiété.

Humilo. - *idem* humulus, houblon.

Humirepus. - rampant sur le sol.

Humisternium. - action de coucher par terre.

Humlo. - *idem* humulus, houblon.

Humlonaria, humularium. - houblonnière.

Humorositas. - humidité.

Humorosus. - humide.

Humotenus. - (courbé) jusqu'à terre.

Humotositas. - humidité.

Humularium. - *idem* humlonaria.

Humulator. - celui qui cultive le houblon.

Humulo. - *idem* humulus.

Humulus, humulo, humlo, humelo, hupa, humilo, humblo, umlo, umblo. - houblon.

Huna. - cordage de navire.

Hunaria. - tribunal du centenier.

Hundreda. - *idem* hundredum.

Hundredum, hundredus, hundreda, hundreth, hundretum, hundredum, hondredum, undredus. -
1. Comté, district de 100 villages.
2. Plaid présidé par le centenier (Angleterre).

Hundredum. - *idem* hundredum.

Hundredus. - *idem* hundredum.

Hundre-penny, hundretti. - redevance payée au chef du centenier par les membres du *hundredum*.

Hundretti. - *idem* hundre-penny.

Hundretum. - *idem* hundredum.

Hunigablum, hunigabulum. - (< *hunig-gafol*)[1], obligation du locataire de donner du miel à titre de loyer ou en remplacement de paiement (Angleterre).

Hunigabulum. - *idem* hunigabulum.

Hunnisci. - *idem* hunnisoni.

Hunniscus. - qui se rapporte aux Huns.

Hunnisoni, hunnisci. - chevaux hongrois, hongres.

Hunno, huno. - centenier, juge du *hundredum*.

Huno. - *idem* hunno, centenier, juge du *hundredum*.

Huntagium, hurtagium. - déshonneur.

Huoba. - *idem* hoba, unité d'exploitation, manse, mesure agraire.

Huobarius. - *idem* habarius, tenancier d'un manse.

Huobinna. - *idem* hobinna, manse, mesure agraire.

Hupa. - (< *Hopfen*)[2], *idem* humulus, houblon.

Hupulus. - houblon.

Hupum. - *idem* hoopa, cerclage de fût (Angleterre).

Huputatus. - huppé.

Hura. - *idem* heura, sorte de coiffe en feutre grossier.

Hurarius. - celui qui porte une coiffe de feutre nommée *hura*.

Hurdamentum. - *idem* hurdicium.

Hurdare. - munir de claies, de treillis, fortifier, anc fr[3], *hourder*.

Hurdator. - celui qui fait les travaux de fortification appelés *hurdicium*.

---

[1] A.S : *hunig*, « miel », *gafol*, « taxe, paiement »

[2] All : *Hopfen*, « houblon »

[3] Godefroy.

Hurdicium, hurdicius, hurdicum, hordalicium, hurdamentum, hordamentum, hordecium, hordeicium, hordicium. -
1. Construction en bois placée au faîte des murs pour protéger les défenseurs de projectiles ennemis.
2. Palissade placée sur le bord extérieur des fossés pour défendre l'approche du mur par les assaillants.
3. Engin de guerre ou bélier.

Hurdicius. - *idem* hurdicium.

Hurdicum. - *idem* hurdicium.

Hure. - location.

Hurlatum. - sorte de cens, de taxe en Angleterre.

Hurmannus. - (< *hired-man*)[1], *idem* hyredmannus, domestique, serviteur (Angleterre).

Hursacrum. - feu sacré (maladie), épilepsie.

Hursnium. - harnais.

Hursta. - bois, forêt.

Hurstum, hirstis. - butte, colline boisée (Angleterre).

Hurtagium. -
1. Droit d'ancrage, anc fr[2], *heurtage*.
2. *Idem* huntagium, déshonneur.

Hurtardus, hurtus. - bélier (Angleterre).

Hurtare. - frapper, battre.

Hurtus. - *idem* hurtardus.

Husa. - *idem* hosa.

Husbandrea. - maison de paysan, pièce de terre (Angleterre).

Husbandus, husbonda, husbondus, hosbondus, hosebondus, osebondus. - père de famille d'une ferme (Angleterre).

Husbonda. - *idem* husbandus.

Husbonderia. -
1. Pratique de l'élevage de l'agriculture.
2. Ferme.
3. Entretien ménager, gestion immobilière.

Husbondus. - *idem* husbandus.

Husbota, husbotum, housbotum. - (< *hus-bót*)[3], droit de couper dans une forêt le bois nécessaire à la construction d'une maison (Anglosaxon).

Husbotum. - *idem* husbota.

Husbrece. - (< *hus-brice*)[4], effraction de maison.

Huscarla, huscarlus, husgenus. - (< *hus-carl*)[5], celui qui est de la maison, familier, serviteur, le gardien armé (Anglosaxon).

Huscarlus - *idem* huscarla.

Huscetum. - *idem* hussetum, endroit où pousse le houx, bois de houx.

Huscia. - *idem* hulcia.

Huscus. - *idem* hussus, houx.

Husegabellum. - *idem* husgabulum.

Husegabulum. - *idem* husgabulum.

Husegavellum. - *idem* husgabulum.

Huserus. - *idem* hussus, houx.

Husetum. - *idem* hussetum, endroit où pousse le houx, bois de houx.

Husewiva, huswiva, hosewyva, housevyva. - (< *hus-œw*)[6], femme au foyer (Angleterre).

Husfastne. - celui qui détient une terre et une maison (Angleterre).

Husgablum. - *idem* husgabulum.

Husgabulum, husgablum, husegabulum, husegabellum, husegavellum, husgablum, housegabulum. -

---

[1] A.S : *hired-man*, « domestique »
[2] Godefroy.
[3] A.S : *hus*, « maison », *bót*, « compensation »
[4] A.S : *hus*, « maison », *brice*, « fracture, violation »
[5] A.S : *hus*, « maison », *carl*, « le mâle »
[6] A.S : *hus*, « maison », *œw*, « femme »

(< *hus-gafol*)[1], cens, redevance de loyer (Angleterre).

Husgenus. - *idem* huscarla.

Husgenveten. - (pl), changeurs.

Husia. - *idem* hulcia.

Huslada. - tout paiement annuel comme le cens.

Huso. - peau, tenture.

Hussetum, husetum, huscetum, hosoetum, hucetum. - endroit où pousse le houx, bois de houx.

Hussia. - *idem* hulcia2.

Hussitæ. - Hussites, partisans de Jean Huss.

Hussus, huscus, husya, housus, huserus. - houx, bois de houx.

Hustangum. - *idem* hustingum.

Hustelmentum. - *idem* ustilementum, outil, élément d'équipement, équipement, ameublement.

Hustengium. - *idem* hustingum.

Hustengum. - *idem* hustingum,

Hustengus. - *idem* hustingum.

Hustilimentum. - *idem* ustilementum.

Hustilmentum. - *idem* ustilementum.

Hustingia. - *idem* hustingum.

Hustingum, hustingia, hustengum, hustengus, hustengium, hustangum. - tribunal de grande instance de Londres : *husting*.

Hustinum. - (*h. pondus*), poids étalon déposé au greffe de la cour de Londres appelé *husting*.

Husum. - maison (Angleterre).

Huswiva. - *idem* husewiva, femme au foyer (Angleterre).

Husya. - *idem* hussus, houx.

Huszarones, huzarones. - troupe légère hongroise.

Hutasium. - *idem* huesium, cri poussé par plusieurs personnes, huée.

Hutehesium. - *idem* huesium.

Huterella. - détritus, limons, alluvions (Angleterre).

Hutesium. - *idem* huesium.

Hutha. - *idem* heda, embarcadère (Angleterre).

Hutibannum, utibannum. - sorte de corvée féodale.

Hutica. hucia, hugia. - huche, caisse.

Hutinare. - quereller, disputer.

Hutinus, huctinus. - dispute, querelle, discussion.

Hutinus. - querelleur.

Hutsen. - cornet à jouer aux dés.

Hutta. - cabane pour fondre le plomb (Angleterre).

Huttemannus. - celui qui est chargé de faire fondre le plomb (Angleterre).

Hutya. - *idem* hulcia.

Huus-ghelt. - taxe sur la maison.

Huva. -
1. *Idem* hoba, unité d'exploitation, manse, mesure agraire.
2. Ornement des cheveux des femmes.

Huvata. - casque léger, coiffe de cuir que porte l'homme de guerre : huvette.

Huyba. - ruban pour attacher les cheveux.

Huydardus. - trop plein du canal de moulin.

Huyho. - homme dont la femme commet l'adultère.

Huzarones. - *idem* huszarones.

Hwarvum. - (< *hwearf*)[2], *idem* wharfus quai, dock, jetée.

Hwearfum. - *idem* wharfus.

Hwervum. - *idem* wharfus.

Hyænium. - pierre fabuleuse se trouvant dans l'œil de la hyène.

Hyalinus. - (< ὑάλεος)[3].
1. Vitreux.

---

[1] A.S : *hus*, « maison », *gafol*, « location, taxe »

[2] A.S : *hwearf*, « rivage, jetée ».

[3] ὑάλεος : « relatif au verre ».

2. (*hyalinum velum*), fenêtre vitrée.

Hyalurgus. - vitrier (Angleterre).

Hybernagium, hibernagium, hyvernagium. - seigle.

Hybernatica festivitas. - la Saint-Martin.

Hybernum. - hiver.

Hydriola. - petit récipient à eau bénite.

Hybrida, ibrida. - bâtard.

Hyconia. - image.

Hyconomus. - économe.

Hyda. - *idem* hida.

Hydraula, hydraulicus, hydraulium. - orgue hydraulique.

Hydraulicus. - *idem* hydraula.

Hydraulium. - *idem* hydraula.

Hydria, ydria. - mesure pour les grains et les liquides.

Hydriola. - bénitier.

Hydromancius. - devin qui prédit l'avenir au moyen de l'eau.

Hydromelipolium. - lieu où l'on vend de l'hydromel.

Hydromellum. - hydromel

Hydroparastatæ. - hérétiques manichéen.

Hydrophilax. - surveillant des aqueducs.

Hydropicare. -
1. (fig) enfler, gonfler.
2. Rendre hydropique.

Hyema. - froid hivernal.

Hyemalis. - (*hiemales fruges*), (*hiemalis annona*), (*semen hiemale*), semaille d'hiver, céréales d'hiver.

Hyemantes. - pénitents publics, qui, à cause de certains délits étaient forcés de quitter le porche de l'église où les autres se tenaient pour prier, et devaient rester sous le soleil, exposés à toutes les injures, vêtus de cilice.

Hygia, ygia. - électuaire, préparation de médicaments (Angleterre).

Hyle. - matière.

Hylicus. - relatif à la matière.

Hylopandurum. - (< ἴλλω[1]), lien très solide.

Hyltra. - *idem* hiltra, sorte de piège à poisson, (ou élément de moulin hydraulique), (Angleterre).

Hymenæus. - épithalame, cantique des Cantiques.

Hymera. - (< ἡμέρα)[2], jour.

Hymnare, hymnarium, hymnarius. - recueil d'hymnes.

Hymnarium. - *idem* hymnare.

Hymnarius. - *idem* hymnare.

Hymnicanorus. - retentissant d'hymnes.

Hymnichare. - *idem* hymnificare.

Hymnicum. - hymne.

Hymnidicare. - *idem* hymnificare.

Hymnidicus. - harmonieux.

Hymnificare, hymnidicare, hymnichare, hymnire, hymnizare, ymnificare. - chanter des hymnes.

Hymniger, hymnisonus, hymnologus, hymnodicus, ymniger. - qui chante des hymnes.

Hymnire. - *idem* hymnificare.

Hymnisonus. - *idem* hymniger.

Hymnista. - celui qui chante des hymnes.

Hymnizare. - *idem* hymnificare.

Hymnodia, hymnodium. -
1. Chant des hymnes.
2. Collection d'hymnes.

Hymnodicus. - *idem* hymniger.

Hymnodium. - *idem* hymnodia.

Hymnologia. -
1. Composition d'hymnes.
2. Chant des hymnes.
3. Hymnologie, étude des hymnes.

Hymnologus. - *idem* hymniger.

Hymnus. - hymne, chant religieux.

---

[1] ἴλλω : « être entouré de liens »

[2] ἡμέρα : « jour »

Hyndenus, hindonus, hamdonus, hindenus. - (< *hynden*)[1], association de cent hommes (Angleterre).

Hyne. - (< *hina*)[2]. serf attaché à la glèbe (Angleterre)

Hyopa. - (< *ὒς-ὄψ*)[3], homme à face de cochon, rude, hérissé de poils

Hypæthros. - (subs), fenêtre grillagée au-dessus de l'entrée principale.

Hypapante, ypapante, yppapante, ypopante, hypapanti. - la Chandeleur.

Hypapanti. - *idem* hypapante.

Hypatia. -
1. Objets jetés en cadeau au peuple par les empereurs et les consuls.
2. Dignité d'*hypatus*.

Hypatus, ypatus. - titre byzantin équivalent à celui de consul.

Hyperaspistes. - (< *ὑπερασπιστής*)[4], protecteur, défenseur.

Hyperdulia. - (< *ὑπέρδουλος*)[5] très haute vénération (du Christ).

Hyperbatice. - par hyperbate.

Hyperbatonicus. - d'hyperbate.

Hyperberetaeus. - (*h. mensis*), le dernier mois des Grecs d'Asie : octobre.

Hyperiphania. - (< *ὑπερηφανία*)[6], orgueil.

Hyperlyricus. - très lyrique.

Hyperperata. - (*h. terræ*), terre, champ d'un revenu d'un certain montant d'*hyperperum*.

Hyperperum. - *idem* hyperperus.

Hyperperus, yperperus, perperus. - monnaie d'or byzantine.

Hyperphania. - manifestation, révélation supérieure.

Hyperusia. - l'essence suprême.

Hypidemia. - *idem* epidemia, épidémie.

Hypobolon. - ce qui est donné à la femme survivante d'un mari décédé en plus de la dot, ce qui est comme un don en raison du mariage.

Hypobrichium. - abîme

Hypocamisium. - vêtement porté sous la chemise.

Hypocartosis. - crépis.

Hypocausterium. - installation de chauffage.

Hypochartosis, ypochartosis. - toit.

Hypocisma. - maladie des yeux.

Hypocrissimus. - très hypocrite.

Hypocritalis. - sans franchise, énigmatique.

Hypocritarius. - d'hypocrite.

Hypocriticus. - (adj), hypocrite.

Hypodecanus. - sous-doyen (du chœur, du chapitre).

Hypodiaconus. - sous-diacre.

Hypodidascalus. - professeur assistant.

Hypodromum. - galerie.

Hypogeus. - à l'ombre de la terre (en parlant de la lune).

Hypophania. - révélation surnaturelle d'un ordre inférieur (selon les capacités du révélateur).

Hypopheticus. - prophétique.

Hypophora. - (< *ὑποφορά*)[7], allégation.

Hypopirgium, hypopurgium - (< *πῦρ*)[8], chenet.

Hypopsalma. - refrain.

Hypopurgium. - *idem* hypopirgium.

Hyposarca. - *idem* hyposarcha.

Hyposarcha, hyposarca. -
1. Sorte d'hydropisie.
2. Scorbut.

Hypostasis. - individu doué de raison.

Hypostaticus. - concernant la personne.

---

[1] A.S : *hynden*, « société ».

[2] A.S : *hina*, « serviteur, domestique ».

[3] *ὒς* : « porc », *ὄψ* « regard, vue ».

[4] *ὑπερασπιστής* : « protecteur ».

[5] *ὑπέρδουλος* : « plus qu'esclave ».

[6] *ὑπερηφανία* : « fierté, orgueil, dédain ».

[7] *ὑποφορά* : « action de se porter ou de se retrancher derrière, d'où prétexte, allégation ».

[8] *πῦρ* : « feu ».

Hypotamus. - hippopotame.

Hypotecare. - *idem* hypothecare.

Hypothecare, hypotecare. - grever d'une hypothèque.

Hypothecarius. - apothicaire.

Hypothecatio. - hypothèque, nantissement.

Hypothesis. - hypothèse.

Hypothetice. - par hypothèse.

Hyrdillum. - *idem* hirdellum.

Hyredmannus, hurmannus. - (< *hired-man*)[1], domestique, serviteur (Angleterre).

Hyremannus. - *idem* hirmannus, serviteur, homme du maître.

Hyritius. - hérisson.

Hyrpex. - *idem* erpica, instrument agricole : herse.

Hyrsula. - *idem* hirsella, cerf de deux ans.

Hysopum. - *idem* hyssopum.

Hyssopum, hysopum, ysopum, hyssopus. - plante employée par les juifs pour la purification.

Hyssopus. - *idem* hyssopum.

Hystericus morbus, ystericus morbus. - maladie de la matrice.

Hysterologia, ysterologia. - le fait de dire après ce qu'on aurait dû dire avant.

Hystriatus. - cannelé.

Hyusira. - *idem* heusira, impôt.

Hyvernagium. - *idem* hybernagium, seigle.

---

[1] A.S : *hired-man*, « domestique »

I

Iachtivus, jachtivus. - assigné, traduit en justice.

Ialetum jaletum. - mesure agraire, la douzième partis du muid.

Iambricare. - imbriquer.

Iaspis. - jaspe.

Ibanus. - *idem* hebanus, ébène.

Iber. - mulet.

Iberus. -
1. Cheval d'Espagne.
2. Faîte de la maison (loi Salique).

Ibex. - sorte de chamois.

Ibifluus. - qui coule là.

Iblada. - espèce de poisson de mer.

Iblosus. - lieu planté d'hièbles.

Ibraia, ebraia. - ivraie.

Ibrida. - *idem* hybrida, bâtard.

Icaba. - chemin.

Icallitus. - durci, couvert de cal.

Icandidare. - purifier, nettoyer, blanchir.

Icasudia. - biens périssables, nourriture.

Icere. - dire.

Ichat. - rigole.

Ichinarius, ichriarius. - sorte de récipient.

Ichonimus. - *idem* economus.

Ichriarius. - *idem* ichinarius, sorte de récipient.

Icon. - écho.

Icona, iconia. - image, représentation.

Iconia. - *idem* icona.

Iconicus. -
1. D'image.
2. Représenté, figuré.

Iconisma. - portrait, effigie, image.

Iconoclasia. - secte ou doctrine des Iconoclastes, des briseurs d'images.

Iconoclastæ. - Iconoclastes.

Iconomachus. - qui combat les images, iconoclaste.

Iconomus, ichonimus. - *idem* economus.

Icteritia. -
1. Jaunisse.
2. (*i. nigra*), mélancolie.

Ictifer. - poissonneux.

Ictio. - action de frapper.

Ictofagus. - (< *ἰχθύς*)[1], celui qui mange des poissons.

Ictuare. - (< *ictŭs*).
1. Frapper d'un coup de sang.
2. Frapper.

Ictuatus. - coup de sang

Ictus. -
1. (*i. orbus*), coup qui ne fait pas couler le sang.
2. (*i. apparens*), coup qui ouvre une plaie.
3. (*i. defensalis*), coup porté pour se défendre.
4. (*i. machat*), coup de massue.
5. (*i. planus*) coup porté avec le plat d'épée.
6. (*i. ejicere*), porter un coup.
7. (*i. primi*), l'avant-garde (celle qui porte les premiers coups).
8. Connaissance des affaires relatives aux coups et blessures.

Idea. - image, figure.

Idealis. -
1. Idéal, des idées.
2. Idéal, exemplaire, conceptuel.

Ideatio. - réalisation d'un modèle idéal.

---

[1] *ἰχθύς* : « poisson »

Ideatum. - ce qui est produit par la puissance de l'idée, l'effet de l'idée.

Idemptitas. - égalité, identité.

Identificare. - identifier.

Identitare. - identifier, déclarer identique.

Identitas. - répétition d'une action, monotonie, uniformité.

Idiocera. - (< ἴδιος)[1], écrit privé.

Idiolana. - pourprier.

Idioma. -
1.	Nature propre.
2.	Caractère propre.
3.	Langue, langage.

Idiomela. - chant approprié à une fête.

Idiota. - *idem* idiotes.

Idiotes, idiota. - (< ἰδιωτίζω)[2].
1.	Illettré, rustre.
2.	Privé, particulier, personne privée.
3.	Non religieux.
4.	Frère convers, qui n'a reçu aucun ordre.

Idiotheus. - qui appartient en propre à Dieu.

Idiotus. - privé, particulier.

Idolagia. - idolâtrie.

Idolatra. - idole.

Idolatrare. - adorer les idoles.

Idolatreus. - idolâtre.

Idolatricus. - relatif à l'adoration des idoles.

Idoleum. - idolâtrie, paganisme.

Idolicus. - qui se rapporte aux idoles.

Idolium. - lieu où l'on adore les idoles.

Idololatrare. - idolâtrer.

Idolomachia. - combat pour des idoles.

Idolomania. - idolâtrie.

Idolum, idolon. - image, représentation ; (fig), fausse apparence, idole, erreurs, fausses opinions.

Idolum. - idole.

Idomada. - chaque semaine, hebdomadaire.

Idoneare, edoneare, eduneare, etuneare, idoniare. -
1.	Prouver, justifier en droit.
2.	Justifier quelqu'un, disculper.
3.	(*se i.*), se justifier, se disculper, se mettre hors de cause.

Idoneitas. -
1.	Moyen, capacité.
2.	Honnêteté.
3.	(*i. ad*), capacité de.
4.	Justification, pardon.

Idoneus. -
1.	Capable d'attester en justice.
2.	Innocent, disculpé.
3.	De condition libre.
4.	(*idoneum se facere*), prouver son innocence (par un serment) ; (par le jugement de Dieu).
5.	Authentique (charte).
6.	Propre, net.

Idoniare. - attester l'innocence.

Idoniare. - *idem* idoneare.

Idromellum. - hydromel.

Idrus. - (< ὕδρος)[3], serpent aquatique.

Iduatus. -
1.	Divisé, doublé.
2.	Après les ides.

Iduatus. - (reporté) au-delà des ides.

Iduma. - main, (terme hébraïque).

Iduus. - semblable.

Ierarcha, ierarchus. - *idem* hierarcha, chef, évêque (titre honorifique) ; le prêtre.

Ierarchice. - d'une manière hiérarchique.

Ierarchus. - *idem* hierarcha.

Ierbus. - lieu marécageux et herbeux.

Ies. - chemin, sortie.

---

[1] ἴδιος : « personnel »

[2] ἰδιωτίζω : « parler sa propre langue », et non le grec, d'où barbare, rustre.

[3] ὕδρος : « serpent aquatique ».

Iffigiare. - condamné à une amende ou exilé.

Iffungia. - sorte de pain.

Ifus, **yppus**, **ivyus**, **yvus**. - variété d'arbre, if.

Ignatia. - sorte de gâteau, fouace.

Ignatum. - furoncle.

Ignefactus. - enflammé.

Igneum. - *idem* ineum.

Igniarium. -
1. Allume-feu, pierre à feu.
2. Foyer.

Ignibulum. - encensoir.

Ignicans. - facile à enflammer.

Ignicomus. - qui a les cheveux couleur de feu.

Ignicremus. -
1. Où brûle le feu.
2. Brûlé par le feu.

Ignigenus. - d'une nature ignée, qui jette des feux.

Ignilis. - monnaie d'argent : schelling.

Ignipelagus. - feu grégeois.

Ignire. -
1. Allumer (une lampe).
2. (pass), brûler.
3. Briller.
4. Irriter.

Igniri. - brûler.

Ignis. -
1. Feu, foyer, maison.
2. Le jour.
3. (*i. sacer*), le feu sacré (maladie), mal des ardents.
4. (*i. Græçus*), le feu grégeois.
5. (*i. novus*), le feu nouveau (allumé dans la veillée pascale).
6. (*i. pennatius*), matières incendiaires que l'on jetait dans les places assiégées.

7. (*i. silvaticus*), le feu du ciel.
8. (*i. judicium*), l'épreuve du feu[1].
9. Droit de couper dans la forêt le bois pour le foyer.
10. Processus de blanchiment du minerai d'argent par le feu (Angleterre).

Ignita. - flèche enflammée.

Ignitabulum. - réceptacle à feu, foyer ou outil pour produire le feu.

Ignitegium. - couvre-feu (heure du), cloche du couvre-feu.

Ignitosus. - enflammé ou vomissant le feu.

Ignitus. - rougi au feu (en parlant du fer utilisé pour les jugements de Dieu).

Ignivomus. - qui lance, vomit le feu.

Ignobilitas. - ignominie, infamie.

Ignobiliter. - indignement.

Ignominare. - couvrir de honte.

Ignominiare. -
1. Nuire à quelqu'un.
2. Gêner, accabler (une ville).

Ignominiose. - avec honte.

Ignominiositas, **ignominium**. - ignominie.

Ignominium. - *idem* ignominiositas.

Ignosce. - formule d'excuse : pardonnez-moi.

Ignoscentia. - innocence.

Ignoscibiliter. - impardonnable.

Ignotescere. - ignorer.

Igulus. - compagnon.

Ihara, **yara**, **yera**, **yhara**, **jhara**. - piège à poissons de rivière (Angleterre).

Ilbernus. - cape ou manteau.

Ilex. -
1. (< *illex- ĭcis*), excitant.
2. (< *ĭlex*), feuilles de chênes pour recueillir le feu du briquet.

Ilia. - île.

---

[1] « *Manière de prouver et de justifier son innocence, qui consistait à porter du feu dans sa main, sans être brûlé, ce qui était un signe du jugement de Dieu, qui conservait l'innocent. Cette cérémonie était précédée de jeûnes. Quelquefois l'accusé passa à travers les flammes ; on employa souvent cette preuve pour établir l'authenticité des Reliques.* » (Montignot)

Iliceus. - en chêne.

Ilinere. - enduire, appliquer sur.

Illa. - (< εὐλή)[1], ver, vermine que l'on trouve dans les corps en décomposition.

Illabilis. - infaillible (en parlant de la mémoire).

Illaboratus. - qui pousse spontanément, ne nécessite pas de travail.

Illadiones. - esclaves d'une classe particulière dans la loi Lombarde.

Illæsio. - intégrité.

Illapidatio, inlapidatio. - transformation en pierre.

Illapsare. - se pencher, tomber dans.

Illapsus. - pénétration de l'influence divine.

Illaqueatio. - pris au piège.

Illaria. - gaîté, enjouement.

Illaridare. - (< *lardum*), transpercer le lard, embrocher.

Illascivus. - sérieux.

Illatere. - rester caché.

Illatio. - (< *illātĭō*).
1. Offrande, cadeau.
2. Transport, en particulier d'un cadavre, inhumation (Angleterre).
3. Inférence, conclusion (Angleterre).

Illativus. - (< *inferre*), qui apporte une conclusion.

Illator. - calomniateur.

Illatum, inlatum. - (< *inferre*).
1. Plaie, coup.
2. (pl), offrandes (à la messe).

Illaudabiliter. - indigne d'éloges.

Illecebrare. - (< *illĕcĕlebrāre*), séduire.

Illecebritas, illectamentum, illectatio. - séduction, charme.

Illectamentum. - *idem* illecebritas.

Illectatio. - *idem* illecebritas.

Illectivus. - séduisant, attrayant.

Illedisus. - putois.

Illegalis. -
1. Illégal, illégitime.
2. (subs), proscrit, hors la loi.

Illegalitas. - illégalité (de ce qui est contraire aux canons).

Illegaliter. - illégalement.

Illegiare. - proscrire, mettre hors la loi.

Illegibilis. - illisible.

Illegitimatio. - illégitimité de naissance, état d'enfant illégitime.

Illegitimitas. -
1. *Idem* illegitimatio.
2. Invalidité, illégitimité (d'un mariage).

Illegitimus. - illégal, illégitime.

Illetabile. - ce qui ne meurt pas.

Illetgiare. - signer un pacte.

Illetus. - chêne vert, ou endroit planté de cette variété.

Illeus. - sorte d'oiseau.

Illevabilis, illeviabilis. - qui ne peut pas être collecté, levé (en parlant d'une somme à devoir).

Illeviabilis. - *idem* illevabilis.

Illevitas, inlevitas. - poids, gravité, pondération.

Illex. - qui est sans loi, sans retenue.

Illibabilis. - incorruptible.

Illibare. - orner de, doter de.

Illibate. - sans diminution.

Illibatio. - la condition d'être intact, dans son intégrité.

Illibenter. - contre son gré.

Illiber. - non libre.

Illiberalis. - (< *illībĕrālis*).
1. Non libre.
2. Avare.

Illiberaliter. - sans liberté, sans libre arbitre.

Illibere. - par force.

Illiberis. - qui manque d'enfants

Illibertare. - ôter la liberté.

---

[1] εὐλή : « ver dans les chairs corrompues ».

Illibertas. - servitude, absence de liberté.

Illibratus. - (< *lībra*), non équilibré.

Illicentiatus. - non autorisé à partir, qui n'a pas obtenu la permission, sans congé régulier.

Illicibilis. - qui séduit, qui attire.

Illicitator. - celui qui fait des choses défendues.

Illicitudo. - illégitimité.

Illicus. - subit, soudain.

Illimare. -
1. Limer.
2. Aiguiser.
3. Polir.

Illiminare. - colorier, enluminer.

Illimitatio. - sans borne, sans limite.

Illinguis, inlinguis. - sans voix, muet.

Illinitio. - pommade médicale.

Illion. - petite île.

Illiteratura. - sans connaissance, en particulier qui ne connaît pas le latin.

Illiteratus. - frère convers.

Illitigiosus. - non litigieux.

Illocalis. - qui n'est pas localisé.

Illocalitas. - qualité de cc qui n'est pas localisé dans l'espace.

Illoculare. - mettre dans la bourse de quelqu'un.

Illomius. - convenable, régulier.

Illosus. - rusé, fourbe.

Illucidius. - plus clairement.

Illucidus, inlucidus. - obscur.

Illucubratus, inlucubratus. - non élaboré, griffonné en parlant d'un document.

Illudere. - (*i. aliquem*), tromper.

Illudia, inludia. - visions des songes, des rêves.

Illuminabilis. - qui peut être éclairé, capable d'éclairer.

Illuminare. -
1. (subs), luminaire.
2. Baptiser ; (*domus venerandæ illuminationis*), baptistaire
3. Colorier, enluminer.
4. Allumer.
5. (*i. famam*), rétablir sa réputation.

Illuminati. - les Illuminés (secte).

Illuminatio, inluminatio. -
1. Illumination, baptême
2. Enluminure, coloriage.

Illuminativus. -
1. Capable d'éclairer, qui éclaire.
2. Capable d'illuminer, de faire connaître.

Illuminator. - enlumineur

Illuminatus. -
1. Colorié, enluminé.
2. Celui qui fait partie de la secte des Illuminés.

Illuninabilitas. - capacité d'éclairer.

Illuninare. -
1. Allumer (cierges, lampes...).
2. Enluminer (un manuscrit), colorier.

Illusio. -
1. Apparition, hallucination.
2. Tromperie.
3. Tour de magie.
4. Emission nocturne.

Illustramen. - (fig), lumière.

Illustrare. - orner, décorer.

Illustrari. - être honoré de la dignité d'illustre.

Illustras. - dignité d'illustre.

Illustratio. -
1. Action de briller ou d'éclairer.
2. Imagerie, représentation vivante.

Illustris. - qui occupe le rang élevé d'illustre.

Illutibardus. - (< *illōtus*), qui a la barbe en désordre et sale.

Illuvio. -
1. Inondation.
2. Dysenterie.
3. État non lavé, impureté.

Ilnechia. - sorte de navire.

Ilua. - saucisse.

Ima. - bord, bordure, rivage.

Imaginabilis. - facile à concevoir.

Imaginabiliter, imaginaliter. - sous l'aspect d'une image.

Imaginalis. - qui forme image, manifesté.

Imaginalitas. - faculté d'imaginer.

Imaginaliter. - *idem* imaginabiliter.

Imaginare. -
1. Représenter, avoir la forme.
2. Sceller un document, lui donner un caractère légal, authentique par l'effigie représentée sur le sceau.
3. Simuler.

Imaginaria. - représentation, image.

Imaginarius. -
1. (subs), remplaçant, substitut.
2. Imagier, peintre, sculpteur.
3. Sorcier qui exerce la divination à l'aide d'images.

Imaginatio. -
1. Pensée, imagination, représentation imaginaire.
2. Sceau, apposition d'un sceau.

Imaginativus. - capable d'imaginer.

Imaginatorie, imaginatrix. - en imagination.

Imaginatrix. - *idem* imaginatorie.

Imaginatus. -
1. Imaginé.
2. Orné d'images, ciselé, sculpté.
3. (*imaginata vita*), vie qui n'a que l'apparence de la vertu.

Imagineus. - qui concerne l'image.

Imaginiferi. - ceux qui portaient les bannières sur lesquelles étaient représentés les portraits des empereurs dans la bataille.

Imaginiola. - petite image ciselée.

Imago. -
1. Bannière ornée des images des saints.
2. (*i. auri*), effigie frappée sur une monnaie d'or.

3. Sceau.

Imaptum. - hanap.

Imarmene. - (< εἱμαρμένος)[1], la destinée.

Imbalnities. - saleté, misère, inondations, privation de bain.

Imbalsamare, inbalsamare. - embaumer, parfumer.

Imbanditio. - (< *imbandire*)[2], plateau pour porter le service à table.

Imbannatus. - confisqué.

Imbannire, inbannire, inbannare, inbannizare. -
1. Convoquer.
2. Saisir, confisquer, séquestrer.
3. Frapper d'interdit une terre, la mettre en défens.
4. Frapper d'interdit (une église).
5. Excommunier.

Imbanniri. - être mis au ban, interdit.

Imbannitus. - banni.

Imbaptizatus. - non baptisé.

Imbarbare. - (fig), rendre barbu, rendre adulte.

Imbarbescere. - garnir une flèche de plumes, faire l'empennage.

Imbarcum. - embargo sur les navires.

Imbarellare. - mettre en barrique.

Imbargiare. - embarquer sur un navire.

Imbasio. -
1. Dévaluation de monnaie.
2. Falsification

Imbassiator, imbaxiator. - ambassadeur.

Imbastare. - mettre le bât.

Imbataliare, imbateglare, imbattajare. - défendre, protéger.

Imbateglare. - *idem* imbataliare.

Imbatellacio. - *idem* imbatillatio.

Imbatellare. - (*i. castrum*), fortifier.

Imbatillatio, imbatellacio, imbattellacio. - fortification avec des créneaux.

Imbattajare. - *idem* imbataliare.

Imbattellacio. - *idem* imbatillatio.

---

[1] εἱμαρμένος : « destinée ».

[2] Ital : *imbandire*, « mettre la table ».

Imbaxatura, imbaxiata. - ambassade.

Imbaxiata. - *idem* imbaxatura.

Imbaxiator. - *idem* imbassator.

Imbe. - (< *Imme*)[1], ruche, rucher (Germanie).

Imbecillitas. -
1. Faiblesse inhérente, fragilité (en particulier comme caractéristique de l'humanité).
2. Infirmité ou incapacité physique, causée par la maladie ou la vieillesse.
3. Mal, maladie.
4. Insuffisance, faiblesse de l'intellect.

Imbella. - inaptitude à la guerre, faiblesse des soldats, ignorance de la guerre.

Imbellicosus. - (subs), sans force à la guerre.

Imbeneficare. - munir d'un bénéfice.

Imbeneficiare. -
1. Concéder en bénéfice.
2. Munir d'un bénéfice.
3. Investir en propre ou par une subvention (Angleterre).

Imbeneficiatus, inbeneficiatus. - investi d'un bénéfice.

Imbesillamentum. - détournement, mutilation de documents, avec fr[2], *embeiseillement*.

Imbesillare. -
1. Détourner de l'argent ou des biens.
2. Retenir frauduleusement.

Imbesillatio. -
1. Détournement de fonds, d'argent ou de biens.
2. Rétention frauduleuse.

Imbibitio. -
1. Absorption.
2. Infusion.

Imbillare, inbillare. - convoquer (au tribunal ou au Parlement) ou porter plainte (Angleterre).

Imbindare. - (*i. oculos*), bander les yeux.

Imbituminare. - enduire de bitume, fermer avec du bitume.

Imbladamentum, inbladamentum, imbladatio, imbladatura, imbladura. - emblavement, emblavure.

Imbladare, inbladiare, imblavare. - emblaver.

Imbladatio. - *idem* imbladamentum.

Imbladatura. -
1. *Idem* imbladamentum.
2. Produit des champs de la récolte.

Imbladura. - *idem* imblacamentum.

Imblavare. - *idem* imbladare.

Imblocare, inblocare. -
1. Couvrir d'un tas de pierres.
2. Ensevelir sans honneur.

Imblocatus. - enseveli sans sépulture, mis sous des pierres (en parlant des excommuniés).

Imbocardare. - emprisonner au Bocardo[3] (Angleterre).

Imboccare, imbuccare. - ouvrir l'embouchure d'un canal ou d'une rivière, se déverser dans un cours d'eau, embouquer.

Imbogare. - enchaîner (les coupables).

Imboiare, inboiare, embodare. - (< *bōia*), mettre aux fers.

Imboiatus. - attaché par des chaînes, des fers.

Imbolare, imbulare. - (< *invclāre*), se précipiter sur.

Imbolare. - *idem* involare, voler.

Imbonitas. - mauvaise chose.

Imbosca. - *idem* imboscamentum.

Imboscamentum, imboscata, imbosca. - embûches, embuscade.

Imboscare, imbosquare. -

---

1. Tendre un piège.
2. (*se i.*), mettre en embuscade.

Imboscata. - *idem* imboscamentum.

Imboscus, inboscus. - bois, forêt.

Imbosquare. - *idem* imboscare.

Imbossatus, inbossatus, embossatus. - en relief, décoré de pierres ou de reliefs.

Imbossolare, imbussolare. - déposer un bulletin de vote dans l'urne (Italie).

Imbotare. - mettre en bouteille un liquide.

Imbotatura, imbutatura. -
1. Mise en bouteille.
2. Imposition, impôt.

Imbotatus. - impôt.

Imbozitus. - inégal.

Imbrachiare. - mettre ses bras autour, embrasser.

Imbraciamentum. - subornation des jurés.

Imbraciare. -
1. *Idem* imbrachiare.
2. Capter les marchandises avant leur arrivée sur le marché.
3. Suborner un jury, un témoin.
4. Brasser, faire de la bière.

Imbraciaria. - action de corrompre les juges.

Imbraculum. - lieu à l'ombre (comme le porche d'une église).

Imbrællare, inbrællare. - sécuriser le chargement du chariot en l'attachant avec des cordes.

Imbrare. - arroser.

Imbrea. - (< *imbĕr*), pluie.

Imbrechiare. - *idem* imbrochiare, mettre un tonneau de vin en perce.

Imbren. - (< *ymb-ren*)[1], le fait de jeûner quatre fois (pendant les quatre périodes de jeûne et de prière fixées par l'Église pour être observées respectivement dans les quatre saisons de l'année).

Imbrescere. - (< *imbĕr*), humecter, arroser.

Imbreviamentum, inbreviamentum, imbreviatio, imbreviatura. - enregistrement, protocole, bref, état sommaire.

Imbreviare, inbreviare. -
1. Abréger.
2. Mettre par écrit, enregistrer, inventorier.

Imbreviatio. - *idem* imbreviamentum.

Imbreviator. -
1. Notaire chargé de l'administration domaniale.
2. Secrétaire

Imbreviatura. - *idem* imbreviamentum.

Imbrex. - (< *imbrex*).
1. Imbrication, façon de disposer les tuiles.
2. Gouttière, auge pour abreuver les bêtes.
3. Une certaine partie d'un porc (soit l'oreille, la côte).
4. Cloison nasale.
5. Mode d'applaudir avec les mains formées en creux, inventé par Néron selon Suétone.

Imbrica. - (< *imbrex*), gouttière.

Imbricatio, imbrigatio. - embarras, tracas.

Imbrificatio. - (< *imbĕr*), arrosage, irrigation.

Imbrifugus. - (< *imbĕr*), qui chasse la pluie, sec.

Imbrigamentum. - empêchement.

Imbrigare. -
1. Engager.
2. Tenir en gage.
3. Entraver, embarrasser.
4. Intercepter.
5. Empêcher.

Imbrigatio. -
1. *Idem* imbricatio.

---

[1] A.S : *ymb-ren*, « cycle ».

2. Différent, dispute judiciaire (Angleterre).

Imbrigus. - (< *ēbrĭus*), ou par dérision, (< *imbĕr*), ivre.

Imbrium. - gouttière.

Imbrobus. - importun (ou désireux de).

Imbroccatum. - brocard.

Imbrochiare, **imbrechiare**. - mettre un tonneau de vin en perce.

Imbroidatus. - *idem* inbroudatus, brodé.

Imbromari. - (< βρῶμα)[1], celui qui a une aversion pour la nourriture.

Imbromidare. - (< ἔμβρωμα)[2], donner de la nourriture.

Imbrosus. - (< *imbĕr*), pluvieux.

Imbrus. - mulet, mouton.

Imbrutus. - déraisonnable, imprudent, sot.

Imbuccare. - *idem* imboccare, ouvrir l'embouchure d'un canal ou d'une rivière, se déverser dans un cours d'eau, embouquer.

Imbuimen. - récipient à boire (Angleterre)

Imbuitio. - action d'être imprégné, inspiration.

Imbulare. - *idem* imbolare, se précipiter sur.

Imbulare. - *idem* involare, voler.

Imbullare, **inbullare**. -
    1. Sceller avec une bulle, apposer son sceau.
    2. Mettre dans une bulle.

Imbultare. - tamiser, bluter.

Imbulus. - grand espace, lieu où il est aisé de *déambuler*.

Imbumentum. - enseignement.

Imbursare, **inbursare**. -
    1. Encaisser (de l'argent).
    2. Mettre de sa bourse, payer.

Imbursatio. -
    1. Paiement des dépenses de table.
    2. Jouissance d'une chose d'autrui.
    3. Quittance de paiement.

Imbursator, inbursator. - celui qui empoche de l'argent illégalement.

Imburum. - *idem* imbutum, entonnoir.

Imbuscatus. - placé en embuscade.

Imbussolare. - *idem* imbossolare. -

Imbussolata. - élection (Italie).

Imbustamentum. - tête de chemin, ouverture.

Imbutatura. - *idem* imbotatura.

Imbutor. - celui qui imprègne, fait connaître.

Imbutum, embutum, imburum, inbucum. - entonnoir.

Imenerius. - recueil d'hymnes.

Imera. - *idem* hemera, jour.

Imigere. - *idem* imugere, aplanir.

Imina. - mesure pour les grains, hémine.

Imitabiliter. - qu'il faut imiter.

Imitago. - sorte d'imitation.

Imitari. - réaliser dans la pratique un modèle théorique.

Imitas. - le bas de.

Imitatio. - action de se plaire à.

Imizilum, imizinum. - sorte d'étoffe de soie.

Imizinum. - *idem* imizilum.

Imlaria. - mesure de terrain.

Immachinabilis. - qu'un ne peut fabriquer.

Immaculabilis. - qui ne peut être souillé.

Immaculatio. - innocence, intégrité.

Immaculatus. - immaculé

Immadidare. - mouiller, rendre humide.

Immaginare. - peindre.

Immajorare. - augmenter.

Immalatus. - émaillé.

Immalleabilis. - qu'on ne peut marteler.

Immancatio. -
    1. Le fait de ne pas mutiler.
    2. Peine de mutilation.

Immanens. - immanent.

Immanifestus. - obscur, pas clair.

---

[1] βρῶμα : « aliment »

[2] ἔμβρωμα : « déjeuner ».

Immantare. - revêtir d'un manteau (d'une dignité).

Immantatio. - intronisation, action d'installer.

Immarcescibilis, inmarcescibilis. -
1. Qui ne peut pas se faner.
2. Éternel.

Immarcescibilitas. - incorruptibilité.

Immarsupiare. - mettre dans sa poche ou son sac.

Immassare, inmassare. - mâcher.

Immaterialitas. - immatérialité, qualité de ce qui est immatériel.

Immaterialiter. - immatériellement.

Immatiens. - que l'on ne peut atteindre, réaliser.

Immatriculare, inmatriculare. - adjoindre, immatriculer, incorporer.

Immeabilis, inmeabilis. - qu'on ne peut traverser, franchir.

Immediate, immedietate. - immédiatement, directement, sans intermédiaire.

Immediatio, inmediatio. -
1. Action immédiate.
2. Etat de ce qui est immédiat.

Immedicabiliter. - incurable.

Immedietas. - proximité.

Immedietate. - *idem* immediate.

Immedullari. - être imprégné jusqu'aux moelles.

Immedullatus. - imbu.

Immelenatus. - mule ou charge d'une mule.

Immeliorare, inmeliorare. - améliorer.

Immemor. -
1. Insouciant, ne pensant pas, oublieux, négligent, insouciant.
2. Qui n'a pas de bon sens.

Immemorabilis. -
1. Indigne de souvenir.
2. Qui existe de temps immémorial, (loi, coutume).

Immemorans, immemorialis. - oublieux, qui ne se souvient pas.

Immemoranter. - par oubli.

Immemoratus. - immémorial.

Immemorialis. - *idem* immemorans.

Immendare. - pervertir, corrompre.

Immensibilis. - immense.

Immensitas. -
1. Totalité, le tout.
2. (*i. pulchritudinis*), se dit d'une femme à la beauté extraordinaire.

Immensurabiliter, immensurate. - d'une façon qu'on ne peut mesurer.

Immensurate. -
1. *Idem* immensurabiliter.
2. Beaucoup, abondamment

Immensuratim. - immense, sans limite.

Immensuratio. - état au-delà de toute mesure, manque de mesure ou d'ordre, excès.

Immerciare. - punir d'une amende, être à la *merci* du tribunal.

Immerciatus. - celui qui est condamné à une amende pécuniaire.

Immeribilis. - incapable de changement de rédemption.

Immeribiliter. - d'une manière qui ne permet pas la rédemption.

Immeritus. - qui ne mérite pas, indigne.

Immersitare. - (*se i.*), avoir l'habitude de se plonger dans la débauche.

Immetallatus. - émaillé.

Immi. - sorte de mesure en Germanie correspondant à l'hémine.

Imministrare. -
1. Administrer.
2. Célébrer.

Imminorabilis. - qu'on ne peut diminuer.

Imminorare. - diminuer.

Imminuare. - (< *immĭnŭĕre*), diminuer, réduire.

Imminuatus. - dispensé, exempté.

Imminuere. - affranchir.

Imminutio. -
1. Exemption, immunité.
2. Diminution, affaiblissement, altération, préjudice.

Imminutivus. - susceptible de rabaisser, de diminuer.

Imminutor. - (< *mĭnŭĕre*), celui qui retire le sang, comme le chirurgien, le barbier.

Immiscere. -
1. (pass), se mêler à (une autre lignée par le mariage).
2. (pass), s'immiscer dans.

Immiserabiliter. - sans pitié.

Immisio. - investiture.

Immissio. -
1. Exaction, violence.
2. Action, œuvre.

Immissus. - intermédiaire.

Immistibilis, immixtibilîs. - qu'on ne peut mêler.

Immitriatus, inmitriatus. - élevé au pontificat.

Immittere. -
1. Mettre en possession.
2. Faire violence.

Immixtibilis. - *idem* immistibilis, qu'on ne peut mêler.

Immixtio. - mélange, mixture.

Immobilitari. - être immobilisé.

Immobilitas. -
1. Immobilité.
2. Refus de changer, intransigeance.

Immoderamen. - immodération, excès.

Immoderans. - immodéré, excessif.

Immoderantia. -
1. Manque de contrôle de soi, d'émotion.
2. Intempérance.
3. Excès.

Immodulare. - régler par des chants.

Immolare. - offrir à une église.

Immolaticius. - (*immolaticiæ hostiæ*), victimes immolées aux idoles.

Immolatio. -
1. Sacrifice d'une victime.
2. Offrande à une église.

Immolestus. - ni gênant ni vexatoire.

Immonstrabilis. - non démontrable.

Immontuosus. - qui n'est pas montagneux.

Immora. - (< *mŏra*), retard, ajournement, procrastination.

Immoralitas. - immoralité.

Immoranter, immorose. - (< *mŏra*), tout de suite.

Immorari. -
1. Tarder, rester.
2. Séjourner.

Immoratio. -
1. Patience, persévérance.
2. Délai.

Immorigeratus. - (< *mō-ĭgĕrus*), indiscipliné.

Immorose. - *idem* immoranter.

Immortalificare. - rendre immortel.

Immortalis. -
1. Qui ne donne pas la mort.
2. Immortel (en parlant de Dieu) ; (fig), immortel, qui n'en finit pas.

Immortifferus. - *idem* immortalis1.

Immortificatus. - qui n'a pas été mortifié.

Immotabilis. - qu'on ne peut mouvoir, inébranlable.

Immovile. - immobile.

Immulgere. - (< *mulgēre*) ; (fig), répandre comme le lait.

Immundæ. - (*i. carnes*), les viandes dont les juifs doivent s'abstenir.

Immundanus. - dans le monde, partout au monde.

Immunditia. -
1. Immondice.
2. Onanisme.

Immunditiatus. - impur.

Immundus, inmundus. - sale, impur.

Immunificus, inmunificus. - avare, tenace, sordide.

Immunimen. - (< *mūnīre*), ce qui fortifie un document : sceau.

Immunire. -
1. Exempter, doter une église du privilège d'immunité.

2. Confirmer par un sceau.

Immunis, inmunis, emunis. -
1. Innocent, non complice.
2. (Lieu) doué du privilège d'immunité.
3. Dépourvu de.

Immunitarius. -
1. Concernant le privilège d'immunité.
2. (subs), tributaire d'église.

Immunitas, emunitas, munitas. -
1. Exemption, privilège d'immunité.
2. Diplôme accordant le privilège d'immunité.
3. Possession libre ou affranchissement, (*e. ecclesiæ*), privilège et liberté accordés à une église[1] ; territoire jouissant de ce privilège.
4. Lieu d'asile.
5. Protection, tutelle.

Immunitatio, immunitio. - immunité.

Immuniter, emuniter. - par privilège d'immunité.

Immunitio. -
1. *Idem* immunitatio, immunité.
2. Fortification, défense.
3. Protection.
4. Absence d'attention, de vigilance.

Immurare. - mettre en prison, mettre entre quatre murs.

Immuratio. - emprisonnement.

Immurmurare. - (*i. remedium*), implorer.

Immutatio. - (< *immūtātĭō*).
1. Changement, altération.
2. Transformation.
3. (*nativitatis i.*), crimes contre nature.
4. Diminution, usurpation de.
5. (*in-mūtātĭō*), absence de changement

Immutativus. - qui cause du changement, qui a le pouvoir de transformer.

Immutativus. -
1. Apte au changement ou à provoquer le changement.
2. Faculté de conversion ou de transformation

Immutilandus. - inviolable.

Immutilatius. - plus fermement, plus entièrement.

Immutilatus. - intact, entier.

Immutuatio, inmutuatio. - (*i. debiti*), endettement par emprunt.

Imnarium. - recueil d'hymnes.

Imnella. - porcelet sevré.

Imon. - (< *immō*), au contraire.

Imortiferus. - *idem* immortalis1.

Impacatio. - non-paiement.

Impaccator. - celui qui emballe (tissu ou fil) en balles, en paquet.

Impactio, inpactio. - assaut, charge, attaque.

Impænitentia. - impénitence.

Impagatus. - impayé.

Impaginare, impapirare. - mettre par écrit.

Impalancare. - palissader.

Impalare, inpalare. - empaler.

Impalpabilitas. - imperceptible au toucher.

Impanalare, impanellare. - enregistrer les noms (des jurés) dans la liste avant leur comparution.

Impanare. - (pass), être changé en pain, (en parlant du corps du Christ dans l'eucharistie).

Impanatores. - ceux qui font partie de la secte de Beranger qui nient la transsubstantiation du pain et du vin pendant l'eucharistie.

Impanellare. - *idem* impanalare.

Impannata. - châssis de fenêtre.

---

[1] Montignot.

Impans, inpans. - serf, affranchi.

Impapirare. - *idem* impaginare, mettre.

Impar. -
1. Qui n'est pas de la même condition sociale.
2. (subs) ; (pl), (*impares nuptiæ*), mariage entre personnes de condition différente.

Imparabilis, inparabilis. - impossible à obtenir.

Imparagare. - marier sa fille avec un milieu noble et convenable.

Imparamentum. - rempart, fortification, anc fr[1], *emparement*.

Imparantia, imparentia, imperancia. -
1. Protection.
2. Action de séquestrer.

Imparare. -
1. S'emparer.
2. Fortifier.

Imparcamentum, impercamentum. - clôture d'un parc.

Imparcare. - enfermer des animaux dans un parc.

Imparcatio. -
1. Réalisation d'un parc par enclos.
2. Saisie et droit des animaux qui divaguent sur les terres d'autrui.

Impare. - planter (des graines ou des plants).

Imparentia. - *idem* imparantia, protection, tutelle.

Impariter. - jour impair.

Imparochiare. - séculariser.

Impartibilitas, impertibilitas. - qualité de ce qui est indivisible.

Imparticare. - (< *pertĭca*), pendre, accrocher, au gibet.

Imparticipate. - indivisiblement.

Imparticipatio. - indivisibilité.

Impartiri. - agrandir,

Impartitio. - amende, peine pécuniaire.

Impassibilis. - incapable de passion.

Impassionabilis. - impassible, qui ne souffre pas.

Impassionatus. - apathique.

Impassulatus. - desséché.

Impastare. -
1. Mettre en pâte.
2. Mêler, mélanger.

Impastatio. - mélange.

Impastinare. - *idem* impastare.

Impastronare. - mettre au pâturage.

Impatescere. - devenir clair, évident.

Impatiendus. - insupportable.

Impatientia. - (*i. vultus*), déformation de la bouche, grimace (en buvant du mauvais vin par ex.).

Impatrissare. - suivre le pas, l'exemple de son père.

Impauperare, inpauperare. - appauvrir.

Impausabilis. - qui ne fait pas de pause, qui ne s'arrête pas.

Impausabiliter. - incessamment.

Impaviditas. - impavidité, intrépidité.

Impeccabilitas. - liberté de responsabilité envers le péché.

Impechementum, impechiamentum. - empêchement.

Impechiamentum. - *idem* impechementum, empêchement.

Impechiare. - (< *inpĕtĕre*), citer en justice, accuser, intenter une action.

Impeciare. - diviser un texte en différentes *pièces* pour les besoins de la recopie

Impectivus. - violent.

Impectorare. - prendre à cœur.

Impectoratus, inpectoratus. - pris à cœur.

Impedatura. - empreinte de pas.

Impedia, impedium. - dessus de la chaussure, empeigne.

---

[1] Godefroy.

Impediare. - (*i. canem*), mutiler les pieds du chien (pour évier qu'il chasse dans la forêt du seigneur).

Impedibiliter. - sans pouvoir l'éviter.

Impedicare. - attacher, lier, entraver.

Impedicatus. - entravé.

Impediens. - le défendeur (en justice).

Impedimentosus. - nuisible, nocif, incommode.

Impedimentum. -
1. Empêchement (de mariage).
2. (*i. vasti*), empêchement de dévastation.

Impedimia. - épidémie.

Impediose. - comme avec une entrave, avec empêchement, embarras.

Impedire. -
1. (*se i*), s'embarrasser.
2. *Idem* impechiare.

Impeditivum. - ce qui empêche.

Impeditor. - celui qui fait obstacle, qui s'oppose.

Impeditus. - obstacle.

Impedium. - *idem* impedia.

Impegnare. - (< *pignŭs*), donner en gage.

Impejoramentum. - dommage, perte de valeur.

Impejorare. - rendre pire, détériorer.

Impejoratio. - action d'aggraver les choses, de les faire empirer.

Impellatio. - appel (en justice).

Impellere. -
1. Frapper ou battre contre.
2. Secouer.
3. Transmettre un mouvement, conduire ou pousser vers l'avant.
4. Pousser pour renverser

Impendare. - mettre à la charge de quelqu'un, imposer, donner pour tâche.

Impendium. - service dû par le vassal.

Impennare, **inpennare**. - munir de plumes une flèche, empenner.

Impensa. -

1. Sortes de farcis ou de condiments.
2. Fourniture.

Impensatus. - inopiné, inattendu.

Impensio. -
1. Donation.
2. Paiement ; charge, coût, obligation de paiement.

Impensum. - don, présent.

Impensus. - non payé.

Imperacte. - paresseusement.

Imperagratus, **inperagratus**. - non traversé, inexploré.

Imperamentum. - droit à payer par le vassal pour sa protection.

Imperancia. - *idem* imparantia.

Imperare. -
1. Régner en empereur.
2. Commander.
3. S'empare, enlever.
4. (*i. antiphonam*), entonner, donner le ton.

Imperatio. -
1. Libre disposition.
2. Ordre, commandement.

Imperatissa. - impératrice.

Imperative. - impérativement.

Imperator. - celui qui commande.

Imperatoris. - dignité d'empereur.

Imperatorissa. - impératrice.

Imperatorius. - de l'empereur.

Imperatrix. - (fig), impératrice.

Imperatura. - dignité impériale.

Imperatus. -
1. (adj), non préparé.
2. (subs), ordre, commandement.

Impercamentum. - *idem* imparcamentum, clôture d'un parc.

Imperceptibilis. - imperceptible, insaisissable.

Imperdibilis. - qui ne peut se perdre, impérissable.

Imperfectio. - état d'être incomplet ou inachevé, déficience, imperfection.

Imperfectus. -
1. Défaut.
2. Incapacité, imperfection.

Imperfidus. - très perfide.

Imperia. - (< *ἐμπειρία*)[1], expérience, connaissance de.

Imperialis. -
1. Monnaie des empereurs de Germanie.
2. Impérial, dévoué à l'empereur. (subs) ; (pl), insignes de la dignité impériale ; palais impérial.
3. Impérial (patrice nommé par l'empereur pour gouverner une province).
4. (subs), impériale, étoffe précieuse.
5. (*imperiales litteræ*), lettres de résolution prononcées par le tribunal pour cause d'invalidité.

Imperialitas, **imperiatus**. - autorité d'empereur.

Imperialiter. - comme empereur, en qualité d'empereur.

Imperiare. - commander.

Imperiatus. - *idem* imperialitas.

Imperiositas. - majesté impériale.

Imperiosus. - brillant, éclatant.

Imperium. -
1. Règne d'un roi, d'un maire du palais.
2. Principauté territoriale.
3. (pl), palais impérial.
4. Couronne impériale.
5. (*i. cœleste*), le royaume du ciel.
6. (*i. subcœleste*), l' Eglise, en référence à le hiérarchie céleste.
7. (*i. mortis*), le pouvoir de la mort.
8. (*vitæ et mortis i.*), la puissance des chrétiens par-delà la mort.
9. (*i. merum*), le droit de punir les crimes.
10. (*i. mixtum*), compétence sur les transactions de biens

Imperlatus, **impernatus**. - orné de perles.

Impermittibilis. - inadmissible.

Impermixtus. -
1. Non mélangés, séparés.
2. Non contaminé, sans souillure.

Impermotus, **inpermotus**. - inchangé.

Impermutabilis. - immuable.

Impermutabilitas. - immuabilité.

Impernatus. - *idem* imperlatus.

Imperpetuo, **inperpetuo**, **imperpetuum**. - pour toujours.

Imperpetuum. - *idem* imperpetuo.

Impers. - sans partie.

Imperscrutabilis. -
1. Qui ne peut pas être recherché ou étudié.
2. Incompréhensible (en référence à Dieu).

Impersecutus. -
1. Qui n'est pas poursuivi, attaqué ou harcelé.
2. Pour qui aucune punition n'est exigée.

Imperseverantia. - manque de persévérance.

Impersolutus. - non payé intégralement.

Impersonaliter. -
1. Non à titre personnel, sans nommer la personne.
2. Impersonnellement, sans avoir à payer de redevance pour changement de titulaire.

Impersonare. - nommer la personne (pour un bénéfice, une église), investir, installer.

Impersonatio. - intronisation, installation, investiture.

Imperspectio. - manque de perspicacité, de discrétion ou de sagesse.

Imperspicuitas. - opacité.

---

[1] *ἐμπειρία* : « expérience ».

Impersuasibilis. - indocile, impossible à persuader, intraitable.

Imperterrite. - sans crainte, d'une façon intrépide.

Impertibilitas. - *idem* impartibilitas, qualité de ce qui est indivisible.

Impertinens. -
1. Stupide, insipide.
2. Qui est en dehors du sujet.

Impertinentia. - ce qui est étranger au sujet.

Impertransibilis. - infranchissable.

Imperturbabiliter. - sans être dérangé.

Imperturbate. - sans être dérangé, immuablement.

Imperturbator. - perturbateur.

Impervertibilis. - qui ne peut être corrompu.

Impervestigabilis. - impénétrable.

Impesatus. - empesé.

Impesium. - combat.

Impeteius. - violent, impétueux.

Impetens. - (subs), demandeur en justice.

Impetere. - exiger, réclamer, revendiquer, imposer.

Impetibilis, inpetibilis. - insaisissable.

Impeticio. - *idem* impetitio.

Impetiginositas. - dartre.

Impetitio, impeticio. - attaque en justice, réclamation.

Impetitor. -
1. Attaquant, adversaire.
2. Celui qui attaque en justice.

Impetitus. - (subs), accusé.

Impetranter. - en suppliant pour obtenir.

Impetratio. -
1. Obtention d'un recours en justice.
2. Obtention de privilège.
3. Obtention d'une bulle papale ; bulle papale obtenue.

Impetratorius. - destiné à obtenir.

Impetrire. - chercher à obtenir, savoir en consultant les auspices.

Impetus. -
1. Mouvement intérieur.
2. Colère ; impulsivité, entêtement, précipitation (en particulier comme caractéristique de la jeunesse).
3. Droit de poursuivre les violences ; attaque, assaut.
4. Justice criminelle des violations de domicile (Belgique).

Impexus. - peigné.

Impeysonatus. - penché, incliné.

Imphalerare. - orner de colliers.

Impiare. - agir en impie, profaner.

Impiatio. - profanation.

Impietas. -
1. Acte injuste.
2. Manque de devoir filial, manque de respect (envers le parent).
3. Cruauté, manque de pitié.
4. Impiété, injustice, manque de respect pour Dieu ou le christianisme.

Impignerare. - *idem* impignorare.

Impigneratio. - *idem* impignoratio.

Impignorare, impignerare. - (< *pignŭs*), engager, mettre en gage.

Impignoratio, impigneratio. - mise en gage, gage, engagement.

Impignoratura. - prestation à payer à un seigneur féodal, lorsqu'un fonds était attribué à quelqu'un en gage.

Impignoratus. - mis en gage.

Impigrabilis. - (<*pĭger*), laborieux.

Impiloramentum. - peine du pilori.

Impinctio. - sollicitation, encouragement.

Impingere. -
1. Frapper, heurter, pousser, anc fr[1], *empaigner*.
2. Entrer par la force.

---

[1] Godefroy.

3. Trébucher.

4. S'échouer, faire naufrage.

5. Empiéter sur.

6. Buter sur, être adjacent à.

7. Faire une image, peindre.

Impinguare. - (< *pinguis*), nourrir (spirituellement).

Impinguatio. -

1. Le fait d'engraisser.

2. Le fait de fertiliser le sol.

3. Onction.

Impinoracio. - (< *pignŭs*), mise en gage.

Impiperare. - poivrer.

Impizare. - envelopper.

Impla. - *idem* guimpa, voile de femme utilisé par les religieuses, guimpe.

Implacabililer. - sans apaisement possible.

Implacabilis. - qu'on ne peut apaiser.

Implacitare, **implicitare**. - plaider, citer en justice, assigner.

Implacitare. - intenter un procès.

Implacitatio, **inplacitatio**. - procès.

Implacitatus. - non jugé.

Implagare. -

1. (< *plāgāre*), fouetter, battre.

2. (< *plāga*), prendre dans des filets.

Implagium. - remplissage.

Implanare. - tromper, induire en erreur.

Implanatio. - tromperie ; (fig), action de niveler, d'aplanir avec un cylindre.

Implanator. - trompeur, imposteur.

Implantare. - mettre en possession, installer, implanter.

Implastes. - (< ἁπλοῖς)[1], simple.

Implastrare. - introduire dans.

Implastrum. - emplacement, emplacement libre, vide, anc fr[2], *emplastre*, « place à bâtir ».

Implaudere. -

1. *Idem* implodere, imposer avec des applaudissements.

2. Infliger.

Implectere. - payer l'amende.

Implectio. - accumulation, tas.

Implegiare. - mettre en sûreté.

Implegiatus, **inplegiatus**. - forcé de servir de caution.

Impleitæ. - achats chez les commerçants, emplettes.

Implementum. -

1. Accomplissement, remplissage.

2. Récolte, stock.

3. Terre nouvellement mise en culture.

Implengagium. - (< *implēre*), remplissage en parlant d'un tonneau.

Implere. -

1. Employer.

2. Acquitter, régler (un impôt).

3. Habiter.

Impletio. - action de devenir pleine (lune).

Impletivus. - qui accomplit.

Impletor. - foulon.

Implex. - voile.

Implicamentum. -

1. Empêchement, embarras.

2. Activité, implication.

Implicare. -

1. (*se i.*), se compromettre, s'engager dans.

2. (pass), se donner à.

3. Employer, dépenser, appliquer.

4. Impliquer, compromettre.

5. (< *implēre*), remplir.

Implicari. - (*i. in servitio*), perdre la liberté, être réduit à l'état de serf.

Implicatio. - action d'impliquer.

Implicatrix. - coiffeuse.

Implicatura. - dépense, emplette

Implicitare. - *idem* implacitare, plaider, citer en justice, assigner.

Implicitatio. - engagement.

Impliciter. - implicitement.

---

[1] ἁπλοῖς : « simple ».

[2] Godefroy.

Implicitus. - implicite.

Implodere, implaudere. -

1. Imposer avec des applaudissements.
2. Infliger.

Implorator. - suppliant,

Imploratus. - imploration.

Implumatus. - déplumé.

Implumbare. - sceller avec du *plomb*.

Implurificabilis. - qui ne peut pas être multiplié.

Implutus. - (< *plŭĕre*), mouillé, trempé.

Impluviatus. - couleur sombre, brune.

Impluvium. - pluie.

Impocionabilis. - empoisonné.

Impocionatio. - boisson empoisonnée.

Impœnitens. - qui ne se repend pas, impénitent.

Impœnitentia. - endurcissement dans l'erreur, le péché.

Impoisunare. - empoisonner.

Impollere. - (< *pollēre*), être puissant, important.

Impomifer. - (arbre) qui ne porte pas de fruits.

Impondare. - (< *pund*)[1], capturer le bétail qui divague sur le bien d'autrui et le mettre dans un enclos.

Imponderabilis. - que l'on ne peut peser.

Imponere. -

1. Mettre sur le dos de, imputer à.
2. Construire, implanter des maisons sur un site déterminé.
3. (*finem i.*), finir, mettre un terme.
4. (*summam manum i.*), conclure.
5. (*i. navi*), embarquer.
6. Monter à cheval.
7. Mettre un vêtement.
8. Enchaîner.
9. (*ignem i.*), mettre le feu.
10. (*silentium i.*), imposer le silence.
11. Imposer une peine par jugement.
12. Imposer comme quelque chose à supporter, à imposer, à forcer.
13. (*cineres capiti i.*), imposer les cendres.
14. (*manus violentas i.*), porter la main avec violence sur quelqu'un.
15. (*i. psalmum*), entonner.

Imporcare. - (< *porca*), tracer des sillons, labourer.

Importabilis. - que l'on ne peut supporter (comme une douleur).

Importabilitas. - état de ce qui ne peut être supporté.

Importabiliter. - d'une manière insupportable.

Importancia. - *idem* importantia.

Importans. - important.

Importantia, importancia. - importance.

Importare. - emporter, enlever ; (fig.) inspirer.

Importibilis. - insupportable, intolérable.

Importitor. - fabricant de portes.

Importunare. - importuner, troubler, inquiéter.

Importunari. - insister, importuner.

Importunitas. - impudence, insultes.

Importunium. -

1. Oppression.
2. Rigueur, cruauté.

Impos. - impuissant, incapable.

Imposita, imposta. -

1. Ordre.
2. Impôt, imposition.

Impositio. -

1. Disposition, arrangement.
2. Impôt, redevance.
3. Fixation de statut, imposition de condition.
4. Grief, imputation.
5. Embarquement, mise à bord de navire.

---

[1] A.S : *pund*, « enclos ».

6. (*i. manus*), imposition des mains.

7. (*i. clameum*), proclamer une revendication.

Impositionarius. - receveur d'impôts.

Impositus, inpositus. - non établi fermement, chancelant.

Impossessionatus. - qui n'a pas de possession.

Impossibilis. -
1. Impuissant.
2. (*ex impossibili*), non intentionnellement.

Impossibilitare. - rendre impossible.

Impossibilitas. - impuissance, incapacité, faiblesse d'esprit.

Impossibiliter. - par force.

Imposta. - *idem* imposita.

Imposterum. - par la suite, à l'avenir.

Impostmodum, inpostmodum. - dès lors.

Impostrix. - trompeuse.

Impostulabilis. - celui qui ne peut prétendre à un bénéfice, une prébende.

Impostum, imposturatio. - imposture.

Imposturare. - falsifier, altérer.

Imposturatio. - *idem* impostum.

Imposturator. - falsificateur.

Imposturatus. - né d'une imposture, simulé.

Impostus. -
1. Impôt.
2. Imposture.

Imposuista. - impôt.

Impotens. -
1. Sans ressources, impuissant, incapable de se défendre, incapable de féconder ; impotent.
2. (subs) ; (pl), les pauvres, les gens sans défense.

Impotenter. - tyrannique.

Impotentes. - faibles, incapables.

Impotentia. -
1. Mutilation, impuissance, incapacité.
2. *Idem* impotens 1.

Impotionare. - empoisonner.

Impotionatio. - empoisonnement.

Impotire. - déposséder.

Impræceps. - impétueux.

Imprædatio. - pillage.

Imprædeterminatus. - pas prédéterminé.

Imprægnare. - engrosser, augmenter.

Imprægnatio. -
1. Fécondation, action de concevoir.
2. Grossesse.

Imprægnator. - celui qui rend une femme enceinte.

Imprægnatus. - fécondé.

Impræjudiciabilis. - non préjudiciable.

Impræjudiciabiliter. - sans préjudice.

Impræmeditate, inpræmeditate. - sans préméditation, à l'improviste, avec insouciance.

Impræmeditatus. -
1. Non prémédité.
2. Sans y avoir pensé à l'avance.

Impræmunite, inpræmunite. - sans préparation.

Impræmunitus, inpræmunitus. - non préparé.

Impræputiatus. - non circoncis.

Impraescriptibilis. - imprescriptible.

Impræsens. - (adv), jusqu'à ce jour.

Impraesenti. - actuellement.

Impræstimonium. - domaine concédé en usufruit.

Impræstitum. - emprunt.

Impræsumptibilis. - qu'on ne peut supposer.

Impræsumptuose. - sans prétention.

Imprætermisse, imprætermisso. - sans délai, sans retard.

Imprætermisso. - *idem* imprætermisse.

Imprætermissus. - ininterrompu.

Imprævaricabilis, imprævaricandus, imprevaricabilis. - impérissable.

Imprævaricabiliter. - sans qu'on puisse s'y opposer.

Imprævaricandus. - *idem* imprævaricabilis, impérissable.

Imprævertibiliter. - *idem* imprevertibiliter, irrésistiblement.

Imprecamen. - malédiction.

Imprecari. -
1. (pass), être maudit, honni.
2. Être demandé instamment.

Imprecatio. - bénédiction d'un prince nouveau-né.

Imprecatorius. -
1. Relatif à la prière.
2. Digne d'être maudit.

Imprecatus. - malédiction.

Imprempta, impressura. - empreinte.

Imprensibilis, inprensibilis. - incompréhensible.

Impresa. - *idem* imprisa.

Impresia. - *idem* imprisa.

Impressabilis, impressibilis. - constant, qui ne change pas.

Impressabilis. - *idem* impressibilis.

Impressare, -
1. Marquer en appliquant une pression, tamponner.
2. Sceller par un sceau.

Impressibilis, impressabilis. -
1. Qui ne peut être arrêté.
2. Qui ne peut être renversé, inamovible.
3. *Idem* impressabilis, constant, qui ne change pas.

Impressio. -
1. Entreprise.
2. Sceau.
3. Frappe, effigie de monnaie.
4. Impression, ce qui s'imprime dans l'âme (au moyen d'une idée).

Impressor. -
1. Celui qui frappe des monnaies.
2. Imprimerie.

Impressorius. - (*impressoria ars*), imprimerie.

Impressura. - *idem* imprempta, empreinte.

Imprestare. - prêter.

Imprestitum. - emprunt.

Impreteribilis, inpreteribilis. - infranchissable.

Impretermisse. - sans interruption.

Impretiabilis. -
1. Qui n'a pas de prix.
2. Dont on ne peut évaluer le prix en argent.

Impretiabiliter. - sans prix.

Impretiatus. - mal apprécié, dédaigné.

Imprevaricabilis. - *idem* imprævaricabilis, impérissable.

Imprevertibilis. - inévitable.

Imprevertibiliter, imprævertibiliter. - irrésistiblement.

Impreysia. - *idem* imprisa.

Imprezia. - *idem* imprisa.

Imprime. - premièrement.

Imprimere. -
1. Sceller.
2. Opprimer, imposer à tort.

Imprimitus, imprimum. - (< *imprīmis*), avant tout, principalement.

Imprimum. - *idem* imprimitus.

Imprisa, inprisa, emprisa, impresa, impresia, impreysia, imprisia, imprezia, **intrapraysia**. - (< *prĕhendĕre*), expédition militaire.

Impriseius. - *idem* imprisius.

Imprisia. -
1. *Idem* imprisa.
2. *Idem* impressio2, sceau.

Imprisio. - méprise, erreur de jugement.

Imprisius, impriseius. -
1. Sectateur, allié.
2. Assigné, fixé, arrêté.

Imprisonamentare, imprisonare. - emprisonner.

Imprisonamentum. - emprisonnement.

Imprisonare. - *idem* imprisonamentare.

Imprisonatio. - incarcération.

Imprisus. - (< *prĕhendĕre*).
1.   Sectateur, adhérent.
2.   Assigné, fixé, arrêté, (à un certain endroit).

Imprivabilis. -
1.   Inséparable.
2.   Dont on ne peut se priver.

Improbabilis. - (personne) sans valeur.

Improbabilitas. - improbabilité, qualité de ce qu'on ne peut approuver, prouver.

Improbabiliter. - d'une manière improbable, irraisonnable.

Improbare. - (*i. aliquem*), critiquer, blâmer.

Improbatio. -
1.   Désapprobation.
2.   Preuve.

Improbatum. - chose interdite, désapprouvée.

Improbitas. -
1.   Vice d'esprit, bassesse d'âme, faiblesse de courage.
2.   Importunité.
3.   Impudence.

Improbiter. - malhonnêtement.

Improbrare. - accuser.

Improbriose. - outrageusement.

Improbrosus. - infâme, honteux.

Improbus. - malhonnête.

Improceratus. - humble.

Improcessibilitas. - incapacité de procéder.

Improcuratus. - abandonné, délaissé.

Improductio. - état de non création ou de non production.

Improhibitus. - non interdit.

Improlis. - (< *prōlēs*), sans enfant.

Improloquibile. - inénarrable.

Impromiscuus. - pêle-mêle.

Impromptare. - emprunter

Improperanter. - avec outrage.

Improperare. -
1.   Insulter.
2.   Hâter.

Improperator. - celui qui insulte, outrage.

Improperium. -
1.   Insulte, injure, raillerie.
2.   Déshonneur.

Impropitiabiliter. - implacablement.

Improportio. - disproportion.

Impropriare. - détourner de son sens propre.

Impropriatio. - appropriation, prise du bénéfice en tant que propriété privée.

Impropriatus. -
1.   Possédé en propre.
2.   Sécularisé.

Improprietarius. - qui n'est pas propriétaire.

Improprius. - qui ne convient pas.

Impropugnatus. - qui n'est pas défendu.

Improtectus. - qui n'a pas de protecteur.

Improtractim. - immédiatement, sans retard.

Improvidentia. - négligence, imprévoyance.

Improvisio. -
1.   Imprévoyance.
2.   Fourniture, provision.

Impruntamentum. - *idem* impruntatum.

Impruntare. - emprunter.

Impruntatum, impruntamentum. - emprunt.

Impubere. - ne pas être pubère.

Impubertas. - jeunesse.

Impubis. - impubère.

Impublicare. -
1.   Publier, décréter.
2.   Confisquer.

Impudefactus, impuderatus, impudoratus. - qui n'a pas de pudeur, effronté.

Impuderatus. - *idem* impudefactus.

Impudibundus. - éhonté.

Impudicare. - violer, corrompre, séduire.

Impudor. - tâche, souillure.

Impudoratus. - *idem* impudefactus.

Impugilatoria. - inaptitude au combat.

Impugnabilis. - irréfragable, inattaquable, invincible.

Impugnantia. - attaque.

Impugnare. -
1. (< *pūgna*), vaincre.
2. (< *pugnus*), frapper, marteler.
3. (< *pugnus*), serrer, saisir.

Impugnatio, inpugnatio. -
1. Perturbation, atteinte.
2. Réfutation.
3. Polémique.

Impugnator. - adversaire.

Impugnatorius. - (*machina i.*), machine de siège.

Impugnatrix. - celle qui attaque.

Impulsa. - délai, retard.

Impulsare. -
1. Animer, pousser.
2. Incriminer, attaquer.

Impulsatio. -
1. Action de droit.
2. Action d'inquiéter, attaque.
3. Impulsion.

Impulsatus. -
1. Non attaqué.
2. Sain et sauf, indemne.

Impulsio. -
1. Choc, impulsion.
2. Attaque.
3. Réclamation.

Impulsivus. -
1. Qui pousse à agir.
2. Qui tourmente.

Impulsor. - oppresseur.

Impulsus. - réclamation.

Impulverare. - couvrir de poussière.

Impunare. - (< *pūgna*), attaquer.

Impunus. -
1. Impuni.
2. Défectueux.

Impurgabiliter. - d'une manière dont on ne peut se justifier.

Impurgatus. - (faute) non purifiée, non expiée.

Impuria. - ordure.

Impurimus. - non purifié, impur.

Impuritas. - impureté (morale)

Impurium, **emporium**, **empurium**, **emptorium**. - (< *empŏrĭum*), marché.

Impurus. - altéré (en parlant de monnaie).

Imputabilis. - imputable, attribuable.

Imputabilitas. - imputabilité, qualité de ce qui peut être imputé.

Imputare. -
1. Ne pas penser.
2. Accuser, imputer.
3. (< *ampūtāre*), couper, retrancher.

Imputativus. - accusateur, celui qui impute à.

Imputribilis. - imputrescible.

Imputribiliter. - sans se pourrir.

Imugere, **imigere**. - aplanir.

Imus. -
1. (*ad imum*), enfin, à la fin.
2. De dessous.
3. Profond.
4. Haut.

In fine. - enfin.

Inabmovire. - écarter, supprimer.

Inabsolutus. - non absous, non dégagé.

Inabstineus. - qui ne s'abstient pas de, intempérant.

Inacallitus. - couvert d'une callosité, durci.

Inacceptabilis. - inadmissible.

Inacceptus. - non reçu, existant préalablement.

Inaccessibiliter. - d'une manière inaccessible.

Inaccessus. - difficile d'accès, d'approche.

Inaccuratus. - négligent, sans souci.

Inacrescere. - aller en s'accroissant.

Inactare. - *idem* inactinare.

Inacte. - sans rien faire, sans avoir rien fait.

Inactinare, **inactitare**, **inactare**. - enregistrer, consigner dans les actes publics.

Inactitare. - *idem* inactinare.

Inactitatio. -
1. Promulgation.
2. Enregistrement.

Inactivus. - négligent, qui ne fait rien.

Inactor. - fonctionnaire médiéval chargé de capturer les animaux errants et de les parquer dans une fourrière (Angleterre).

Inactorium. - fourrière médiévale pour les animaux errants (Angleterre).

Inactuare. - adopter une loi, en faire un acte.

Inactum. - décision, ordre, décret.

Inactus. -
1. Qui n'a rien fait.
2. Non mentionné (par le narrateur).

Inadibilis. - inaccessible.

Inadipatus. - bien gras (mets).

Inadjutus. - non aidé.

Inadministratus. - non administré.

Inadmissibilis. - inacceptable,

Inadmodiatio. - location.

Inadorabilis, **inadorandus**. - qu'on ne doit adorer ou vénérer.

Inadorandus. - *idem* inadorabilis.

Inadulatus. - inaccessible à la flatterie.

Inadvertena. - inattentif.

Inadvertenter. - par inadvertance,

Inadvertentia. -
1. Inadvertance.
2. Absence de préméditation.

Inadvocatus. - qui n'est pas demandé, sollicité.

Inædificatus. - (terrain) non bâti.

Inænigmatare. - présenter par énigme.

Inæqualis. - injuste, inique.

Inæqualitas. - indisposition, maladie.

Inæquiparabilis, **inequiparabilis**, **inæquiperandus**. - incomparable, inégalable.

Inæquiperandus. - *idem* inæquiparabilis.

Inæstimabiliter. - honteusement.

Inæstimatus. - inattendu.

Inæstivare. - mener paître l'été.

Inaffabilis. - que l'on ne peut pas dire, dur à dire.

Inaffectio. - indifférence.

Inagnitus. - inconnu.

Inalbare. - (*se i.*), se mettre en blanc, revêtir le surplis, l'aube.

Inalienare. - aliéner un bien.

Inalimentatus. - qui n'est pas nourri.

Inalleviabiliter. - sans espoir de soulagement.

Inalliare. - s'allier.

Inallocutus. - à qui on n'a pas adressé la parole.

Inalpare. - mener paître dans les alpages.

Inaltarare. - relever, consacrer, dédier.

Inaltare. -
1. Élever.
2. Exalter.

Inaltatio. - action d'élever, élévation.

Inaltatus. - élevé.

Inalterabilis. - inaltérable.

Inamaricare. - irriter, aigrir.

Inambiguus. - sans ambiguïté, indubitable.

Inambuguus. - non douteux.

Inambulatorius. - (lieu) où l'on ne peut passer.

Inamellare. - émailler.

Inamissibilis. - qui ne peut être perdu.

Inamorare. - enflammer d'amour.

Inamorari. - être enflammé d'amour.

Inamorosus. - enflammé d'amour.

Inamovibilis. - bien immobilier.

Inancatio. - peine de mutilation.

Inangulare. - mettre dans un coin, coincer.

Inanimare. - encourager, réconforter.

Inanimatio. - état de l'être inanimé, sans vie ; mort.

Inanimus. - sans vie.

Inanire. -
1. Anéantir, réduire à rien.
2. (*i. aliquem*), contrarier, faire échouer quelqu'un.

Inanitas. - défaillance, évanouissement.

Inanitio. - vide, impuissance.
Inante, inantia. -
1. En avant.
2. Dorénavant, à l'avenir.
Inantea. -
1. Bientôt.
2. En outre.
3. *Idem* inante.
Inantestare. - *idem* inantistare.
Inantia. - *idem* inante.
Inantistare, inantestare. -
1. Défendre.
2. Lutter contre.
3. Garantir.
Inanulatus. - (porc) sans anneau dans le nez.
Inapparabiliter. - d'une manière inapparente.
Inapparenter. - d'une manière peu convaincante.
Inappetere. - avoir envie de, aspirer à.
Inapprehensabilis, inapprehensîbîlis. -
1. Qui ne peut être compris.
2. Faible d'intelligence.
Inapprehensîbîlis. - *idem* inapprehensabilis.
Inappretiabilis. - inestimable.
Inaptitudo. - incapacité.
Inaquare. -
1. Faire macérer dans l'eau.
2. Arroser.
Inarabilis. - qui ne peut être labouré, inculte.
Inaratus. - non labouré.
Inargellare. - (< *argilla*), endiguer (Italie).
Inargentare. -
1. Couvrir d'argent.
2. Convertir en argent, vendre.
Inargentatus. - orné d'argent, argenté.
Inarmare. -
1. Armer, équiper d'une armure.
2. Garnir l'écu de la courroie qui servait à le suspendre, anc fr[1], *enarme*, « courroie qui servait à passer le bras pour tenir le bouclier dans l'attente du combat ».
3. Munir de ferrures, renforcer, fortifier une armure.
4. Désarmer.
Inarreramentum. - tout outil qui est utilisé pour cultiver la terre.
Inarrhare. -
1. Donner des étrennes.
2. Donner des gages.
Inartificiose. - inhabilement.
Inartificiosus. - (< *in-artĭfex*), non qualifié, inhabile, sans art.
Inascensibilis. - que l'on ne peut escalader, inaccessible.
Inascibilis. - (< *nasci*), qui ne peut être crée, qui ne peut naître.
Inaspeccio. - *idem* inaspectio.
Inaspectio, inaspeccio. - invisibilité, le fait de ne pas voir.
Inaspicabilis. - invisible.
Inastutive. - pas astucieusement.
Inatrium. - parvis d'église.
Inattemptatus. - non tenté, non essayé.
Inattingibilis. - qu'on ne peut atteindre.
Inattritus. - non foulé.
Inauctorabilis. - inadmissible.
Inaudacter. - sans qu'on ose.
Inaudax. - sans audace.
Inaudescere. - devenir audacieux.
Inaudientia. -
1. Désobéissance.
2. Etrangeté, bizarrerie.
Inaudire. - ne pas écouter, refuser d'entendre.
Inaudite. - d'une façon inouïe.
Inauditor. - désobéissant, récalcitrant.
Inaugere. - augmenter, agrandir.
Inauratio. -

1. Action de dorer.
2. Action d'embellir un chant.

Inaurities. - port de boucles d'oreilles.

Inautorare. - s'associer.

Inauxiliatus. - privé de secours.

Inbalsamare. - *idem* imbalsamare, embaumer, parfumer.

Inbannare. - *idem* imbannire.

Inbannire. -
1. Convoquer officiellement.
2. Jeter l'interdit sur et excommunier.
3. *Idem* imbannire.

Inbannizare. - *idem* imbannire.

Inbannum. - étalage, banc de marchand.

Inbastardire. - dégénérer.

Inbaxiator. - ambassadeur.

In-bene. - mériter en bien.

Inbeneficiare. -
1. Donner en bénéfice.
2. Inféoder.

Inbeneficiatus. - *idem* imbeneficiatus, investi d'un bénéfice, un fief.

Inbillare. - *idem* imbillare.

Inbladamentum. - *idem* imbladamentum, emblavement, emblavure.

Inbladare. - *idem* imbladare, emblaver.

Inbladiare. - *idem* imbladare.

Inblocare. - *idem* imblocare, ensevelir sans honneur.

Inboiare. - *idem* imboiare, mettre aux fers.

Inboiatus. - entravé dans un carcan.

Inborgum. - (< *in-borth*)[1], gage, sécurité, caution.

Inbosca, inboscata. - embuscade, embûches.

Inboscata. - *idem* inbosca.

Inboscus. - *idem* imboscus, bois, forêt.

Inbossatus. - *idem* imbossatus, en relief, décoré de pierres ou de reliefs.

Inbraccatus. - celui qui porte des braies.

Inbrællare. - *idem* imbrællare, sécuriser le chargement du chariot en l'attachant avec des cordes.

Inbrasiare. - brasser, faire de la bière.

Inbreviamentum. - *idem* imbreviamentum, enregistrement, protocole, bref, état sommaire.

Inbreviare. -
1. *Idem* imbreviare, abréger.
2. Mettre par écrit, enregistrer, inventorier.

Inbreviatio. - liste, note, bref.

Inbricare. - couvrir.

Inbricatio. - empêchement, tracasserie.

Inbrigare. - (*i. se cum aliquo*), se joindre à quelqu'un pour faire la guerre.

Inbroccare. - embrocher.

Inbroudatus, inbrudatus, imbroidatus. - *idem* embrodatus, brodé.

Inbrudatus. - *idem* inbroudatus.

Inbucum. - *idem* imbutum, entonnoir.

Inbullare. - *idem* imbullare.

Inbursare. - *idem* imbursare.

Inbursator. - *idem* imbursator, celui qui empoche de l'argent illégalement

Incælare. - *idem* incelare, graver, ciseler.

Incænium. - don, cadeau.

Incalcare. - rechercher.

Incalceatus, incalciatus. - non chaussé.

Incalciare. - poursuivre.

Incalciatus. - *idem* incalceatus.

Incalculatus. - innombrable.

Incallarer. - couvrir de callosités.

Incallegare. - vendre (Italie).

Incallere. - *idem* incallescere, durcir.

Incallescere, incallere. - durcir.

Incalumniabilis. - incontestable.

Incalumniatus. - à l'abri des poursuites.

Incalzus. - (< *incalzàre*)[2], persécution lorsque le vainqueur poursuit l'ennemi en fuite (Italie).

Incamarare. - dénaturer, frelater.

---

[1] A.S : *in-borth*, « gage ».

[2] Ital : *incalzàre*, « poursuivre un fugitif ».

Incamaratio. - altération.

Incameratus. -
1. Frelaté.
2. Qui habite une chambre.

Incamisiatus. - en chemise.

Incanalis. - défilé, gorge.

Incanavare. - mettre en cave le vin.

Incancellabilis. - qui ne peut être annulé.

Incanceratus. - gangrené.

Incandere. - être embrasé.

Incandescere. -
1. Rougir par le feu.
2. Être embrasé par la passion.

Incannipare. - mettre au cellier, encaver.

Incanonizare. -
1. Approuver.
2. Instituer canoniquement un évêché.
3. Canoniser (un saint).

Incantabilis. - qui ne peut être chanté.

Incantamen, incantamentum. - charme, sortilège.

Incantamentum. - *idem* incantamen.

Incantare. -
1. *Idem* inquantare.
2. User de charmes magiques, enchanter.
3. Chanter.
4. Prier, enjoindre.

Incantatio. - sort, sortilège.

Incantator. -
1. Qui vend à l'encan, crieur public.
2. Enchérisseur.
3. Sorcier, enchanteur.

Incantatura. -
1. *Idem* incantatio.
2. Charge de commissaire-priseur.
3. Profit du commissaire-priseur.

Incantatus. - non chanté.

Incantor. - crieur public.

Incantum, incantus. - encan, enchères,

Incantus. - *idem* incantum ; inquantus, encan, vente aux enchères.

Incapabilis, incaptibilis. - incompréhensible.

Incapacitas. -
1. Manque de capacité ou de qualification.
2. Manque de compréhension.

Incapare, incappare. - revêtir d'une cape.

Incapatus. - revêtu d'une cape.

Incapillatus. - entremêlé dans un autre ornement.

Incapitalis. - sans tête.

Incapitulatus. - celui qui est fait membre du chapitre.

Incappare. - *idem* incapare,

Incapsare, incassare. - (< *capsa*), mettre dans une boîte, enchâsser.

Incaptibilis. - *idem* incapabilis.

Incaptivare. - faire prisonnier.

Incaptus. - non pris, non saisi.

Incaputiatus. - encapuchonné.

Incarare. -
1. Regarder, examiner.
2. Confronter.

Incarbonare. - noircir de charbon.

Incarcatus. - (*incarcatum debitum*), dette dont on est chargé.

Incarceramentum, incarceratio. -
1. Incarcération.
2. Somme que chaque prisonnier doit payer au geôlier pour sa nourriture.

Incarceratio. -
1. *Idem* incarceramentum.
2. Droit d'avoir une prison.

Incarceratus. - reclus.

Incardinare. -
1. Incorporer à un diocèse un clerc tonsuré.
2. Nommer cardinal.

Incardinatio. -
1. Action de faire des cardinaux.
2. Action d'attacher un clerc à une église ou à un diocèse.

Incardinatus. -

1. Non affecté à une église.

2. Rattaché à une église

Incardium. - cœur de palmier.

Incariamentum, incarimentum, incarioramentum, incariatus. - enchère.

Incariare. -

1. (< *cārus*), enchérir.

2. (pass), devenir plus cher.

3. (< *carrūca*), charger, transporter.

Incariator. - enchérisseur.

Incariatus. - *idem* incariamentum.

Incaricare. - charger.

Incarimentum. - *idem* incariamentum.

Incarioramentum. - *idem* incariamentum.

Incariorare. - enchérir.

Incariri. - devenir plus cher.

Incaritativus. - non charitable

Incarizatio. - enchère, offre.

Incarminatio. - incantation (dans une ordalie).

Incarminatrix. - magicienne, sorcière.

Incarnabilis. - *idem* incarnalis.

Incarnalis, incarnabilis. - non charnel.

Incarnare. -

1. Donner un corps, créer.

2. Blesser dans sa chair, transpercer (Italie).

Incarnatio. - (*i. herilis*), incarnation du Seigneur.

Incartamentum, incartatio. - acte, titre, charte.

Incartare, inchartare. - donner ou obtenir par une charte, mettre dans une charte, écrire une convention, faire un acte, traiter une affaire, mettre en possession en vertu d'une charte.

Incartatio. - *idem* incartamentum.

Incartio. - entrave.

Incartulare. - transmettre par acte écrit.

Incartulatio, inchartulatio. - charte.

Incartulatus, inchartulatus. - serf affranchi par une charte.

Incaseatus. - gras, abondant en fromage.

Incassare. -

1. (< *capsa*), enchâsser.

2. (< *quassāre*), rompre, casser.

Incassatura. - action de rompre, fracture.

Incassatus. - enchâssé.

Incassus. - vain, inutile.

Incastamentum. - châsse.

Incastare, incastrare, incaxare. - enchâsser, emboîter, encastrer, sertir.

Incastellare. -

1. Enclore dans une fortification, faire entrer dans le district.

2. (*se i.*) se retrancher.

3. Emprisonner quelqu'un.

Incastellatio, incastellatura. - fortification.

Incastellator. - celui qui munit d'un château-fort ou d'une fortification.

Incastellatura. - *idem* incastellatio.

Incastellatus. -

1. Fortifié.

2. (*incastellatæ naves*), navires armés pour la guerre.

Incastigabilis. - incorrigible.

Incastigator. - celui qui châtie.

Incastonare. - enchâsser, sertir (des pierres précieuses), anc fr[1], *enchastonner*.

Incastrare. -

1. *Idem* incastare.

2. Enfermer dans un château.

Incastratura, incavatura. - encastrement, emboîtement.

Incastus. - non chaste.

Incasualis. - incapable d'accidents, immuable, semblable à lui-même.

Incatenare, incathenare - enchaîner.

Incatenatio. -

1. Attache, action d'enchaîner.

2. Droit d'enchaîner les malfaiteurs.

Incatestatus. - enchâssé.

Incathedrare. -

---

[1] Godefroy.

1. Installer sur un siège épiscopal, promouvoir à un siège épiscopal.
2. Nommer à une chaire de professeur.

Incathedratio. - intronisation (d'un évêque).

Incathenare. - *idem* incatenare.

Incatum. - *idem* incaustum.

Incauponabilis. - (< *caupōnāri*), qui ne peut être falsifié.

Incausalis. -
1. Qu'on ne peut accuser, mettre en cause.
2. Sans influence.
3. Illégal.

Incausare. - citer en justice.

Incausatio. - procédure judiciaire inéquitable.

Incaustrum. - *idem* incaustum.

Incaustum, incaustrum, inclaustrum, incatum. - *idem* encaustum1, encre.

Incautare. - rendre prudent, avertir.

Incautatio. - garantie, caution.

Incautela. - imprudence.

Incautionare. - donner en gage.

Incavatura. - *idem* incastratura, encastrement, emboîtement.

Incaveare. -
1. Creuser.
2. Mettre en cage, en prison.

Incaveatus. - creusé dans.

Incavigiatus. - lié, attaché.

Incaxare. - *idem* incastare.

Incebrus. - trompeur.

Incedere. -
1. Encourir une peine.
2. (*i. viam patrum*), mourir.

Incelabilis. - clair, évident.

Incelare, incælare. - (< *in-cœlāre*), graver, ciseler.

Incelatus. - non caché.

Incellare. -
1. (< *cella*), recevoir dans un monastère.

2. (< *sella*), seller un cheval.

Incementatus. - non cimenté.

Incendarium. - incendie.

Incendarius, incendator, incendiatarius. - incendiaire.

Incendator. - *idem* incendarius.

Incendiare. - incendier.

Incendiatarius. - *idem* incendarius.

Incendiatio. - action de mettre le feu

Incendium. -
1. Incendie criminel.
2. Fièvre.
3. Feu des passions.
4. Feu de l'enfer.
5. Bûcher d'hérétique.

Incendorium. - ce avec quoi on met le feu.

Incenium. - *idem* incennium.

Incennium, incenium. - don, présent.

Incensare. - encenser.

Incensarium. - *idem* incensorium.

Incensarius. -
1. Censitaire, tributaire.
2. Encensoir

Incensatio. - encensement.

Incensator. - instigateur.

Incensatum. - sorte de cervelas, de saucisson.

Incensere. - donner, louer à cens.

Incensifer. -
1. Porteur de l'encensoir.
2. Thuriféraire.

Incensio. -
1. Dartre, ulcère.
2. (*i. lunæ*), nouvelle lune.

Incensitus. -
1. Soumis au cens, tributaire.
2. Censitaire qui doit une redevance en encens

Incensor. - incendiaire.

Incensorium, incensarium, incensorius. - navette à encens, encensoir.

Incensorius. - *idem* incensorium.

Incensum. -
1. Impôt, redevance, cens.

2. (*ad i. venire*), être sujet au cens.

3. Brûlement d'encens, encens.

Incensus. -

1. *Idem* incensum1, impôt.

2. (adj), enflammé de colère.

Incentivum. - coup de trompette.

Incentivus. - (subs), désir effréné.

Incentivus. - désir effréné.

Incentor. -

1. (< *præcentŏr*), celui qui dirige le chant.

2. Inventeur, auteur.

Incepiendium. - chenet.

Inceppare. - *idem* incippare, mettre aux fers.

Inceptare. - inaugurer.

Inceptio. - admission à une chaire universitaire.

Inceptum. -

1. Commencement d'une action.

2. Minute d'acte notarié.

Inceptus. - institution.

Incerare. - (< *cērāre*), enduire de cire.

Inceratio. - action de mélanger, de faire un produit cireux.

Incerebrare. - frapper quelqu'un à la tête.

Incertitudinaliter. - d'une manière peu certaine.

Incertitudo. -

1. Incertitude.

2. Inconsistance.

Incesa. - abattis d'arbres.

Incessabilis. - éternel, qui n'a ni commencement ni fin.

Incessabiliter, incessanter. - continuellement.

Incessanter. - *idem* incessabiliter.

Incessare. - continuer, ne pas cesser.

Incessio. - marche autour d'un terrain comme symbole d'investiture.

Incessus. -

1. Action ou le pouvoir de marcher ; manière de marcher.

2. Comportement, manière.

3. Droit d'entrée, taxe.

Incestalis. - incestueux.

Incestare. - violer, corrompre une religieuse ou sa parente.

Incestiva. - mariage incestueux.

Incestivus. -

1. Incestueux, obscène.

2. (subs), luxure.

Incestor. - libertin, débauché.

Incestualis. - d'inceste.

Incestuose. -

1. Incestueusement.

2. (*i. copulare*), se marier sans tenir compte des liens de parenté.

Incestuositas. -

1. Inceste, impudicité, luxure.

2. (pl), impudicités.

Incestuosus, incestuus. - né d'une relation illégitime.

Incestuus. - *idem* incestuosus.

Incharactatus. - inscrit, imprimé.

Incharacteratus. - gravé, imprimé.

Incharaxare. - ouvrir, percer.

Inchariri, incheriare, incherizare. - (< *cārus*), enchérir.

Inchartare. -

1. Charrier.

2. Mettre une convention par un acte, une charte.

Inchartare. - *idem* incartare.

Inchartatio. - propriété transférée au moyen d'une charte.

Inchartatus. - accusé (Espagne).

Inchartulatio. - *idem* incartulatio.

Inchartulatus. - *idem* incartulatus.

Inchassare, inchassillare. - enchâsser, sertir (de pierres précieuses).

inchassillare. - *idem* inchassare.

Incheramentum, incheria, incherimentum, inchieramentum. - enchère.

Incheria. - *idem* incheramentum.

Incheriare. - *idem* inchariri.

Incheriator. - celui qui fait des ventes à l'encan.

Incherimentum. - *idem* incheramentum.

Incherizare. - *idem* inchariri.

Inchieramentum. - *idem* incheramentum.

Inchirographare. - enregistrer comme chirographe.

Inchoantia. - aide, assistance.

Inchoare. - (< *inchŏāre*).
1. Commencer à faire ou à former (structure, œuvre littéraire).
2. Entrer (dans une période, fonction, condition).

Inchoativus. - qui commence, qui est à l'origine de.

Inchoatus. - commencé mais pas terminé.

Inchochare. - (*i. sagittam*), mettre une flèche à son arc.

Incibare. - nourrir.

Incibatus. - non nourri, sans nourriture, sans avoir mangé.

Incida, isida. - martin-pêcheur.

Incidare. -
1. Creuser.
2. Séparer.
3. Ouvrir, permettre.
4. Invalider un acte, par des coupures.
5. Vendre au détail du drap.
6. Couper les cheveux.

Incidens. - incident.

Incidentaliter, incidenter. - incidemment.

Incidenter. - *idem* incidentaliter.

Incidentia. -
1. Incidence des rayons lumineux.
2. (pl), remarques, observations.

Incidere. -
1. Faire une incision.
2. (*i. instrumentatum*), rayer, couper, annuler, invalider un écrit.

Incidium. - (< *insidĭæ*), piège, embuscade.

Incincta. - femme enceinte.

Incinefactus. - réduit en cendre.

Incinerare. -
1. Réduire en cendres.
2. Incinérer un mort.

Incineratio. -
1. Action de réduire en cendres.
2. Incinération d'un corps.
3. Imposition des cendres le premier mercredi de Carême.
4. Action de couvrir la tête de cendres.
5. (pl), ordures, balayures, poussières.

Inciositas. - (< *inscĭus*), inhabileté, ignorance.

Incipere. - (< *incĭpĕre*).
1. Commencer, entreprendre, prendre en main.
2. Entamer un procès.
3. Fonder, établir.
4. Recevoir le grade de docteur d'université.
5. Entonner.
6. (< *căpĕre*), attraper, capturer une pièce de l'adversaire dans un jeu de société.

Incipiens. -
1. Débutant.
2. Qui a obtenu le doctorat.

Incippare, inceppare. - (< *compēs*), mettre aux fers.

Incirca. - aux environs, environ.

Incircatus. - courbé en cercle, arrondi.

Incircumcisus. - débauché.

Incircumfinite. - d'une manière non circonscrite.

Incircumscripte. - d'une manière illimitée, non bornée, infinie.

Incircumscriptibilis. - qui ne peut être limité.

Incircumspectio. - manque de circonspection.

Incircumvelate. - ouvertement.

Incircumvelatus. - non entouré d'un voile, franc, ouvert.

Incircumventus. - qui n'est pas fraudé, frelaté.

Incircumvolute. - sans être soumis à des révolutions.

Incisa. - abattis ; taillis.

Incisilis. - couteau.

Incisio. -
1. Taille, impôt.
2. (*i. monetam*), frappe de monnaie.
3. Ouverture pour faire passer l'eau.
4. Droit d'abattre du bois.
5. (*vendere pannum ad incisionem*), vente du drap au détail.
6. Chapitre d'un livre.
7. Silence, coupure, division d'un office, d'un psaume.
8. Action de châtrer.

Incisor. -
1. Drapier vendant au détail.
2. Tailleur.
3. Graveur de poinçons.
4. (*i. arboris*), celui qui abat un arbre.

Incisorium. -
1. Billot.
2. Tranchoir.
3. Rasoir et tout instrument coupant.
4. Grand plat sur lequel on découpe.

Incisorius. - *idem* incisorium2, tranchoir.

Incistare. - déposer en gage.

Incistatio. - dépôt en gage.

Incisura. -
1. *Idem* incisio1, taille, impôt.
2. Droit d'abattre des arbres.
3. (*i. panni*), coupon, pièce de tissu.

Incitamen. - commencement, exorde.

Incitare. - hâter, presser.

Incitativum. - excitation.

Incitativus. -
1. Qui excite.
2. (*i. oratio*), discours enflammé contre quelqu'un.

Incitatus. - non convoqué pour répondre à des questions.

Incivilis. -
1. Impoli.

2. Irréfléchi, peu sage.
3. Qui manque d'équité.

Inciviliter. - contrairement au droit.

Inclamare. -
1. Citer en justice par voie de crieur public (en parlant de celui qui n'a pas répondu à une citation par la voie ordinaire).
2. Revendiquer.

Inclamatio. - réclamation, contestation.

Inclamitare. - appeler, invoquer, apostropher, nommer.

Inclamosus. - qui crie des reproches.

Inclangorium. - clocher.

Inclastrum. - (< *claustra*), enclos, enceinte.

Inclaudare. - (< *clāvāre*), clouer.

Inclaudere. - (< *inclūdĕre*), enfoncer, mettre dans, enfermer.

Inclausa. - barrage.

Inclaustrare. - (< *claustra*), cloîtrer.

Inclaustrum. -
1. Cloître, enclos, clôture.
2. *Idem* incaustum, encre.

Inclausura. - clôture.

Inclausus. -
1. Non enfermé.
2. Reclus (de monastère).

Inclavare. -
1. Clouer, mettre des clous pour ferrer un cheval.
2. Enclaver, insérer

Inclavatura. - enclave, terrain enclavé.

Inclavatus. - enclavé, enfermé.

Inclavelare. - clouer.

Inclementia. - malaise, maladie.

Inclinantia. - inclinaison, tendance.

Inclinare. -
1. Asservir, réduire en servitude.
2. Forcer, contraindre.
3. Saluer d'un signe de la tête.

Inclinate. - en s'inclinant davantage, plus simplement.

Inclinati. - serfs, esclaves.

Inclinatio. -
1. Action de saluer en inclinant la tête.
2. Soumission, humiliation, abaissement, assujettissement.

Inclinatissimus. - très humble, très soumis.

Inclinatorium. - appui, siège.

Inclinatorium. - siège des chantres dans le chœur.

Inclinatus. - humble.

Inclinea, inclinium. -
1. Inclination, inclinaison.
2. Hommage, respect.

Inclinium. - *idem* inclinea.

Inclinius. - courbé, incliné.

Inclinus. -
1. *Idem* inclinius.
2. Doux, bienveillant.

Inclipeare. - (< *clĭpĕus*), protéger.

Inclitare. - *idem* inclutare.

Inclitudo. - (< *inclŭtus*), renommée, célébrité.

Inclitus. -
1. Entier, intact.
2. *Idem* inclytus, illustre.

Inclotus. - enclavé.

Inclusa. -
1. Barrage.
2. Clôture enceinte.
3. Cellule, demeure de reclus.
4. Recluse.

Inclusagium, inclusarius. - *idem* inclusa3, demeure de reclus.

Inclusarium, inclusio. - vie de reclus.

Inclusarius. - *idem* inclusa3.

Inclusi[1]. - solitaires, reclus.

Inclusio. -
1. *Idem* inclusarium.

2. Confinement, emprisonnement.
3. Action de clôturer avec une haie, un mur.
4. Clôture de terres avec des défenses.

Inclusive. - inclusivement.

Inclusivus. - inclusif, qui inclut.

Inclusor. - celui qui fait des inclusions de pierres précieuses dans les bijoux, joaillier.

Inclusoria, inclusorium. - demeure de reclus, ermitage.

Inclusorium. -
1. *Idem* inclusoria.
2. (*i. opus*), travail de joaillier orné de pierreries incluses dans le bijou.

Inclusorius. - d'orfèvrerie.

Inclusura. - écluse.

Inclutare, inclitare, inclytare. -
1. Louer, célébrer.
2. Rendre célèbre.
3. Enrichir, orner.

Inclytare. - *idem* inclutare.

Inclytus, inclitus. - illustre.

Incoagulabilis. - que l'on ne peut solidifier, coaguler.

Incoarctabilis. - qu'on ne peut resserrer.

Incoarctabiliter. - d'une manière incoercible.

Incoctus. -
1. Désordonné, mal composé.
2. Qui n'est pas cuit.
3. (fig), grossier langage, langage cru.
4. (fig), qui n'est pas fini, imparfait.

Incœnis. - (< *cēna*), celui qui n'a pas dîné.

Incogere. - (< *cōgĕre*), contraindre.

Incogitabilis. - qui ne peut être compris, incompréhensible.

---

[1] *« Espèce de Solitaires qui, après avoir été éprouvés par les Abbés, étaient clos dans une demeure étroite ou hors du monastère, ou dans le monastère, et qui ne pouvaient plus sortir du reclus qu'ils avaient choisi. Reclusorium, lieu où ils sont renfermés. La chambre était de douze pieds avec trois jours (ouvertures), l'un sur l'Eglise, par où les Reclus recevaient la Sainte Eucharistie ; l'autre pour recevoir les aliments ; le troisième pour éclairer cette demeure »* (Montignot).

Incogitantia. - légèreté, manque de réflexion.

Incogitate. - sans réflexion.

Incognitus. -
5. Inexpérimenté, ignorant.
6. Ingrat, sans reconnaissance.

Incognoscibilis. - que l'on ne peut reconnaître.

Incoinquinatus. - non souillé, pur.

Incolare. - fixer, coller.

Incolatus, incollatus. -
1. (< *collàna*)[1], attaché, lié par des chaînes.
2. (*incolata vestis*), vêtement sans col.
3. (< *cŏlōnus*), lieu d'habitation.

Incolere. -
1. Observer.
2. (*se i.*), se vouer à une tache.

Incolitare. - habiter.

Incollatura. -
1. Badigeon
2. Colle (sur un document).

Incollatus. - *idem* incolatus.

Incollectus. - non récolté.

Incolomis, incolumis. - (< *incŏlŭmis*), indemne, en sécurité ; en bonne santé.

Incolorabilis. - à qui on ne peut donner une apparence de justesse.

Incolorate. - sous couleur de, d'une manière simulée, feinte.

Incolumis. - *idem* incolomis.

Incoma, incomma, encoma. - toise pour la mesure la taille des recrues militaires.

Incomare. - mesurer à la toise.

Incombrare. -
1. Barrer un passage.
2. S'opposer à.
3. Hypothéquer, engager.

Incombratio. - entrave.

Incombrium, incombrum. -
1. Obstacle, empêchement.

2. Action d'engager, gage.

Incombrum. - *idem* incombrium.

Incombustibilis. - incombustible.

Incombustus. - non brûlé

Incomestibilis. - non comestible.

Incomestus. - complet (pain).

Incominatio. - prédiction, augure.

Incomitiare. - tenir une assemblée, ou élire, (dans les assemblées publiques les magistrats étaient élus parmi les Romains) ou introniser, ou parler en assemblée.

Incomma. - *idem* incoma.

Incommelinus. - étranger anc fr[2], *incommelin*.

Incommemoratus. - non rappelé.

Incommendabilis. - indigne d'éloges.

Incommensurabilitas. - état de ce qui est incommensurable.

Incommodiosus, incomodosus. - dommageable, désavantageux.

Incommoditer. - d'une manière incommode, non sans dommage.

Incommodus. - homme malade, incommodé.

Incommunicabilitas. - état de ce qui ne peut se communiquer.

Incommunicabiliter. - d'une manière incommunicable.

Incommunicare. - associer quelqu'un la possession de, concéder en partage.

Incommunicatio. - manque de communication.

Incommunicatus. -
1. Celui qui n'a pas droit à la communion.
2. Non communié, sans avoir reçu la communion.

Incommunis. -
1. Qui ne participe pas à.
2. Qui n'est pas commun à.

Incommutabilis. - immuable.

Incommutabilitas. - immutabilité

---

[1] Ital : *collàna*, « chaîne ».

[2] Godefroy.

Incommutabiliter. - d'une manière immuable.

Incomodosus. - *idem* incommodiosus dommageable, désavantageux.

Incompactus. -
1. Qui manque de solidité.
2. Mal assemblé ; (fig), inexact, inadéquat, impropre, incohérent.

Incompaginatus. - désordonné, sans plan (livre, ouvrage).

Incomparabilis. - qui a une telle valeur qu'il ne peut être acheté.

Incomparandus. - incomparable, immense.

Incomparatus. - non produit, non préparé par.

Incompassibilis. -
1. Incompatible.
2. Non compatible avec une fonction (en parlant d'un avantage).

Incompassibilitas, incompatibilitas. - incompatibilité de plusieurs fonctions.

Incompassio. - manque de compassion, dureté.

Incompassivus. - intolérable.

Incompatibilitas. - *idem* incompassibilitas.

Incompeditus. - sans entrave.

Incompensabilis. -
1. Qui ne peut être ni compensé ni réparé.
2. Qui ne peut être remboursé.

Incompensabiliter. - irrémédiablement, sans réparation possible.

Incompescibilis. - qui ne peut être retenu, arrêté.

Incompetentia. - incompétence (d'un juge).

Incompetitio. - réclamation, demande.

Incomplebilis. - (fig), insatiable.

Incompletio. -
1. État de ce qui est incomplet.
2. Défectuosité.

Incompletus. - non accompli, imparfait.

Incomplexio. - désordre, défaut d'organisation.

Incomplexum. - jugement simple.

Incomplexus. - incomplexe, simple.

Incomplicabilis. - simple.

Incomplutus. - non mouillé par la pluie ; (fig), non arrosé (par la grâce).

Incompositio. -
1. Désordre.
2. Manque d'aspect artistique.

Incompositus. - pour lequel on n'a pas versé de wergeld.

Incompossibilis. - impossible en même temps, incompatible.

Incompossibilitas. - fait de ne pas être simultanément possible.

Incomprehensibilis. -
1. Qui ne peut être tenu.
2. Inconcevable.

Incomprehensibilitas. - fait d'être incompréhensible.

Incompulsus. - non provoqué.

Incomputabilis. - innombrable.

Inconbrare. - engager, hypothéquer.

Inconcare. - (< *concha*), introduire dans une coupe, entonner dans une conque.

Inconcedibilitas. - inadmissibilité.

Inconcessus. - non autorisé.

Inconciliabilis. - inconciliable, qui refuse de se réconcilier.

Inconcinnatus. - (livre) non relié.

Inconcludentia. - sans conclusion.

Inconcordabilis. - en discordance.

Inconcorditer. - de manière discordante.

Inconcretio. - abstraction.

Inconcutiendus. - qui ne doit pas ébranler ni remettre en cause.

Incondemnatus. - non condamné.

Incondere. - déposer.

Inconductibilis. - (maison) qui ne peut être louée.

Inconfectus. - non aplani, rude, raboteux.

Inconfesse. - sans avouer, arrogamment.

Inconfessus. -

1. Non avoué, non confessé (faute).
2. Non confessé, (mourir) sans confession.

Inconfusibiliter. - sans confusion.

Inconfutabiliter. - de manière incontestable.

Incongruentia. - défaut d'accord, de rapport.

Inconjugatus. - non marié

Inconjungibilis. - qu'on ne peut unir.

Inconquestus. - celui qui ne doit rien exiger.

Inconscissus. - non déchiré.

Inconsecratus. - non consacré.

Inconsentaneus. - illogique.

Inconsideratio. - manque de diligence ou de prévoyance.

Inconsolabiliter. - d'une manière incontestable.

Inconsolatus. - inconsolé.

Inconsonantia. - (*i. linguæ*), différence de langage.

Inconspectio. - inspection.

Inconstabilitio. - instabilité, inconstance.

Inconstare. - être avéré.

Inconsuete. - d'une manière inhabituelle.

Inconsuetudo, - acte contraire à la coutume, au droit coutumier.

Inconsultans. - irréfléchi, imprudent.

Inconsummabilis. - qui ne peut être terminé, sans fin.

Inconsumptibiliter. - sans pouvoir se consumer, sans fin.

Inconsumptus. - sans être détruit.

Incontentus. - irrité, mécontent.

Incontestabiliter. - d'une manière incontestable.

Incontinente, **incontinentim**. - sur le champ.

Incontinentim. - *idem* incontinente.

Incontingibilis. - qu'on ne peut toucher.

Incontinue. - d'une manière non continue.

Incontinuitas. -
1. Discontinuité.

2. Intempérance.

Incontra. - auprès, contre, vis-à-vis.

Incontracte - sans restriction.

Incontradicibilis. - qui ne peut être contredit.

Incontradicte, **incontradictorie**. - sans aucune contradiction.

Incontradictorie. - *idem* incontradicte.

In-contram. - à l'encontre.

Incontrum. - douaire.

Incontuebilis. - qui n'est pas visible.

Inconvalescentia. - maladie.

Inconveniens. -
1. (subs), inconvénient, pensée fausse, illogique.
2. Nuisible.

Inconvenienter. - d'une manière inconvenante.

Inconvenientia, **inconventia**. - obstacle, difficulté, inconvénient.

Inconvenire. - ne pas convenir.

Inconventia. - *idem* inconvenientia.

Inconventus. - sans avoir été convoqué.

Inconversibilis. -
1. Immuable.
2. Qui ne peut être rappelé dans sa fonction.
3. Qui ne change pas, qu'on ne peut convertir, endurci.

Inconversibiliter. - immuable.

Inconvertibilitas. - le fait de ne pas changer de vie.

Inconvertibiliter, **inconvulse**. - d'une manière immuable.

Inconvictus. - non convaincu (de faute) ; dont la culpabilité n'est pas prouvée.

Inconvincibilis. - invincible.

Inconvincibilitas. - irréfutable.

Inconvincibiliter. - clairement, évidemment, d'une manière convaincante.

Inconvulse. - (< *convellere*), *idem* inconvertibiliter.

Inconvulsibilis. - qui ne peut être enfreint.

Inconvulsibiliter. -

1. Inébranlablement.
2. Clairement, évidemment.

Inconvulsus. - (< *convellēre*), inviolable, (souvent, en parlant d'une donation).

Incoopertus. - découvert, sans toiture.

Incopolitus. - procureur, vicaire.

Incoppiciare. - enclore un taillis (Angleterre).

Incopriare. - (< κόπρος)[1], couvrir de reproches, d'injures.

Incordare. - monter une corde d'arc.

Incordari. - (< *cŏr*), inspirer, donner des idées.

Incordatio. - le fait de monter une corde d'arbalète ou d'arc.

Incordatus. - (< *scordàre*)[2], qui a perdu la tête, qui ne sait plus où il en est.

Incores. -
1. Indigènes, natifs.
2. (*i. lapides*), *idem* enchori, pierres locales.

Incoriatus. - en peau, nu.

Incornium. - (< *ink horn*), encrier réalisé avec une corne (Angleterre).

Incoronare. - couronner roi.

Incorporabilis, incorporalis. - immatériel, incorporel.

Incorporalis. - *idem* incorporabilis.

Incorporalitas. - immatérialité.

Incorporaliter. - immatériellement.

Incorporare. -
1. Faire rentrer dans un corps, une association.
2. Engager, donner un gage, hypothéquer.
3. Joindre, réunir, incorporer.
4. Incorporer (une église à un établissement religieux).

Incorporatio. -
1. Absorption dans le corps, digestion.
2. Incorporation, annexion de propriété.
3. Inclusion dans une collection.
4. Incorporation avec les fonds publics, versement au trésor.

Incorporeitas. - immatérialité.

Incorrector. - celui qui ne corrige pas.

Incorrectus. -
1. Non corrigé, (texte) non révisé.
2. Non réprimandé, impuni.

Incorreptus. - qui n'est pas corrigé, réformé.

Incorrigibilis. - incorrigible.

Incorrigibilitas. -
1. Obstination, entêtement.
2. État de celui qui ne peut être amendé.

Incorrimentum. - *idem* incurrimentum, peine encourue, confiscation.

Incorruens. - qui ne tombe pas, ne s'effondre pas.

Incorruptio. -
1. Impérissabilité (en particulier du saint).
2. Pureté morale, chasteté.

Incorticare. - incorporer.

Incortinare, incurtiner, incortinari. - entourer de draperies, de tentures.

Incortinari. - *idem* incortiner, entourer de draperies, de tentures.

Incourtinamentum. - draperie.

Incrallum. - proclamation publique qui se faisait au son d'une trompe appelée *graile*.

Incrapulari. - manger d'une façon excessive.

Incrapulatio. - (fig), enivrement.

Incrapulatus. - plein d'ivresse.

Incrassare, incrassiare. -
1. Engraisser, croître.
2. Empirer
3. (pass), s'épaissir (nuage, vapeur).

Incrassare. - *idem* ingrassare.

---

[1] κόπρος : « fiente ».

[2] Ital : *scordàre*, « oublier ».

Incrassatio. -
1.   Grossir, épaissir.
2.   (< *grassātĭō*), attaque, incursion.

Incrassiare. - *idem* incrassare.

Incrastinum. - le lendemain.

Incredens. - incroyant.

Incredentes. - les Sarrasins, les infidèles.

Incredentia. - incroyance, hérésie.

Incredere. - donner en caution ou en prêt.

Incredibilis. -
1.   Incrédule.
2.   Qui n'est pas apte à témoigner en justice.

Incredulum. - celui à qui on ne peut faire confiance.

Incredulus. -
1.   Incroyable.
2.   À qui on ne peut accorder confiance.

Incremabilis. - incombustible.

Incrementare. - augmenter.

Incrementatio. - accroissement.

Incrementum. -
1.   Augmentation.
2.   Terre nouvellement acquise.
3.   Profit, intérêt sur un prêt.
4.   (*i. maris*), marée montante.

Increpare. -
1.   Argumenter contre une décision.
2.   (*i. sententiam*), réfuter, repousser une décision du tribunal.

Increpatio. - réclamation.

Increpativus. -
1.   (subs), pouvoir de réprimander.
2.   En menaçant.

Increpatorie. - sous forme de réprimande.

Increpatus. - qui a une hernie.

Increpida, increpita. - (< *crĕpĭda*), chaussure.

Increpita. - *idem* increpida.

Increpitus. - *idem* incretus2, couvert de buissons.

Increscere. - (< *crescĕre*), contrarier, importuner de plus en plus.

Incressare. - (< *crescĕre*), attaquer en redoublant d'efforts.

Incretus. -
1.   (< *crescĕre*), d'accès difficile.
2.   (*silva increta*), bois de haute futaie.
3.   Couvert de buissons.
4.   (subs), lande, friche.
5.   (adj), invétéré.

Incriminare. - accuser, incriminer.

Incrispare. - tordre, grimacer (un rire).

Incritus. - en entier.

Incrocamentum. - action du seigneur qui exige de ses vassaux plus de services que ce qui est convenu.

Incrocare. -
1.   Attacher au croc.
2.   Pendre quelqu'un.

Incrochiamentum. - empiétement.

Incrochiare. - empiéter sur.

Incrociato. - appropriation de terre par un ordre religieux (Irlande).

Incruciare. - torturer fortement.

Incrudescere. - devenir violent, enragé.

Incruentus. - non sanglant.

Incrum. - vêtement de couleur verte (Angleterre).

Incrustabilis. - qu'on ne peut entamer, ferme.

Incrustator. - celui qui répare (casseroles, poêles) en rajoutant du métal.

Incrustatura. - revêtement de plâtre.

Inctimare. - intimer.

Incuba. -
1.   Possesseur illégitime.
2.   Mauvais esprit, démon qui a des rapports sexuels avec une femme pendant qu'elle dort.

Incubans. -
1.   Qui est assis sur le trône, qui règne.
2.   *Idem* incuba.

Incubare. -
1.   S'allonger, s'asseoir ou s'installer.

2. Coucher sur place (particulièrement dans une chapelle, une
église).

Incubator. -
1. Possesseur illégitime d'une
chose.
2. Évêque intrus, illégitime.
3. Celui qui s'occupe d'une chose,
donne tous les soins à une affaire.

Incubicularius. - familier, intime.

Incubitor. - incube.

Incubus. - sorte de démon, incube.

Incucullare. - faire prendre la coule, l'habit de moine.

Incuda, incudo. - *idem* incus2, enclume.

Incudis. - *idem* incus.

Incudo. - *idem* incuda.

Inculcare. - (< *inculcāre*), maltraiter, se
mal conduire à l'égard de quelqu'un.

Inculcatio. -
1. Piétiner, presser.
2. Action de répéter le même chose
d'une façon trop fréquente.

Inculcator. - (< *inculcāre*), vainqueur, celui qui foule aux pieds le vaincu.

Inculpabilis. - irréprochable, qui ne peut
être pris en faute.

Inculpabilitas. - être à l'abri du blâme.

Inculpare. - accuser, inculper.

Inculpatio. - accusation.

Incultabilitas. - état de ce qui ne peut être
cultivé.

Incultibilis, incultilis. - impropre à la culture.

Incultilis. - *idem* incultibilis.

Incultio. - manque de culture intellectuelle.

Incumba. - monture qui couronne le pilier.

Incumbens. - (subs), possesseur.

Incumbentia. -
1. Office d'un titulaire.
2. (pl), fonctions qui incombent.

Incumbere. -
1. Posséder.

2. Coucher avec.

Incumbramentum, incumbratio. -
1. Encombrement, obstacle, empêchement.
2. (*i. maritagii*), aliénation des biens
de la femme par son mari.

Incumbrare. -
1. Faire obstacle, empêcher.
2. Engager, hypothéquer.

Incumbratio. - *idem* incumbramentum.

Incumbres. - choses données en gage.

Incumbrum. - action d'hypothéquer.

Incunctanter. - vivement, avec insistance.

Incuneare. - frapper une marque, un poinçon (avec un coin) sur l'étain.

Incupidus. - sans passion.

Incurabilis. - incurable, qui ne peut être
soigné.

Incurabilitas, incuriositas. - insouciance,
apathie.

Incurare. - donner l'administration d'une
église paroissiale, faire curé.

Incuratus. -
1. Curé.
2. (curé) qui n'a pas de cure.

Incurementun. - *idem* incurrimentum,
peine encourue, confiscation.

Incurialis. -
1. Qui remplit des charges civiles.
2. Impoli, sans courtoisie.
3. Sans soin, insouciant.

Incurialitas. - propre du rustre, manque de
culture, de politesse.

Incurialiter. - sans courtoisie, avec grossièreté.

Incuriositas. - *idem* incurabilitas, apathie.

Incurius. - insouciant, négligent.

Incurramentum. - *idem* incurrimentum,
peine encourue, confiscation.

Incurrere. -
1. Tomber sous le coup, encourir la
confiscation.
2. Offenser quelqu'un.
3. (*i. aliquid*), forfaire à.

4. (*incurri alicui*), tomber sous certaine juridiction pour la punition d'un crime ou délit.

Incurrilis. - qui ne court pas, (eau) qui ne coule pas.

Incurrimentum, incorrimentum, -incurementun, incurramentum. - peine encourue, confiscation.

Incurrio. - insouciance.

Incursare. - envahir.

Incursatio. - incursion, attaque.

Incursator. - celui qui attaque.

Incursax. - qui fait des incursions, des raids fréquents.

Incursio. -
1. Amende.
2. Confiscation et droit de prononcer la confiscation.
3. (*incursione militari*), troupe.

Incursoria. - inaptitude à courir.

Incursus. -
1. Concours, affluence.
2. Ce pour quoi on encourt un châtiment, une faute.
3. (*incursa terra*), terre confisquée pour raison de crime.
4. Celui qui a encouru, qui encourt.

Incurtare. - écourter.

Incurtatio. - raccourcissement.

Incurtiner. - *idem* incortiner, entourer de draperies, de tentures.

Incurvare. -
1. Réduire à l'obéissance.
2. Sodomiser.

Incurvatio. - abaissement.

Incurvatus. - (subs), bossu, estropié.

Incurvicervicus. - (< *cervix*), qui plie le cou, qui penche la tête.

Incurvitas. - déformation corporelle.

Incus. - (< *incūs*).
1. Outil de fer pour aiguiser les faux.

2. Enclume.
3. Coin, matrice pour frapper la monnaie.
4. (*incudi reddere*), retourner à l'enclume, c'est-à-dire reprendre le travail, réviser.

Incusamentum. - accusation.

Incussio. -
1. Action de frapper, choc, coup.
2. Action de faire naître un sentiment.
3. (*i. timoris*), intimidation.

Incussivus. - ce qui frappe ou suscite l'émotion.

Incussor. - celui qui frappe.

Incussoria. - petit marteau.

Incustodia. - négligence, insouciance.

Incustodire. - garder prisonnier.

Incustumatus. - sans payer la douane.

Indæmoniatus. - tourmenté par le démon.

Indaganter. - (< *indāgāre*), le fait de rechercher les traces, les pistes des animaux sauvages pour les chasser.

Indages. - (< *indāgātio*), recherche soigneuse, poursuite.

Indaginare. - ceindre, entourer.

Indaginarius. - entouré, ceint.

Indago. -
1. Parc de chasse entouré de fermeture.
2. Election, forme d'élection des évêques.
3. Preuve.

Indamnum. - dommage.

Indampnis, indampnus, indemnis. - innocent qui n'a causé aucun dommage.

Indampnus. - *idem* indampnis.

Indapis. - qui s'abstient de nourriture.

Indardus. - cabestan, anc fr[1], *indart*.

Indativus. - (< *dăre*), fausse monnaie (que l'on ne doit pas *donner*).

Indeantare. - devancer, favoriser.

---

[1] Hippeau.

Indebilitatus. - faible, sans force, infirme.
Indebitare. -
1. Grever d'une dette, hypothéquer.
2. Impliquer quelqu'un dans une dette.
3. (*se i.*), s'endetter.

Indebitatio. - le fait d'être endetté ou de contracter une dette.

Indebitatus. - celui qui a payé ses dettes.

Indebite. -
1. Indûment, injustement.
2. Gratuitement.

Indecentia. -
1. Insuffisance.
2. Inconvenance.

Indeceptus. - qui n'est pas déçu.

Indecidentia. - infaillibilité.

Indecimatus. -
1. Non soumis à la dîme.
2. Non tué lors de la décimation : le survivant sur dix.
3. Le solde restant après la déduction de la dîme.

Indecisim. - indécis (en parlant du verdict du tribunal).

Indecisus. -
1. Qui n'est pas décidé.
2. Non mutilé.

Indecoctus. -
1. Non diminué, non consommé, intact.
2. Non digéré.

Indecrementum. - diminution de l'évaluation ou de la valeur.

Indedicatus. - non consacré.

Indeductio. - (*i. ventris*), indigestion.

Indefatigabiliter. - infatigablement.

Indefectibilis. - indéfectible, éternel.

Indefectibilitas. - immunité contre la perte ou la dégradation, infaillibilité.

Indefectibiliter. -
1. Parfaitement, infailliblement, sans faute.
2. Avec constance, d'une manière indéfectible.

Indefective. -
1. Sans cesse.
2. Sans que rien ne manque.

Indefectivus. -
1. Indéfectible, inépuisable.
2. Qui ne peut faire défaut, qui doit durer toujours.
3. Parfait, sans faute.

Indefectus. - invariable, constant.

Indefendibiliter. - sans déni possible (Angleterre).

Indefensus. -
1. Sans défense.
2. Non interdit.

Indefessim. - (< *indēfessē*), infatigablement.

Indefficiari. - nier.

Indeficiens. - durable, qui ne manque jamais.

Indeficienter. - sans faute, sans déficience.

Indeficus. - sans arrêt.

Indeficuus. - indéfectible, perpétuel.

Indefinitivus. - illimité.

Indefinitus. -
1. Indéfini.
2. Défini, agrée.

Indeflexibiliter. - inflexiblement, sans dévier.

Indeguare. - (< *īndāgāre*), suivre la piste.

Indegus. - indigo.

Indelebiliter, indelibiter. - d'une façon ineffaçable.

Indelectabilis. -
1. Qui n'aime pas.
2. Qu'on ne doit pas aimer.

Indelectabiliter. - sans plaisir.

Indeliberatus. -
1. Non réfléchi.
2. Non achevé.

Indelibiter. - *idem* indelebiliter.

Indelictus. - qui n'a commis aucun délit.

Indelitescere. - (< *dēlĭtescĕre*), se tenir caché.

Indeminute. -
1. En détail.
2. Insensiblement, par degrés.

Indemnis. -
1. *Idem* indampnis, innocent qui n'a causé aucun dommage.
2. Franc, libre.

Indemnisare. - indemniser.

Indemnitas. - (pl), indemnités, sommes à payer à l'église par les héritiers.

Indemniter. - sans causer de dommage.

Indempnitas. - détriment, dommage, tort, préjudice.

Indemutabilis. - invariable, immuable.

Indentare. -
1. Passer la herse (dentelée) dans le champ, herser.
2. (*indentatæ chartæ*), chartes coupées en dentelures.

Indentatura, indentura. - endenture, charte, manuscrit, contrat découpé en dentelures qui doivent se rejoindre.

Indentatus. -
1. Mordu.
2. Edenté.

Indentura. - *idem* indentatura.

Indeparatus. - non prêt.

Indepastus. - affamé.

Indepositus. - non déposé de sa charge.

Indeptio. - acquisition.

Inderenzare. - diriger (Espagne).

Inderisus. - que l'on ne peut tourner en dérision.

Indescendere. - condescendre.

Indesignare. - cacher.

Indesignatus. - indéfini.

Indesinens. - incessant.

Indestructus. - non détruit, intact.

Indeteriorare. - détériorer.

Indeterminabiliter, indeterminate. - d'une manière indéterminée.

Indeterminate. - *idem* indeterminabiliter.

Indeterminatio. - indétermination.

Indeterminatus. - innombrable.

Indetestatus. - intestat.

Indetrectabilis. - inséparable.

Indetritus. - qui n'est pas usé (en parlant de vêtement).

Indeucia. - persuasion, conseil.

Indevexus. - non courbé.

Indeviabilis. - qui ne dévie jamais.

Indevincibilis. - qu'on ne peut conquérir.

Indevitabilis. - inévitable.

Indevotio. -
1. Non dévotion au fait religieux.
2. Mauvaise volonté, malveillance.

Indevotus. -
1. (Moine) non soumis (à la règle).
2. Sans dévotion, sans piété.

Index. -
1. Celui qui révèle ou souligne.
2. Aiguille d'horloge.
3. Timbre d'horloge
4. Cloche.
5. Répertoire.
6. Sorte de chien, braque ou setter (Angleterre).

Indextre. - de manière peu propice, inappropriée.

Indicamentum. - action d'indiquer, de faire connaître.

Indicare. -
1. Ordonner, enjoindre.
2. Déclarer la guerre.

Indicativus. - qui indique.

Indicator. - dénonciateur, accusateur, délateur.

Indicatura. - estimation, prix.

Indicendus, indicibilis. - indicible.

Indicendus. - qu'il ne faut pas dire.

Indicere. -
1. Attirer, infliger, occasionner.
2. Annoncer une foire.

Indiciare. - indiquer, conseiller.

Indicibilis. - *idem* indicendus.

Indicibiliter. - indiciblement.

Indicium. - échantillon.
Indictamentum, indictatio. -
1. Accusation faite par au moins douze personnes et accompagnée du serment des délateurs.
2. Délation ordinaire, anc fr[1], *endictement*.
Indictare[2]. -
1. Accuser.
2. Montrer.
Indictatio. - *idem* indictamentum.
Indictio. -
1. Accusation.
2. Tribut, impôt.
3. Période de quinze ans chez les latins.
4. Prescription.
5. Publication de bans avant le mariage.
6. (*i. pro anima*), fondation pour un défunt.
7. Foire, marché.
8. Diplôme royal ; lettre de créance.
9. Convocation d'un concile.
Indictoaudiens. - indocile, désobéissant.
Indictor. - celui qui a le droit de déclarer officiellement sur toute chose.
Indictum. -
1. Recommandation, publication.
2. Taxe, impôt.
3. Diplôme royal.
4. Foire publique, marché ; lieu où se trouve la foire.
5. Assignation à un jour donné.
Indiculum, indiculus. -
1. Lettre, ordonnance, mandement.
2. Liste.
3. Tablette que l'on suspendait au cierge pascal.
Indiculus. - *idem* indiculum.

Indicus. -
1. Digue.
2. (*i. color*), couleur bleue.
Indiescens. - (*i. dies*), première aube, lever du jour.
Indiffcultari. - être embarrassé par des difficultés.
Indifferens. - indifférent, sans importance.
Indifferenter. -
1. Sans faire de différence.
2. Également, indifféremment.
3. Sans différer ; sans retard.
Indifferentia. -
1. Indifférence, non détermination à agir.
2. Indifférence religieuse.
Indifferentialiter. - indistinctement.
Indifficultari. - être contrarié, arrêté par des obstacles, des *difficultés*.
Indifficulter. - sans difficulté.
Indiffinitus. - *idem* indefinitus2, défini.
Indifinite. - d'une façon continue.
Indigena. - pauvresse dans le besoin.
Indigenatio. -
1. Changement du statu d'étranger à résidant (Angleterre).
2. Droit autochtone.
Indigentia. - (pl), les choses nécessaires à la vie, les besoins.
Indigere. -
1. Avoir besoin de, exiger.
2. Ressentir le besoin, le désir.
3. Être nécessaire.
Indigeriæ. - (pl), besoins naturels.
Indigeries. -
1. Indigestion.
2. Excès.
Indigesties. - indigestion.
Indigetare. - invoquer.

---

[1] Roquefort.

[2] « *Dans les chartres anglaises, l'enditement est une accusation accompagnée du serment des délateurs.* » (Montignot).

Indigitamenta. - livres religieux contenant les noms des dieux et prescrivant la manière de les adorer.

Indignans. - (chose) indigne.

Indignare. -
1. Se conduire d'une manière indigne.
2. Humilier, avilir.

Indignari. - prétendre à, revendiquer.

Indignatio. -
1. Colère intérieure.
2. Mépris.

Indignatorius - exprimant l'indignation.

Indigne. - injustement, sans raison.

Indignum. -
1. Traitement indigne.
2. Injustice, tort.

Indigressa. - (*via i.*), où personne n'est passé.

Indilatabilis. - qui ne peut s'étendre.

Indilate. - sans délai, immédiatement.

Indilatio. - urgence.

Indilectabilis. - qui cause du dégoût.

Indiminutus. - dans son intégralité, intact.

Indimissibilis. - inaliénable.

Indimotus. - inséparable.

Indirecte. - non en ligne droite.

Indirecto. - indirectement.

Indirectum. - sans modulation, d'un trait.

Indirimentus. - qui n'est pas interrompu, continu.

Indirupte. - sans violation.

Indiruptus. - non violé.

Indisacum. - outil pour planter la vigne.

Indisciens. - (*i. dies*), le point du jour.

Indisciplinabilis. - indisciplinable.

Indisciplinatio. - relâchement des mœurs, de la discipline.

Indisciplinatus. - qui a des mœurs dissolues.

Indisciplinosus. - qui est sans retenu.

Indiscisse. - en général, en bloc.

Indiscretio. - indiscrétion, manque de jugement, imprudence, sottise.

Indiscretus. - étourdi, insouciant.

Indiscussibilis. - qu'on ne peut disperser.

Indiscussus. -
1. Qui n'a pas été examiné, discuté.
2. (< *succŭtĕre*) ; (fig), non secoué, non dérangé, inébranlable.

Indiscutiendus. - qui ne doit plus discuter ni remettre en cause.

Indisgregabilis. - inséparable

Indispars. - inégal.

Indispensabiliter, indispensative. -
1. Indispensablement.
2. Sans dispense.

Indispensative. - *idem* indispensabiliter.

Indispertitus. - répartis.

Indispositio. -
1. Désordre, anomalie.
2. (*i. temporis*), mauvais temps.
3. Manque de dispositions, mauvaises dispositions (morales).
4. Réticence.

Indispositus. -
1. Intestat.
2. Indisposé.

Indisseparatus. - non séparé.

Indissimilis. - pas différent, indiscernable, identique.

Indissimiliter. - de la même façon, sans différence.

Indissimulabiliter. - incontestablement.

Indissimulatus. - sincère.

Indistanter. - continuellement.

Indistantia. - proximité.

Indistemperatus. - immodéré, désordonné.

Indistinctio. -
1. Manque de clarté.
2. Indiscernabilité.
3. Ambiguïté.

Indistrictus. - sévère.

Indistringibilis.
1. Non susceptible de saisie (Angleterre).

2. (*i. terra*), terre non cultivée, friche.

Inditare. - enrichir.

Inditialis. - qui donne la vérité.

Inditus. -
1. Inné.
2. (*inditi pueri*), oblats..

Indivicabiliter. - sans faire de distinction.

Individualis. - individuel.

Individualitas. - individualité, caractère particulier.

Individuitas. -
1. Indivisibilité.
2. Caractère individuel, individualité.

Individuus. - particulier.

Indivinator. - devin.

Indivinatrix. - devineresse.

Indivisibilitas. - indivisibilité.

Indivisim. - sans partage, par indivis.

Indivisio. - indivision dans un héritage.

Indivisium. - ensemble, sans être séparé.

Indivisivus. - indivisible.

Indivolus. - voleur.

Indoctulus. - *idem* indoctus.

Indoctus, indoctulus. - ignorant.

Indodatus. - non doté.

Indolere. - (< *indŏlēscĕre*), être en détresse, pleurer.

Indoles, indolis. - (< *ŏlescĕre*).
1. Jeune homme, adolescent.
2. Caractère inné, nature de la personne, en particulier de l'enfant ou de la jeunesse.
3. Personne de grande capacité ou prometteuse, de caractère noble.

Indoletia. - absence de tout sentiment de douleur.

Indolis. - *idem* indoles.

Indolorius. - insensible à la douleur, stupéfié.

Indolus. - vertueux, sincère, honnête.

Indomabilis. - indomptable, sauvage, invincible.

Indomesticatus. - non domestiqué, sauvage.

Indomesticus. - (animal) sauvage.

Indomigeratus. - passible de punition ou de saisie de biens (Angleterre).

Indominatura. - *idem* indominicatura.

Indominicalis. - qui fait partie de la réserve seigneuriale.

Indominicare. - rattacher à la réserve seigneuriale, soumettre à la mise en valeur directe.

Indominicatio. - réserve seigneuriale, exploitation directe par le seigneur.

Indominicatura, indominatura. -
1. Réserve seigneuriale.
2. Biens non concédés en fief.

Indominicatus. -
1. Relatif au bâtiment qui constitue le centre d'exploitation d'un domaine.
2. De propriété, du propriétaire.
3. (subs) ; (pl), réserve seigneuriale.
4. Pouvoir du seigneur sur le serf.

Indomitas. - indiscipline.

Indonatus. - qui n'a pas reçu, non pourvu de.

Indoratus. - doré

Indormitabilis. - celui qui ne dort pas ou ne peut s'endormir.

Indormitatus. - endormi, inerte.

Indormitus. - en état de torpeur, paralysé.

Indorsamentum. - endossement.

Indorsare. -
1. Mettre, charger sur le dos, anc fr[1], *endorser*.
2. Écrire sur le verso, au dos d'un acte, l'endosser.

Indorsatæ. - (*i. litteræ*), lettre de citation.

Indorsatio. - exécution d'une assignation.

---

[1] Hippeau.

Indossamentum. - le fait d'écrire au dos d'un acte, endossement.

Indossare. - *idem* indorsare.

Indotare. - doter, munir d'une dotation.

Indotatus. - bien assigné en dot.

Indricto. - (< *rectā*), droit.

Indubitans. -
1. Ferme, inébranlable, qui n'hésite pas.
2. Certain.

Indubitanter. - sans aucun doute.

Indubitato. - indubitablement.

Indubitatus. - qui ne doute pas, assuré.

Indubius. -
1. Indubitable, certain.
2. Qui ne doute pas.

Inducere. -
1. Installer.
2. Transporter.
3. (*i. in possessionem*), mettre quelqu'un en possession de.
4. Installer un nouvel évêque à la place d'un autre.
5. (*oculos i. ad*), prêter attention à.
6. (*animum i.*), se convaincre.

Inducialis. - relatif aux trêves.

Induciare. - *idem* indutiare.

Induciatus. - celui qui a obtenu un délai.

Inducium. - (< *indūtĭæ*), *idem* indutium, délai, ajournement, suspension de procédure juridique, anc fr[1], *induce*.

Inducte. - en séduisant.

Inductilis. - (*i. porcus*), truie qui *conduit* et allaite sa progéniture.

Inductio. -
1. Excitation, conseil.
2. Intronisation, installation.

Inductitius. - (< *invectĭcĭus*), importé, introduit dans.

Inductivum. - ce qui pousse, induit à agir, motif, raison.

Inductivus. - (< *indūcĕre*).

1. Qui pousse, excite.
2. Qui amène.

Inductor. -
1. Instigateur.
2. Celui qui installe, intronise.

Induere. -
1. Posséder.
2. Prendre l'habit ecclésiastique.
3. Introniser, investir.

Indulcare, indulcorare. -
1. Adoucir, édulcorer.
2. Consoler, réconforter.

Indulcorare. - *idem* indulcare.

Indulgentarius, indulgentiarius. - celui qui trafique des indulgences.

Indulgentia. -
1. Indulgence, douceur, gentillesse, faveur.
2. Autorisation, licence, concession.
3. Loi par laquelle les empereurs amnistiaient tous les cinq ans et tous les dix ans les condamnés pour crimes légers ; remise de peine, pardon.
4. Remise d'impôt.
5. Concession, donation.
6. Remise des péchés.

Indulgentialis. - plein d'indulgence.

Indulgentiarius. - *idem* indulgentarius.

Indulgere. -
1. Ne pas exiger.
2. Concéder, faire une donation.
3. Diminuer, permettre légèrement.
4. Remettre les péchés.

Indulgeri. - pardonner.

Indulgibilis. - plein d'indulgence.

Indulsatus. - (< *indulgēre*) ; (*i. vino*), bienveillant avec le vin, ivre.

Indultor. -
1. Celui qui pardonne sans se venger.

---

[1] Godefroy.

2. Celui qui accorde quelque chose à quelqu'un.

Indultum. - indulgence, grâce, faveur.

Indumen. - vêtement.

Indumentum. -
1. Vêtement.
2. Revêtement, parement (d'autel).

Induplare. - doubler, payer le double.

Indurare. - endurer.

Induratio. - endurcissement des senti-ments.

Induritia. - obstination.

Indus. - (*i. color*), indigo, azur.

Indusiæ. - (pl), vêtements.

Indusiamen. - vêtement.

Indusiari. - revêtir d'une dignité.

Indusiarius, indutiarius. - celui qui ha-bille.

Indusium. - chemise.

Industria. -
1. Métier.
2. Résultat du travail, moisson.
3. Moyen, manière.

Industrialis. - d'art, d'industrie, industriel.

Industriare. - enseigner, apprendre.

Industriose. - par ruse, par adresse, arti-fice.

Industris. - relatif à l'industrie.

Indutiæ. - (< *indūtĭæ*).
1. Prorogation, ajournement, trêve dans une guerre privée.
2. Laps de temps.
3. Date fixée pour une réunion.

Indutiare, induciare, indutiari. -
1. Conclure une trêve, donner un dé-lai, une prorogation, un sursis.
2. Obtenir un sursis.
3. Ajourner (un procès).
4. Interrompre par une trêve.

Indutiari. - *idem* indutiare.

Indutiarius. - *idem* indusiarius.

Indutio. -

1. Report, retard.
2. Le fait de porter des vêtements.

Indutium, inducium. - trêve, délai.

Indutum. - vêtement.

Induvare. - faire un fossé, des *douves*.

Induviæ. - (< *indŭvĭēs*), habits.

Induviare. - revêtir, endosser.

Induvie ferree. - armure.

Inebriatio. (< *ĭnēbrĭātĭō*).
1. État d'ébriété.
2. Irrigation.

Inebriviatus. - décrit brièvement.

Inedax. - (< *ĭnĕdĭa*), qui mange peu.

Inedibilis. - qui ne se mange pas, qui n'est pas bon à manger.

Inedicibilis. - indicible.

Inedius. - à jeun.

Ineffabilis. - (mot), imprononçable.

Ineffabilitas. - inexprimable.

Ineffectibilis. - qui ne peut être produit par une cause efficiente.

Inefficaciter. - sans effet, non valable-ment.

Inefficax. -
1. Qui ne fait pas ce qu'il doit.
2. Qui n'a rien obtenu, sans avoir fait ce qu'il voulait.

Ineffigiabilis. - non susceptible de forme.

Ineffigiatus. - qui n'a pas de forme.

Ineffrenatus. - qui est sans frein.

Ineffugabilitcr. - (< *effŭgĕre*), inévitable-ment.

Inegressibilis. - incapable de sortir.

Inelectivus. - non choisi, non fait par choix, involontaire.

Ineleemosynare. - (< *ἐλεημοσύνη*)[1], dé-tourner une aumône.

Ineleemosynatus. - qui n'a pas reçu d'au-mône, sans aumône.

Inelementalis. - non élémentaire.

Ineligibilis. - inéligible.

Ineligibilitas. - inéligibilité.

---

[1] *ἐλεημοσύνη* : « don charitable, aumône ».

Inelimatus. - (ouvrage littéraire) non soigné.

Ineloquax. - inexprimable.

Ineloquens. - non éloquent.

Ineloquibilis. - inexprimable.

Ineluibilis. - indélébile, qui ne peut être effacé, détruit.

Inemboscatus. - placé en embuscade.

Inemendabilis. - irréparable, qu'on ne peut expier.

Inemendabiliter. - d'une façon incorrigible, irréparablement.

Inemendatus. -
1. Non compensé, non corrigé.
2. Non expié, impuni.

Inemeribilis. - qu'on ne peut obtenir.

Inenarrabilitas. - qualité de ce qui est ineffable.

Inenarrabiliter. - d'une façon inexprimable.

Inenatabilis. - d'où l'on ne peut s'échapper à la nage.

Inengius, inennis. - enfant mineur.

Inennis. - *idem* inengius.

Inentia. - séjour.

Inenumerabilis. -
1. Qui ne peut pas être dénombré.
2. Qui ne peut pas être mesuré.

Inepiscopaliter. - qui n'est pas un bénéfice de l'évêque.

Ineptio. - inaptitude, incapacité.

Ineptitudo. -
1. Défaut.
2. (*i. loci*), lieu inapte à être habité.

Ineptiuncula. - (pl), pauvres sottises, inepties.

Ineptus. - défectueux.

Inequiparabilis. - *idem* inæquiparabilis, incomparable, inégalable.

Inequitare. - chevaucher ; monter à cheval.

Inequitatio. - troupe de cavaliers.

Inermiter. - sans défense.

Inerrabiliter. -

1. Sans dévier, sans relâche.
2. Sans se tromper

Iners. - inutile ; vain.

Inertia. - sorte de maladie, engourdissement, torpeur.

Inescatio. - action d'appâter, pêche.

Inescatorium. - attrait, charme, séduction.

Inescuratus. - non secouru.

Inesibilis. - immangeable.

Inespers. - qui n'a pas encore éprouvé, qui ne sait pas.

Inestimabilis. - qu'on ne peut s'imaginer.

Inestivare. - mener paître en été.

Inestivatus. - mettre au pâturage pendant l'été.

Inesus. - jeûne.

Ineum, inium, igneum, hineum. -
1. Chaudière à saurage.
2. Chaudière d'ordalie.

Ineuvardus. - *idem* inwardus, office de gardien.

Inevacuabilis. - qui ne peut être supprimé, indestructible.

Inevadibiliter, inevasibiliter. - sans qu'on puisse s'échapper.

Inevasibilis. - endroit dont on ne peut s'échapper.

Inevasibiliter. - *idem* inevadibiliter.

Inevitabilis. -
1. Mortel.
2. (subs), l'inévitable, le destin.

Inevitabilitare. - rendre inévitable.

Inevitabilitas. - caractère de ce qui est inévitable.

Inevitabiliter. - inévitablement.

Inexaminate. - sans examen.

Inexaminatus. - qui n'a pas été examiné.

Inexauditus. - resté sans réponse.

Inexceptionaliter. - sans exception, sans réserve.

Inexcogitabiliter. - d'une manière inconcevable.

Inexcusabilitas. - défaut d'excuse, caractère de ce ou de celui qui est inexcusable.

Inexcusabiliter. -
1. Sans chercher de prétexte.
2. Sans contestation possible.

Inexecrabilis. - qui ne doit pas être profané.

Inexecutus. - qui n'est pas rempli, exécuté.

Inexemplificatus. - qui n'est pas illustré par un exemple

Inexemplum. - incomparable, sans autre exemple.

Inexemplus. - incomparable.

Inexhaustibilis. - (*fons i.*), source inépuisable.

Inexhonoratio. -
1. Manque de respect.
2. Déshonneur.

Inexibilis. - à qui il n'est pas permis de sortir.

Inexoptabilis. - indésirable.

Inexoptatus. - non désiré.

Inexpedibilis. - inextricable, situation dont on ne peut sortir.

Inexpeditatus. - (*canis i.*), chien aux pattes mutilées pour le rendre inutilisable pour la chasse dans les forêts du seigneur.

Inexperibilis. - sans expérience, inexpérimenté.

Inexpetitus. - non désiré, non demandé.

Inexpiabiliter. - sans remède, d'une manière ineffaçable.

Inexpiandus. - à qui l'on ne peut pardonner.

Inexplebiliter. -
1. Avec persévérance.
2. Insatiablement.

Inexplendus. - insatiable.

Inexpletus. - inachevé.

Inexplicabilis. - inexprimable.

Inexploratus. - non éprouvé, non sûr.

Inexpugnate. - irréfutablement.

Inexputabilis. - infini, incalculable.

Inexquisitus. -
1. (< *exquīsītus*), sans raffinement.
2. (< *exquīrĕre*), non encore trouvé, nouveau.
3. Non déterminé, non précisé.
4. (< *acquīrĕre*), bien acquis par achat.

Inexsatiabilis. - qui ne rassasie pas.

Inexscrutabilis. - impénétrable.

Inexsecrabiliter. - sans qu'on puisse lever la malédiction.

Inexsiccabilis. - inépuisable, intarissable.

Inexsistentia. - inexistence.

Inexsolubilis. - immense.

Inexspirabilis. - qui ne peut mourir.

Inexsuperabilis. - insurmontable ; (fig), invincible.

Inextemptabilis. - non atteint par.

Inextensibiliter. - sans extension possible.

Inextimabilis. - prodigieux, incroyable.

Infactibilis, -
1. Irréalisable.
2. Qui n'est pas fait.

Infactibilis. - infaisable.

Infactio. - absence de création, le fait de ne pas avoir été créé.

Infactus. - qui n'a pas été fait.

Infaidiare. - menacer d'une vengeance, faire une guerre privée pour se venger.

Infaldare. - (< *falœd*)[1], parquer les bêtes.

Infalisiare. - punir en jetant par-dessus une falaise (Angleterre).

Infallenter. -
1. Certainement, sans doute, infailliblement.
2. Sans tromperie.

Infallibilis. - qui ne se trompe pas.

Infalsare. - corrompre, falsifier, forger un texte.

Infamare. -
1. Accuser, inculper, dénoncer.

---

[1] A.S : *falœd*, « parc à moutons ».

2. (pass), être accusé, avoir la réputation de.
3. (*se i*), se rendre odieux.
4. Faire savoir, publier, divulguer.

Infamatio. - accusation, diffamation.
Infamatorius. - injurieux, diffamatoire.
Infamia. -
1. Injure, outrage.
2. Accusation, reproche.
3. Peine, chagrin.
4. Déshonneur, bâtardise.

Infamis. - notoirement suspect.
Infamulari. - s'occuper de, soigner.
Infanare. - profaner.
Infanc, infang[1]. - (<*fang*)[2], mainmise sur une personne.
Infanciones. - nobles de petite noblesse (Espagne).
Infando. -
1. Enfant.
2. Hobereau.

Infang. - *idem* infanc.
Infangenetheof. - *idem* infang-theof
Infanghthiefe. - *idem* infang-theof
Infang-thefe. - *idem* infang-theof
Infang-theof, infang-thefe, infangenetheof, infanghthiefe. - (< *fang-ðeof*)[3], terme juridique de droit anglosaxon indiquant que les voleurs capturés sur une terre doivent être jugé par la juridiction dont dépend cette terre.
Infans. -
1. Fils ou fille, enfant.
2. (*i. aulae*), page.
3. Infant, héritier du prince.
4. Candidats au baptême.
5. Oblat.
6. Enfant de chœur.

Infanta, infantissa. - infante, princesse (Espagne).

Infantare. - nourrir comme un enfant.
Infantaticum. - héritage, domaine du prince.
Infantia. - sorte d'hydropsie.
Infantiæ. - jeux enfantins, enfantillages.
Infantialis. - enfantin.
Infantiari. - tenir un langage d'enfant, se comporter comme des enfants.
Infantiosus. - d'enfant.
Infantissa. - *idem* infanta.
Infantissimus. - non éloquent.
Infantula. - petite fille.
Infarens. - (< ἀφάτως)[4], indicible.
Infasciare. - (< *fasciāre*), entourer d'un bandage, de bandelettes.
Infascinabilis. - (< *fascināre*), qui ne peut être fasciné.
Infascinare. - ensorceler, jeter un sort.
Infascinate. - sans être fasciné.
Infastidiosus. -
1. Qui ne se lasse pas.
2. Infatigable.

Infatigabiliter. - infatigablement.
Infatuatio. - fatuité, sottise.
Infatuatus. -
1. Sot, idiot.
2. Fade, sans saveur.

Infatuus. - qui n'est pas sot.
Infauste. - de mauvais augure, malheureusement.
Infaustitudo. - infortune.
Infaustus. -
1. Méchant.
2. Faux, supposé.

Infeare. - *idem* infeodare.
Infectio. - (< *īnfĭciō*).
1. Souillure.
2. Poison, empoisonnement.
3. Contagion.
4. Influence, action sur.

---

5. Défection, dissolution.

6. Teinture.

Infectitare. - effectuer, toucher.

Infectivus. -

1. Qui infecte, vénéneux.

2. Controversable.

3. Corrompu.

Infector. - celui qui apporte, auteur.

Infectorium. - atelier de teinture.

Infectuosus. -

1. Non efficace.

2. Empoisonné, infecté.

Infectura. - teinture.

Infectus. -

1. Atteint de la lèpre ou de la peste.

2. Corrompu.

3. Entaché de.

Infeduciare. - donner en gage.

Infelicare. - rendre malheureux.

Infeminari. - devenir féminin.

Infenditor. - défenseur.

Infensor. - accusateur.

Infeodare, infeudare, infeare, infeofare. - investir quelqu'un d'un fief.

Infeodatio, infeudatio, infeudacio. -

1. Inféodation.

2. Détention d'un patrimoine en copropriété.

Infeodatus, infeudatus. - pourvu d'un fief.

Infeofamentum. - concession d'un fief.

Infeofare. - *idem* infeodare.

Inferabilis. - (< *ĭnferre*), inaliénable.

Inferacitas. - infertilité, stérilité.

Inferenda. - (< *ĭnferre*).

1. Redevance annuelle en nature ou en argent exigée par le fisc.

2. Don annuel aux églises, aux monastères.

Inferendalis. -

1. De la qualité requise pour les redevances dues au fisc dites *inferenda*.

2. Soumis à l'impôt.

Inferentia. -

1. Fait d'être insupportable.

2. Déduction, conclusion.

Inferetrare. - (< *fĕretrum*).

1. Mettre dans un cercueil.

2. Placer dans un sanctuaire.

Inferiata, inferiatura. - attacher par des chaînes.

Inferiatura. - *idem* inferiata.

Inferilia. - les choses infernales, souterraines.

Inferiorare. - détériorer.

Inferioritas. - infériorité.

Infermentaria. - non-dit, dissimulé.

Infernalis. -

1. Des limbes.

2. (subs) ; (pl), les enfers.

3. (*i. morbus*), maladie de St Antoine, (*Cf. infernum3*).

Infernaliter. - d'une manière infernale, qui mérite l'enfer.

Infernum. -

1. (pl), les enfers.

2. Le purgatoire.

3. Derrière, anus.

Inferrare. - mettre aux fers.

Inferratus. -

1. Fixé, renforcé au moyen de fer.

2. Enchanté, ensorcelé.

Inferre. - proférer, dire, répandre une information.

Infertilitas. - stérilité.

Infertor. - serveur à la table de l'empereur, sénéchal, grand officier de la cour.

Infertorium. - plateau, plat.

Infertum. - vin de messe.

Inferturia. - calice pour le vin de messe.

Infertus. - (*inferti canes*), chiens lâchés contre quelqu'un.

Infessatus. - (< *fessus*), infatigable.

Infestare. -

1. Attaquer, offenser.

2. Harceler.

3. Agresser sexuellement.

4. (*i. se*), se hâter, se presser.

Infestatio. -
1. Harcèlement, persécution, vexation.
2. Infection, infestation.
3. Attaque, par animal, personne, diable, etc.

Infestatus. - maladie du cheval

Infestio. - infection.

Infestor. - persécuteur.

Infestucare. - transmettre la propriété d'une chose par le symbole du fétu.

Infestuminare. - écumer la mer par des pirates.

Infeudacio. - *idem* infeodatio.

Infeudare. - *idem* infeodare.

Infeudatio. - *idem* infeodatio.

Infeudatus. - *idem* infeodatus.

Inffrenatus. - muni d'un frein.

Infiblare. - attacher par une fibule, une agrafe.

Inficere. -
1. Provoquer, causer.
2. Laisser inachevé, ne pas faire.

Inficiari. - accuser quelqu'un d'un crime qu'il n'a pas commis.

Inficiator. - accusateur.

Inficiatus. - corrompu, gâté.

Inficientia. - négligence, incurie.

Inficiere. - ne pas faire, laisser inachevé.

Infictio. - faux-semblant, imposture.

Infictus. - non feint, sincère.

Infidare, **infudiciare**. - donner en gage.

Infidelis. -
1. Infidèle, juif ou non chrétien.
2. De peu de foi.
3. Hérétique.
4. Insoumis, infidèle à la foi jurée

Infidelitas. - infidélité.

Infidia. - mauvaise foi, perfidie.

Infidiare. - mettre hors la loi, bannir.

Infidis. - déloyal.

Infiduciare. - donner en gage.

Infidus. - qui n'a pas confiance en Dieu.

Infigere. -
1. Introduire dans, insérer.
2. Infliger.
3. Décréter.

Infiguratio. - absence de forme.

Infilare. -
1. Enfiler.
2. Lier avec un fil, une ficelle.

Infilatio. - collection de documents, dossier.

Infilatura. -
1. Série.
2. (*i. ficuum*) chapelet de figues.

Infilialis. - non filial.

Infimatio. - raisonnement qui rabaisse la thèse contraire.

Infimus. - (*lex infima*), la basse justice.

Infinalitas. - qualité de ce qui est infini.

Infinibilis. - infini.

Infinitatio. - grande quantité.

Infinitestimus. - infiniment petit.

Infinitiloquentia. - discours qui n'en finit pas.

Infinitimœchus. - mille fois adultère.

Infinitivus. - innombrable.

Infinituplus. - infiniment grand.

Infirgiatus. - enchaîné.

Infirma. - une malade.

Infirmare. -
1. Construire, renforcer, rendre *ferme* une structure, remblayer, étayer une berge d'un étang.
2. Fixer en place.
3. Se verrouiller, s'*enfermer*.
4. Confirmer.
5. Priver de sa *ferme*.
6. Être malade, infirme.
7. Invalider, *infirmer* un acte.

Infirmaria, **infirmeria**. -
1. Infirmerie, hôpital.
2. Sœur chargée de l'infirmerie.
3. Office d'infirmier.

Infirmarius. - moine chargé de l'infirmerie.

Infirmatorium. - *idem* infirmatoria.

Infirmeria. - *idem* infirmaria.

Infirmiæ. - (*i. generales*), saignées générales chez les moines.

Infirmitans. - (adj), malade.

Infirmitas. -
1. Tort, dommage.
2. (pl), *infirmitates*, vêtements de dessous, caleçons.

Infirmitoria, infirmitorium, infirmatorium. - infirmerie, hôpital.

Infirmitorium. - *idem* infirmitoria.

Infirmus. - caduc, sans valeur, qui a été infirmé.

Infiscare. -
1. Confisquer, faire entrer dans le fisc royal.
2. Inféoder un domaine.

Infistulatus. - fistule.

Infiteos. - emphytéose.

Infitiator. - faux dénonciateur.

Infitiatrix. - fausse dénonciatrice.

Infitiatus. - non confessé, non avoué.

Infixatio. - action de fixer.

Infixere. - (< *infigĕre*), enfoncer.

Infixio. - action de détacher, d'enlever la fixation.

Inflabellare. - donner une aspiration, souffler dans.

Inflabellare. - souffler, allumer en soufflant.

Inflabilis. -
1. Qui peut dilater ou être dilaté par l'air.
2. Qui enfle, donne de l'orgueil.

Inflamia. - inflammation.

Inflaminatus. - enflammé.

Inflaticus. - qui enfle.

Inflatio. -
1. Gonflement.
2. Fierté, vanité, exaltation.

Inflativus. -
1. Qui fait enfler.
2. (*instrumentum i.*), instrument à vent.

Inflator. - celui, celle qui gonfle, qui donne de l'orgueil.

Inflatura. - enflure, inflammation, tumeur.

Infleccare. - empenner, fabriquer des flèches.

Inflexibilitas. - inflexibilité, fermeté.

Inflictor. - celui qui inflige.

Inflorare -
1. (fig), garnir de fleurs.
2. Orner comme avec des fleurs.

Inflorari. - s'épanouir, être éminent.

Influctuatio. - afflux de la mer, déferlement des vagues.

Influentia. -
1. Embouchure.
2. (*i. aquarum*), débordement, inondation.

Influere. - exercer une influence sur.

Influor. - influence.

Influxibilis. - invariable.

Influxio. - marée montante, afflux.

Infocare. -
1. Mettre au feu, allumer, embraser (Italie).
2. Rougir au feu.
3. Chauffer.

Infoderare, inforrare. - fourrer, garnir de fourrure, doubler un vêtement.

Infoderatura. - doublure d'habit, fourrure.

Infoditus. - enfoui.

Infœderabilis. - qu'on ne peut pacifier, implacable, inexorable.

Infœderabiliter. - sans paix possible, sans trêve.

Infoliare. - envelopper dans des feuilles, des pétales.

Infollonicatus, infullonicatus. - rude, brut, (qui n'a pas été traité par un *foulon*).

Inforare. -
1. Accuser su la place publique.
2. Négocier sur un marché.

Inforcere. - fortifier une ville.

Inforcia. - force.

Inforciamentum, infortiamentum, infortiatio. - fortification.

Inforciare. - *idem* infortiare1, fortifier une ville.

Inforciatus. -
1. (*inforciata moneta*), monnaie d'un titre supérieur, renforcé, de meilleur aloi.
2. (*inforciatum rubrum*), rouge foncé.

Inforestare. -
1. Transformer en forêt.
2. Soumettre au droit forestier dépendant du domaine royal.

Informare. -
1. Disposer, organiser.
2. Former, instruire.
3. Avertir, prévenir, informer.
4. Remettre en possession.

Informari. - être informé.

Informate. - en formant davantage.

Informatio. -
1. Disposition.
2. Information, enquête.

Informativus. -
1. Informatif, d'information.
2. Formatif, qui pourvoit d'une forme.
3. Qui forme, façonne un une moralité.

Informator. - maître, docteur.

Informidabilius. - avec moins de crainte.

Informis. - sans la forme

Informitas. -
1. Difformité, laideur, défaut.
2. Absence de forme.

Informiter. - confusément.

Infornare, infurnare. - enfourner.

Inforrare. - *idem* infoderare, doubler un vêtement.

Inforrnatio. -
1. Formation, enseignement.
2. Connaissance, information.

3. Information, enquête.

Infortiamentum. - *idem* inforciamentum, fortification.

Infortiare. -
1. Fortifier une ville ; munir de nouvelles fortifications.
2. Assurer, garantir.
3. Renforcer le poids d'une monnaie.
4. Forcer, violer une femme.

Infortiati. - monnaie forte, de bon aloi, non altérée.

Infortiatio. - *idem* inforciamentum.

Infortiatus. - celui contre qui l'avertissement ultime ou la sentence d'excommunication a été prononcée et renforcée.

Infortuitus. - malheureux

Infortuna. - (pl), accidents, malheurs.

Infortunare. - rendre malheureux, attirer le malheur sur.

Infortunate. - malheureusement.

Infortunatus. - malheureux ; qui n'a pas de chance.

Infortuniosus. - malheureux.

Infortunium. - faute, crime.

Infossare. -
1. Entourer d'un fossé.
2. Enterrer.
3. Transpercer, enfoncer, poignarder (Angleterre).

Infra. -
1. À l'intérieur de.
2. Pendant.
3. En moins de.

Infraannatus. - qui a moins d'un an.

Infracaptus. -
1. Capturé dans un territoire.
2. (*i. fur*) voleur d'enfants.

Infraclausus. - (subs), enclos.

Infracomputare. - inclure dans un compte.

Infracontentus. - contenu dans.

Infracticus. - qui cause un engorgement.

Infractio. -

1. Effraction.
2. Action d'enfreindre, de violer.
3. Violence, injustice.

Infractor. - celui qui porte atteinte à une donation, à un droit.

Infractum. - violence, violation.

Infractura. -
1. Toute infraction à la loi, effraction, délit, violence.
2. Action de contrevenir à une loi.

Infractus. -
1. Non abattu, non interrompu.
2. Gesticulation, contorsion.

Infraducere. - guider, conduire.

Inframissio. -
1. Action de se mêler de, ingérence.
2. Remise en possession.

Inframittere. -
1. Mettre quelqu'un en possession.
2. (*se i.*), se mêler de, entremettre.
3. (*i. bona*), mettre les biens sous séquestre en attendant une clarification.

Inframuraneus. - qui vit à l'intérieur des murs d'une ville ou d'un château.

Infranares. - moustaches.

Infranchiare. - libérer, affranchir un serf.

Infranominare. - citer plus bas sur la page ou plus loin dans un document.

Infranominatus. -
1. Nommé ci-dessous.
2. Compris dans la nomination.

Infraobligare. - lier une personne par accord dans un document.

Infraordinarius. - ordinaire.

Infraponere. - placer à l'intérieur.

Infrasalsiare. - mettre (la viande) au saloir.

Infrascriptus. - mentionné ci-dessous.

Infrasia. - partie d'habit : fraise.

Infraspecificare. - préciser plus bas sur la page ou plus loin dans le document.

Infrasubscriptus. - écrit ci-dessous.

Infratrussare. - emballer, faire un paquet.

Infraudare. -
1. Tromper, frustrer.
2. Enfreindre.

Infraxis, enphraxix. -
1. Engorgement.
2. Epuisement.

Infrectus. - brodé.

Infremere. - frémir de.

Infrenalis. - non freiné.

Infrendere. -
1. Grincer des dents de colère.
2. Grogner, gronder.

Infrequentatus. - rare, peu usité.

Infrescayrare. - rafraîchir un lieu en le jonchant de verdure fraîche.

Infrigdare, infrigidare. - rafraîchir.

Infrigibilis. - que l'on peut rafraîchir.

Infrigidare. - *idem* infrigdare.

Infrigidatus. - refroidi, gelé.

Infringere. -
1. Cambrioler une maison.
2. Enfreindre une immunité, violer un bien d'église, un bien sacré.

Infringibilis. - inviolable.

Infringibiliter. - inviolablement.

Infrixatura. - frange.

Infrocatus. - défroqué.

Infronitus. - *idem* infrunitus.

Infrontare. -
1. Aboutir, être limité, confiner.
2. (*i. sese*), se faire face, s'affronter.

Infrontate. - effrontément.

Infrontatio. - limite.

Infrontatus. - *idem* infrontosus.

Infrontosus, infrontuosus. - effronté.

Infrontuose. - sans honte, avec audace.

Infrontuosus. - *idem* infrontosus.

Infructifer. - improductif, qui ne porte pas de fruit.

Infructificare. - (fig), fructifier

Infructuare. - semer, anc fr[1], *enfructuer*.

Infructus. - jouissance, usufruit.

Infrunalis. - *idem* infrunitus.

Infrunitas. -

  1. Sottise, grossièreté.
  2. Folie, démence.

Infrunite. - imprudemment, sans retenue.

Infrunitus, infronitus, infrunalis. - insensé, déraisonnable.

Infrustrabilitas. - le fait de ne pas être contrarié, irrésistible.

Infrustrans. - insensé.

Infrutectus. - stérile, qui ne porte pas de fruit.

Infucate. - (< *fūcāre*), sincèrement, sans fard.

Infucatus. - sincère.

Infudiciare. - *idem* infidare, donner en gage.

Infugare. - mettre en fuite, poursuivre, chasser.

Infugatus. - fugitif, hors-la-loi.

Infugibilis. - inéluctable, sans possibilité de fuite.

Infula. - (< *īnfŭla*).

  1. Coiffe en général, bonnet ; statut privilégié (par métonymie) ; insigne de la dignité sacerdotale.
  2. Chasuble.
  3. Pallium de l'archevêque, dignité d'archevêque, épiscopat, pontificat.

Infulare. -

  1. Revêtir de la chasuble ; (pass), se revêtir de la chasuble.
  2. Revêtir d'une fonction épiscopale.
  3. Orner de bandeaux.

Infulatus. -

  1. Charge, dignité.
  2. (adj), revêtu des insignes de sa charge.

Infulcimentum. - (< *fulcīmentum*), soutien, support.

Infulgere. - briller de mille feux, resplendir.

Infullonicatus. - *idem* infollonicatus, rude, brut, (où le travail du *foulon* n'a pas été fait).

Infumare. - (fig), enfumer, souiller.

Infumibulum. - conduit de cheminée.

Infundabilis. - sans fondement, injustifiable.

Infunderare. - être en foncrière, inondable (en parlant d'un chemin).

Infundere. -

  1. (< *fŏdĕre*), fouir.
  2. (< *fundĕre*), répandre.

Infunditus, infusio, infustitus. - maladie du cheval due à une trop grande ingestion d'eau ou à un excès de travail.

Infuneratio. - enterrement.

Infurcare. -

  1. Attacher au gibet.
  2. (*i. aliquem*), condamner à mort.

Infurcatus. - fourchu.

Infuriare. - mettre en fureur.

Infuriosus. - furieux, en fureur.

Infurnare. - *idem* infornare, enfourner.

Infuroriare. - mettre en fureur.

Infusare. - enrouler la laine au fuseau.

Infusidarium. - sorte de soupe de légumes et de racines.

Infusio. -

  1. *Idem* infunditus.
  2. Action de verser, de donner (en parlant de la communion sous les deux espèces).

Infusor. - celui qui répand (des bienfaits) : Dieu.

Infusorium. - ce qui sert à verser, cuvette, vase à long col pour introduire l'huile dans la lampe.

Infustitus. - *idem* infunditus.

---

[1] Godefroy.

Ingadiamentum. - *idem* inwadiamentum.

Ingadiare, ingagiare. - donner en gage.

Ingagiare. - *idem* ingadiare.

Ingaleare. - couvrir d'un casque.

Ingam. - *idem* ingannum.

Inganare. - *idem* ingannare, tromper, frustrer.

Ingangta. - sorte de flèche, de trait.

Ingannare, inganare. - tromper, frustrer.

Ingannatio. - supercherie, anc fr[1], *enganance*.

Ingannatura. - grimace, moquerie.

Ingannum, engannum, inganun, ingam, enganum. - tromperie, fraude (Espagne).

Inganun. - *idem* ingannum.

Ingarbelatus. - brut, non passé au tamis, (quasiment toujours en gerbes).

Ingardiator. - garde, gardien.

Ingarrula. - (< *garrŭlus*), oiseau réputé comme étant bavard : pie.

Ingaynare, inguaynare. - enclaver.

Ingazare. - donner en gage.

Ingegnerius. - *idem* ingeniarius.

Ingelare. - geler, refroidir.

Ingeminatio. - action de répéter des paroles.

Ingemositas. - gémissement, jérémiade.

Ingenealogiatus. - avec une généalogie non connue.

Ingenerabilis. - stérile, impuissant.

Ingenerabiliter. - sans pouvoir être engendré, sans génération.

Ingeneratio. - non engendré.

Ingenerius. - *idem* ingeniarius, ingénieur de machines de siège, d'artillerie.

Ingeniare. -
1. Imaginer, créer, inventer quelque chose.
2. (*i. urbem*), attaquer une ville avec des machines de guerre.
3. Inventer par ruse.
4. S'emparer par ruse, rédiger d'une façon fallacieuse.

Ingeniari. - user de ruse, tromper, anc fr[2], *engigner*.

Ingeniarius, ingenerius, ingeniator, ingegnerius. - ingénieur de machines de siège, d'artillerie.

Ingeniator. - *idem* ingeniarius.

Ingeniatus. - pourvu de machines de guerre.

Ingeniculari. - (< *gĕnŭ*), se mettre à genoux, s'agenouiller.

Ingeniculatio. - agenouillement.

Ingeniculum. - faible esprit.

Ingeniolum. - petit engin.

Ingeniose. - frauduleusement, par ruse.

Ingeniositas. - adresse, ruse, habileté.

Ingeniosius. - constructeur de machines de guerre ou directeur de la construction de ces machines, ingénieur militaire.

Ingeniosus. -
1. Rusé.
2. Fallacieux.
3. (subs), ingénieur.

Ingenitura. - stérilité.

Ingenitus. - prosterné.

Ingenium. -
1. Ruse, finesse, tromperie.
2. Machine de guerre, engin militaire.
3. Motif, raison.
4. Acte notarié, titre, charte.
5. Filet de pêche (ou hameçon).
6. Dispositif, engin utilisé dans le remorquage des navires.
7. En général, tout système utile.

Ingenius. - *idem* ingenium4, acte notarié.

Ingenter. - (< *ingens*), beaucoup, fortement, grandement.

Ingentia. - grandeur, importance.

Ingentificus. - énorme, immense.

Ingentior. - plus grand.

Ingentitudo. - embonpoint, grosseur.

Ingentus. - énorme, démesuré.

Ingenua. - femme affranchie.

Ingenuare. - (*i. aliquem*), affranchir.

Ingenuatio. - affranchissement.

Ingenue. - en toute propriété, à titre allodial.

Ingenuilis. -
1. Qui convient à un individu libre.
2. (*i. mansus*), domaine possédé en toute propriété, en homme libre.
3. Personne libre, de condition libre.

Ingenuitas. -
1. Affranchissement de l'esclavage.
2. Naissance noble.
3. La noblesse.

Ingenuitas. -
1. Condition de l'homme libre.
2. Affranchissement , (*charta inge-nuitatis*), acte écrit d'affranchisse-ment.
3. La noblesse, les nobles, noblesse d'esprit ou de caractère.
4. Exemption, immunité, sûreté.

Ingenuus. -
1. (adj), noble.
2. (subs), homme libre de naissance ou affranchi.

Ingerere. -
1. Transporter (vers ou dans).
2. Enfoncer.
3. Servir (nourriture ou boisson).
4. Infliger (à), provoquer (quelque chose de désagréable).
5. Mener une guerre, bataille.
6. Exposer, faire connaître.
7. Imposer une personne à autrui.
8. Imputer.
9. Avancer une réclamation.
10. Déduire, affirmer.
11. (*se i.*), s'offrir (une parcelle de champ complémentaire).
12. Se présenter, se manifester.
13. S'appliquer, s'occuper de.
14. Assumer (privilège ou fonction).

Ingerminare. -
1. Faire naître, inculquer.
2. Germer.

Ingersare. - brunir, enduire fard, barbouil-ler ce qui est blanc.

Ingestiamentum. - *idem* ingistamentum.

Ingestio. - (*i. manuum*), assaut.

Ingestire. - (*i. se*), se proposer, s'offrir

Ingidiamentum. - *idem* inwadiamentum.

Ingistamentum, ingestiamentum. - droit
à payer pour le pâturage.

Inglaciare. - geler ; (fig), glacer.

Inglandare. - nourrir de glands, mener au
glandage.

Inglandula. - inflammation des glandes.

Inglarare, inglareare. - disposer une
sous-couche de gravier ou de sable.

Inglareare. - *idem* inglarare.

Ingloria, ingloriatio. - déshonneur.

Ingloriatio. - *idem* ingloria.

Inglossabilter. - qui ne peut être expliqué.

Inglutire. - avaler.

Ingluvies. -
1. Maladie de la gorge.
2. Glue, colle (pour l'empennage des flèches).

Ingluvietas. - (*i. ventris*), gloutonnerie.

Ingomberare. -
1. Empêcher, *Cf. incumbrare*[1].
2. Assiéger.

Ingottatus. - qui a la goutte.

Ingraciliare. - rendre mince ou élancé.

Ingraduatus. - non gradué (par l'univer-sité).

Ingranare. -
1. Mûrir.
2. Porter le grain au moulin, anc fr[1], *engrenir*, « mettre le grain dans la trémie du moulin ».

---

[1] Godefroy.

Ingranatis. - couleur rose similaire à celle de la grenade, incarnat.

Ingranatura, ingranura. - apporter du grain (au grenier, à la grange).

Ingrandinare. - frapper à coups redoublés.

Ingrangiare. - mettre en grange.

Ingrangiatio. -
1. Action d'engranger.
2. Lieu où l'on met le grain.

Ingranura. - *idem* ingranatura.

Ingrassare, incrassare. -
1. Engraisser (le bétail).
2. Enrichir le sol en le fumant.
3. (fig), s'enrichir par des moyens douteux.
4. Rendre ou devenir grossier.

Ingrassari. - ravager, dévaster.

Ingrassatio. - incursion.

Ingrassatus. - engraissé.

Ingratanter. - avec défaveur.

Ingrates. - (*i. tauri*), taureaux engraissés.

Ingratiçatus. - (< *crātis*), engrillagé.

Ingratificus. - ingrat, qui ne se souvient pas des bienfaits.

Ingratinare. - égratigner.

Ingratitudo. -
1. Colère, irritation.
2. Sévérité, austérité, gravité.
3. Défaveur, mécontentement, impopularité.

Ingratuitas. - ingratitude.

Ingratuitus. -
1. Malgré soi, contre son gré.
2. Désagréable, à charge.

Ingratus. - hostile, rebelle.

Ingravanter. - (< *ingrăvātē*), de bon gré, de bon cœur.

Ingravare. -
1. Graver.
2. Demander, réclamer, accuser.

Ingravatura. - gravure.

Ingredi. -
1. Introduire, faire entrer.
2. Entrer en possession, assumer.

Ingredicium. - entrée.

Ingremiare. - prendre ou presser contre son sein ; embrasser.

Ingressa. - introït, chant d'entrée.

Ingressarium, ingressurium. - antiphonaire d'introïts.

Ingressea. - revenu, rente, *entrée* d'argent.

Ingressio. - agression verbale.

Ingressora, ingressura. - entrée d'un domaine.

Ingressura. - *idem* ingressora.

Ingressurium. - *idem* ingressarium.

Ingressus. -
1. Entrée en possession, entrée en charge.
2. Revenu.
3. Entrée dans un ordre religieux.

Ingrossare. -
1. Faire la grosse (d'un acte).
2. Échanger une chose contre une autre devant un juge qui dresse un acte.

Ingrossari. - enfler, grossir.

Ingrossatio. -
1. Épaississement.
2. Échange.
3. Copie, d'un document, grosse.

Ingrossator. -
1. Copiste, rédacteur d'un document, de grosse d'un acte.
2. (pl), *ingrossatores*, marchands de gros.

Ingroxamentum. - échange.

Ingruentia. -
1. Attaque.
2. (*fluvialis i.*), crue.

Inguadiare, inwadiare, inguagiare. -
1. Mettre en gage, engager.
2. Lier par un gage.
3. (*i. se alteri*), engager sa personne, se mettre à la disposition de ses créanciers.

Inguagiare. - *idem* inguadiare.

Inguarda. - *idem* inwarda, service de garde.

Inguardus. - *idem* inwardus, office de gardien.

Inguaynare. - *idem* ingayrare, enclaver.

Inguaziatio. - mettre en gage, engagement.

Inguichiatus. - terme de chasse indiquant le cor de chasse muni de ses cordons, on le dit alors *enguiché*.

Inguinaria. - (*i. pestis*), maladie qui affecte l'aine.

Ingulare. - avaler.

Ingurgitatio. - consommation excessive de nourriture.

Ingutturare. - ingurgiter.

Inhabilis. - faible, débile.

Inhabilitare. -
1. Disqualifier.
2. Désapprouver, rejeter.
3. Rendre invalide.

Inhabilitas. -
1. Inhabilité, incapacité.
2. Action de déclarer incapable, disqualification.

Inhabilitatio. - disqualification.

Inhabitabilis. -
1. (< *ĭnhăbĭtābĭlis*) ; (*i. terra*), terre inhabitée.
2. (< *ĭnhăbĭtāre*), habitable.

Inhabitans. - domaine non habité.

Inhæsio. - attachement d'une personne pour une autre.

Inhæsitabiliter. - sans hésitation.

Inhalatio. -
1. Émanation, exhalaison.
2. Inspiration.

Inhalatio. -
1. Inspiration (divine).
2. (fig), vapeur, parfum.

Inhanitus. - anéanti.

Inharmonice. - inharmonieusement, sans harmonie.

Inherbare. - empoisonner, anc fr[1], *herbaire*, « empoisonneur ».

Inheredare. -
1. Hériter de.
2. Investir, mettre en possession.

Inheredatio. - perte d'héritage, appauvrissement.

Inheredatus. - (*i. de*), acquis par héritage.

Inhereditare. - mettre quelqu'un en possession.

Inhermus. - terre inculte.

Inhiatio. - (< *ĭnhĭāre*), désir.

Inhibere. -
1. (*i. ne*), empêcher de, interdire.
2. (*i. quod*), commander, enjoindre.

Inhibitio. - défense, interdiction.

Inhibitorialis, **inhibitorius**. - de défense, prohibitif.

Inhibitorius. - *idem* inhibitorialis.

Inhibitus. - non détenu, non possédé.

Inhok, inhokus, inhoka, inhokus.
- (< *inge*)[2], enclos, parcelle de terre en jachère temporairement mise en culture (Angleterre).

Inhoka. - *idem* inhok.

Inhokus. - *idem* inhok.

Inhokus. - *idem* inhok.

Inhominior. - pas digne d'un être humain.

Inhonestas, inhonestitas - honte, déshonneur.

Inhoneste. -
1. Honteusement.
2. Ridiculement.

Inhonestitas. - *idem* inhonestas.

Inhonor. - déshonneur.

Inhonorare, **inhonorificare**. - déshonorer.

Inhonoratio. -
1. Déshonneur.
2. Atteinte, préjudice.

---

[1] Hippeau.

[2] A.S : *inge*, « champ, enclos ».

Inhonoratus. - impayé, non rémunéré.

Inhonorificare. - dépouiller.

Inhonorificare. - *idem* inhonorare.

Inhorracio. - *idem* inhorreatio.

Inhorreare. - (< *hordĕum*), rentrer les récoltes.

Inhorreatio, inhorriacio, inhorracio. - rentrée des récoltes.

Inhorrere. -
1. Frémir, se faire hérisser.
2. Fulminer contre.

Inhorriacio. - *idem* inhorreatio.

Inhorribilis. - horrible, répugnant.

Inhortatio. - (pl), remontrances.

Inhospitare. - se loger dans, sur.

Inhospitatio. - action de loger.

Inhospitatus. - non habité.

Inhumanicare. - agir de façon cruelle.

Inhumanitus. - cruellement.

Inhumare. - enterrer, inhumer.

Inhumatio. -
1. Enterrement.
2. Le fait qu'il n'y ait pas d'inhumation.

Inhundredum. - « in-hundred », territoire incluant les terres domaniales du château seigneurial (Angleterre).

Inibitor. - celui qui empêche.

Inidiota. - qui n'est pas sans culture.

Inidoneitas. -
1. Incapacité.
2. Inconvenance.

Inidoneus. - qui ne convient pas.

Inigere. - (*i. pecus*), mener, conduire comme on le fait pour les animaux que l'on conduit au pâturage.

Inignire. -
1. Éclairer.
2. Allumer le feu.

Inimicabilis. - hostile.

Inimicabiliter, inimicialiter. - d'une manière hostile.

Inimicalis, inimicator. - qui est ennemi, adversaire.

Inimicare. - agir en ennemi.

Inimicari. - devenir hostile, ennemi.

Inimicator. - *idem* inimicalis.

Inimicatus. - adversaire, ennemi.

Inimicialiter. - *idem* inimicabiliter.

Inimicitia. - guerre privée, vendetta.

Inimicitiare. - être l'ennemi de quelqu'un.

Inimicus. -
1. (adj), hostile.
2. Nuisible ou préjudiciable à.
3. Détesté, haineux.
4. (subs), ennemi, adversaire ; le démon.
5. Vassal qui encourt l'inimitié de son seigneur.
6. Celui qui est engagé dans une guerre privée.

Inimitabiliter. - d'une façon inimitable.

Inimitiatus. - qui n'a pas de commencement.

Inimpedibilis. - dont on ne peut empêcher l'effet.

Inintellegibilitas. - incapacité à être compris, inintelligibilité.

Inintelligens. - (subs) ; (pl), les êtres sans intelligence.

Ininterpolatus. - ininterrompu.

Ininterpretabilis. - inexplicable.

In-invicem. - mutuellement.

Inippidatus. - qui n'a pas de ville.

Iniquare. - faire tort à.

Inique. - illégalement.

Iniquitas. -
1. Injustice, en particulier dans un processus législatif.
2. Méchanceté, péché, criminalité.

Iniquitus. - injustement.

Iniquus. -
1. (*i. equus*), cheval au comportement inégal.
2. (*i. morbus*), feu sacré, herpès.
3. Défavorable, préjudiciable.
4. Hostile.
5. (subs), le démon.

Inire. -
1. (< *ĕmĕre*), acheter.
2. (< *in-īre*), encourir, subir (jugement, condamnation).

Initerabilis. - qu'on ne peut renouveler.

Initialis. - initial, qui commence, du début, premier.

Initiamentum. -
1. Chose secrète.
2. Initiation.
3. Doctrine, enseignement.

Initiare. -
1. Commencer.
2. Baptiser.
3. Initier, admettre (au sacerdoce), promouvoir (aux ordres ecclésiastiques).

Initiarium. - enfance.

Initiator. - celui qui commence à faire une chose.

Inium. - *idem* ineum.

Injaculare. - jeter à, livrer à.

Injecta. - don, cadeau.

Injectio. -
1. Soupir, gémissement.
2. Imposition faite par Justinien que les survivants de la peste ou de la famine étaient tenus de payer à la place de ceux qui avaient péri.
3. (*i. manuum*), action de porter la main sur.

Injector. - celui qui porte la main sur.

Injoquare, injuelare. - offrir de la joaillerie, des bijoux.

Injudicatus. - dont on n'a pas disposé par testament.

Injudiciose. - injustement.

Injuelare. - *idem* injoquare.

Injunctio. - injonction, ordre.

Injunctum. - ordre.

Injungere. -
1. Ordonner.
2. (*i. antiphonam*), entonner un chant.

Injurare. - faire exécuter un jugement rendu, ou contraindre par le droit à le faire exécuter.

Injurari. - faire du tort à.

Injuratio. - tort, dommage.

Injuratus. - traité illégalement.

Injure. - injustement.

Injuria. -
1. Justice, juridiction.
2. Attentat, voies de fait
3. Amende pour attentat.
4. (*sine i.*), sans injustice.
5. (*per injuriam*), d'une façon injustifiable.

Injurialis. -
1. D'injustice, de dommage.
2. Ayant subi des injustices.

Injuriare. -
1. Injurier, maltraiter, sévir contre.
2. Faire tort à.
3. Réfuter, contredire.

Injuriari. -
1. Faire du tort.
2. Être malade, souffrir.

Injuriatio. - tort.

Injuriator. -
1. Insulteur.
2. Celui qui cause du tort, du dommage, malfaisant

Injussus. - non ordonné, non convoqué au tribunal.

Injustificare. - empêcher la justification de.

Injustitia. -
1. Tort, préjudice.
2. Délit, attentat.

Injustus. - injuste, soumis au péché originel.

Inka. - *idem* enka, pièce métallique supportant la meule du moulin.

Inlacum. - manque, carence, pénurie (Ecosse).

Inlagare. - gracier un hors la loi, le restaurer dans la loi commune.

Inlanda, inlandum. - (< *in-land*)[1], réserve domaniale en Angleterre.

Inlandiscus. - indigène, natif.

Inlandum. - *idem* inlanda.

Inlapidatio. - *idem* illapidatio transformation en pierre.

Inlaterare. -
1. Être à côté de, se toucher.
2. Borner (sur le côté), confiner.

Inlatum. - *idem* illatum.

Inlegiare. -
1. Mettre hors la loi.
2. (*se i.*), se libérer d'un bannissement.

Inlethalis. - qui ne meurt pas, immortel.

Inlevitas. - *idem* illevitas, poids, gravité, pondération.

Inlex. - (< *illĭcĕre*), séducteur.

Inlicitare. - pousser à.

Inlicitatio. - séduction, charme.

Inliciter. - contre le droit.

Inlicito. - illicite.

Inligare. - lier par un pacte ; astreindre.

Inlinguis. - *idem* illinguis, sans voix, muet.

Inliquiri. - couler vers, couler dans.

Inlocaliter. -
1. Emplacement non occupé.
2. Sans occuper la place.

Inloquium. - (< *adlŏquĭum*), exhortation, allocution.

Inlucidus. - *idem* illucidus, obscur.

Inlucubratus. - *idem* illucubratus, document non élaboré, griffonné.

Inludia. - *idem* illudia, visions des songes, des rêves.

Inluminare. - inspirer, éclairer.

Inluminatio. - *idem* illuminatio.

Inmagistratus. - honoré.

Inmajorare. - agrandir.

Inmancatio. - peine de mutilation.

Inmannus. - (< *innan-man*)[2], tenancier de domaine (Angleterre).

Inmantare. - revêtir de la mante pontificale comme symbole d'investiture.

Inmarcescibilis. - *idem* immarcescibilis.

Inmassare. - *idem* immassare, mâcher.

Inmatriculare. - *idem* immatriculare, adjoindre, immatriculer, incorporer.

Inmeabilis. - *idem* immeabilis, qu'on ne peut traverser, franchir.

Inmediatio. - *idem* immediatio.

Inmeliorare. - *idem* immeliorare, améliorer.

Inmemeoratus. - immémorial.

Inmitriatus. - *idem* immitriatus, élevé au pontificat.

Inmotabilis. - immuable.

Inmulare. - entasser, mettre en meule.

Inmundus. - *idem* immundus, sale, impur.

Inmunificus. - *idem* immunificus, avare, tenace, sordide.

Inmunis. - *idem* immunis.

Inmurare. -
1. Entourer d'une enceinte.
2. Se retrancher.

Inmutuatio. - *idem* immutuatio

Innama. - *idem* innonia, enclos.

Innamia. - *idem* innonia.

Innamiare, innamire. - saisir.

Innamire. - *idem* innamiare, saisir.

Innamium. - *idem* innonia.

Innamum. - *idem* innonia.

Innascibilitas. - incapacité à naître (Dieu).

Innativus. - inné.

Innaturalis. - contraire à la nature, qui n'est pas naturel.

Innaturalitas. -
1. Anomalie, condition non naturelle.
2. Sans civilité.

Innatus. - (< *innāscī*).

---

[1] A.S : *in-land*, « domaine ».

[2] A.S : *innan*, « à l'intérieur », *man*, « serviteur, vassal »

1. Indigène.
2. Inné, qui appartient à la nature d'un être.

Innaufragus. - qui n'a pas fait naufrage.

Innavigare. - transporter par bateau, exporter, importer.

Innectere. - (*i. aures*), dresser l'oreille.

Innegabilis. - qu'on ne peut nier, indéniable.

Innegabiliter. - d'une manière indéniable, incontestablement.

Innexio. - lien, enlacement, enchevêtrement.

Innisus, innixus. - effort.

Inniti. - s'appliquer à.

Innixus. - *idem* innisus, effort.

Inno. - récipient où l'on purifie le sel.

Innobilis. - roturier.

Innobiliter. - sans noblesse.

Innocens. -
1. Irréprochable, innocent.
2. Simplet, sot, niais, grossier.
3. (*i. chori*), enfant de chœur.

Innocentula. - petite innocente morte en bas âge.

Innocientiæ. - arguments qui permettent de convaincre de l'innocence d'un accusé.

Innocivus. - inoffensif.

Innocue. - bien qu'innocent.

Innodare. -
1. Lier, attacher.
2. Condamner par l'excommunication, l'anathème.

Innodatio. -
1. Attacher, enchaîner.
2. Lien d'accord, de contrat, d'alliance.
3. Action de lier (par une excommunication).

Innodatus. -
1. Lié.
2. Orné, revêtu.

Innoma - *idem* innonia.

Innominabilis. - qui échappe à tout nom.

Innominabilitas. - état de ce qui ne peut être nommé.

Innonia, innoma, innama, innamum, innamia, innamium. - (< *innan*)[1].
1. Enclos (Anglosaxon).
2. Saisie (Anglosaxon).
3. Gage.

Innormare. -
1. Régulariser, ramener à la règle.
2. Former (des disciples).

Innormis, inormis. - immense, énorme.

Innormitas. - énormité.

Innormiter. -
1. Énormément.
2. D'une manière irrégulière.

Innotabilis. -
1. Qui ne se marque pas.
2. Exempt.

Innotare. - communiquer, faire savoir.

Innotatio. - inventaire.

Innotescentia. -
1. Notoriété, publication.
2. (*i. litteralis*), assignation en justice.

Innotescere. -
1. Faire connaître, signifier.
2. (*i. se*), se faire connaître, être connu (de).
3. (*i. se*), se proclamer (comme).

Innotus. - qui ne sait pas.

Innovare. - défricher.

Innovatio. -
1. Renouvellement, recommencement, jeunesse.
2. (*i. mundi*), renouvellement du monde (à la fin des temps).

Innovatura. - renouvellement, confirmation d'impôt, de taxe.

Innoxiare. - disculper, innocenter.

Innoxius. - non lié par un serment.

---

[1] A.S : *innan*, « à l'intérieur ».

Innubialis. - sans nuage.

Innubilis. - (*puella i.*), non nubile, non en âge.

Innubus. - (< *innuba*).
1. Qui n'est pas mariée.
2. (subs), femme consacrée à Dieu, religieuse.

Innuere. - (*i. ut*), conseiller de.

Innuicio. - *idem* innuitio.

Innuitio, innuicio. -
1. Vue.
2. Indication par signe, hochement de tête.

Innumeratus. -
1. Incalculable, innombrable.
2. Argent, espèces qui ont été comptées.

Innumerose. - dans une mesure illimitée.

Innumerositas. - multitude, foule immense.

Innumerosus. - innombrable.

Innunge. - association d'artisans en Germanie, privilèges et charges liés à cette association.

Innuptus. - célibataire.

Innutabiliter. - inébranlablement.

Innutanter. - sans hésitation.

Inobaudientia. - (< *ŏbœdĭentĭa*), désobéissance.

Inobaudire. - désobéir.

Inobedienter. - sans obéir.

Inobedientia. -
1. Désobéissance, négligence, rébellion.
2. Trouble, maladie, état instable.

Inobligare. -
1. (< *oblĭgāre*), lier, attacher, retenir prisonnier.
2. Suggérer.

Inobliquabilis. - qui ne peut être dévié, détourné.

Inobliviosus, inobliviscens. - non oublieux.

Inobliviscens. - *idem* inobliviosus.

Inobsecrabilis. - insensible aux prières.

Inobsecrabilis. - qui ne peut se laisser toucher par des prières.

Inobservatus. - non gardé, non muni de garnisons.

Inobsessus. - non assiégé.

Inobtusus. - non émoussé.

Inobviam. - au-devant de.

Inobviare. -
1. Aller contre, réfuter, démentir.
2. Se révolter.

Inofficialitas. - absence aux offices.

Inofficiare. -
1. Faire entrer dans l'office, consacrer l'office à.
2. Desservir une église.
3. Ne pas être pourvu d'un office.

Inofficiatio. - le fait de ne pas pourvoir d'offices liturgiques.

Inofficiatus. -
1. Non pourvu d'offices.
2. (*i. capella*), où l'on ne célèbre pas l'office, chapelle abandonnée.
3. Pourvu d'un office.

Inofficiose. - non conformément au devoir.

Inofficiosus. -
1. Non valable en droit (en parlant d'une charte).
2. Fait au détriment d'autrui.

Inoiselare. - *idem* inoysilare, dresser un faucon pour la chasse.

Inoleare. -
1. (< *ŏlĕum*), oindre (roi, reine).
2. (< *ŏcŭlus*) affiner le vin par évaporation, anc fr[1], *eullage*, « remplissage jusqu'au bondon (l'œil) du tonneau ».

Inoletus. - grandi.

---

[1] Roquefort.

Inolibilis. - insipide.

Inolitus. - accoutumé, naturel.

Inollare. - mettre dans un pot.

Inomelum. - vin au miel.

Inoperare. - faire une opération, un travail.

Inoperatio. -
1. Activité interne.
2. (*i. legis*), vacance du tribunal.

Inoperatista. - inopérant (personne).

Inoperatus, inoperosus. - oisif, inactif.

Inoperosus. - *idem* inoperatus.

Inopinabilis. - inopiné, surprenant.

Inopinari. - ignorer, ne pas savoir.

Inopine. - à l'improviste.

Inopportunitas. - inadéquat, inapproprié.

Inoptabilis. - pas souhaitable, déplaisant.

Inorare. -
1. (< *ōra*), orner le bord (d'une coupe).
2. (< *ōrāre*), prier intensément.

Inordinabiliter, inordinanter. - irrégulièrement, sans ordre, sans règle.

Inordinanter. - *idem* inordinabiliter.

Inordinare. - mettre en ordre, ranger.

Inordinarius. - qui publie, qui annonce les ordres d'un autre.

Inordinatio. - désordre.

Inordinatus. -
1. Pas régulièrement organisé, désordonné.
2. De manière irrégulière, erratique, incontrôlé, désordonné, indiscipliné, chaotique.
3. Qui n'a pas mis ordre à ses affaires, intestat.
4. Non attribué par testament.
5. Contraire à la règle monastique.
6. (prêtre, évêque) non ordonné.

Inormis. - *idem* innormis, immense, énorme.

Inornare. - décorer, orner.

Inornatus. - bien pourvu.

Inosclare. - (< *oscŭlāre*), embrasser, renforcer le cadeau en vue du mariage en donnant un baiser.

Inosculans. - sans l'embrasser.

Inossatus. - implanté dans l'os.

Inovare. - renouveler une concession, accorder à nouveau.

Inoysilare, inoysillare, inoiselare. - dresser un faucon pour la chasse, anc fr[1], *enoiseler*.

Inoysillare. - *idem* inoysilare.

Inpacabilis, inpagabilis. - avec quoi on ne peut payer, n'ayant pas cours.

Inpactio. - *idem* impactio, assaut, charge, attaque.

Inpagabilis. - *idem* inpacabilis

Inpaganus. - homme étranger aux mœurs païennes.

Inpaginare. - mettre par écrit.

Inpalare. - *idem* impalare, empaler.

Inpalpilis. - qui ne peut pas être touché.

Inpans. - *idem* impans, serf, affranchi.

Inparabilis. - *idem* imparabilis, impossible à obtenir.

Inparcamentum. - pacage de bétail.

Inparcare. - parquer les bêtes.

Inpauperare. - *idem* impauperare, appauvrir.

Inpeccatus. - qui ne fait pas de faute, qui ne se trompe pas.

Inpectoratus. - *idem* impectoratus, pris à cœur.

Inpedicare. - enchaîner.

Inpejorare. - détériorer.

Inpennare. - *idem* impennare, garnir de plumes.

Inpensionare. - donner à bail.

Inpeny. - denier que l'on paye au seigneur pour renter en possession du domaine (Anglosaxon).

---

[1] Godefroy.

Inperagratus. - *idem* imperagratus, non traversé, inexploré.

Inpermotus. - *idem* impermotus, inchangé.

Inperpetuo. - *idem* imperpetuo, pour toujours.

Inpersonare. -
1. Incorporer.
2. (*i. aliquem*), investir d'une église.

Inpetibilis. - *idem* impetibilis, insaisissable.

Inpingere. - repousser, chasser.

Inplacitare. - citer en justice.

Inplacitatio. - *idem* implacitatio, procès.

Inplantare. - mettre en possession, implanter.

Inplegiare. - relâcher sans caution.

Inplegiatus. - *idem* implegiatus, forcé de servir de caution.

Inpomifer. - qui ne porte pas de fruit.

Inpositus. - *idem* impositus, non établi fermement, chancelant.

Inpossidere. - avoir en tenure.

Inposteri. - descendants.

Inpostmodum. - *idem* impostmodum, dès lors.

Inpotionare. -
1. Empoisonner.
2. Droguer.

Inpræfocabilis, inprævocabilis. -
(< *præfōcāre*), qui ne peut être étouffé, se dit de l'accusé qui garde le silence.

Inpræjudicialiter. - sans préjudice.

Inpræmediatus. - à l'instant.

Inpræmunite. - *idem* impræmunite, sans préparation.

Inpræmunitus. - *idem* impræmunitus, non préparé.

Inprætermisse. - sans interruption.

Inprævertibiliter. - qui ne peut être évité, irréversible.

Inprævocabilis. - *idem* inpræfocabilis.

Inprecatorius. - d'imprécation, de malédiction.

Inprensibilis. - *idem* imprensibilis, incompréhensible.

Inpreteribilis. - *idem* impreteribilis, infranchissable.

Inpreza. - association, société.

Inprimitus. - d'abord, pour la première fois.

Inprincipalitas. - absence de commencement.

Inprisa. - *idem* imprisa, expédition, entreprise.

Inprisonamentum, inprisonatio. - emprisonnement.

Inprisonare. - emprisonner.

Inprisonatio. - *idem* inprisonamentum.

Inpromere. - blâmer, reprendre, désapprouver.

Inprosperatus. - malheureux.

Inpublicare. -
1. Promulguer.
2. Confisquer.

Inpunitus. - qui encourt une certaine peine.

Inpuricia. - malpropreté, souillure.

Inquadrus. - carré.

Inquæsta. - *idem* inquæstus.

Inquæstio. - *idem* inquæstus.

Inquæstus, inquistus, inquæstio, inquæsta, inquesta. - enquête judiciaire.

Inquantare, incantare. - vendre à l'encan.

Inquantus, incantus. - vente aux enchères.

Inquassabiliter. - sans être ébranlé, d'une manière inébranlable.

Inquassibilis. - incassable.

Inquerelatus. - poursuivi (en justice).

Inquerulosus. - irréprochable.

Inquesta. - *idem* inquæstus.

Inquestare. - interroger, demander, enquêter.

Inquestio. - plainte en justice.

Inquietas, inquietudo. -
1. Trouble (dans une foule, une armée, un royaume).

2. Action de molester, d'inquiéter, contestation, revendication.

Inquietatio. - attaque, persécution, tracasserie.

Inquietativus, inquietivus. - qui inquiète.

Inquietator. - celui qui trouble, tracasse, vexe.

Inquietatrix. - celle qui tourmente.

Inquietivus. - *idem* inquietativus, qui inquiète.

Inquietudo. - *idem* inquietas.

Inquilina. - celui qui habite provisoirement un lieu, locataire, habitant de passage.

Inquilinatus. - séjour dans une maison louée, habitation de locataire.

Inquilinus. - censitaire, corvéable.

Inquimatizare. - (< *ἐγχυματίζειν*)[1], faire infuser, traiter par des infusions.

Inquinamentum. - (< *inquināmentum*).
1. Ce qui pollue ou souille, saleté, impureté.
2. Souillure morale, péché.

Inquinaria. - maladie contagieuse.

Inquirere. -
1. Rechercher.
2. Instruire un procès.

Inquirimentum. - ce que l'on a acheté avec son propre argent.

Inquis. - *idem* incus3, coin, matrice.

Inquisitio. -
1. Enquête, interrogatoire de témoins.
2. Procès, instance.
3. Impôt, taxe (fixée par un enquêteur).
4. Poursuite.
5. Requête, demande.
6. Recensement.
7. Inquisition chargée d'extirper les hérésies.
8. Acquisition, chose acquise.

Inquisitionales. - (*articuli i.*), les articles d'une enquête.

Inquisitionalis. - relatif à une enquête.

Inquisitive. - en recherchant, par recherche.

Inquisitivus. - de recherche.

Inquisitor. -
1. Témoin interrogé.
2. (pl), *inquisitores*[2], inquisiteurs, enquêteurs du roi.
3. (*i. fidei*), inquisiteur de la foi (chargé de rechercher les hérétiques).

Inquisitoria. - (*i. fidei*), jugement prononcé par les inquisiteurs

Inquisitorius. - qui interroge, d'enquête, d'inquisition.

Inquistus. - *idem* inquæsus, enquête judiciaire.

Inrationabiliter. - sans motif, injustement.

Inrazellare. - transporter par bateau.

Inrecidive. - sans rechute (de fièvre).

Inrecisus. - maintenu, approuvé, confirmé.

Inrectitudo. - erreur (de doctrine).

Inrefertibilis. - qui ne peut être rempli.

Inregistrare. - enregistrer.

Inreligiositas. - action de manquer au serment fait sur des reliques.

Inremediabiliter. - irrémédiablement.

Inremedicabiliter. - inguérissable par des médications.

Inremorsus. - qui ne peut être réfuté.

Inreserabilis. - qu'on ne peut ouvrir, percer.

---

[1] *ἐγχυματίζειν* : « faire infuser ; traiter par des infusions »

[2] « *Leurs fonctions consistaient à visiter les différentes juridictions du Royaume, à faire des enquêtes secrètes et publiques sur la conduite des baillis et autres juges royaux, à examiner s'ils ne commettaient aucune concussion. Ils pouvaient terminer de petits procès ; mais ils étaient obligés de référer au Parlement les grandes affaires, et notamment les plaintes qu'ils avaient reçues contre les baillis.* » (Montignot).

Inrespirabilis. - où l'on ne peut respirer.

Inresurgibilis. - d'où personne ne peut se relever.

Inrollare. - *idem* inrotulare.

Inrotare. - punir par le supplice de la roue.

Inrotulare, **inrollare**. - enregistrer dans un rôle.

Inrotulatio. - enregistrement.

Inrubidus. - impudent.

Insabbati. - les « Ensavatés », secte vaudoise portant une marque sur leurs savates.

Insaccare. - empaqueter.

Insacramentare. - corroborer une chose par un serment.

Insacratus. - non consacré, qui n'a encore reçu aucun ordre.

Insaginare. - engraisser des porcs.

Insaisare. - *idem* insaisire.

Insaisiare. - *idem* insaisire.

Insaisinare. -
1. Mettre en possession.
2. (*i. se*), se mettre en possession.

Insaisire, **insessire**. - installer, investir.

Insaisire, **inseisire**, **insaisiare**, **insaisare**.
1. Saisir (personne avec propriété).
2. Accorder un bien ou un privilège à une personne.

Insaisonabilis, **inseisonabilis**, **insesonabilis**. -
1. Hors saison.
2. Impropre à la consommation, malsain.

Insalata, **insalatium**. - salade (Italie).

Insalatium. - *idem* insalata.

Insalsare. - saler (un met).

Insalsatus. - non salé.

Insanguinare. -
1. Faire saigner.
2. Tirer du sang de, faire une saignée.

Insanies. - pus, humeur ; (par métonymie) : blessure, maladie.

Insaniose. - follement.

Insaniri. -
1. Être fou.
2. Passer pour fou.

Insanus. -
1. Imprudent, insensé, téméraire.
2. Malade.

Insarcire. - ranger dans.

Insartatus. - non essarté.

Insatianter. - insatiablement.

Insauciabilis. - (adj), invulnérable.

Insaucius. - (subs), invulnérable.

Insaysonatus. - de saison.

Inscalare. - escalader.

Inscalatio. - escalade.

Inscelestus. - non criminel, innocent.

Inscibilis. - inconnaissable.

Inscietas. - ignorance.

Inscindere. - diviser, fendre, déchirer.

Insciolus. - ignorant.

Inscissibilis. - qui ne peut être fendu, divisé.

Inscissura. - haillon.

Inscissus. - (fig), non déchiré, non séparé.

Inscius. - inconnu.

Inscontrum. - échange, remplaçant dans un rachat de prisonnier.

Inscribere. -
1. (*i. aliquem*), intenter un procès à quelqu'un.
2. Concéder en tenure.
3. Écrire (un livre).
4. Recenser.

Inscriptio. -
1. Accusation, délation.
2. Adresse d'une lettre.
3. Souscription, signature.
4. Charte, document, acte de donation.
5. Description.
6. Borne, limite (marquée).

Inscriptionalis. - d'accusation.

Inscriptum. - acte de donation.

Inscriptus. - qui n'est pas écrit.

Insculpere. - graver dans.

Insculptor. - graveur.

Inscum. - ensemble, en même temps.

Insecatus. - non coupé.

Insectatio. - (< *īnsectārī*).

  1. Poursuite hostile.

  2. (pl), les persécutions.

Insectator. -

  1. Disciple, partisan.

  2. (*i. parvulorum*), pédéraste.

Insectio. - (< *sĕcāre*, p.p, *sectum*), droit de coupe.

Insecuritas. - danger.

Insecurus. - dangereux, non sûr, incertain.

Insecutio. - action de poursuivre.

Insecutus. - celui qui est poursuivi.

Insedatus. - qui n'est pas apaisé, calmé.

Insedere. - *idem* insidere.

Inseducibiliter. - sans tromperie.

Insedumen. - (< *īnsĕrĕre*, p.p, *insĭtum*), arbre greffé.

Insegniter. - activement, avec diligence.

Inseisire. - *idem* insaisire.

Inseisonabilis. - *idem* insaisonabilis.

Insellamentum. - housse de selle.

Insellare. - seller un cheval ou une mule.

Insellatus. -

  1. Assis sur la selle d'un cheval.

  2. Non sellé.

Insemitatio. - voie, chemin, sentier.

Insennium. - salaire.

Insensalis. - sensuel.

Insensatus. -

  1. Méchant.

  2. Insensible.

  3. Dément.

Insensibile. - insensibilité.

Insensibilis, insensis. - impassible, insensible.

Insensibilitas. - insensibilité de l'esprit.

Insensis. - *idem* insensibilis.

Insensualis. - non doué de sens.

Insensualitas. - absence de sens.

Insensura. - encensoir.

Insententiare. - condamner.

Inseparabilis. - (subs) ; (pl), amis inséparables.

Insepultus. - non inhumé.

Insequenter. - tout de suite.

Insequi. - poursuivre, chasser.

Inser. - semis d'arbres ou de scions.

Inserare. -

  1. Mettre sous clef, enfermer.

  2. Introduire.

Inseratio. - insertion.

Inseratum. - coffret avec serrure.

Inseratus. - imbibé de cire (en parlant de mèche de lampes).

Insercere. - exercer.

Inserculare. - introduire.

Inserenare. - donner de la clarté, rendre clair.

Inserere. -

  1. Insérer (dans un texte), mettre par écrit.

  2. Transpercer (d'une arme).

Inserma. - guisarme.

Insertæ. - reliques.

Insertatio. - action d'insérer.

Insertatum. - *idem* insertetum.

Insertetum, insertatum. - arbre greffé.

Insertio. -

  1. Greffe.

  2. Acte de planter.

  3. Ajout, inclusion, insertion, mention dans un livre.

Insertitus. - cloisonné (en parlant d'émail)

Insertorium. -

  1. Courroie de bouclier (qui permet d'insérer la main).

  2. (< *īnsĕrĕre*, p.p, *insĭtum*), pépinière.

Insertum. - pépinière.

Inservilis. - non servile.

Inservire. -

  1. Prendre soin, être responsable de.

  2. (*i. aliquem*), asservir, ramener à la condition de serf.

3. Servir les intérêts de, se consacrer à.
4. Être engagé ou occupé dans un service liturgique.

Insesonabilis. - *idem* insaisonabilis.

Insessor. - (évêque) qui siège sur (une église).

Insetena. - endroit où l'eau coule, canal (Angleterre).

Insetetum. - endroit où poussent des arbres greffés, verger.

Insibilatio. - sifflement (de la médisance).

Insibilis. - rustre.

Insiccabilis. - qui ne peut pas être séché.

Insidere, **insedere**. -
1. Se mettre en selle, monter à cheval.
2. Occuper un domaine.
3. Camper.

Insidia. - boîte.

Insidiæ. - gardes, guets.

Insidiari. - tendre des pièges (en parlant du démon).

Insidiatio. - (pl), menées (des méchants).

Insidiatio. -
1. Embuscade, attaque.
2. Guerre civile.

Insidiator. - le Diable.

Insigillare. - munir une lettre, un document d'un sceau, d'un cachet.

Insigillatio. - action d'apposer son sceau.

Insigna. - bannière, enseigne.

Insignare. -
1. Garnir, munir de, fortifier.
2. Montrer, enseigner.

Insignarius. - *idem* insigniarius.

Insigne. -
1. Cri de guerre, de bataille.
2. Bannière, enseigne,
3. Étendard.
4. Sceau.
5. Blason.
6. Diplôme.
7. (pl), *insignia*, hauts faits.

8. Faute insigne.

Insigniarius, **insignarius**. - écuyer.

Insigniarius. -
1. Gardien des insignes.
2. Écuyer.

Insignire. -
1. Instruire.
2. Orner, embellir.

Insignis. - noble.

Insignitas. - excellence, renommée, considération, mérite.

Insignium. -
1. Bannière, enseigne, étendard.
2. Miracle.

Insignius. - considérable.

Insignum. - *idem* insignium1.

Insilere. - garder le silence.

Insiliarius. - mauvais conseiller.

Insilium. - mauvais conseil, déraison.

Insimiliter. - de la même manière, de même.

Insimilitudo. - différence.

Insimul. - (< *īnsĭmŭl*).
1. Au même lieu.
2. Au total.
3. De concert, ensemble.

Insimulator. - (< *īnsĭmŭlātŏr*), calomniateur, dénonciateur.

Insimulatus. - non ambigu, non simulé, clair.

Insimultare. - (< *sĭmĭlis*).
1. Se retrouver, se rassembler.
2. Combiner, unir.

Insincere. - non sincèrement.

Insinuamen. - science, savoir.

Insinuare. -
1. Instruire quelqu'un, enseigner.
2. Mentionner dans une charte.
3. Enregistrer.
4. Écrire, tracer sur.
5. Dire en calomniant.
6. Annoncer (en parlant d'un prodige).

Insinuatio. -

1. (Acte de) faire connaître, raconter, informer.
2. Relation, rapport enregistré dans les actes publics.

Insinuativum. - don de bienvenue offert par le clergé à l'évêque.

Insinuativus. - qui marque.

Insinuator. - celui qui introduit, promeut.

Insinuatrix. - celle qui fait connaître, qui fait un rapport.

Insipiditas. - *idem* insipitudo.

Insipientia. - ignorance.

Insipitudo, insipiditas. - manque de sagesse.

Insistare. - (*i. alicui*), insister auprès de quelqu'un.

Insistere. -
1. S'attacher à tel sens, telle interprétation.
2. Réclamer avec insistance.
3. (*i. alicui*), faire pression sur quelqu'un.
4. (*vestigiis i.*), se placer dans les traces de quelqu'un.

Insitivus. - (terrain) qu'on peut planter.

Inslotum. - sorte de taxe, d'impôt.

Insobrinus. - (< *cōnsobrīnus*), cousin.

Insociabilis. - incompatible, sans lien sociaux.

Insociabiliter. - incompatible

Insocio. - (*i. dare*), travailler à mi-fruit.

Insocna. - (< *socn*)[1], différent parmi les occupants d'une maison.

Insolabilis. - inconsolable.

Insolare. -
1. Exposer au soleil.
2. Paver le sol (de la maison).

Insolatiatus. - non consolé, sans consolation.

Insolentia. -
1. Désaccoutumance.
2. Manquement, faute.

3. Sottise, niaiserie

Insolere. - (< *sŏlēre*), avoir en possession, conserver, avoir l'habitude.

Insolertia. -
1. Sottise.
2. Insolence.

Insolescere. -
1. Être ou devenir inhabitué à quelque chose.
2. Devenir fier, devenir insolent.
3. Être ou devenir impudique ou sans honte.

Insolito. - contraire à la coutume.

Insollertia. - manque de compétence, ignorance.

Insolubilis. - qui ne peut être compensé par une amende.

Insolubilitas. - d'une façon irréfutable.

Insolubiter. -
1. Indissolublement, perpétuellement.
2. Incontestablement, d'une façon irréfutable.

Insolutus. - non payé.

Insolventia. - incapacité de payer.

Insomnitas. - insomnie.

Insompnium. - ce que l'on voit en songe.

Insonabiliter. - (révéler) non par des paroles.

Insonare. -
1. Se répandre (rumeur).
2. Sonner les cloches.

Insontia. - innocence.

Insopibilis, insopitabilis -
1. (fig), qui ne peut s'assoupir ou se calmer.
2. (*i. flamma*), flamme que l'on ne peut endormir, c'est-à-dire feu inextinguible.

Insopiri. - être endormi, lourd.

Insopitabilis. - *idem* insopibilis.

Insopor. - qui ne dort pas.

---

[1] A.S : *socn*, « recherche, investigation ».

Insoporabilis. - (fig), qui ne peut s'endormir.

Insorbere. - boire, avaler, absorber.

Insorbescere. - avaler, absorber.

Insorbibilis. - que l'on ne peut avaler.

Insordescentes. - ceux qui ne cherchent pas à se laver de l'excommunication, qui laisse s'écouler une année sans se faire absoudre.

Insordescentia. - état d'impénitence, d'excommunication.

Insordescere. - devenir immonde.

Insors. - sans partage.

Insortiare. - *idem* insorticare.

Insorticare, insortiare. - ensorceler.

Insortis, insortitus, insortus. - non partagé, non attribué.

Insortitus. - *idem* insortis.

Insortus. - *idem* insortis.

Inspeciatus. - informe.

Inspeciosus. - qui n'a pas un bel aspect, laid.

Inspectare. - juger.

Inspectator. -
1. Celui qui voit, examine, vérificateur, en particulier les fonctionnaires chargés d'inspecter les domaines pour établir l'assiette de l'impôt.
2. Visiteur ecclésiastique chargé d'inspecter les maisons religieuses.
3. (*inspectores inquestorum*), enquêteurs du roi.

Inspectatus. - inattendu.

Inspectio. -
1. Acte de regarder, d'observer, d'inspecter.
2. Lecture, étude (d'un livre, d'un texte ou d'un sujet).
3. Inspection administrative.

Inspector. - visiteur d'un monastère.

Inspeculativus. - capable de contempler à l'intérieur.

Insperari. - être désespéré.

Insperate. - (< *inspērātus*), contre toute attente.

Inspicio, inspicium. - inspection, examen.

Inspicium. - *idem* inspicio.

Inspiliator. - (< *spŏlĭātŏr*), pillard.

Inspiramen. - inspiration.

Inspirare. - inspirer de.

Inspiratalis. - qui n'est pas de l'ordre de l'esprit, matériel.

Inspiratio. - élection par inspiration qui a lieu lorsque sans aucune convention préalable tous les électeurs donnent leurs suffrages à la même personne, (comme par inspiration divine).

Inspiratorius. - destiné à inspirer.

Inspiratus. - qui arrive subitement, quasiment divinement.

Inspiritalis. - qui n'est pas de l'ordre de l'esprit, mais de la chair.

Inspissare. -
1. Augmenter.
2. (pass), s'épaissir, se coaguler.

Inspissatio. - épaississement.

Insplendere. - resplendir.

Insplendidus. - ténébreux.

Inspoliabiliter. - qui ne peut être pillé.

Insponsatus. - non épousé.

Insportitus. - relatif à ce qui est autour du cou.

Inspurus. - bâtard, illégitime.

Insquilla. - clochette.

Instabilis. - qui n'est plus maître de soi.

Instabilitas. -
1. Manque de fermeté, insolidité.
2. Agitation, mouvement constant (de la mer).
3. Sensibilité au changement, impermanence, incertitude (en parlant du monde).
4. Caractère changeant, inconstance, manque de fiabilité (en parlant d'une personne).

Instagnare. -
1. Établir un étang.
2. Se répandre, s'étaler (en parlant du flot humain sur la terre).

Instalare. - mettre au pilori.

Instalatio. - mise au pilori.

Installare. -
1. Mettre en possession ; payer une taxe à cette occasion.
2. Installer dans un bénéfice.
3. Installer (au chœur).

Installatio. -
1. Installation (dans une charge, un bénéfice), mise en possession.
2. Paiement échelonné, étalement de la dette.

Installator. - celui qui installe.

Instannatus. - étamé.

Instans. -
1. Actuel.
2. (*instanti tempore*), actuellement.
3. (*pro instanti*), en ce moment.
4. (*in instanti*), en un instant.
5. (subs), instant.
6. (subs), le demandeur, en instance.

Instantaneus. - instantané.

Instanter. - tout de suite, immédiatement, aussitôt.

Instantia. -
1. Nécessité urgente.
2. Constance, détermination, persévérance.
3. Quelque chose qui fait obstacle.
4. Réclamation, procès.
5. Instance, ressort.
6. Preuve argument, objection.
7. Cas, exemple.
8. Attaque, assaut.

Instantivus. - (*instantivæ preces*), prières pressantes.

Instar. - semblable, copie.

Instarare. - décider, résoudre, arrêter.

Instare. -
1. Être présent.

2. Se tenir tout près
3. Survivre.

Instatuatus. - statufié.

Instauradus. - celui qui est chargé du mobilier.

Instauramentum. - *idem* instaurum.

Instaurare. -
1. Guérir.
2. (*i. se*), se rétablir.
3. Pourvoir, meubler, outiller, équiper une maison, une ferme de tout ce qui est nécessaire à son fonctionnement.
4. (*bellum i.*), préparer ou reprendre les hostilités.

Instauratio. - *idem* instaurum.

Instaurum, instauramentum, instauratio. -
1. Installation, mobilier, stock, matériel, tous les ustensiles du labourage, bœufs, chevaux, outils.
2. (*i. ecclesiæ*), mobilier d'église.

Instellare. - orner d'étoiles.

Insterilis. - fertile.

Instigativus. - qui incite, stimule.

Instigator. - celui qui pousse, anime.

Instiguere. - pousser, exciter.

Instillatio. - signature ou appel nominatif des témoins un à un.

Instimulatio. - instigation.

Instinctio. - exhortation, impulsion, instigation.

Instingere. - (< *instīgāre*), exciter, stimuler.

Instipulare. - abandonner, renoncer à ses biens.

Instirpare. - introduire, planter.

Instita. -
1. Boutique de marchand d'étoffe.
2. Bande d'étoffe.

Institare. - envelopper un mort, ensevelir.

Institius somnus. - le méridienne (sieste).

Institor. -
1. Marchand.

2. Riche commerçant.
3. Banquier.

Institrix. - marchande.

Instituarius. - celui qui étudie à l'université.

Instituere. -
1. Édicter, statuer, promulguer, ordonner.
2. Installer un clerc.

Institura. - instruction.

Institute. - ouvertement, à dessein.

Institutio. -
1. Action de construire.
2. Construction.
3. Projet.
4. Ordonnance, disposition légale, prescription.
5. Diplôme, charte, contrat.
6. Impôt, taxe, tout ce qui est institué en paiement.
7. Donation à titre précaire.
8. Installation, investiture.

Institutor. -
1. Celui qui instruit.
2. Fondateur d'un ordre religieux.

Institutrix. - celle qui enseigne.

Institutum. -
1. Ordonnance, règlement.
2. Ordre, mandement.
3. Institut, ordre religieux.

Instocionatus. - (< στοιχεῖον)[1], art de la magie, arts diaboliques.

Instratus. - ouvragé, brodé.

Instrigare, instringare. - (< *tricæ*) empêcher, produire des difficultés.

Instringare. - *idem* instrigare, empêcher.

Instringibilis. - insaisissable.

Instructe. - avec préparation ou ordre.

Instructio. -
1. Acte de construire.
2. Instruction, formation, enseignement.

3. Ordre, mandat.
4. Conduite d'une entreprise.
5. Edification spirituelle.

Instructivus. - qui enseigne.

Instructor. -
1. Auteur.
2. Précepteur.

Instructorius. - destiné à l'instruction.

Instructus. - conseil, impulsion, instigation.

Instruere. -
1. Instruire.
2. Informer.
3. Dresser un animal.

Instrumentaliter. - instrumentalement, comme un instrument, un moyen.

Instrumentare. - consigner dans un document.

Instrumentarium. - cartulaire.

Instrumentatus. - consigné dans un document.

Instrumentum. -
1. Instrument, moyen.
2. Document officiel, écrit, charte.
3. Instruction documentaire.
4. (*i. quittarum*), quittance.
5. (*i. novum ; vetus*), nouveau ; ancien Testament.

Instudere. - mettre tout son soin à.

Instuffare. - munir, équiper.

Insuabilis. - non suave, désagréable.

Insuadibilis. -
1. Sans compétence.
2. Impossible à convaincre.

Insuasio. - persuasion.

Insuasus. - non persuadé.

Insuavis. - inélégant, peu logique.

Insuaviter. - désagréablement.

Insubsistibilis. - qu'on ne peut arrêter.

Insubstantialis, insubstantivus. - ce qui n'est pas une substance.

Insubstantivus. - *idem* insubstantialis.

---

[1] στοιχεῖον : « élément d'une science ».

Insubulare. - envelopper.

Insubulus. - ensouple d'un métier de tisserand.

Insuccare. - tremper, immerger.

Insuccessibilis. - perpétuel.

Insudanter. - en suant.

Insudare. - (*sūdāre*).
1. Travailler à.
2. (*i. pro*), lutter pour.
3. (*i. ut*), s'efforcer de.
4. Se consacrer (à), s'engager dans des études ou une activité.

Insudibus. - imprudent.

Insudum. - (< *sūdum*), temps clair, sans pluie.

Insuetudo. - ce à quoi l'on n'est pas habitué.

Insufficiens. - qui n'a pas les pouvoirs pour.

Insufficientia. -
1. Incapacité.
2. Insuffisance, manque.
3. État nécessiteux, indigence.

Insuffragatus. - non aidé.

Insuggillare. - critiquer quelqu'un.

Insugillabiliter. - irréprochablement, loyalement.

Insugillare. - attaquer quelqu'un en paroles.

Insula. -
1. Groupe de maisons à la campagne.
2. Maison isolée.
3. Aile, nef, allée d'une église.

Insulare. - changer en île.

Insularius. -
1. (subs), habitant d'une île.
2. Magasinier.

Insulatus. - isolé

Insulcabilis. - non labourable.

Insulella. - petite île,

Insulere, insultare. - (< *insĭlīre*), attaquer, assaillir.

Insuletum. - petite île.

Insulgere. -
1. Rejaillir.
2. Sauter en arrière, revenir en sautant.

Insulicola. - celui qui habite une île.

Insulphurare. - (fig), corrompre par le soufre.

Insultare. - *idem* insulere.

Insultarius. - insultant.

Insultuosus. - exposé aux attaques.

Insultus. -
1. Assaut, attaque, siège.
2. Insulte, outrage.

Insumere. -
1. Commencer.
2. Obtenir (un souhait).
3. S'engager à un duel.

Insummare. - résumer.

Insumptuosus. - bon marché.

Insuper. -
1. En plus, aussi.
2. Comme mentionné précédemment, comme ci-dessus.
3. (*i. annum*), pendant l'année courante.
4. (*i. habere*), négliger, mépriser.

Insuperabilitas. - invincible.

Insuperatus. - non vaincu, invincible.

Insuportabilis. - insupportable.

Insurdare. -
1. Rendre sourd.
2. (pass), être rendu sourd, se boucher les oreilles.

Insurgere. -
1. Pousser à, exciter.
2. Surgir, se produire.
3. Se laisser emporter par une passion coupable.
4. Se lever, ressusciter.

Insurrectio. - révolte.

Insusceptibilis. - non susceptible de.

Insuspectus. - fiable, au-dessus de tout soupçon.

Insuspendium. - crémaillère de cheminée.

Insuspicabilis. - insoupçonnable.
Insustentabilis. - insupportable.
Insutilis. - non cousu.
Insutura. - couture, suture.
Insyllogizatus. - illogique.
Intabernatus. - (*intabernatum vinum*), vin que l'on boit au cabaret, à la taverne.
Intabulamentum. - piédestal.
Intabulare. - enregistrer, consigner.
Intabulatio. - enregistrement.
Intachgara. - enclos (Angleterre).
Intacibilis. - qu'on ne peut faire taire.
Intagiatus. - *idem* intalliatus.
Intaliatus. - *idem* intalliatus.
Intallatus. - *idem* intalliatus.
Intalliatus, entalliatus, intallatus, inta-liatus, intagiatus, intagliatus. - gravé, sculpté.
Intamburare. - accuser quelqu'un au moyen d'une note expédiée dans une boîte.
Intaminare. -
1. Souiller, altérer, tacher.
2. Commencer, entamer.
3. Toucher à des biens, dissiper.

Intangibilis. - intangible, qui ne peut être touché, incommodé.
Intantare. - promettre.
Intardus. - rapide.
Intarsia. - marqueterie.
Intarsiatus. - marqueté.
Intarta. - (< ἀντάρτης)[1], rebelle.
Intartizare. -
1. Se révolter.
2. Usurper le pouvoir.

Intassare, intaxare. - entasser.
Intassatio. - empilement.
Intassator. - celui qui empile.
Intaxare. - *idem* intassare.
Intaxatus. -
1. Non taxé.
2. Entassé.

Intectamentum. - couverture, enveloppe.

Integralis. - complet, intégral, non divisé.
Integralitas. - immunité.
Integraliter. -
1. Dans son intégralité.
2. Sincèrement, loyalement.

Integranus. - landgrave.
Integrare. -
1. Achever, accomplir, compléter.
2. Établir dans son intégralité.
3. Approuver, ratifier, entériner.

Integratio. - approbation.
Integratus. - approuvé.
Integre, integriter. - entièrement.
Integrescere. - augmenter, se perfectionner, profiter.
Integritas. - entièreté, totalité.
Integriter. - *idem* integre.
Integumentum. - (fig), allégorie.
Intellecte. - d'une manière intelligente.
Intellectualitas. - intelligence de.
Intellectualiter. -
1. Intellectuellement.
2. Intuitivement.

Intellectus. -
1. Sentiment, conscience.
2. Sauf-conduit.
3. Aveu, connivence, intelligence avec.

Intelligentia. - intelligence, accord.
Intelligentitas. - ce par quoi on comprend, on a de l'intelligence.
Intelligentiuncula. - faible intelligence.
Intelligere. -
1. (pass), être compris, entendu, en question.
2. Entendre, faire une chose, avoir l'intention de.
3. (*i. se aliqua re*), s'y connaître en la matière, être connaisseur.

Intelligibilis. -
1. Homme intelligent, habile.

---

[1] ἀντάρτης : « rebelle, révolté ».

2. (*i. tempus*), l'âge de raison, de discrétion.

Intelligibilitas. - intelligence, capacité de comprendre.

Intelligibiter. - intuitivement.

Intemerabilis. - dont on ne peut se débarrasser.

Intemeritas. - inviolabilité (du droit d'asile dans une église).

Intemnere. - mépriser, refuser.

Intemperamentum. - excès.

Intemperans. - incontinent.

Intemperantia. - intempérie.

Intemperata. - (< *intempesta*), milieu de la nuit.

Intemperatior. - moins tempérée (contrée).

Intemperativum. - sans modération

Intempestivum, intempestum. - partie de la nuit où l'on ne fait rien.

Intempestum. - *idem* intempestivum.

Intempestuosus. - hors de saison.

Intemporalis. - inopportun, intempestif.

Intemporaliter. - continuellement, toujours.

Intemporaneus. -
1. Hors de saison.
2. Causé par le mauvais temps, les intempéries.

Intemporive. - à contre-temps.

Intenagliare. - tenailler avec des tenailles rougies au feu.

Intendentia. -
1. Soumission, sujétion ; bref ordonnant la soumission.
2. Attention, rigueur.

Intendere. -
1. Vouloir décider.
2. Estimer, croire, penser.
3. Augmenter l'intensité de.
4. Tendre à, vers.
5. Connaître, comprendre.
6. Se tendre, être orgueilleux.
7. (*i. se*), s'introduire

8. Être en litige, avoir une contestation judiciaire.
9. (*i. aliquid alicui*), dénier, contester.
10. (*i. alicui*), faire sa cour à, servir.
11. Ne pas faire attention, ne pas être attentif.
12. Ecouter.

Intendimentum. -
1. Entendement, intelligence.
2. Sens, interprétation.
3. (*i. illicitum*), ruse, tromperie.
4. (*i. bonum et rectum*), bonne intention.

Intendimentum. - entendement, tromperie, ruse.

Intenebricatus. - couvert par les ténèbres.

Intenibilis. - insaisissable.

Intensibilis. - intense.

Intensio, intentio. -
1. Accroissement d'intensité, de force (par l'addition d'un ou plusieurs degrés dans telle qualité).
2. Attention, concentration, contemplation.
3. Controverse, dispute, discussion ; litige, procès ; accusation ; vendetta.
4. Intention.
5. Etendue, limite.
6. Ressemblance, reproduction.
7. Indication.
8. Attaque, agression.

Intensitas. - pression, compression.

Intensive. - intensivement.

Intensivus. - intensif.

Intentabilis. - qui n'est pas sujet à être tenté.

Intentalis. - qui ne peut être tenté.

Intentamentum. - menace.

Intentare. -
1. Accuser, incriminer.
2. Présager.
3. Ne pas toucher.

Intentare. -
1. Être attentif à, s'occuper de.
2. Accuser, incriminer.

Intentatio. - (*i. criminum*), action d'intenter des accusations.

Intentator. -
1. Qui ne pousse pas à faire le mal, qui ne tente pas.
2. Celui qui intente un procès en justice.

Intentia. - intension.

Intentio. - *idem* intensio.

Intentionalis. - d'intention.

Intentionare. -
1. Entamer une discussion.
2. Intenter un procès.
3. (*i. in aliquid*), s'appliquer à.

Intentionare. -
1. Revendiquer.
2. Entamer une discussion, une dispute, un procès.

Intentissime. - avec beaucoup de diligence.

Intentive. - avec ardeur.

Intentivus. - d'intention.

Intentor. - celui qui intente, accusateur.

Intentum. - intention, projet.

Intentus. -
1. Intention.
2. Contestation.
3. Accusation.

Intepidus. - enthousiaste, impatient.

Inter duos. - entre-deux.

Inter. -
1. Ainsi.
2. À l'intérieur.
3. (*i. te*), chez toi.

Interadicere, interadjicere. - dire en plus, intervenir (dans la discussion).

Interadjicere. - *idem* interadicere.

Interaffinis. - borne limite.

Interagere. - servir de médiateur.

Interambulatio. - déambulation dans un certain périmètre.

Interamnius, interamnus. - (< *amnis*), placé entre deux fleuves.

Interamnus. - *idem* interamnius.

Interaperire. - entrouvrir.

Interare. - faire savoir.

Interarticulus. - ce qui est entre les jointures (formule d'exorcisme).

Interata. - éventré.

Interaudire. - entendre incidemment.

Interbajulus. - transmetteur de message.

Interbibitio. - acte de boire ensemble comme gage d'un accord.

Intercadens. - intermittent (en parlant de fièvre).

Intercalariter. - *idem* interscalariter, d'une façon intermittente, par échelon.

Intercantare. - chanter entre.

Intercapedinare. - interrompre, suspendre.

Intercapedo. - distance, parcours.

Intercapitare. - rédiger en chapitres.

Intercaptio. - intervalle.

Intercaraxare. - effacer.

Intercedere. -
1. Intercéder pour un condamné, demander sa grâce.
2. Répondre de, garantir.

Intercedimentum. - arrangement, caution.

Interceptio. -
1. Rupture de trêve.
2. Attaque, assaut.
3. Action d'enfreindre, de violer.

Interceptura. - attaque, assaut.

Intercertans. - mêlé à la bataille.

Intercessor. -
1. Caution, répondant.
2. Officier chargé de faire rentrer les impôts.
3. Évêque chargé de l'administration d'un siège vacant.

Intercessorio. - (*i. nomine obligari*), se dit de l'obligation d'intercession du garant lié à l'autre partie.

Intercessorius. -

1. D'intercession.
2. De garant.

Intercharaxare. - écrire entre les lignes, insérer dans un texte.

Interciare, intertiare. - intervenir en tiers pour s'emparer de, séquestrer, anc fr[1], *entercier*, « mettre en main tierce ».

Interciatoria. - sorte de bijou porté par les femmes.

Intercidivus. - qui se porte caution.

Intercilium. - espace entre les sourcils.

Intercipere. -

1. Commettre, forfaire.
2. Attaquer, usurper, s'emparer ou entreprendre quelque chose au mépris d'une convention.
3. Entreprendre.
4. Rejeter, nier.

Intercisi. - (*i. dies*), journée en partie festive et en partie laborieuse.

Intercisio. -

1. (Acte de) couper entre ou à travers.
2. Espace intermédiaire, interstice.
3. Injure.

Interclausura. - inclusion (perles, émail, etc.) dans un ouvrage d'art.

Intercludere. -

1. Enclore (dans un texte), joindre (à une lettre).
2. Valider (un acte) par une signature, un cachet.

Interclusus. - inséré, inclus.

Intercommunicare. -

1. Avoir des relations avec.
2. Partager le droit de pâture des communaux.

Intercommunicatio. - action de se communiquer.

Interconfinium. - entre deux limites.

Intercontinuare. - s'étendre d'une façon continue dans les intervalles (entre les tours).

Intercopulare. - unir.

Intercurrere. - courir de l'un à l'autre.

Intercursus. -

1. Convention entre seigneurs dite *entrecours* en vertu de laquelle les serfs de l'un pouvaient se marier dans les terres de l'autre ; droit des bourgeois de s'établir dans l'une ou l'autre seigneurie.
2. (*i. mercium*), convention de libres échanges mutuels.
3. (*i. decimarum*), accord entre les seigneurs sur la base duquel ils reçoivent la moitié des dîmes des champs cultivés par leurs sujets en territoire étranger à leur propre juridiction.

Intercutaneus. - sous-cutané.

Interdare. - (*aliquid inter se i.*), se faire une donation réciproque.

Interdianus. -

1. (subs), le jour.
2. Tout au long de la journée, journellement.
3. De jour en jour.

Interdiarius. - voleur de jour.

Interdicere. -

1. Ordonner.
2. Interdire, jeter l'interdit sur (une église, une personne).

Interdicium. - (*i. porci*), action de tuer un porc (ou droit que l'on paye pour cet abattage).

Interdictio. -

1. Interdiction.
2. Interdit, excommunication.

Interdictum, intradictum. -

1. Excommunication.

---

2. Interdit, excommunication générale sur un pays, une ville (on ne pouvait y administrer comme sacrements que le baptême, on n'enterrait qu'en dehors des agglomération).

Interdioecesanus. - interdiocésain.

Interdonare. - faire une donation réciproque entre époux.

Interdonatio. - donation réciproque entre époux.

Interduciæ, interdutiæ. -
1. Trêve, repos, répit.
2. Intervalle de temps.

Interdum. - dans l'intervalle.

Interdutiæ. - *idem* interduciæ.

Interemicare. - briller parmi.

Interemptio. -
1. Meurtre.
2. Destruction.

Interesse. -
1. Se situer entre, s'écouler entre.
2. Être parmi (en tant que membre d'un groupe).
3. Être concerné, impliqué dans (une entreprise).
4. Exister comme différence, être la différence.
5. Assister, être présent (à un lieu, un événement, en tant que participant, témoin, etc.).
6. (subs), intérêt, usure.
7. Honoraire des clercs qui assistent aux offices religieux.
8. Dédommagement pour la résiliation d'un contrat.

Interessens. -
1. Qui est présent.
2. Participant

Interessentiæ. - (pl), *idem* interesse7, ce qui était distribué au clergé présent aux offices, honoraires.

Interessor. - compagnon.

Interfamiliaritas. - relations familières.

Interfectibilis. - capable de tuer, (comme le serpent).

Interfectivus. - mortel.

Interfector. - celui qui frappe, qui blesse.

Interfemineum. - aine, bas-ventre.

Interfemus. - intervalle entre les cuisses.

Interferculum. -
1. Plat d'accompagnement.
2. Plat supplémentaire.

Interferre. - apporter en servant d'intermédiaire.

Interfessus. - qui n'est pas fatigué.

Interfinium. -
1. Cloison nasale.
2. Cloison dans une structure.
3. Compartiment dans un sac, poche.
4. Frontière, limite., ligne de démarcation.

Interfirmare. - confirmer (un acte) réciproquement.

Interfixus. - (*i. lapidibus*), pavé.

Interfodere. - travailler la terre à la houe.

Interfrettus. - brodé, tissé entre.

Interfugium. - subterfuge.

Interhabere. - détenir entre (terrain, espace, etc.).

Interhumerale. - partie de la chasuble située entre les épaules.

Interia. - entrailles.

Interibilis. - mortel, sujet à la mort.

Interim. - jusqu'à ce que.

Interinamentum, interinatio. - approbation.

Interinare. -
1. Ratifier juridiquement.
2. Cautionner, garantir.

Interinatio. - *idem* interinamentum, approbation.

Interinimentum. - débat des différentes parties devant le juge.

Interinstitutio. - addition faite à la part de l'héritier principal.

Interioitas. -

1. Endroit intérieur, caché, reculé.
2. (Notre) être intérieur, intérieur de l'âme.

Interitus. -
1. Fin, extrémité.
2. Massacre.
3. Amende qui revient au seigneur pour chaque meurtre.

Interjectio. -
1. Interruption.
2. Pacte, convention.

Interlaqueatus. - entrelacé.

Interlardare. - blesser par le glaive d'une façon superficielle (dans le lard).

Interlidere. - froisser contre.

Interligaliter. - contrairement au droit.

Interligatio. - association, alliance.

Interliminium. - ligne qui sépare.

Interlimitaneus. - qui se trouve au milieu.

Interlinealis, **interlinearis**. - interlinéaire.

Interlineare. - écrire entre les lignes, faire des corrections entre les lignes.

Interlinearis. - *idem* interlinealis.

Interlineatura. - addition, correction interlinéaire.

Interlocutio. - entrevue, conférence, colloque.

Interlocutoria. - jugement qui ne décide point sur le fond de la cause, mais règle certaines mesures préparatoires.

Interlocutorium, **interlocuturium**. -
1. Conférence.
2. Sentence collégiale.

Interlocuturium. - *idem* interlocutorium.

Interloqui. - s'adresser à quelqu'un.

Interlucire. - être clair, apparaître clairement.

Interludium. -
1. Pièce de théâtre.
2. Intermède.
3. Episode.
4. Jeu.

Intermare. - circuler de l'un à l'autre.

Intermeatus. -
1. Aller et venir.
2. Rapport sexuel.

Intermedians. - à la première occasion.

Intermediare. - agir comme intermédiaire.

Intermediatus. - intermédiaire.

Intermedium. -
1. Couverture de lit, voile intermédiaire.
2. Intervalle de temps.

Intermentum. - se dit d'une riviere gelée, dont le cours est interrompu par le gel.

Interminabilis. - interminable, éternel, qui n'a pas de limite.

Interminabilitas. - qualité de ce qui n'a pas de fin.

Interminabiliter, **interminatim**. - sans fin.

Interminalis. - éternel, sans fin.

Interminare. - menacer.

Interminatim. - *idem* interminabiliter.

Interminatio. -
1. Menace, avertissement.
2. (pl), *intermitiones*, limites, bornes des champs.

Interminatus. - indéterminé.

Intermissio. - entremise, intervention.

Intermissor. - celui qui interrompt.

Intermittere. -
1. Faire cesser temporairement, interrompre.
2. Omettre, laisser de côté.
3. (fig) ; (*se i.*), s'interposer, s'immiscer.
4. Se mêler de, discourir de.

Intermutare. - passer de l'un à l'autre, visiter tour à tour.

Intermutuabiliter. - réciproquement.

Internasum. - cloison nasale.

Interne. - intérieurement.

Internecare. - anéantir, détruire totalement.

Internecatio. - (< *iter*), mort subite en voyage.

Internecies. - mort, meurtre, massacre.

Internectare. - tuer.

Internectus. - tué.

Internicida. - meurtrier.

Internicidium, internicio. - assassinat, mort violente.

Internicio. - *idem* internicidium.

Internodare. - entrelacer (en parlant des fils d'un tissu).

Internumerare. - compter parmi, inclure dans un total.

Internuntius. -
1. (adj), réciproque, échangé.
2. Messager ; nonce,
3. (fig), intermédiaire.

Internuptæ. - mariages en secondes noces.

Interparoecialis. - inter paroissial.

Interpaulatus. - interrompu, non continu, alternatif.

Interpausatus. - qui n'est pas continu, qui alterné.

Interpellare. -
1. Intenter une action contre quelqu'un.
2. *Idem* intrudare, faire quelque chose sans l'autorisation du seigneur.
3. Prier, supplier.

Interpellate. - par intervalles.

Interpellatim. - successivement, alternativement.

Interpellatio. -
1. Médiation, intercession.
2. Citation en justice.
3. Accès d'un mal.

Interpellator. - celui qui fait une citation en justice.

Interpercutere. - échanger des coups avec quelqu'un.

Interpetitio. - demande que l'on fait en justice par l'entremise d'un tiers.

Interplacitare. - interpeller (dans une réunion, une convention).

Interplangere. - se lamenter par intermittence.

Interpolantia. - arrêt, interruption.

Interpolare. -
1. Mutiler (un texte).
2. Interrompre, entraver.
3. Façonner une nouvelle forme à partir d'une ancienne

Interpolate, interpolatim. -
1. Non continuellement, en interrompant, avec des intervalles.
2. Par endroits, ici et là.
3. Par accident.

Interpolatim. - *idem* interpolate.

Interpolatio. - interruption, arrêt.

Interpolator. - falsificateur.

Interpolatus. - interrompu. Interruption.

Interponere. -
1. Interrompre, remettre.
2. Recevoir.
3. Stipuler, convenir.

Interpositio. -
1. Intervention.
2. Menace.
3. (*i. fidei*), engagement de foi, réalisation d'une promesse.

Interpositor. - intercesseur, médiateur.

Interprætendere. - attaquer, empiéter, agir contrairement au droit ou à un accord.

Interpraisia. - *idem* interprisa, représaille.

Interprendere. - altérer, falsifier.

Interpres. -
1. Contradicteur, opposant.
2. (*i. nuptiarum*), négociateur de mariages.

Interpressio. - *idem* interprisa, représailles.

Interpressura. -
1. *Idem* interprisa.
2. Rupture de trêve.

Interpresura. - représaille.

Interpretabilis. - explicable, explicite.

Interpretari. -
1. Signifier.

2. Lire en langue vulgaire l'évangile, après sa proclamation en latin.

Interpretatio. - jugement.

Interpretativus. - suspect.

Interpretator. - traducteur.

Interpretatorius. - qui interprète, explique.

Interpretatus. - interprétation.

Interpretium. - surplus du prix (par rapport au convenu).

Interpretrix. - juge.

Interprisa, interprisia, interprisio, interpraisia, interpressio, interpressura. -
1. Attaque, assaut.
2. Rupture de trêve.
3. Usurpation.
4. Capacité donnée par un seigneur à un sujet qui se plaint d'avoir été blessé ou volé par le sujet d'un autre seigneur, d'attaquer et de saisir le sujet et les biens de ce prince : représaille.

Interprisia. - *idem* interprisa.

Interprisio. - *idem* interprisa.

Interprisus. - compris.

Interpugna. - combat, choc.

Interragium. -
1. Enterrement, sépulture, anc fr[1], *enterrage*.
2. Honoraire du prêtre pour un enterrement.

Interramentum. - enterrement.

Interraneus. - (subs) ; (pl), entrailles.

Interrare. - enterrer un mort.

Interrasilis. -
1. Ciselé, orné de ciselure.
2. (*corona i.*), rasé par places, non complétement : tonsure.
3. (fig) ; (*vita i.*), vie entremêlée (de bien et de mal).

Interrasor. - ouvrier ciseleur.

Interratus. - terrassé, garni de terre.

Interregnum. - interrègne.

Interrepere. - s'insinuer dans.

Interreptio. - action de s'insinuer entre, interruption.

Interrex. - régent du royaume.

Interrivatio. (*i. flumini*), dérivation de cours d'eau.

Interrivatus. - séparé par une rivière.

Interrogare. -
1. Demander la permission.
2. Mettre en demeure.

Interrogatio. -
1. Demande, réclamation, contestation.
2. Audience, séance.
3. Impôt, terrage.

Interrogatorium. - interrogatoire d'un hérétique.

Interrogatus. - demande, question.

Interruptio. -
1. Éruption.
2. Irruption, attaque.

Intersæpire. - (métaphorique), intercepter par une barrière.

Intersagittare. - se tirer mutuellement dessus avec des flèches.

Interscalare. - marche, degré.

Interscalaris. - échelonné.

Interscalariter, intercalariter. - par intervalle, d'une façon intermittente, par échelon.

Interscapilium, interscapularium, interscapulum. - le haut de la poitrine (entre les deux épaules).

Interscapularium. - *idem* interscapilium.

Interscapulum. - *idem* interscapilium.

Interscribere. - rayer, faire de hachures.

Intersecatio. - interférence des rayons lumineux, des cercles du zodiaque.

Intersedare. - insérer.

Intersequi. - être implique.

---

[1] Hippeau.

Intersertio. - (< *intersĕrĕre*, p.p, *in-tersĭtum*), plantation.

Intersessim. - sans cesse.

Intersiccum, intersiccus. - (arbre) qui dé-périt, devient sec, anc fr[1], *entresec*.

Intersiccus. - *idem* intersiccum.

Intersignia. - (pl), armoiries.

Intersignum, introsignum. -
1. Destination, but.
2. Enseigne de commerçant.
3. Borne.
4. Marque au fer rouge.
5. Cri de guerre.
6. Sceau, cachet, signe d'authenti-cité.
7. Assignation scellée.
8. Blason.

Intersimonium. - coin (outil).

Interstalare. - se battre l'un contre l'autre.

Interstare. - être présent un sur deux, cha-cun à son tour (au chœur).

Interstellatus. -
1. Parsemé d'étoiles.
2. Nuancer.

Interstitium. -
1. Intervalle de lieu, de temps.
2. Césure, pause, paragraphe.

Intersumere. - ajourner.

Intertementum, intertinentia, intertene-mentum. - dépense que l'on fait pour les choses nécessaires à la vie, dépense con-trainte.

Intertenementum. - *idem* intertementum.

Intertenere. -
1. *Idem* intertinere, entretenir, con-férer.
2. (*i. se*), s'entretenir.

Intertentio. - action de conserver.

Intertiare. - *idem* interciare, intervenir en tiers pour s'emparer de ; séquestrer, anc fr[2], *entercier*, « mettre en main tierce ».

Intertiatura, intertio. - séquestration.

Intertiatura. - séquestre.

Intertiatus. - mise sous séquestre.

Intertignium. - travée.

Intertinctus. -
1. Panaché, en damier, tacheté.
2. (pierre) veinée de couleur.

Intertinentia. - *idem* intertementum.

Intertinere, intertenere, intratenere, in-tretenire. -
1. Entretenir, conférer.
2. (*i. se*), s'entretenir.

Intertio. - *idem* intertiatura.

Intertius. - médiateur, dépositaire d'objet séquestré.

Intertorcinium. - torche.

Interturbatio. - trouble.

Interturrium. - espace entre les tours sur les remparts.

Intertutrix. - tutrice.

Interula. - chemise.

Interulatus. - vêtu d'une chemise.

Interunitus. - respectif, correspondant.

Interuter. - chacun à son tour.

Intervallariter. - par intervalles.

Intervectus. - élevé, relevé jusqu'à.

Intervenire. - intervenir comme média-teur.

Interventio. - présence, immixtion.

Interventor. -
1. Parrain.
2. Celui qui administrait l'épiscopat dans un siège vacant.
3. Celui qui falsifie, bouleverse les passages de l'Ecriture.

Interventus. - intercession, médiation.

Interversio. -
1. Abus, perversion.
2. Altération, changement pour le pire.

Interversus. - arrêt, interruption.

Intervigilium. - sommeil léger ou agité, sieste, moment d'insomnie.

---

[1] Godefroy.

[2] id.

Interzatus. - entrelacé.

Intesillare. - bâillonner, anc fr[1] , *teseiller*, « ouvrir la bouche ».

Intestabilis. - qui ne peut ni bénéficier d'un testament, ni établir un testament.

Intestare. -
1. Frapper sur la tête.
2. (subs), tête, partie supérieure d'un champ (Espagne).

Intestate. - sans avoir fait de testament.

Intestatia. - *idem* intestatio.

Intestatio, intestatia. - biens des intestats dans une succession qui appartenaient au seigneur du lieu où ils mouraient.

Intestatus, intestus. -
1. Non légué par testament.
2. (charte) non attestée.
3. Qui meurt sans avoir fait de dons pour l'Église.

Intesticulare. - castrer.

Intestinarii[2]. - artisans qui faisaient des ouvrages (probablement de menuiserie) dans l'intérieur des maisons.

Intestus. - *idem* intestatus.

Intextura. - tissu.

Intextus. - étoffe brodée.

Inthica. - endroit de rangement.

Inthingare. - donner, transmettre.

Inthroniasticum. - cadeau que l'on fait lors de l'intronisation d'un évêque à l'évêque qui préside la cérémonie, aux clercs et aux notaires de l'église.

Inthronisare. - *idem* inthronizare.

Inthronismus, inthronizatio. - intronisation, installation.

Inthronizare, inthronisare. -
1. Introniser.
2. Ériger une ville en évêché.
3. (*i. sponsam*), donner la bénédiction conjugale.
4. (*i. pœnitentes*), donner l'absolution aux pécheurs qui se repentent

et leur donner l'accès à la communion.

Inthronizatio. - *idem* inthronismus.

Inthronizator. - celui qui intronise.

Intiba. - endive.

Intifficare. - approuver, ratifier.

Intificare. - témoigner, déposer.

Intimare. -
1. Faire connaître, former, raconter, décrire.
2. Introduire une cause contre quelqu'un.

Intimas. - qui habite dans la maison, familier, secrétaire intime.

Intimatio. - notification juridique.

Intimatrix. - celle qui communique, publie.

Intimatus. - intimé.

Intimidare. - intimider.

Intimior. - plus familier.

Intimitas. - intimité, affection.

Intinctio. -
1. Action de teindre.
2. Mélange, infusion.
3. Trempage, immersion (du baptême).

Intinctus. - action de mouiller, de tremper.

Intingere. -
1. Tremper.
2. (< *attingĕre*), ne pas toucher à, ne pas atteindre.

Intitubaliter. - sans trébucher.

Intitubatus. - qui ne chancelle pas, inébranlable.

Intitulare. -
1. Mettre les titres aux livres ; peindre des titres, les enluminer.
2. (*i. aliquem*), habiliter quelqu'un, lui conférer un droit.
3. (*i. clericum*), nommer, rattacher à une église, nommer en titre.

Intitulari. - recevoir un titre.

---

[1] Godefroy.

[2] Montignot.

Intitulatio. -
1. Inscription dans un document ou un registre.
2. Nom, titre.
3. Octroi d'un titre ou d'un droit.

Intitulatus. - sans titre, non affecté à une église.

Intitute. - de l'institution.

Intollum. - « in-toll », taxe de prise de possession d'une propriété en ville (Ecosse)

Intonabilis. - à chanter.

Intonare, entonare. - *idem*, intonizare, entonner.

Intonarium. - antiphonaire.

Intonatio. -
1. Intonation musicale.
2. Coup de tonnerre (en parlant d'un discours menaçant).

Intonellare. - mettre en barrique.

Intonizare, intonare. - entonner.

Intorcha. - *idem* intorticium.

Intorcia. - *idem* intorticium.

Intorpescere. - s'engourdir.

Intorquatus. - contourné, tourné.

Intorsitium. - *idem* intorticium.

Intorticium, intortitia, intorsitium, intortium, intortivum, intorca, intorcha, intorcia. - torche.

Intortio. -
1. Le fait de faire les gros yeux, de rouler des yeux.
2. Jeter (une accusation).

Intortitia. - *idem* intorticium.

Intortium. - *idem* intorticium.

Intortivum. - *idem* intorticium.

Intortuare. - torturer.

Intossicatio. - *idem* intoxicatio.

Intossitare. - *idem* intoxicare.

Intoxicare, intossitare. -
1. Empoisonner.
2. (*i. animos*), séduire, fasciner.

Intoxicatio, intossicatio. - empoisonnement.

Intra. - (*ad i.*), à l'intérieur, intérieurement.

Intraclaudere. - inclure, enfermer.

Intractabilis. - qu'on ne peut acheter.

Intractatio. - tractation, négociation.

Intractum. - pommade.

Intracutaneus. - sous cutané.

Intrada. - entrée.

Intrades. - ceux qui sont à l'intérieur d'un édifice.

Intradictum. - *idem* interdictum.

Intragium. -
1. Droit dû au seigneur au mariage de la fille du vassal.
2. Droit de bienvenue que le vassal paye à son seigneur quand il prend possession de son fief.
3. Droit de bienvenue dû par celui qui est reçu dans une commune (droit de citoyenneté).
4. Droit perçu sur les marchandises à l'entrée du royaume ou d'une ville.
5. Droit de mener le bétail dans un lieu déterminé.
6. Droit de mutation.

Intragium. - *idem* intrata.

Intraha. - désigne (probablement)[1] le champ labouré par une charrue.

Intrahere. - entraîner.

Intraillatus. - entrelacé, anc fr[2], *entreillier*.

Intrajacere. - se situer entre.

Intrale. -
1. Pièce d'entrée de la maison, atrium.
2. (pl), entrailles.

Intralia. - (pl), entrailles.

Intramanens. - celui dont la propriété se trouve dans un bourg (Ecosse).

---

[1] Du Cange.

[2] Godefroy.

Intramasare. - rentrer en propriété d'une terre vendue par un voisin pour laquelle il n'y a pas de rétraction possible selon la loi.

Intramissor, intramistor. -
1. Intermédiaire, introducteur.
2. Médiateur.

Intramistor. - *idem* intramissor.

Intramuralis. - situé à l'intérieur des murs.

Intramuraneus. - qui est dans l'enceinte des murs.

Intranea, intrania. - entrailles.

Intraneus. -
1. Intérieur.
2. Qui est du pays, indigène.

Intrania. - *idem* intranea.

Intranquille. - non de sang-froid.

Intranquillus. - dérangé.

Intrans. -
1. Représentant, agent.
2. Oblat.

Intransgressibilis. - qu'on ne peut franchir.

Intransgressibilitas. - impossibilité de passer outre.

Intransgressibiliter. - d'une manière inviolable.

Intransibilis. - inaccessible.

Intransitio. - passage dans.

Intransitivus. - qui ne passe pas ; (fig), qui ne s'en va pas, immobile.

Intransitorius. - qui ne passe pas.

Intransmeabilis. - que l'on ne peut traverser.

Intransmutabilis. - immuable.

Intransmutabilitas. - qualité de ce qui est immuable, incorruptibilité.

Intransnavigabilis. - infranchissable.

Intransvadabilis. - infranchissable, que l'on ne peut traverser à gué

Intraponere, introponere. - placer à l'intérieur.

Intrapraysia. - *idem* imprisa.

Intrare. -
1. Être à son début.
2. Entrer en charge
3. Livrer des otages.
4. Rentrer la récolte.
5. Défricher.
6. Enregistrer.

Intrarius. - qui est à l'intérieur, caché, secret.

Intrata, intragium, introgium. -
1. *Idem* entrata, entrée.
2. Droit d'entrée.
3. Droit à payer au geôlier pour sa nourriture.
4. Droit de mutation.

Intratenere. -
1. *Idem* intertinere, entretenir, conférer.
2. (*i. se*), s'entretenir.

Intratio. -
1. Entrée dans un espace clos, (avec des intentions criminelles).
2. Entrée en possession d'un terrain.
3. Inscription dans un registre.
4. (*i. religionem*), entrée en religion.

Intratorium. - entrée d'un domaine.

Intravenire. - intervenir, interférer.

Intretenire. - *idem* intertenere.

Intreugare. - interrompre une guerre par une trêve.

Intricatio. -
1. Complication, embarras, difficulté.
2. Enchevêtrement (dans un piège).

Intriffuratus. - orné, décoré de trèfles.

Intrinsece. - intrinsèquement.

Intrinsecum. - mobilier, inventaire.

Intrinsecus. - lié par l'amitié et un traité.

Intritum. - galette de miel.

Intriumphator. - non vainqueur.

Introactus. - interne, domestique.

Introcludere. - enfermer.

Introcurrere. - courir vers l'intérieur (de la maison).

Introducere. -

1. Investir quelqu'un dans une propriété.
2. Avertir, prévenir.
3. Donner l'extrême onction.

Introductibilis. - soutenable.

Introductio. -
1. Nomination d'une personne à un
   poste.
2. Mise en possession.
3. Habitude, coutume.
4. Introduction dans l'église, rele-
   vailles.

Introductitius. - introduit après.

Introductivus. - introductif, qui sert à introduire.

Introductorium. - instruction, initiation.

Introductorium. - institution.

Introductorius. - qui introduit, initie.

Introgiare. - concéder un bien en emphytéose sous condition de paiement du droit
d'entrée nommé *introgium*.

Introgium. - *idem* intrata2, droit d'entrée.

Introicere. - jeter dedans.

Introire. -
1. Inaugurer.
2. (*i. in rem*), entrer en possession,
   se saisir d'un bien.

Introitio. - mise en possession, saisine.

Introitorius. - qui concerne l'entrée.

Introitus. -
1. Entrée, assistance.
2. Droit d'entrée.
3. Droit de mutation.
4. Revenus, profits.
5. Chant d'entrée, introït.
6. Entrée en charge dans une église.
7. Taxe que le propriétaire de
   l'église exigeait du curé investi.

Intromansus. - *idem* intrata2, droit d'entrée.

Intromeysium. - *idem* intromissum.

Intromiscere. - mélanger, entremêler.

Intromissio. -
1. Introduction, admission à une
   charge.
2. Entremise, intervention.
3. Usurpation, occupation, violence.

Intromissum, intromeysium. - troisième
service appelé entremets.

Intromittere. -
1. (*se i.*), s'immiscer.
2. (*se i.*), s'insinuer dans, s'emparer
   de.
3. (*i. aliquid*), usurper, envahir.
4. (*i, aliquem*), mettre en possession, saisir quelqu'un d'un bien.

Introponere. - *idem* intraponere, placer à
l'intérieur.

Introsignum. - *idem* intersignum.

Intrudare. - faire quelque chose sans
l'autorisation du seigneur.

Intrudere. -
1. Faire entrer de force, faire entrer
   en intrus, placer irrégulièrement.
2. (pass), s'introduire irrégulièrement.
3. Reléguer.

Intruncatio. - enclos à chevaux.

Intrusio. -
1. Internement, emprisonnement.
2. Intrusion, installation non légale,
   occupation par la force, empiétement.

Intrusor. - celui qui commet une intrusion, intrus.

Intrusorium. - entonnoir.

Intrussare. - emballer, empaqueter, fice-
ler, anc fr[1], *entrosser*.

Intrusus. - intrus, celui qui s'est introduit
irrégulièrement, illégitime.

Intucismum. - *idem* intuscisum.

Intuere. - *idem* intueri.

Intueri, intuere. - approuver, prendre
garde, remarquer.

---

[1] Godefroy.

Intuitio. -
1. (Faculté ou acte de) voir.
2. Inspection, examen, contrôle.
3. Connaître, comprendre, intuition.

Intuitivus. - contemplatif.

Intuitus. - jugement, sentence arbitrale.

Intumbare. - enterrer, ensevelir.

Intumere. -
1. Passer à la toise.
2. Grandir, grossir, augmenter, gonfler.
3. Enfler d'orgueil, d'indignation.

Intumetivus. - fier, orgueilleux.

Intumulare. - enterrer, ensevelir.

Inturbare. -
1. Bouleverser, enfreindre, mettre le désordre dans.
2. Empêcher une action.

Inturbate. - paisible.

Inturrare. - emprisonner dans une tour, un donjon.

Intus. - (*i. venire*), intercéder, intervenir ; confisquer.

Intuscisum, intucismum. - meurtre d'une femme enceinte ou de l'enfant qu'elle porte, anc fr[1], *encis*.

Inuberare. - abonder.

Inulte. - impunément.

Inunanimitas. - discorde, défaut d'accord.

Inunctio. -
1. Onction royale.
2. Huile des malades, saint chrême.
3. Extrême-onction.

Inunctura. -
1. Action d'oindre.
2. Cosmétique, fard.

Inundantia. -
1. Inondation.
2. Averse.

Inundatio, inundatus. -
1. Ondoiement.

2. (*i. vocis*), inflexion de la voix, roulade.

Inundatus. - *idem* inundatio.

Inundus. - aride, qui manque d'eau.

Inungere. - oindre un malade, lui donner l'extrême onction.

Inunire. - (*se i.*), s'unir intimement dans.

Inunis. - pas un.

Inuosistere. - installer à l'intérieur.

Inurbanitas. - grossièreté

Inustare. - marquer au fer.

Inustus. - non brûlé.

Inutilis. -
1. Infirme, mutilé, manchot.
2. Perdu, fini, dans un état désespéré.
3. Mauvais, injuste, défavorable, faux, futile, gênant.
4. Incapable, inapte.
5. Qui faillit à sa tâche.
6. Mal intentionné, dangereux.

Inuxoratus. - non marié.

Invacare. -
1. Vaquer, s'appliquer à, s'adonner à.
2. Être vacant.

Invadabilis. - non franchissable à gué.

Invademoniare. - *idem* invadiare.

Invadere. - occuper une place.

Invadiamentum. - *idem* inwadiamentum.

Invadiare, inwadiare, invademoniare, invagiare. -
1. Confier.
2. Engager, mettre en gage.
3. Recevoir en gage.

Invadiatio. -
1. Mise en gage.
2. Concession, faite à l'église, transmission de propriété.

Invadiatio. - *idem* inwadiatio.

Invadosus. - sans gué, où l'on ne peut trouver pied.

---

[1] Godefroy.

Invagatus. - dispersé.

Invagiare. - *idem* invadiare.

Invaginare. - mettre, remettre au fourreau.

Invalescentia. - augmentation de force, de puissance.

Invaliditas. - invalidité.

Invalidus. - non valable, nul.

Invalitudinarius. - malade, infirme, faible.

Invalitudo. -
1. Invalidité, sans valeur.
2. Maladie.

Invallare. - entourer d'un mur.

Invannare. - mettre ou remettre dans un fourreau (pour protéger la lame de l'épée), d'où, métaphoriquement, inclure, fortifier, une place pour des fossés ou d'autres fortifications (Espagne).

Invariabilis. - invariable.

Invariabilitas. - capacité de ne pas changer.

Invasatus. -
1. Enfermé, enchâssé.
2. Mis dans un vase.
3. Envahi, obsédé par le démon, anc fr[1], *invasé*.

Invasellatura. - mettre dans un récipient le vin (ou mettre les barriques dans le cellier).

Invasibilis. - (*i. baculus*), bâton offensif, bâton utilisé comme arme.

Invasio. -
1. Violence, occupation violente, usurpation.
2. (*i. domus*), effraction, agression d'une personne dans son propre domicile.
3. Saisie illégale, empiétement, intrusion.

Invasivus. -
1. (*i. arma*), armes offensives.
2. (*i. bellum*), guerre offensive.

Invasor. - usurpateur de dignités ecclésiastiques, intrus.

Invasorius. - déprédateur.

Invasus. - vassal

Invectim. - avec des critiques, des reproches.

Invectio. -
1. Réprimande, sanction.
2. Dispute, querelle.
3. Attaque armée.

Invectiva. - reproche.

Invectivaliter, **invective**. - avec de vives invectives.

Invective. - *idem* invectivaliter.

Invectivus. -
1. Qui invective.
2. Injurieux.
3. (subs), invective, calomnie.

Invegetare. - donner de l'énergie, animer, raviver.

Invenalis. - (< *vēnālis*), qui ne se vend pas, qui n'est pas vénal.

Invenenare. - empoisonner (également fig).

Inveniabilis. - implacable.

Inveniabiliter. - (< *vĕnĭa*), d'une manière impardonnable.

Invenire. -
1. Trouver bon, être d'avis, arrêter.
2. Juger, prononcer un arrêt.
3. Découvrir.
4. Se procurer, acheter.
5. (*i. sententiam*), rendre une sentence.
6. Procurer, fournir.
7. (pass), parvenir, arriver.

Inventariare, **inventarisare**, **inventoriare**. - inventorier.

Inventarisare. - *idem* inventariare.

Inventarium, **inventorium**, **inventura**. -
1. Biens meubles.
2. Inventaire après décès.

---

[1] Roquefort.

3. Matériel mobile nécessaire à la manœuvre d'un navire, agrès.

Inventicium. - chose trouvée.

Inventicius. -
1. Chose trouvée, épave.
2. Inventé, fantaisiste.

Inventio. -
1. Objet trouvé sur la voie publique ; droit d'épave.
2. Acquisition.
3. (*i. apium*), droit du seigneur sur les essaims trouvés dans ses bois.
4. (*i. sententiam*), prononcer une sentence.

Inventivus. - inventif, capable de trouver, d'inventer.

Inventor. -
1. Arbitre.
2. Dénonciateur.

Inventoriare. - *idem* inventariare.

Inventorium. - *idem* inventarium.

Inventum. - droit d'épave.

Inventura. - *idem* inventarium.

Inveratus. - (< *vĕru*), renforcé par une broche.

Inverberatus. - (*i. oculus*), fixe, attentif.

Inverbis. - (< *imberbis*), jeune, sans barbe.

Inverecundus. - chose dont on ne rougit pas, qu'on fait impudemment.

Inveridicus. - mensonger.

Inveritare. - établir, prouver.

Invernare. -
1. Passer l'hiver.
2. Éclore, verdoyer.

Inverpire. - mettre en possession, investir.

Inverpitura, investimentum, investio. - *idem* investitura1, mise en possession.

Invertibilis. - qui ne peut être ni détourné ni perverti, inébranlable, immuable.

Invescibilis. - qu'on ne peut manger.

Investigabilis. - énigmatique, impénétrable.

Investigator. - celui qui recherche, investigateur, limier.

Investimentum. - *idem* investitura1.

Investio. -
1. *Idem* investitura1.
2. Droit que le vassal paye au seigneur pour l'investiture du fief qu'il en reçoit.

Investire. -
1. Couvrir, recouvrir d'un vêtement, d'un ornement.
2. Investir, mettre en possession d'une propriété.
3. Investir un évêque.

Investis. - (< *vestis*), sans barbe, impubère.

Investitiamentum. - reconnaissance de la propriété, prise de possession.

Investitio. - investiture.

Investitor. - celui qui donne l'investiture.

Investitura[1], **investura, investituria**. -
1. Investiture, mise en possession d'une propriété, saisine.
2. Investiture d'un évêque.
3. Fonction ou pouvoir de celui qui est investi.
4. Symbole de souveraineté royale.
5. Propriété éminente ; possession.
6. Végétation, blé en herbe.

Investituria. - *idem* investitura.

Investitus. -
1. Celui qui a reçu l'investiture d'un fief.

---

[1] *« Les actes publics du Notariat ne suffisaient pas pour la prise de possession. Elle a été fixée à certains symboles ou cérémonies qui opéraient la mutation et l'investiture. Ces symboles ont toujours eu quelques rapports à la chose, qui changeait de maître. L'investiture des fonds de terre se faisait par la glèbe, « wasonem », par la paille, « festucam » ; par quelque branche ou rameau, « baculum fustem et virgam ». Les dignités ou le pouvoir, s'exprimait en donnant une épée, « cum cultello ». Souvent l'investi recevait un anneau, des sceaux. Souvent on attachait les symboles à la chartre de donation ou de tradition. Au bas du parchemin on y liait un fétu de paille, un morceau de bois. »* (Montignot).

2. Celui qui est investi d'une église ; (subs), celui qui tient une église en prébende.

3. (*crucis i.*), action de faire le signe de la croix sur quelqu'un.

Investitutio. - droit payé au seigneur au moment de l'investiture du fief.

Investura. - *idem* investitura.

Invetabilis. - non interdit, libre.

Inveteratio. -
1. Devenir ou être vieux.
2. Devenir habituel.

Inveterator. - celui qui a implanté le mal, (en parlant du démon).

Invia. - injures.

Inviare. - marcher.

Invictoriosus. - non victorieux, battu.

Invictrix. - invaincue.

Invide. - avec malveillance.

Invidia. -
1. Bon vouloir, zèle.
2. (*ad i.*), à l'envi.

Inviduus. - (< *indīvĭdŭus*), indivisible.

Invigilantia. -
1. Défaut de vigilance.
2. Soins attentifs, vigilance.

Invigilator. - celui qui veille sur.

Invilare. - avilir.

Invinare. - incorporer le sang du Christ dans le vin.

Invincibilis. - invincible.

Invinculare. - enchaîner quelqu'un.

Invindicare. - revendiquer.

Invindicatus. - non vengé.

Inviolare. -
1. Faire violence à quelqu'un.
2. Immoler une victime.

Invirgulare. - croître en tige.

Invirgulatus. - devenu un rameau.

Inviriliter. - sans courage.

Invirtuosus. - malhonnête, vicieux.

Invisatio. - action de visiter, visite.

Inviscare. -
1. Engluer.

2. Capter.

Inviscatio. - le fait de piéger les oiseaux avec de la glu.

Inviscerare. - (fig), attacher fortement, enraciner dans l'esprit, incorporer.

Invise. - invisiblement.

Invisio. - vision.

Invisor. -
1. Envieux, jaloux.
2. Celui qui ne voit pas.

Invisorius. - envieux.

Invisus. - non vu, qui n'a pas été vu.

Invitabilis. - attirant, séduisant.

Invitamentum. - convention, réunion.

Invitare. - séduire.

Invitatio. -
1. Invitation (repas, hébergement, etc.).
2. (*i. placendi*), convocation au tribunal.

Invitator. -
1. Fondé de pouvoir, agent.
2. Serviteur chargé de faire les invitations à dîner au nom du seigneur.

Invitatoria. - lettre d'invitation.

Invitatorianus. - celui qui entonne, préchantre.

Invitatorium. -
1. Invitatoire (psaume, antienne).
2. Livre liturgique.

Invitatorius. - d'invitation,

Invitiatus. - non corrompu, qui n'est pas souillé, pur.

Invitus. - désagréable, importun, mal supporté.

Invium. -
1. Lieu où l'on dépose les ordures, égout.
2. (fig), mauvais chemin.

Invius. - là où il n'y a pas de chemin, hors du chemin.

Invivificabilis. - qui ne peut être ramené à la vie.

Inviviturum. - ce qui ne vit pas.

Invocare. -
1. Appeler.
2. (*i. ad warentum*), se porter garant.
3. Invoquer (Dieu, sa miséricorde).

Invocatio. -
1. Incantation.
2. Invocation, titre.
3. Sujet d'une supplique.
4. (*i. armorum*), appel aux armes

Invocavit. - premier dimanche de carême.

Involare, **imbolare**, **imbulare**. - voler, enlever.

Involator. - voleur.

Involens. - qui ne veut pas, malgré soi.

Involentia. - absence de volonté.

Involitium, **involumen**, **involutio**, **involutorium**. - rouleau, paquet.

Involubilis. -
1. (< *vŏlūbĭlis*), qui entoure, qui enveloppe.
2. (< *velle*), qui ne peut être voulu, désiré.

Involumen. - *idem* involitium, rouleau, paquet.

Involuntativus. - sans volonté.

Involutio. -
1. *Idem* involitium, rouleau, paquet.
2. Action d'envelopper

Involutorium. - *idem* involitium.

Involvere. - voûter, mettre sous toit.

Invotare. - désirer.

Invultare, **invultuare**. - (< *vultus*).
1. Façonner un visage.
2. Envoûter, ensorceler.

Invultor. - *idem* invultuor.

Invultuare. - *idem* invultare.

Invultuatio. - action d'envoûter, d'ensorceler en s'adressant à l'image de quelqu'un.

Invultuor, **invultor**. - sorcier, celui qui façonne des images pour envoûter.

Invultus. - envoûtement.

Inwadiamentum, **invadiamentum**, **ingadiamentum**, **ingidiamentum**. -
1. Détention en gage.
2. Revenu des saisies de gages.

Inwadiare. -
1. *Idem* inguadiare, invadiare.
2. (*i. se*), se faire otage.
3. (*i. se*), s'engager à fournir des preuves.

Inwadiatio, **invadiatio**. -
1. Mise en gage.
2. Revenu des saisies-gages.

Inwadiator. - celui qui met en gage.

Inwara. - (< *waru*)[1], service armé à l'intérieur du pays (Anglosaxon).

Inwarda, **inguarda**, **inwardus**.
- (< *weard*)[2], service de garde (Anglosaxon).

Inwardus, **ineuvardus**, **inguardus**. - office de gardien.

Inwardus. - *idem* inwarda.

Inwarennare. - mettre en garenne.

Inwerpire. - saisir, opérer une saisie.

Inzegnerius, **inzignerius** - (< *insignis*), personne remarquable, expert, maître.

Inzelare, **inzolare**. - (< *cēlāre*), cacher, occulter.

Inzignerius. - (< *insignis*), *idem* inzegnerius, expert, maître.

Inzolare. - (< *cēlāre*), *idem* inzelare, cacher, occulter.

Inzuccharatus. - sucré.

Iocha. - sorte de navire léger.

Ipa, **vipa**. - soupe au vin.

Iperbatonicus, **hyperbatonicus**. - d'hyperbate.

Ipidemia, **epidemia**. - épidémie.

Ipothecarius. - apothicaire.

Ippago. - *idem* ipparius.

Ipparius, **ippago**. - cocher.

Ippilorium. - pilori.

Ippophora. - objection.

---

[1] A.S : *waru*, « habitants, peuple ».

[2] A.S : *weard* « garde, défenseur».

Ippovicarius. - sous- vicaire.

Ippus. - if.

Ipsoperans. - qui opère par lui-même.

Iraghtus. - (< *urraigh*)[1], sous-chef (Irlande).

Irangia. - variété de fruit : orange.

Irascibilis. - qui porte à la colère.

Irascibilitas. - irascibilité.

Irascitivus. - qui provoque la colère.

Iratus. -
1. Maltraité, puni.
2. (*i. et pacatus*), quand un vassal plaidait contre son seigneur, il fallait d'abord qu'il lui cède son fief, on exprimait dans les actes cette remise par les mots « *iratus et pacatus* », soit que le vassal fût en mésintelligence avec le seigneur, ou qu'il vécût en bonne intelligence avec lui.

Irenarcha. - officier de paix.

Irenismus. - (< εἰρήνη)[2], irénisme, tendance exagérée à la conciliation au risque de sacrifier une vérité.

Irenmangeria. - quincaillerie.

Irensis. - Irlandais.

Irescalis. - irritable, prompt à se mettre en colère.

Ironia. -
1. Ironie.
2. Moquerie, dérision.

Ironicon. -
1. Dérision.
2. Insulte.

Ironicus. -
1. Outrageux.
2. Sarcastique, moqueur.

Irradiare. - briller, étinceler.

Irradicabilis. - indéracinable.

Irradicare. - déraciner.

Irradicatus. - déraciné.

Irrasibilis. - qui ne peut être poli.

Irratio. - déraison.

Irrationabilitas. - éloignement de la raison.

Irrationabiliter. -
1. Contre toute raison.
2. (*i. fornicari*), contre nature (en parlant de bestialité, accouplement avec des animaux).

Irrationaliter. - sans raison, en se trompant.

Irreatus. - (< rĕātŭs), absolution.

Irrecessibiliter. - sans moyen de se retirer.

Irrecisus. -
1. Non rogné, non diminué.
2. Confirmé.

Irrecitabilis. - que l'on ne peut dire, indicible.

Irreconciliatus. - (pénitent) non réconcilié.

Irreconvincibilis. - totalement convaincant, irréfutable.

Irrecordatus. - qui oublie.

Irrectabiliter. - sans s'éloigner de la raison.

Irrectitudo. -
1. Injustice.
2. (pl), agissements injustes, incorrects.

Irrectitus. - *idem* irretitus, assigné en justice.

Irrectus. - mauvais, injuste.

Irrecuperabilis. -
1. Que l'on ne peut recouvrer.
2. Irrécusable.

Irrecuperabiliter. - sans espoir de recouvrer, ou d'être recouvré.

Irrecuperatorie. - sans récupération possible.

Irrecuse. - sans que l'on puisse refuser.

Irredemptibilis. - qu'on ne peut racheter.

Irredemptus. - non racheté, sans rançon.

Irredibilis. - qui ne peut revenir.

---

[1] Irl : *urraigh*, « le chef après le roi ».

[2] εἰρήνη : « paix ».

Irredibilitas. - impossibilité de revenir en arrière (en parlant du temps passé).
Irrediturus. - qui ne doit pas revenir ; qui ne reviendra pas.
Irrefertibilis. - insatiable.
Irreflexibilis. - qu'on ne peut tourner.
Irreflexibiliter. - d'une façon rigide.
Irreformabilis. - qu'on ne peut modifier, définitif.
Irreformatus. - inaltéré.
Irrefragabilis. - incassable, définitif.
Irrefrenatus. - effréné.
Irrefrigerium. - lieu que l'on peut rafraîchir (ou d'une fraîcheur désagréable).
Irrefugium. - absence d'aide ou de secours.
Irregimen, irrigimen. - indiscipline.
Irregistrare. - enregistrer.
Irregistratus. - non enregistré.
Irregressibiliter. - sans espoir de retour.
Irregrissibilis. - qui n'admet pas de retour.
Irregularis. -
1. Contraire à la règle monastique.
2. Séculier (clergé).
Irregularitas. -
1. Écart par rapport à la norme, irrégularité, indiscipline.
2. Violation des règles, illégalité en particulier en référence au droit canonique comme obstacle à l'exercice des fonctions sacerdotales ; situation irrégulière pour un évêque.
Irregulariter. -
1. Irrégulièrement.
2. Sans suivre la règle monastique.
Irregulatus. - déréglé.
Irreiterabilis. - qui ne peut être réitéré, renouvelé.
Irreligiositas. -
1. Impiété.
2. Parjure devant les reliques.
Irreligiosus. - qui n'observe pas les règles monastiques.

Irremeaturus. - dans l'obligation de ne pas revenir.
Irremediabilitas. - irrémédiable, incurable.
Irremediabiliter. - sans remède, d'une façon irrémédiable.
Irremedicabilis. -
1. Inguérissable.
2. D'une façon continue, sans pouvoir s'arrêter.
Irremedicabiliter. - les remèdes n'y faisant rien.
Irremisse. -
1. Infatigablement.
2. Sans relâche, infailliblement, sans faute.
Irremissibilis. -
1. Irrémissible, inexpiable, impardonnable.
2. Infatigable, implacable.
Irremissibiliter. - sans miséricorde.
Irremorsus. - qui ne peut être réfuté.
Irremotus. -
1. Démesuré, exorbitant.
2. Qui ne cesse pas, intolérable, sans relâche, impitoyable.
3. Non supprimé, constant.
Irremunerabilis. - indigne de récompense.
Irrentare. - enregistrer comme loyer.
Irrepacio. - *idem* irreparatio, délabrement.
Irreparabiliter. - irréparablement.
Irreparatio, irrepacio. - délabrement.
Irrepercussus. -
1. Non réfuté.
2. (fig), non ébloui.
Irreplegiabilis. - qui ne peut bénéficier d'une caution ou d'une mainlevée.
Irreplegiare. - rendre (les biens) impossibles à récupérer par mainlevée.
Irreprehensibilis. - irréprochable.
Irreprehensibiliter. - sans reproche.
Irreptus. - *idem* irretus.
Irrepugnanter. - sans contradiction.

Irrepugnantia. - absence d'incohérence, de contradiction.

Irrepulsus. - inattaquable.

Irrequietudo. - vigilance.

Irrequisitus. -
1. Non consulté.
2. Non recherché

Irreserabilis. - qu'on ne peut ouvrir, dévoiler, interpréter.

Irreserabiliter. - irrévocablement.

Irresolutus. - irrésolu.

Irrespirabilis. - où l'on ne peut respirer.

Irrestaurabilis. -
1. Irréparable.
2. Irrécupérable.

Irresurgibilis. - d'où personne ne peut se relever.

Irretardabilis. - qu'on ne peut retarder, arrêter (en parlant du mouvement des astres).

Irretentibilis. - qu'on ne peut retenir.

Irretitio. - enchevêtrement, entrave ; (fig), piège.

Irretitura. - (< *irrētīre*), action d'embrasser.

Irretitus, irreptus, irrectitus, irrititus, irritatus. - (< *rectus*), assigné en justice.

Irretractabiliter. -
1. D'une manière inébranlable.
2. Sans qu'on puisse le retirer (anneau, bague).

Irrevereri. - n'avoir aucun respect pour.

Irreverberatus. -
1. Qui ne peut être dévié.
2. Qui n'est pas ébloui.

Irreverens. -
1. Qui n'a pas de pudeur.
2. Qui ne craint pas la loi, rebelle.

Irrevertibiliter. - sans retour.

Irrevincibilis. - incontestable.

Irrevincibiliter. - invinciblement.

Irrevocatus. -
1. Qui n'est pas annulé.
2. Qui n'est pas révoqué.

Irridiculum. - moquerie.

Irrigescere. - se raidir, se rigidifier.

Irrigimen. - *idem* irregimen, indiscipline.

Irriguum. -
1. Terrain arrosé, pourvu de sources.
2. (*i. inferius*), crainte de l'enfer.
3. (*i. superius*), amour de Dieu.

Irrisorius. -
1. Moqueur, ironique.
2. (subs), moquerie, plaisanterie.

Irritabulum. - stimulant.

Irritare. - (< *rătus*), rendre nul, annuler.

Irritatio. -
1. (< *rătus*), annulation, abrogation.
2. (< *īra*), excitation à la colère.

Irritatorius. - provocateur.

Irritatus. - *idem* irretitus, assigné en justice.

Irrititus. - *idem* irretitus.

Irrogatio. - dommage, préjudice.

Irrotare. - rouer.

Irrotulamentum, irrotulatio. -
1. Enroulement.
2. Inscription dans un registre, un rôle.

Irrotulare. -
1. Enregistrer.
2. Inscrire dans les rôles du cens, imposer.

Irrotulatio. - *idem* irrotulamentum.

Irrubidus. - impudent, sans honte.

Irruere. -
1. Se précipiter.
2. Charger, attaquer.
3. Ruiner, détruire.

Irrumpere. - enfreindre, violer.

Irruptor. - violateur.

Isagoga. - (< εἰσαγωγή)[1], introduction à un sujet.

Iscannum. - échange.

---

[1] εἰσαγωγή : « introduction »

Ischia. - les hanches.

Ischola. - école.

Iscla. - alluvion, îlot d'alluvion.

Isdictus. - ledit, susdit.

Isenbrunus, issembrunus, galabrunus. - sorte d'étoffe de soie.

Isicium. - farce à base de poisson.

Isicius, isicus, isix, isox, esicius. - (< *ĕsox*), sorte de poisson variété de saumon, alose, brochet.

Isicus. - *idem* isicius.

Isida. - *idem* incida, martin-pêcheur.

Isla. - île.

Islamiticus. - de l'Islam, Mahométan.

Ismaltum. - émail.

Isnechia. - sorte d'embarcation.

Isox. - *idem* isicius.

Isculus. - lombric.

Ispia. - espion.

Ispillorum. - pilori.

Isponsio. - garantie, caution.

Israël. - non donné aux camées antiques : « (pierre) d'Israël ».

Issaccum, eisacum, yssaquum, hichacum. - droit de douane sur les vins de Bordeaux (*Cf. isshac*).

Issarcia. - agrès d'un navire.

Issartaria. - essart.

Issembrunus. - *idem* isembrunus.

Isses. - sorte de récipient.

Isshac, isshida, yssida. - droit de sortie pour les marchandises.

Isshida. - *idem* isshac.

Issugare. - essuyer.

Isti. - (*i. sunt dies*), dimanche de la Passion.

Istoria, historia, storia. -
1. Récit véridique.
2. Livre, volume.
3. Tissu historié, orné de dessins.
4. (pl), leçons, lectures (tirées des livres historiques de l'ancien testament).

Istria. - poissons.

Istrica. - sorcière.

Isula, isulatus. - endroit défendu entouré de fossés.

Isulatus. - *idem* isula.

Itatenus. - jusqu'au point de.

Iter. -
1. (*i. exercitale*), expédition militaire.
2. (*i. crucis*), croisade.
3. (*i. mercatile*), grand chemin de commerce.
4. (*i. padorneum*), sentier dans les prés, dans les pâturages.
5. Tournée de juges itinérants (Angleterre).

Iterabilitas. - ce qu'il est licite de réitérer.

Iterans. - (subs), voyageur.

Iterare. -
1. (< *ĭter*), cheminer.
2. (< *ĭtĕrŭm*) ; (*i. judicium*), juger en appel.
3. (< *ĭtĕrŭm*), changer.

Iterato. - une seconde fois.

Iterator. - voyageur.

Itermina. - *idem* interminatio2, bornes.

Ithyrca. - engin de chasse aux oiseaux.

Itinerarchæ. - gardes des chemins.

Itinerare. - cheminer.

Itinerarium. -
1. Route.
2. Carte des itinéraires.
3. (*i. sonare*), donner le signal du départ au son de la trompette.
4. Prière des voyageurs.

Itinerarius. -
1. Qui a beaucoup voyagé.
2. (*itinerarii termini*), bornes faciles à déplacer, auxquelles on ne doit pas de fier.
3. (*homo i.*), celui qui est astreint à des services de courrier.

Iturire. - vouloir voyager

Itura. - chemin de ronde.

Itinerator. - voyageur.

Itiscungachæ. - gardes.

Ivagiones. - hommes de conditions serviles, vilains.

Ivellus. - bague, joyau.

Ivergim. - seigle (céréale d'*hiver*).

Ivus, ivyus. - *idem* ifus, variété d'arbre, if.

J

Jaable. - câble.

Jaasou, jaasour. - outil pour curer le soc de charrue de la terre.

Jaasour. - *idem* jaasou.

Jabularius, gabularius. - (< *gafol*)[1], tenancier d'un manse détenu par un paiement en corvées et non en loyer (Angleterre).

Jabus. - poids équivalent à un douzième de livre.

Jacca. - râtelier des chevaux.

Jacchenses floreni. - monnaie de Catalogne et d'Aragon.

Jacea. - menthe.

Jacens. - (*virga j.*), trait horizontal.

Jacentia. -
1. Terre abandonnée, sans tenancier, anc fr[2], *jacence*, « action d'attendre ».
2. (pl), appendices, bâtiments adjacents à la maison.
3. Séjour des otages conventionnels dans un lieu déterminé jusqu'à ce que les obligations contractées soient accomplies.

Jacentivus. - (< *jăcēre*).
1. Couché.
2. Tombé de branchages en forêt.

Jacere. -
1. (subs) ; (< *jăcēre*), gîte, droit de gîte.
2. Être situé.
3. Être autour, aux environs.
4. Gîter, séjourner.
5. Faire un séjour obligatoire comme otage.
6. (*j. fœdus*), faire alliance.
7. (*j. de partu ; de puero*) être en couches.
8. Rejeter, mépriser.

Jacet litera. - à la lettre, sans autre interprétation.

Jacha. - sorte de plante aromatique.

Jacheria. - jachère.

Jachtivus, iachtivus. - assigné, traduit en justice.

Jaciere. -
1. Rejeter une épave, déposer.
2. Rejeter, mépriser.

Jacke, jacque. - casaque militaire qui était portée sur la cuirasse.

Jacmarium, jacmium. - redevance payée par certains vassaux quand ils se mariaient.

Jacmium. - *idem* jacmarium.

Jacobi, jaquei, jaquerii. - les Jaques, factions du nom de leur capitaine, qu'ils appelaient Jaque Bonhomme.

Jacobini. - *idem* jacobitæ, hérétiques.

Jacobipetæ. - *idem* jacobitæ2

Jacobita. -
1. Pèlerins de St Jacques de Compostelle.
2. (pl), Jacobites, hérétiques égyptiens.

Jacobus. -
1. Menue monnaie anglaise et béarnaise.
2. Casaque militaire.

Jaconia. - somme donnée aux chanoines aux enterrements qui se font dans une église extérieure.

---

[1] A.S : *gafol*, « tribut, contribution ».

[2] Roquefort.

Jacqeta, jaqueta, jaquetum. - sorte de toge, vêtement monastique.

Jacque. - *idem* jacke.

Jacqueta. - *idem* jacqeta.

Jactabunde. - avec vantardise.

Jactamen. - (< *jactāre*), orgueil, ostentation.

Jactanda. - action de se glorifier, de se vanter.

Jactantiola. - vantardise, prétention.

Jactare. -
1. Jeter à terre.
2. Faire des reproches, jeter la pierre.

Jactarius. - *idem* jacturarius, qui souffre souvent de dommages.

Jactatio. -
1. Moulage de métal fondu.
2. Mélange d'argile dans la fabrication des tuiles

Jactator. - jeton.

Jactatorium, jactatorius. - engin de guerre qui lançait plusieurs projectiles à la fois.

Jactatorius. - *idem* jactatorium.

Jactio. - tradition d'investiture, de mutation de propriété par le jet du fétu sur la poitrine du nouveau propriétaire.

Jactire. -
1. Citer en justice en jetant un fétu de paille sur la poitrine de celui qui doit comparaître.
2. Investir, mettre en possession par le jet du fétu.

Jactissus. - projeté.

Jactitatio. -
1. Rodomontade.
2. (*j. matrimonii*), déclaration publique de mariage.

Jactitio. - le fait d'abandonner ses biens et de partir.

Jactitius. - qui est en saillie, proéminant.

Jactivus, jectivus, geitivus. -
1. Cité à comparaître, assigné en justice.
2. Qui a négligé sa promesse.
3. Épileptique.

Jactura. -
1. *Idem* ejectus, jet des marchandises dans une tempête pour sauver le navire.
2. *Idem* jactitio.
3. (*j. maris*), épaves.
4. Peine, châtiment.
5. Dommage, malheur, anc fr[1], *jacture*, « perte ».

Jacturale. - amende, peine.

Jacturarius, jactarius. - qui souffre souvent de dommages.

Jacturatus. - qui a souffert d'un dommage.

Jactus. -
1. Arme de trait.
2. Droit de jet, de pêche.
3. Épave.
4. Jetée, môle.
5. Courroie que l'on met aux pattes des faucons pour les retenir, anc fr[2], *ges*.
6. Jeton. ; calcul effectué au moyen de jetons.
7. Poignée de grain que l'on prend en plus de la mesure.
8. Minute d'un acte.
9. Terre que l'on retire d'un fossé.
10. Tourmenté, vexé.
11. Amende pour défaut de comparution.

Jacula. -
1. Javelot.
2. Sorte de filet.

Jacularis. - qui se lance, qui se jette.

Jaculatio. - action de fulminer une sentence.

---

[1] Godefroy.

[2] Hippeau.

Jaculator. - archer, arbalétrier.

Jaculatorius. -

1. De jet.
2. Jaculatoire (oraison), jeté rapidement.

Jaculum. - trait.

Jadellus. - sorte de récipient, écuelle, anc fr[1], *jadel*.

Jagga. - échancrure ornementale de vêtement.

Jaggare. - échancrer un vêtement dans un but esthétique

Jaguntius. - sorte de pierre : pierre hyacinthe.

Jahunum. - *idem* jaunum, ajonc.

Jaia. -

1. Trou d'eau favorable à la pêche.
2. Sorte d'oiseau : geai.

Jaixum. - friche.

Jakkum. - armure sans manches, matelassée ou doublée de plaques de fer, (*Cf.* *jacke*).

Jalagium, jaleagium. - droit de jaugeage sur les barriques de vin.

Jaldus, jalidus. - jaunâtre, orange.

Jalea, jalleia. -

1. *Idem* gialeta, sorte de récipient, broc.
2. Mesure pour les liquides.

Jaleagium, jalleagium, galeagium. - *idem* jalagium, droit de jaugeage sur les barriques de vin.

Jaleata, jalleata. - mesure pour les liquides, anc fr[2], *jalet*.

Jaletum, ialetum. - mesure agraire, la douzième partis du muid.

Jalidus. - *idem* jaldus, jaunâtre, orange.

Jalinus. - vert.

Jalla. - récipient pour le vin, anc fr[3], *jale*.

Jalleagium. - *idem* jaleagium.

Jalleata. - *idem* jaleata.

Jalleia. - *idem* jalea.

Jalnetum, jaunetum, jannetum, jaonetum, janettum, galnetum. - (< *galbĭnus*), lieu où poussent les ajoncs.

Jalo, galona. - *idem* galon, mesure pour les liquides, gallon.

Jaloigenus, jalotus. - petite mesure pour les grains.

Jalonata, galona. - mesure pour les liquides, gallon.

Jaloneia. - botte de foin ou de paille, anc fr[4], *jaglonnée*.

Jalotus. - *idem* jaloigenus

Jalousus. - jaloux.

Jamba. - jambe.

Jamnunc. - sur le champ, tout de suite.

Jampna. - endroit couvert d'arbustes.

Jampnum. - *idem* jaunum, ajonc.

Jamundilingi. -

1. Serfs attachés à la glèbe (Germanie).
2. (< *gemundian-Ing*)[5], hommes libres sous la protection d'un seigneur (Anglosaxon).

Janestaria. - champ de genêts.

Janeti. - monnaie d'argent de Chypre.

Janettum. - *idem* jalnetum.

Jangularia. - discours inconsidéré, badinage

Janitator, januator, januarius. - (< *jānĭtŏr*), portier.

Janitrices. - femmes de deux frères.

Janizari. - militaires turcs, janissaires.

Janizzeri. - officiers du troisième ordre de la chancellerie romaine.

Jannetum. - *idem* jalnetum.

Jansæ, gances, gansæ, gantæ - (pl), (< *ganta*), oies, anc fr[6], *jante*, « oie sauvage ».

---

[1] Godefroy.
[2] id.
[3] Hippeau.
[4] Godefroy.
[5] A.S : *gemundian*, « protéger », *ling*, « statut de la personne ».
[6] Godefroy.

Jantaculum. - petit déjeuner.

Jantar. - droit de gîte et de past au Portugal.

Januarium. - grille.

Januarius. - *idem* janitator.

Januator. - *idem* janitator.

Januini. - ancienne monnaie de Gênes.

Janus. - jaune.

Jaola. - *idem* gaiola, geôle.

Jaonetum. - *idem* jalnetum.

Jaquei. - *idem* jacobi, les Jaques, factions du nom de leur capitaine, Jaque Bonhomme.

Jaquemardus, **jaquetonus**. - cotte de mailles.

Jaqueria. - la jacquerie.

Jaquerii. - *idem* jacobi,

Jaqueta. - *idem* jacqeta, sorte de toge, vêtement monastique.

Jaquetonus. - *idem* jaquemardus.

Jaquetum. - *idem* jacqeta.

Jaquetus. - sorte de petite monnaie.

Jarba. - gerbe.

Jardenum. - *idem* jardinum.

Jardinarius. - jardinier.

Jardinellus, jardinulus. - petit jardin.

Jardinulus. - *idem* jardinellus.

Jardinum, gardinum, jardinus, jardenum. - jardin.

Jardinus, gardignagium. - *idem*, jardinum.

Jarella, jarellum, jarillum, jarolium, garillum. - barrière, palissade.

Jarellum. - *idem* jarella.

Jarillum. - *idem* jarella.

Jarolium. - *idem* jarella.

Jarra. -
1. Jarre.
2. Variété de chêne.

Jarreria. - *idem* jarria.

Jarretus. - variété de petit poisson de mer.

Jarria, jarreria, jarrigia, jorria, joria, gerria. - garrigue.

Jarrigia. - *idem* jarria.

Jarro, jarronus. - *idem* jarra2, variété de chêne.

Jarronus. - *idem* jarro.

Jarrossia. - sorte de vesce, jarrosse.

Jarsa, garsa. - scarification, anc fr[1], *garser*, « scarifier, piquer ou inciser la peau en plusieurs endroits avec une lancette ».

Jascheria. - jachère.

Jasia. - jument.

Jassefatum, jassetum. - sorte de navire chez les Persans.

Jassetum. - *idem* jassefatum.

Jassile, jassium. - bergerie.

Jassina, gesina. - accouchement, enfantement.

Jassinerius. - (*jassineria mulier*), femme qui vient d'accoucher.

Jassium. - *idem* jassile.

Jaugeria. - charge de jaugeage des fûts de vin.

Jaugia. - mesure étalon, jauge pour les fûts.

Jaugiator. - celui qui effectue le contrôle du jaugeage des fûts.

Jaularia, geolagium, jolagium. - droit dû au geôlier pour la garde et le soin du prisonnier, anc fr[2] *jaiolage*.

Jaularis. - *idem* jaularius, geôlier.

Jaularius, jaularis, jaulerius. - geôlier.

Jaulerius. - *idem* jaularius.

Jaunetum. - (< *galbĭnus*), *idem* jalnetum, lieu où poussent les ajoncs.

Jaunum, jahunum, jampnum. - (< *galbĭnus*), ajonc.

Javelina. - trait d'arbalète, flèche.

Javella. - fagot, tas de tiges de céréales.

Jayna. -
1. Chêne, poutre de chêne.

---

[1] Roquefort.

[2] Godefroy.

2. Chênaie.

Jayneta. - pique, lance à manche de chêne.

Jectare. - (*j. ad judicium*), assigner en justice.

Jectigare. - se démener.

Jectio. - non comparution et amende pour défaut en justice.

Jectiscere. - faire défaut en justice.

Jectiva. - jugement pour défaut.

Jectivus. - celui qui fait défaut de comparution.

Jectivus. - *idem* jactivus

Jectus. -

1. *Idem* jactus2, droit de jet, de pêche.
2. *Idem* jactus5, sangle attachée à la patte du faucon

Jehinare. - interroger par la torture, anc fr[1], *gehiner*.

Jejuna. - celui qui jeûne.

Jejunabilis. - où il faut observer le jeûne.

Jejunalis. -

1. De jeûne.
2. (*jejunales dies*), jours consacrés au jeune.

Jejunitas, **jejunium**. - jeûne.

Jejunium. - *idem* jejunitas.

Jenicia, **genica**. - génisse.

Jeniculum. -

1. *Idem* geniculum, degré de parenté.
2. Classe, section, degré.
3. Horoscope.

Jentaculum. - (< *jentācŭlum*), repas offert par un nouveau membre d'une ghilde.

Jerbus. - marécage.

Jercia. - jeune brebis qui n'a pas encore porté, anc fr[2], *germe*.

Jeremita. - navire grec, brûlot, navire chargé d'explosifs ou de matériaux inflammables, lancé sur les vaisseaux ennemis pour les incendier.

Jergeria. - ivraie, anc fr[3] *jargerie*.

Jericomium, **jhericomium**, **jerocomium**. - hospice de vieillards.

Jerocomium. - *idem* jericomium.

Jeruprepes, **geroprepes**. - divin, sacré.

Jesa, **jesum**, **jesus**. - sorte d'arme, (guisarme ?).

Jesina. - arrêt de l'activité, repos.

Jesse. - grand chandelier à plusieurs branches évoquant ainsi l arbre de *Jessé*.

Jesulus. - petit Jésus, enfant Jésus.

Jesum. - *idem* jesa.

Jesus. - *idem* jesa.

Jeta. - répartition des impositions.

Jetare. - répartir la taille, l'impôt.

Jettea, **geteya**, **geticium**. - jetée, brise-lames.

Jhara, **yara**, **yera**, **yhara**, **ihara**. - piège à poissons de rivière (Angleterre).

Jhericomium. - *idem* jericomium, hospice de vieillards.

Joachimicus. - monnaie d'argent (Germanie).

Joalliæ. - bijoux, joyaux.

Joanninus. - monnaie des chevaliers de St Jean de Jérusalem.

Joaria. - *idem* jugeria1.

Jobagio. - *idem* jobago, serf (Hongrie).

Jobago, **jobbago**, **jobagio**. - (pl), *jobagines*, serfs (Hongrie).

Jobbago. - *idem* jobago.

Jocabiliter. - en plaisantant, en jouant.

Jocale. -

1. Plaisanterie.
2. (< ?), Reliquaire, chasse.

Jocalia. - bijoux, joyaux.

Jocalis. - époux.

Jocalus, **jocamen**. - jeu, amusement.

Jocamen. - *idem* jocalus.

---

[1] Godefroy.
[2] id.
[3] id.

Jocanter. - joyeusement.

Jocare. - jouer.

Jocari. -
1. *Idem* jocare.
2. Jouter dans un tournoi.

Jocarius. - bouffon, plaisantin.

Jocatim. - en plaisantant.

Jocator. - *idem* joculator1.

Jocatrix. - joyeuse.

Jocha. - navire léger.

Jochus, juchus, juccus, juctus, junctus. - mesure de superficie, ce qu'on laboure avec une paire de bœufs (Germanie).

Jocista. - jongleur, bouffon.

Jocolarius. - vendeur de bijoux.

Jocosa. - épée de Charlemagne : *Joyeuse*.

Jocositas. - plaisanterie, badinage.

Jocosum. - bijou.

Jocosus. - de jeu.

Jocularis. - jongleur, bouffon.

Jocularitas. - facétie, plaisanterie.

Jocularius. - de jongleur ; de plaisanterie.

Joculatio. - enjouement.

Joculator. -
1. (*j. grossus*), celui qui sonne de la trompe, du clairon
2. Sentinelle, homme du guet.
3. Jongleur, bouffon.

Joculatorius. - de jongleur.

Joculosus. - joyeux, plaisant, facétieux.

Jocundare. - égayer, réjouir.

Jocundarius. - agréable, qui plaît.

Jocundatio. - gaieté.

Jocunditas. - enjouement.

Jocus. -
1. Plaisanterie.
2. (*j. scaccorum*) jeu d'échec.
3. Tournoi.
4. Jeu hippique, sport.
5. (*j. partitus*), locution exprimant l'idée qu'il est loisible de prendre un choix ou un autre d'une façon indifférente.

Joellus, johecca. - bijou.

Joeria. - chaîne.

Joglaria. - troupe de comédiens, de jongleurs.

Joguvium. - (< *jŭgum*), servitude.

Johannitæ. - chevaliers de l'ordre de St. Jean de Jérusalem.

Johecca. - *idem* joellus, bijou.

Jointeia. - sorte de mesure correspondant à ce que peut contenir les deux mains jointes : jointée.

Joissentia. - *idem* joja.

Joja, joissentia. - biens dont on profite, jouissance.

Jolagium. - *idem* jaularia, droit dû au geôlier pour la garde et le soin du prisonnier, anc fr[1] *jaiolage*.

Jolivare. - se rendre plaisant, galant, anc fr[2], *joliver*, « caresser amoureusement, faire la belle ».

Jolivitas. - ornement.

Joncaria, juncaria, junqueria, juncarium, juncherium, junchetum, juncina. - jonchaie.

Joncaria. - *idem* joncaria.

Joncetum, jonchetum, juncetum. - lieu où les joncs abondent, jonchaie.

Jonchare. - joncher de fleurs un endroit.

Joncheria. - endroit jonché de verdure ou de fleurs.

Jonchetum. - *idem* joncetum, jonchaie.

Jonchiatura, jonchura. - verdure et fleurs pour la jonchée.

Jonchura. - *idem* jonchiatura.

Jondrarius. - apprenti junior chez les boulangers.

Jonetta. - poire précoce, mûre à la Saint Jean.

Joppa. -
1. *Idem* jupa, manteau.

---

[1] Godefroy.

[2] id.

2. *Idem* joppus.

Joppus, joppa. - plaisanterie, bêtise, supercherie.

Jordanus, jurdanus. - « Jordan », pot de chambre (Angleterre).

Joria. - *idem* jarria, garrigue.

Jornalata. - *idem* jornalis.

Jornale. - *idem* jornalis.

Jornalere. - travailler à la journée.

Jornalerius. - celui qui possède des journaux de terre (ou qui est soumis à la corvée d'une journée de travail par son seigneur).

Jornalis, jornale, jurnalis, jornalata, jornamentum. - mesure agraire, autant de terre qu'une charrue peut labourer en un jour : journée, journal, jour ; travail d'un jour ; salaire pour un jour de travail.

Jornamentum. - *idem* jornalis.

Jornancia. - travail du jour.

Jornaria. - redevance payable en argent payée au seigneur par ceux qui ne faisaient pas les corvées en nature.

Jornarium. - mesure agraire, journée.

Jornata, jorneta, jorneia. -
1. Mesure agraire, journée.
2. Journée de marche.
3. Salaire d'une journée de travail.

Jornea. - sorte de manteau.

Jorneia. - *idem* jornata.

Jornellis, jornellus, jornetum, jorneus. - mesure agraire, journée.

Jornellus. - *idem* jornellis.

Jorneta. - *idem* jornata.

Jornetum. - *idem* jornellis.

Jorneus. - *idem* jornellis.

Jornus. - *idem* jurnus, journée de travail.

Jorria. - *idem* jarria, garrigue.

Josanus, jusanus. - plus bas, inférieur.

Josephini. - disciples d'un certain Joseph de la secte des vaudois.

Josta, jostra, jousta. -
1. Joute.

2. Escarmouche

Jostra. - *idem* josta.

Jostrator. - celui qui combat dans les joutes.

Josu. - *idem* jusum, en bas, par en bas.

Josum. - *idem* jusum.

Jota. - herbe, légume, anc fr[1], *iote, jotte*.

Jotticus. - jeu superstitieux, avant d'entreprendre un voyage.

Jotum. - mesure de superficie.

Journalis. - mesure agraire, journée.

Jousta. - *idem* josta.

Joustare. - jouter.

Jova, jovata. -
1. Mesure agraire, journée.
2. Corvée d'une journée.

Jovata. - *idem* jova.

Joverius, juverius. - bouvier, vacher, gardien de troupeau (Aragon).

Joviata. - *idem* justa3, mesure pour les liquides.

Joyha. - bijou, joyau.

Juaria. - *idem* jugeria1

Juba. - ambon surélevé.

Jubere. - daigner, bien vouloir accorder une grâce.

Jubeus. - sorte de vêtement.

Jubilæus, jubileus. -
1. Jubilé, indulgence plénière accordée à ceux qui visitaient le Saint-Siège.
2. Un centenaire.
3. (adj), de jubilé.

Jubilamen. - joie, réjouissance.

Jubilare. - jouer de l'orgue.

Jubilarius. -
1. Jubilaire, qui a occupé pendant 50 ans la même charge.
2. Célèbre, illustre.

Jubilatio. -
1. Joie, réjouissance.
2. Retraite.

---

[1] Godefroy.

Jubilatus. -
1. Jubilaire, qui a atteint un jubilé.
2. Chanoine retraité (dispensé du service de chœur, après 40 ans dans la même église).

Jubileum. - licence de la Sorbonne, ou les deux années pendant lesquelles les bacheliers sont tenus d'assister à des discussions théologiques, pour obtenir le grade de docteur.

Jubileus. - *idem* jubilæus.

Jubilius. - chant liturgique.

Jubilum. -
1. Chants joyeux des bergers latins.
2. Cri de joie militaire.
3. Allongement des notes sur le dernier mot des antiennes.

Jubosus. - (< *jŭba*), qui a une crête, une crinière.

Jucata. - *idem* juccata.

Juccata, jucata, juccatus. - mesure de superficie, autant de terre qu'un attelage peut labourer en un jour.

Juccatus. - *idem* juccata.

Juccus. - *idem* jochus, mesure de superficie, ce qu'on laboure avec une paire de bœufs (Germanie).

Juchus. - *idem* jochus.

Juctus. - *idem* jochus.

Juculator. - jongleur.

Jucunda. - joyau, (ou peut-être douceurs confites au sucre).

Jucundare. - se réjouir.

Jucundari. - amuser, divertir.

Judæa. - quartier juif, ghetto.

Judææ. - (*j. carnes*), viandes provenant d'animaux abattus par les Juifs.

Judæaria, jutaria, juzataria. - quartier juif.

Judaica. -
1. *Idem* judæaria.
2. Redevance que paient annuellement les Juifs.

Judaismus. -

1. *Idem* judæaria.
2. Banc de changeur juif.
3. Religion juive.

Judaizare. -
1. Suivre la religion juive.
2. Manquer à sa parole.

Judaizatio. - action de vivre en juif, de devenir juif.

Judex. -
1. Juge, consul, comte, prince, officier public, scribe, greffier, notaire.
2. (*j. fiscalis*) magistrat investi par le prince de l'autorité judiciaire et agissant pour son compte. .
3. Juge municipal chargé de la perception des taxes.
4. Chef, commandant, gouverneur, échevin.
5. Accesseur, celui qui assiste le juge.
6. (pl), les grands, l'aristocratie.
7. Régisseur du domaine du fisc ; régisseur d'un domaine privé.

Judicabilis. - que l'on peut juger, critiquer.

Judicalis. - de condamnation.

Judicamen. - jugement.

Judicamentum. -
1. Jugement.
2. Procédure.

Judicare. -
1. (*j. causam*), trancher, juger.
2. Gouverner, administrer, exercer des droits de justice.
3. Adjuger, accorder.
4. (*j. pœnam*), imposer une peine.
5. (*j. aliquem*), faire justice à quelqu'un, défendre.
6. (*j. legem*), juger selon la loi.
7. Léguer, faire don, disposer par testament.
8. (*j. pœnitentiam*), imposer une pénitence.

9. Disposer librement de ses membres.

Judicaria, judicatio. - juridiction d'un juge.

Judicatio. - *idem* judicaria

Judicativus. - propre à juger ; judiciaire.

Judicator. -
1. Assesseur dans un tribunal.
2. Régisseur d'un domaine.

Judicatorium. -
1. Lieu où se rend la justice, tribunal.
2. Jugement, raison.

Judicatum. -
1. Sentence de jugement.
2. Acte de donation.
3. Office de juge.

Judicatura. -
1. Office de juge.
2. Profits qui proviennent de l'exercice de la justice, amende ou partie de l'amende qui appartient au seigneur ou au juge ; frais de tribunal.
3. Juridiction, circonscription judiciaire

Judicatus. -
1. Sentence.
2. Ressort, juridiction d'un comte ou d'un juge.
3. Office, dignité de juge.
4. Pouvoir justicier.
5. Écrit contenant les volontés de quelqu'un.

Judicens. - celui qui rend la justice.

Judicialis. -
1. Qui se fait en justice.
2. Funeste, pernicieux.

Judicialiter. -
1. En justice, devant le juge, judiciairement.
2. Après jugement.

Judiciaria. -
1. Procès, plaid.
2. Acte rapportant un jugement.
3. Justice, pouvoir justicier.
4. Circonscription judiciaire.
5. Fruits de la justice, amendes.

Judiciarium. - (pl), plaid, procès.

Judiciarius. -
1. De procès, de procédure.
2. De la classe des échevins.
3. (subs), accesseur.
4. Echevin.
5. Justiciable, sujet d'une autorité judiciaire.

Judicissa. - femme du gouverneur.

Judicium. -
1. Séance judiciaire, plaid.
2. Juridiction, territoire, district, tribunal.
3. Acte rapportant un jugement.
4. La loi, le droit en vigueur.
5. (*jurare ad Dei j.*), jurer sur l'évangile.
6. Disposition testamentaire.
7. Peine disciplinaire infligée à un moine.
8. Opinion, jugement.
9. Condamnation prononcée par le juge.
10. Droit de justice, redevance.
11. (*j. Dei*), jugement de Dieu, par le duel, par l'eau bouillante, en passant impunément dans le feu ; offrande que font à l'église ceux qui sont soumis à cette épreuve.
12. (*j. defunctorum*), droit des curés sur la succession des paroissiens.
13. (*j. concedere*), accepter une sentence.
14. (*j. decretorium*), sentence définitive.
15. (*j. sustinere*), subir la peine prononcée.
16. (*j. vassali ingred*), locution marquant le fait que quand le seigneur entrait dans les terres de son

vassal, la justice lui appartenait, et celle du vassal cessait.

Judicius. - loi.

Juellus. - bijou, joyau.

Jugale. - voile qu'on posait sur les mariés pendant la bénédiction nuptiale.

Jugalis. -
1. Sous le joug.
2. (subs), époux, épouse.
3. Animal attelé.

Jugalitas. - état de mariage.

Jugalus. - époux, mari.

Jugaris. - bouvier, vacher.

Jugata. -
1. Femme mariée, épouse.
2. (*j. terræ*), *idem* jugatum.

Jugaticum. - impôt payé pour la détention de chaque paire de bœufs.

Jugatinus. - celui qui préside au mariage.

Jugatum, **jugis**, **jugium**, **jugeum jugia**, **jugea**, **jullum**, **junctum**, **juva**. - mesure de terre correspondant à ce qu'une paire de bœufs peut labourer en un jour, arpent.

Jugea. - *idem* jugatum.

Jugeria, **juweria**, **juaria**, **juveria**, **joaria**.
1. Charge d'un officier judiciaire, anc fr[1], *jugerie*.
2. Juridiction.
3. Redevance de justice.

Jugerius. - juge, arbitre.

Jugeum. - *idem* jugatum.

Jughamentum. - sentence de justice.

Jugia. - *idem* jugatum.

Jugialis. - qui se rapporte à la mesure agraire.

Jugis. - *idem* jugatum.

Jugitare. - juger, penser.

Jugitas. - (< *jūgis*).
1. Durée perpétuelle.
2. Persévérance.

Jugitatio. - continuation.

Jugites. - qui sont unis.

Jugium. - *idem* jugatum.

Juglatores. - bouffons, histrions.

Jugo, **jugum**. - crête de montagne (en forme de joug).

Jugulamen, **jugulamentum**. - meurtre par étranglement.

Jugulamentum. - *idem* jugulamen.

Jugulator. - assassin.

Jugulatorius. - qui égorge.

Juguliettum. - gorge, cou.

Jugulum. -
1. Glaive.
2. Sorte d'ornement (en forme de petit joug ?).
3. Petite crête ou colline.
4. Meurtre, massacre, en coupant la gorge.

Jugulus. - *idem* jugulum1

Jugum. -
1. Joug d'attelage des bœufs.
2. Arc, voûte.
3. (fig), joug (en parlant d'une charge).
4. *Idem* jugatum, mesure de terre.
5. *Idem* jugo, crête de montagne (en forme de joug) ou jugulum3.

Juhert. - mesure agraire.

Juisa. - *idem* juisium.

Juisium, **juisum**, **juwisum**, **juisa**. -
1. Ordalie, duel judiciaire, anc fr[2], *juise*.
2. Instrument pour punir les coupables.
3. Droit de conduire une ordalie ou d'administrer une punition.

Juisum. - *idem* juisium.

Jujuba. - jujube.

Jula, **julia**. - sorte de poisson de mer.

Julep. - eau sucrée.

Julhata, **julhatus**. - monnaie italienne.

Julhatus. - *idem* julhata.

Julia. -

---

[1] Godefroy.

[2] id.

1. *Idem* jula.
2. Mesure agraire.

Jullum. - *idem* jugatum.

Jumanta, jumenta, jumentum. - jument.

Jumella. - *idem* jointeia, sorte de mesure correspondant à ce que peut contenir les deux mains jointes.

Jumenta. - *idem* jumanta.

Jumentare. - installer à cheval en signe d'investiture.

Jumentarium. - étable, parc pour les bêtes de somme.

Jumentarius. - celui qui est astreint à des services de transport par bête de somme.

Jumentum. -
1. *Idem* jumanta.
2. Prostituée.

Juncare, junciare, junchiare, junquare. - joncher, recouvrir, répandre des herbes ou des ajoncs.

Juncaria. -
1. *Idem* joncaria.
2. Plaisanterie mensongère, tromperie bon enfant, anc fr[1], *joncherie*.

Juncarium. - *idem* joncaria.

Juncata. -
1. Jonchée d'herbes ou d'ajoncs.
2. Faisceau de joncs dont on se sert pour pêcher les poissons, les écrevisses.
3. Petite corbeille de joncs pour faire le fromage, anc fr[2], *jonchie*.

Juncatica. - *idem* juncata2.

Juncetum. - *idem* joncetum, jonchaie.

Junchada. - *idem* jointeia, sorte de mesure correspondant à ce que peut contenir les deux mains jointes.

Juncheria. - *idem* juncata2

Juncherium. - *idem* joncaria.

Junchetum. - *idem* joncaria.

Junchia. - *idem* juncata2.

Junchiare. - *idem* juncare.

Junciare. - *idem* juncare.

Juncina. - *idem* joncaria.

Juncta. -
1. *Idem* jointeia.
2. Jointure.
3. Jonction, accroissement.
4. Assemblée judiciaire et militaire (Espagne).

Junctata. - *idem* jointeia.

Juncte. - ensemble, côte à côte.

Junctor. - menuisier.

Junctorius. - d'attelage.

Junctum. -
1. *Idem* jointeia.
2. *Idem* jugatum, mesure agraire.

Junctura. -
1. Attache, fermoir, charnière.
2. Contrat commun.
3. Copropriété.
4. Conjoint d'une veuve.
5. Acte de joindre, main fermée, poing.
6. (pl), escarmouches.

Junctus. - *idem* jochus, mesure de superficie, ce qu'on laboure avec une paire de bœufs (Germanie).

Jundragium. - *idem* jurioratus1, église administrée par un vicaire

Junecula, junicula, junix. - génisse.

Jungens. - (subs), confluent de deux rivières.

Jungere. -
1. Atteindre, obtenir, joindre.
2. (pass), toucher.
3. (*se j.*), se rencontrer, livrer bataille.
4. Se rendre à un lieu.
5. Fréquenter quelqu'un

Junibarus. - (< *jūnĭpĕrus*), genévrier.

Junicula. - *idem* junecula, génisse.

Junior. -
1. Neuf, nouveau.

---

[1] Godefroy.

[2] id.

2. Serviteur, subordonné, valet (surtout garçon meunier ou boulanger, anc fr[1], *joene*).
3. Elève.
4. Tenancier rural.
5. Agent subalterne.
6. Qui a reçu un ordre inférieur dans la cléricature ; frère convers, oblat.
7. (pl), *juniores*, conscrits, recrues ; cadets de race noble, anc fr[2], *juveigneur*.
8. Chanoines surnuméraires, qui attendent une place.

Junioratus. -
1. Église administrée par un vicaire.
2. Bénéfice d'un clerc qui est personnellement subordonné à l'évêque.
3. Fief possédé par un cadet de famille noble et pour lequel l'hommage est dû au frère aîné.

Junix. - *idem* junecula, génisse.

Junquare. - *idem* juncare, joncher, recouvrir, répandre des herbes ou des ajoncs.

Junqueria. - *idem* joncaria, jonchaie.

Jupa, **juppa**, **joppa**, **juppo**, **jupo**, **juponus**. - manteau qui cache les jambes.

Jupellum. - casaque de guerre.

Jupo. - *idem* jupa.

Juponerius. - tailleur, couturier.

Juponus. - *idem* jupa.

Juppa. - *idem* jupa.

Juppo. - *idem* jupa.

Juppus. - cuirasse.

Jura. -
1. Association, société, commune.
2. Serment.

Juradia. -
1. Accord, arrangement fait sous serment.
2. Banlieue des villes italiennes.

Juramentarius. - fait avec serment.

Juramentum. - disculpation de l'accusé par son simple serment d'innocence, (*jurare propria manu*), dans le cas d'accusation légère et confirmée par le témoignage d'autres personnes, (*jurare tertia, quarta, quinta manu*), dans les cas plus graves.

Jurare. -
1. Jurer.
2. (*j. inspectis sacrosanctis*), jurer ayant sous les yeux les évangiles et les reliques des saints.
3. (*j. in animam*), jurer sur son âme.
4. (*j. terram*), promettre foi et hommage au successeur légitime de son seigneur.
5. (*j. compagniam*), s'associer et jurer se conformer aux conditions de l'association.
6. (*j. mandata*), promettre d'exécuter les ordres donnés.
7. (*j. filiam*), promettre sa fille en mariage.
8. Conjurer, supplier.

Juraria. -
1. Office de jurat (magistrat municipal, échevin).
2. Ensemble des bourgeois d'une ville.
3. Office des magistrats chargés de taxer les denrées.
4. Droit de bourgeoisie, droit de commune.

Jurata, jurea. -
1. Promise en mariage.
2. Droit de citoyenneté, de bourgeoisie.
3. Droit payé au seigneur par les bourgeois.
4. Enquête juridique ; réunion de personnes chargées de prononcer sur l'existence d'un crime, jury.

---

[1] Godefroy.

[2] id.

5. Serment prêté avec des cojureurs.

Juratio. - serment par lequel le vassal s'engageait à rendre son fief au seigneur quand il avait un procès avec lui.

Jurator. -
1. Celui qui jure à la place de quelqu'un, pour un enfant.
2. Jureur, témoin qui affirme par serment l'innocence de l'accusé.
3. Conjureur.
4. Fondé de pouvoir.
5. Juré (Angleterre).
6. Magistrat principal, jurat.

Juratoria. - caution garantie par serment.

Juratorius. -
1. Fait par serment, accompagné de serment.
2. Sur quoi on jure.

Juratus. -
1. Lié par serment, soumis par serment à un suzerain, associé, allié.
2. Celui qui jure pour confirmer le serment d'un autre.
3. (subs), juré ou jurat, magistrat d'une cité.
4. Membre d'une commune jurée.
5. Officier chargé de défendre les droits et de veiller à l'exécution des statuts d'une corporation d'artisans.
6. Jurat d'une corporation, d'une jurande.
7. Témoin assermenté.

Juravisus. - action de vérifier l'exactitude d'un compte ou d'un fait.

Jurdanus. - *idem* jordanus, « Jordan », pot de chambre (Angleterre).

Jurea. - *idem* jurata.

Jure-manentes. - ceux qui sont assignés à une résidence par la loi.

Juretenus. - conformément à la loi.

Juricapium. - peine infligé au judiciable contumace.

Juricidialis. - investi des pouvoirs judiciaires.

Juridica. - jour d'audience, séance de tribunal.

Juridice. - selon la loi.

Juridicialis. - investi de pouvoirs judiciaires.

Juridicialiter. - juridiquement.

Juridicina. - juridiction, administration de la justice.

Juridicium. - le droit.

Juridicus. - légitime.

Jurificare. - rendre la justice.

Jurifice. - conformément à la loi.

Jurisdictio. -
1. Autorité pour l'administration de la justice, juridiction.
2. Territoire sur lequel s'exerce la juridiction.
3. Droit particulier.
4. (*j. alta et bassa*), haute et basse justice.

Jurisdictionalis. - de juridiction.

Jurisdictionaliter. - conformément au droit.

Jurista. - juriste, jurisconsulte.

Jurmarcha. - juge des frontières.

Jurnalis. - *idem* jornalis, journée, journal, jour (mesure agraire).

Jurnus, jornus. - journée de travail.

Jus. -
1. Loi, règle, ordonnance, code juridique, corpus de lois.
2. (*j. animarum*), haute justice.
3. (*j. capitale*), droit du seigneur.
4. (*j. consuetum*), droit basé sur la coutume.
5. (*j. consulare*), droit du comte.
6. (*j. credentiæ*), droit de créance par lequel le seigneur pouvait prendre à crédit chez son vassal ce dont il avait besoin.
7. (*j. decimale*), droit de prendre la dîme.

8. (*j. domini*), droit du fisc.
9. (*perpetuo jure*), à titre définitif, éternellement.
10. (*j. equestre*), droit de chevauchée.
11. (*j. laudandi*), droit de mutation.
12. (*j. naturæ*), droit des enfants sur l'héritage patrimonial.
13. (*j. operale*), droit d'exiger la corvée.
14. (*j. turni*), droit de rentrer en possession d'une terre patrimoniale en remboursant l'acquéreur.
15. (*j. facere et recipere*), plaider.
16. (*j. scriptum*), le droit écrit, le droit romain (en opposition au droit coutumier qui est non écrit).
17. Lieu où la justice est rendue, juridiction.
18. Manière, coutume.
19. Ce à quoi on a droit, droit, privilège, propriété.
20. Droit de l'église ou ecclésiastique, rite de l'extrême-onction.
21. Exaction, extorsion.
22. Taxe, impôt.
23. Salaire.

Jusanus. - *idem* josanus, plus bas, inférieur.

Juscellum, jussellum. - sorte de met en Espagne à base de vin de sang et de viande d'agneau.

Juseranus. - chaînette de mailles d'or et d'argent.

Juserma. - sorte d'arme : guisarme.

Juso. - *idem* jusum.

Jussellum. - *idem* juscellum.

Jussio. -
1. Partage.
2. (<*jussĭō*), ordre, commandement.

Jussitio. - (< *jŭbēre*, p.p, *jussum*), commandement, ordre.

Jussorium. - ordre, commandement.

Justa. -
1. Joute, combat entre deux chevaliers qui se battent pour l'honneur.
2. Escarmouche.
3. Sorte de récipient de table ayant la forme d'une aiguière.
4. (*mensura justa*), sorte de mesure pour les liquides, semblable à la pinte de Paris.
5. (*j. demesuralis*), mesure de vin (ou de bière) un peu plus grande que la mesure ordinaire que l'on donnait aux moines les jours de grande solennité.
6. *Idem* justitus, sorte de mesure pour les grains.

Justantia. - mobilier que l'on devait fournir aux troupes que l'on était tenu d'héberger.

Justare. -
1. Jouter.
2. Vérifier la conformité d'une mesure avec un étalon.

Justetus, justicial, justicialis. - sorte de récipient de la forme des aiguières, anc fr[1], *juste*.

Justiciabilis. - justiciable.

Justicial. - *idem* justetus.

Justicialis. - *idem* justetus.

Justicialiter. - légalement.

Justiciarius. - justicier, juge.

Justiciatio. - exercice de la justice ou le droit de l'exercer.

Justiciatus. - office, fonction, dignité de juge.

Justicus. - équitable, juste.

Justifer, justificarius, justificator. - celui qui rend la justice, juge.

Justificabilis. - qui est du ressort d'un tribunal.

Justificare. -

---

[1] Godefroy.

1. Justifier, absoudre, déclarer juste.
2. (*j. aliquem*), juger, condamner, exercer la justice sur.
3. (*se j.*), comparaître en justice.
4. (fig), faire marcher droit, conduire.
5. Juger un délit.
6. Juger, terminer une affaire.
7. (*j. aliquid*), corriger, régulariser.

Justificarius. - *idem* justifer.

Justificatio. -
1. Action de ramener à la justice.
2. Jugement conforme à la justice.
3. Prescription accomplie selon la justice.
4. Paiement à titre de réparation.
5. Acte de témoignage, serment ou témoignage de prêteur.
6. Action de se justifier, disculpation, exonération, justification, déclaration d'innocence.
7. Condamnation, punition.
8. Part héréditaire légitime.

Justificator. - *idem* justifer.

Justigerius. - *idem* justitiarius.

Justilium. - sauce, jus.

Justiloquus. - qui dit des choses justes.

Justiniani. - élèves en première année de droit.

Justitia. -
1. Droit de justice, droit de rendre la justice.
2. Pouvoir judiciaire.
3. Circonscription judiciaire.
4. Juge investi du pouvoir judiciaire.
5. Action de satisfaire au droit d'autrui.
6. Fruits de justice, amendes.
7. (*j. simplex*), basse justice.
8. (*alta j.*), haute justice.
9. (*j. capitalis*), tribunal de l'ordre le plus élevé.
10. Lieu où se rend la justice, tribunal.
11. Lieu des exécutions ; exécution.
12. Joute entre deux chevaliers qui se battent pour l'honneur.
13. (*justitias tenere*), présider l'assemblée où se rend la justice.
14. (*justitiam suam facere*), faire saisir.
15. (*justitiam facere*), se soumettre au jugement ; comparaître devant le juge.
16. (*justitiam invenire*), obtenir justice.
17. Droit de quelqu'un, ce qui lui revient ; les droits attachés à une propriété.
18. Part qui revient à chacun, ses droits ; distribution, fourniture ; ration de boisson ; gobelet mesurant la ration.
19. Immunité, privilège, franchise.
20. (*j. cœmeterii*), ce que l'on paye pour faire enterrer un mort.
21. (*j. transitus*), péage, droit de passage.
22. Redevance ; amende ; (*i. banni*), amende pour violation d'une ordonnance ; (*j. pro duello*), amende prononcée au profit du seigneur contre la partie qui succombe dans un duel judiciaire ; (*j. de teloneo*), amende pour fraude en matière d'impôt.
23. Récipient contenant une quantité légale de bière (Angleterre).

Justitiabilis. -
1. Justiciable.
2. Qui possède un droit de justice.

Justitialis. - juste.

Justitiaratus. -
1. Contrée soumise à l'autorité d'un juge.
2. Dignité de juge.

Justitiare. -

1. Exercer, rendre la justice ; (*j. aliquem*), contraindre quelqu'un à s'incliner devant la justice ; juger, exercer la justice sur des personnes.
2. (*se j.*), comparaître en justice, défendre sa cause.
3. Punir, supplicier un coupable ; (*j. per aurem*), faire couper les oreilles du coupable.
4. (*j. aliquid*), saisir.

Justitiaria. - office de juge.
Justitiarius, justigerius. -
1. *Idem* justitiaria, office de juge.
2. Juge qui préside un tribunal.
3. Fermier des droits ou des impôts.

Justitiatio. - pouvoir judiciaire.
Justitiator. - justiciable.
Justitiatus. -
1. Juridiction et office, charge de juge.
2. (adj), puni.

Justitionarius. - juge.
Justitium. -
1. Juridiction.
2. Temps où cesse l'action de la justice comme dans un deuil public ou une grande calamité.

Justitus. - sorte de mesure pour les grains.
Justizare. - saisir.
Justorium. - battant de moulin.
Justrio. - herbe qui donne du lait aux nourrices, herbe au lait.
Justus. -
1. Homme établi, honorable.
2. Justifié, racheté.

Jusu. - *idem* jusum.
Jusum, josum, jusu, josu, juso. - en bas, par en bas.
Juta. - *idem* justa3, mesure pour les liquides.
Jutaria. - *idem* judæaria, quartier juif.
Juttare. - faire saillie.
Jutzia. - justice, juridiction.
Juus. - variété d'arbre : if.
Juva. - *idem* jugatum, mesure agraire.
Juvamen. - aide.
Juvare. -
1. Aider, assister.
2. (*j. se de aliqua re*), s'approprier une chose.

Juvenalis. - (*j. ætas*), la jeunesse.
Juvenari. - rajeunir.
Juvencalis. - de taureau.
Juvencella. - jeune fille.
Juvencularis. - jeune.
Juvenculescere. - *idem* juveneri.
Juveneri, juvenescere, juvenculescere. - rajeunir ou se conduire comme un jeune.
Juvenescere. - *idem* juveneri.
Juventitudo. - jeunesse.
Juvenus. - jeune.
Juveria. - *idem* jugeria1.
Juverius. - *idem* joverius, bouvier, vacher, gardien de troupeau.
Juweria. - *idem* jugeria.
Juwisum. - *idem* juisium.
Juxtare. - joindre, réunir.
Juya. - jouissance.
Juzataria. - *idem* judæaria, quartier juif.
Juzgo. - *idem* juzgus.
Juzgus, juzgo. - jugement (Espagne).

K

Kaabulum. - corde, câble.

**Kaagium, kaasgium, kaiagium, kaila-
gium**. - droit que les marchands payent pour déposer leurs marchandises sur le quai du port, anc fr[1], *caiage*.

Kaasgium. - *idem* kaagium.

Kadellus. - *idem* kidellus.

Kaeyum. - endroit où poussent les saules : saussaie.

Kaficium, keaficium. - mesure de volume pour les grains en Espagne.

Kaiagium. - *idem* kaagium.

Kailagium. - *idem* kaagium.

Kaium. - quai de débarquement.

Kakia. - (< κακία)[2], méchanceté.

Kako. - sorte de pilori.

Kaldellum. - (< *caldus*), boisson chaude et épicée (Angleterre).

Kalenda. -
1. Point où commence une chose, borne, limite
2. Premier jour du mois.
3. Premier jour de l'année.
4. (pl), honoraires payés aux chanoines au début du mois.
5. Conférences ecclésiastiques.
6. Confréries (peut-être parce qu'elles de rassemblent aux calendes de chaque année ou mois)[3].

Kalendare. - appeler, nommer (les mois)

Kalendaris. - le commencement de l'année.

Kalendarium. - martyrologe, indication chronologique, calendrier.

Kalendarius. -
1. Jour en général.
2. (*dies k.*), le premier du mois.

Kalendaticum. -
1. Redevance payable aux calendes de janvier.
2. Redevance mensuelle.

Kalendatim. - pendant les calendes.

Kalendatus. - daté.

Kalengia. - action en justice par laquelle le plaignant récupère ses biens.

Kalibs. - fourche patibulaire.

Kalkatorium. - pressoir.

Kalt. - froid.

Kamahutus. - camaïeu.

Kamisia. - (*k. ultra marina*), chemise de tissu grossier.

Kanevillus. - élément, partie de harnais.

Kanna. - sorte de récipient, pichet à col allongé, anc fr[4], *chane, kane*.

Kanrotium. - char, chariot.

Kantref. - district rural contenant cent propriétés, maisons de campagne.

Kanzir. - cantique.

Kapax. - (< *căpāx*), qui a bonne mémoire.

Kapedo. - cupide.

Kapite. - (*k. censu*), cens par capitation.

Karabe. - ambre.

Karabulum. - fossé.

Karacha, karida. - contenu d'un chariot, charretée.

Karachares. - (*k. herbœ*), herbes de sorcier.

Karacter. - signe ou sceau apposé sur les chartes.

---

[1] Godefroy.
[2] κακία : « disposition au mal ».
[3] Du Cange.
[4] Godefroy.

Karagius. - devin, sorcier.

Karena. - jeûne de carême ou pénitence publique pendant laquelle on est tenu de jeûner pendant quarante jours.

Kariagium, karreagium. - corvée de transport par chariot.

Karida. - *idem* karacha.

Kariga. - variété de figue, figue de Carie.

Karinum. - (probablement), chemin pour les chars.

Karions. - droit de conduire un attelage à deux chevaux.

Karisma. - affabilité, bienveillance, excellence.

Karistare, karitare. - s'adresser, parler au peuple.

Karitare. - *idem* karistare.

Karitas. -
1. Mesure pour le vin.
2. Confrérie.

Karkellus, starkellus. - nasse en osier pour capturer les poissons de rivière.

Karkia. - *idem* kerka, charge, cargaison.

Karle. - serviteur.

Karlenses. - *idem* karoningi.

Karnalare. - *idem* kernellare, munir un mur de créneaux.

Karneus, karrnel. - créneau dans un mur.

Karnus. - *idem* kernus, fantassin légèrement armé.

Karola. - grille.

Karolingi, karlenses. - les carolingiens.

Karopos. - brun clair, couleur fauve.

Karopotus. - (*k. oculi*), yeux glauques, indiquant la démence.

Karrale, karrus, karrotium. - chariot.

Karrata. - tonneau.

Karreagium. - *idem* kariagium.

Karrina. - peine de quarantaine.

Karrito. - conducteur de chariot.

Karrnel. - *idem* karneus.

Karrotium. - *idem* karrale.

Karruga. - charrue.

Karrus. - *idem* karrale.

Kartra. - chartre.

Karuchata. - mesure agraire, ce que l'on peut labourer avec une charrue en un jour.

Kasab. - roseau (Arabe).

Kaskeria. - jachère.

Kaskettum. - *idem* kasketum.

Kasketum, kaskettum. - coffret (Angleterre).

Kastvogt. - protecteur d'une cité ou d'une région.

Katapan. - chef, gouverneur d'une province ou d'une cité.

Katheranus, katheratus. - maraudeur, voleur des Highlands (Ecosse).

Katheratus. - *idem* katheranus.

Katricolatum. - grillage, grille.

Kavallus. - cheval.

Kavaticum. - cens par capitation, chevage.

Kavilla. - cheville de bois ou de fer.

Kays. - grille de fermeture, anc fr[1], *keste*.

Keaficium. - *idem* kaficium.

Kebba. - brebis qui produit un agneau mort-né (Angleterre)

Kebulus. - variété de prune, (de Kaboul), mirabelle, (Angleterre)

Kechres, kethres. - serviteurs cuisiniers.

Kedellus. - *idem* kidellus.

Keiminus, keminus, keminum. - chemin.

Kela. - (< *ceol*)[2], petite embarcation.

Kelchyn. - une des trois amendes infligées aux meurtriers en Ecosse (le Cro, le Galnes, et le Kelchyn).

Keldei. - *idem* colidei, moines et prêtres chez les anciens Écossais.

Keledei. - *idem* colidei.

Kembelina. kemelinus, kemelingus. - récipient rond en bois, tub (Angleterre).

Kemelingus. - *idem* kembelina.

Kemelinus. - *idem* kembelina.

---

[1] Godefroy.

[2] A.S : *ceol*, « petite barque »

Keminum. - *idem* keiminus.

Keminus. - *idem* keiminus.

Kerechet. - espèce d'oiseau : crécelle.

Kerelare. - intenter une action en justice.

Kerigmaticus. - qui concerne la prédication de la parole.

Kerka, karkia. - charge, cargaison.

Kerkebode. - bien-fonds de l'église.

Kerkemagister. - marguillier.

Kerkemania. - mise en place des bornes dans les champs.

Kerkeria, kerrida. - église, paroisse.

Kermesinus. - (*k. color*), pourpre.

Kernellare, karnalare. - munir un mur de créneaux.

Kernellus. - créneau.

Kerno. - seigle (Germanie).

Kernus, karnus. - fantassin légèrement armé.

Kernys. - vagabonds.

Kerrida. - *idem* kerkeria.

Kersetum. - endroit exempté de taxe de séjour (Ecosse).

Kersonaria. - cressonnière.

Kerstrata. - chemin de l'église.

Ketellus. - (< *cătillus*), marmite, bouilloire (Angleterre).

Kethres. - *idem* kechres, serviteurs cuisiniers.

Keuren. - loi, justice.

Kevere. - couvercle (ou quelconque récipient) utilisé dans une laiterie.

Keysetria. - gardien de l'ordre (Angleterre).

Khu-khan. - tocsin.

Kidda, kydda. - fagot (Angleterre).

Kidellus, kedellus, kadellus. - treillis à pêche (Angleterre).

Kifera. - charte, document authentique.

Kilinge. - sorte d'armure.

Killagium. - droit de mouillage (Angleterre).

Kingeld. - sorte d'impôt perçu par le roi.

Kintal. - poids de cent livres.

Kippum, kyppum. - peau de jeune animal ; paquet ou mesure de peaux (Angleterre).

Kiprus. - (< *cypera*)[1], saumon pendant la période de reproduction (Angleterre).

Kiraliter. - (< κύριος)[2], avec le plein pouvoir (du maître).

Kiricus. - du Seigneur, du dimanche.

Kirtellum. - (< *cyrtel*)[3], sorte de vêtement, manteau (Angleterre).

Kittum. - seau à lait (Angleterre).

Klammator. - *idem* hlammator, pêcheur d'anguilles (Angleterre).

Kliotetra. - siège pliant.

Klockum, klocum. - cloche.

Klocum. - *idem* klockum.

Kmethones. - serfs (Pologne).

Knapo. - écuyer, soldat à pied (Germanie).

Knight. - (< *cniht*)[4], enfant, serviteur, puis soldat en Angleterre.

Knip. - chiquenaude (Belgique).

Knipulus, knivus. - courte épée.

Knivus. - *idem* knipulus.

Knollum. - (< *cnoll*)[5], butte, sommet de colline (Angleterre).

Knopis. - bosse, nœud, clou à grosse tête.

Knoppum. - bouton décoré.

Kogge, koka. - sorte de navire, anc fr[6] *coque, coquet*.

Koggo. - navire hanséatique.

Koka. - *idem* kogge.

Kokbon. - céréale.

Kokkus. - sorte de coquillage : coque.

Koloyus. - (< κολοιός)[7], espèce d'oiseau, choucas (Angleterre).

---

[1] A.S : *cypera*, « sorte de poisson »

[2] κύριος : « qui est maître de ».

[3] A.S : *cyrtel*, « veste, manteau de femme ».

[4] A.S : *cniht*, « un garçon, un jeune, un serviteur ».

[5] A.S : *cnoll* « colline, sommet ».

[6] Hippeau.

[7] κολοιός : « choucas »

Koninhkgeshuive. - mesure agraire de cent soixante journaux.

Kora, **cora**. - droit urbain ; territoire soumis au droit urbain.

Kosmocrator. - empereur.

Kosmus. - le monde.

Kotarius. - (< *cota*)[1], paysan, tenancier d'un manse, (Angleterre).

Krenellus. - créneau.

Ktisma. - (< $\kappa\tau\acute{\iota}\sigma\mu\alpha$)[2], création.

Kunda. - parenté (Angleterre).

Kunigsteur. - impôt du roi.

Kydda. - *idem* kidda, fagot.

Kyppum. - *idem* kippum.

Kyrialis. - (< $\kappa\acute{\upsilon}\rho\iota\sigma\varsigma$)[3],du Seigneur.

Kyriarchia. - gouvernement du Seigneur.

Kyriarchicus. - concernant le gouvernement du Seigneur.

Kyrieleisare. - chanter le kyrie.

Kyrieles. - litanies.

Kyrofalco. - variété d'oiseau : faucon royal.

Kyrrii. - Kyrie eleison.

---

[1] A.S : *cota*, « petit lit, tanière, cottage ».

[2] $\kappa\tau\acute{\iota}\sigma\mu\alpha$: « fondation, établissement ».

[3] $\kappa\acute{\upsilon}\rho\iota\sigma\varsigma$: « qui est maître de ».